SCRIPTORVM CLASSICORVM

BIBLIOTHECA OXONIENSIS

OXONII

E TYPOGRAPHEO CLARENDONIANO

ARISTOPHANIS

COMOEDIAE

RECOGNOVERVNT
BREVIQVE ADNOTATIONE CRITICA INSTRVXERVNT

F. W. HALL
COLLEGII DIVI IOHANNIS BAPTISTAE SOCIVS ET TVTOR

W. M. GELDART
COLLEGII SANCTAE ET INDIVIDVAE TRINITATIS
APVD OXONIENSES SOCIVS

TOMVS I

ACHARNENSES, EQVITES, NVBES
VESPAS, PACEM, AVES

CONTINENS

OXONII
E TYPOGRAPHEO CLARENDONIANO

Oxford University Press, Walton Street, Oxford OX2 6DP

Oxford New York Toronto
Delhi Bombay Calcutta Madras Karachi
Kuala Lumpur Singapore Hong Kong Tokyo
Nairobi Dar es Salaam Cape Town
Melbourne Auckland

and associated companies in
Beirut Berlin Ibadan Nicosia

Oxford is a trade mark of Oxford University Press

Published in the United States
by Oxford University Press, New York

ISBN 0 19 814504 7

Second edition 1906
Fifteenth impression 1985

Printed in Great Britain by
Antony Rowe Ltd,
Chippenham

PRAEFATIO

NE ignoret lector quid ex hac editione exspectandum sit summatim et breviter rationes quas in textu constituendo secuti simus subiungimus. Et cum omnis editio suum quasi colorem ex aestimatione codicum ducat, quanti nos codices aestimemus et quomodo eorum testimonio usi simus id primum explicandum esse censemus.

Lubrica nobis in re versari videntur qui quasi stemmate unde quisque ducat originem codex ostendere conati sunt. Vix autem dubitandum est quin omnes ex uno fonte profluxerint, cui proxime accedunt antiquissimi codices R et V. Suidam quoque eodem fonte derivatum exemplar usurpasse apparet, et quidem, ut arbitratur Buengerus[1], Ravennati simillimum. Neque ceterorum codicum, sint licet multis annis inferiores, auctoritas omnino contemnenda est: primum enim veras lectiones nonnullis in locis soli praebent, quas non omnes emendatori acceptas referre facile possis: deinde, cum Ravennatem et Venetum in septem fabulis quas alter cum altero communes habet non eandem

---

[1] Cf. Bursian's *Jahresbericht*, 1892, p. 33 sqq.

semper rationem inter se tenere videas, sed in quibus-
dam (ut in *Nubibus*) conspirare magis, in quibusdam
magis inter se repugnare (ut in *Equitibus*), facilius in
his diiudicari poterit utri potius credendum sit, si testes
non optimos quidem, sed suo iure loquentes adhibueris:
denique cum Venetus haud raro ab recentioribus stare
videatur, muneri eius ubi abest aliquo modo succedunt,
ne unius Ravennatis testimoniis res agenda sit.

Sequitur ut quantum universae codicum auctoritati
tribuendum videatur fidei paucis dicamus. Quos cum
multis in locis mendosas in lectiones consentire faten-
dum sit, non tamen pro pessimis haberi volumus, ut
habet Cobetus[1], qui non dubitat affirmare Ravenna-
tem codicem et Venetum Marcianum inter deterrimos
corruptissimosque libros esse, unde antiquitatis monu-
menta in lucem revocata sint. Nimia enim, si quo in loco
haerebant, fiducia codicum testimonia viri docti videntur
sprevisse, cum non reputarint, minimam ad nos Graeci-
tatis praesertim comicae pervenisse partem, comico vero
sermoni utpote ex vita cotidiana desumpto multa vel
propria vel non aliena fuisse, quae nobis inconcinni
quiddam et inusitati prae se ferre videantur. Adde
quod non veri simile est maxima ex parte Byzantinorum
ineptiis depravatum esse textum nostri, sed multis ante
saeculis (ut fidem facit fragmentum Fayoumense[2]) et
fortasse iam Alexandrinorum temporibus talem exsti-
tisse qualis ad nos traditus est. Quibus perpensis hanc
nobis normam statuimus ut nihil damnaremus nisi
quod pro certo haberemus Aristophanis non esse, multa
nollemus loco movere aut immutare quae suspecta

---

[1] *Novae Lectiones*, p. 253 sq. (1858).
[2] H. Weil, *Revue de Phil.*, 1882, p. 179 sq.

essent. Multis igitur in locis ad codicum lectiones revertimus, subscriptis tamen virorum doctorum coniecturis, ut moneretur lector esse quibus indigna Aristophane vel sententia vel loquendi ratio videretur.

Aliud est coniecturarum genus quas numerorum causa praeter necessitatem critici videntur fecisse. Canticorum enim partes, sive στροφῆς et ἀντιστρόφου sive ῳδῆς et ἀντῳδῆς sive alio quo nomine libet appellare, non ita inter se respondere accipimus ut semper syllaba syllabam atamussim aequiparet, sed modo syllabam longam ἀλόγως pro brevi poni, modo totius pedis vice fungi, nonnunquam etiam pedes inter se commutari ut paeonem cum ditrochaeo videas in *Lys.* 781–820[1]. Temere etiam plerique senario octonario ceterisque huiusmodi numeris iura videntur dedisse, dum quae raro fieri apparet, partim omnino fieri negant, partim subtilissimis concedunt conditionibus, quarum si aliquando obliviceretur poeta dignissimus venia esset. Quo pacto versum, ut cum nostro loquamur ἄριστ' ἐπῶν ἔχοντα, *Vesp.* 496 ἦν δὲ γήτειον προσαιτῇ ταῖς ἀφύαις ἥδυσμά τι, frustra emendare ideo conati sunt quod offendebantur dactylo: item Bernhardius atque alii in senariis multa mutare voluerunt, ne incideretur anapaestus, cum tamen versus *Av.* 1226 εἰ τῶν μὲν ἄλλων ἄρχομεν, ὑμεῖς δ' οἱ θεοί neque legibus quas de incisione constituebant pareat neque ullo modo emendationem patiatur.

Vocabulorum formas ad inscriptionum veterumque grammaticorum normam accommodavimus, ita tamen ut usu inveterata non sine certissimis indiciis repudiaremus. Diversis enim modis nonnulla scripsisse

---

[1] Cf. Wilamowitz-Möllendorf, *Orestie,* ii. p. 264.

Aristophanis aequales et verisimile est et ipsae test-
antur inscriptiones. Et ne in hac quidem re codicum
testimonia omnino despicatui habuimus nisi ubi mani-
festum est librarios formas suo ex saeculo petitas
intulisse. Itaque ἐς insequente consonanti more tra-
laticio scripsimus, cum vetere Atticorum litteratura
ΕΣ ambigue pro εἰς et ἐς scriberetur : υἱός constanter
codices secuti dedimus cum tamen in inscriptionibus
ὑός frequentius legatur : denique modo ἦν modo ἦ
(1^{am} sing. impf.) alternantibus codicibus manere passi
sumus, quorum alterum duobus nostri locis postulatur,
alterum Atticis in usu fuisse testantur grammatici.

Codicum lectiones in iis fabulis quas Velsenus edidit
(sc. *Eq.*[1], *Thesm.*, *Ran.*, *Eccl.*, *Plut.*) ex illius accuratis-
sima collatione arcessivimus ; in ceteris varia virorum
doctorum auctoritate partim nostra ipsorum adnotavi-
mus. Nam Ravennatem et Venetum, cum Bekkeriana
collatio iamdiu suspecta esset, Cobetus et Herwerde-
nus aliis in locis correctius contulerunt : in aliis autem
errasse eos vel graviter suspicamur vel pro certo habe-
mus. Ravennatis enim collatio quae est in bibliotheca
societatis nostratis Hellenicae, non incuriose ut videtur
textui Meinekiano adscripta, magna apud nos fide fuit,
praesertim ubi ab illo textu discrepantes praebet
lectiones : Veneti autem alter nostrum quattuor in
fabulis (sc. *Nub.*, *Vesp.*, *Pac.* et *Av.*) plurimas inspecto
codice lectiones notavit, etiam paginarum quibus con-
tinentur *Pax* et *Aves* exemplar photographicum a se
factum reportavit. Recentiorum codicum lectiones
(ubi deerat Velseni auctoritas) plerumque ex Blaydesii
editione mutuati sumus.

[1] Iterum edidit Zacherus 1899.

PRAEFATIO

Ineuntibus singulis fabulis indicavimus quos in quaque plerumque citaverimus codices, ut sciat lector qualia sint textus fundamenta vel adminicula : eosdemque siglis, ceteros vero (si quando inde opem petivimus) integro aut leviter breviato titulo citare placuit.

F. W. H.
W. M. G.

Oxonii,
 Mense Ianuario M.DCCCC.

In prioribus sex fabulis denuo edendis operae pretium duximus totum apparatum criticum ad exemplaria photographica codicum R et V examinare, quorum alterum Lugduni Batavorum anno 1904, alterum Londini anno 1902 prodiit. Vnde ex antiquioribus collationibus nonnulla nos perperam rettulisse cognovimus, alia quoque aliis ex causis emendanda videbamus. Pauca igitur, quae quidem maximi momenti essent, in ipso textu vel apparatu corrigere potuimus : cetera quae corrigenda vel adicienda videbantur in appendice adnotavimus.

F. W. H.
W. M. G.

Oxonii,
 Mense Septembri, MCMVI

SIGLA

ORDO FABVLARVM

ΑΧΑΡΝΗΣ

ΥΠΟΘΕΣΕΙΣ

I

Ἐκκλησία ὑφέστηκεν Ἀθήνησιν ἐν τῷ φανερῷ, καθ' ἣν πολεμο-
ποιοῦντας τοὺς ῥήτορας καὶ προφανῶς τὸν δῆμον ἐξαπατῶντας Δικαιό-
πολίς τις τῶν αὐτουργῶν ἐξελέγχων παρεισάγεται. τούτου δὲ διά
τινος Ἀμφιθέου καλουμένου, σπεισαμένου κατ' ἰδίαν τοῖς Λάκωσιν,
5 Ἀχαρνικοὶ γέροντες πεπυσμένοι τὸ πρᾶγμα προσέρχονται διώκοντες
ἐν χοροῦ σχήματι· καὶ μετὰ ταῦτα θύοντα τὸν Δικαιόπολιν ὁρῶντες ὡς
ἐσπεισμένον τοῖς πολεμιωτάτοις καταλεύσειν ὁρμῶσιν. ὁ δὲ ὑποσχό-
μενος ὑπὲρ ἐπιξήνου τὴν κεφαλὴν ἔχων ἀπολογήσασθαι, ἐφ' ᾧτε, ἐὰν
μὴ πείσῃ τὰ δίκαια λέγων, τὸν τράχηλον ἀποκοπήσεσθαι, ἐλθὼν ὡς Εὐ-
10 ριπίδην αἰτεῖ πτωχικὴν στολήν. καὶ στολισθεὶς τοῖς Τηλέφου ῥακώμασι
παρῳδεῖ τὸν ἐκείνου λόγον, οὐκ ἀχαρίτως καθαπτόμενος Περικλέους
περὶ τοῦ Μεγαρικοῦ ψηφίσματος. παροξυνθέντων δέ τινων ἐξ αὐτῶν
ἐπὶ τῷ δοκεῖν συνηγορεῖν τοῖς πολεμίοις, εἶτα ἐπιφερομένων, ἐνιστα-
μένων δὲ ἑτέρων ὡς τὰ δίκαια αὐτοῦ εἰρηκότος, ἐπιφανεὶς Λάμαχος
15 θορυβεῖν πειρᾶται. εἶτα γενομένου διελκυσμοῦ κατενεχθεὶς ὁ χορὸς
ἀπολύει τὸν Δικαιόπολιν καὶ πρὸς τοὺς θεατὰς διαλέγεται περὶ τῆς τοῦ
ποιητοῦ ἀρετῆς καὶ ἄλλων τινῶν. τοῦ δὲ Δικαιοπόλιδος ἄγοντος καθ'
ἑαυτὸν εἰρήνην τὸ μὲν πρῶτον Μεγαρικός τις παιδία ἑαυτοῦ διεσκευα-
σμένα εἰς χοιρίδια φέρων ἐν σάκκῳ πράσιμα παραγίνεται· μετὰ τοῦτον
20 ἐκ Βοιωτῶν ἕτερος ἐγχέλεις τε καὶ παντοδαπῶν ὀρνίθων γόνον ἀνατιθέ-
μενος εἰς τὴν ἀγοράν. οἷς ἐπιφανέντων τινῶν συκοφαντῶν συλλαβό-
μενός τινα ἐξ αὐτῶν ὁ Δικαιόπολις καὶ βάλλων εἰς σάκκον, τοῦτον τῷ
Βοιωτῷ ἀντίφορτον ἐξάγειν ἐκ τῶν Ἀθηνῶν παραδίδωσι, καὶ προσ-
αγόντων αὐτῷ πλειόνων καὶ δεομένων μεταδοῦναι τῶν σπονδῶν, καθ-
25 υπερηφανεῖ. παροικοῦντος δὲ αὐτῷ Λαμάχου, καὶ ἐνεστηκυίας τῆς τῶν
Χοῶν ἑορτῆς, τοῦτον μὲν ἄγγελος παρὰ τῶν στρατηγῶν ἥκων κελεύει
ἐξελθόντα μετὰ τῶν ὅπλων τὰς εἰσβολὰς τηρεῖν· τὸν δὲ Δικαιόπολιν
παρὰ τοῦ Διονύσου τοῦ ἱερέως τις καλῶν ἐπὶ δεῖπνον ἔρχεται. καὶ
μετ' ὀλίγον ὁ μὲν τραυματίας καὶ κακῶς ἀπαλλάττων ἐπανήκει, ὁ δὲ
30 Δικαιόπολις δεδειπνηκὼς καὶ μεθ' ἑταίρας ἀναλύων. τὸ δὲ δρᾶμα τῶν
εὖ σφόδρα πεποιημένων καὶ ἐκ παντὸς τρόπου τὴν εἰρήνην προκαλού-
μενον. ἐδιδάχθη ἐπὶ Εὐθύνου ἄρχοντος ἐν Ληναίοις διὰ Καλλιστράτου·
καὶ πρῶτος ἦν· δεύτερος Κρατῖνος Χειμαζομένοις. οὐ σώζονται.
τρίτος Εὔπολις Νουμηνίαις.

Ὑπόθεσις I. 15 κατενεχθείς] κατελεγχθεὶς Mein. 16 θεατὰς Elmsl. :
δικαστὰς codd. 23 προσαγόντων] προσαποστελλόντων Ald. 32 Εὐ-
θύνου] V⸱t. Pal. 67 : Εὐθυμένους vulg.

2

II

ΑΡΙΣΤΟΦΑΝΟΥΣ ΓΡΑΜΜΑΤΙΚΟΥ

Ἐκκλησίας οὔσης παραγίνονταί τινες
πρέσβεις παρὰ Περσῶν καὶ παρὰ Σιτάλκους πάλιν,
οἱ μὲν στρατιὰν ἄγοντες οἱ δὲ χρυσίον,
παρὰ τῶν Λακεδαιμονίων δὲ μετὰ τούτους τινὲς
σπονδὰς φέροντες, οὓς Ἀχαρνεῖς οὐδαμῶς
εἴασαν ἀλλ᾽ ἐξέβαλον, ὧν καθάπτεται
σκληρῶς ὁ ποιητής, αὐτὸ τὸ ψήφισμά τε
Μεγαρικὸν [ὡς] ἱκανῶς φησι καὶ τὸν Περικλέα,
οὐ τὸν Λάκωνα, τῶνδε πάντων αἴτιον . . .
σπονδὰς λύσιν τε τῶν ἐφεστώτων κακῶν.

ΤΑ ΤΟΥ ΔΡΑΜΑΤΟΣ ΠΡΟΣΩΠΑ

ΔΙΚΑΙΟΠΟΛΙΣ

ΚΗΡΥΞ

ΑΜΦΙΘΕΟΣ

ΠΡΕΣΒΕΙΣ ΑΘΗΝΑΙΩΝ ΠΑΡΑ
   ΒΑΣΙΛΕΩΣ ΗΚΟΝΤΕΣ

ΨΕΥΔΑΡΤΑΒΑΣ

ΘΕΩΡΟΣ

ΧΟΡΟΣ ΑΧΑΡΝΕΩΝ

ΘΥΓΑΤΗΡ ΔΙΚΑΙΟΠΟΛΙΔΟΣ

ΚΗΦΙΣΟΦΩΝ

ΕΥΡΙΠΙΔΗΣ

ΛΑΜΑΧΟΣ

ΜΕΓΑΡΕΥΣ

ΚΟΡΑ ΘΥΓΑΤΕΡΕ ΤΟΥ
   ΜΕΓΑΡΕΩΣ

ΣΥΚΟΦΑΝΤΗΣ

ΒΟΙΩΤΟΣ

ΝΙΚΑΡΧΟΣ

ΘΕΡΑΠΩΝ ΛΑΜΑΧΟΥ

ΚΗΡΥΞ ΕΤΕΡΟΣ

ΓΕΩΡΓΟΣ

ΠΑΡΑΝΥΜΦΟΣ

ΑΓΓΕΛΟΙ

ΑΧΑΡΝΗΣ

ΔΙΚΑΙΟΠΟΛΙΣ

Ὅσα δὴ δέδηγμαι τὴν ἐμαυτοῦ καρδίαν,
ἥσθην δὲ βαιά, πάνυ δὲ βαιά, τέτταρα·
ἃ δ' ὠδυνήθην, ψαμμακοσιογάργαρα.
φέρ' ἴδω, τί δ' ἥσθην ἄξιον χαιρηδόνος;
ἐγῷδ' ἐφ' ᾧ γε τὸ κέαρ ηὐφράνθην ἰδών,   5
τοῖς πέντε ταλάντοις οἷς Κλέων ἐξήμεσεν.
ταῦθ' ὡς ἐγανώθην, καὶ φιλῶ τοὺς ἱππέας
διὰ τοῦτο τοὔργον· ἄξιον γὰρ Ἑλλάδι.
ἀλλ' ὠδυνήθην ἕτερον αὖ τραγῳδικόν,
ὅτε δὴ 'κεχήνη προσδοκῶν τὸν Αἰσχύλον,   10
ὁ δ' ἀνεῖπεν, εἴσαγ' ὦ Θέογνι τὸν χορόν.
πῶς τοῦτ' ἔσεισέ μου δοκεῖς τὴν καρδίαν;
ἀλλ' ἕτερον ἥσθην, ἡνίκ' ἐπὶ Μόσχῳ ποτὲ
Δεξίθεος εἰσῆλθ' ᾀσόμενος Βοιώτιον.
τῆτες δ' ἀπέθανον καὶ διεστράφην ἰδών,   15
ὅτε δὴ παρέκυψε Χαῖρις ἐπὶ τὸν ὄρθιον.
ἀλλ' οὐδεπώποτ' ἐξ ὅτου 'γὼ ῥύπτομαι
οὕτως ἐδήχθην ὑπὸ κονίας τὰς ὀφρῦς
ὡς νῦν, ὁπότ' οὔσης κυρίας ἐκκλησίας
ἑωθινῆς ἔρημος ἡ πνὺξ αὑτηί,   20

Codd. hos citavimus : R Γ A et B C cum aliud atque Aldina tradunt
3 ψαμμακοσιογάργαρα A Suid. : ψαμμοκοσιογάργαρα vulg.

οἱ δ' ἐν ἀγορᾷ λαλοῦσι κἄνω καὶ κάτω
τὸ σχοινίον φεύγουσι τὸ μεμιλτωμένον.
οὐδ' οἱ πρυτάνεις ἥκουσιν, ἀλλ' ἀωρίαν
ἥκοντες, εἶτα δ' ὠστιοῦνται πῶς δοκεῖς
ἐλθόντες ἀλλήλοισι περὶ πρώτου ξύλου,   25
ἀθρόοι καταρρέοντες· εἰρήνη δ' ὅπως
ἔσται προτιμῶσ' οὐδέν· ὦ πόλις πόλις.
ἐγὼ δ' ἀεὶ πρώτιστος εἰς ἐκκλησίαν
νοστῶν κάθημαι· κᾆτ' ἐπειδὰν ὦ μόνος,
στένω κέχηνα σκορδινῶμαι πέρδομαι,   30
ἀπορῶ γράφω παρατίλλομαι λογίζομαι,
ἀποβλέπων ἐς τὸν ἀγρὸν εἰρήνης ἐρῶν,
στυγῶν μὲν ἄστυ τὸν δ' ἐμὸν δῆμον ποθῶν,
ὃς οὐδεπώποτ' εἶπεν, ἄνθρακας πρίω,
οὐκ ὄξος οὐκ ἔλαιον, οὐδ' ᾔδει 'πρίω,'   35
ἀλλ' αὐτὸς ἔφερε πάντα χὠ πρίων ἀπῆν.
νῦν οὖν ἀτεχνῶς ἥκω παρεσκευασμένος
βοᾶν ὑποκρούειν λοιδορεῖν τοὺς ῥήτορας,
ἐάν τις ἄλλο πλὴν περὶ εἰρήνης λέγῃ.
ἀλλ' οἱ πρυτάνεις γὰρ οὑτοὶ μεσημβρινοί.   40
οὐκ ἠγόρευον; τοῦτ' ἐκεῖν' οὑγὼ 'λεγον·
ἐς τὴν προεδρίαν πᾶς ἀνὴρ ὠστίζεται.

ΚΗΡΥΞ

πάριτ' ἐς τὸ πρόσθεν,
πάριθ', ὡς ἂν ἐντὸς ἦτε τοῦ καθάρματος.

ΑΜΦΙΘΕΟΣ

ἤδη τις εἶπε;   Κη. τίς ἀγορεύειν βούλεται;   45
Αμ. ἐγώ.   Κη. τίς ὤν;   Αμ. Ἀμφίθεος.   Κη. οὐκ
     ἄνθρωπος;   Αμ. οὔ,
ἀλλ' ἀθάνατος. ὁ γὰρ Ἀμφίθεος Δήμητρος ἦν
καὶ Τριπτολέμου· τούτου δὲ Κελεὸς γίγνεται·

23 ἀωρίαν codd. et Phryn.: ἀωρίᾳ Suid.   31 λυγίζομαι Bergk
33 στυγῶ . . . ποθῶ Stobaeus   39 πλὴν] πρὶν Γ

γαμεῖ δὲ Κελεὸς Φαιναρέτην τήθην ἐμήν,
ἐξ ἧς Λυκῖνος ἐγένετ'· ἐκ τούτου δ' ἐγὼ   50
ἀθάνατός εἰμ'· ἐμοὶ δ' ἐπέτρεψαν οἱ θεοὶ
σπονδὰς ποιεῖσθαι πρὸς Λακεδαιμονίους μόνῳ.
ἀλλ' ἀθάνατος ὢν ὧνδρες ἐφόδι' οὐκ ἔχω·
οὐ γὰρ διδόασιν οἱ πρυτάνεις.   Κη. οἱ τοξόται.
Αμ. ὦ Τριπτόλεμε καὶ Κελεὲ περιόψεσθέ με;   55
Δι. ὧνδρες πρυτάνεις ἀδικεῖτε τὴν ἐκκλησίαν
τὸν ἄνδρ' ἀπάγοντες, ὅστις ἡμῖν ἤθελε
σπονδὰς ποιεῖσθαι καὶ κρεμάσαι τὰς ἀσπίδας.
Κη. κάθησο, σῖγα.   Δι. μὰ τὸν Ἀπόλλω 'γὼ μὲν οὔ,
ἢν μὴ περὶ εἰρήνης γε πρυτανεύσητέ μοι.   60
Κη. οἱ πρέσβεις οἱ παρὰ βασιλέως.
Δι. ποίου βασιλέως; ἄχθομαι 'γὼ πρέσβεσιν
καὶ τοῖς ταῶσι τοῖς τ' ἀλαζονεύμασιν.
Κη. σῖγα.   Δι. βαβαιάξ. ὦκβάτανα τοῦ σχήματος.

ΠΡΕΣΒΥΣ

ἐπέμψαθ' ἡμᾶς ὡς βασιλέα τὸν μέγαν   65
μισθὸν φέροντας δύο δραχμὰς τῆς ἡμέρας
ἐπ' Εὐθυμένους ἄρχοντος.   Δι. οἴμοι τῶν δραχμῶν.
Πρ. καὶ δῆτ' ἐτρυχόμεσθα διὰ Καϋστρίων
πεδίων ὁδοιπλανοῦντες ἐσκηνημένοι,
ἐφ' ἁρμαμαξῶν μαλθακῶς κατακείμενοι,   70
ἀπολλύμενοι.   Δι. σφόδρα γὰρ ἐσῳζόμην ἐγὼ
παρὰ τὴν ἔπαλξιν ἐν φορυτῷ κατακείμενος.
Πρ. ξενιζόμενοι δὲ πρὸς βίαν ἐπίνομεν
ἐξ ὑαλίνων ἐκπωμάτων καὶ χρυσίδων
ἄκρατον οἶνον ἡδύν.   Δι. ὦ Κραναὰ πόλις   75
ἆρ' αἰσθάνει τὸν κατάγελων τῶν πρέσβεων;
Πρ. οἱ βάρβαροι γὰρ ἄνδρας ἡγοῦνται μόνους

54 Κη.] πρύτανις B² schol. quod Brunck hic et in vv. 46, 59 reponit
58 ποιεῖσθαι R : ποιῆσαι vulg.   59 σῖγα A   63 ταῶσι codd.
68 διὰ Bentl. : παρὰ τῶν R : διὰ τῶν vulg.   71 γὰρ] τἄρ' Mehler
73 δὲ] γὰρ R

τοὺς πλεῖστα δυναμένους καταφαγεῖν καὶ πιεῖν.
Δι. ἡμεῖς δὲ λαικαστάς τε καὶ καταπύγονας.
Πρ. ἔτει τετάρτῳ δ᾽ ἐς τὰ βασίλει᾽ ἤλθομεν·   80
    ἀλλ᾽ εἰς ἀπόπατον ᾤχετο στρατιὰν λαβών,
    κἄχεζεν ὀκτὼ μῆνας ἐπὶ χρυσῶν ὀρῶν.
Δι. πόσου δὲ τὸν πρωκτὸν χρόνου ξυνήγαγεν;
Πρ. τῇ πανσελήνῳ· κᾆτ᾽ ἀπῆλθεν οἴκαδε.
    εἶτ᾽ ἐξένιζε· παρετίθει δ᾽ ἡμῖν ὅλους   85
    ἐκ κριβάνου βοῦς.   Δι.   καὶ τίς εἶδε πώποτε
    βοῦς κριβανίτας; τῶν ἀλαζονευμάτων.
Πρ. καὶ ναὶ μὰ Δί᾽ ὄρνιν τριπλάσιον Κλεωνύμου
    παρέθηκεν ἡμῖν· ὄνομα δ᾽ ἦν αὐτῷ φέναξ.
Δι. ταῦτ᾽ ἄρ᾽ ἐφενάκιζες σὺ δύο δραχμὰς φέρων.   90
Πρ. καὶ νῦν ἄγοντες ἥκομεν Ψευδαρτάβαν,
    τὸν βασιλέως ὀφθαλμόν.   Δι.   ἐκκόψειέ γε
    κόραξ πατάξας, τόν τε σὸν τοῦ πρέσβεως.
Κη. ὁ βασιλέως ὀφθαλμός.   Δι.   ὦναξ Ἡράκλεις.
    πρὸς τῶν θεῶν ἄνθρωπε ναύφαρκτον βλέπεις;   95
    ἢ περὶ ἄκραν κάμπτων νεώσοικον σκοπεῖς;
    ἄσκωμ᾽ ἔχεις που περὶ τὸν ὀφθαλμὸν κάτω.
Πρ. ἄγε δὴ σὺ βασιλεὺς ἅττα σ᾽ ἀπέπεμψεν φράσον
    λέξοντ᾽ Ἀθηναίοισιν ὦ Ψευδαρτάβα.

ΨΕΥΔΑΡΤΑΒΑΣ
    ἰαρταμὰν ἐξάρξαν ἀπισσόνα σάτρα.   100
Πρ. ξυνήκαθ᾽ ὃ λέγει;   Δι.   μὰ τὸν Ἀπόλλω 'γὼ μὲν οὔ.
Πρ. πέμψειν βασιλέα φησὶν ὑμῖν χρυσίον.
    λέγε δὴ σὺ μεῖζον καὶ σαφῶς τὸ χρυσίον.
Ψε. οὐ λῆψι χρῦσο χαυνόπρωκτ᾽ Ἰαοναῦ.   104
Δι. οἴμοι κακοδαίμων ὡς σαφῶς.   Πρ.   τί δ᾽ αὖ λέγει;

78 καταφαγεῖν B : καταφαγεῖν τε vulg : φαγεῖν τε Morellus   85 παρε-
τίθει δ᾽ A Ald. : καὶ παρετίθετ᾽ R : παρετίθει θ᾽ Athenaeus   93 τε
A : γε vulg.   95 ναύφαρκτον Dind. ex Photio : ναύφρακτον codd.
98 Πρ. B : Κη. vulg.   100 ἐξάρξαν ἀπισσόνα σάτρα A : ἔξαρξας
πισσόναστρα R : alia alii   104 Ἰᾱον αὖ schol.

8

ΑΧΑΡΝΗΣ

Δι. ὅ τι; χαυνοπρώκτους τοὺς Ἰάονας λέγει,
εἰ προσδοκῶσι χρυσίον ἐκ τῶν βαρβάρων.
Πρ. οὔκ, ἀλλ᾽ ἀχάνας ὅδε γε χρυσίου λέγει.
Δι. ποίας ἀχάνας; σὺ μὲν ἀλαζὼν εἶ μέγας.
ἀλλ᾽ ἄπιθ᾽· ἐγὼ δὲ βασανιῶ τοῦτον μόνος.   110
ἄγε δὴ σὺ φράσον ἐμοὶ σαφῶς πρὸς τουτονί,
ἵνα μή σε βάψω βάμμα Σαρδιανικόν·
βασιλεὺς ὁ μέγας ἡμῖν ἀποπέμψει χρυσίον;
(ἀνανεύει.)
ἄλλως ἄρ᾽ ἐξαπατώμεθ᾽ ὑπὸ τῶν πρέσβεων;
(ἐπινεύει.)
Ἑλληνικόν γ᾽ ἐπένευσαν ἄνδρες οὑτοιί,   115
κοὐκ ἔσθ᾽ ὅπως οὐκ εἰσὶν ἐνθένδ᾽ αὐτόθεν.
καὶ τοῖν μὲν εὐνούχοιν τὸν ἕτερον τουτονὶ
ἐγᾦδ᾽ ὅς ἐστι, Κλεισθένης ὁ Σιβυρτίου.
ὦ θερμόβουλον πρωκτὸν ἐξυρημένε,
τοιόνδε γ᾽ ὦ πίθηκε τὸν πώγων᾽ ἔχων   120
εὐνοῦχος ἡμῖν ἦλθες ἐσκευασμένος;
ὁδὶ δὲ τίς ποτ᾽ ἐστίν; οὐ δήπου Στράτων;
Κη. σίγα, κάθιζε.
τὸν βασιλέως ὀφθαλμὸν ἡ βουλὴ καλεῖ   124
ἐς τὸ πρυτανεῖον.   Δι. ταῦτα δῆτ᾽ οὐχ ἀγχόνη;
κἄπειτ᾽ ἐγὼ δῆτ᾽ ἐνθαδὶ στραγγεύομαι;
τοὺς δὲ ξενίζειν οὐδέποτέ γ᾽ ἴσχει θύρα.
ἀλλ᾽ ἐργάσομαί τι δεινὸν ἔργον καὶ μέγα.
ἀλλ᾽ Ἀμφίθεός μοι ποῦ 'στιν;   Αμ. οὑτοσὶ πάρα.
Δι. ἐμοὶ σὺ ταυτασὶ λαβὼν ὀκτὼ δραχμὰς   130
σπονδὰς ποίησαι πρὸς Λακεδαιμονίους μόνῳ
καὶ τοῖσι παιδίοισι καὶ τῇ πλάτιδι·
ὑμεῖς δὲ πρεσβεύεσθε καὶ κεχήνετε.
Κη. προσίτω Θέωρος ὁ παρὰ Σιτάλκους.

---

111 τουτονί] τουτουί Mein.   116 κοὐκ R : οὐκ vulg.   118 ὅs]
ὅστις R : ὅτι Mein.   119 ἐξυρημένε Suid.: ἐξευρημένε codd.
133 κεχήνετε Herodianus : κεχήνατε codd.

9

ΑΡΙΣΤΟΦΑΝΟΥΣ

ΘΕΩΡΟΣ

           ὁδί.

Δι. ἕτερος ἀλαζὼν οὗτος ἐσκηρύττεται.   135

Θε. χρόνον μὲν οὐκ ἂν ἦμεν ἐν Θρᾴκῃ πολύν,

Δι. μὰ Δί᾽ οὐκ ἄν, εἰ μισθόν γε μὴ 'φερες πολύν.

Θε. εἰ μὴ κατένειψε χιόνι τὴν Θρᾴκην ὅλην
  καὶ τοὺς ποταμοὺς ἔπηξ᾽, Δι. ὑπ᾽ αὐτὸν τὸν χρόνον,
  ὅτ᾽ ἐνθαδὶ Θέογνις ἠγωνίζετο.   140

Θε. τοῦτον μετὰ Σιτάλκους ἔπινον τὸν χρόνον·
  καὶ δῆτα φιλαθήναιος ἦν ὑπερφυῶς,
  ὑμῶν τ᾽ ἐραστὴς ἦν ἀληθὴς ὥστε καὶ
  ἐν τοῖσι τοίχοις ἔγραφ᾽, Ἀθηναῖοι καλοί.
  ὁ δ᾽ υἱός, ὃν Ἀθηναῖον ἐπεποιήμεθα,   145
  ἤρα φαγεῖν ἀλλᾶντας ἐξ Ἀπατουρίων,
  καὶ τὸν πατέρ᾽ ἠντεβόλει βοηθεῖν τῇ πάτρᾳ·
  ὁ δ᾽ ὤμοσε σπένδων βοηθήσειν ἔχων
  στρατιὰν τοσαύτην ὥστ᾽ Ἀθηναίους ἐρεῖν,
  ὅσον τὸ χρῆμα παρνόπων προσέρχεται.   150

Δι. κάκιστ᾽ ἀπολοίμην, εἴ τι τούτων πείθομαι
  ὧν εἶπας ἐνταυθοῖ σὺ πλὴν τῶν παρνόπων.

Θε. καὶ νῦν ὅπερ μαχιμώτατον Θρᾳκῶν ἔθνος
  ἔπεμψεν ὑμῖν. Δι. τοῦτο μέν γ᾽ ἤδη σαφές.

Κη. οἱ Θρᾷκες ἴτε δεῦρ᾽, οὓς Θέωρος ἤγαγεν.   155

Δι. τουτὶ τί ἐστι τὸ κακόν; Θε. Ὀδομάντων στρατός.

Δι. ποίων Ὀδομάντων; εἰπέ μοι τουτὶ τί ἦν;
  τίς τῶν Ὀδομάντων τὸ πέος ἀποτεθρίακεν;

Θε. τούτοις ἐάν τις δύο δραχμὰς μισθὸν διδῷ,
  καταπελτάσονται τὴν Βοιωτίαν ὅλην.   160

Δι. τοισδὶ δύο δραχμὰς τοῖς ἀπεψωλημένοις;
  ὑποστένοι μεντἂν ὁ θρανίτης λεὼς
  ὁ σωσίπολις. οἴμοι τάλας ἀπόλλυμαι,

139, 140 ὑπ᾽ αὐτὸν ... ἠγωνίζετο fuerunt Theori, Dicaeopolidi tribuit
Nauck 146 ἀλλᾶντος Α 153 ἔθνος] γένος Ald. 154 σαφῶς Α Β
158 ἀποτεθρίακεν Suid. Hesych.: ἀποτέθρακεν vel simile quiddam
codd.

ὑπὸ τῶν Ὀδομάντων τὰ σκόροδα πορθούμενος.
οὐ καταβαλεῖτε τὰ σκόροδ';   Θε. ὦ μόχθηρε σὺ
οὐ μὴ πρόσει τούτοισιν ἐσκοροδισμένοις.   166

Δι. ταυτὶ περιείδεθ' οἱ πρυτάνεις πάσχοντά με
ἐν τῇ πατρίδι καὶ ταῦθ' ὑπ' ἀνδρῶν βαρβάρων;
ἀλλ' ἀπαγορεύω μὴ ποιεῖν ἐκκλησίαν
τοῖς Θρᾳξὶ περὶ μισθοῦ· λέγω δ' ὑμῖν ὅτι   170
διοσημία 'στὶ καὶ ῥανὶς βέβληκέ με.

Κη. τοὺς Θρᾷκας ἀπιέναι, παρεῖναι δ' εἰς ἔνην.
οἱ γὰρ πρυτάνεις λύουσι τὴν ἐκκλησίαν.

Δι. οἴμοι τάλας μυττωτὸν ὅσον ἀπώλεσα.
ἀλλ' ἐκ Λακεδαίμονος γὰρ Ἀμφίθεος ὁδί.   175
χαῖρ' Ἀμφίθεε.   Αμ. μήπω γε πρίν γ' ἂν στῶ τρέχων·
δεῖ γάρ με φεύγοντ' ἐκφυγεῖν Ἀχαρνέας.

Δι. τί δ' ἔστ';   Αμ. ἐγὼ μὲν δεῦρό σοι σπονδὰς φέρων
ἔσπευδον· οἱ δ' ὦσφροντο πρεσβῦταί τινες
Ἀχαρνικοί, στιπτοὶ γέροντες πρίνινοι   180
ἀτεράμονες Μαραθωνομάχαι σφενδάμνινοι.
ἔπειτ' ἀνέκραγον πάντες, ὦ μιαρώτατε
σπονδὰς φέρεις τῶν ἀμπέλων τετμημένων;
κἀς τοὺς τρίβωνας ξυνελέγοντο τῶν λίθων·
ἐγὼ δ' ἔφευγον· οἱ δ' ἐδίωκον κἀβόων.   185

Δι. οἱ δ' οὖν βοώντων· ἀλλὰ τὰς σπονδὰς φέρεις;

Αμ. ἔγωγέ φημι, τρία γε ταυτὶ γεύματα.
αὗται μέν εἰσι πεντέτεις. γεῦσαι λαβών.

Δι. αἰβοῖ.   Αμ. τί ἔστιν;   Δι. οὐκ ἀρέσκουσίν μ' ὅτι
ὄζουσι πίττης καὶ παρασκευῆς νεῶν.   190

Αμ. σὺ δ' ἀλλὰ τασδὶ τὰς δεκέτεις γεῦσαι λαβών.

Δι. ὄζουσι χαὗται πρέσβεων ἐς τὰς πόλεις
ὀξύτατον ὥσπερ διατριβῆς τῶν ξυμμάχων.

Αμ. ἀλλ' αὗται σπονδαὶ τριακοντούτιδες

165 οὐκ ἀποβαλεῖτε A   176 πρίν γ' Bergk : πρὶν codd.   178 ἐγὼ
μὲν δεῦρο σοι R : ἐγὼ μέν σοι δεῦρο A Γ C : σοὶ μὲν δεῦρ' ἐγὼ B (δεῦρο 'γὼ)
Ald.   194 αὗται σπονδαί] αὗταί σοι σπονδαί R : αὗταί τοί σοι Bothe

κατὰ γῆν τε καὶ θάλατταν.   Δι.   ὦ Διονύσια, 195
αὗται μὲν ὄζουσ' ἀμβροσίας καὶ νέκταρος
καὶ μὴ 'πιτηρεῖν σιτί' ἡμερῶν τριῶν,
κἂν τῷ στόματι λέγουσι, βαῖν' ὅπῃ θέλεις.
ταύτας δέχομαι καὶ σπένδομαι κἀκπίομαι,
χαίρειν κελεύων πολλὰ τοὺς Ἀχαρνέας.   200
ἐγὼ δὲ πολέμου καὶ κακῶν ἀπαλλαγεὶς
ἄξω τὰ κατ' ἀγροὺς εἰσιὼν Διονύσια.
Αμ. ἐγὼ δὲ φευξοῦμαί γε τοὺς Ἀχαρνέας.

ΧΟΡΟΣ

τῇδε πᾶς ἕπου δίωκε καὶ τὸν ἄνδρα πυνθάνου   [στρ.
τῶν ὁδοιπόρων ἁπάντων· τῇ πόλει γὰρ ἄξιον   205
ξυλλαβεῖν τὸν ἄνδρα τοῦτον.   ἀλλά μοι μηνύσατε,
εἴ τις οἶδ' ὅποι τέτραπται γῆς ὁ τὰς σπονδὰς φέρων.
ἐκπέφευγ', οἴχεται φροῦδος.   οἴμοι τάλας τῶν ἐτῶν τῶν
                                                    ἐμῶν·   210
οὐκ ἂν ἐπ' ἐμῆς γε νεότητος, ὅτ' ἐγὼ φέρων ἀνθράκων φορτίον
ἠκολούθουν Φαύλλῳ τρέχων, ὧδε φαύλως ἂν ὁ   215
σπονδοφόρος οὗτος ὑπ' ἐμοῦ τότε διωκόμενος
ἐξέφυγεν οὐδ' ἂν ἐλαφρῶς ἂν ἀπεπλίξατο.

νῦν δ' ἐπειδὴ στερρὸν ἤδη τοὐμὸν ἀντικνήμιον,   [ἀντ.
καὶ παλαιῷ Λακρατείδῃ τὸ σκέλος βαρύνεται,   220
οἴχεται.   διωκτέος δέ· μὴ γὰρ ἐγχάνῃ ποτὲ
μηδέ περ γέροντας ὄντας ἐκφυγὼν Ἀχαρνέας.
ὅστις ὦ Ζεῦ πάτερ καὶ θεοὶ τοῖσιν ἐχθροῖσιν ἐσπείσατο, 225
οἶσι παρ' ἐμοῦ πόλεμος ἐχθοδοπὸς αὔξεται τῶν ἐμῶν χωρίων·
κοὐκ ἀνήσω πρὶν ἂν σχοῖνος αὐτοῖσιν ἀντεμπαγῶ   230

---

200 κελεύω schol. qui Amphitheo h. v. tribuit   203 φευξοῦμαί R :
φεύξομαί vulg.   206 μηνύσατε R : μηνύετε vulg.   216 ὑπ'
ἐμοῦ τότε] ὁ Hirschig   217 ἐξέφυγεν del. Bentl.   220 Λακρατίδῃ
codd. : corr. Bentl.   221 ἐγχάνοι Brunck   230 ἀντεμπαγῶ
R Suid. : ἅτ' ἐμπαγῶ A Ald. : αὗτ' ἐμπαγῶ Ambrosianus L. 41

ΑΧΑΡΝΗΣ

ὀξὺς ὀδυνηρὸς . . . ἐπίκωπος, ἵνα
μήποτε πατῶσιν ἔτι τὰς ἐμὰς ἀμπέλους.

ἀλλὰ δεῖ ζητεῖν τὸν ἄνδρα καὶ βλέπειν Βαλληνάδε
καὶ διώκειν γῆν πρὸ γῆς, ἕως ἂν εὑρεθῇ ποτέ·   235
ὡς ἐγὼ βάλλων ἐκεῖνον οὐκ ἂν ἐμπλήμην λίθοις.
Δι. εὐφημεῖτε, εὐφημεῖτε.
Χο. σῖγα πᾶς. ἠκούσατ᾽ ἄνδρες ἆρα τῆς εὐφημίας;
οὗτος αὐτός ἐστιν ὃν ζητοῦμεν. ἀλλὰ δεῦρο πᾶς
ἐκποδών· θύσων γὰρ ἀνὴρ ὡς ἔοικ᾽ ἐξέρχεται.   240
Δι. εὐφημεῖτε, εὐφημεῖτε.
προίτω ᾽ς τὸ πρόσθεν ὀλίγον ἡ κανηφόρος·
ὁ Ξανθίας τὸν φαλλὸν ὀρθὸν στησάτω.
κατάθου τὸ κανοῦν ὦ θύγατερ, ἵν᾽ ἀπαρξώμεθα.

ΘΥΓΑΤΗΡ
ὦ μῆτερ ἀνάδος δεῦρο τὴν ἐτνήρυσιν,   245
ἵν᾽ ἔτνος καταχέω τοὐλατῆρος τουτουί.
Δι. καὶ μὴν καλόν γ᾽ ἔστ᾽· ὦ Διόνυσε δέσποτα
κεχαρισμένως σοι τήνδε τὴν πομπὴν ἐμὲ
πέμψαντα καὶ θύσαντα μετὰ τῶν οἰκετῶν
ἀγαγεῖν τυχηρῶς τὰ κατ᾽ ἀγροὺς Διονύσια,   250
στρατιᾶς ἀπαλλαχθέντα· τὰς σπονδὰς δέ μοι
καλῶς ξυνενεγκεῖν τὰς τριακοντούτιδας.
ἄγ᾽ ὦ θύγατερ ὅπως τὸ κανοῦν καλὴ καλῶς
οἴσεις βλέπουσα θυμβροφάγον. ὡς μακάριος
ὅστις σ᾽ ὀπύσει κἀκποιήσεται γαλᾶς   255
σοῦ μηδὲν ἥττους βδεῖν, ἐπειδὰν ὄρθρος ᾖ.
πρόβαινε, κἂν τὤχλῳ φυλάττεσθαι σφόδρα
μή τις λαθών σου περιτράγῃ τὰ χρυσία.
ὦ Ξανθία, σφῷν δ᾽ ἐστὶν ὀρθὸς ἐκτέος

231 καὶ σκόλοψ ὀξὺς Herm. ex citatione Suidae   234 Βαλληνάδε
Γ Ald. schol. : Παλληνάδε R A C   242 προίτω ᾽ς Wolf : πρόϊθ᾽ ὡς
codd.   244 matri dat Ald. : ΓΥΝΗ praef. Brunck   247 καὶ μὴν
καλόν γ᾽ ἔστ᾽ filiae tribuit A   253–258 matri dat Ald.   254 οἴσεις
R : οἴσει vulg.   256 ἥττους Elmsl. : ἥττον codd.

ὁ φαλλὸς ἐξόπισθε τῆς κανηφόρου· 260
ἐγὼ δ' ἀκολουθῶν ᾄσομαι τὸ φαλλικόν·
σὺ δ' ὦ γύναι θεῶ μ' ἀπὸ τοῦ τέγους.   πρόβα.
  Φαλῆς ἑταῖρε Βακχίου
  ξύγκωμε νυκτοπεριπλάνη-
    τε μοιχὲ παιδεραστά, 265
  ἔκτῳ σ' ἔτει προσεῖπον ἐς
  τὸν δῆμον ἐλθὼν ἄσμενος,
  σπονδὰς ποιησάμενος ἐμαυ-
  τῷ, πραγμάτων τε καὶ μαχῶν
  καὶ Λαμάχων ἀπαλλαγείς. 270
  πολλῷ γάρ ἐσθ' ἥδιον, ὦ Φαλῆς Φαλῆς,
  κλέπτουσαν εὑρόνθ' ὡρικὴν ὑληφόρον
  τὴν Στρυμοδώρου Θρᾷτταν ἐκ τοῦ Φελλέως
    μέσην λαβόντ' ἄραντα κατα-
    βαλόντα καταγιγαρτίσ' ὦ 275
      Φαλῆς Φαλῆς.
  ἐὰν μεθ' ἡμῶν ξυμπίῃς, ἐκ κραιπάλης
  ἕωθεν εἰρήνης ῥοφήσει τρύβλιον·
  ἡ δ' ἀσπὶς ἐν τῷ φεψάλῳ κρεμήσεται.

Χο. οὗτος αὐτός ἐστιν, οὗτος. 280
    βάλλε βάλλε βάλλε βάλλε,
    παῖε παῖε τὸν μιαρόν.
    οὐ βαλεῖς; οὐ βαλεῖς;

Δι. Ἡράκλεις τουτὶ τί ἐστι; τὴν χύτραν συντρίψετε. [στρ.
Χο. σὲ μὲν οὖν καταλεύσομεν ὦ μιαρὰ κεφαλή. 285
Δι. ἀντὶ ποίας αἰτίας ὦχαρνέων γεραίτατοι;
Χο. τοῦτ' ἐρωτᾷς; ἀναίσχυντος εἶ καὶ βδελυρὸς
    ὦ προδότα τῆς πατρίδος, ὅστις ἡμῶν μόνος 290
    σπεισάμενος εἶτα δύνασαι πρὸς ἔμ' ἀποβλέπειν.
Δι. ἀντὶ δ' ὧν ἐσπεισάμην οὐκ ἴστε.   μᾶλλ' ἀκούσατε.

278 ῥοφήσεις codd.: corr. Elmsl.   294 οὐκ ἴστε. μᾶλλ' Mein.:
οὐκ ἴσατ' ἀλλ' R: οὐκ ἴστε ἀλλ' A: οὐκ ἴστε γ' ἀλλ' Ald.: οὐκ ἴστε τ'

ΑΧΑΡΝΗΣ

Χο. σοῦ γ' ἀκούσωμεν; ἀπολεῖ· κατά σε χώσομεν τοῖς
λίθοις. 295

Δι. μηδαμῶς πρὶν ἄν γ' ἀκούσητ'· ἀλλ' ἀνάσχεσθ' ὦγαθοί.

Χο. οὐκ ἀνασχήσομαι· μηδὲ λέγε μοι σὺ λόγον·
ὡς μεμίσηκά σε Κλέωνος ἔτι μᾶλλον, ὃν ἐ- 300
γὼ κατατεμῶ ποθ' ἱππεῦσι καττύματα.

σοῦ δ' ἐγὼ λόγους λέγοντος οὐκ ἀκούσομαι μακρούς,
ὅστις ἐσπείσω Λάκωσιν, ἀλλὰ τιμωρήσομαι.

Δι. ὦγαθοὶ τοὺς μὲν Λάκωνας ἐκποδὼν ἐάσατε, 305
τῶν δ' ἐμῶν σπονδῶν ἀκούσατ', εἰ καλῶς ἐσπεισάμην.

Χο. πῶς δέ γ' ἄν καλῶς λέγοις ἄν, εἴπερ ἐσπείσω γ' ἅπαξ
οἷσιν οὔτε βωμὸς οὔτε πίστις οὔθ' ὅρκος μένει;

Δι. οἶδ' ἐγὼ καὶ τοὺς Λάκωνας, οἷς ἄγαν ἐγκείμεθα,
οὐχ ἁπάντων ὄντας ἡμῖν αἰτίους τῶν πραγμάτων. 310

Χο. οὐχ ἁπάντων ὦ πανοῦργε; ταῦτα δὴ τολμᾷς λέγειν
ἐμφανῶς ἤδη πρὸς ἡμᾶς; εἶτ' ἐγώ σου φείσομαι;

Δι. οὐχ ἁπάντων, οὐχ ἁπάντων· ἀλλ' ἐγὼ λέγων ὁδὶ
πόλλ' ἂν ἀποφήναιμ' ἐκείνους ἔσθ' ἃ κἀδικουμένους.

Χο. τοῦτο τοὔπος δεινὸν ἤδη καὶ ταραξικάρδιον, 315
εἰ σὺ τολμήσεις ὑπὲρ τῶν πολεμίων ἡμῖν λέγειν.

Δι. κἄν γε μὴ λέγω δίκαια μηδὲ τῷ πλήθει δοκῶ,
ὑπὲρ ἐπιξήνου 'θελήσω τὴν κεφαλὴν ἔχων λέγειν.

Χο. εἰπέ μοι τί φειδόμεσθα τῶν λίθων ὦ δημόται
μὴ οὐ καταξαίνειν τὸν ἄνδρα τοῦτον ἐς φοινικίδα; 320

Δι. οἷον αὖ μέλας τις ὑμῖν θυμάλωψ ἐπέζεσεν.
οὐκ ἀκούσεσθ'; οὐκ ἀκούσεσθ' ἐτεὸν ὦχαρνηῖδαι;

Χο. οὐκ ἀκουσόμεσθα δῆτα.   Δι. δεινά τἄρα πείσομαι.

Χο. ἐξολοίμην, ἢν ἀκούσω.   Δι. μηδαμῶς ὦχαρνικοί.

ἀλλ' Γ: ἀκούσατ' ἀλλ' Hamaker   296 πρὶν ἂν vel πρίν γ' ἂν codd. :
corr. Bentl.   299 μοι σὺ Herm. : σύ μοι R : σὺ Α Γ C : δὴ σὺ Ald.
301 ποθ' ἱππεῦσι Herm. : τοῖς ἱππεῦσί ποτε B : τοῖσ(ιν) ἱππεῦσί(ν) ποτ'
ἐς vulg.   308 πίστις οὔτε βωμὸς A   317 λέγω] λέξω R.
321 οἷον R : οἷος vulg.   322 fortasse ὦχαρνηῖδια   323 τἄρα
Elmsl. : γ' ἄρα vel γ' ἆρα codd.

Χο. ὡς τεθνήξων ἴσθι νυνί.   Δι.   δήξομᾶρ' ὑμᾶς ἐγώ.
ἀνταποκτενῶ γὰρ ὑμῶν τῶν φίλων τοὺς φιλτάτους· 326
ὡς ἔχω γ' ὑμῶν ὁμήρους, οὓς ἀποσφάξω λαβών.

Χο. εἰπέ μοι, τί τοῦτ' ἀπειλεῖ τοὔπος ἄνδρες δημόται
τοῖς Ἀχαρνικοῖσιν ἡμῖν; μῶν ἔχει του παιδίον
τῶν παρόντων ἔνδον εἴρξας; ἢ 'πὶ τῷ θρασύνεται; 330

Δι. βάλλετ' εἰ βούλεσθ'.   ἐγὼ γὰρ τουτονὶ διαφθερῶ.
εἴσομαι δ' ὑμῶν τάχ' ὅστις ἀνθράκων τι κήδεται.

Χο. ὡς ἀπωλόμεσθ'. ὁ λάρκος δημότης ὅδ' ἔστ' ἐμός.
ἀλλὰ μὴ δράσῃς ὃ μέλλεις· μηδαμῶς ὦ μηδαμῶς.

Δι. ὡς ἀποκτενῶ, κέκραχθ'· ἐγὼ γὰρ οὐκ ἀκούσομαι. [ἀντ.

Χο. ἀπολεῖς ἄρ' ὁμήλικα τόνδε φιλανθρακέα;   336

Δι. οὐδ' ἐμοῦ λέγοντος ὑμεῖς ἀρτίως ἠκούσατε.

Χο. ἀλλὰ γὰρ νῦν λέγ', εἴ σοι δοκεῖ, τόν τε Λακε-
δαιμόνιον †αὐτὸν ὅτι τῷ † τρόπῳ σοὖστὶ φίλος·
ὡς τόδε τὸ λαρκίδιον οὐ προδώσω ποτέ.   340

Δι. τοὺς λίθους νύν μοι χαμᾶζε πρῶτον ἐξεράσατε.

Χο. οὑτοί σοι χαμαί, καὶ σὺ κατάθου πάλιν τὸ ξίφος.

Δι. ἀλλ' ὅπως μὴ 'ν τοῖς τρίβωσιν ἐγκάθηνταί που λίθοι.

Χο. ἐκσέσεισται χαμᾶζ'· οὐχ ὁρᾷς σειόμενον;
ἀλλὰ μή μοι πρόφασιν, ἀλλὰ κατάθου τὸ βέλος.   345
ὡς ὅδε γε σειστὸς ἅμα τῇ στροφῇ γίγνεται.

Δι. ἐμέλλετ' ἄρα πάντως ἀνήσειν τῆς βοῆς,
ὀλίγου τ' ἀπέθανον ἄνθρακες Παρνήθιοι,
καὶ ταῦτα διὰ τὴν ἀτοπίαν τῶν δημοτῶν.
ὑπὸ τοῦ δέους δὲ τῆς μαρίλης μοι συχνὴν   350
ὁ λάρκος ἐνετίλησεν ὥσπερ σηπία.
δεινὸν γὰρ οὕτως ὀμφακίαν πεφυκέναι

325 δήξομᾶρ' ὑμᾶς Dind. : δείξομ' ὑμᾶς ᾆρ' R : δήξομαι γὰρ (vel γ'
ᾆρ' ὑμᾶς vulg.   329 ἡμῖν] ὑμῶν Ald.   336 ᾆρ' ὁμήλικα Reisig :
ἄρα τὸν ἥλικα codd. praeter B qui ἄρα θ' ἥλικα habet   338 γὰρ
habet B : om. vulg.   339 αὐτὸν ὅτι τῷ] fortasse αἴνεσον ὅτῳ
φίλος R : φίλον vulg.   347 πάντως ἀνήσειν τῆς Dobr. : πάντες
ἀνασείειν codd.   348 Παρνήθιοι Bentl. : παρνάσσιοι R Ald. : παρ-
νάσιοι vulg.   351 ἐπετίλησεν Γ Suid.

16

τὸν θυμὸν ἀνδρῶν ὥστε βάλλειν καὶ βοᾶν
ἐθέλειν τ' ἀκοῦσαι μηδὲν ἴσον ἴσῳ φέρον,
ἐμοῦ 'θέλοντος ὑπὲρ ἐπιξήνου λέγειν   355
ὑπὲρ Λακεδαιμονίων ἅπανθ' ὅσ' ἂν λέγω·
καίτοι φιλῶ γε τὴν ἐμὴν ψυχὴν ἐγώ.

Χο. τί οὖν οὐ λέγεις, ἐπίξηνον ἐξενεγκὼν θύραζ', [στρ.
ὅ τι ποτ' ὦ σχέτλιε τὸ μέγα τοῦτ' ἔχεις;   360
πάνυ γὰρ ἔμεγε πόθος ὅ τι φρονεῖς ἔχει.
ἀλλ' ἧπερ αὐτὸς τὴν δίκην διωρίσω,
θεὶς δεῦρο τοὐπίξηνον ἐγχείρει λέγειν.   365

Δι. ἰδοὺ θεᾶσθε, τὸ μὲν ἐπίξηνον τοδί,
ὁ δ' ἀνὴρ ὁ λέξων οὑτοσὶ τυννουτοσί.
ἀμέλει μὰ τὸν Δί' οὐκ ἐνασπιδώσομαι,
λέξω δ' ὑπὲρ Λακεδαιμονίων ἅ μοι δοκεῖ.
καίτοι δέδοικα πολλά· τούς τε γὰρ τρόπους   370
τοὺς τῶν ἀγροίκων οἶδα χαίροντας σφόδρα,
ἐάν τις αὐτοὺς εὐλογῇ καὶ τὴν πόλιν
ἀνὴρ ἀλαζὼν καὶ δίκαια κἄδικα·
κἀνταῦθα λανθάνουσ' ἀπεμπολώμενοι·
τῶν τ' αὖ γερόντων οἶδα τὰς ψυχὰς ὅτι   375
οὐδὲν βλέπουσιν ἄλλο πλὴν ψηφηδακεῖν.
αὐτός τ' ἐμαυτὸν ὑπὸ Κλέωνος ἅπαθον
ἐπίσταμαι διὰ τὴν πέρυσι κωμῳδίαν.
εἰσελκύσας γάρ μ' ἐς τὸ βουλευτήριον
διέβαλλε καὶ ψευδῆ κατεγλώττιζέ μου   380
κἀκυκλοβόρει κἄπλυνεν, ὥστ' ὀλίγου πάνυ
ἀπωλόμην μολυνοπραγμονούμενος.
νῦν οὖν με πρῶτον πρὶν λέγειν ἐάσατε
ἐνσκευάσασθαί μ' οἷον ἀθλιώτατον.

366 θεᾶσθε] θέασαι R   376 ψηφηδακεῖν B: ψηφοδακεῖν R A:
ψήφῳ δακεῖν Ald.

17

ΑΡΙΣΤΟΦΑΝΟΥΣ

Χο. τί ταῦτα στρέφει τεχνάζεις τε καὶ πορίζεις τριβάς; [ἀντ.
λαβὲ δ' ἐμοῦ γ' ἔνεκα παρ' Ἱερωνύμου   386
σκοτοδασυπυκνότριχά τιν' Ἄιδος κυνῆν·   390
ἀλλ' ἐξάνοιγε μηχανὰς τὰς Σισύφου,
ὡς σκῆψιν ἀγὼν οὗτος οὐκ ἐσδέξεται.

Δι. ὥρα 'στὶν ἤδη καρτερὰν ψυχὴν λαβεῖν,
καί μοι βαδιστέ' ἐστὶν ὡς Εὐριπίδην.
παῖ παῖ.   395

ΚΗΦΙΣΟΦΩΝ

τίς οὗτος,   Δι. ἔνδον ἔστ' Εὐριπίδης;
Κη. οὐκ ἔνδον ἔνδον ἐστίν, εἰ γνώμην ἔχεις.
Δι. πῶς ἔνδον εἶτ' οὐκ ἔνδον;   Κη. ὀρθῶς ὦ γέρον.
ὁ νοῦς μὲν ἔξω ξυλλέγων ἐπύλλια
οὐκ ἔνδον, αὐτὸς δ' ἔνδον ἀναβάδην ποιεῖ
τραγῳδίαν.   Δι. ὦ τρισμακάρι' Εὐριπίδη,   400
ὅθ' ὁ δοῦλος οὑτωσὶ σαφῶς ἀπεκρίνατο.
ἐκκάλεσον αὐτόν.   Κη. ἀλλ' ἀδύνατον.   Δι. ἀλλ'
ὅμως·
οὐ γὰρ ἂν ἀπέλθοιμ', ἀλλὰ κόψω τὴν θύραν.
Εὐριπίδη, Εὐριπίδιον,
ὑπάκουσον, εἴπερ πώποτ' ἀνθρώπων τινί·   405
Δικαιόπολις καλεῖ σε Χολλήδης,· ἐγώ.

ΕΥΡΙΠΙΔΗΣ

ἀλλ' οὐ σχολή.
Δι. ἀλλ' ἐκκυκλήθητ'.   Ευ. ἀλλ' ἀδύνατον.   Δι. ἀλλ'
ὅμως.
Ευ. ἀλλ' ἐκκυκλήσομαι· καταβαίνειν δ' οὐ σχολή.
Δι. Εὐριπίδη,   Ευ. τί λέλακας;   Δι. ἀναβάδην ποιεῖς,
ἐξὸν καταβάδην; οὐκ ἐτὸς χωλοὺς ποιεῖς.   411
ἀτὰρ τί τὰ ῥάκι' ἐκ τραγῳδίας ἔχεις,

385 στρέφεις B   τεχνάζει Ald. : τεχνάζεις codd.   390 τιν' Brunck :
τὴν codd.   392 προσδέξεται Suid.   393 ἤδη] ἄρα μοι R
401 σοφῶς ὑποκρίνεται R

18

ἐσθῆτ' ἐλεινήν; οὐκ ἐτὸς πτωχοὺς ποιεῖς.
ἀλλ' ἀντιβολῶ πρὸς τῶν γονάτων σ' Εὐριπίδη,
δός μοι ῥάκιόν τι τοῦ παλαιοῦ δράματος.　　　　415
δεῖ γάρ με λέξαι τῷ χορῷ ῥῆσιν μακράν·
αὕτη δὲ θάνατον, ἢν κακῶς λέξω, φέρει.
Ευ. τὰ ποῖα τρύχη; μῶν ἐν οἷς Οἰνεὺς ὁδὶ
ὁ δύσποτμος γεραιὸς ἠγωνίζετο;
Δι. οὐκ Οἰνέως ἦν, ἀλλ' ἔτ' ἀθλιωτέρου.　　　　420
Ευ. τὰ τοῦ τυφλοῦ Φοίνικος; Δι. οὐ Φοίνικος, οὔ·
ἀλλ' ἕτερος ἦν Φοίνικος ἀθλιώτερος.
Ευ. ποίας ποθ' ἀνὴρ λακίδας αἰτεῖται πέπλων;
ἀλλ' ἦ Φιλοκτήτου τὰ τοῦ πτωχοῦ λέγεις;
Δι. οὐκ ἀλλὰ τούτου πολὺ πολὺ πτωχιστέρου.　　　　425
Ευ. ἀλλ' ἦ τὰ δυσπινῆ 'θέλεις πεπλώματα,
ἃ Βελλεροφόντης εἶχ' ὁ χωλὸς οὑτοσί;
Δι. οὐ Βελλεροφόντης· ἀλλὰ κἀκεῖνος μὲν ἦν
χωλὸς προσαιτῶν στωμύλος δεινὸς λέγειν.
Ευ. οἶδ' ἄνδρα Μυσὸν Τήλεφον. Δι. ναὶ Τήλεφον· 430
τούτου δὸς ἀντιβολῶ σέ μοι τὰ σπάργανα.
Ευ. ὦ παῖ δὸς αὐτῷ Τηλέφου ῥακώματα.
κεῖται δ' ἄνωθεν τῶν Θυεστείων ῥακῶν
μεταξὺ τῶν Ἰνοῦς. Κη. ἰδοὺ ταυτὶ λαβέ.
Δι. ὦ Ζεῦ διόπτα καὶ κατόπτα πανταχῇ,　　　　435
ἐνσκευάσασθαί μ' οἷον ἀθλιώτατον.
Εὐριπίδη, 'πειδήπερ ἐχαρίσω ταδί,
κἀκεῖνά μοι δὸς τἀκόλουθα τῶν ῥακῶν,
τὸ πιλίδιον περὶ τὴν κεφαλὴν τὸ Μύσιον.
δεῖ γάρ με δόξαι πτωχὸν εἶναι τήμερον,　　　　440
εἶναι μὲν ὅσπερ εἰμί, φαίνεσθαι δὲ μή·
τοὺς μὲν θεατὰς εἰδέναι μ' ὃς εἴμ' ἐγώ,
τοὺς δ' αὖ χορευτὰς ἠλιθίους παρεστάναι,
ὅπως ἂν αὐτοὺς ῥηματίοις σκιμαλίσω.

413 ἐλεεινήν codd. : corr. Pors.　434 Ἰνοῦς] οἰνέος A　441 ὅσπερ
Suid. : ὥσπερ codd.

19

ΑΡΙΣΤΟΦΑΝΟΥΣ

Ευ. δώσω· πυκνῇ γὰρ λεπτὰ μηχανᾷ φρενί.   **·445**
Δι. εὐδαιμονοίης, Τηλέφῳ δ' ἀγὼ φρονῶ.
   εὖ γ' οἷον ἤδη ῥηματίων ἐμπίμπλαμαι.
   ἀτὰρ δέομαί γε πτωχικοῦ βακτηρίου.
Ευ. τουτὶ λαβὼν ἄπελθε λαΐνων σταθμῶν.
Δι. ὦ θύμ', ὁρᾷς γὰρ ὡς ἀπωθοῦμαι δόμων,   450
   πολλῶν δεόμενος σκευαρίων· νῦν δὴ γενοῦ
   γλίσχρος προσαιτῶν λιπαρῶν τ'. Εὐριπίδη
   δός μοι σπυρίδιον διακεκαυμένον λύχνῳ.
Ευ. τί δ' ὦ τάλας σε τοῦδ' ἔχει πλέκους χρέος;
Δι. χρέος μὲν οὐδέν, βούλομαι δ' ὅμως λαβεῖν.   455
Ευ. λυπηρὸς ἴσθ' ὢν κἀποχώρησον δόμων.
Δι. φεῦ·
   εὐδαιμονοίης, ὥσπερ ἡ μήτηρ ποτέ.
Ευ. ἄπελθε νῦν μοι.   Δι. μἄλλά μοι δὸς ἓν μόνον
   κοτυλίσκιον τὸ χεῖλος ἀποκεκρουσμένον.
Ευ. φθείρου λαβὼν τόδ'· ἴσθ' ὀχληρὸς ὢν δόμοις.   460
Δι. οὔπω μὰ Δί'· οἶσθ' οἷ' αὐτὸς ἐργάζει κακά.
   ἀλλ' ὦ γλυκύτατ' Εὐριπίδη τουτὶ μόνον
   δός μοι χυτρίδιον σφογγίῳ βεβυσμένον.
Ευ. ὦνθρωπ' ἀφαιρήσει με τὴν τραγῳδίαν·
   ἄπελθε ταυτηνὶ λαβών.   Δι. ἀπέρχομαι.   465·
   καίτοι τί δράσω; δεῖ γὰρ ἑνὸς οὗ μὴ τυχὼν
   ἀπόλωλ'. ἄκουσον ὦ γλυκύτατ' Εὐριπίδη·
   τουτὶ λαβὼν ἄπειμι κοὐ πρόσειμ' ἔτι·
   ἐς τὸ σπυρίδιον ἰσχνά μοι φυλλεῖα δός.
Ευ. ἀπολεῖς μ'. ἰδού σοι. φροῦδά μοι τὰ δράματα.   470
Δι. ἀλλ' οὐκέτ', ἀλλ' ἄπειμι. καὶ γὰρ εἰμ' ἄγαν
   ὀχληρός, οὐ δοκῶν με κοιράνους στυγεῖν.
   οἴμοι κακοδαίμων, ὡς ἀπόλωλ'. ἐπελαθόμην

446 εὐδαιμονοίης] εὖ σοι γένοιτο Athenaeus   448 γε] καὶ Ald.
452 Εὐριπίδην R¹ A Ald.   454 ὦ] αὖ Suid.   459 κοτυλίσκιον
Athenaeus : κυλίσκιον codd.   460 τόδ' R : ταῦτ' vulg.   ἴσθι δ' R
464 ἀφαιρήσεις A

ΑΧΑΡΝΗΣ

ἐν ᾧπέρ ἐστι πάντα μοι τὰ πράγματα.

Εὐριπίδιον ὦ φιλτάτιον καὶ γλυκύτατον,   475
κάκιστ᾽ ἀπολοίμην, εἴ τί σ᾽ αἰτήσαιμ᾽ ἔτι,
πλὴν ἓν μόνον, τουτὶ μόνον τουτὶ μόνον,
σκάνδικά μοι δὸς μητρόθεν δεδεγμένος.

Ευ. ἀνὴρ ὑβρίζει· κλῇε πηκτὰ δωμάτων.

Δι. ὦ θύμ᾽ ἄνευ σκάνδικος ἐμπορευτέα.   480
ἆρ᾽ οἶσθ᾽ ὅσον τὸν ἀγῶν᾽ ἀγωνιεῖ τάχα,
μέλλων ὑπὲρ Λακεδαιμονίων ἀνδρῶν λέγειν;
πρόβαινέ νυν ὦ θυμέ· γραμμὴ δ᾽ αὑτηί.
ἕστηκας; οὐκ εἶ καταπιὼν Εὐριπίδην;
ἐπήνεσ᾽· ἄγε νυν ὦ τάλαινα καρδία   485
ἄπελθ᾽ ἐκεῖσε, κᾆτα τὴν κεφαλὴν ἐκεῖ
παράσχες εἰποῦσ᾽ ἅττ᾽ ἂν αὐτῇ σοι δοκῇ.
τόλμησον ἴθι χώρησον, ἄγαμαι καρδίας.

Χο. τί δράσεις; τί φήσεις; εὖ ἴσθι νυν   490
ἀναίσχυντος ὢν σιδηροῦς τ᾽ ἀνήρ,
ὅστις παρασχὼν τῇ πόλει τὸν αὐχένα
ἅπασι μέλλεις εἷς λέγειν τἀναντία.
ἀνὴρ οὐ τρέμει τὸ πρᾶγμ᾽. εἶά νυν,
ἐπειδήπερ αὐτὸς αἱρεῖ, λέγε.   495

Δι. μή μοι φθονήσητ᾽ ἄνδρες οἱ θεώμενοι,
εἰ πτωχὸς ὢν ἔπειτ᾽ ἐν Ἀθηναίοις λέγειν
μέλλω περὶ τῆς πόλεως, τρυγῳδίαν ποιῶν.
τὸ γὰρ δίκαιον οἶδε καὶ τρυγῳδία.   500
ἐγὼ δὲ λέξω δεινὰ μὲν δίκαια δέ.
οὐ γάρ με νῦν γε διαβαλεῖ Κλέων ὅτι
ξένων παρόντων τὴν πόλιν κακῶς λέγω.
αὐτοὶ γάρ ἐσμεν οὑπὶ Ληναίῳ τ᾽ ἀγών,
κοὔπω ξένοι πάρεισιν· οὔτε γὰρ φόροι   505
ἥκουσιν οὔτ᾽ ἐκ τῶν πόλεων οἱ ξύμμαχοι·
ἀλλ᾽ ἐσμὲν αὐτοὶ νῦν γε περιεπτισμένοι·

τοὺς γὰρ μετοίκους ἄχυρα τῶν ἀστῶν λέγω.
ἐγὼ δὲ μισῶ μὲν Λακεδαιμονίους σφόδρα,
καὐτοῖς ὁ Ποσειδῶν οὑπὶ Ταινάρῳ θεὸς   510
σείσας ἅπασιν ἐμβάλοι τὰς οἰκίας·
κἀμοὶ γάρ ἐστ' ἀμπέλια διακεκομμένα.
ἀτὰρ φίλοι γὰρ οἱ παρόντες ἐν λόγῳ,
τί ταῦτα τοὺς Λάκωνας αἰτιώμεθα;
ἡμῶν γὰρ ἄνδρες, κοὐχὶ τὴν πόλιν λέγω,   515
μέμνησθε τοῦθ' ὅτι οὐχὶ τὴν πόλιν λέγω,
ἀλλ' ἀνδράρια μοχθηρά, παρακεκομμένα,
ἄτιμα καὶ παράσημα καὶ παράξενα,
ἐσυκοφάντει Μεγαρέων τὰ χλανίσκια·
κεἴ που σίκυον ἴδοιεν ἢ λαγῴδιον   520
ἢ χοιρίδιον ἢ σκόροδον ἢ χόνδρους ἅλας,
ταῦτ' ἦν Μεγαρικὰ κἀπέπρατ' αὐθημερόν.
καὶ ταῦτα μὲν δὴ σμικρὰ κἀπιχώρια,
πόρνην δὲ Σιμαίθαν ἰόντες Μεγαράδε
νεανίαι κλέπτουσι μεθυσοκότταβοι·   525
κᾆθ' οἱ Μεγαρῆς ὀδύναις πεφυσιγγωμένοι
ἀντεξέκλεψαν Ἀσπασίας πόρνα δύο·
κἀντεῦθεν ἀρχὴ τοῦ πολέμου κατερράγη
Ἕλλησι πᾶσιν ἐκ τριῶν λαικαστριῶν.
ἐντεῦθεν ὀργῇ Περικλέης οὑλύμπιος   530
ἤστραπτ' ἐβρόντα ξυνεκύκα τὴν Ἑλλάδα,
ἐτίθει νόμους ὥσπερ σκόλια γεγραμμένους,
ὡς χρὴ Μεγαρέας μήτε γῇ μήτ' ἐν ἀγορᾷ
μήτ' ἐν θαλάττῃ μήτ' ἐν οὐρανῷ μένειν.
ἐντεῦθεν οἱ Μεγαρῆς, ὅτε δὴ 'πείνων βάδην,   535
Λακεδαιμονίων ἐδέοντο τὸ ψήφισμ' ὅπως
μεταστραφείη τὸ διὰ τὰς λαικαστρίας·

512 ἐστ' Bergk : ἐστιν codd.   διακεκομμένα R : κεκομμένα vulg.
515 κοὐχὶ R : οὐχὶ vulg.   521 χόνδρους ἅλας Elmsl. : χονδρὰς ἅλας
R : χόνδρους ἁλὸς vulg.   527 πόρνας R Athenaeus   528 κἀν-
τεῦθεν] κἀκεῖθεν Ath.   533 μήτ' ἐν γῇ codd. : corr. Bentl.

κοὐκ ἠθέλομεν ἡμεῖς δεομένων πολλάκις.
κἀντεῦθεν ἤδη πάταγος ἦν τῶν ἀσπίδων.
ἐρεῖ τις, οὐ χρῆν· ἀλλὰ τί ἐχρῆν, εἴπατε.　540
φέρ' εἰ Λακεδαιμονίων τις ἐκπλεύσας σκάφει
ἀπέδοτο φήνας κυνίδιον Σεριφίων,
καθῆσθ' ἂν ἐν δόμοισιν; ἦ πολλοῦ γε δεῖ·
καὶ κάρτα μέντἂν εὐθέως καθείλκετε
τριακοσίας ναῦς, ἦν δ' ἂν ἡ πόλις πλέα　545
θορύβου στρατιωτῶν, περὶ τριηράρχου βοῆς,
μισθοῦ διδομένου, παλλαδίων χρυσουμένων,
στοᾶς στεναχούσης, σιτίων μετρουμένων,
ἀσκῶν, τροπωτήρων, κάδους ὠνουμένων,
σκορόδων, ἐλαῶν, κρομμύων ἐν δικτύοις,　550
στεφάνων, τριχίδων, αὐλητρίδων, ὑπωπίων·
τὸ νεώριον δ' αὖ κωπέων πλατουμένων,
τύλων ψοφούντων, θαλαμιῶν τροπουμένων,
αὐλῶν, κελευστῶν, νιγλάρων, συριγμάτων.
ταῦτ' οἶδ' ὅτι ἂν ἐδρᾶτε· τὸν δὲ Τήλεφον　555
οὐκ οἰόμεσθα; νοῦς ἄρ' ἡμῖν οὐκ ἔνι.

ΗΜΙΧΟΡΙΟΝ Α

ἄληθες ὠπίτριπτε καὶ μιαρώτατε;
ταυτὶ σὺ τολμᾷς πτωχὸς ὢν ἡμᾶς λέγειν,
καὶ συκοφάντης εἴ τις ἦν ὠνείδισας;

ΗΜΙΧΟΡΙΟΝ Β

νὴ τὸν Ποσειδῶ καὶ λέγει γ' ἅπερ λέγει　560
δίκαια πάντα κοὐδὲν αὐτῶν ψεύδεται.
Ημ.ᵃ εἶτ' εἰ δίκαια, τοῦτον εἰπεῖν αὔτ' ἐχρῆν;
ἀλλ' οὔτι χαίρων ταῦτα τολμήσει λέγειν.
Ημ.ᵇ οὗτος σὺ ποῖ θεῖς; οὐ μενεῖς; ὡς εἰ θενεῖς
τὸν ἄνδρα τοῦτον, αὐτὸς ἀρθήσει τάχα.　565
Ημ.ᵃ ἰὼ Λάμαχ' ὦ βλέπων ἀστραπάς,

556 ἡμῖν] ὑμῖν Ald.　562 αὔτ'] ταῦτ' R　563 οὔτι Bentl.
οὐδὲ codd.　566 ὦ Herm. : ἰὼ codd.

23

ΑΡΙΣΤΟΦΑΝΟΥΣ

βοήθησον ὦ γοργολόφα φανείς,
ἰὼ Λάμαχ' ὦ φίλ' ὦ φυλέτα·
εἴτε τις ἔστι ταξίαρχος ἢ στρατηγὸς ἢ
τειχομάχας ἀνήρ, βοηθησάτω   570
τις ἀνύσας. ἐγὼ γὰρ ἔχομαι μέσος.

ΛΑΜΑΧΟΣ

πόθεν βοῆς ἤκουσα πολεμιστηρίας;
ποῖ χρὴ βοηθεῖν; ποῖ κυδοιμὸν ἐμβαλεῖν;
τίς Γοργόν' ἐξήγειρεν ἐκ τοῦ σάγματος;
Δι. ὦ Λάμαχ' ἥρως, τῶν λόφων καὶ τῶν λόχων.   575
Ημ.ᵃ ὦ Λάμαχ', οὐ γὰρ οὗτος ἄνθρωπος πάλαι
ἅπασαν ἡμῶν τὴν πόλιν κακορροθεῖ;
Λα. οὗτος σὺ τολμᾷς πτωχὸς ὢν λέγειν τάδε;
Δι. ὦ Λάμαχ' ἥρως, ἀλλὰ συγγνώμην ἔχε,
εἰ πτωχὸς ὢν εἶπόν τι κἀστωμυλάμην.
Λα. τί δ' εἶπας ἡμᾶς; οὐκ ἐρεῖς;   Δι.   οὐκ οἶδά πω·
ὑπὸ τοῦ δέους γὰρ τῶν ὅπλων εἰλιγγιῶ.   581
ἀλλ' ἀντιβολῶ σ' ἀπένεγκέ μου τὴν μορμόνα.
Λα. ἰδού.   Δι.   παράθες νυν ὑπτίαν αὐτὴν ἐμοί.
Λα. κεῖται.   Δι.   φέρε νυν ἀπὸ τοῦ κράνους μοι τὸ πτερόν.
Λα. τουτὶ πτίλον σοι.   Δι.   τῆς κεφαλῆς νύν μου λαβοῦ,
ἵν' ἐξεμέσω· βδελύττομαι γὰρ τοὺς λόφους.   586
Λα. οὗτος τί δράσεις; τῷ πτίλῳ μέλλεις ἐμεῖν;
πτίλον γάρ ἐστιν—   Δι.   εἰπέ μοι τίνος ποτὲ
ὄρνιθός ἐστιν; ἆρα κομπολακύθου;
Λα. οἴμ' ὡς τεθνήξεις.   Δι.   μηδαμῶς ὦ Λάμαχε·   590
οὐ γὰρ κατ' ἰσχύν ἐστιν· εἰ δ' ἰσχυρὸς εἶ,
τί μ' οὐκ ἀπεψώλησας; εὔοπλος γὰρ εἶ.
Λα. ταυτὶ λέγεις σὺ τὸν στρατηγὸν πτωχὸς ὤν;
Δι. ἐγὼ γάρ εἰμι πτωχός;   Λα.   ἀλλὰ τίς γὰρ εἶ;

569 ἢ στρατηγὸς ἢ] τις ἢ Elmsl.   570 τειχομάχος codd. : corr.
Dobr.   575 λόφων] φίλων R : πτίλων Thiersch   588 πτίλον
γάρ ἐστιν Dicaeopolidi dant codd. : corr. Bothe

24

ΑΧΑΡΝΗΣ

Δι. ὅστις; πολίτης χρηστός, οὐ σπουδαρχίδης,　　　　　　595
　　　ἀλλ᾽ ἐξ ὅτου περ ὁ πόλεμος, στρατωνίδης,
　　　σὺ δ᾽ ἐξ ὅτου περ ὁ πόλεμος, μισθαρχίδης.

Λα. ἐχειροτόνησαν γάρ με—　　　Δι. κόκκυγές γε τρεῖς.

　　　ταῦτ᾽ οὖν ἐγὼ βδελυττόμενος ἐσπεισάμην,
　　　ὁρῶν πολιοὺς μὲν ἄνδρας ἐν ταῖς τάξεσιν,　　　　600
　　　νεανίας δ᾽ οἵους σὺ διαδεδρακότας,
　　　τοὺς μὲν ἐπὶ Θρᾴκης μισθοφοροῦντας τρεῖς δραχμάς,
　　　Τεισαμενοφαινίππους Πανουργιππαρχίδας,
　　　ἑτέρους δὲ παρὰ Χάρητι τοὺς δ᾽ ἐν Χάοσιν,
　　　Γερητοθεοδώρους Διομειαλαζόνας,　　　　　　　　605
　　　τοὺς δ᾽ ἐν Καμαρίνῃ κἂν Γέλᾳ κἂν Καταγέλᾳ.

Λα. ἐχειροτονήθησαν γάρ.　　　Δι. αἴτιον δὲ τί
　　　ὑμᾶς μὲν ἀεὶ μισθοφορεῖν ἀμηγέπῃ,
　　　τωνδὶ δὲ μηδέν᾽; ἐτεὸν ὦ Μαριλάδη
　　　ἤδη πεπρέσβευκας σὺ πολιὸς ὢν †ἐν ἦ;†　　　　　610
　　　ἀνένευσε· καίτοι γ᾽ ἐστὶ σώφρων κἀργάτης.
　　　τί δαὶ Δράκυλλος ἢ Εὐφορίδης ἢ Πρινίδης;
　　　εἶδέν τις ὑμῶν τἀκβάταν᾽ ἢ τοὺς Χάονας;
　　　οὔ φασιν. ἀλλ᾽ ὁ Κοισύρας καὶ Λάμαχος,
　　　οἷς ὑπ᾽ ἐράνου τε καὶ χρεῶν πρώην ποτέ,　　　　615
　　　ὥσπερ ἀπόνιπτρον ἐκχέοντες ἑσπέρας,
　　　ἅπαντες ‘ἐξίστω’ παρῄνουν οἱ φίλοι.

Λα. ὦ δημοκρατία ταῦτα δῆτ᾽ ἀνασχετά;

Δι. οὐ δῆτ᾽ ἐὰν μὴ μισθοφορῇ γε Λάμαχος.

Λα. ἀλλ᾽ οὖν ἐγὼ μὲν πᾶσι Πελοποννησίοις　　　　620
　　　ἀεὶ πολεμήσω καὶ ταράξω πανταχῇ
　　　καὶ ναυσὶ καὶ πεζοῖσι κατὰ τὸ καρτερόν.

Δι. ἐγὼ δὲ κηρύττω γε Πελοποννησίοις
　　　ἅπασι καὶ Μεγαρεῦσι καὶ Βοιωτίοις
　　　πωλεῖν ἀγοράζειν πρὸς ἐμέ, Λαμάχῳ δὲ μή.　　625

598 γε Reiske : om. R : τε codd.　　601 οἷος Γ¹　　608 ἀμηγέπου
R Ald.　　610 ἐν ἦ] ενη R : fort. ἐν ᾗ οὔ;　　612 τί δ᾽ Ἀνθράκυλλος
Reiske　　613 εἶδεν] οἶδεν R Γ Ald.　　615 ὑπ᾽ Bentl. : ὑπὲρ codd.

ΑΡΙΣΤΟΦΑΝΟΥΣ

Χο. ἀνὴρ νικᾷ τοῖσι λόγοισιν, καὶ τὸν δῆμον μεταπείθει
περὶ τῶν σπονδῶν. ἀλλ᾽ ἀποδύντες τοῖς ἀναπαίστοις ἐπίωμεν.
ἐξ οὗ γε χοροῖσιν ἐφέστηκεν τρυγικοῖς ὁ διδάσκαλος ἡμῶν,
οὔπω παρέβη πρὸς τὸ θέατρον λέξων ὡς δεξιός ἐστιν·   629
διαβαλλόμενος δ᾽ ὑπὸ τῶν ἐχθρῶν ἐν Ἀθηναίοις ταχυβούλοις,
ὡς κωμῳδεῖ τὴν πόλιν ἡμῶν καὶ τὸν δῆμον καθυβρίζει,
ἀποκρίνασθαι δεῖται νυνὶ πρὸς Ἀθηναίους μεταβούλους.
φησὶν δ᾽ εἶναι πολλῶν ἀγαθῶν ἄξιος ὑμῖν ὁ ποιητής,
παύσας ὑμᾶς ξενικοῖσι λόγοις μὴ λίαν ἐξαπατᾶσθαι,
μήθ᾽ ἥδεσθαι θωπευομένους, μήτ᾽ εἶναι χαυνοπολίτας.   635
πρότερον δ᾽ ὑμᾶς ἀπὸ τῶν πόλεων οἱ πρέσβεις ἐξαπατῶντες
πρῶτον μὲν ἰοστεφάνους ἐκάλουν· κἀπειδὴ τοῦτό τις εἴποι,
εὐθὺς διὰ τοὺς στεφάνους ἐπ᾽ ἄκρων τῶν πυγιδίων ἐκάθησθε.
εἰ δέ τις ὑμᾶς ὑποθωπεύσας λιπαρὰς καλέσειεν Ἀθήνας,
ηὕρετο πᾶν ἂν διὰ τὰς λιπαράς, ἀφύων τιμὴν περιάψας.   640
ταῦτα ποιήσας πολλῶν ἀγαθῶν αἴτιος ὑμῖν γεγένηται,
καὶ τοὺς δήμους ἐν ταῖς πόλεσιν δείξας ὡς δημοκρατοῦνται.
τοιγάρτοι νῦν ἐκ τῶν πόλεων τὸν φόρον ὑμῖν ἀπάγοντες
ἥξουσιν ἰδεῖν ἐπιθυμοῦντες τὸν ποιητὴν τὸν ἄριστον,
ὅστις παρεκινδύνευσ᾽ εἰπεῖν ἐν Ἀθηναίοις τὰ δίκαια.   645
οὕτω δ᾽ αὐτοῦ περὶ τῆς τόλμης ἤδη πόρρω κλέος ἥκει,
ὅτε καὶ βασιλεὺς Λακεδαιμονίων τὴν πρεσβείαν βασανίζων
ἠρώτησεν πρῶτα μὲν αὐτοὺς πότεροι ταῖς ναυσὶ κρατοῦσιν,
εἶτα δὲ τοῦτον τὸν ποιητὴν ποτέρους εἴποι κακὰ πολλά·
τούτους γὰρ ἔφη τοὺς ἀνθρώπους πολὺ βελτίους γεγενῆσθαι
καὶ τῷ πολέμῳ πολὺ νικήσειν τοῦτον ξύμβουλον ἔχοντας.   651
διὰ ταῦθ᾽ ὑμᾶς Λακεδαιμόνιοι τὴν εἰρήνην προκαλοῦνται
καὶ τὴν Αἴγιναν ἀπαιτοῦσιν· καὶ τῆς νήσου μὲν ἐκείνης
οὐ φροντίζουσ᾽, ἀλλ᾽ ἵνα τοῦτον τὸν ποιητὴν ἀφέλωνται.

627 τοὺς ἀναπαίστους Ald.   632 ἀποκρίνεσθαι Ald.   633 ἄξιος]
αἴτιος Bentl.   636 οἱ πρέσβεις ἀπὸ τῶν πόλεων codd. : corr. Bentl.
640 ηὕρετο] εὕρετο R Suid. : εὗρε τὸ vulg.   645 ὅστις παρεκινδύ-
νευσεν Ἀθηναίοις εἰπεῖν codd. : corr. Herm.   646 οὕτω δ᾽] οὕτως
Elmsl.   652 ταῦθ᾽ R : τοῦθ᾽ Α² Ald.

ΑΧΑΡΝΗΣ

ἀλλ' ὑμεῖς τοι μή ποτ' ἀφῆσθ'· ὡς κωμῳδήσει τὰ δίκαια· 655
φησὶν δ' ὑμᾶς πολλὰ διδάξειν ἀγάθ', ὥστ' εὐδαίμονας εἶναι,
οὐ θωπεύων οὐδ' ὑποτείνων μισθοὺς οὐδ' ἐξαπατύλλων,
οὐδὲ πανουργῶν οὐδὲ κατάρδων, ἀλλὰ τὰ βέλτιστα διδάσκων.
πρὸς ταῦτα Κλέων καὶ παλαμάσθω
καὶ πᾶν ἐπ' ἐμοὶ τεκταινέσθω.   660
τὸ γὰρ εὖ μετ' ἐμοῦ καὶ τὸ δίκαιον
ξύμμαχον ἔσται, κοὐ μή ποθ' ἁλῶ
περὶ τὴν πόλιν ὢν ὥσπερ ἐκεῖνος
δειλὸς καὶ λακαταπύγων.   664
δεῦρο Μοῦσ' ἐλθὲ φλεγυρὰ πυρὸς ἔχουσα μένος ἔντονος
Ἀχαρνική.   [στρ.
οἷον ἐξ ἀνθράκων πρινίνων φέψαλος ἀνήλατ' ἐρεθιζόμενος
οὐρίᾳ ῥιπίδι,
ἡνίκ' ἂν ἐπανθρακίδες ὦσι παρακείμεναι,   670
οἱ δὲ Θασίαν ἀνακυκῶσι λιπαράμπυκα,
οἱ δὲ μάττωσιν, οὕτω σοβαρὸν ἐλθὲ μέλος ἔντονον ἀγροικότερον
ὡς ἐμὲ λαβοῦσα τὸν δημότην.   675

οἱ γέροντες οἱ παλαιοὶ μεμφόμεσθα τῇ πόλει·
οὐ γὰρ ἀξίως ἐκείνων ὧν ἐναυμαχήσαμεν
γηροβοσκούμεσθ' ὑφ' ὑμῶν, ἀλλὰ δεινὰ πάσχομεν,
οἵτινες γέροντας ἄνδρας ἐμβαλόντες ἐς γραφὰς
ὑπὸ νεανίσκων ἐᾶτε καταγελᾶσθαι ῥητόρων,   680
οὐδὲν ὄντας, ἀλλὰ κωφοὺς καὶ παρεξηυλημένους,
οἷς Ποσειδῶν ἀσφάλειός ἐστιν ἡ βακτηρία·
τονθορύζοντες δὲ γήρᾳ τῷ λίθῳ προσέσταμεν,
οὐχ ὁρῶντες οὐδὲν εἰ μὴ τῆς δίκης τὴν ἠλύγην.
ᾧ δέ, νεανίας ἑαυτῷ σπουδάσας ξυνηγορεῖν,   685
ἐς τάχος παίει ξυνάπτων στρογγύλοις τοῖς ῥήμασιν·

655 ἀφῆσθ' Bergk. Fr. Com. p. 416: ἀφήσηθ' A Ald.: δείσηθ' C: ἀφήσετε vulg.   657 οὐδ' . . . οὐδ' Suid.: οὔθ' . . . οὔτ' codd. 665 φλεγυρὸν Ald.   671 ἀνακυκῶσι R: κυκῶσι Suid.: ἀνακυκλῶσι vulg.   674 εὔτονον ἀγροικότονον codd. praeter A   685 νεανίας codd. Suid.: νεανίαν Elmsl.

27

κᾆτ' ἀνελκύσας ἐρωτᾷ σκανδάληθρ' ἱστὰς ἐπῶν
ἄνδρα Τιθωνὸν σπαράττων καὶ ταράττων καὶ κυκῶν.
ὁ δ' ὑπὸ γήρως μασταρύζει, κᾆτ' ὀφλὼν ἀπέρχεται,
εἶτα λύζει καὶ δακρύει καὶ λέγει πρὸς τοὺς φίλους, 690
' οὗ μ' ἐχρῆν σορὸν πρίασθαι τοῦτ' ὀφλὼν ἀπέρχομαι.'

ταῦτα πῶς εἰκότα, γέροντ' ἀπολέσαι πολιὸν ἄνδρα περὶ
κλεψύδραν,   [ἀντ.
πολλὰ δὴ ξυμπονήσαντα καὶ θερμὸν ἀπομορξάμενον ἀνδρικὸν
ἱδρῶτα δὴ καὶ πολύν,
ἄνδρ' ἀγαθὸν ὄντα Μαραθῶνι περὶ τὴν πόλιν;
εἶτα Μαραθῶνι μὲν ὅτ' ἦμεν ἐδιώκομεν,
νῦν δ' ὑπ' ἀνδρῶν πονηρῶν σφόδρα διωκόμεθα, κᾆτα προσαλι-
σκόμεθα.   700
πρὸς τάδε τίς ἀντερεῖ Μαρψίας;

τῷ γὰρ εἰκὸς ἄνδρα κυφὸν ἡλίκον Θουκυδίδην
ἐξολέσθαι συμπλακέντα τῇ Σκυθῶν ἐρημίᾳ,
τῷδε τῷ Κηφισοδήμῳ τῷ λάλῳ ξυνηγόρῳ;   705
ὥστ' ἐγὼ μὲν ἠλέησα κἀπεμορξάμην ἰδὼν
ἄνδρα πρεσβύτην ὑπ' ἀνδρὸς τοξότου κυκώμενον,
ὃς μὰ τὴν Δήμητρ', ἐκεῖνος ἡνίκ' ἦν Θουκυδίδης,
οὐδ' ἂν αὐτὴν τὴν Ἀχαίαν ῥᾳδίως ἠνέσχετο,
ἀλλὰ κατεπάλαισε μέντἂν πρῶτον Εὐάθλους δέκα,   710
κατεβόησε δ' ἂν κεκραγὼς τοξότας τρισχιλίους,
περιετόξευσεν δ' ἂν αὐτοῦ τοῦ πατρὸς τοὺς ξυγγενεῖς.
ἀλλ' ἐπειδὴ τοὺς γέροντας οὐκ ἐᾷθ' ὕπνου τυχεῖν,
ψηφίσασθε χωρὶς εἶναι τὰς γραφάς, ὅπως ἂν ᾖ
τῷ γέροντι μὲν γέρων καὶ νωδὸς ὁ ξυνήγορος,   715
τοῖς νέοισι δ' εὐρύπρωκτος καὶ λάλος χὠ Κλεινίου.
κἀξελαύνειν χρὴ τὸ λοιπόν, κἂν φύγῃ τις ζημιοῦν,
τὸν γέροντα τῷ γέροντι, τὸν νέον δὲ τῷ νέῳ.

689 μασταρίζει A Hesych.   690 εἶτα λύζει] εἶτ' ἀλύει v. l. apud
schol.   702 τίς] τί Elmsl.   709 Ἀχαίαν A : Ἀχαιρὰν C : Ἀχαιὰν vulg.
710 μέντἂν Reiske : μὲν R A Γ : μὲν ἂν Ald.

ΑΧΑΡΝΗΣ

Δι. ὅροι μὲν ἀγορᾶς εἰσιν οἵδε τῆς ἐμῆς.
  ἐνταῦθ᾽ ἀγοράζειν πᾶσι Πελοποννησίοις   720
  ἔξεστι καὶ Μεγαρεῦσι καὶ Βοιωτίοις,
  ἐφ᾽ ᾧτε πωλεῖν πρὸς ἐμέ, Λαμάχῳ δὲ μή.
  ἀγορανόμους δὲ τῆς ἀγορᾶς καθίσταμαι
  τρεῖς τοὺς λαχόντας τούσδ᾽ ἱμάντας ἐκ Λεπρῶν.
  ἐνταῦθα μήτε συκοφάντης εἰσίτω   725
  μήτ᾽ ἄλλος ὅστις Φασιανός ἐστ᾽ ἀνήρ.
  ἐγὼ δὲ τὴν στήλην καθ᾽ ἣν ἐσπεισάμην
  μέτειμ᾽, ἵνα στήσω φανερὰν ἐν τἀγορᾷ.

ΜΕΓΑΡΕΥΣ
  ἀγορὰ 'ν 'Αθάναις χαῖρε Μεγαρεῦσιν φίλα.
  ἐπόθουν τυ ναὶ τὸν φίλιον ἇπερ ματέρα.   730
  ἀλλ᾽ ὦ πόνηρα κώρι᾽ ἀθλίω πατρός,
  ἄμβατε ποττὰν μᾶδδαν, αἴ χ᾽ εὕρητέ πᾳ.
  ἀκούετε δή, ποτέχετ᾽ ἐμὶν τὰν γαστέρα·
  πότερα πεπρᾶσθαι χρῄδδετ᾽ ἢ πεινῆν κακῶς;

ΚΟΡΑ
  πεπρᾶσθαι πεπρᾶσθαι.   735

Με. ἐγώνγα καὐτός φαμι. τίς δ᾽ οὕτως ἄνους
  ὃς ὑμέ κα πρίαιτο φανερὰν ζαμίαν;
  ἀλλ᾽ ἔστι γάρ μοι Μεγαρικά τις μαχανά,
  χοίρως γὰρ ὑμὲ σκευάσας φασῶ φέρειν.
  περίθεσθε τάσδε τὰς ὁπλὰς τῶν χοιρίων.   740
  ὅπως δὲ δοξεῖτ᾽ εἶμεν ἐξ ἀγαθᾶς ὑός·
  ὡς ναὶ τὸν Ἑρμᾶν, αἴπερ ἰξεῖτ᾽ οἴκαδις
  ἄπρατα, πειρασεῖσθε τᾶς λιμῶ κακῶς.
  ἀλλ᾽ ἀμφίθεσθε καὶ ταδὶ τὰ ῥυγχία,
  κἤπειτεν ἐς τὸν σάκκον ὦδ᾽ ἐσβαίνετε.   745

---

728 φανερὰν] φανερῶς R   731 κόρι᾽ Elmsl.: κόρι᾽ Α Γ: κόριχ᾽
R : κόριά γ᾽ vulg.   733 ἀκούετε C : ἀκούετον vulg.   738 ἔστι γάρ
μοι codd. : ἐστὶν ἡμῖν Suid   741 εἶμεν Dind.: εἰμὲν C : ἦμεν R A
Ald.   742 ἰξεῖτ᾽] ἰξεῖτ᾽ R : ἴξετ᾽ Γ Ald.   743 ἄπρατα Ahrens :
τὰ πρᾶτα Ald. : τὰ πρῶτα vulg.

29

ὅπως δὲ γρυλλιξεῖτε καὶ κοΐζετε
χῆσεῖτε φωνὰν χοιρίων μυστηρικῶν.
ἐγὼν δὲ καρυξῶ Δικαιόπολιν ὅπᾳ·
Δικαιόπολι, ἦ λῇς πρίασθαι χοιρία;
Δι. τί; ἀνὴρ Μεγαρικός; Με. ἀγορασοῦντες ἵκομες. 750
Δι. πῶς ἔχετε; Με. διαπεινᾶμες ἀεὶ ποττὸ πῦρ.
Δι. ἀλλ᾽ ἡδύ τοι νὴ τὸν Δί᾽, ἦν αὐλὸς παρῇ.
    τί δ᾽ ἄλλο πράττεθ᾽ οἱ Μεγαρῆς νῦν; Με. οἷα δή.
    ὅκα μὲν ἐγὼν τηνῶθεν ἐμπορευόμαν,
    ἄνδρες πρόβουλοι τοῦτ᾽ ἔπραττον τᾷ πόλει, 755
    ὅπως τάχιστα καὶ κάκιστ᾽ ἀπολοίμεθα.
Δι. αὐτίκ᾽ ἄρ᾽ ἀπαλλάξεσθε πραγμάτων. Με. σά μάν;
Δι. τί δ᾽ ἄλλο Μεγαροῖ; πῶς ὁ σῖτος ὤνιος;
Με. παρ᾽ ἁμὶ πολυτίματος ᾇπερ τοὶ θεοί. 759
Δι. ἅλας οὖν φέρεις; Με. οὐχ ὑμὲς αὐτῶν ἄρχετε;
Δι. οὐδὲ σκόροδα; Με. ποῖα σκόροδ᾽; ὑμὲς τῶν ἀεί,
    ὅκκ᾽ ἐσβάλητε, τὼς ἀρωραῖοι μύες
    πάσσακι τὰς ἀγλιθας ἐξορύσσετε.
Δι. τί δαὶ φέρεις; Με. χοίρως ἐγώνγα μυστικάς.
Δι. καλῶς λέγεις· ἐπίδειξον. Με. ἀλλὰ μὰν καλαί.
    ἄντεινον αἱ λῇς· ὡς παχεῖα καὶ καλά. 766
Δι. τουτὶ τί ἦν τὸ πρᾶγμα; Με. χοῖρος ναὶ Δία.
Δι. τί λέγεις σύ; ποδαπὴ δή ᾽στι χοῖρος; Με. Μεγαρικά.
    ἦ οὐ χοῖρός ἐσθ᾽ ἅδ᾽; Δι. οὐκ ἔμοιγε φαίνεται.
Με. οὐ δεινά; θᾶσθε τῶδε τὰς ἀπιστίας· 770
    οὔ φατι τάνδε χοῖρον εἶμεν. ἀλλὰ μάν,
    αἰ λῇς, περίδου μοι περὶ θυμιτιδᾶν ἁλῶν,
    αἰ μή ᾽στιν οὗτος χοῖρος Ἑλλάνων νόμῳ.

746 γρυλιξεῖτε A   749 Δικαιόπολις codd. praeter R   750 ἀγο-
ράσοντες ἥκομεν (ἵκομεν R) codd. : corr. Elmsl.   757 ἀπηλλάξεσθε
Cobet   758 τί δ᾽ ἄλλο Megarensi continuat Ald.   759 ἁμὶ
Elmsl. : ἀμὲ codd.   761 τῶν R : ὦν vulg.   766 παχεῖαι καὶ
καλαί Ald.   768 δή ᾽στι χοῖρος Ald. : χοῖρος ἤδε R : χοῖρος Α Γ
770 θᾶσθαι B   τῶδε τὰς Blaydes : τοῦδε τὰς codd. : τόνδε· τᾶς Elmsl.
771 τάνδε R : τόνδε vulg.   εἶμεν Dind. : ἦμεν codd.

Δι. ἀλλ' ἔστιν ἀνθρώπου γε.   Με.   ναὶ τὸν Διοκλέα

ἐμά γα. τὺ δέ νιν εἶμεναι τίνος δοκεῖς;   775

ἢ λῇς ἀκοῦσαι φθεγγομένας;   Δι.   νὴ τοὺς θεοὺς

ἔγωγε.   Με.   φώνει δὴ τὺ ταχέως χοιρίον.

οὐ χρῆσθα; σιγῆς ὦ κάκιστ' ἀπολουμένα;

πάλιν τυ ἀποισῶ ναὶ τὸν Ἑρμᾶν οἴκαδις.

ΚΟΡΗ

κοὶ κοί.   780

Με. αὗτα 'στὶ χοῖρος;   Δι.   νῦν γε χοῖρος φαίνεται.

ἀτὰρ ἐκτραφείς γε κύσθος ἔσται.   Με.   πέντ' ἐτῶν,

σάφ' ἴσθι, ποττὰν ματέρ' εἰκασθήσεται.

Δι. ἀλλ' οὐδὲ θύσιμός ἐστιν αὐτηγί.   Με.   σά μάν;

πᾷ δ' οὐχὶ θύσιμός ἐστι;   Δι.   κέρκον οὐκ ἔχει.   785

Με. νεαρὰ γάρ ἐστιν· ἀλλὰ δελφακουμένα

ἑξεῖ μεγάλαν τε καὶ παχεῖαν κῆρυθράν.

ἀλλ' αἰ τράφειν λῇς, ἅδε τοι χοῖρος καλά.

Δι. ὡς ξυγγενὴς ὁ κύσθος αὐτῆς θατέρᾳ.

Με. ὁμοματρία γάρ ἐστι κῆκ τωὐτῶ πατρός.   790

αἱ δ' ἂν παχυνθῇ κἀναχνοιανθῇ τριχί,

κάλλιστος ἔσται χοῖρος Ἀφροδίτᾳ θύειν.

Δι. ἀλλ' οὐχὶ χοῖρος τἀφροδίτῃ θύεται.

Με. οὐ χοῖρος Ἀφροδίτᾳ; μόνᾳ γα δαιμόνων.

καὶ γίνεταί γα τᾶνδε τᾶν χοίρων τὸ κρῆς   795

ἅδιστον ἂν τὸν ὀδελὸν ἐμπεπαρμένον.

Δι. ἤδη δ' ἄνευ τῆς μητρὸς ἐσθίοιεν ἄν;

Με. ναὶ τὸν Ποτειδᾶν καί κ' ἄνις γα τῶ πατρός.

Δι. τί δ' ἐσθίει μάλιστα;   Με.   πάνθ' ἅ κα διδῷς.

---

778 οὐ χρῆσθα σιγῆς codd.: corr. Ahrens : οὐ χρῆσθα σιγῆν Greg. Cor.
779 τυ Blaydes: τ' R : τύ γ' vulg.   784 αὐτηγί] αὐτῆι R Ald.
788 τράφειν Müller : τρέφειν R A Γ Ald. : τρέφεν B C   791 αἱ
δ' ἂν] ἀλλ' ἂν R : αἴ κα Blaydes   κἀναχνοιανθῇ codd. : corr.
Bothe   794 δαίμονι B   796 ἂν] ἐς Γ B   ὀβελὸν R   ἀμπε-
παρμένον Elmsl.   798 Ποτειδᾶν Bergk: Ποσειδῶ R : Ποτείδαν Γ
Ald.: Ποτείδα A   καί κ' ἄνις Blaydes : κἂν ἄνευ codd.   799 κα
Pors. : καὶ codd.

αὐτὸς δ' ἐρώτη.   Δι. χοῖρε χοῖρε.   Κο. κοΐ κοΐ.
Δι. τρώγοις ἂν ἐρεβίνθους;   Κο. κοΐ κοΐ κοΐ.   801
Δι. τί δαί; φιβάλεως ἰσχάδας;   Κο. κοΐ κοΐ.
Δι. τί δαὶ σύ; τρώγοις ἄν;   Κο. κοΐ κοΐ κοΐ.
Δι. ὡς ὀξὺ πρὸς τὰς ἰσχάδας κεκράγατε.
ἐνεγκάτω τις ἔνδοθεν τῶν ἰσχάδων   805
τοῖς χοιριδίοισιν. ἆρα τρώξονται; βαβαί,
οἷον ῥοθιάζουσ' ὦ πολυτίμηθ' Ἡράκλεις.
ποδαπὰ τὰ χοιρί'; ὡς Τραγασαῖα φαίνεται.
Με. ἀλλ' οὔτι πάσας κατέτραγον τὰς ἰσχάδας.
ἐγὼ γὰρ αὐτᾶν τάνδε μίαν ἀνειλόμαν.   810
Δι. νὴ τὸν Δί' ἀστείω γε τὼ βοσκήματε·
πόσου πρίωμαί σοι τὰ χοιρίδια; λέγε.
Με. τὸ μὲν ἅτερον τούτων σκορόδων τροπαλίδος,
τὸ δ' ἅτερον, αἰ λῇς, χοίνικος μόνας ἁλῶν.
Δι. ὠνήσομαί σοι· περίμεν' αὐτοῦ.   Με. ταῦτα δή. 815
Ἑρμᾶ 'μπολαῖε τὰν γυναῖκα τὰν ἐμὰν
οὕτω μ' ἀποδόσθαι τάν τ' ἐμωυτῶ ματέρα.

ΣΥΚΟΦΑΝΤΗΣ

ὦνθρωπε ποδαπός;   Με. χοιροπώλας Μεγαρικός.
Συ. τὰ χοιρίδια τοίνυν ἐγὼ φανῶ ταδὶ
πολέμια καὶ σέ.   Με. τοῦτ' ἐκεῖν', ἵκει πάλιν 820
ὅθενπερ ἀρχὰ τῶν κακῶν ἁμῖν ἔφυ.
Συ. κλάων μεγαριεῖς. οὐκ ἀφήσεις τὸν σάκον;
Με. Δικαιόπολι Δικαιόπολι φαντάδδομαι.
Δι. ὑπὸ τοῦ; τίς ὁ φαίνων σ' ἐστίν; ἀγορανόμοι,
τοὺς συκοφάντας οὐ θύραζ' ἐξείρξετε;   825
τί δὴ μαθὼν φαίνεις ἄνευ θρυαλλίδος;
Συ. οὐ γὰρ φανῶ τοὺς πολεμίους;   Δι. κλάων γε σύ,

803 σύ; τρώγοις ἄν; Elmsl. : σὺ κατατρώγοις ἂν αὐτὸς C : σῦκα τρώγοις
αὐτὸς ἄν vel σῦκα τρώγοις ἂν αὐτός vulg.   809 Dicaeopolidi con-
tinuant codd. : corr. Hirschig   813 τροπαλίδος Γ : τροπαλλίδος Ald. et
vulg.   823 φαντάζομαι codd. : corr. Valckenaer   824 ὑπὸ τοῦ;]
Megarensi dant R Γ   ἀγορανόμοι Elmsl. : ἀγ. R A Γ : οἱ δ' ἀγ. Ald. :
ὦ ἀγ. B   826 τί δὴ Brunck : τιὴ codd.

ΑΧΑΡΝΗΣ

εἰ μὴ 'τέρωσε συκοφαντήσεις τρέχων.

Με. οἷον τὸ κακὸν ἐν ταῖς Ἀθάναις τοῦτ' ἔνι.

Δι. θάρρει Μεγαρίκ'· ἀλλ' ἧς τὰ χοιρίδι' ἀπέδου   830
τιμῆς, λαβὲ ταυτὶ τὰ σκόροδα καὶ τοὺς ἅλας,
καὶ χαῖρε πόλλ'.   Με. ἀλλ' ἁμὶν οὐκ ἐπιχώριον.

Δι. πολυπραγμοσύνη νυν ἐς κεφαλὴν τράποιτ' ἐμοί.

Με. ὦ χοιρίδια πειρῆσθε κἄνις τῶ πατρὸς
παίειν ἐφ' ἁλὶ τὰν μᾶδδαν, αἴκα τις διδῷ.   835

Χο. εὐδαιμονεῖ γ' ἄνθρωπος. οὐκ ἤκουσας οἷ προβαίνει
τὸ πρᾶγμα τοῦ βουλεύματος; καρπώσεται γὰρ ἀνὴρ
ἐν τἀγορᾷ καθήμενος·
κἂν εἰσίῃ τις Κτησίας
ἢ συκοφάντης ἄλλος, οἰ-   840
μώζων καθεδεῖται·

οὐδ' ἄλλος ἀνθρώπων ὑποψωνῶν σε πημανεῖ τι,
οὐδ' ἐξομόρξεται Πρέπις τὴν εὐρυπρωκτίαν σοι,
οὐδ' ὠστιεῖ Κλεωνύμῳ·
χλαῖναν δ' ἔχων φανὴν δίει   845
κοὐ ξυντυχών σ' Ὑπέρβολος
δικῶν ἀναπλήσει·

οὐδ' ἐντυχὼν ἐν τἀγορᾷ πρόσεισί σοι βαδίζων
Κρατῖνος ἀεὶ κεκαρμένος μοιχὸν μιᾷ μαχαίρᾳ,
ὁ περιπόνηρος Ἀρτέμων,   850
ὁ ταχὺς ἄγαν τὴν μουσικήν,
ὄζων κακὸν τῶν μασχαλῶν
πατρὸς Τραγασαίου·

836-41 = 842-47 = 848-53 - 854-59

828 τρέχων R : ἰὼν vulg.   832 ἀλλ' ἁμὶν Elmsl. : ἀλλὰ μὶν R :
ἀλλὰ μὲν (vel μὴν) vulg.   833 πολυπραγμοσύνης schol. et codd.
praeter R   835 μᾶδδαν Dind. : μᾶζαν codd.   842 πημανεῖ τι
L. Dindorf : πημανεῖται codd.   843 οὐδ' ἐναπομόρξεται Suid.
849 ἀεί] εὖ Fritzsche : ἀπο- Reis'g   850 ὁ Bentl. : οὐδ' ὁ codd.

33

οὐδ᾽ αὖθις αὖ σε σκώψεται Παύσων ὁ παμπόνηρος
Λυσίστρατός τ᾽ ἐν τἀγορᾷ, Χολαργέων ὄνειδος,   855
ὁ περιαλουργὸς τοῖς κακοῖς,
ῥιγῶν τε καὶ πεινῶν ἀεὶ
πλεῖν ἢ τριάκονθ᾽ ἡμέρας
τοῦ μηνὸς ἑκάστου.

ΒΟΙΩΤΟΣ

ἴττω Ἡρακλῆς ἔκαμόν γα τὰν τύλαν κακῶς·   860
κατάθου τὺ τὰν γλάχων᾽ ἀτρέμας Ἰσμηνία·
ὑμὲς δ᾽ ὅσοι Θείβαθεν αὐληταὶ πάρα
τοῖς ὀστίνοις φυσῆτε τὸν πρωκτὸν κυνός.

Δι. παῦ ἐς κόρακας.   οἱ σφῆκες οὐκ ἀπὸ τῶν θυρῶν;
πόθεν προσέπτονθ᾽ οἱ κακῶς ἀπολούμενοι   865
ἐπὶ τὴν θύραν μοι Χαιριδῆς βομβαύλιοι;

Βο. νεὶ τὸν Ἰόλαον ἐπεχαρίττα γ᾽ ὦ ξένε·
Θείβαθε γὰρ φυσᾶντες ἐξόπισθέ μου
τἄνθια τᾶς γλάχωνος ἀπέκιξαν χαμαί.
ἀλλ᾽ εἴ τι βούλει, πρίασο τῶν ἐγὼ φέρω   870
τῶν ὀρταλίχων ἢ τῶν τετραπτερυλλίδων.

Δι. ὦ χαῖρε κολλικοφάγε Βοιωτίδιον.
τί φέρεις;   Βο.   ὅσ᾽ ἐστὶν ἀγαθὰ Βοιωτοῖς ἁπλῶς,
ὀρίγανον γλαχὼ ψιάθως θρυαλλίδας
νάσσας κολοιὼς ἀτταγᾶς φαλαρίδας   875
τροχίλως κολύμβως.   Δι.   ὡσπερεὶ χειμὼν ἄρα
ὀρνιθίας ἐς τὴν ἀγορὰν ἐλήλυθας.

Βο. καὶ μὰν φέρω χᾶνας λαγὼς ἀλώπεκας
σκάλοπας ἐχίνως αἰελούρως πικτίδας
ἰκτῖδας ἐνύδρως ἐγχέλεις Κωπαΐδας.   880

Δι. ὦ τερπνότατον σὺ τέμαχος ἀνθρώποις φέρων,
δός μοι προσειπεῖν, εἰ φέρεις, τὰς ἐγχέλεις.

866 ἐπεχαρίττα Blaydes: ἐπιχαρίττω R : ἐπιχαρίτως vulg.   868 Θεί-
βαθι codd. : corr. Elmsl.   869 τἄνθεα R : καὶ τ᾽ ἄνθεα Ald. : τἄνθεια
vel τἄνθεα vulg.   879 πυκτίδας Ald.

34

Βο. πρέσβειρα πεντήκοντα Κωπάδων κορᾶν,
ἔκβαθι τῶδε κἠπιχάριτται τῷ ξένῳ.

Δι. ὦ φιλτάτη σὺ καὶ πάλαι ποθουμένη,   885
ἦλθες ποθεινὴ μὲν τρυγῳδικοῖς χοροῖς,
φίλη δὲ Μορύχῳ.   δμῶες ἐξενέγκατε
τὴν ἐσχάραν μοι δεῦρο καὶ τὴν ῥιπίδα.
σκέψασθε παῖδες τὴν ἀρίστην ἔγχελυν,
ἥκουσαν ἔκτῳ μόλις ἔτει ποθουμένην·   890
προσείπατ' αὐτὴν ὦ τέκν'· ἄνθρακας δ' ἐγὼ
ὑμῖν παρέξω τῆσδε τῆς ξένης χάριν.
ἀλλ' ἔσφερ' αὐτήν· μηδὲ γὰρ θανών ποτε
σοῦ χωρὶς εἴην ἐντετευτλανωμένης.

Βο. ἐμοὶ δὲ τιμὰ τᾶσδε πᾷ γενήσεται;   895

Δι. ἀγορᾶς τέλος ταύτην γέ που δώσεις ἐμοί·
ἀλλ' εἴ τι πωλεῖς τῶνδε τῶν ἄλλων λέγε.

Βο. ἰώγα ταῦτα πάντα.   Δι.   φέρε πόσου λέγεις;
ἢ φορτί' ἕτερ' ἐνθένδ' ἐκεῖσ' ἄξεις ἰών;

Βο. ὅ τι γ' ἔστ' Ἀθάναις, ἐν Βοιωτοῖσιν δὲ μή.   900

Δι. ἀφύας ἄρ' ἄξεις πριάμενος Φαληρικὰς
ἢ κέραμον.   Βο.   ἀφύας ἢ κέραμον; ἀλλ' ἔντ' ἐκεῖ·
ἀλλ' ὅ τι παρ' ἁμῖν μή 'στι, τᾷδε δ' αὖ πολύ.

Δι. ἐγῷδα τοίνυν· συκοφάντην ἔξαγε,
ὥσπερ κέραμον ἐνδησάμενος.   Βο.   νεὶ τὼ θιὼ 905
λάβοιμι μέντἂν κέρδος ἀγαγὼν καὶ πολύ,
ἅπερ πίθακον ἀλιτρίας πολλᾶς πλέων.

Δι. καὶ μὴν ὁδὶ Νίκαρχος ἔρχεται φανῶν.

Βο. μικκός γα μᾶκος οὗτος.   Δι.   ἀλλ' ἅπαν κακόν.

ΝΙΚΑΡΧΟΣ
    ταυτὶ τίνος τὰ φορτί' ἐστί;   Βο.   τῶδ' ἐμὰ   910
Θείβαθεν, ἴττω Δεύς.   Νι.   ἐγὼ τοίνυν ὁδὶ
φαίνω πολέμια ταῦτα.   Βο.   τί δὲ κακὸν παθὼν

---

893 ἔσφερ'] ἔκφερ' R   899 ἰών] Βο. ἰὼ Β   905 θιὼ Blaydes : σιὼ
codd.   911 Δεύς R : Ζεύς vulg.   912 δὲ pap. Berol. 231 : δαὶ codd.

ὀρναπετίοισι πόλεμον ἦρα καὶ μάχαν;

Νι. καὶ σέ γε φανῶ πρὸς τοῖσδε.   Βο. τί ἀδικείμενος;

Νι. ἐγὼ φράσω σοι τῶν περιεστώτων χάριν·   915
ἐκ τῶν πολεμίων γ' εἰσάγεις θρυαλλίδας.

Δι. ἔπειτα φαίνεις δῆτα διὰ θρυαλλίδα;

Νι. αὕτη γὰρ ἐμπρήσειεν ἂν τὸ νεώριον.

Δι. νεώριον θρυαλλίς;   Νι. οἶμαι·   Δι. τίνι τρόπῳ;

Νι. ἐνθεὶς ἂν ἐς τίφην ἀνὴρ Βοιώτιος   920
ἅψας ἂν ἐσπέμψειεν ἐς τὸ νεώριον
δι' ὑδρορρόας, βορέαν ἐπιτηρήσας μέγαν.
κεἴπερ λάβοιτο τῶν νεῶν τὸ πῦρ ἅπαξ,
σελαγοῖντ' ἂν εὐθύς.   Δι. ὦ κάκιστ' ἀπολούμενε,
σελαγοῖντ' ἂν ὑπὸ τίφης τε καὶ θρυαλλίδος;   925

Νι. μαρτύρομαι.   Δι. ξυλλάμβαν' αὐτοῦ τὸ στόμα·
δός μοι φορυτόν, ἵν' αὐτὸν ἐνδήσας φέρω
ὥσπερ κέραμον ἵνα μὴ καταγῇ φερόμενος.

Χο. ἔνδησον ὦ βέλτιστε τῷ   [στρ.
ξένῳ καλῶς τὴν ἐμπολὴν   930
οὕτως ὅπως
ἂν μὴ φέρων κατάξῃ.

Δι. ἐμοὶ μελήσει ταῦτ', ἐπεί
τοι καὶ ψοφεῖ λάλον τι καὶ
πυρορραγὲς
κἄλλως θεοῖσιν ἐχθρόν.

Χο. τί χρήσεταί ποτ' αὐτῷ;   935

Δι. πάγχρηστον ἄγγος ἔσται,
κρατὴρ κακῶν, τριπτὴρ δικῶν,
φαίνειν ὑπευθύνους λυχνοῦ-

913 ἦρα Α Γ : ἥρω R : ἥρω vel ἦρω vulg.   916 γ' om. Ald.
Suid.   θρυαλλίδα Suid.   924 εὐθύς Pierson, cf. schol. : αἱ νηῦς Α
Ald. : αἱ νῆς Γ : αἱ νῆες R : αἴφνης Brennan   931 ἂν μὴ ... κατάξῃ]
μὴ καὶ ... κατάξει duo codices Moeridis   933 πυρορραγὲς] περιρ-
ραγὲς Β : πυριρραγὲς Pollux

ΑΧΑΡΝΗΣ

χος καὶ κύλιξ . . .
καὶ πράγματ' ἐγκυκᾶσθαι.

Χο. πῶς δ' ἂν πεποιθοίη τις ἀγ-   [ἀντ.
γείῳ τοιούτῳ χρώμενος   941
κατ' οἰκίαν
τοσόνδ' ἀεὶ ψοφοῦντι;
Δι. ἰσχυρόν ἐστιν ὦγάθ', ὥστ'
οὐκ ἂν καταγείη ποτ', εἴ-
περ ἐκ ποδῶν
κατωκάρα κρέμαιτο.   945
Χο. ἤδη καλῶς ἔχει σοι.
Βο. μέλλω γά τοι θερίδδειν.
Χο. ἀλλ' ὦ ξένων βέλτιστε συν-
θέριζε καὶ τοῦτον λαβὼν
πρόσβαλλ' ὅποι βούλει φέρων   950
πρὸς πάντα συκοφάντην.

Δι. μόλις γ' ἐνέδησα τὸν κακῶς ἀπολούμενον.
αἴρου λαβὼν τὸν κέραμον ὦ Βοιώτιε.
Βο. ὑπόκυπτε τὰν τύλαν ἰὼν Ἰσμήνιχε.
Δι. χὦπως κατοίσεις αὐτὸν εὐλαβούμενος.   955
πάντως μὲν οἴσεις οὐδὲν ὑγιές, ἀλλ' ὅμως·
κἂν τοῦτο κερδήνῃς ἄγων τὸ φορτίον,
εὐδαιμονήσεις συκοφαντῶν γ' οὕνεκα.

ΘΕΡΑΠΩΝ ΛΑΜΑΧΟΥ

Δικαιόπολι.   Δι. τίς ἔστι; τί με βωστρεῖς;
Θε. ὅ τι;
ἐκέλευε Λάμαχός σε ταυτησὶ δραχμῆς   960
ἐς τοὺς Χοᾶς αὐτῷ μεταδοῦναι τῶν κιχλῶν,
τριῶν δραχμῶν δ' ἐκέλευε Κωπᾷδ' ἔγχελυν.

---

939 post κύλιξ dipodiam excidisse suspicatur Mein.   944 κατα-
γείη codd. : κατεαγοίη Cobet   947 γά Blaydes : γέ R A : δέ B
950 ὅποι Fritzsche : ὅπου codd.   962 ἐκέλευσε Vat. Pal. 67

ΑΡΙΣΤΟΦΑΝΟΥΣ

Δι. ὁ ποῖος οὗτος Λάμαχος τὴν ἔγχελυν;
Θε. ὁ δεινός, ὁ ταλαύρινος, ὃς τὴν Γοργόνα
πάλλει κραδαίνων τρισὶ κατάσκιος λόφοις.   965
Δι. οὐκ ἂν μὰ Δί' εἰ δοίη γέ μοι τὴν ἀσπίδα·
ἀλλ' ἐπὶ ταρίχει τοὺς λόφους κραδαινέτω·
ἦν δ' ἀπολιγαίνῃ, τοὺς ἀγορανόμους καλῶ.
ἐγὼ δ' ἐμαυτῷ τόδε λαβὼν τὸ φορτίον
εἴσειμ' ὑπαὶ πτερύγων κιχλᾶν καὶ κοψίχων.   970

Χο. εἶδες ὦ εἶδες ὦ πᾶσα πόλι τὸν φρόνιμον ἄνδρα τὸν
ὑπέρσοφον,   [στρ.
οἷ' ἔχει σπεισάμενος ἐμπορικὰ χρήματα διεμπολᾶν,
ὧν τὰ μὲν ἐν οἰκίᾳ χρήσιμα, τὰ δ' αὖ πρέπει χλιαρὰ
κατεσθίειν.   975
αὐτόματα πάντ' ἀγαθὰ τῷδέ γε πορίζεται.
οὐδέποτ' ἐγὼ Πόλεμον οἴκαδ' ὑποδέξομαι,
οὐδὲ παρ' ἐμοί ποτε τὸν Ἁρμόδιον ᾄσεται   980
ξυγκατακλινείς, ὅτι παροινικὸς ἀνὴρ ἔφυ,
ὅστις ἐπὶ πάντ' ἀγάθ' ἔχοντας ἐπικωμάσας
ἠργάσατο πάντα κακά, κἀνέτρεπε κἀξέχει
κἀμάχετο καὶ προσέτι πολλὰ προκαλουμένου
' πῖνε κατάκεισο λαβὲ τήνδε φιλοτησίαν '   985
τὰς χάρακας ἧπτε πολὺ μᾶλλον ἐν τῷ πυρί,
ἐξέχει θ' ἡμῶν βίᾳ τὸν οἶνον ἐκ τῶν ἀμπέλων.

⟨οὑτοσὶ δ'⟩ ἐπτέρωταί τ' ἐπὶ τὸ δεῖπνον ἅμα καὶ μεγάλα
δὴ φρονεῖ,   [ἀντ.
τοῦ βίου δ' ἐξέβαλε δεῖγμα ⟨τάδε⟩ τὰ πτερὰ πρὸ τῶν θυρῶν.
ὦ Κύπριδι τῇ καλῇ καὶ Χάρισι ταῖς φίλαις ξύντροφε
Διαλλαγή,

965 τρισί] τρεῖς A R   κατάσκιος Blaydes : κατασκίοις codd.   967
ταριχει Γ² : ταρίχῃ vulg.   970 κιχλῶν R   971 εἶδες ὦ semel Suid.
981 παροίνιος codd. : corr. Elmsl.   983 κἀνέτραπε codd. : corr.
Elmsl.   986 ἐν] ἔτι Herm.   988 οὑτοσὶ δ' add. Mein.   ἐπτέρωται
R (sec. Herwerden) et lemma schol. : ταί vulg.   989 τάδε add.
Brunck

ὡς καλὸν ἔχουσα τὸ πρόσωπον ἆρ' ἐλάνθανες.   990
πῶς ἂν ἐμὲ καὶ σέ τις Ἔρως ξυναγάγοι λαβών,
ὥσπερ ὁ γεγραμμένος ἔχων στέφανον ἀνθέμων.
ἢ πάνυ γερόντιον ἴσως νενόμικάς με σύ;
ἀλλά σε λαβὼν τρία δοκῶ γ' ἂν ἔτι προσβαλεῖν·
πρῶτα μὲν ἂν ἀμπελίδος ὄρχον ἐλάσαι μακρόν,   995
εἶτα παρὰ τόνδε νέα μοσχίδια συκίδων,
καὶ τὸ τρίτον ἡμερίδος ὄρχον, ὁ γέρων ὁδί,
καὶ περὶ τὸ χωρίον ἐλᾴδας ἅπαν ἐν κύκλῳ,
ὥστ' ἀλείφεσθαί σ' ἀπ' αὐτῶν κἀμὲ ταῖς νουμηνίαις.

ΚΗΡΥΞ

ἀκούετε λεῴ· κατὰ τὰ πάτρια τοὺς Χοᾶς   1000
πίνειν ὑπὸ τῆς σάλπιγγος· ὃς δ' ἂν ἐκπίῃ
πρώτιστος, ἀσκὸν Κτησιφῶντος λήψεται.
Δι. ὦ παῖδες ὦ γυναῖκες οὐκ ἠκούσατε;
τί δρᾶτε; τοῦ κήρυκος οὐκ ἀκούετε;
ἀναβράττετ' ἐξοπτᾶτε τρέπετ' ἀφέλκετε   1005
τὰ λαγῷα ταχέως, τοὺς στεφάνους ἀνείρετε.
φέρε τοὺς ὀβελίσκους, ἵν' ἀναπείρω τὰς κίχλας.

Χο.   ζηλῶ σε τῆς εὐβουλίας,   [στρ.
μᾶλλον δὲ τῆς εὐωχίας
ἄνθρωπε τῆς παρούσης.   1010
Δι. τί δῆτ' ἐπειδὰν τὰς κίχλας ὀπτωμένας ἴδητε;
Χο. οἶμαί σε καὶ τοῦτ' εὖ λέγειν.   Δι. τὸ πῦρ ὑποσκάλευε.
Χο.   ἤκουσας ὡς μαγειρικῶς   1015
κομψῶς τε καὶ δειπνητικῶς
αὑτῷ διακονεῖται;

ΓΕΩΡΓΟΣ

οἴμοι τάλας.   Δι. ὦ Ἡράκλεις τίς οὑτοσί;
Γε. ἀνὴρ κακοδαίμων.   Δι. κατὰ σεαυτόν νυν τρέπου.

997 ὄρχον Ald. Vat. Pal. 67 : κάδον Γ : κλάδον vulg.   998 ἅπαν
ἐλᾴδας κύκλῳ Bentl.

39

Γε. ὦ φίλτατε, σπονδαὶ γάρ εἰσι σοὶ μόνῳ,   1020
    μέτρησον εἰρήνης τί μοι, κἂν πέντ' ἔτη.
Δι. τί δ' ἔπαθες;   Γε. ἐπετρίβην ἀπολέσας τὼ βόε.
Δι. πόθεν;   Γε. ἀπὸ Φυλῆς ἔλαβον οἱ Βοιώτιοι.
Δι. ὦ τρισκακόδαιμον εἶτα λευκὸν ἀμπέχει;
Γε. καὶ ταῦτα μέντοι νὴ Δί' ὥπερ μ' ἐτρεφέτην   1025
    ἐν πᾶσι βολίτοις.   Δι. εἶτα νυνὶ τοῦ δέει;
Γε. ἀπόλωλα τὠφθαλμὼ δακρύων τὼ βόε.
    ἀλλ' εἴ τι κήδει Δερκέτου Φυλασίου,
    ὑπάλειψον εἰρήνῃ με τὠφθαλμὼ ταχύ.
Δι. ἀλλ' ὦ πόνηρ' οὐ δημοσιεύων τυγχάνω.   1030
Γε. ἴθ' ἀντιβολῶ σ', ἤν πως κομίσωμαι τὼ βόε.
Δι. οὐκ ἔστιν, ἀλλὰ κλᾶε πρὸς τοὺς Πιττάλου.
Γε. σὺ δ' ἀλλά μοι σταλαγμὸν εἰρήνης ἕνα
    ἐς τὸν καλαμίσκον ἐνστάλαξον τουτονί.
Δι. οὐδ' ἂν στριβιλικίγξ· ἀλλ' ἀπιὼν οἴμωζέ ποι.   1035
Γε. οἴμοι κακοδαίμων τοῖν γεωργοῖν βοιδίοιν.

Χο.   ἀνὴρ ἀνηύρηκέν τι ταῖς   [ἀντ.
    σπονδαῖσιν ἡδύ, κοὐκ ἔοι-
    κεν οὐδενὶ μεταδώσειν.   1039
Δι. κατάχει σὺ τῆς χορδῆς τὸ μέλι, τὰς σηπίας στάθευε.
Χο. ἤκουσας ὀρθιασμάτων;   Δι. ὀπτᾶτε τἀγχέλεια.
Χο.   ἀποκτενεῖς λιμῷ 'μὲ καὶ
    τοὺς γείτονας κνίσῃ τε καὶ   1045
    φωνῇ τοιαῦτα λάσκων.

Δι. ὀπτᾶτε ταυτὶ καὶ καλῶς ξανθίζετε.

ΠΑΡΑΝΥΜΦΟΣ
    Δικαιόπολι.   Δι. τίς οὑτοσί; τίς οὑτοσί;
Πα. ἔπεμψέ τίς σοι νυμφίος ταυτὶ κρέα
    ἐκ τῶν γάμων.   Δι. καλῶς γε ποιῶν ὅστις ἦν.   1050
Πα. ἐκέλευε δ' ἐγχέαι σε τῶν κρεῶν χάριν,

1023 ἀπὸ] ἀπὸ Bachmann

40

ἵνα μὴ στρατεύοιτ' ἀλλὰ βινοίη μένων,
ἐς τὸν ἀλάβαστον κύαθον εἰρήνης ἕνα.

Δι. ἀπόφερ' ἀπόφερε τὰ κρέα καὶ μή μοι δίδου,
ὡς οὐκ ἂν ἐγχέαιμι μυρίων δραχμῶν.   1055
ἀλλ' αὑτηὶ τίς ἔστιν;   Πα. ἡ νυμφεύτρια
δεῖται παρὰ τῆς νύμφης τι σοὶ λέξαι μόνῳ.

Δι. φέρε δὴ τί σὺ λέγεις; ὡς γέλοιον ὦ θεοὶ
τὸ δέημα τῆς νύμφης ὃ δεῖταί μου σφόδρα,
ὅπως ἂν οἰκουρῇ τὸ πέος τοῦ νυμφίου.   1060
φέρε δεῦρο τὰς σπονδάς, ἵν' αὐτῇ δῶ μόνῃ,
ὁτιὴ γυνή 'στι τοῦ πολέμου τ' οὐκ αἰτία.
ὕπεχ' ὧδε δεῦρο τοὐξάλειπτρον ὦ γύναι.
οἶσθ' ὡς ποιεῖτε; τοῦτο τῇ νύμφῃ φράσον,
ὅταν στρατιώτας καταλέγωσι, τουτῳὶ   1065
νύκτωρ ἀλειφέτω τὸ πέος τοῦ νυμφίου.
ἀπόφερε τὰς σπονδάς. φέρε τὴν οἰνήρυσιν,
ἵν' οἶνον ἐγχέω λαβὼν ἐς τοὺς Χοᾶς.

Χο. καὶ μὴν ὁδί τις τὰς ὀφρῦς ἀνεσπακὼς·
ὥσπερ τι δεινὸν ἀγγελῶν ἐπείγεται.   1070

ΑΓΓΕΛΟΣ Α
ἰὼ πόνοι τε καὶ μάχαι καὶ Λάμαχοι.

Λα. τίς ἀμφὶ χαλκοφάλαρα δώματα κτυπεῖ;

Αγ.ᵃ ἰέναι σ' ἐκέλευον οἱ στρατηγοὶ τήμερον
ταχέως λαβόντα τοὺς λόχους καὶ τοὺς λόφους·
κἄπειτα τηρεῖν νειφόμενον τὰς ἐσβολάς.   1075
ὑπὸ τοὺς Χοᾶς γὰρ καὶ Χύτρους αὐτοῖσί τις
ἤγγειλε λῃστὰς ἐμβαλεῖν Βοιωτίους.

Λα. ἰὼ στρατηγοὶ πλείονες ἢ βελτίονες.
οὐ δεινὰ μὴ 'ξεῖναί με μηδ' ἑορτάσαι;

Δι. ἰὼ στράτευμα πολεμολαμαχαϊκόν.   1080

1052 κινοίη R   1055 μυρίων R : χιλίων vulg.   1062 αἰτία
Blaydes ἀξία codd.   1064 οἶσθ'] ἴσθ' A   ποιεῖτε R : ποιεῖται
vulg.   1071, 1084 Ἄγγελος ⟨α'⟩, ⟨β'⟩ Bergk   1078, 1079 sic
Elmsl. : Λα. ἰὼ . . . Δι. οὐ δεινὰ codd. : Δι. ἰὼ . . . Λα. οὐ δεινὰ Blaydes

Λα. οἴμοι κακοδαίμων καταγελᾷς ἤδη σύ μου.

Δι. βούλει μάχεσθαι Γηρυόνῃ τετραπτίλῳ;

Λα. αἰαῖ
οἵαν ὁ κῆρυξ ἀγγελίαν ἤγγειλέ μοι.

Δι. αἰαῖ τίνα δ' αὖ μοι προστρέχει τις ἀγγελῶν;

ΑΓΓΕΛΟΣ Β

Δικαιόπολι.   Δι.   τί ἔστιν;   Αγ᾽ᾗ ἐπὶ δεῖ-
πνον ταχὺ   1085
βάδιζε τὴν κίστην λαβὼν καὶ τὸν χοᾶ.
ὁ τοῦ Διονύσου γάρ σ' ἱερεὺς μεταπέμπεται.
ἀλλ' ἐγκόνει· δειπνεῖν κατακωλύεις πάλαι.
τὰ δ' ἄλλα πάντ' ἐστὶν παρεσκευασμένα,
κλῖναι τράπεζαι προσκεφάλαια στρώματα   1090
στέφανοι μύρον τραγήμαθ', αἱ πόρναι πάρα,
ἄμυλοι πλακοῦντες σησαμοῦντες ἴτρια,
ὀρχηστρίδες, τὰ φίλταθ' Ἁρμοδίου, καλαί.
ἀλλ' ὡς τάχιστα σπεῦδε.   Λα.   κακοδαίμων ἐγώ.

Δι. καὶ γὰρ σὺ μεγάλην ἐπεγράφου τὴν Γοργόνα.   1095
σύγκλῃε, καὶ δεῖπνόν τις ἐνσκευαζέτω.

Λα. παῖ παῖ φέρ' ἔξω δεῦρο τὸν γυλιὸν ἐμοί.

Δι. παῖ παῖ φέρ' ἔξω δεῦρο τὴν κίστην ἐμοί.

Λα. ἅλας θυμίτας οἶσε παῖ καὶ κρόμμυα.

Δι. ἐμοὶ δὲ τεμάχη· κρομμύοις γὰρ ἄχθομαι.   1100

Λα. θρῖον ταρίχους οἶσε δεῦρο παῖ σαπροῦ.

Δι. κἀμοὶ σὺ δημοῦ θρῖον· ὀπτήσω δ' ἐκεῖ.

Λα. ἔνεγκε δεῦρο τὼ πτερὼ τὼ 'κ τοῦ κράνους.

Δι. ἐμοὶ δὲ τὰς φάττας γε φέρε καὶ τὰς κίχλας.

Λα. καλόν γε καὶ λευκὸν τὸ τῆς στρούθου πτερόν.   1105

Δι. καλόν γε καὶ ξανθὸν τὸ τῆς φάττης κρέας.

Λα. ὦνθρωπε παῦσαι καταγελῶν μου τῶν ὅπλων.

Δι. ὦνθρωπε βούλει μὴ βλέπειν ἐς τὰς κίχλας;

1091 στέφανοι] στέφος Suid.   1097 om. codd. praeter B
et Ald.   1102 σὺ δημοῦ Elmsl.: σὺ δὴ παῖ R A Γ: δὲ δὴ σὺ παῖ Ald.
1107, 1108 hos vv. post v. 1112 posuit Boissonade

42

ΑΧΑΡΝΗΣ

Λα. τὸ λοφεῖον ἐξένεγκε τῶν τριῶν λόφων.

Δι. κἀμοὶ λεκάνιον τῶν λαγῴων δὸς κρεῶν.　1110

Λα. ἀλλ᾽ ἢ τριχόβρωτες τοὺς λόφους που κατέφαγον.

Δι. ἀλλ᾽ ἢ πρὸ δείπνου τὴν μίμαρκυν κατέδομαι.

Λα. ὦνθρωπε βούλει μὴ προσαγορεύειν ἐμέ;

Δι. οὐκ ἀλλ᾽ ἐγὼ χὠ παῖς ἐρίζομεν πάλαι.
βούλει περιδόσθαι κἀπιτρέψαι Λαμάχῳ,　1115
πότερον ἀκρίδες ἥδιόν ἐστιν ἢ κίχλαι;

Λα. οἴμ᾽ ὡς ὑβρίζεις.　Δι. τὰς ἀκρίδας κρίνει πολύ.

Λα. παῖ παῖ καθελών μοι τὸ δόρυ δεῦρ᾽ ἔξω φέρε.

Δι. παῖ παῖ σὺ δ᾽ ἀφελὼν δεῦρο τὴν χορδὴν φέρε.

Λα. φέρε τοῦ δόρατος ἀφελκύσωμαι τοὔλυτρον.　1120
ἔχ᾽, ἀντέχου παῖ.　Δι. καὶ σὺ παῖ τοῦδ᾽ ἀντέχου.

Λα. τοὺς κιλλίβαντας οἶσε παῖ τῆς ἀσπίδος.

Δι. καὶ τῆς ἐμῆς τοὺς κριβανίτας ἔκφερε.

Λα. φέρε δεῦρο γοργόνωτον ἀσπίδος κύκλον.

Δι. κἀμοὶ πλακοῦντος τυρόνωτον δὸς κύκλον.　1125

Λα. ταῦτ᾽ οὐ κατάγελώς ἐστιν ἀνθρώποις πλατύς;

Δι. ταῦτ᾽ οὐ πλακοῦς δῆτ᾽ ἐστὶν ἀνθρώποις γλυκύς;

Λα. κατάχει σὺ παῖ τοὔλαιον.　ἐν τῷ χαλκίῳ
ἐνορῶ γέροντα δειλίας φευξούμενον.

Δι. κατάχει σὺ τὸ μέλι.　κἀνθάδ᾽ ἔνδηλος γέρων　1130
κλάειν κελεύων Λάμαχον τὸν Γοργάσου.

Λα. φέρε δεῦρο παῖ θώρακα πολεμιστήριον.

Δι. ἔξαιρε παῖ θώρακα κἀμοὶ τὸν χοᾶ.

Λα. ἐν τῷδε πρὸς τοὺς πολεμίους θωρήξομαι.

Δι. ἐν τῷδε πρὸς τοὺς συμπότας θωρήξομαι.　1135

Λα. τὰ στρώματ᾽ ὦ παῖ δῆσον ἐκ τῆς ἀσπίδος,
ἐγὼ δ᾽ ἐμαυτῷ τὸν γυλιὸν οἴσω λαβών.

Δι. τὸ δεῖπνον ὦ παῖ δῆσον ἐκ τῆς κιστίδος,
ἐγὼ δὲ θοἰμάτιον λαβὼν ἐξέρχομαι.

1125 τυρόνωτον] γυρόνωτον Plut. Mor. p. 853 C　1126 πλατύς]
πολύς R　1128 ἐκ τοῦ χαλκίου Pollux　1130 ἔνδηλος R :
εὔδηλος vulg.　1137, 1138 inverso ordine R : om. Α Γ

ΑΡΙΣΤΟΦΑΝΟΥΣ

Λα. τὴν ἀσπίδ᾽ αἴρου καὶ βάδιζ᾽ ὦ παῖ λαβών.   1140
νείφει.   βαβαιάξ· χειμέρια τὰ πράγματα.
Δι. αἴρου τὸ δεῖπνον· συμποτικὰ τὰ πράγματα.

Χο.   ἴτε δὴ χαίροντες ἐπὶ στρατιάν.
ὡς ἀνομοίαν ἔρχεσθον ὁδόν·
τῷ μὲν πίνειν στεφανωσαμένῳ,   1145
σοὶ δὲ ῥιγῶν καὶ προφυλάττειν,
τῷ δὲ καθεύδειν
μετὰ παιδίσκης ὡραιοτάτης,
ἀνατριβομένῳ τε τὸ δεῖνα.

'Αντίμαχον τὸν ψακάδος †τὸν ξυγγραφῆ† τὸν μελέων
ποιητήν,   [στρ.
ὡς μὲν ἁπλῷ λόγῳ, κακῶς ἐξολέσειεν ὁ Ζεύς·   1151
ὅς γ᾽ ἐμὲ τὸν τλήμονα Λήναια χορηγῶν ἀπέλυσ᾽ ἄδειπνον.
ὃν ἔτ᾽ ἐπίδοιμι τευθίδος   1156
δεόμενον, ἡ δ᾽ ὠπτημένη
σίζουσα πάραλος ἐπὶ τραπέζῃ κειμένη
ὀκέλλοι· κᾆτα μέλ-
λοντος λαβεῖν αὐτοῦ κύων   1160
ἁρπάσασα φεύγοι.

τοῦτο μὲν αὐτῷ κακὸν ἕν, κᾆθ᾽ ἕτερον νυκτερινὸν γέ-
νοιτο.   [ἀντ.
ἠπιαλῶν γὰρ οἴκαδ᾽ ἐξ ἱππασίας βαδίζων,   1165
εἶτα κατάξειέ τις αὐτοῦ μεθύων τῆς κεφαλῆς 'Ορέστης
μαινόμενος· ὁ δὲ λίθον βαλεῖν
βουλόμενος ἐν σκότῳ λάβοι
τῇ χειρὶ πέλεθον ἀρτίως κεχεσμένον·   1170

1150 Ψακάδος editores   τὸν ξυγγραφῇ] fortasse ξυγγραφέα, ut ψακά-
δος pro ψηφίσματος sit παρ᾽ ὑπόνοιαν   τὸν μελέων] τῶν μελέων R
1155 ἀπέλυσ᾽ ἄδειπνον] ἀπέκλεισε δειπνῶν R   1156 ὅν γ᾽ Ald.
1157 fortasse δαιόμενον   1158 τραπέζης Γ Suid.   1166 πα-
τάξειε Dind.   τὴν κεφαλὴν R   1168 βαλεῖν Α (sec. Br.) C:
λαβεῖν vulg.

44

ἐπάξειεν δ' ἔχων
τὸν μάρμαρον, κἄπειθ' ἁμαρ-
τὼν βάλοι Κρατῖνον.

Θε. ὦ δμῶες οἳ κατ' οἶκόν ἐστε Λαμάχου,
ὕδωρ ὕδωρ ἐν χυτριδίῳ θερμαίνετε·   1175
ὀθόνια, κηρωτὴν παρασκευάζετε,
ἔρι' οἰσυπηρά, λαμπάδιον περὶ τὸ σφυρόν.
ἀνὴρ τέτρωται χάρακι διαπηδῶν τάφρον,
καὶ τὸ σφυρὸν παλίνορρον ἐξεκόκκισεν,
καὶ τῆς κεφαλῆς κατέαγε περὶ λίθῳ πεσών,   1180
καὶ Γοργόν' ἐξήγειρεν ἐκ τῆς ἀσπίδος.
πτίλον δὲ τὸ μέγα κομπολακύθου πεσὸν
πρὸς ταῖς πέτραισι, δεινὸν ἐξηύδα μέλος·
' ὦ κλεινὸν ὄμμα νῦν πανύστατόν σ' ἰδὼν
λείπω φάος γε τοὐμόν, οὐκέτ' εἰμ' ἐγώ.'   1185
τοσαῦτα λέξας εἰς ὑδορρόαν πεσὼν
ἀνίσταταί τε καὶ ξυναντᾷ δραπέταις
λῃστὰς ἐλαύνων καὶ κατασπέρχων δορί.
ὁδὶ δὲ καὐτός· ἀλλ' ἄνοιγε τὴν θύραν.

Λα. ἀτταταῖ ἀτταταῖ   1190
στυγερὰ τάδε γε κρυερὰ πάθεα· τάλας ἐγώ.
διόλλυμαι δορὸς ὑπὸ πολεμίου τυπείς.
ἐκεῖνο δ' οὖν αἰακτὸν ἂν γένοιτο,   1195
Δικαιόπολις εἴ μ' ἴδοι τετρωμένον
κᾆτ' ἐγχάνοι ταῖς ἐμαῖς τύχαισιν.

Δι. ἀτταταῖ ἀτταταῖ
τῶν τιτθίων, ὡς σκληρὰ καὶ κυδώνια.
φιλήσατόν με μαλθακῶς ὦ χρυσίω   1200

1172 μάρμαρον] βόρβορον Herm.   1174 Θε.] Ἄγγελος Ald.
1177 ἔρι' Pollux Suid. : ἔργ' codd.   1180 λίθον Γ Α   1188 λῃ-
σταῖς R   1190 ἀτταταῖ ἀτταταῖ R : ἀτταπαττατά vulg.   1195 οὖν
Ald. : om. Α Γ: rasuram exhibet R   post αἰακτὸν addunt οἰμωκτὸν
codd. : del. Pors.   γένοιτο Dind. .   γένοιτό μοι codd.   1196 εἴ
Β : ἀν R : ἂν εἴ vel γὰρ εἴ vulg.   1197 ἐγχάνοι] ἐγχανεῖται R
1198 ἀτταλαττατά codd. praeter R

45

τὸ περιπεταστὸν κἀπιμανδαλωτόν.

. . . .

τὸν γὰρ χοᾶ πρῶτος ἐκπέπωκα.

Λα. ὦ συμφορὰ τάλαινα τῶν ἐμῶν κακῶν.
    ἰὼ ἰὼ τραυμάτων ἐπωδύνων.   1205

Δι. . . . .
    ἰὴ ἰὴ χαῖρε Λαμαχίππιον.

Λα. στυγερὸς ἐγώ.   Δι.   τί με σὺ κυνεῖς;
Λα. μογερὸς ἐγώ.   Δι.   τί με σὺ δάκνεις;
Λα. τάλας ἐγὼ ξυμβολῆς βαρείας.   1210
Δι. τοῖς Χουσὶ γάρ τις ξυμβολὰς ἐπράττετο;
Λα. ἰὼ ἰὼ Παιὰν Παιάν.
Δι. ἀλλ' οὐχὶ νυνὶ τήμερον Παιώνια.
Λα. λάβεσθέ μου λάβεσθε τοῦ σκέλους παπαῖ,
    προσλάβεσθ' ὦ φίλοι.   1215
Δι. ἐμοῦ δέ γε σφὼ τοῦ πέους ἄμφω μέσου
    προσλάβεσθ' ὦ φίλαι.
Λα. εἰλιγγιῶ κάρα λίθῳ πεπληγμένος
    καὶ σκοτοδινιῶ.
Δι. κἀγὼ καθεύδειν βούλομαι καὶ στύομαι   1220
    καὶ σκοτοβινιῶ.
Λα. θύραζέ μ' ἐξενέγκατ' ἐς τοῦ Πιττάλου
    παιωνίαισι χερσίν.
Δι. ὡς τοὺς κριτάς με φέρετε· ποῦ 'στιν ὁ βασιλεύς;
    ἀπόδοτέ μοι τὸν ἀσκόν.   1225
Λα. λόγχη τις ἐμπέπηγέ μοι δι' ὀστέων ὀδυρτά.
Δι. ὁρᾶτε τουτονὶ κενόν.   τήνελλα καλλίνικος.

1201 in fine versus **ὰν** add. Ald. : *αὖ* Reiske   post h. v. lacunam
indicavimus   1206 lacunam indicavit Bothe   1208, 1209 *τί με
σὺ κυνεῖς; μογερὸς ἐγώ* Γ (sec. Blaydes) : *μογερὸς ἐγώ· τί με σὺ κυνεῖς*
vulg. : omnes vero libri *τί με σὺ κυνεῖς* Lamacho, *μογερὸς ἐγώ* Dicaeo-
polidi dant : corr. Lenting   1210 *ξυμβολῆς* Dind. : *τῆς ἐν μάχῃ
'νῦν* add. Ald.) *ξυμβολῆς* codd.   1213 *νυνὶ*] *νῦν γε* R   1222 *τοῦ
Πιττάλου* R : *τὸν Πίτταλον* Γ : *τὸν Πιττάλου* vel *τὸν Πεττάλου* vulg.
1224 *με φέρετε*] *μ' ἐκφέρετε* Ald.   1226 *ὀδυρτά*] *ὀδυρτή* Suid.

ΑΧΑΡΝΗΣ

Χο. τήνελλα δῆτ', εἴπερ καλεῖς γ', ὦ πρέσβυ, καλλίνικος.
Δι. καὶ πρός γ' ἄκρατον ἐγχέας ἄμυστιν ἐξέλαψα.
Χο. τήνελλά νυν ὦ γεννάδα· χώρει λαβὼν τὸν ἀσκόν.   1230
Δι. ἔπεσθέ νυν ᾄδοντες ὦ τήνελλα καλλίνικος.
Χο.   ἀλλ' ἐψόμεσθα σὴν χάριν
        τήνελλα καλλίνικος ᾄ-
        δοντες σὲ καὶ τὸν ἀσκόν.

1228 γ' R : om. cett.   1233 καλλίνικον R

47

ΙΠΠΗΣ

ΥΠΟΘΕΣΕΙΣ

I

Τὸ δρᾶμα τῶν Ἱππέων ποιεῖται εἰς Κλέωνα τὸν τῶν Ἀθηναίων δημαγωγόν. ὑπόκειται δὲ ὡς Παφλαγὼν νεώνητος δουλεύων τῷ Δήμῳ καὶ προαγόμενος παρ' αὐτῷ περιττότερον. ἐπιτιθεμένων δὲ αὐτῷ δυοῖν τοῖν ὁμοδούλοιν καὶ κατά τινα λόγια πονηρίᾳ διάσημον ἀλλαντοπώλην Ἀγοράκριτον ἐπαγόντοιν, ὡς ἐπιτροπεύσῃ τοῦ δήμου τῶν Ἀθηναίων, 5 αὐτοὶ οἱ Ἀθηναίων ἱππεῖς συλλαβόντες ἐν χορῷ σχήματι παραφαίνονται· ὑφ' ὧν προπηλακιζόμενος ὁ Κλέων ἀγανακτεῖ, καὶ διενεχθεὶς ἱκανῶς περὶ τοῦ ἀναγωγότερος εἶναι τῶν ἐναντιουμένων, σφᾶς ὡς συνομωμοκότας κατὰ τῆς πόλεως ⟨διαβαλῶν⟩ πρὸς τὴν βουλὴν ἵεται· διώξαντος δὲ καὶ τοῦ ἀλλαντοπώλου κατὰ πόδας, οἱ ἱππεῖς περί τε 10 τοῦ ποιητοῦ τινα καὶ τῶν προγόνων, ἔτι δὲ καὶ τῶν συγκινδυνευόντων σφίσιν ἐπὶ ταῖς μάχαις ⟨ἵππων⟩, πρὸς τοὺς πολίτας ἁδροτέρως διαλέγονται. ὅ τε ἀλλαντοπώλης περιγεγενημένος ἐν βουλῇ μάλα γελοίως τοῦ Κλέωνος, καὶ λοιδορούμενος αὖθις αὐτῷ προσέρχεται· ἐκκαλεσαμένου δὲ τοῦ Κλέωνος τὸν Δῆμον, προσελθὼν οὗτος διαφερομένων 15 ἀκροᾶται. λόγων δὲ πολλῶν γενομένων κατὰ τοῦ Κλέωνος, τοῦ Ἀγορακρίτου μάλ' ἐντέχνως τοῖς ἐπινοήμασι καὶ ταῖς θωπείαις καὶ προσέτι ταῖς ἐκ τῶν λογίων ὑπερβολαῖς κρατοῦντος, κατὰ μικρὸν τοῖς λόγοις ὁ Δῆμος συνεφέλκεται. δείσαντος δὲ τοῦ Κλέωνος κἀπὶ τὸ ψωμίζειν τὸν Δῆμον ὁρμήσαντος, ἀντιψωμίζειν ἅτερος ἐγχειρεῖ. καὶ τέλος τοῦ 20 Δήμου τὴν ἑκατέρου κίστην συνέντος, εἶτα τῆς μὲν κενῆς τῆς δὲ τοῦ Κλέωνος μεστῆς εὑρεθείσης, ἐλεγχθεὶς αὐτὸς ὡς περιφανῶς τὰ τοῦ Δήμου κλέπτων, ἥκει θατέρῳ τῆς ἐπιτροπείας. μετὰ ταῦτα δὲ τοῦ ἀλλαντοπώλου τὸν Δῆμον ἀφεψήσαντος, εἶτα νεώτερον ἐξαυτῆς ἐς τοὐμφανὲς γεγονότα προάγοντος, Κλέων περικείμενος τὴν Ἀγορακρίτου 25 σκευὴν ἐπὶ παραδειγματισμῷ διὰ μέσης πόλεως ἀλλαντοπωλῶν ἀνὰ μέρος καὶ τῇ τέχνῃ χρησόμενος πέμπεται, καὶ ἡ ἐπιτροπὴ τῷ ἀλλαντοπώλῃ παραδίδοται. τὸ δὲ δρᾶμα τῶν ἄγαν καλῶς πεποιημένων.

Ὑπόθεσις I est in V A Γ Θ Ald.] 5 ὃς ἐπιτροπεύει V A Γ Θ 8 ἀναγωγότερος Vaticanus 1294 : ἀλογώτερος V : ἀνώτερος vulg. 9 διαβαλῶν add. Bergk 12 Ἵππων add. Bergk 21 συνιέντος V 22 περιφανῶς Brunck : περιφανὴς codd. 23 ἥκει θατέρῳ Brunck : ἐκεῖ θατέρῳ A Γ : ἐκβάλλεται V Ald. 25 Κλέων Kuster : κλέωνος codd. 26 παραδειγματισμοῦ codd. : corr. Kuster 27 χρησάμενος codd. : corr. Zacher

II

1. Ὁ σκοπὸς αὐτῷ πρὸς τὸ καθελεῖν Κλέωνα. οὗτος γὰρ βυρσο-
πώλης ὢν ἐκράτει τῶν Ἀθηναίων ἐκ προφάσεως τοιαύτης. Ἀθηναῖοι
πόλιν Πύλον, λεγομένην Σφακτηρίαν, ἐπολιόρκουν διὰ Δημοσθένους
στρατηγοῦ καὶ Νικίου· ὧν στρατηγῶν χρονισάντων ἐδυσχέραινον οἱ
5 Ἀθηναῖοι. καὶ εἰς ἐκκλησίαν συνελθόντων αὐτῶν καὶ ἀδημονούντων
Κλέων τις βυρσοπώλης ἀναστὰς ὑπέσχετο δεσμίους φέρειν τοὺς ὑπε-
ναντίους εἴσω εἴκοσιν ἡμερῶν, εἰ στρατηγὸς αἱρεθείη· ὅπερ καὶ γέγονε.
κατὰ τὰς ὑποσχέσεις οὖν ἐστρατήγει κυκῶν τὴν πόλιν. ἐφ᾽ οἷς μὴ
ἐνεγκὼν Ἀριστοφάνης καθίησι τὸ τῶν Ἱππέων δρᾶμα δι᾽ αὑτοῦ, ἐπεὶ
10 τῶν σκευοποιῶν οὐδεὶς ἐπλάσατο τὸ τοῦ Κλέωνος πρόσωπον διὰ φόβον.
καὶ τὰ μὲν πρῶτα κύπτει φοβούμενος· εἶτα προφανεὶς αὐτὸς ἀνεδίδαξε
τὸ δρᾶμα.

2. ἔοικεν ὁ προλογίζων εἶναι Δημοσθένης, ὃς ἐκεκμήκει περὶ τὴν
Πύλου πολιορκίαν, ἀφῃρέθη δὲ τὴν στρατηγίαν ὑπὸ Κλέωνος, ὑποσχο-
15 μένου τότε τοῖς Ἀθηναίοις παραστήσασθαι τὴν Πύλον εἴσω εἴκοσιν
ἡμερῶν· ὃ καὶ κατώρθωσε διὰ τὸ τὰ πλεῖστα τῆς ἁλώσεως προπεπονῆ-
σθαι Δημοσθένει. ἔοικε δὲ ὡς ἐπὶ οἰκίας δεσποτικῆς ποιεῖσθαι τὸν λόγον.
εἴη δ᾽ ἂν δεσπότης ὁ Δῆμος, οἰκία ἡ πόλις. οἰκέται δὲ δύο τοῦ Δήμου
προλογίζουσι κακῶς πάσχοντες ὑπὸ Κλέωνος. ὁ δὲ χορὸς ἐκ τῶν
20 ἱππέων ἐστίν, οἳ καὶ ἐζημίωσαν τὸν Κλέωνα πέντε ταλάντοις ἐπὶ δωρο-
δοκίᾳ ἁλόντα. λέγουσι δὲ τῶν οἰκετῶν τὸν μὲν εἶναι Δημοσθένην τὸν
δὲ Νικίαν, ἵνα ὦσι δημηγόροι οἱ δύο.

3. ἰστέον ὅτι εἰς τέτταρα μέρη διῄρητο ὁ δῆμος τῶν Ἀθηναίων, εἰς
πεντακοσιομεδίμνους εἰς ἱππέας εἰς ζευγίτας καὶ εἰς θῆτας.

25 4. ἐδιδάχθη τὸ δρᾶμα ἐπὶ Στρατοκλέους ἄρχοντος δημοσίᾳ εἰς Λήναια
δι᾽ αὐτοῦ τοῦ Ἀριστοφάνους. πρῶτος ἐνίκα, δεύτερος Κρατῖνος Σατύ-
ροις, τρίτος Ἀριστομένης Ὑλοφόροις.

5. Οἰκία ἡ πόλις, δεσπότης ὁ δῆμος, θεράποντες οἱ στρατηγοί.

Ὑπόθεσις II : V habet totum, ΓΘ Ald. 1–4] 11 προφανῶς Ald.

III

Παράγει τινὰ Κλέωνα τὸν καλούμενον
Παφλαγόνα, κᾆτι βυρσοπώλην πικρότατα
κατεσθίοντά πως τὰ κοινὰ χρήματα,
καὶ παραλογισμῷ διαφέροντ᾽ ἐρρωμένως
ἀλλαντοπώλην εὐθέως ⟨δὲ⟩ σκατοφάγον,   5
πεισθέντα ⟨τ᾽⟩ ἐπιθέσθαι σὺν ἱππεῦσίν τισιν
ἐν τῷ χορῷ παροῦσι τῇ τῶν πραγμάτων
ἀρχῇ, Κλέωνός τ᾽ ἐν μέσῳ κατηγορεῖν.
ἐγένετο τοῦτ᾽· ἐξέπεσεν ὁ Κλέων παγκάκως,
ὁ δὲ σκατοφάγος ἔτυχε προεδρίας καλῆς.   10

Ὑπόθεσις III est in V Γ Θ Ald.] 4 καὶ Bekk.: ἐν codd.   δια-
φέροντ᾽ Kuster: διαφοροῦντα (vel -οῦντες) codd.   5 δὲ add. Velsen
6 τ᾽ add. Portus   8 κατηγορεῖ codd.: corr. Bergk

ΤΑ ΤΟΤ ΔΡΑΜΑΤΟΣ ΠΡΟΣΩΠΑ

ΔΗΜΟΣΘΕΝΗΣ ΟΙΚΕΤΗΣ
ΝΙΚΙΑΣ ΟΙΚΕΤΗΣ
ΑΓΟΡΑΚΡΙΤΟΣ ΑΛΛΑΝΤΟΠΩΛΗΣ
ΚΛΕΩΝ
ΧΟΡΟΣ ΙΠΠΕΩΝ
ΔΗΜΟΣ

ΙΠΠΗΣ

ΔΗΜΟΣΘΕΝΗΣ
Ἰατταταιάξ τῶν κακῶν, ἰατταταῖ.
κακῶς Παφλαγόνα τὸν νεώνητον κακὸν
αὐταῖσι βουλαῖς ἀπολέσειαν οἱ θεοί.
ἐξ οὗ γὰρ εἰσήρρησεν ἐς τὴν οἰκίαν
πληγὰς ἀεὶ προστρίβεται τοῖς οἰκέταις.   5

ΝΙΚΙΑΣ
κάκιστα δῆθ' οὗτός γε πρῶτος Παφλαγόνων
αὐταῖς διαβολαῖς.   Δη. ὦ κακόδαιμον πῶς ἔχεις;
Νι. κακῶς καθάπερ σύ.   Δη. δεῦρο δὴ πρόσελθ', ἵνα
ξυναυλίαν κλαύσωμεν Οὐλύμπου νόμον.
Δη. καὶ Νι. μυμῦ μυμῦ μυμῦ μυμῦ μυμῦ μυμῦ.   10
Δη. τί κινυρόμεθ' ἄλλως; οὐκ ἐχρῆν ζητεῖν τινα
σωτηρίαν νῷν, ἀλλὰ μὴ κλάειν ἔτι;
Νι. τίς οὖν γένοιτ' ἄν;   Δη. λέγε σύ.   Νι. σὺ
          μὲν οὖν μοι λέγε,
ἵνα μὴ μάχωμαι.   Δη. μὰ τὸν Ἀπόλλω 'γὼ μὲν οὔ.
Νι. πῶς ἂν σύ μοι λέξειας ἁμὲ χρὴ λέγειν;   16
Δη. ἀλλ' εἰπὲ θαρρῶν, εἶτα κἀγὼ σοὶ φράσω.   15
Νι. ἀλλ' οὐκ ἔνι μοι τὸ θρέττε.   πῶς ἂν οὖν ποτε
εἴποιμ' ἂν αὐτὸ δῆτα κομψευριπικῶς;
Δη. μή 'μοί γε, μὴ 'μοί, μὴ διασκανδικίσῃς·

Codd. hos citavimus : R V Α Γ Θ perraro Β C
8 δὴ R : νῦν vulg.   15, 16 transp. Sauppe

55

ἀλλ᾽ εὑρέ τιν᾽ ἀπόκινον ἀπὸ τοῦ δεσπότου.　　　20
Νι. λέγε δὴ μόλωμεν ξυνεχὲς ὡδὶ ξυλλαβών.
Δη. καὶ δὴ λέγω μόλωμεν.　　Νι. ἐξόπισθε νῦν
αὐτὸ φάθι τοῦ μόλωμεν.　　Δη. αὐτό.　Νι. πάνυ
καλῶς.
ὥσπερ δεφόμενος νῦν ἀτρέμα πρῶτον λέγε
τὸ μόλωμεν, εἶτα δ᾽ αὐτό, κᾆτ᾽ ἐπάγων πυκνόν.　　25
Δη. μόλωμεν αὐτὸ μόλωμεν αὐτομολῶμεν.　　Νι. ἦν
οὐχ ἡδύ;　　Δη. νὴ Δία· πλήν γε περὶ τῷ δέρματι
δέδοικα τουτονὶ τὸν οἰωνόν.　　Νι. τί δαί;
Δη. ὁτιὴ τὸ δέρμα δεφομένων ἀπέρχεται.
Νι. κράτιστα τοίνυν τῶν παρόντων ἐστὶ νῷν,　　30
θεῶν ἰόντε προσπεσεῖν του πρὸς βρέτας.
Δη. † ποῖον βρέτας†· ἐτεὸν ἡγεῖ γὰρ θεούς;
Νι. ἔγωγε.　　Δη. ποίῳ χρώμενος τεκμηρίῳ;
Νι. ὁτιὴ θεοῖσιν ἐχθρός εἰμ᾽.　οὐκ εἰκότως;
Δη. εὖ προσβιβάζεις μ᾽.　ἀλλ᾽ ἑτέρᾳ πῃ σκεπτέον.　　35
βούλει τὸ πρᾶγμα τοῖς θεαταῖσιν φράσω;
Νι. οὐ χεῖρον· ἓν δ᾽ αὐτοὺς παραιτησώμεθα,
ἐπίδηλον ἡμῖν τοῖς προσώποισιν ποιεῖν,
ἢν τοῖς ἔπεσι χαίρωσι καὶ τοῖς πράγμασιν.
Δη. λέγοιμ᾽ ἂν ἤδη. νῷν γάρ ἐστι δεσπότης　　40
ἄγροικος ὀργὴν κυαμοτρὼξ ἀκράχολος,
Δῆμος πυκνίτης, δύσκολον γερόντιον
ὑπόκωφον. οὗτος τῇ προτέρᾳ νουμηνίᾳ
ἐπρίατο δοῦλον, βυρσοδέψην Παφλαγόνα,
πανουργότατον καὶ διαβολώτατόν τινα.　　45
οὗτος καταγνοὺς τοῦ γέροντος τοὺς τρόπους,
ὁ βυρσοπαφλαγών, ὑποπεσὼν τὸν δεσπότην

25 κᾆτ᾽ ἐπάγων Enger: κατεπάγων R et vulg.: κατεπᾴδων V Γ
29 τῶν δεφομένων codd.: corr. Bentl.　　31 του R: ποι vel ποῖ
vulg.　　32 βρέτας] βρεττέτας V: βρετέττας Ald.: βρέτας εἶτας
O. Ribbeck　　γὰρ] σὺ R　　35 προσβιάζεις R A　　35, 36 Νι. ἀλλ᾽
. . . σκεπτέον. Δη. βούλει . . . φράσω vulg.: corr. Beer

ἤκαλλ' ἐθώπευ' ἐκολάκευ' ἐξηπάτα
κοσκυλματίοις ἄκροισι τοιαυτὶ λέγων·
ὦ Δῆμε λοῦσαι πρῶτον ἐκδικάσας μίαν,   50
ἐνθοῦ ῥόφησον ἔντραγ' ἔχε τριώβολον.
βούλει παραθῶ σοι δόρπον; εἶτ' ἀναρπάσας
ὅ τι ἄν τις ἡμῶν σκευάσῃ, τῷ δεσπότῃ
Παφλαγὼν κεχάρισται τοῦτο. καὶ πρώην γ' ἐμοῦ
μᾶζαν μεμαχότος ἐν Πύλῳ Λακωνικήν,   55
πανουργότατά πως περιδραμὼν ὑφαρπάσας
αὐτὸς παρέθηκε τὴν ὑπ' ἐμοῦ μεμαγμένην.
ἡμᾶς δ' ἀπελαύνει κοὐκ ἐᾷ τὸν δεσπότην
ἄλλον θεραπεύειν, ἀλλὰ βυρσίνην ἔχων
δειπνοῦντος ἑστὼς ἀποσοβεῖ τοὺς ῥήτορας.   60
ᾄδει δὲ χρησμούς· ὁ δὲ γέρων σιβυλλιᾷ.
ὁ δ' αὐτὸν ὡς ὁρᾷ μεμακκοακότα,
τέχνην πεποίηται. τοὺς γὰρ ἔνδον ἄντικρυς
ψευδῆ διαβάλλει· κᾆτα μαστιγούμεθα
ἡμεῖς· Παφλαγὼν δὲ περιθέων τοὺς οἰκέτας   65
αἰτεῖ ταράττει δωροδοκεῖ λέγων τάδε·
' ὁρᾶτε τὸν Ὕλαν δι' ἐμὲ μαστιγούμενον;
εἰ μή μ' ἀναπείσετ', ἀποθανεῖσθε τήμερον.'
ἡμεῖς δὲ δίδομεν· εἰ δὲ μή, πατούμενοι
ὑπὸ τοῦ γέροντος ὀκταπλάσιον χέζομεν.   70
νῦν οὖν ἀνύσαντε φροντίσωμεν ὦγαθέ,
ποίαν ὁδὸν νὼ τρεπτέον καὶ πρὸς τίνα.
Νι. κράτιστ' ἐκείνην τὴν μόλωμεν ὦγαθέ.
Δη. ἀλλ' οὐχ οἷόν τε τὸν Παφλαγόν' οὐδὲν λαθεῖν·
ἐφορᾷ γὰρ οὗτος πάντ'. ἔχει γὰρ τὸ σκέλος   75
τὸ μὲν ἐν Πύλῳ, τὸ δ' ἕτερον ἐν τἠκκλησίᾳ.
τοσόνδε δ' αὐτοῦ βῆμα διαβεβηκότος

---

55 πυέλῳ C. F. Hermann   56 παραδραμὼν V   61 ὁ δὲ γέρων R :
εἶθ' ὁ γέρων vulg.   62 μεμακκοηκότα R   68 ἀναπείσετ' Vat. Pal. 128 :
ἀναπείσῃτ' vulg.   70 ὀκταπλάσια R   73 τὴν] ἣν R : ἣν Bergk
75 οὗτος R : αὐτὸς vulg.

ΑΡΙΣΤΟΦΑΝΟΥΣ

ὁ πρωκτός ἐστιν αὐτόχρημ' ἐν Χάοσιν,
τὼ χεῖρ' ἐν Αἰτωλοῖς, ὁ νοῦς δ' ἐν Κλωπιδῶν.

Νι. κράτιστον οὖν νῷν ἀποθανεῖν.   Δη. ἀλλὰ σκόπει,
ὅπως ἂν ἀποθάνοιμεν ἀνδρικώτατα.   81

Νι. πῶς δῆτα πῶς γένοιτ' ἂν ἀνδρικώτατα;
βέλτιστον ἡμῖν αἷμα ταύρειον πιεῖν.
ὁ Θεμιστοκλέους γὰρ θάνατος αἱρετώτερος.

Δη. μὰ Δί' ἀλλ' ἄκρατον οἶνον ἀγαθοῦ δαίμονος.   85
ἴσως γὰρ ἂν χρηστόν τι βουλευσαίμεθα.

Νι. ἰδού γ' ἄκρατον.   περὶ πότου γοῦν ἐστί σοι;
πῶς δ' ἂν μεθύων χρηστόν τι βουλεύσαιτ' ἀνήρ;

Δη. ἄληθες οὗτος; κρουνοχυτρολήραιον εἶ.
οἶνον σὺ τολμᾷς εἰς ἐπίνοιαν λοιδορεῖν;   90
οἴνου γὰρ εὕροις ἄν τι πρακτικώτερον;
ὁρᾷς, ὅταν πίνωσιν ἄνθρωποι τότε
πλουτοῦσι διαπράττουσι νικῶσιν δίκας
εὐδαιμονοῦσιν ὠφελοῦσι τοὺς φίλους.
ἀλλ' ἐξένεγκέ μοι ταχέως οἴνου χοᾶ,   95
τὸν νοῦν ἵν' ἄρδω καὶ λέγω τι δεξιόν.

Νι. οἴμοι τί ποθ' ἡμᾶς ἐργάσει τῷ σῷ πότῳ;

Δη. ἀγάθ'· ἀλλ' ἔνεγκ'· ἐγὼ δὲ κατακλινήσομαι.
ἢν γὰρ μεθυσθῶ, πάντα ταυτὶ καταπάσω
βουλευματίων καὶ γνωμιδίων καὶ νοιδίων.   100

Νι. ὡς εὐτυχῶς ὅτι οὐκ ἐλήφθην ἔνδοθεν
κλέπτων τὸν οἶνον.   Δη. εἰπέ μοι Παφλαγὼν τί δρᾷ;

Νι. ἐπίπαστα λείξας δημιόπραθ' ὁ βάσκανος
ῥέγκει μεθύων ἐν ταῖσι βύρσαις ὕπτιος.

Δη. ἴθι νυν ἄκρατον ἐγκάναξόν μοι πολὺν   105
σπονδήν.   Νι. λαβὲ δὴ καὶ σπεῖσον ἀγαθοῦ δαίμονος.

Δη. ἕλχ' ἕλκε τὴν τοῦ δαίμονος τοῦ Πραμνίου.
ὦ δαῖμον ἀγαθὲ σὸν τὸ βούλευμ', οὐκ ἐμόν.

81 ἀποθάνοιμεν Α Γᵃ Θ : ἀποθάνωμεν vulg.   86, 87 transponere
vult Mein.   89 κρουνοχυτρολήραιος Θ² : κρουνοχυτρολημαῖον Bentl.

ΙΠΠΗΣ

Νι. εἴπ᾽, ἀντιβολῶ, τί ἔστι;   Δη. τοὺς χρησμοὺς ταχὺ
κλέψας ἔνεγκε τοῦ Παφλαγόνος ἔνδοθεν,   110
ἕως καθεύδει.   Νι. ταῦτ᾽. ἀτὰρ τοῦ δαίμονος
δέδοιχ᾽ ὅπως μὴ τεύξομαι κακοδαίμονος.
Δη. φέρε νυν ἐγὼ ᾽μαυτῷ προσαγάγω τὸν χοᾶ.
τὸν νοῦν ἵν᾽ ἄρδω καὶ λέγω τι δεξιόν.
Νι. ὡς μεγάλ᾽ ὁ Παφλαγὼν πέρδεται καὶ ῥέγκεται,   115
ὥστ᾽ ἔλαθον αὐτὸν τὸν ἱερὸν χρησμὸν λαβών,
ὅνπερ μάλιστ᾽ ἐφύλαττεν.   Δη. ὦ σοφώτατε.
φέρ᾽ αὐτὸν ἵν᾽ ἀναγνῶ· σὺ δ᾽ ἔγχεον πιεῖν
ἀνύσας τι.   φέρ᾽ ἴδω τί ἄρ᾽ ἔνεστιν αὐτόθι.
ὦ λόγια.   δός μοι δὸς τὸ ποτήριον ταχύ.   120
Νι. ἰδού.   τί φησ᾽ ὁ χρησμός;   Δη. ἑτέραν ἔγχεον.
Νι. ἐν τοῖς λογίοις ἔνεστιν ᾽ ἑτέραν ἔγχεον;᾽
Δη. ὦ Βάκι.   Νι. τί ἔστι;   Δη. δὸς τὸ ποτήριον ταχύ.
Νι. πολλῷ γ᾽ ὁ Βάκις ἐχρῆτο τῷ ποτηρίῳ.
Δη. ὦ μιαρὲ Παφλαγὼν ταῦτ᾽ ἄρ᾽ ἐφυλάττου πάλαι,   125
τὸν περὶ σεαυτοῦ χρησμὸν ὀρρωδῶν;   Νι. τιή;
Δη. ἐνταῦθ᾽ ἔνεστιν, αὐτὸς ὡς ἀπόλλυται.
Νι. καὶ πῶς;   Δη. ὅπως; ὁ χρησμὸς ἄντικρυς λέγει
ὡς πρῶτα μὲν στυππειοπώλης γίγνεται,
ὃς πρῶτος ἕξει τῆς πόλεως τὰ πράγματα.   130
Νι. εἷς οὑτοσὶ πώλης.   τί τοὐντεῦθεν; λέγε.
Δη. μετὰ τοῦτον αὖθις προβατοπώλης δεύτερος.
Νι. δύο τώδε πώλα.   καὶ τί τόνδε χρὴ παθεῖν;
Δη. κρατεῖν, ἕως ἕτερος ἀνὴρ βδελυρώτερος
αὐτοῦ γένοιτο· μετὰ δὲ ταῦτ᾽ ἀπόλλυται.   135
ἐπιγίγνεται γὰρ βυρσοπώλης ὁ Παφλαγών,
ἅρπαξ κεκράκτης Κυκλοβόρου φωνὴν ἔχων.
Νι. τὸν προβατοπώλην ἦν ἄρ᾽ ἀπολέσθαι χρεὼν
ὑπὸ βυρσοπώλου;   Δη. νὴ Δί᾽.   Νι. οἴμοι δείλαιος.

114 secl. Wieland   120 δός μοι δὸς τὸ] δὸς σύ μοι τὸ V²Ald.
121 φησ᾽ Bentl. : φησὶν codd.   133 χρῆν Elmsl.

59

πόθεν οὖν ἂν ἔτι γένοιτο πώλης εἷς μόνος;   140

Δη. ἔτ᾽ ἐστὶν εἷς ὑπερφυᾶ τέχνην ἔχων.

Νι. εἴπ᾽, ἀντιβολῶ, τίς ἐστιν;   Δη. εἴπω;   Νι. νὴ Δία.

Δη. ἀλλαντοπώλης ἔσθ᾽ ὁ τοῦτον ἐξολῶν.

Νι. ἀλλαντοπώλης; ὦ Πόσειδον τῆς τέχνης.

φέρε ποῦ τὸν ἄνδρα τοῦτον ἐξευρήσομεν;   145

Δη. ζητῶμεν αὐτόν.   Νι. ἀλλ᾽ ὁδὶ προσέρχεται

ὥσπερ κατὰ θεὸν εἰς ἀγοράν.   Δη. ὦ μακάριε

ἀλλαντοπῶλα, δεῦρο δεῦρ᾽ ὦ φίλτατε

ἀνάβαινε σωτὴρ τῇ πόλει καὶ νῷν φανείς.

ΑΛΛΑΝΤΟΠΩΛΗΣ

τί ἔστι; τί με καλεῖτε;   Δη. δεῦρ᾽ ἔλθ᾽, ἵνα πύθῃ 150

ὡς εὐτυχὴς εἶ καὶ μεγάλως εὐδαιμονεῖς.

Νι. ἴθι δὴ κάθελ᾽ αὐτοῦ τοὐλεὸν καὶ τοῦ θεοῦ

τὸν χρησμὸν ἀναδίδαξον αὐτὸν ὡς ἔχει·

ἐγὼ δ᾽ ἰὼν προσκέψομαι τὸν Παφλαγόνα.

Δη. ἄγε δὴ σὺ κατάθου πρῶτα τὰ σκεύη χαμαί· 155

ἔπειτα τὴν γῆν πρόσκυσον καὶ τοὺς θεούς.

Αλ. ἰδού· τί ἔστιν;   Δη. ὦ μακάρι᾽ ὦ πλούσιε,

ὦ νῦν μὲν οὐδεὶς αὔριον δ᾽ ὑπέρμεγας,

ὦ τῶν Ἀθηνῶν ταγὲ τῶν εὐδαιμόνων.

Αλ. τί μ᾽ ὦγάθ᾽ οὐ πλύνειν ἐᾷς τὰς κοιλίας 160

πωλεῖν τε τοὺς ἀλλᾶντας, ἀλλὰ καταγελᾷς;

Δη. ὦ μῶρε ποίας κοιλίας; δευρὶ βλέπε.

τὰς στίχας ὁρᾷς τὰς τῶνδε τῶν λαῶν;   Αλ. ὁρῶ.

Δη. τούτων ἁπάντων αὐτὸς ἀρχέλας ἔσει,

καὶ τῆς ἀγορᾶς καὶ τῶν λιμένων καὶ τῆς πυκνός· 165

βουλὴν πατήσεις καὶ στρατηγοὺς κλαστάσεις,

δήσεις φυλάξεις, ἐν πρυτανείῳ λαικάσει.

Αλ. ἐγώ;   Δη. σὺ μέντοι· κοὐδέπω γε πάνθ᾽ ὁρᾷς.

ἀλλ᾽ ἐπανάβηθι κἀπὶ τοὐλεὸν τοδὶ

---

143 om. R¹   ἐξελῶν R²   147 κατὰ θεὸν Cobet : καταθείων R :
κατὰ θεῖον vulg.   159 Ἀθηναίων codd.: corr. Dawes   167 λαι-
κάσει V² B : λαικάσεις vulg.

ΙΠΠΗΣ

καὶ κάτιδε τὰς νήσους ἀπάσας ἐν κύκλῳ. 170
Αλ. καθορῶ.   Δη. τί δαί; τἀμπόρια καὶ τὰς ὁλκάδας;
Αλ. ἔγωγε.   Δη. πῶς οὖν οὐ μεγάλως εὐδαιμονεῖς;
ἔτι νῦν τὸν ὀφθαλμὸν παράβαλλ' ἐς Καρίαν
τὸν δεξιόν, τὸν δ' ἕτερον ἐς Καρχηδόνα.
Αλ. εὐδαιμονήσω δ' εἰ διαστραφήσομαι;   175
Δη. οὐκ ἀλλὰ διὰ σοῦ ταῦτα πάντα πέρναται.
γίγνει γάρ, ὡς ὁ χρησμὸς οὑτοσὶ λέγει,
ἀνὴρ μέγιστος.   Αλ. εἰπέ μοι καὶ πῶς ἐγὼ
ἀλλαντοπώλης ὢν ἀνὴρ γενήσομαι;
Δη. δι' αὐτὸ γάρ τοι τοῦτο καὶ γίγνει μέγας,   180
ὁτιὴ πονηρὸς κἀξ ἀγορᾶς εἶ καὶ θρασύς.
Αλ. οὐκ ἀξιῶ 'γὼ 'μαυτὸν ἰσχύειν μέγα.
Δη. οἴμοι τί ποτ' ἔσθ' ὅτι σαυτὸν οὐ φὴς ἄξιον;
ξυνειδέναι τί μοι δοκεῖς σαυτῷ καλόν.
μῶν ἐκ καλῶν εἶ κἀγαθῶν;   Αλ. μὰ τοὺς θεοὺς 185
εἰ μὴ 'κ πονηρῶν γ'.   Δη. ὦ μακάριε τῆς τύχης
ὅσον πέπονθας ἀγαθὸν ἐς τὰ πράγματα.
Αλ. ἀλλ' ὦγάθ' οὐδὲ μουσικὴν ἐπίσταμαι
πλὴν γραμμάτων, καὶ ταῦτα μέντοι κακὰ κακῶς.
Δη. τουτὶ μόνον σ' ἔβλαψεν, ὅτι καὶ κακὰ κακῶς.   190
ἡ δημαγωγία γὰρ οὐ πρὸς μουσικοῦ
ἔτ' ἐστὶν ἀνδρὸς οὐδὲ χρηστοῦ τοὺς τρόπους,
ἀλλ' εἰς ἀμαθῆ καὶ βδελυρόν. ἀλλὰ μὴ παρῇς
ἅ σοι διδόασ' ἐν τοῖς λογίοισιν οἱ θεοί.
Αλ. πῶς δῆτά φησ' ὁ χρησμός;   Δη. εὖ νὴ τοὺς θεοὺς
καὶ ποικίλως πως καὶ σοφῶς ᾐνιγμένος.   196
ἀλλ' ὁπόταν μάρψῃ βυρσαίετος ἀγκυλοχήλης
γαμφηλῇσι δράκοντα κοάλεμον αἱματοπώτην,
δὴ τότε Παφλαγόνων μὲν ἀπόλλυται ἡ σκοροδάλμη,
κοιλιοπώλῃσιν δὲ θεὸς μέγα κῦδος ὀπάζει,   200

174 Καλχηδόνα Boeckh   177 ὡς] ὄντως ὡς R et Kock   οὑτοσὶ]
σοι Kock   197 ἀγκυλοχήλης Γ et schol. : ἀγκυλοχείλης vulg.

61

αἵ κεν μὴ πωλεῖν ἀλλᾶντας μᾶλλον ἕλωνται.
Αλ. πῶς οὖν πρὸς ἐμὲ ταῦτ' ἐστίν; ἀναδίδασκέ με.
Δη. βυρσαίετος μὲν ὁ Παφλαγών ἐσθ' οὑτοσί.
Αλ. τί δ' ἀγκυλοχήλης ἐστίν;   Δη.   αὐτό που λέγει,
   ὅτι ἀγκύλαις ταῖς χερσὶν ἁρπάζων φέρει.   205
Αλ. ὁ δράκων δὲ πρὸς τί;   Δη.   τοῦτο περιφανέστατον.
   ὁ δράκων γάρ ἐστι μακρὸν ὅ τ' ἀλλᾶς αὖ μακρόν.
   εἶθ' αἱματοπώτης ἔσθ' ὅ τ' ἀλλᾶς χὠ δράκων·
   τὸν οὖν δράκοντά φησι τὸν βυρσαίετον
   ἤδη κρατήσειν, αἵ κε μὴ θαλφθῇ λόγοις.   210
Αλ. τὰ μὲν λόγι' αἰκάλλει με· θαυμάζω δ' ὅπως
   τὸν δῆμον οἷός τ' ἐπιτροπεύειν εἴμ' ἐγώ.
Δη. φαυλότατον ἔργον· ταῦθ' ἅπερ ποιεῖς ποίει·
   τάραττε καὶ χόρδευ' ὁμοῦ τὰ πράγματα
   ἅπαντα, καὶ τὸν δῆμον ἀεὶ προσποιοῦ   215
   ὑπογλυκαίνων ῥηματίοις μαγειρικοῖς.
   τὰ δ' ἄλλα σοι πρόσεστι δημαγωγικά,
   φωνὴ μιαρά, γέγονας κακῶς, ἀγοραῖος εἶ·
   ἔχεις ἅπαντα πρὸς πολιτείαν ἃ δεῖ·
   χρησμοί τε συμβαίνουσι καὶ τὸ Πυθικόν.   220
   ἀλλὰ στεφανοῦ καὶ σπένδε τῷ Κοαλέμῳ·
   χὤπως ἀμυνεῖ τὸν ἄνδρα.   Αλ.   καὶ τίς ξύμμαχος
   γενήσεταί μοι; καὶ γὰρ οἵ τε πλούσιοι
   δεδίασιν αὐτὸν ὅ τε πένης βδύλλει λεώς.
Δη. ἀλλ' εἰσὶν ἱππῆς ἄνδρες ἀγαθοὶ χίλιοι   225
   μισοῦντες αὐτόν, οἳ βοηθήσουσί σοι,
   καὶ τῶν πολιτῶν οἱ καλοί τε κἀγαθοί,
   καὶ τῶν θεατῶν ὅστις ἐστὶ δεξιός,
   κἀγὼ μετ' αὐτῶν χὠ θεὸς ξυλλήψεται.
   καὶ μὴ δέδιθ'· οὐ γάρ ἐστιν ἐξηκασμένος,   230
   ὑπὸ τοῦ δέους γὰρ αὐτὸν οὐδεὶς ἤθελεν

201 κεν] κα R   207 ὅ τ' ἀλλᾶς Bentl. : ἀλλᾶς τ' codd.
213 ταῦθ' Cobet   215 om. R : secl. Bergk   216 μαγειρικῶς
Lenting

τῶν σκευοποιῶν εἰκάσαι.   πάντως γε μὴν
γνωσθήσεται· τὸ γὰρ θέατρον δεξιόν.

Αλ. οἴμοι κακοδαίμων ὁ Παφλαγὼν ἐξέρχεται.

ΚΛΕΩΝ

    οὗτοι μὰ τοὺς δώδεκα θεοὺς χαιρήσετον,   235
    ὁτιὴ 'πὶ τῷ δήμῳ ξυνόμνυτον πάλαι.
    τουτὶ τί δρᾷ τὸ Χαλκιδικὸν ποτήριον;
    οὐκ ἔσθ' ὅπως οὐ Χαλκιδέας ἀφίστατον.
    ἀπολεῖσθον ἀποθανεῖσθον ὦ μιαρωτάτω.

Δη. οὗτος τί φεύγεις; οὐ μενεῖς; ὦ γεννάδα   240
    ἀλλαντοπῶλα μὴ προδῷς τὰ πράγματα.
    ἄνδρες ἱππῆς παραγένεσθε· νῦν ὁ καιρός. ὦ Σίμων,
    ὦ Παναίτι' οὐκ ἐλᾶτε πρὸς τὸ δεξιὸν κέρας;
    ἄνδρες ἐγγύς. ἀλλ' ἀμύνου κἀπαναστρέφου πάλιν.
    ὁ κονιορτὸς δῆλος αὐτῶν ὡς ὁμοῦ προσκειμένων.   245
    ἀλλ' ἀμύνου καὶ δίωκε καὶ τροπὴν αὐτοῦ ποιοῦ.

ΧΟΡΟΣ ΙΠΠΕΩΝ

    παῖε παῖε τὸν πανοῦργον καὶ ταραξιππόστρατον
    καὶ τελώνην καὶ φάραγγα καὶ Χάρυβδιν ἁρπαγῆς,
    καὶ πανοῦργον καὶ πανοῦργον· πολλάκις γὰρ αὖτ' ἐρῶ.
    καὶ γὰρ οὗτος ἦν πανοῦργος πολλάκις τῆς ἡμέρας. 250
    ἀλλὰ παῖε καὶ δίωκε καὶ τάραττε καὶ κύκα
    καὶ βδελύττου, καὶ γὰρ ἡμεῖς, κἀπικείμενος βόα·
    εὐλαβοῦ δὲ μὴ 'κφύγῃ σε· καὶ γὰρ οἶδε τὰς ὁδούς,
    ἅσπερ Εὐκράτης ἔφευγεν εὐθὺ τῶν κυρηβίων.

Κλ. ὦ γέροντες ἡλιασταί, φράτερες τριωβόλου,   255
    οὓς ἐγὼ βόσκω κεκραγὼς καὶ δίκαια κἄδικα,
    παραβοηθεῖθ', ὡς ὑπ' ἀνδρῶν τύπτομαι ξυνωμοτῶν.

Χο. ἐν δίκῃ γ', ἐπεὶ τὰ κοινὰ πρὶν λαχεῖν κατεσθίεις,
    κἀποσυκάζεις πιέζων τοὺς ὑπευθύνους σκοπῶν,

---

236 ξυνώμνυτον codd. praeter R   248 φάραγγα] φάλαγγα V :
φάριγγα Suid.   255 φράτορες codd. : corr. Dind. ex Eustathio

ὅστις αὐτῶν ὠμός ἐστιν ἢ πέπων ἢ μὴ πέπων,   260
κἄν τιν' αὐτῶν γνῷς ἀπράγμον' ὄντα καὶ κεχηνότα,
καταγαγὼν ἐκ Χερρονήσου διαβαλὼν ἀγκυρίσας
εἶτ' ἀποστρέψας τὸν ὦμον αὐτὸν ἐνεκολήβασας·
καὶ σκοπεῖς γε τῶν πολιτῶν ὅστις ἐστὶν ἀμνοκῶν,
πλούσιος καὶ μὴ πονηρὸς καὶ τρέμων τὰ πράγματα. 265

Κλ. ξυνεπίκεισθ' ὑμεῖς; ἐγὼ δ' ἄνδρες δι' ὑμᾶς τύπτομαι,
ὅτι λέγειν γνώμην ἔμελλον ὡς δίκαιον ἐν πόλει
ἑστάναι μνημεῖον ὑμῶν ἐστιν ἀνδρείας χάριν.

Χο. ὡς δ' ἀλαζών, ὡς δὲ μάσθλης· εἶδες οἷ' ὑπέρχεται
ὡσπερεὶ γέροντας ἡμᾶς καὶ κοβαλικεύεται;   270
ἀλλ' ἐὰν ταύτῃ γε νικᾷ, ταυτῃὶ πεπλήξεται·
ἢν δ' ὑπεκκλίνῃ γε δευρί, τὸ σκέλος κυρηβάσει.

Κλ. ὦ πόλις καὶ δῆμ' ὑφ' οἵων θηρίων γαστρίζομαι.

Χο. καὶ κέκραγας, ὥσπερ ἀεὶ τὴν πόλιν καταστρέφει;

Κλ. ἀλλ' ἐγώ σε τῇ βοῇ ταύτῃ γε πρῶτα τρέψομαι.   275

Χο. ἀλλ' ἐὰν μέντοι γε νικᾷς τῇ βοῇ, τήνελλος εἶ·
ἢν δ' ἀναιδείᾳ παρέλθῃ σ', ἡμέτερος ὁ πυραμοῦς.

Κλ. τουτονὶ τὸν ἄνδρ' ἐγὼ 'νδείκνυμι, καὶ φήμ' ἐξάγειν
ταῖσι Πελοποννησίων τριήρεσι ζωμεύματα.

Αλ. ναὶ μὰ Δία κἄγωγε τοῦτον, ὅτι κενῇ τῇ κοιλίᾳ   280
ἐσδραμὼν ἐς τὸ πρυτανεῖον, εἶτα πάλιν ἐκεῖ πλέᾳ.

Δη. νὴ Δί' ἐξάγων γε τἀπόρρηθ', ἅμ' ἄρτον καὶ κρέας
καὶ τέμαχος, οὗ Περικλέης οὐκ ἠξιώθη πώποτε.

Κλ. ἀποθανεῖσθον αὐτίκα μάλα.

Αλ. τριπλάσιον κεκράξομαί σου.   285

Κλ. καταβοήσομαι βοῶν σε.

Αλ. κατακεκράξομαί σε κράζων.

---

262 διαλαβὼν Casaubonus   263 ἐνεκολαβήσας plerique : corr.
Bentl. ex Hesych.   264-5 ante v. 261 locat Brunck   268 ἱστά-
ναι Elmsl.   270 καὶ κοβαλικεύεται Kock : ἐκκοβαλικεύεται codd.
272 τὸ R : πρὸς vulg.   273 lacunam post h. v. indicat Sauppe
276 μέντοι γε] μὲν τόνδε Pors.   τήνελλος εἶ] τήνελλά σοι Kock
277 παρέλθῃ σ' Ambrosianus L 39 : παρέλθῃς vulg.   278 'νδείκνυμι
Dobr. ex schol. : δείκνυμι codd.   282 ἐξάγων Pors. : ἐξαγαγὼν codd.

ΚΛ.   διαβαλῶ σ' ἐὰν στρατηγῇς.

ΑΛ.   κυνοκοπήσω σου τὸ νῶτον.

ΚΛ.   περιελῶ σ' ἀλαζονείαις.   290

ΑΛ.   ὑποτεμοῦμαι τὰς ὁδούς σου.

ΚΛ.   βλέψον ἔς μ' ἀσκαρδάμυκτος.

ΑΛ.   ἐν ἀγορᾷ κἀγὼ τέθραμμαι.

ΚΛ.   διαφορήσω σ' εἴ τι γρύξει.

ΑΛ.   κοπροφορήσω σ' εἰ λαλήσεις.   295

ΚΛ.   ὁμολογῶ κλέπτειν· σὺ δ' οὐχί.

ΑΛ.   νὴ τὸν Ἑρμῆν τὸν ἀγοραῖον,
κἀπιορκῶ γε βλεπόντων.

ΚΛ.   ἀλλότρια τοίνυν σοφίζει,
καὶ φανῶ σε τοῖς πρυτάνεσιν   300
ἀδεκατεύτους τῶν θεῶν ἱε-
ρὰς ἔχοντα κοιλίας.

Χο.   ὦ μιαρὲ καὶ βδελυρὲ †καὶ κεκράκτα†, τοῦ σοῦ
θράσους   [στρ. α.
πᾶσα μὲν γῆ πλέα, πᾶσα δ' ἐκκλησία, καὶ τέλη   305
καὶ γραφαὶ καὶ δικαστήρι', ὦ βορβοροτάραξι καὶ
τὴν πόλιν ἅπασαν ἡμῶν ἀνατετυρβακώς,   310
ὅστις ἡμῶν τὰς Ἀθήνας ἐκκεκώφωκας βοῶν,
κἀπὸ τῶν πετρῶν ἄνωθεν τοὺς φόρους θυννοσκοπῶν. 313

ΚΛ.   οἶδ' ἐγὼ τὸ πρᾶγμα τοῦθ' ὅθεν πάλαι καττύεται.

ΑΛ.   εἰ δὲ μὴ σύ γ' οἶσθα κάττυμ', οὐδ' ἐγὼ χορδεύματα, 315
ὅστις ὑποτέμνων ἐπώλεις δέρμα μοχθηροῦ βοὸς
τοῖς ἀγροίκοισιν πανούργως, ὥστε φαίνεσθαι παχύ,
καὶ πρὶν ἡμέραν φορῆσαι μεῖζον ἦν δυοῖν δοχμαῖν.

303–313 = 382–390

290 ἀλαζονείας codd. : corr. Elmsl.   292 ἀσκαρδάμυκτος R V Ald. : ἀσκαρδαμύκτως Α Γ Θ : ἀσκαρδαμυκτί Etym. Mag.   294 γρύξεις vel γρύζεις codd. : corr. Elmsl.   295 λαλήσεις] λακήσεις Β   300 καί σε φανῶ codd. : corr. Pors.   301 ἱρὰς Herm.   303 καὶ κεκράκτα, τοῦ σοῦ] καὶ κράκτα τοῦ σοῦ Α Γ Θ: fort. καὶ κεκράχθ', οὗ   312 ἐκκεκώφευκας Α Γ Θ : ἐκκεκώφηκας vulg. : corr. Reiske   313 θυννοσκοπεῖς Kock

ΑΡΙΣΤΟΦΑΝΟΥΣ

Δη. νὴ Δία κἀμὲ τοῦτ᾽ ἔδρασε ταὐτόν, ὥστε κατάγελων
πάμπολυν τοῖς δημόταισι καὶ φίλοις παρασχεθεῖν·   320
πρὶν γὰρ εἶναι Περγασῆσιν ἔνεον ἐν ταῖς ἐμβάσιν.

Χο. ἆρα δῆτ᾽ οὐκ ἀπ᾽ ἀρχῆς ἐδήλους ἀναί-   [στρ. β.
δειαν, ἥπερ μόνη προστατεῖ ῥητόρων;   325
ἦ σὺ πιστεύων ἀμέλγεις τῶν ξένων τοὺς καρπίμους,
πρῶτος ὤν· ὁ δ᾽ Ἱπποδάμου λείβεται θεώμενος.
ἀλλ᾽ ἐφάνη γὰρ ἀνὴρ ἕτερος πολὺ
σοῦ μιαρώτερος, ὥστε με χαίρειν,
ὅς σε παύσει καὶ πάρεισι, δῆλός ἐστιν αὐτόθεν,   330
πανουργίᾳ τε καὶ θράσει
καὶ κοβαλικεύμασιν.
ἀλλ᾽ ὦ τραφεὶς ὅθενπέρ εἰσιν ἄνδρες οἵπερ εἰσίν,
νῦν δεῖξον ὡς οὐδὲν λέγει τὸ σωφρόνως τραφῆναι.

Αλ. καὶ μὴν ἀκούσαθ᾽ οἷός ἐστιν οὑτοσὶ πολίτης.   335
Κλ. οὐκ αὖ μ᾽ ἐάσεις;   Αλ. μὰ Δί᾽ ἐπεὶ κἀγὼ πονηρός εἰμι.
Χο. ἐὰν δὲ μὴ ταύτῃ γ᾽ ὑπείκῃ, λέγ᾽ ὅτι κἀκ πονηρῶν.
Κλ. οὐκ αὖ μ᾽ ἐάσεις;   Αλ. μὰ Δία.   Κλ. ναὶ μὰ
Δία.   Αλ. μὰ τὸν Ποσειδῶ.
ἀλλ᾽ αὐτὸ περὶ τοῦ πρότερος εἰπεῖν πρῶτα διαμαχοῦμαι.
Κλ. οἴμοι διαρραγήσομαι.   Αλ. καὶ μὴν ἐγὼ οὐ παρήσω.
Χο. πάρες πάρες πρὸς τῶν θεῶν αὐτῷ διαρραγῆναι.   341
Κλ. τῷ καὶ πεποιθὼς ἀξιοῖς ἐμοῦ λέγειν ἔναντα;
Αλ. ὁτιὴ λέγειν οἷός τε κἀγὼ καὶ καρυκοποιεῖν.
Κλ. ἰδοὺ λέγειν. καλῶς γ᾽ ἂν οὖν σὺ πρᾶγμα προσπεσόν σοι
ὠμοσπάρακτον παραλαβὼν μεταχειρίσαιο χρηστῶς.   345
ἀλλ᾽ οἶσθ᾽ ὅπερ πεπονθέναι δοκεῖς; ὅπερ τὸ πλῆθος.
εἴ που δικίδιον εἶπας εὖ κατὰ ξένου μετοίκου,

322-334 = 397-408

319 κατάγελων] καὶ γέλων Elmsl.   325 τῶν ῥητόρων codd.: corr.
Bentl.   326 ἀμέλγεις] ἀμέργεις Bothe   339 secl. Dind.: ponitur
post 336 in V A Γ Θ Ald.   αὐτὸ R Ald.: αὐτὸ τοῦτο V et vulg.   post
διαμαχοῦμαί add. σοι R   340 ἐγὼ οὐ Bothe: ἐγώ σ᾽ οὐ codd.
342 ἔναντα Hotibius: ἐναντία codd.

τὴν νύκτα θρυλῶν καὶ λαλῶν ἐν ταῖς ὁδοῖς σεαυτῷ,
ὕδωρ τε πίνων κἀπιδεικνὺς τοὺς φίλους τ' ἀνιῶν,
ᾦου δυνατὸς εἶναι λέγειν. ὦ μῶρε τῆς ἀνοίας.   350

Αλ. τί δαὶ σὺ πίνων τὴν πόλιν πεποίηκας, ὥστε νυνὶ
ὑπὸ σοῦ μονωτάτου κατεγλωττισμένην σιωπᾶν;

Κλ. ἐμοὶ γὰρ ἀντέθηκας ἀνθρώπων τίν'; ὅστις εὐθὺς
θύννεια θερμὰ καταφαγών, κᾆτ' ἐπιπιὼν ἀκράτου
οἴνου χοᾶ κασαλβάσω τοὺς ἐν Πύλῳ στρατηγούς.   355

Αλ. ἐγὼ δέ γ' ἤνυστρον βοὸς καὶ κοιλίαν ὑείαν
καταβροχθίσας κᾆτ' ἐπιπιὼν τὸν ζωμὸν ἀναπόνιπτος
λαρυγγιῶ τοὺς ῥήτορας καὶ Νικίαν ταράξω.

Χο. τὰ μὲν ἄλλα μ' ἤρεσας λέγων· ἐν δ' οὐ προσίεταί με,
τῶν πραγμάτων ὁτιὴ μόνος τὸν ζωμὸν ἐκροφήσει.   360

Κλ. ἀλλ' οὐ λάβρακας καταφαγὼν Μιλησίους κλονήσεις.

Αλ. ἀλλὰ σχελίδας ἐδηδοκὼς ὠνήσομαι μέταλλα.

Κλ. ἐγὼ δ' ἐπεσπηδῶν γε τὴν βουλὴν βίᾳ κυκήσω.

Αλ. ἐγὼ δὲ κινήσω γέ σου τὸν πρωκτὸν ἀντὶ φύσκης.

Κλ. ἐγὼ δέ γ' ἐξέλξω σε τῆς πυγῆς θύραζε κύβδα.   365

Χο. νὴ τὸν Ποσειδῶ κἀμέ τἄρ', ἤνπερ γε τοῦτον ἕλκῃς.

Κλ.   οἷόν σε δήσω ⟨'ν⟩ τῷ ξύλῳ.

Αλ.   διώξομαί σε δειλίας.

Κλ.   ἡ βύρσα σου θρανεύσεται.

Αλ.   δερῶ σε θύλακον κλοπῆς.   370

Κλ.   διαπατταλευθήσει χαμαί.

Αλ.   περικόμματ' ἔκ σου σκευάσω.

Κλ.   τὰς βλεφαρίδας σου παρατιλῶ.

Αλ.   τὸν πρηγορεῶνά σούκτεμῶ.

Δη.   καὶ νὴ Δί' ἐμβαλόντες αὐ-   375
       τῷ πάτταλον μαγειρικῶς
       ἐς τὸ στόμ', εἶτα δ' ἔνδοθεν

351-2 Demostheni dat Zacher   360 ἐκροφήσεις codd. : corr.
Elmsl.   364 κινήσω] βινήσω R (sec. Schöll)   365 ἐξέλξω
Pors. : ἐξελλέγξω R : ἐξελῶ vulg.   366 τἄρ' Bothe : γὰρ codd.
367 'ν post δήσω add. Elmsl.   374 πρηγορῶνά Bentl.

τὴν γλῶτταν ἐξείραντες αὐ-
τοῦ σκεψόμεσθ' εὖ κἀνδρικῶς
κεχηνότος   380
τὸν πρωκτὸν εἰ χαλαζᾷ.

Χο.   ἦν ἄρα πυρός γ' ἕτερα θερμότερα καὶ λόγων [ἀντ α.
ἐν πόλει τῶν ἀναιδῶν ἀναιδέστεροι· καὶ τὸ πρᾶγμ' 385
ἦν ἄρ' οὐ φαῦλον ὧδ' . . . ἀλλ' ἔπιθι καὶ στρόβει,
μηδὲν ὀλίγον ποίει. νῦν γὰρ ἔχεται μέσος·
ὡς ἐὰν νυνὶ μαλάξῃς αὐτὸν ἐν τῇ προσβολῇ,
δειλὸν εὑρήσεις· ἐγὼ γὰρ τοὺς τρόπους ἐπίσταμαι. 390

Αλ.   ἀλλ' ὅμως οὗτος τοιοῦτος ὢν ἅπαντα τὸν βίον,
κᾆτ' ἀνὴρ ἔδοξεν εἶναι, τἀλλότριον ἀμῶν θέρος.
νῦν δὲ τοὺς στάχυς ἐκείνους, οὓς ἐκεῖθεν ἤγαγεν,
ἐν ξύλῳ δήσας ἀφαύει κἀποδόσθαι βούλεται.

Κλ.   οὐ δέδοιχ' ὑμᾶς, ἕως ἂν ζῇ τὸ βουλευτήριον 395
καὶ τὸ τοῦ δήμου πρόσωπον μακκοᾷ καθήμενον.

Χο.   ὡς δὲ πρὸς πᾶν ἀναιδεύεται κοὐ μεθί-   [ἀντ. β.
στησι τοῦ χρώματος τοῦ παρεστηκότος.
εἴ σε μὴ μισῶ, γενοίμην ἐν Κρατίνου κῴδιον, 400
καὶ διδασκοίμην προσᾴδειν Μορσίμου τραγῳδίᾳ.
ὦ περὶ πάντ' ἐπὶ πᾶσί τε πράγμασι
δωροδόκοισιν ἐπ' ἄνθεσιν ἵζων,
εἴθε φαύλως ὥσπερ ηὗρες ἐκβάλοις τὴν ἔνθεσιν.
ᾄσαιμι γὰρ τότ' ἂν μόνον, 405
' πῖνε πῖν' ἐπὶ συμφοραῖς.'
τὸν Ἰουλίου τ' ἂν οἶμαι γέροντα πυροπίπην
ἡσθέντ' ἰηπαιωνίσαι καὶ βακχέβακχον ᾆσαι.

Κλ.   οὗτοί μ' ὑπερβαλεῖσθ' ἀναιδείᾳ μὰ τὸν Ποσειδῶ,
ἢ μή ποτ' ἀγοραίου Διὸς σπλάγχνοισι παραγενοίμην. 410

386 οὐδ' ἐλαφρὸν post ὧδ' supplet Bergk   387 ὀλίγον] ἔλαττον R et
schol.   394 ἀφαύει] ἀφανει R : ἀφαίνει (αἴνω) Ribbeck   407 Ἰουλίου]
Ἰουλιέα Schnitzer : Βουλίου Mein.   πυρροπίπην V Ald.

Αλ. ἔγωγε νὴ τοὺς κονδύλους οὓς πολλὰ δὴ 'πὶ πολλοῖς
  ἠνεσχόμην ἐκ παιδίων, μαχαιρίδων τε πληγάς,
  ὑπερβαλεῖσθαί σ' οἴομαι τούτοισιν, ἢ μάτην γ' ἂν
  ἀπομαγδαλιὰς σιτούμενος τοσοῦτος ἐκτραφείην.
Κλ. ἀπομαγδαλιὰς ὥσπερ κύων; ὦ παμπόνηρε πῶς οὖν   415
  κυνὸς βορὰν σιτούμενος μαχεῖ σὺ κυνοκεφάλλῳ;
Αλ. καὶ νὴ Δί' ἄλλα γ' ἐστί μου κόβαλα παιδὸς ὄντος.
  ἐξηπάτων γὰρ τοὺς μαγείρους ἐπιλέγων τοιαυτί·
  ' σκέψασθε παῖδες· οὐχ ὁρᾶθ'; ὥρα νέα, χελιδών.'
  οἱ δ' ἔβλεπον, κἀγὼ 'ν τοσούτῳ τῶν κρεῶν ἔκλεπτον.   420
Χο. ὦ δεξιώτατον κρέας σοφῶς γε προὐνοήσω·
  ὥσπερ ἀκαλήφας ἐσθίων πρὸ χελιδόνων ἔκλεπτες.
Αλ. καὶ ταῦτα δρῶν ἐλάνθανόν γ'· εἰ δ' οὖν ἴδοι τις αὐτῶν,
  ἀποκρυπτόμενος ἐς τὼ κοχώνα τοὺς θεοὺς ἀπώμνυν·
  ὥστ' εἶπ' ἀνὴρ τῶν ῥητόρων ἰδών με τοῦτο δρῶντα·   425
  ' οὐκ ἔσθ' ὅπως ὁ παῖς ὅδ' οὐ τὸν δῆμον ἐπιτροπεύσει.'
Χο. εὖ γε ξυνέβαλεν αὔτ'· ἀτὰρ δῆλόν γ' ἀφ' οὗ ξυνέγνω·
  ὁτιὴ 'πιώρκεις θ' ἡρπακὼς καὶ κρέας ὁ πρωκτὸς εἶχεν.
Κλ. ἐγώ σε παύσω τοῦ θράσους, οἶμαι δὲ μᾶλλον ἄμφω.
  ἔξειμι γάρ σοι λαμπρὸς ἤδη καὶ μέγας καθιείς,   430
  ὁμοῦ ταράττων τήν τε γῆν καὶ τὴν θάλατταν εἰκῇ.
Αλ. ἐγὼ δὲ συστείλας γε τοὺς ἀλλᾶντας εἶτ' ἀφήσω
  κατὰ κῦμ' ἐμαυτὸν οὔριον, κλάειν σε μακρὰ κελεύσας.
Δη. κἄγωγ', ἐάν τι παραχαλᾷ, τὴν ἀντλίαν φυλάξω.
Κλ. οὔτοι μὰ τὴν Δήμητρα καταπροίξει τάλαντα πολλὰ   435
  κλέψας Ἀθηναίων.   Δη.   ἄθρει καὶ τοῦ ποδὸς παρίει·
  ὡς οὗτος ἤδη καικίας καὶ συκοφαντίας πνεῖ.
Αλ. σὲ δ' ἐκ Ποτειδαίας ἔχοντ' εὖ οἶδα δέκα τάλαντα.
Κλ. τί δῆτα; βούλει τῶν ταλάντων ἓν λαβὼν σιωπᾶν;
Χο. ἀνὴρ ἂν ἡδέως λάβοι.   τοὺς τερθρίους παρίει·   440
  τὸ πνεῦμ' ἔλαττον γίγνεται.

---

412 παιδίου R   416 κυνοκεφάλῳ codd. : corr. Dind. ex Phrynicho
418 ἐπιλέγων B Ald. : λέγων vulg. : ἂν λέγων Bernhardy   421 σοφῶς
Bentl. : ὡς σοφῶς codd.   437 ἤδη] ἤτοι R   καὶ] ἢ R

69

Κλ.   φεύξει γραφὰς . . .
        ἐκατονταλάντους τέτταρας.
Αλ.   σὺ δ' ἀστρατείας γ' εἴκοσιν,
        κλοπῆς δὲ πλεῖν ἢ χιλίας.
Κλ.   ἐκ τῶν ἀλιτηρίων σέ φη-   445
        μι γεγονέναι τῶν τῆς θεοῦ.
Αλ.   τὸν πάππον εἶναί φημί σου
        τῶν δορυφόρων—   Κλ. ποίων; φράσον.
Αλ.   τῶν Βυρσίνης τῆς Ἱππίου.
Κλ.   κόβαλος εἶ.   Αλ. πανοῦργος εἶ.   450
Χο.   παῖ' ἀνδρικῶς.   Κλ. ἰοὺ ἰού,
        τύπτουσί μ' οἱ ξυνωμόται.
Χο.   παῖ' αὐτὸν ἀνδρειότατα, καὶ
        γάστριζε καὶ τοῖς ἐντέροις
        καὶ τοῖς κόλοις,   455
        χὤπως κολᾷ τὸν ἄνδρα.
        ὦ γεννικώτατον κρέας ψυχήν τ' ἄριστε πάντων,
        καὶ τῇ πόλει σωτὴρ φανεὶς ἡμῖν τε τοῖς πολίταις,
        ὡς εὖ τὸν ἄνδρα ποικίλως θ' ὑπῆλθες ἐν λόγοισιν.
        πῶς ἄν σ' ἐπαινέσαιμεν οὕτως ὥσπερ ἡδόμεσθα;   460
Κλ.   ταυτὶ μὰ τὴν Δήμητρά μ' οὐκ ἐλάνθανεν
        τεκταινόμενα τὰ πράγματ', ἀλλ' ἠπιστάμην
        γομφούμεν' αὐτὰ πάντα καὶ κολλώμενα.
Χο.   οἴμοι σὺ δ' οὐδὲν ἐξ ἁμαξουργοῦ λέγεις;
Αλ.   οὔκουν μ' ἐν Ἄργει γ' οἷα πράττεις λανθάνει.   465
        πρόφασιν μὲν Ἀργείους φίλους ἡμῖν ποιεῖ,
        ἰδίᾳ δ' ἐκεῖ Λακεδαιμονίοις ξυγγίγνεται.
        καὶ ταῦτ' ἐφ' οἷσίν ἐστι συμφυσώμενα
        ἐγᾦδ'· ἐπὶ γὰρ τοῖς δεδεμένοις χαλκεύεται.
Χο.   εὖ γ' εὖ γε, χάλκευ' ἀντὶ τῶν κολλωμένων.   470
Αλ.   καὶ ξυγκροτοῦσιν ἄνδρες αὔτ' ἐκεῖθεν αὖ,
        καὶ ταῦτά μ' οὔτ' ἀργύριον οὔτε χρυσίον

442 γραφὰς σὺ δειλίας Mein.   453 ἀνδρικώτατα codd. : corr.
Dind.   465 πράττει Bentl.

διδοὺς ἀναπείσεις οὔτε προσπέμπων φίλους,
ὅπως ἐγὼ ταῦτ' οὐκ Ἀθηναίοις φράσω.

Κλ. ἐγὼ μὲν οὖν αὐτίκα μάλ' ἐς βουλὴν ἰὼν   475
ὑμῶν ἁπάντων τὰς ξυνωμοσίας ἐρῶ,
καὶ τὰς ξυνόδους τὰς νυκτερινὰς τὰς ἐν πόλει,
καὶ πάνθ' ἃ Μήδοις καὶ βασιλεῖ ξυνόμνυτε,
καὶ τἀκ Βοιωτῶν ταῦτα συντυρούμενα.

Αλ. πῶς οὖν ὁ τυρὸς ἐν Βοιωτοῖς ὤνιος;   480

Κλ. ἐγώ σε νὴ τὸν Ἡρακλέα παραστορῶ.

Χο. ἄγε δὴ σὺ τίνα νοῦν ἢ τίνα ψυχὴν ἔχεις;
νυνί γε δείξεις, εἴπερ ἀπεκρύψω τότε
ἐς τὼ κοχώνα τὸ κρέας, ὡς αὐτὸς λέγεις·
θεύσει γὰρ ᾄξας ἐς τὸ βουλευτήριον,   485
ὡς οὗτος ἐσπεσὼν ἐκεῖσε διαβαλεῖ
ἡμᾶς ἅπαντας καὶ κράγον κεκράξεται.

Αλ. ἀλλ' εἶμι· πρῶτον δ' ὡς ἔχω τὰς κοιλίας
καὶ τὰς μαχαίρας ἐνθαδὶ καταθήσομαι.

Δη. ἔχε νυν, ἄλειψον τὸν τράχηλον τουτῳί,   490
ἵν' ἐξολισθάνειν δύνῃ τὰς διαβολάς.

Αλ. ἀλλ' εὖ λέγεις καὶ παιδοτριβικῶς ταυταγί.

Δη. ἔχε νυν, ἐπέγκαψον λαβὼν ταδί.   Αλ.   τί δαί;

Δη. ἵν' ἄμεινον ὦ τᾶν ἐσκοροδισμένος μάχῃ.
καὶ σπεῦδε ταχέως.   Αλ.   ταῦτα δρῶ.   Δη.   μέ-
    μνησό νυν   495
δάκνειν διαβάλλειν, τοὺς λόφους κατεσθίειν,
χὤπως τὰ κάλλαι' ἀποφαγὼν ἥξεις πάλιν.

Χο.   ἀλλ' ἴθι χαίρων, καὶ πράξειας
κατὰ νοῦν τὸν ἐμόν, καί σε φυλάττοι
Ζεὺς ἀγοραῖος· καὶ νικήσας   500
αὖθις ἐκεῖθεν πάλιν ὡς ἡμᾶς

482 ψυχήν] γνώμην R   483 γε δείξεις Cobet : δὲ δείξεις C in marg. :
διδάξεις codd.   τότε] ποτὲ R   486 ἐσπεσὼν] R (εἰσ.) : ἐμπεσὼν
vulg.   490–7 Demosthenis partes choro dant codd. : corr. Enger

ἔλθοις στεφάνοις κατάπαστος.
ὑμεῖς δ' ἡμῖν προσέχετε τὸν νοῦν
τοῖς ἀναπαίστοις,
ὦ παντοίας ἤδη Μούσης   505
πειραθέντες καθ' ἑαυτούς.

εἰ μέν τις ἀνὴρ τῶν ἀρχαίων κωμῳδοδιδάσκαλος ἡμᾶς
ἠνάγκαζεν λέξοντας ἔπη πρὸς τὸ θέατρον παραβῆναι,
οὐκ ἂν φαύλως ἔτυχεν τούτου· νῦν δ' ἄξιός ἐσθ' ὁ ποιητής,
ὅτι τοὺς αὐτοὺς ἡμῖν μισεῖ τολμᾷ τε λέγειν τὰ δίκαια, ⟨ 510
καὶ γενναίως πρὸς τὸν τυφῶ χωρεῖ καὶ τὴν ἐριώλην.
ἃ δὲ θαυμάζειν ὑμῶν φησιν πολλοὺς αὐτῷ προσιόντας
καὶ βασανίζειν ὡς οὐχὶ πάλαι χορὸν αἰτοίη καθ' ἑαυτόν,
ἡμᾶς ὑμῖν ἐκέλευε φράσαι περὶ τούτου. φησὶ γὰρ ἀνὴρ
οὐχ ὑπ' ἀνοίας τοῦτο πεπονθὼς διατρίβειν, ἀλλὰ νομίζων
κωμῳδοδιδασκαλίαν εἶναι χαλεπώτατον ἔργον ἁπάντων· 516
πολλῶν γὰρ δὴ πειρασάντων αὐτὴν ὀλίγοις χαρίσασθαι·
ὑμᾶς τε πάλαι διαγιγνώσκων ἐπετείους τὴν φύσιν ὄντας
καὶ τοὺς προτέρους τῶν ποιητῶν ἅμα τῷ γήρᾳ προδιδόντας·
τοῦτο μὲν εἰδὼς ἅπαθε Μάγνης ἅμα ταῖς πολιαῖς κατιούσαις,
ὃς πλεῖστα χορῶν τῶν ἀντιπάλων νίκης ἔστησε τροπαῖα· 521
πάσας δ' ὑμῖν φωνὰς ἱεὶς καὶ ψάλλων καὶ πτερυγίζων
καὶ λυδίζων καὶ ψηνίζων καὶ βαπτόμενος βατραχείοις
οὐκ ἐξήρκεσεν, ἀλλὰ τελευτῶν ἐπὶ γήρως, οὐ γὰρ ἐφ' ἥβης,
ἐξεβλήθη πρεσβύτης ὤν, ὅτι τοῦ σκώπτειν ἀπελείφθη· 525
εἶτα Κρατίνου μεμνημένος, ὃς πολλῷ ῥεύσας ποτ' ἐπαίνῳ
διὰ τῶν ἀφελῶν πεδίων ἔρρει, καὶ τῆς στάσεως παρασύρων
ἐφόρει τὰς δρῦς καὶ τὰς πλατάνους καὶ τοὺς ἐχθροὺς προ-
         θελύμνους·
ἆσαι δ' οὐκ ἦν ἐν ξυμποσίῳ πλὴν 'Δωροῖ συκοπέδιλε,'
καὶ 'τέκτονες εὐπαλάμων ὕμνων·' οὕτως ἤνθησεν ἐκεῖνος.

---

503 ἡμῶν Brunck   505-6 secl. Herm. qui χαίροντες ante
τοῖς in v. 504 addit   511 χωρεῖν ΑΓΘ   513 ὡς] πῶς
Bentl.   517 ὀλίγοις Ambrosianus L 39: ὀλίγοις πάνυ R: ὀλίγοις
ἤδη vulg.

νυνὶ δ' ὑμεῖς αὐτὸν ὁρῶντες παραληροῦντ' οὐκ ἐλεεῖτε, 531
ἐκπιπτουσῶν τῶν ἠλέκτρων καὶ τοῦ τόνου οὐκέτ' ἐνόντος
τῶν θ' ἁρμονιῶν διαχασκουσῶν· ἀλλὰ γέρων ὢν περιέρρει,
ὥσπερ Κοννᾶς, στέφανον μὲν ἔχων αὖον δίψῃ δ' ἀπολωλώς,
ὃν χρῆν διὰ τὰς προτέρας νίκας πίνειν ἐν τῷ πρυτανείῳ, 535
καὶ μὴ ληρεῖν ἀλλὰ θεᾶσθαι λιπαρὸν παρὰ τῷ Διονύσῳ.

οἵας δὲ Κράτης ὀργὰς ὑμῶν ἠνέσχετο καὶ στυφελιγμούς,
ὃς ἀπὸ σμικρᾶς δαπάνης ὑμᾶς ἀριστίζων ἀπέπεμπεν,
ἀπὸ κραμβοτάτου στόματος μάττων ἀστειοτάτας ἐπινοίας·
χοῦτος μέντοι μόνος ἀντήρκει, τοτὲ μὲν πίπτων τοτὲ δ' οὐχί.
ταῦτ' ὀρρωδῶν διέτριβεν ἀεί, καὶ πρὸς τούτοισιν ἔφασκεν 541
ἐρέτην χρῆναι πρῶτα γενέσθαι πρὶν πηδαλίοις ἐπιχειρεῖν,
κᾆτ' ἐντεῦθεν πρῳρατεῦσαι καὶ τοὺς ἀνέμους διαθρῆσαι,
κᾆτα κυβερνᾶν αὐτὸν ἑαυτῷ. τούτων οὖν οὕνεκα πάντων,
ὅτι σωφρονικῶς κοὐκ ἀνοήτως ἐσπηδήσας ἐφλυάρει, 545
αἵρεσθ' αὐτῷ πολὺ τὸ ῥόθιον, παραπέμψατ' ἐφ' ἕνδεκα κώπαις
θόρυβον χρηστὸν ληναίτην,
ἵν' ὁ ποιητὴς ἀπίῃ χαίρων
κατὰ νοῦν πράξας,
φαιδρὸς λάμποντι μετώπῳ.   550

ἵππι' ἄναξ Πόσειδον, ᾧ   [στρ.
χαλκοκρότων ἵππων κτύπος
καὶ χρεμετισμὸς ἀνδάνει
καὶ κυανέμβολοι θοαὶ
μισθοφόροι τριήρεις,   555
μειρακίων θ' ἅμιλλα λαμ-
πρυνομένων ἐν ἅρμασιν
καὶ βαρυδαιμονούντων,
δεῦρ' ἔλθ' ἐς χορὸν ὦ χρυσοτρίαιν' ὦ
δελφίνων μεδέων Σουνιάρατε,   560
ὦ Γεραίστιε παῖ Κρόνου,
Φορμίωνί τε φίλτατ' ἐκ

536 Διονύσου Elmsl.   539 κραμβοφάγου Kiehl

τῶν ἄλλων τε θεῶν 'Αθη-
ναίοις πρὸς τὸ παρεστός.

εὐλογῆσαι βουλόμεσθα τοὺς πατέρας ἡμῶν, ὅτι   565
ἄνδρες ἦσαν τῆσδε τῆς γῆς ἄξιοι καὶ τοῦ πέπλου,
οἵτινες πεζαῖς μάχαισιν ἔν τε ναυφάρκτῳ στρατῷ
πανταχοῦ νικῶντες ἀεὶ τήνδ' ἐκόσμησαν πόλιν·
οὐ γὰρ οὐδεὶς πώποτ' αὐτῶν τοὺς ἐναντίους ἰδὼν
ἠρίθμησεν, ἀλλ' ὁ θυμὸς εὐθὺς ἦν 'Αμυνίας·   570
εἰ δέ που πέσοιεν ἐς τὸν ὦμον ἐν μάχῃ τινί,
τοῦτ' ἀπεψήσαντ' ἄν, εἶτ' ἠρνοῦντο μὴ πεπτωκέναι,
ἀλλὰ διεπάλαιον αὖθις.   καὶ στρατηγὸς οὐδ' ἂν εἷς
τῶν πρὸ τοῦ σίτησιν ᾔτησ' ἐρόμενος Κλεαίνετον·
νῦν δ' ἐὰν μὴ προεδρίαν φέρωσι καὶ τὰ σιτία,   575
οὐ μαχεῖσθαί φασιν.   ἡμεῖς δ' ἀξιοῦμεν τῇ πόλει
προῖκα γενναίως ἀμύνειν καὶ θεοῖς ἐγχωρίοις.
καὶ πρὸς οὐκ αἰτοῦμεν οὐδὲν πλὴν τοσουτονὶ μόνον·
ἤν ποτ' εἰρήνη γένηται καὶ πόνων παυσώμεθα,
μὴ φθονεῖθ' ἡμῖν κομῶσι μηδ' ἀπεστλεγγισμένοις.   580

'Ω πολιοῦχε Παλλάς, ὦ   [ἀντ.
τῆς ἱερωτάτης ἀπα-
σῶν πολέμῳ τε καὶ ποιη-
ταῖς δυνάμει θ' ὑπερφερού-
σης μεδέουσα χώρας,   585
δεῦρ' ἀφικοῦ λαβοῦσα τὴν
ἐν στρατιαῖς τε καὶ μάχαις
ἡμετέραν ξυνεργὸν
Νίκην, ἣ χορικῶν ἐστιν ἑταίρα
τοῖς τ' ἐχθροῖσι μεθ' ἡμῶν στασιάζει.   590
νῦν οὖν δεῦρο φάνηθι· δεῖ
γὰρ τοῖς ἀνδράσι τοῖσδε πά-

570 ἠρίθμησεν] ἠρέμησεν Suid. (cod. A) cf. schol.   589 χορικῶν]
Χαρίτων Kock

74

σῇ τέχνῃ πορίσαι σε νί-
κην εἴπερ ποτὲ καὶ νῦν.

ἃ ξύνισμεν τοῖσιν ἵπποις, βουλόμεσθ' ἐπαινέσαι.   595
ἄξιοι δ' εἴσ' εὐλογεῖσθαι· πολλὰ γὰρ δὴ πράγματα
ξυνδιήνεγκαν μεθ' ἡμῶν, ἐσβολάς τε καὶ μάχας.
ἀλλὰ τἀν τῇ γῇ μὲν αὐτῶν οὐκ ἄγαν θαυμάζομεν,
ὡς ὅτ' ἐς τὰς ἱππαγωγοὺς εἰσεπήδων ἀνδρικῶς,
πριάμενοι κώθωνας, οἱ δὲ καὶ σκόροδα καὶ κρόμμυα·   600
εἶτα τὰς κώπας λαβόντες ὥσπερ ἡμεῖς οἱ βροτοὶ
ἐμβαλόντες ἀνεβρύαξαν, ' ἱππαπαῖ, τίς ἐμβαλεῖ;
ληπτέον μᾶλλον. τί δρῶμεν; οὐκ ἐλᾷς ὦ σαμφόρα; '
ἐξεπήδων τ' ἐς Κόρινθον· εἶτα δ' οἱ νεώτεροι
ταῖς ὁπλαῖς ὤρυττον εὐνὰς καὶ μετῆσαν στρώματα·   605
ἤσθιον δὲ τοὺς παγούρους ἀντὶ ποίας Μηδικῆς,
εἴ τις ἐξέρποι θύραζε κἀκ βυθοῦ θηρώμενοι·
ὥστ' ἔφη Θέωρος εἰπεῖν καρκίνον Κορίνθιον,
' δεινά γ' ὦ Πόσειδον εἰ μήτ' ἐν βυθῷ δυνήσομαι
μήτε γῇ μήτ' ἐν θαλάττῃ διαφυγεῖν τοὺς ἱππέας.'   610

Χο. ὦ φίλτατ' ἀνδρῶν καὶ νεανικώτατε.
ὅσην ἀπὼν παρέσχες ἡμῖν φροντίδα·
καὶ νῦν ἐπειδὴ σῶς ἐλήλυθας πάλιν,
ἄγγειλον ἡμῖν πῶς τὸ πρᾶγμ' ἠγωνίσω.
Αλ. τί δ' ἄλλο γ' εἰ μὴ Νικόβουλος ἐγενόμην;   615
Χο. νῦν ἄρ' ἄξιόν γε πᾶσίν ἐστιν ἐπολολύξαι.   [στρ.
ὦ καλὰ λέγων πολὺ δ' ἀμείνον' ἔτι τῶν λόγων
ἐργασάμεν', εἴθ' ἐπέλ-
θοις ἅπαντά μοι σαφῶς·
ὡς ἐγώ μοι δοκῶ   620

600 καὶ σκόροδα Ald.: σκόροδα codd.: οἱ δὲ σκόροδ' ἐλάας κρόμμυα Bergk
602 ἀνεβρύαξαν] ἀνεφρυάξανθ' Walsh   604 νεώτατοι R   610 μήτε
γῇ Bentl.: μήτ' ἐν γῇ codd.   614 ἠγώνισαι Cobet   617 ἄμεινον
codd.: corr. Bergler   618 εἰργασμένʼ codd.: corr. Bentl.

ΑΡΙΣΤΟΦΑΝΟΥΣ

κἂν μακρὰν ὁδὸν διελθεῖν
ὥστ᾽ ἀκοῦσαι.   πρὸς τάδ᾽ ὦ βέλ-
τιστε θαρρήσας λέγ᾽, ὡς ἅ-
παντες ἡδόμεσθά σοι.

Αλ. καὶ μὴν ἀκοῦσαί γ᾽ ἄξιον τῶν πραγμάτων.
εὐθὺς γὰρ αὐτοῦ κατόπιν ἐνθένδ᾽ ἱέμην·   625
ὁ δ᾽ ἄρ᾽ ἔνδον ἐλασίβροντ᾽ ἀναρρηγνὺς ἔπη
τερατευόμενος ἤρειδε κατὰ τῶν ἱππέων,
κρημνοὺς †ἐρείδων† καὶ ξυνωμότας λέγων
πιθανώταθ᾽· ἡ βουλὴ δ᾽ ἅπασ᾽ ἀκροωμένη
ἐγένεθ᾽ ὑπ᾽ αὐτοῦ ψευδατραφάξυος πλέα,   630
κἄβλεψε νᾶπυ καὶ τὰ μέτωπ᾽ ἀνέσπασεν.
κἄγωγ᾽ ὅτε δὴ ᾽γνων ἐνδεχομένην τοὺς λόγους
καὶ τοῖς φενακισμοῖσιν ἐξαπατωμένην,
᾽ ἄγε δὴ Σκίταλοι καὶ Φένακες,᾽ ἦν δ᾽ ἐγώ,
᾽ Βερέσχεθοί τε καὶ Κόβαλοι καὶ Μόθων,   635
ἀγορά τ᾽ ἐν ᾗ παῖς ὢν ἐπαιδεύθην ἐγώ,
νῦν μοι θράσος καὶ γλῶτταν εὔπορον δότε
φωνήν τ᾽ ἀναιδῆ.᾽   ταῦτα φροντίζοντί μοι
ἐκ δεξιᾶς ἀπέπαρδε καταπύγων ἀνήρ.
κἀγὼ προσέκυσα· κᾆτα τῷ πρωκτῷ θενὼν   640
τὴν κιγκλίδ᾽ ἐξήραξα κἀναχανὼν μέγα
ἀνέκραγον· ᾽ ὦ βουλὴ λόγους ἀγαθοὺς φέρων
εὐαγγελίσασθαι πρῶτον ὑμῖν βούλομαι·
ἐξ οὗ γὰρ ἡμῖν ὁ πόλεμος κατερράγη,
οὐπώποτ᾽ ἀφύας εἶδον ἀξιωτέρας.᾽   645
τῶν δ᾽ εὐθέως τὰ πρόσωπα διεγαλήνισεν·
εἶτ᾽ ἐστεφάνουν μ᾽ εὐαγγέλια· κἀγὼ ᾽φρασα
αὐτοῖς ἀπόρρητον ποιησάμενος ταχύ,
ἵνα τὰς ἀφύας ὠνοῖντο πολλὰς τοὐβολοῦ,

628 ἐρείδων] ἐρείπων Brunck   635 τε καὶ Κόβαλοι] Κοάλεμοί τε
Dobr. ex schol.   Μόθων schol. : μόθωνες codd.   639 ἐπέπαρδε
Halbertsma   643 πρῶτος V² cum Phrynicho   646 τῶν δ᾽] οἱ δ᾽ R
διεγαλήνισαν R   648 ποιησαμένοις Bentl.

τῶν δημιουργῶν ξυλλαβεῖν τὰ τρύβλια.   650
οἱ δ᾽ ἀνεκρότησαν καὶ πρὸς ἔμ᾽ ἐκεχήνεσαν.
ὁ δ᾽ ὑπονοήσας ὁ Παφλαγών, εἰδὼς ἄρα
οἷς ἤδεθ᾽ ἡ βουλὴ μάλιστα ῥήμασιν,
γνώμην ἔλεξεν· ‘ ἄνδρες, ἤδη μοι δοκεῖ
ἐπὶ συμφοραῖς ἀγαθαῖσιν εἰσηγγελμέναις   655
εὐαγγέλια θύειν ἑκατὸν βοῦς τῇ θεῷ.’
ἐπένευσεν εἰς ἐκεῖνον ἡ βουλὴ πάλιν.
κἄγωγ᾽ ὅτε δὴ ᾽γνων τοῖς βολίτοις ἡττημένος,
διακοσίαισι βουσὶν ὑπερηκόντισα,
τῇ δ᾽ Ἀγροτέρᾳ κατὰ χιλιῶν παρῄνεσα   660
εὐχὴν ποιήσασθαι χιμάρων εἰς αὔριον,
αἱ τριχίδες εἰ γενοίαθ᾽ ἑκατὸν τοὐβολοῦ.
ἐκαραδόκησεν εἰς ἔμ᾽ ἡ βουλὴ πάλιν.
ὁ δὲ ταῦτ᾽ ἀκούσας ἐκπλαγεὶς ἐφληνάφα.
κᾆθ᾽ εἷλκον αὐτὸν οἱ πρυτάνεις χοἰ τοξόται.   665
οἱ δ᾽ ἐθορύβουν περὶ τῶν ἀφύων ἑστηκότες·
ὁ δ᾽ ἠντεβόλει γ᾽ αὐτοὺς ὀλίγον μεῖναι χρόνον,
‘ ἵν᾽ ἄτθ᾽ ὁ κῆρυξ οὐκ Λακεδαίμονος λέγει
πύθησθ᾽, ἀφῖκται γὰρ περὶ σπονδῶν,’ λέγων.
οἱ δ᾽ ἐξ ἑνὸς στόματος ἅπαντες ἀνέκραγον·   670
‘ νυνὶ περὶ σπονδῶν; ἐπειδή γ᾽ ὦ μέλε
ᾔσθοντο τὰς ἀφύας παρ᾽ ἡμῖν ἀξίας.
οὐ δεόμεθα σπονδῶν· ὁ πόλεμος ἑρπέτω.’
ἐκεκράγεσάν τε τοὺς πρυτάνεις ἀφιέναι·
εἶθ᾽ ὑπερεπήδων τοὺς δρυφάκτους πανταχῇ.   675
ἐγὼ δὲ τὰ κορίανν᾽ ἐπριάμην ὑποδραμὼν
ἅπαντα τά τε γήτει᾽ ὅσ᾽ ἦν ἐν τἀγορᾷ·
ἔπειτα ταῖς ἀφύαις ἐδίδουν ἡδύσματα
ἀπορουσιν αὐτοῖς προῖκα κἀχαριζόμην.

652 ἄρα] τ᾽ ἅμα R : τ᾽ ἄρα Dind.   655 εἰσηγγελμέναις] ἠγγελμένας
R (αι supra α), unde ἀγαθαῖσι ταῖς ἠγγελμέναις Cobet   659 διηκοσίησι·
codd. : corr. Dind.   668 λέγει Ald. : λέγῃ R : λέγῃ πάλιν Θ : λέγει
πάλιν V A Γ   669 λέγων] πάλιν Pors.   674 ἀφιέναι Brunck :
ἀπιέναι codd.

οἱ δ' ὑπερεπῄνουν ὑπερεπύππαζόν τέ με   680
ἄπαντες οὕτως ὥστε τὴν βουλὴν ὅλην
ὀβολοῦ κοριάννοις ἀναλαβὼν ἐλήλυθα.

Χο. πάντα τοι πέπραγας οἷα χρὴ τὸν εὐτυχοῦντα·   [ἀντ.
ηὗρε δ' ὁ πανοῦργος ἕτερον πολὺ πανουργίαις
   μείζοσι κεκασμένον   685
   καὶ δόλοισι ποικίλοις
   ῥήμασίν θ' αἱμύλοις.
ἀλλ' ὅπως ἀγωνιεῖ φρόν-
τιζε τἀπίλοιπ' ἄριστα·
συμμάχους δ' ἡμᾶς ἔχων εὔ-
   νους ἐπίστασαι πάλαι.   690

Αλ. καὶ μὴν ὁ Παφλαγὼν οὑτοσὶ προσέρχεται,
ὠθῶν κολόκυμα καὶ ταράττων καὶ κυκῶν,
ὡς δὴ καταπιόμενός με. μορμὼ τοῦ θράσους.

Κλ. εἰ μή σ' ἀπολέσαιμ', εἴ τι τῶν αὐτῶν ἐμοὶ
ψευδῶν ἐνείη, διαπέσοιμι πανταχῇ.   695

Αλ. ἥσθην ἀπειλαῖς, ἐγέλασα ψολοκομπίαις,
ἀπεπυδάρισα μόθωνα, περιεκόκκασα.

Κλ. οὔτοι μὰ τὴν Δήμητρ', ἐὰν μή σ' ἐκφάγω
ἐκ τῆσδε τῆς γῆς, οὐδέποτε βιώσομαι.

Αλ. ἢν μὴ 'κφάγῃς; ἐγὼ δέ γ', ἢν μή σ' ἐκπίω   700
κἀπεκροφήσας αὐτὸς ἐπιδιαρραγῶ.

Κλ. ἀπολῶ σε νὴ τὴν προεδρίαν τὴν ἐκ Πύλου.

Αλ. ἰδοὺ προεδρίαν· οἷον ὄψομαί σ' ἐγὼ
ἐκ τῆς προεδρίας ἔσχατον θεώμενον.

Κλ. ἐν τῷ ξύλῳ δήσω σε νὴ τὸν οὐρανόν.   705

Αλ. ὡς ὀξύθυμος. φέρε τί σοι δῶ καταφαγεῖν;
ἐπὶ τῷ φάγοις ἥδιστ' ἄν; ἐπὶ βαλλαντίῳ;

697 περιεκόκκαυσα R : περιεκόκκυσα vulg. : corr. Dind. ex Phot.
698 Δήμητρ', ἐὰν Δήμητρά γ' εἰ R   700 ἢν] εἰ R   γ' ἢν
μή σ' Bentl. : γ' εἰ μή σ' R : σ' ἢν μὴ vulg.   701 κἂν ἐκροφήσας
Bothe

ΙΠΠΗΣ

ΚΛ. ἐξαρπάσομαί σου τοῖς ὄνυξι τἄντερα.

ΑΛ. ἀπονυχιῶ σου τὰν πρυτανείῳ σιτία.

ΚΛ. ἕλξω σε πρὸς τὸν δῆμον, ἵνα δῷς μοι δίκην.　　710

ΑΛ. κἀγὼ δέ σ᾽ ἕλξω καὶ διαβαλῶ πλείονα.

ΚΛ. ἀλλ᾽ ὦ πόνηρε σοὶ μὲν οὐδὲν πείθεται·
　　ἐγὼ δ᾽ ἐκείνου καταγελῶ γ᾽ ὅσον θέλω.

ΑΛ. ὡς σφόδρα σὺ τὸν δῆμον σεαυτοῦ νενόμικας.

ΚΛ. ἐπίσταμαι γὰρ αὐτὸν οἷς ψωμίζεται.　　715

ΑΛ. κᾆθ᾽ ὥσπερ αἱ τίτθαι γε σιτίζεις κακῶς.
　　μασώμενος γὰρ τῷ μὲν ὀλίγον ἐντίθης,
　　αὐτὸς δ᾽ ἐκείνου τριπλάσιον κατέσπακας.

ΚΛ. καὶ νὴ Δί᾽ ὑπό γε δεξιότητος τῆς ἐμῆς
　　δύναμαι ποιεῖν τὸν δῆμον εὐρὺν καὶ στενόν.　　720

ΑΛ. χὠ πρωκτὸς οὑμὸς τουτογὶ σοφίζεται.

ΚΛ. οὐκ ὦγάθ᾽ ἐν βουλῇ με δόξεις καθυβρίσαι.
　　ἴωμεν ἐς τὸν δῆμον.　　ΑΛ.　　οὐδὲν κωλύει·
　　ἰδοὺ βάδιζε, μηδὲν ἡμᾶς ἰσχέτω.

ΚΛ. ὦ Δῆμε δεῦρ᾽ ἔξελθε.　　ΑΛ.　　νὴ Δί᾽ ὦ πάτερ　　725
　　ἔξελθε δῆτ᾽.　　ΚΛ.　　ὦ Δημίδιον ⟨ὦ⟩ φίλτατον
　　ἔξελθ᾽, ἵν᾽ εἰδῇς οἷα περιυβρίζομαι.

ΔΗΜΟΣ

　　τίνες οἱ βοῶντες; οὐκ ἄπιτ᾽ ἀπὸ τῆς θύρας;
　　τὴν εἰρεσιώνην μου κατεσπαράξατε.
　　τίς ὦ Παφλαγὼν ἀδικεῖ σε;　　ΚΛ.　　διὰ σὲ τύπτομαι
　　ὑπὸ τουτουὶ καὶ τῶν νεανίσκων.　　Δη.　　τιή;　　731

ΚΛ. ὁτιὴ φιλῶ σ᾽ ὦ Δῆμ᾽ ἐραστής τ᾽ εἰμὶ σός.

Δη. σὺ δ᾽ εἶ τίς ἐτεόν;　　ΑΛ.　　ἀντεραστὴς τουτουί,
　　ἐρῶν πάλαι σου βουλόμενός τέ σ᾽ εὖ ποιεῖν,
　　ἄλλοι τε πολλοὶ καὶ καλοί τε κἀγαθοί.　　735
　　ἀλλ᾽ οὐχ οἷοί τ᾽ ἐσμὲν διὰ τουτονί. σὺ γὰρ
　　ὅμοιος εἶ τοῖς παισὶ τοῖς ἐρωμένοις·

726 ὦ post Δημίδιον add. Elmsl.　　727 οἷάπερ ὑβρίζομαι codd. :
corr. Elmsl.

79

τοὺς μὲν καλούς τε κἀγαθοὺς οὐ προσδέχει,
σαυτὸν δὲ λυχνοπώλαισι καὶ νευρορράφοις
καὶ σκυτοτόμοις καὶ βυρσοπώλαισιν δίδως.·   740
Κλ. εὖ γὰρ ποιῶ τὸν δῆμον.   Αλ.   εἰπέ νυν τί δρῶν;
Κλ. ὅ τι; †τῶν στρατηγῶν ὑποδραμὼν τῶν ἐκ Πύλου,†
πλεύσας ἐκεῖσε, τοὺς Λάκωνας ἤγαγον.
Αλ. ἐγὼ δὲ περιπατῶν γ' ἀπ' ἐργαστηρίου
ἕψοντος ἑτέρου τὴν χύτραν ὑφειλόμην.   745
Κλ. καὶ μὴν ποιήσας αὐτίκα μάλ' ἐκκλησίαν
ὦ Δῆμ' ἵν' εἰδῇς ὁπότερος νῷν ἐστί σοι
εὐνούστερος, διάκρινον, ἵνα τοῦτον φιλῇς.
Αλ. ναὶ ναὶ διάκρινον δῆτα, πλὴν μὴ 'ν τῇ πυκνί.
Δη. οὐκ ἂν καθιζοίμην ἐν ἄλλῳ χωρίῳ.   750
ἀλλ' ἐς τὸ πρόσθε. χρὴ παρεῖν' ἐς τὴν πύκνα.
Αλ. οἴμοι κακοδαίμων ὡς ἀπόλωλ'. ὁ γὰρ γέρων
οἴκοι μὲν ἀνδρῶν ἐστι δεξιώτατος,
ὅταν δ' ἐπὶ ταυτησὶ καθῆται τῆς πέτρας,
κέχηνεν ὥσπερ ἐμποδίζων ἰσχάδας.   755

Χο. νῦν δή σε πάντα δεῖ κάλων ἐξιέναι σεαυτοῦ,   [στρ.
καὶ λῆμα θούριον φορεῖν καὶ λόγους ἀφύκτους
ὅτοισι τόνδ' ὑπερβαλεῖ. ποικίλος γὰρ ἀνὴρ
κἀκ τῶν ἀμηχάνων πόρους εὐμήχανος πορίζειν.   759
πρὸς ταῦθ' ὅπως ἕξει πολὺς καὶ λαμπρὸς ἐς τὸν ἄνδρα.

ἀλλὰ φυλάττου καὶ πρὶν ἐκεῖνον προσκεῖσθαί σοι πρό-
τερος σὺ
τοὺς δελφῖνας μετεωρίζου καὶ τὴν ἄκατον παραβάλλου.
Κλ. τῇ μὲν δεσποίνῃ Ἀθηναίᾳ τῇ τῆς πόλεως μεδεούσῃ
εὔχομαι, εἰ μὲν περὶ τὸν δῆμον τὸν Ἀθηναίων γεγένημαι

756-760 = 836-840

742 ὅ τι; Elmsl. : ὅτι codd.   τῶν στρατηγῶν] τὸν στρατηγὸν
Γ² Ald. et Sauppe   ὑποδραμὼν τῶν | ὑποδραμὼν τὸν Γ² Ald. : ὑπο-
δραμὼν τοὺς Sauppe : ὑποδραμόντων Mein.   748 ἵνα τοῦτον R :
ἵν' ἐκεῖνον vulg.   759 εὐμηχάνους πορίζων codd. : corr. Bentl.
760 ἐς] ἐπὶ Cobet   761 προσκεῖσθαί σοι] προσικεσθαί σου R

βέλτιστος ἀνὴρ μετὰ Λυσικλέα καὶ Κύνναν καὶ Σαλα-
βακχώ,   765
ὥσπερ νυνὶ μηδὲν δράσας δειπνεῖν ἐν τῷ πρυτανείῳ·
εἰ δέ σε μισῶ καὶ μὴ περὶ σοῦ μάχομαι μόνος ἀντι-
βεβηκώς,
ἀπολοίμην καὶ διαπρισθείην κατατμηθείην τε λέπαδνα.

Αλ. κἄγωγ᾽ ὦ Δῆμ᾽, εἰ μή σε φιλῶ καὶ μὴ στέργω, κατα-
τμηθεὶς
ἐψοίμην ἐν περικομματίοις· κεἰ μὴ τούτοισι πέποιθας, 770
ἐπὶ ταυτησὶ κατακνησθείην ἐν μυττωτῷ μετὰ τυροῦ,
καὶ τῇ κρεάγρᾳ τῶν ὀρχιπέδων ἑλκοίμην ἐς Κεραμεικόν.

Κλ. καὶ πῶς ἂν ἐμοῦ μᾶλλόν σε φιλῶν ὦ Δῆμε γένοιτο
πολίτης;
ὃς πρῶτα μὲν ἡνίκ᾽ ἐβούλευον σοὶ χρήματα πλεῖστ᾽
ἀπέδειξα
ἐν τῷ κοινῷ, τοὺς μὲν στρεβλῶν τοὺς δ᾽ ἄγχων τοὺς δὲ
μεταιτῶν,   775
οὐ φροντίζων τῶν ἰδιωτῶν οὐδενός, εἰ σοὶ χαριοίμην.

Αλ. τοῦτο μὲν ὦ Δῆμ᾽ οὐδὲν σεμνόν· κἀγὼ γὰρ τοῦτό σε
δράσω.
ἁρπάζων γὰρ τοὺς ἄρτους σοι τοὺς ἀλλοτρίους παραθήσω.
ὡς δ᾽ οὐχὶ φιλεῖ σ᾽ οὐδ᾽ ἔστ᾽ εὔνους, τοῦτ᾽ αὐτό σε
πρῶτα διδάξω,   779
ἀλλ᾽ ἢ διὰ τοῦτ᾽ αὖθ᾽ ὅτιή σου τῆς ἀνθρακιᾶς ἀπολαύει.
σὲ γάρ, ὃς Μήδοισι διεξιφίσω περὶ τῆς χώρας Μαραθῶνι,
καὶ νικήσας ἡμῖν μεγάλως ἐγγλωττοτυπεῖν παρέδωκας,
ἐπὶ ταῖσι πέτραις οὐ φροντίζει σκληρῶς σε καθήμενον
οὕτως,
οὐχ ὥσπερ ἐγὼ ῥαψάμενός σοι τουτὶ φέρω.   ἀλλ᾽
ἐπαναίρου,   784
κᾆτα καθίζου μαλακῶς, ἵνα μὴ τρίβῃς τὴν ἐν Σαλαμῖνι.

Δη. ἄνθρωπε τίς εἶ; μῶν ἔκγονος εἶ τῶν Ἁρμοδίου τις ἐκείνων;

767 ἀμφιβεβηκώς Dawes   781 ἐν μαραθῶνι codd. : corr. Bentl.

τοῦτό γέ τοί σου τοὔργον ἀληθῶς γενναῖον καὶ φιλόδημον.

Κλ. ὡς ἀπὸ μικρῶν εὔνους αὐτῷ θωπευματίων γεγένησαι.

Αλ. καὶ σὺ γὰρ αὐτὸν πολὺ μικροτέροις τούτων δελεάσμασιν
  εἶλες.   789

Κλ. καὶ μὴν εἴ πού τις ἀνὴρ ἐφάνη τῷ δήμῳ μᾶλλον ἀμύνων
  ἢ μᾶλλον ἐμοῦ σε φιλῶν, ἐθέλω περὶ τῆς κεφαλῆς
  περιδόσθαι.

Αλ. καὶ πῶς σὺ φιλεῖς, ὃς τοῦτον ὁρῶν οἰκοῦντ' ἐν ταῖς
  φιδάκναισι
  καὶ γυπαρίοις καὶ πυργιδίοις ἔτος ὄγδοον οὐκ ἐλεαίρεις,
  ἀλλὰ καθείρξας αὐτὸν βλίττεις; 'Αρχεπτολέμου δὲ
  φέροντος   794
  τὴν εἰρήνην ἐξεσκέδασας, τὰς πρεσβείας τ' ἀπελαύνεις
  ἐκ τῆς πόλεως ῥαθαπυγίζων, αἳ τὰς σπονδὰς προκα-
  λοῦνται.

Κλ. ἵνα γ' Ἑλλήνων ἄρξῃ πάντων. ἔστι γὰρ ἐν τοῖς
  λογίοισιν
  ὡς τοῦτον δεῖ ποτ' ἐν 'Αρκαδίᾳ πεντώβολον ἡλιάσασθαι,
  ἢν ἀναμείνῃ· πάντως δ' αὐτὸν θρέψω 'γὼ καὶ θεραπεύσω,
  ἐξευρίσκων εὖ καὶ μιαρῶς ὁπόθεν τὸ τριώβολον ἕξει. 800

Αλ. οὐχ ἵνα γ' ἄρξῃ μὰ Δί' 'Αρκαδίας προνοούμενος, ἀλλ'
  ἵνα μᾶλλον
  σὺ μὲν ἁρπάζῃς καὶ δωροδοκῇς παρὰ τῶν πόλεων, ὁ δὲ
  δῆμος
  ὑπὸ τοῦ πολέμου καὶ τῆς ὁμίχλης ἃ πανουργεῖς μὴ
  καθορᾷ σου,
  ἀλλ' ὑπ' ἀνάγκης ἅμα καὶ χρείας καὶ μισθοῦ πρός σε
  κεχήνῃ.   804
  ἢν δέ ποτ' εἰς ἀγρὸν οὗτος ἀπελθὼν εἰρηναῖος διατρίψῃ,
  καὶ χίδρα φαγὼν ἀναθαρρήσῃ καὶ στεμφύλῳ ἐς λόγον
  ἔλθῃ,

787 τοί R : om. vulg.   796 ῥοθοπυγίζων Suid. et schol.   798 πεντ-
ωβόλου Kuster   805 ἢν Dobr.: εἰ codd.   806 ἔλθῃ] ἐλθὼν
Hirschig

ΙΠΠΗΣ

γνώσεται οἵων ἀγαθῶν αὐτὸν τῇ μισθοφορᾷ παρεκόπτου·
εἶθ᾽ ἥξει σοι δριμὺς ἄγροικος κατὰ σοῦ τὴν ψῆφον
ἰχνεύων.
ἃ σὺ γιγνώσκων τόνδ᾽ ἐξαπατᾷς καὶ ὀνειροπολεῖς περὶ
σαυτοῦ.

Κλ. οὔκουν δεινὸν ταυτί σε λέγειν δῆτ᾽ ἔστ᾽ ἐμὲ καὶ διαβάλ-
λειν   810
πρὸς Ἀθηναίους καὶ τὸν δῆμον, πεποιηκότα πλείονα
χρηστὰ
νὴ τὴν Δήμητρα Θεμιστοκλέους πολλῷ περὶ τὴν πόλιν
ἤδη;

Αλ. ὦ πόλις Ἄργους κλύεθ᾽ οἷα λέγει. σὺ Θεμιστοκλεῖ
ἀντιφερίζεις;
ὃς ἐποίησεν τὴν πόλιν ἡμῶν μεστὴν εὑρὼν ἐπιχειλῆ,
καὶ πρὸς τούτοις ἀριστώσῃ τὸν Πειραιᾶ προσέμαξεν, 815
ἀφελών τ᾽ οὐδὲν τῶν ἀρχαίων ἰχθῦς καινοὺς παρέθηκεν·
σὺ δ᾽ Ἀθηναίους ἐζήτησας μικροπολίτας ἀποφῆναι
διατειχίζων καὶ χρησμῳδῶν, ὁ Θεμιστοκλεῖ ἀντιφερίζων.
κἀκεῖνος μὲν φεύγει τὴν γῆν σὺ δ᾽ Ἀχιλλείων ἀπο-
μάττει.

Κλ. οὔκουν ταυτὶ δεινὸν ἀκούειν ὦ Δῆμ᾽ ἐστίν μ᾽ ὑπὸ
τούτου,   820
ὅτιή σε φιλῶ;   Δη.   παῦ᾽ ὦ οὗτος, καὶ μὴ σκέρ-
βολλε πονηρά.
πολλοῦ δὲ πολύν με χρόνον καὶ νῦν ἐλελήθης ἐγκρυ-
φιάζων.

Αλ. μιαρώτατος, ὦ Δημακίδιον, καὶ πλεῖστα πανοῦργα
δεδρακώς,
ὁπόταν χασμᾷ, καὶ τοὺς καυλοὺς
τῶν εὐθυνῶν ἐκκαυλίζων   825
καταβροχθίζει, κἀμφοῖν χειροῖν

814 μεστὴν] νῆστίν γ᾽ Piccolomini   821 ὦ οὗτος Bentl. : οὑτοσὶ
codd.   822 καὶ] κοὐ Piccolomini   826 χεροῖν codd. : corr.
Bentl.

μυστιλᾶται τῶν δημοσίων.

Κλ. οὐ χαιρήσεις, ἀλλά σε κλέπτονθ'
αἱρήσω 'γὼ τρεῖς μυριάδας.

Αλ. τί θαλαττοκοπεῖς καὶ πλατυγίζεις,   830
μιαρώτατος ὢν περὶ τὸν δῆμον
τὸν Ἀθηναίων; καί σ' ἐπιδείξω
νὴ τὴν Δήμητρ', ἢ μὴ ζῴην,
δωροδοκήσαντ' ἐκ Μυτιλήνης
πλεῖν ἢ μνᾶς τετταράκοντα.   835

Χο. ὦ πᾶσιν ἀνθρώποις φανεὶς μέγιστον ὠφέλημα,
ζηλῶ σε τῆς εὐγλωττίας. εἰ γὰρ ὧδ' ἐποίσεις,
μέγιστος Ἑλλήνων ἔσει, καὶ μόνος καθέξεις
τὰν τῇ πόλει τῶν ξυμμάχων τ' ἄρξεις ἔχων τρίαιναν,
ᾗ πολλὰ χρήματ' ἐργάσει σείων τε καὶ ταράττων.   840

καὶ μὴ μεθῇς τὸν ἄνδρ', ἐπειδή σοι λαβὴν δέδωκεν·
κατεργάσει γὰρ ῥᾳδίως πλευρὰς ἔχων τοιαύτας.

Κλ. οὐκ ὠγαθοὶ ταῦτ' ἐστί πω ταύτῃ μὰ τὸν Ποσειδῶ.
ἐμοὶ γάρ ἐστ' εἰργασμένον τοιοῦτον ἔργον ὥστε
ἁπαξάπαντας τοὺς ἐμοὺς ἐχθροὺς ἐπιστομίζειν,   845
ἕως ἂν ᾖ τῶν ἀσπίδων τῶν ἐκ Πύλου τι λοιπόν.

Αλ. ἐπίσχες ἐν ταῖς ἀσπίσιν· λαβὴν γὰρ ἐνδέδωκας.
οὐ γάρ σ' ἐχρῆν, εἴπερ φιλεῖς τὸν δῆμον, ἐκ προνοίας
ταύτας ἐᾶν αὐτοῖσι τοῖς πόρπαξιν ἀνατεθῆναι.
ἀλλ' ἐστὶ τοῦτ' ὦ Δῆμε μηχάνημ', ἵν' ἢν σὺ βούλῃ   850
τὸν ἄνδρα κολάσαι τουτονί, σοὶ τοῦτο μὴ 'γένηται.
ὁρᾷς γὰρ αὐτῷ στῖφος οἷόν ἐστι βυρσοπωλῶν
νεανιῶν· τούτους δὲ περιοικοῦσι μελιτοπῶλαι
καὶ τυροπῶλαι· τοῦτο δ' εἰς ἕν ἐστι συγκεκυφός,
ὥστ' εἰ σὺ βριμήσαιο καὶ βλέψειας ὀστρακίνδα,   855
νύκτωρ καθαρπάσαντες ἂν τὰς ἀσπίδας θέοντες
τὰς ἐσβολὰς τῶν ἀλφίτων ἂν καταλάβοιεν ἡμῶν.

Δη. οἴμοι τάλας· ἔχουσι γὰρ πόρπακας; ὦ πόνηρε
ὅσον με παρεκόπτου χρόνον τοιαῦτα κρουσιδημῶν.

Κλ. ὦ δαιμόνιε μὴ τοῦ λέγοντος ἴσθι, μηδ᾽ οἰηθῇς   860
ἐμοῦ ποθ᾽ εὑρήσειν φίλον βελτίον᾽· ὅστις εἷς ὢν
ἔπαυσα τοὺς ξυνωμότας, καί μ᾽ οὐ λέληθεν οὐδὲν
ἐν τῇ πόλει ξυνιστάμενον, ἀλλ᾽ εὐθέως κέκραγα.

Αλ. ὅπερ γὰρ οἱ τὰς ἐγχέλεις θηρώμενοι πέπονθας.
ὅταν μὲν ἡ λίμνη καταστῇ, λαμβάνουσιν οὐδέν·   865
ἐὰν δ᾽ ἄνω τε καὶ κάτω τὸν βόρβορον κυκῶσιν,
αἱροῦσι· καὶ σὺ λαμβάνεις, ἢν τὴν πόλιν ταράττῃς.
ἓν δ᾽ εἰπέ μοι τοσουτονί· σκύτη τοσαῦτα πωλῶν
ἔδωκας ἤδη τουτῳὶ κάττυμα παρὰ σεαυτοῦ
ταῖς ἐμβάσιν φάσκων φιλεῖν;   Δη. οὐ δῆτα μὰ
τὸν Ἀπόλλω.   870

Αλ. ἔγνωκας οὖν δῆτ᾽ αὐτὸν οἷός ἐστιν; ἀλλ᾽ ἐγώ σοι
ζεῦγος πριάμενος ἐμβάδων τουτὶ φορεῖν δίδωμι.

Δη. κρίνω σ᾽ ὅσων ἐγῷδα περὶ τὸν δῆμον ἄνδρ᾽ ἄριστον
εὐνούστατόν τε τῇ πόλει καὶ τοῖσι δακτύλοισιν.

Κλ. οὐ δεινὸν οὖν δῆτ᾽ ἐμβάδας τοσουτονὶ δύνασθαι,   875
ἐμοῦ δὲ μὴ μνείαν ἔχειν ὅσων πέπονθας; ὅστις
ἔπαυσα τοὺς βινουμένους, τὸν Γρύττον ἐξαλείψας.

Αλ. οὔκουν σε δῆτα ταῦτα δεινόν ἐστι πρωκτοτηρεῖν
παῦσαί τε τοὺς βινουμένους; κοὐκ ἔσθ᾽ ὅπως ἐκείνους
οὐχὶ φθονῶν ἔπαυσας, ἵνα μὴ ῥήτορες γένωνται.   880
τονδὶ δ᾽ ὁρῶν ἄνευ χιτῶνος ὄντα τηλικοῦτον
οὐπώποτ᾽ ἀμφιμασχάλου τὸν Δῆμον ἠξίωσας
χειμῶνος ὄντος· ἀλλ᾽ ἐγώ σοι τουτονὶ δίδωμι.

Δη. τοιουτονὶ Θεμιστοκλῆς οὐπώποτ᾽ ἐπενόησεν.
καίτοι σοφὸν κἀκεῖν᾽ ὁ Πειραιεύς· ἔμοιγε μέντοι   885
οὐ μεῖζον εἶναι φαίνετ᾽ ἐξεύρημα τοῦ χιτῶνος.

Κλ. οἴμοι τάλας οἵοις πιθηκισμοῖς με περιελαύνεις.

872 ἐμβάδοιν Dind.   873 ὅσων Dind. : ὅσον codd.   ἄνδρ᾽ R :
ὄντ᾽ vulg.   880 γένοιντο R

85   D

ΑΡΙΣΤΟΦΑΝΟΥΣ

Αλ. οὐκ, ἀλλ' ὅπερ πίνων ἀνὴρ πέπονθ' ὅταν χεσείῃ,
τοῖσιν τρόποις τοῖς σοῖσιν ὥσπερ βλαυτίοισι χρῶμαι.

Κλ. ἀλλ' οὐχ ὑπερβαλεῖ με θωπείαις· ἐγὼ γὰρ αὐτὸν   890
προσαμφιῶ τοδί· σὺ δ' οἴμωζ' ὦ πόνηρ'.   Δη. ἰαιβοῖ.
οὐκ ἐς κόρακας ἀποφθερεῖ βύρσης κάκιστον ὄζων;

Αλ. καὶ τοῦτό ⟨γ'⟩ ἐπίτηδές σε περιήμπεσχ', ἵνα σ' ἀποπνίξῃ·
καὶ πρότερον ἐπεβούλευσέ σοι. τὸν καυλὸν οἶσθ' ἐκεῖνον
τοῦ σιλφίου τὸν ἄξιον γενόμενον;   Δη. οἶδα μέντοι.

Αλ. ἐπίτηδες οὗτος αὐτὸν ἔσπευδ' ἄξιον γενέσθαι,   896
ἵν' ἐσθίοιτ' ὠνούμενοι, κἄπειτ' ἐν ἡλιαίᾳ
βδέοντες ἀλλήλους ἀποκτείνειαν οἱ δικασταί.

Δη. νὴ τὸν Ποσειδῶ καὶ πρὸς ἐμὲ τοῦτ' εἶπ' ἀνὴρ Κόπρειος.

Αλ. οὐ γὰρ τόθ' ὑμεῖς βδεόμενοι δήπου 'γένεσθε πυρροί;   900

Δη. καὶ νὴ Δί' ἦν γε τοῦτο Πυρράνδρου τὸ μηχάνημα.

Κλ. οἵοισί μ' ὦ πανοῦργε βωμολοχεύμασιν ταράττεις.

Αλ. ἡ γὰρ θεός μ' ἐκέλευσε νικῆσαί σ' ἀλαζονείαις.

Κλ. ἀλλ' οὐχὶ νικήσεις. ἐγὼ γάρ φημί σοι παρέξειν
ὦ Δῆμε μηδὲν δρῶντι μισθοῦ τρύβλιον ῥοφῆσαι.   905

Αλ. ἐγὼ δὲ κυλίχνιόν γέ σοι καὶ φάρμακον δίδωμι
τὰν τοῖσιν ἀντικνημίοις ἑλκύδρια περιαλείφειν.

Κλ. ἐγὼ δὲ τὰς πολιάς γέ σουκλέγων νέον ποιήσω.

Αλ. ἰδοὺ δέχου κέρκον λαγῶ τὠφθαλμιδίω περιψῆν.

Κλ. ἀπομυξάμενος ὦ Δῆμέ μου πρὸς τὴν κεφαλὴν ἀποψῶ.

Αλ.   ἐμοῦ μὲν οὖν.   Κλ.   ἐμοῦ μὲν οὖν.   911
ἐγώ σε ποιήσω τριη-
ραρχεῖν [ἀναλίσκοντα τῶν
σαυτοῦ,] παλαιὰν ναῦν ἔχοντ',
εἰς ἣν ἀναλῶν οὐκ ἐφέ-   915
ξεις οὐδὲ ναυπηγούμενος·
διαμηχανήσομαί θ' ὅπως

891 ἰαιβοῖ Dind. : αἰβοῖ codd.   893 γ' post τοῦτό add. Bentl.
896 ἔσπευδ'] ἔσπευσεν R   902 πανοῦργε R Γ: πόνηρε vulg.
903 ἀλαζονείας R : ἀλαζονείᾳ vulg.: corr. Dind.   910 ἀπομαξάμενος
V A Θ   913 ἀναλίσκοντα τῶν σαυτοῦ secl. Cobet

86

ἂν ἱστίον σαπρὸν λάβῃς.

Χο. ἀνὴρ παφλάζει, παῦε παῦ',
    ὑπερζέων· ὑφελκτέον   920
    τῶν δᾳδίων ἀπαρυστέον
    τε τῶν ἀπειλῶν ταυτῃί.

Κλ. δώσεις ἐμοὶ καλὴν δίκην
    ἱπούμενος ταῖς ἐσφοραῖς.
    ἐγὼ γὰρ ἐς τοὺς πλουσίους   925
    σπεύσω σ' ὅπως ἂν ἐγγραφῇς.

Αλ. ἐγὼ δ' ἀπειλήσω μὲν οὐ-
    δέν, εὔχομαι δέ σοι ταδί·
    τὸ μὲν τάγηνον τευθίδων
    ἐφεστάναι σίζον· σὲ δὲ   930
    γνώμην ἐρεῖν μέλλοντα περὶ
    Μιλησίων καὶ κερδανεῖν
    τάλαντον, ἢν κατεργάσῃ,
    σπεύδειν ὅπως τῶν τευθίδων
    ἐμπλήμενος φθαίης ἔτ' εἰς   935
    ἐκκλησίαν ἐλθών· ἔπει-
    τα πρὶν φαγεῖν ἀνὴρ μεθή-
    κοι, καὶ σὺ τὸ τάλαντον λαβεῖν
      βουλόμενος ἐ-
      σθίων ἐναποπνιγείης.   940

Χο. εὖ γε νὴ τὸν Δία καὶ τὸν Ἀπόλλω καὶ τὴν Δήμητρα.

Δη. κἀμοὶ δοκεῖ· καὶ τἄλλα γ' εἶναι καταφανῶς
    ἀγαθὸς πολίτης, οἷος οὐδείς πω χρόνου
    ἀνὴρ γεγένηται τοῖσι πολλοῖς τοὐβολοῦ.   945
    σὺ δ' ὦ Παφλαγὼν φάσκων φιλεῖν μ' ἐσκορόδισας.
    καὶ νῦν ἀπόδος τὸν δακτύλιον, ὡς οὐκέτι
    ἐμοὶ ταμιεύσεις. Κλ. ἔχε· τοσοῦτον δ' ἴσθ' ὅτι,
    εἰ μή μ' ἐάσεις ἐπιτροπεύειν, ἕτερος αὖ

---

921 τῶν δᾳδίων Bentl. : τῶν δάδων codd. : δὲ τῶν ξύλων Ald. et ap
schol.   940 ἀποπνιγείης codd. : corr. Bergk

ἐμοῦ πανουργότερός· τις ἀναφανήσεται.   950

Δη. οὐκ ἔσθ' ὅπως ὁ δακτύλιός ἐσθ' οὑτοσὶ
    οὑμός· τὸ γοῦν σημεῖον ἕτερον φαίνεται,
    ἀλλ' ἢ οὐ καθορῶ.   Αλ. φέρ' ἴδω τί σοι σημεῖον ἦν;

Δη. δημοῦ βοείου θρῖον ἐξωπτημένον.

Αλ. οὐ τοῦτ' ἔνεστιν.   Δη. οὐ τὸ θρῖον; ἀλλὰ τί;   955

Αλ. λάρος κεχηνὼς ἐπὶ πέτρας δημηγορῶν.

Δη. αἰβοῖ τάλας.   Αλ. τί ἔστιν;   Δη. ἀπόφερ' ἐκποδών.
    οὐ τὸν ἐμὸν εἶχεν ἀλλὰ τὸν Κλεωνύμου.
    παρ' ἐμοῦ δὲ τουτονὶ λαβὼν ταμίευέ μοι.

Κλ. μὴ δῆτά πώ γ' ὦ δέσποτ', ἀντιβολῶ σ' ἐγώ,   960
    πρὶν ἄν γε τῶν χρησμῶν ἀκούσῃς τῶν ἐμῶν.

Αλ. καὶ τῶν ἐμῶν νυν.   Κλ. ἀλλ' ἐὰν τούτῳ πίθῃ,
    μολγὸν γενέσθαι δεῖ σε.   Αλ. κἄν γε τουτῳί,
    ψωλὸν γενέσθαι δεῖ σε μέχρι τοῦ μυρρίνου.

Κλ. ἀλλ' οἵ γ' ἐμοὶ λέγουσιν ὡς ἄρξαι σε δεῖ   965
    χώρας ἁπάσης ἐστεφανωμένον ῥόδοις.

Αλ. οὑμοὶ δέ γ' αὖ λέγουσιν ὡς ἀλουργίδα
    ἔχων κατάπαστον καὶ στεφάνην ἐφ' ἅρματος
    χρυσοῦ διώξει Σμικύθην καὶ κύριον.

Χο. καὶ μὴν ἔνεγκ' αὐτοὺς ἰών, ἵν' οὑτοσὶ   970
    αὐτῶν ἀκούσῃ.   Δη. πάνυ γε. καὶ σύ νυν
    φέρε.

Κλ. ἰδού.   Αλ. ἰδοὺ νὴ τὸν Δι'· οὐδὲν κωλύει.

Χο.   ἥδιστον φάος ἡμέρας   [στρ.
        ἔσται τοῖσι παροῦσι καὶ
        τοῖσι δεῦρ' ἀφικνουμένοις,   975
        ἢν Κλέων ἀπόληται.
        καίτοι πρεσβυτέρων τινῶν
        οἵων ἀργαλεωτάτων
        ἐν τῷ δείγματι τῶν δικῶν

---

955 τοῦτ' ἔνεστιν R : τοῦτό γ' ἐστίν vulg.   970 Χο. Enger: Δη. codd.
975 τοῖσι δεῦρ' ἀφικνουμένοις Bentl. : τοῖσιν ἀφικνουμένοισιν codd.

ἤκουσ' ἀντιλεγόντων,　　　　　　980
ὡς εἰ μὴ 'γένεθ' οὗτος ἐν
τῇ πόλει μέγας, οὐκ ἂν ἤ-
στην σκεύη δύο χρησίμω,
δοῖδυξ οὐδὲ τορύνη.

ἀλλὰ καὶ τόδ' ἔγωγε θαυ-　　　　　[ἀντ.
μάζω τῆς ὑομουσίας　　　　　　986
αὐτοῦ· φασὶ γὰρ αὐτὸν οἱ
παῖδες οἳ ξυνεφοίτων,
τὴν Δωριστὶ μόνην ἂν ἁρ-
μόττεσθαι θαμὰ τὴν λύραν,　　　　990
ἄλλην δ' οὐκ ἐθέλειν μαθεῖν·
κᾆτα τὸν κιθαριστὴν
ὀργισθέντ' ἀπάγειν κελεύ-
ειν, ὡς ἁρμονίαν ὁ παῖς
οὗτος οὐ δύναται μαθεῖν　　　　　995
ἢν μὴ Δωροδοκιστί.

Κλ. ἰδοὺ θέασαι, κοὐχ ἅπαντας ἐκφέρω.
Αλ. οἴμ' ὡς χεσείω, κοὐχ ἅπαντας ἐκφέρω.
Δη. ταυτὶ τί ἔστι;　　　Κλ. λόγια.　　　Δη. πάντ';
　　Κλ. ἐθαύμασας;
καὶ νὴ Δί' ἔτι γέ μοὖστι κιβωτὸς πλέα.　　　1000
Αλ. ἐμοὶ δ' ὑπερῷον καὶ ξυνοικία δύο.
Δη. φέρ' ἴδω, τίνος γάρ εἰσιν οἱ χρησμοί ποτε;
Κλ. οὑμοὶ μέν εἰσι Βάκιδος.　　　Δη. οἱ δὲ σοὶ τίνος;
Αλ. Γλάνιδος, ἀδελφοῦ τοῦ Βάκιδος γεραιτέρου.
Δη. εἰσὶν δὲ περὶ τοῦ;　　　Κλ. περὶ Ἀθηνῶν, περὶ Πύλου,
περὶ σοῦ, περὶ ἐμοῦ, περὶ ἁπάντων πραγμάτων.　　　1006
Δη. οἱ σοὶ δὲ περὶ τοῦ;　　　Αλ. περὶ Ἀθηνῶν, περὶ φακῆς,
περὶ Λακεδαιμονίων, περὶ σκόμβρων νέων,
περὶ τῶν μετρούντων τἄλφιτ' ἐν ἀγορᾷ κακῶς,

981 'γένεθ' Scaliger: γένοιθ' codd.

περὶ σοῦ, περὶ ἐμοῦ, περὶ ἀπάντων πραγμάτων.   1010

Δη. ἄγε νυν ὅπως αὐτοὺς ἀναγνώσεσθέ μοι,
κaὶ τὸν περὶ ἐμοῦ 'κεῖνον ᾧπερ ἥδομαι,
ὡς ἐν νεφέλαισιν αἰετὸς γενήσομαι.

Κλ. ἄκουε δή νυν καὶ πρόσεχε τὸν νοῦν ἐμοί.
φράζευ Ἐρεχθεΐδη λογίων ὁδόν, ἥν σοι Ἀπόλλων   1015
ἴαχεν ἐξ ἀδύτοιο διὰ τριπόδων ἐριτίμων.
σῴζεσθαί σ' ἐκέλευσ' ἱερὸν κύνα καρχαρόδοντα,
ὃς πρὸ σέθεν λάσκων καὶ ὑπὲρ σοῦ δεινὰ κεκραγὼς
σοὶ μισθὸν ποριεῖ, κἂν μὴ δρᾷ ταῦτ' ἀπολεῖται.
πολλοὶ γὰρ μίσει σφε κατακρώζουσι κολοιοί.   1020

Δη. ταυτὶ μὰ τὴν Δήμητρ' ἐγὼ οὐκ οἶδ' ὅ τι λέγει.
τί γάρ ἐστ' Ἐρεχθεῖ καὶ κολοιοῖς καὶ κυνί;

Κλ. ἐγὼ μέν εἰμ' ὁ κύων· πρὸ σοῦ γὰρ ἀπύω·
σοὶ δ' εἶπε σῴζεσθαί μ' ὁ Φοῖβος τὸν κύνα.

Αλ. οὐ τοῦτό φησ' ὁ χρησμός, ἀλλ' ὁ κύων ὁδὶ   1025
ὥσπερ θύρας σοῦ τῶν λογίων παρεσθίει.
ἐμοὶ γάρ ἐστ' ὀρθῶς περὶ τούτου τοῦ κυνός.

Δη. λέγε νυν· ἐγὼ δὲ πρῶτα λήψομαι λίθον,
ἵνα μή μ' ὁ χρησμὸς τὸ πέος οὑτοσὶ δάκῃ.

Αλ. φράζευ Ἐρεχθεΐδη κύνα Κέρβερον ἀνδραποδιστήν,   1030
ὃς κέρκῳ σαίνων σ' ὁπόταν δειπνῇς ἐπιτηρῶν
ἐξέδεταί σου τοὔψον, ὅταν σύ ποι ἄλλοσε χάσκῃς·
ἐσφοιτῶν τ' ἐς τοὐπτάνιον λήσει σε κυνηδὸν
νύκτωρ τὰς λοπάδας καὶ τὰς νήσους διαλείχων.

Δη. νὴ τὸν Ποσειδῶ πολύ γ' ἄμεινον ὦ Γλάνι.   1035

Κλ. ὦ τᾶν ἄκουσον, εἶτα διάκρινον τόδε.
ἔστι γυνή, τέξει δὲ λέονθ' ἱεραῖς ἐν Ἀθήναις,
ὃς περὶ τοῦ δήμου πολλοῖς κώνωψι μαχεῖται

1010 περὶ ἀπάντων πραγμάτων V qui τὸ πέος οὑτοσὶ δάκοι novo
versu addit: τὸ πέος οὑτοσὶ δάκοι vulg.   1018 πρὸ σέθεν Pors. cf.
schol.: πρόσθε'ν) codd.   λάσκων V² (in marg.) Γ: δάκνων V A Θ
Ald.: χάσκων R   1019 δρᾷς Hotibius   1029 τὸ πέος οὑτοσὶ
δάκῃ Vⁱ in marg. sed rasura deletum: ὁ περὶ τοῦ κυνὸς δάκῃ codd.
1032 ποι Cobet: ποῦ codd.   1036 τόδε J. H. Voss: τότε codd.

ὥστε περὶ σκύμνοισι βεβηκώς· τὸν σὺ φυλάξαι,
τεῖχος ποιήσας ξύλινον πύργους τε σιδηροῦς.　1040
ταῦτ' οἶσθ' ὅ τι λέγει;　Δη. μὰ τὸν Ἀπόλλω 'γὼ μὲν οὔ.
Κλ. ἔφραζεν ὁ θεός σοι σαφῶς σώζειν ἐμέ·
ἐγὼ γὰρ ἀντὶ τοῦ λέοντός εἰμί σοι.
Δη. καὶ πῶς μ' ἐλελήθης Ἀντιλέων γεγενημένος;
Αλ. ἐν οὐκ ἀναδιδάσκει σε τῶν λογίων ἑκών,　1045
ὃ μόνον σιδηροῦν ἐστι τεῖχος καὶ ξύλον,
ἐν ᾧ σε σώζειν τόνδ' ἐκέλευσ' ὁ Λοξίας.
Δη. πῶς δῆτα τοῦτ' ἔφραζεν ὁ θεός;　Αλ.　τουτονὶ
δῆσαί σ' ἐκέλευ' ἐν πεντεσυρίγγῳ ξύλῳ.
Δη. ταυτὶ τελεῖσθαι τὰ λόγι' ἤδη μοι δοκεῖ.　1050
Κλ. μὴ πείθου· φθονεραὶ γὰρ ἐπικρώζουσι κορῶναι.
ἀλλ' ἱέρακα φίλει μεμνημένος ἐν φρεσὶν ὅς σοι
ἤγαγε συνδήσας Λακεδαιμονίων κορακίνους.
Αλ. τοῦτό γέ τοι Παφλαγὼν παρεκινδύνευσε μεθυσθείς.
Κεκροπίδη κακόβουλε τί τοῦθ' ἡγεῖ μέγα τοὔργον;　1055
καί κε γυνὴ φέροι ἄχθος, ἐπεί κεν ἀνὴρ ἀναθείη·
ἀλλ' οὐκ ἂν μαχέσαιτο· χέσαιτο γάρ, εἰ μαχέσαιτο.
Κλ. ἀλλὰ τόδε φράσσαι, πρὸ Πύλου Πύλον ἥν σοι ἔφραζεν.
ἔστι Πύλος πρὸ Πύλοιο—　Δη. τί τοῦτο λέγει,
πρὸ Πύλοιο;
Αλ. τὰς πυέλους φησὶν καταλήψεσθ' ἐν βαλανείῳ.　1060
Δη. ἐγὼ δ' ἄλουτος τήμερον γενήσομαι;
Αλ. οὗτος γὰρ ἡμῶν τὰς πυέλους ἀφήρπασεν.
ἀλλ' οὑτοσὶ γάρ ἐστι περὶ τοῦ ναυτικοῦ
ὁ χρησμός, ᾧ σε δεῖ προσέχειν τὸν νοῦν πάνυ.
Δη. προσέχω· σὺ δ' ἀναγίγνωσκε, τοῖς ναύταισί μου　1065
ὅπως ὁ μισθὸς πρῶτον ἀποδοθήσεται.
Αλ. Αἰγείδη φράσσαι κυναλώπεκα, μή σε δολώσῃ,

1045 ἐν δ' Cobet　　1045-6 ἑκών, ὃ μόνον] μόνον ὅ τι τὸ Cobet
1046 ξύλον Γ Ald. : ξύλων vulg.　　1049 ἐκέλευ' ἐν Etym. Mag. : ἐκέ-
λευσε R Γ : ἐκέλευε vulg.　　1052 ὅς] ὥς Bergk　　1056 ἀναθείη
Cobet　　1059 λέγει τὸ πύλοιο R

91

ΑΡΙΣΤΟΦΑΝΟΥΣ

λαίθαργον ταχύπουν, δολίαν κερδὼ πολύιδριν.
οἶσθ' ὅ τι ἐστὶν τοῦτο;   Δη. Φιλόστρατος ἢ κυναλώπηξ.

Αλ. οὐ τοῦτό φησιν, ἀλλὰ ναῦς ἑκάστοτε   1070
αἰτεῖ ταχείας ἀργυρολόγους οὑτοσί·
ταύτας ἀπαυδᾷ μὴ διδόναι σ' ὁ Λοξίας.

Δη. πῶς δὴ τριήρης ἐστὶ κυναλώπηξ;   Αλ. ὅπως;
ὅτι ἡ τριήρης ἐστὶ χὠ κύων ταχύ.

Δη. πῶς οὖν ἀλώπηξ προσετέθη πρὸς τῷ κυνί;   1075

Αλ. ἀλωπεκίοισι τοὺς στρατιώτας ἤκασεν,
ὁτιὴ βότρυς τρώγουσιν ἐν τοῖς χωρίοις.

Δη. εἶεν·
τούτοις ὁ μισθὸς τοῖς ἀλωπεκίοισι ποῦ;

Αλ. ἐγὼ πορίω, καὶ τοῦτον ἡμερῶν τριῶν.
ἀλλ' ἔτι τόνδ' ἐπάκουσον, ὃν εἶπέ σοι ἐξαλέασθαι   1080
χρησμὸν Λητοΐδης, Κυλλήνην, μή σε δολώσῃ.

Δη. ποίαν Κυλλήνην;   Αλ. τὴν τούτου χεῖρ' ἐποίησεν
Κυλλήνην ὀρθῶς, ὁτιή φησ', ' ἔμβαλε κυλλῇ.'

Κλ. οὐκ ὀρθῶς φράζει· τὴν Κυλλήνην γὰρ ὁ Φοῖβος
ἐς τὴν χεῖρ' ὀρθῶς ᾐνίξατο τὴν Διοπείθους.   1085
ἀλλὰ γάρ ἐστιν ἐμοὶ χρησμὸς περὶ σοῦ πτερυγωτός,
αἰετὸς ὡς γίγνει καὶ πάσης γῆς βασιλεύεις.

Αλ. καὶ γὰρ ἐμοί· καὶ γῆς καὶ τῆς ἐρυθρᾶς γε θαλάσσης,
χὤτι γ' ἐν Ἐκβατάνοις δικάσεις, λείχων ἐπίπαστα.

Κλ. ἀλλ' ἐγὼ εἶδον ὄναρ, καί μοὐδόκει ἡ θεὸς αὐτὴ   1090
τοῦ δήμου καταχεῖν ἀρυταίνῃ πλουθυγίειαν.

Αλ. νὴ Δία καὶ γὰρ ἐγώ· καί μοὐδόκει ἡ θεὸς αὐτὴ
ἐκ πόλεως ἐλθεῖν καὶ γλαῦξ αὐτῇ 'πικαθῆσθαι·
εἶτα κατασπένδειν κατὰ τῆς κεφαλῆς ἀρυβάλλῳ
ἀμβροσίαν κατὰ σοῦ, κατὰ τούτου δὲ σκοροδάλμην.   1095

Δη. ἰοὺ ἰού.
οὐκ ἦν ἄρ' οὐδεὶς τοῦ Γλάνιδος σοφώτερος.

1074 τριήρης τ' Mein.   1080 τόνδ'] τοῦδ' Cobet   1084 φράζει
R : φράζεις vulg.   1087 βασιλεύεις R : βασιλεύσεις vulg.

καὶ νῦν ἐμαυτὸν ἐπιτρέπω σοι τουτονὶ
γερονταγωγεῖν κἀναπαιδεύειν πάλιν.

Κλ. μήπω γ᾽, ἱκετεύω σ᾽, ἀλλ᾽ ἀνάμεινον, ὡς ἐγὼ   1100
κριθὰς πορίω σοι καὶ βίον καθ᾽ ἡμέραν.

Δη. οὐκ ἀνέχομαι κριθῶν ἀκούων· πολλάκις
ἐξηπατήθην ὑπό τε σοῦ καὶ Θουφάνους.

Κλ. ἀλλ᾽ ἄλφιτ᾽ ἤδη σοι πορίω ᾽σκευασμένα.

Αλ. ἐγὼ δὲ μαζίσκας γε διαμεμαγμένας   1105
καὶ τοὔψον ὀπτόν· μηδὲν ἄλλ᾽ εἰ μὴ ᾽σθιε.

Δη. ἀνύσατέ νυν ὅ τι περ ποιήσεθ᾽· ὡς ἐγώ,
ὁπότερος ἂν σφῷν νῦν με μᾶλλον εὖ ποιῇ,
τούτῳ παραδώσω τῆς πυκνὸς τὰς ἡνίας.

Κλ. τρέχοιμ᾽ ἂν εἴσω πρότερος.   Αλ. οὐ δῆτ᾽ ἀλλ᾽ ἐγώ.   1110

Χο. ὦ Δῆμε καλήν γ᾽ ἔχεις   [στρ.
ἀρχήν, ὅτε πάντες ἄν-
θρωποι δεδίασί σ᾽ ὥσ-
περ ἄνδρα τύραννον.
ἀλλ᾽ εὐπαράγωγος εἶ,   1115
θωπευόμενός τε χαί-
ρεις κἀξαπατώμενος,
πρὸς τόν τε λέγοντ᾽ ἀεὶ
κέχηνας· ὁ νοῦς δέ σου
παρὼν ἀποδημεῖ.   1120

Δη. νοῦς οὐκ ἔνι ταῖς κόμαις
ὑμῶν, ὅτε μ᾽ οὐ φρονεῖν
νομίζετ᾽· ἐγὼ δ᾽ ἑκὼν
ταῦτ᾽ ἠλιθιάζω.
αὐτός τε γὰρ ἥδομαι   1125
βρύλλων τὸ καθ᾽ ἡμέραν,
κλέπτοντά τε βούλομαι
τρέφειν ἕνα προστάτην·

1108 νῦν Herm. : εὖ codd.   εὖ Elmsl. : om. A : ἂν εὖ Ambrosianus
L 39: ἂν vulg.   1110 εἴσω R : ἤδη vulg.

τοῦτον δ', ὅταν ἦ πλέως,
ἄρας ἐπάταξα.   1130

Χο.   χοὔτω μὲν ἂν εὖ ποιοῖς,   [ἀντ.
 εἴ σοι πυκνότης ἔνεστ'
ἐν τῷ τρόπῳ, ὡς λέγεις,
τούτῳ πάνυ πολλή,
εἰ τούσδ' ἐπίτηδες ὥσ-   1135
περ δημοσίους τρέφεις
ἐν τῇ πυκνί, κᾆθ' ὅταν
μή σοι τύχῃ ὄψον ὄν,
τούτων ὃς ἂν ἦ παχύς,
θύσας ἐπιδειπνεῖς.   1140

Δη.   σκέψασθε δέ μ', εἰ σοφῶς
αὐτοὺς περιέρχομαι
τοὺς οἰομένους φρονεῖν
κἄμ' ἐξαπατύλλειν.
τηρῶ γὰρ ἑκάστοτ' αὐ-   1145
τοὺς οὐδὲ δοκῶν ὁρᾶν
κλέπτοντας· ἔπειτ' ἀναγ-
κάζω πάλιν ἐξεμεῖν
ἅττ' ἂν κεκλόφωσί μου,
κημὸν καταμηλῶν.   1150

Κλ. ἄπαγ' ἐς μακαρίαν ἐκποδών.   Αλ.   σύ γ' ὦ φθόρε.

Κλ. ὦ Δῆμ' ἐγὼ μέντοι παρεσκευασμένος
τρίπαλαι κάθημαι βουλόμενός σ' εὐεργετεῖν.

Αλ. ἐγὼ δὲ δεκάπαλαί γε καὶ δωδεκάπαλαι
καὶ χιλιόπαλαι καὶ προπαλαιπαλαίπαλαι.   1155

Δη. ἐγὼ δὲ προσδοκῶν γε τρισμυριόπαλαι
βδελύττομαί σφω καὶ προπαλαιπαλαίπαλαι.

Αλ. οἶσθ' οὖν ὃ δρᾶσον;   Δη.   εἰ δὲ μή, φράσεις γε σύ.

1134 τούτῳ] οὕτω Dobr.   1151 ἄπαγ'] ἔρρ' v. l. in schol.
1158 εἰ δὲ R : εἴ γε vulg.   φράσεις] φράσῃς V Γ   εἴσομ', ἢν φράσῃς
γε σύ Pors.

94

ΙΠΠΗΣ

Αλ. ἄφες ἀπὸ βαλβίδων ἐμέ τε καὶ τουτονί,
ἵνα σ' εὖ ποιῶμεν ἐξ ἴσου.   Δη.   δρᾶν ταῦτα
        χρή·   1160
ἄπιτον.   Κλ. καὶ Αλ. ἰδού.   Δη.   θέοιτ' ἄν.
        Αλ. ὑποθεῖν οὐκ ἐῶ.
Δη. ἀλλ' ἢ μεγάλως εὐδαιμονήσω τήμερον
ὑπὸ τῶν ἐραστῶν νὴ Δί' ἢ 'γὼ θρύψομαι.
Κλ. ὁρᾷς; ἐγώ σοι πρότερος ἐκφέρω δίφρον.
Αλ. ἀλλ' οὐ τράπεζαν, ἀλλ' ἐγὼ προτεραίτερος.   1165
Κλ. ἰδοὺ φέρω σοι τήνδε μαζίσκην ἐγὼ
ἐκ τῶν ὀλῶν τῶν ἐκ Πύλου μεμαγμένην.
Αλ. ἐγὼ δὲ μυστίλας μεμυστιλημένας
ὑπὸ τῆς θεοῦ τῇ χειρὶ τἠλεφαντίνῃ.
Δη. ὡς μέγαν ἄρ' εἶχες ὦ πότνια τὸν δάκτυλον.   1170
Κλ. ἐγὼ δ' ἔτνος γε πίσινον εὔχρων καὶ καλόν·
ἐτόρυνε δ' αὔθ' ἡ Παλλὰς ἡ Πυλαιμάχος.
Αλ. ὦ Δῆμ' ἐναργῶς ἡ θεός σ' ἐπισκοπεῖ,
καὶ νῦν ὑπερέχει σου χύτραν ζωμοῦ πλέαν.
Δη. οἴει γὰρ οἰκεῖσθ' ἂν ἔτι τήνδε τὴν πόλιν,   1175
εἰ μὴ φανερῶς ἡμῶν ὑπερεῖχε τὴν χύτραν;
Κλ. τουτὶ τέμαχός σοὔδωκεν ἡ Φοβεσιστράτη.
Αλ. ἡ δ' Ὀβριμοπάτρα γ' ἐφθὸν ἐκ ζωμοῦ κρέας
καὶ χόλικος ἠνύστρου τε καὶ γαστρὸς τόμον.
Δη. καλῶς γ' ἐποίησε τοῦ πέπλου μεμνημένη.   1180
Κλ. ἡ Γοργολόφα σ' ἐκέλευε τουτουὶ φαγεῖν
ἐλατῆρος, ἵνα τὰς ναῦς ἐλαύνωμεν καλῶς.
Αλ. λαβὲ καὶ ταδί νυν.   Δη. καὶ τί τούτοις χρήσομαι
τοῖς ἐντέροις;   Αλ. ἐπίτηδες αὔτ' ἔπεμψέ σοι
ἐς τὰς τριήρεις ἐντερόνειαν ἡ θεός·   1185
ἐπισκοπεῖ γὰρ περιφανῶς τὸ ναυτικόν.
ἔχε καὶ πιεῖν κεκραμένον τρία καὶ δύο.
Δη. ὡς ἡδὺς ὦ Ζεῦ καὶ τὰ τρία φέρων καλῶς.

1163 'γὼ θρύψομαι] 'πιτρίψομαι Kock: cf. schol.

95

Αλ. ἡ Τριτογενὴς γὰρ αὐτὸν ἐνετριτώνισεν.

Κλ. λαβέ νυν πλακοῦντος πίονος παρ' ἐμοῦ τόμον.　　1190

Αλ. παρ' ἐμοῦ δ' ὅλον γε τὸν πλακοῦντα τουτονί.

Κλ. ἀλλ' οὐ λαγῷ ἕξεις ὁπόθεν δῷς, ἀλλ' ἐγώ.

Αλ. οἴμοι, πόθεν λαγῷά μοι γενήσεται;
　　ὦ θυμὲ νυνὶ βωμολόχον ἔξευρέ τι.

Κλ. ὁρᾷς τάδ' ὦ κακόδαιμον;　　　Αλ.　ὀλίγον μοι μέλει·
　　ἐκεινοὶ γὰρ ὡς ἔμ' ἔρχονταί τινες　　　　1196
　　πρέσβεις ἔχοντες ἀργυρίου βαλλάντια.

Κλ. ποῦ ποῦ;　　Αλ.　τί δέ σοι τοῦτ'; οὐκ ἐάσεις τοὺς ξένους;
　　ὦ Δημίδιον ὁρᾷς τὰ λαγῷ' ἅ σοι φέρω;

Κλ. οἴμοι τάλας ἀδίκως γε τἄμ' ὑφήρπασας.　　　　1200

Αλ. νὴ τὸν Ποσειδῶ καὶ σὺ γὰρ τοὺς ἐκ Πύλου.

Δη. εἴπ', ἀντιβολῶ, πῶς ἐπενόησας ἁρπάσαι;

Αλ. τὸ μὲν νόημα τῆς θεοῦ, τὸ δὲ κλέμμ' ἐμόν.

Κλ. ἐγὼ δ' ἐκινδύνευσ', ἐγὼ δ' ὤπτησά γε.

Δη. ἄπιθ'· οὐ γὰρ ἀλλὰ τοῦ παραθέντος ἡ χάρις.　　　1205

Κλ. οἴμοι κακοδαίμων, ὑπεραναιδευθήσομαι.

Αλ. τί οὐ διακρίνεις Δῆμ' ὁπότερός ἐστι νῷν
　　ἀνὴρ ἀμείνων περὶ σὲ καὶ τὴν γαστέρα;

Δη. τῷ δῆτ' ἂν ὑμᾶς χρησάμενος τεκμηρίῳ
　　δόξαιμι κρίνειν τοῖς θεαταῖσιν σοφῶς;　　　　1210

Αλ. ἐγὼ φράσω σοι.　τὴν ἐμὴν κίστην ἰὼν
　　ξύλλαβε σιωπῇ καὶ βασάνισον ἅττ' ἔνι,
　　καὶ τὴν Παφλαγόνος· κἀμέλει κρινεῖς καλῶς.

Δη. φέρ' ἴδω τί οὖν ἔνεστιν;　　Αλ.　οὐχ ὁρᾷς κενὴν
　　ὦ παππίδιον; ἅπαντα γάρ σοι παρεφόρουν.　　　1215

Δη. αὕτη μὲν ἡ κίστη τὰ τοῦ Δήμου φρονεῖ.

Αλ. βάδιζέ νυν καὶ δεῦρο πρὸς τὴν Παφλαγόνος.
　　ὁρᾷς ⟨τάδ';⟩　　　Δη.　οἴμοι τῶν ἀγαθῶν ὅσων πλέα.

1196 ἐκεινοὶ Elmsl. : ἐκεῖνοι codd.　ἔρχονται—Κλ. (vel Αλ) τίνες;
codd. : corr. Mein. ex schol.　1200 ὑφαρπάσας Dobr.　1206 ὑπερ-
αναιδευθήσομαι Elmsl.: ὑπεραναιδεσθήσομαι codd.　1217 νυν Reiske :
γοῦν codd.　1218 τάδ' add. Elmsl.

ΙΠΠΗΣ

ὅσον τὸ χρῆμα τοῦ πλακοῦντος ἀπέθετο·
ἐμοὶ δ' ἔδωκεν ἀποτεμὼν τυννουτονί.   1220

Αλ. τοιαῦτα μέντοι καὶ πρότερόν σ' ἠργάζετο·
σοὶ μὲν προσεδίδου μικρὸν ὧν ἐλάμβανεν,
αὐτὸς δ' ἑαυτῷ παρετίθει τὰ μείζονα.

Δη. ὦ μιαρὲ κλέπτων δή με ταῦτ' ἐξηπάτας;
ἐγὼ δέ τυ ἐστεφάνιξα κἀδωρησάμαν.   1225

Κλ. ἐγὼ δ' ἔκλεπτον ἐπ' ἀγαθῷ γε τῇ πόλει.

Δη. κατάθου ταχέως τὸν στέφανον, ἵν' ἐγὼ τουτωὶ
αὐτὸν περιθῶ.   Αλ.   κατάθου ταχέως μαστιγία.

Κλ. οὐ δῆτ', ἐπεί μοι χρησμός ἐστι Πυθικὸς
φράζων ὑφ' οὗ †δεήσει μ'† ἡττᾶσθαι μόνου.   1230

Αλ. τοὐμόν γε φράζων ὄνομα καὶ λίαν σαφῶς.

Κλ. καὶ μήν σ' ἐλέγξαι βούλομαι τεκμηρίῳ,
εἴ τι ξυνοίσεις τοῦ θεοῦ τοῖς θεσφάτοις.
καί σου τοσοῦτον πρῶτον ἐκπειράσομαι·
παῖς ὢν ἐφοίτας ἐς τίνος διδασκάλου;   1235

Αλ. ἐν ταῖσιν εὔστραις κονδύλοις ἡρμοττόμην.

Κλ. πῶς εἶπας; ὥς μου χρησμὸς ἅπτεται φρενῶν.
εἶεν.
ἐν παιδοτρίβου δὲ τίνα πάλην ἐμάνθανες;

Αλ. κλέπτων ἐπιορκεῖν καὶ βλέπειν ἐναντίον·

Κλ. ὦ Φοῖβ' Ἄπολλον Λύκιε τί ποτέ μ' ἐργάσει;   1240
τέχνην δὲ τίνα ποτ' εἶχες ἐξανδρούμενος;

Αλ. ἠλλαντοπώλουν καί τι καὶ βινεσκόμην.

Κλ. οἴμοι κακοδαίμων· οὐκέτ' οὐδέν εἰμ' ἐγώ.
λεπτή τις ἐλπίς ἐστ' ἐφ' ἧς ὀχούμεθα.
καί μοι τοσοῦτον εἰπέ· πότερον ἐν ἀγορᾷ   1245
ἠλλαντοπώλεις ἐτεὸν ἢ 'πὶ ταῖς πύλαις;

Αλ. ἐπὶ ταῖς πύλαισιν, οὗ τὸ τάριχος ὤνιον.

Κλ. οἴμοὶ πέπρακται τοῦ θεοῦ τὸ θέσφατον.

1230 δεήσει μ'] δεήσειν Α Θ¹ : 'δέησέ μ' Bentl.   1237 μου] μοι
(i. e. μοι ὁ) Dind.   1239 κλέπτειν Α Γ Θ   ἐναντία R

97

κυλίνδετ' εἴσω τόνδε τὸν δυσδαίμονα.
ὦ στέφανε χαίρων ἄπιθι, κεῖ σ' ἄκων ἐγὼ   1250
λείπω· σὲ δ' ἄλλος τις λαβὼν κεκτήσεται,
κλέπτης μὲν οὐκ ἂν μᾶλλον, εὐτυχὴς δ' ἴσως.

Αλ. Ἑλλάνιε Ζεῦ σὸν τὸ νικητήριον.

Χο. ὦ χαῖρε καλλίνικε καὶ μέμνησ' ὅτι
ἀνὴρ γεγένησαι δι' ἐμέ· καί σ' αἰτῶ βραχύ,   1255
ὅπως ἔσομαί σοι Φανὸς ὑπογραφεὺς δικῶν.

Δη. ἐμοὶ δέ γ' ὅ τι σοι τοὔνομ' εἴπ'.   Αλ.   Ἀγοράκριτος·
ἐν τἀγορᾷ γὰρ κρινόμενος ἐβοσκόμην.

Δη. Ἀγορακρίτῳ τοίνυν ἐμαυτὸν ἐπιτρέπω,
καὶ τὸν Παφλαγόνα παραδίδωμι τουτονί.   1260

Αλ. καὶ μὴν ἐγώ σ' ὦ Δῆμε θεραπεύσω καλῶς,
ὥσθ' ὁμολογεῖν σε μηδέν' ἀνθρώπων ἐμοῦ
ἰδεῖν ἀμείνω τῇ Κεχηναίων πόλει.

Χο.   τί κάλλιον ἀρχομένοισιν   [στρ.
ἢ καταπαυομένοισιν   1265
ἢ θοᾶν ἵππων ἐλατῆρας ἀείδειν, †μηδὲν ἔς† Λυσίστρατον,
μηδὲ Θούμαντιν τὸν ἀνέστιον αὖ λυπεῖν ἑκούσῃ καρδίᾳ;
καὶ γὰρ οὗτος ὦ φίλ' Ἄπολλον ⟨ἀεὶ⟩ πεινῇ, θαλεροῖς δακρύοις
σᾶς ἁπτόμενος φαρέτρας Πυθῶνι δίᾳ μὴ κακῶς πένεσθαι.   1273
λοιδορῆσαι τοὺς πονηροὺς οὐδέν ἐστ' ἐπίφθονον,
ἀλλὰ τιμὴ τοῖσι χρηστοῖς, ὅστις εὖ λογίζεται.   1275
εἰ μὲν οὖν ἄνθρωπος, ὃν δεῖ πόλλ' ἀκοῦσαι καὶ κακά,
αὐτὸς ἦν ἔνδηλος, οὐκ ἂν ἀνδρὸς ἐμνήσθην φίλου.
νῦν δ' Ἀρίγνωτον γὰρ οὐδεὶς ὅστις οὐκ ἐπίσταται,
ὅστις ἢ τὸ λευκὸν οἶδεν ἢ τὸν ὄρθιον νόμον.
ἔστιν οὖν ἀδελφὸς αὐτῷ τοὺς τρόπους οὐ συγγενής, 1280
Ἀριφράδης πονηρός.   ἀλλὰ τοῦτο μὲν καὶ βούλεται·

1250 κεῖ Bergk : καί codd.   1256 ἔσομαί R : γένωμαί vulg.
1263 ἀμείνω 'ν τῇ Hirschig   1266 μηδὲν ἐς] μηδ' ἀεὶ Kock
1270 οὗτος Dind. : οὑτοσὶ codd.   ἀεὶ post Ἄπολλον add. Dind.
δακρύοισι Brunck   1273 δίᾳ Dind. : ἐν δίᾳ R Γ : ἐν δίᾳ V A Θ : ἐν
διὰ τὸ Ald.   μὴ Vat. Pal. 128 : om. vulg.

ἔστι δ' οὐ μόνον πονηρός, οὐ γὰρ οὐδ' ἂν ᾐσθόμην,
οὐδὲ παμπόνηρος, ἀλλὰ καὶ προσεξηύρηκέ τι.

τὴν γὰρ αὑτοῦ γλῶτταν αἰσχραῖς ἡδοναῖς λυμαίνεται,
ἐν κασωρείοισι λείχων τὴν ἀπόπτυστον δρόσον,   1285
καὶ μολύνων ·τὴν ὑπήνην καὶ κυκῶν τὰς ἐσχάρας,
καὶ Πολυμνήστεια ποιῶν καὶ ξυνὼν Οἰωνίχῳ.
ὅστις οὖν τοιοῦτον ἄνδρα μὴ σφόδρα βδελύττεται,
οὔ ποτ' ἐκ ταὐτοῦ μεθ' ἡμῶν πίεται ποτηρίου.   1289

ἦ πολλάκις ἐννυχίαισι   [ἀντ.
φροντίσι συγγεγένημαι,
καὶ διεζήτηχ' ὁπόθεν ποτὲ φαύλως ἐσθίει Κλεώνυμος.   1294
φασὶ ⟨μὲν⟩ γὰρ αὐτὸν ἐρεπτόμενον τὰ τῶν ἐχόντων ἀνέρων
οὐκ ἂν ἐξελθεῖν ἀπὸ τῆς σιπύης· τοὺς δ' ἀντιβολεῖν ἂν ὅμως·
'ἴθ' ὦ ἄνα πρὸς γονάτων, ἔξελθε καὶ σύγγνωθι τῇ τραπέζῃ.'
φασὶν ἀλλήλαις ξυνελθεῖν τὰς τριήρεις ἐς λόγον,   1300
καὶ μίαν λέξαι τιν' αὐτῶν ἥτις ἦν γεραιτέρα·
'οὐδὲ πυνθάνεσθε ταῦτ' ὦ παρθένοι τὰν τῇ πόλει;
φασὶν αἰτεῖσθαί τιν' ἡμῶν ἑκατὸν ἐς Καρχηδόνα
ἄνδρα μοχθηρὸν πολίτην ὀξίνην Ὑπέρβολον·'
ταῖς δὲ δόξαι δεινὸν εἶναι τοῦτο κοὐκ ἀνασχετόν,   1305
καί τιν' εἰπεῖν ἥτις ἀνδρῶν ἆσσον οὐκ ἐληλύθει·
'ἀποτρόπαι' οὐ δῆτ' ἐμοῦ γ' ἄρξει ποτ', ἀλλ' ἐάν με χρῇ,
ὑπὸ τερηδόνων σαπεῖσ' ἐνταῦθα καταγηράσομαι·'
'οὐδὲ Ναυφάντης γε τῆς Ναύσωνος, οὐ δῆτ' ὦ θεοί,
εἴπερ ἐκ πεύκης γε κἀγὼ καὶ ξύλων ἐπηγνύμην.   1310
ἢν δ' ἀρέσκῃ ταῦτ' Ἀθηναίοις, καθῆσθαί μοι δοκεῖ
ἐς τὸ Θησεῖον πλεούσαις ἢ 'πὶ τῶν σεμνῶν θεῶν.
οὐ γὰρ ἡμῶν γε στρατηγῶν ἐγχανεῖται τῇ πόλει·
ἀλλὰ πλείτω χωρὶς αὐτὸς ἐς κόρακας, εἰ βούλεται,   1314
τὰς σκάφας, ἐν αἷς ἐπώλει τοὺς λύχνους, καθελκύσας.'

1295 μὲν post φασὶ add. Bentl.   1297 ἂν ὅμως Bergk : ἂν ὁμοίως R :
ἀλλ' ὅμως Α Γ² Θ : ἀνομοίως vulg.   1303 Καλχηδόνα (vel Χαλκ.
schol.   1307 χρῇ Bekk. : χρὴ codd.   1312 πλεούσας Reiske

Αλ. εὐφημεῖν χρὴ καὶ στόμα κλήειν καὶ μαρτυριῶν ἀπέχεσθαι,
    καὶ τὰ δικαστήρια συγκλήειν οἷς ἡ πόλις ἥδε γέγηθεν,
    ἐπὶ καιναῖσιν δ' εὐτυχίαισιν παιωνίζειν τὸ θέατρον.

Χο. ὦ ταῖς ἱεραῖς φέγγος Ἀθήναις καὶ ταῖς νήσοις ἐπίκουρε,
    τίν' ἔχων φήμην ἀγαθὴν ἥκεις, ἐφ' ὅτῳ κνισῶμεν ἀγυιάς;

Αλ. τὸν Δῆμον ἀφεψήσας ὑμῖν καλὸν ἐξ αἰσχροῦ πεποίηκα.

Χο. καὶ ποῦ 'στιν νῦν ὦ θαυμαστὰς ἐξευρίσκων ἐπινοίας; 1322

Αλ. ἐν ταῖσιν ἰοστεφάνοις οἰκεῖ ταῖς ἀρχαίαισιν Ἀθήναις.

Χο. πῶς ἂν ἴδοιμεν; ποίαν ⟨τιν'⟩ ἔχει σκευήν; ποῖος γεγένηται;

Αλ. οἷός περ Ἀριστείδῃ πρότερον καὶ Μιλτιάδῃ ξυνεσίτει.
    ὄψεσθε δέ· καὶ γὰρ ἀνοιγνυμένων ψόφος ἤδη τῶν προ-
        πυλαίων.   1326
    ἀλλ' ὀλολύξατε φαινομέναισιν ταῖς ἀρχαίαισιν Ἀθήναις
    καὶ θαυμασταῖς καὶ πολυύμνοις, ἵν' ὁ κλεινὸς Δῆμος
    ἐνοικεῖ.

Χο. ὦ ταὶ λιπαραὶ καὶ ἰοστέφανοι καὶ ἀριζήλωτοι Ἀθῆναι,
    δείξατε τὸν τῆς Ἑλλάδος ὑμῖν καὶ τῆς γῆς τῆσδε
        μόναρχον.   1330

Αλ. ὅδ' ἐκεῖνος ὁρᾶν τεττιγοφόρας, ἀρχαίῳ σχήματι λαμπρός,
    οὐ χοιρινῶν ὄζων ἀλλὰ σπονδῶν, σμύρνῃ κατάλειπτος.

Χο. χαῖρ' ὦ βασιλεῦ τῶν Ἑλλήνων· καί σοι ξυγχαίρομεν
    ἡμεῖς.
    τῆς γὰρ πόλεως ἄξια πράττεις καὶ τοῦ 'ν Μαραθῶνι
    τροπαίου.

Δη. ὦ φίλτατ' ἀνδρῶν ἐλθὲ δεῦρ' Ἀγοράκριτε.   1335
    ὅσα με δέδρακας ἀγάθ' ἀφεψήσας.   Αλ. ἐγώ;
    ἀλλ' ὦ μέλ' οὐκ οἶσθ' οἷος ἦσθ' αὐτὸς πάρος,
    οὐδ' οἷ' ἔδρας· ἐμὲ γὰρ νομίζοις ἂν θεόν.

Δη. τί δ' ἔδρων, κάτειπέ μοι, πρὸ τοῦ; ποῖός τις ἦ;

Αλ. πρῶτον μέν, ὁπότ' εἴποι τις ἐν τἠκκλησίᾳ,   1340

1324 ἴδοιμεν Brunck: ἴδωμεν codd.   τιν' post ποίαν add. Pors.
ποῖος Reisig: καὶ ποῖος codd.   1331 τεττιγοφόρος codd. praeter
Vat. Pal. 128   1339 κάτειπέ μοι, πρὸ τοῦ] πρὸ τοῦ κάτειπε R
ποῖός Ald.: καὶ ποῖός codd.

'ὦ Δῆμ' ἐραστής εἰμι σὸς φιλῶ τέ σε
καὶ κήδομαί σου καὶ προβουλεύω μόνος,'
τούτοις ὁπότε χρήσαιτό τις προοιμίοις,
ἀνωρτάλιζες κἀκερουτίας.　Δη.　ἐγώ;

Αλ. εἶτ' ἐξαπατήσας σ' ἀντὶ τούτων ᾤχετο.　　1345

Δη. τί φῄς;
ταυτί μ' ἔδρων, ἐγὼ δὲ τοῦτ' οὐκ ᾐσθόμην;

Αλ. τὰ δ' ὦτά γ' ἄν σου νὴ Δί' ἐξεπετάννυτο
ὥσπερ σκιάδειον καὶ πάλιν ξυνήγετο.

Δη. οὕτως ἀνόητος ἐγεγενήμην καὶ γέρων;

Αλ. καὶ νὴ Δί' εἴ γε δύο λεγοίτην ῥήτορε,　　1350
ὁ μὲν ποιεῖσθαι ναῦς μακρὰς ὁ δ' ἕτερος αὖ
καταμισθοφορῆσαι τοῦθ', ὁ τὸν μισθὸν λέγων
τὸν τὰς τριήρεις παραδραμὼν ἂν ᾤχετο.
οὗτος τί κύπτεις; οὐχὶ κατὰ χώραν μενεῖς;

Δη. αἰσχύνομαί τοι ταῖς πρότερον ἁμαρτίαις.　　1355

Αλ. ἀλλ' οὐ σὺ τούτων αἴτιος, μὴ φροντίσῃς,
ἀλλ' οἵ σε ταῦτ' ἐξηπάτων. νυνδὶ φράσον·
ἐάν τις εἴπῃ βωμολόχος ξυνήγορος·
'οὐκ ἔστιν ὑμῖν τοῖς δικασταῖς ἄλφιτα,
εἰ μὴ καταγνώσεσθε ταύτην τὴν δίκην·'　　1360
τοῦτον τί δράσεις, εἰπέ, τὸν ξυνήγορον;

Δη. ἄρας μετέωρον ἐς τὸ βάραθρον ἐμβαλῶ,
ἐκ τοῦ λάρυγγος ἐκκρεμάσας Ὑπέρβολον.

Αλ. τουτὶ μὲν ὀρθῶς καὶ φρονίμως ἤδη λέγεις·
τὰ δ' ἄλλα, φέρ' ἴδω, πῶς πολιτεύσει φράσον.　　1365

Δη. πρῶτον μὲν ὁπόσοι ναῦς ἐλαύνουσιν μακράς,
καταγομένοις τὸν μισθὸν ἀποδώσω 'ντελῆ.

Αλ. πολλοῖς γ' ὑπολίσφοις πυγιδίοισιν ἐχαρίσω.

Δη. ἔπειθ' ὁπλίτης ἐντεθεὶς ἐν καταλόγῳ

1346 ᾐσθόμην Ald.: ᾔδειν codd.　　1347 γ' ἄν R: γάρ vulg.
1350 νὴ Δί' εἴ γε Pors.: νὴ δί' εἰ V: νὴ δία γ' εἰ vulg.　　1352 τοῦθ' Α:
τοῦτο θ' ΓΘ: τοῦτον V Ald.: τοῦτων R: (καταμισθοφορεῖν) τούτοιν
Elmsl.　　1357 νυνδὶ Seidler: νῦν δὲ codd.

ΑΡΙΣΤΟΦΑΝΟΥΣ

οὐδεὶς κατὰ σπουδὰς μετεγγραφήσεται,   1370
ἀλλ' ὥσπερ ἦν τὸ πρῶτον ἐγγεγράψεται.

Αλ. τοῦτ' ἔδακε τὸν πόρπακα τὸν Κλεωνύμου.

Δη. οὐδ' ἀγοράσει γ' ἀγένειος οὐδεὶς ἐν ἀγορᾷ.

Αλ. ποῦ δῆτα Κλεισθένης ἀγοράσει καὶ Στράτων;

Δη. τὰ μειράκια ταυτὶ λέγω τὰν τῷ μύρῳ,   1375
ἃ στωμυλεῖται τοιαδὶ καθήμενα·
' σοφός γ' ὁ Φαίαξ δεξιῶς τ' οὐκ ἀπέθανεν.
συνερτικὸς γάρ ἐστι καὶ περαντικός,
καὶ γνωμοτυπικὸς καὶ σαφὴς καὶ κρουστικός,
καταληπτικός τ' ἄριστα τοῦ θορυβητικοῦ.'   1380

Αλ. οὔκουν καταδακτυλικὸς σὺ τοῦ λαλητικοῦ;

Δη. μὰ Δί' ἀλλ' ἀναγκάσω κυνηγετεῖν ἐγὼ
τούτους ἅπαντας, παυσαμένους ψηφισμάτων.

Αλ. ἔχε νυν ἐπὶ τούτοις τουτονὶ τὸν ὀκλαδίαν,
καὶ παῖδ' ἐνόρχην, ὅσπερ οἴσει τόνδε σοι·   1385
κἄν που δοκῇ σοι, τοῦτον ὀκλαδίαν ποίει.

Δη. μακάριος ἐς τἀρχαῖα δὴ καθίσταμαι.

Αλ. φήσεις γ', ἐπειδὰν τὰς τριακοντούτιδας
σπονδὰς παραδῶ σοι. δεῦρ' ἴθ' αἱ Σπονδαὶ ταχύ.

Δη. ὦ Ζεῦ πολυτίμηθ' ὡς καλαί· πρὸς τῶν θεῶν,   1390
ἔξεστιν αὐτῶν κατατριακοντουτίσαι;
πῶς ἔλαβες αὐτὰς ἐτέον;   Αλ. οὐ γὰρ ὁ Παφλαγὼν
ἀπέκρυπτε ταύτας ἔνδον, ἵνα σὺ μὴ λάβῃς;
νῦν οὖν ἐγώ σοι παραδίδωμ' ἐς τοὺς ἀγροὺς
αὐτὰς ἰέναι λαβόντα.   Δη. τὸν δὲ Παφλαγόνα, 1395
ὃς ταῦτ' ἔδρασεν, εἴφ' ὅ τι ποιήσεις κακόν.

Αλ. οὐδὲν μέγ' ἀλλ' ἢ τὴν ἐμὴν ἕξει τέχνην·
ἐπὶ ταῖς πύλαις ἀλλαντοπωλήσει μόνος,
τὰ κύνεια μιγνὺς τοῖς ὀνείοις πράγμασιν,

1373 οὐδεὶς ἐν ἀγορᾷ Ald.: ἐν τ' ἀγορᾷ οὐδεὶς R: οὐδεὶς ἐν τ' ἀγορᾷ
vulg.   1376 τοιαδὶ στωμύλλεται Herwerden   1377 τ' οὐκ
ἀπέθανεν] ἐμάνθανε Α Θ   1378 συνερκτικὸς codd.: corr. Dind. ex
schol.   1392 αὐτὰς Bentl.: ταύτας codd.

ΙΠΠΗΣ

μεθύων τε ταῖς πόρναισι λοιδορήσεται,   1400
κἀκ τῶν βαλανείων πίεται τὸ λούτριον.

Δη. εὖ γ' ἐπενόησας οὗπέρ ἐστιν ἄξιος,
πόρναισι καὶ βαλανεῦσι διακεκραγέναι,
καί σ' ἀντὶ τούτων ἐς τὸ πρυτανεῖον καλῶ
ἐς τὴν ἕδραν θ', ἵν' ἐκεῖνος ἦν ὁ φαρμακός.   1405
ἕπου δὲ ταυτηνὶ λαβὼν τὴν βατραχίδα·
κἀκεῖνον ἐκφερέτω τις ὡς ἐπὶ τὴν τέχνην,
ἵν' ἴδωσιν αὐτὸν οἷς ἐλωβᾶθ' οἱ ξένοι.

．   ．   ．   ．   ．   ．   ．

1401 λούτριον Elmsl. : λοῦτρον codd.   1408 aliquot versus chori
deesse videntur

ΝΕΦΕΛΑΙ

ΥΠΟΘΕΣΕΙΣ

I

Τὸ δρᾶμα κατὰ Σωκράτους γέγραπται τοῦ φιλοσόφου ἐπίτηδες ὡς κακοδιδασκαλοῦντος τοὺς νέους Ἀθήνησι, τῶν κωμικῶν πρὸς τοὺς φιλοσόφους ἐχόντων τινὰ ἀντιλογίαν· οὐχ ὡς τινες δι' Ἀρχέλαον τὸν Μακεδόνων βασιλέα, ὅτι προὔκρινεν αὐτὸν Ἀριστοφάνους.

II

Φασὶ τὸν Ἀριστοφάνην γράψαι τὰς Νεφέλας ἀναγκασθέντα ὑπὸ 5
Ἀνύτου καὶ Μελήτου, ἵνα προδιασκέψαιντο ποῖοί τινες εἶεν Ἀθηναῖοι κατὰ Σωκράτους ἀκούοντες. ηὐλαβοῦντο γάρ, ὅτι πολλοὺς εἶχεν ἐραστὰς καὶ μάλιστα τοὺς περὶ Ἀλκιβιάδην, οἳ καὶ ἐπὶ τοῦ δράματος τούτου μηδὲ νικῆσαι ἐποίησαν τὸν ποιητήν. ὁ δὲ πρόλογός ἐστι τῶν Νεφελῶν ἁρμοδιώτατα καὶ δεξιώτατα συγκείμενος. πρεσβύτης γάρ 10 ἐστιν ἄγροικος ἀχθόμενος παιδὶ ἀστικοῦ φρονήματος γέμοντι καὶ τῆς εὐγενείας εἰς πολυτέλειαν ἀπολελαυκότι. ἡ γὰρ τῶν Ἀλκμαιωνιδῶν οἰκία, ὅθεν ἦν τὸ πρὸς μητρὸς γένος ὁ μειρακίσκος, ἐξ ἀρχῆς, ὥς φησιν Ἡρόδοτος, τεθριπποτρόφος ἦν καὶ πολλὰς ἀνῃρημένη νίκας, τὰς μὲν Ὀλυμπίασι τὰς δὲ Πυθοῖ ἐνίας δὲ Ἰσθμοῖ καὶ Νεμέᾳ καὶ ἐν ἄλλοις 15 πολλοῖς ἀγῶσιν. εὐδοκιμοῦσαν οὖν ὁρῶν ὁ νεανίσκος ἀπέκλινε πρὸς τὸ ἦθος τῶν πρὸς μητρὸς προγόνων.

III

Πρεσβύτης τις Στρεψιάδης ὑπὸ δανείων καταπονούμενος διὰ τὴν ἱπποτροφίαν τοῦ παιδὸς δεῖται τούτου, φοιτήσαντος ὡς τὸν Σωκράτη μαθεῖν τὸν ἥττονα λόγον, εἴ πως δύναιτο τὰ ἄδικα λέγων ἐν τῷ δικα- 20 στηρίῳ τοὺς χρήστας νικᾶν καὶ μηδενὶ τῶν δανειστῶν μηδὲν ἀποδοῦναι. οὐ βουλομένου δὲ τοῦ μειρακίσκου διαγνοὺς αὐτὸς ἐλθὼν μανθάνειν,

Ὑποθέσεις: desunt in R
II 11 ἀστικοῦ V: ἀστυκοῦ vulg.

107

μαθητὴν τοῦ Σωκράτους ἐκκαλέσας τινὰ διαλέγεται· ἐκκυκληθείσης δὲ
τῆς διατριβῆς οἵ τε μαθηταὶ κύκλῳ καθήμενοι πιναροὶ συνορῶνται καὶ
αὐτὸς ὁ Σωκράτης ἐπὶ κρεμάθρας αἰωρούμενος καὶ ἀποσκοπῶν τὰ μετέωρα
θεωρεῖται. μετὰ ταῦτα τελεῖ παραλαβὼν τὸν πρεσβύτην, καὶ τοὺς
5 νομιζομένους παρ' αὐτῷ θεούς, Ἀέρα προσέτι δὲ καὶ Αἰθέρα καὶ Νεφέ-
λας κατακαλεῖται. πρὸς δὲ τὴν εὐχὴν εἰσέρχονται Νεφέλαι ἐν σχήματι
χοροῦ καὶ φυσιολογήσαντος οὐκ ἀπιθάνως τοῦ Σωκράτους ἀποκατα-
στᾶσαι πρὸς τοὺς θεατὰς περὶ πλειόνων διαλέγονται. μετὰ δὲ ταῦτα ὁ
μὲν πρεσβύτης διδασκόμενος ἐν τῷ φανερῷ τινὰ τῶν μαθημάτων γελω-
10 τοποιεῖ· καὶ ἐπειδὴ διὰ τὴν ἀμαθίαν ἐκ τοῦ φροντιστηρίου ἐκβάλλεται,
ἄγων πρὸς βίαν τὸν υἱὸν συνίστησι τῷ Σωκράτει. τούτου δὲ ἐξαγα-
γόντος αὐτῷ ἐν τῷ θεάτρῳ τὸν ἄδικον καὶ τὸν δίκαιον λόγον, διαγωνι-
σθεὶς ὁ ἄδικος πρὸς τὸν δίκαιον λόγον, καὶ παραλαβὼν αὐτὸν ὁ ἄδικος
λόγος ἐκδιδάσκει. κομισάμενος δὲ αὐτὸν ὁ πατὴρ ἐκπεπονημένον
15 ἐπηρεάζει τοῖς χρήσταις καὶ ὡς κατωρθωκὼς εὐωχεῖ παραλαβών. γενο-
μένης δὲ περὶ τὴν εὐωχίαν ἀντιλογίας πληγὰς λαβὼν ὑπὸ τοῦ παιδὸς
βοὴν ἵστησι, καὶ προσκαταλαλούμενος ὑπὸ τοῦ παιδὸς ὅτι δίκαιον τοὺς
πατέρας ὑπὸ τῶν υἱῶν ἀντιτύπτεσθαι, ὑπεραλγῶν διὰ τὴν πρὸς τὸν υἱὸν
σύγκρουσιν ὁ γέρων κατασκάπτει καὶ ἐμπίπρησι τὸ φροντιστήριον τῶν
20 Σωκρατικῶν. τὸ δὲ δρᾶμα τῶν πάνυ δυνατῶς πεποιημένων.

IV

Πατὴρ τὸν υἱὸν σωκρατίζειν βούλεται·
καὶ τῆς περὶ αὐτὸν ψυχρολογίας διατριβὴ
ἱκανή, λόγων ἀπόνοια πρὸς τοὐναντίον,
χορὸν δὲ Νεφελῶν ὡς ἐπωφελῆ λέγων,
25 καὶ τὴν ἀσέβειαν Σωκράτους διεξιών.
ἄλλαι θ' ὑπ' ἀνδρὸς ⟨ἔτι⟩ κατηγορίαι πικραί,
καὶ τῶν μαθητῶν εἰς πατραλοίας ἐκτόπως.
εἶτ' ἐμπυρισμὸς τῆς σχολῆς τοῦ Σωκράτους.
τὸ δὲ δρᾶμα τοῦτο τῆς ὅλης ποιήσεως
30 κάλλιστον εἶναί φησι καὶ τεχνικώτατον.

III 1 ἐκκυκληθείσης Bergk : ἐκλυθείσης vulg.   11 ἄγων Brunck :
διάγων vulg.   13 νικᾷ post δίκαιον λόγον add. Blaydes
IV 26 ἔτι add. Herm.

V

Αἱ πρῶται Νεφέλαι ἐδιδάχθησαν ἐν ἄστει ἐπὶ ἄρχοντος Ἰσάρχου, ὅτε Κρατῖνος μὲν ἐνίκα Πυτίνῃ, Ἀμειψίας δὲ Κόννῳ. διόπερ Ἀριστοφάνης ἀπορριφθεὶς παραλόγως ᾠήθη δεῖν ἀναδιδάξαι τὰς δευτέρας ⟨καὶ⟩ ἀπομέμφεσθαι τὸ θέατρον. ἀποτυχὼν δὲ πολὺ μᾶλλον καὶ ἐν τοῖς ἔπειτα οὐκέτι τὴν διασκευὴν εἰσήγαγεν. αἱ δὲ δεύτεραι Νεφέλαι 5 ἐπὶ Ἀμεινίου ἄρχοντος.

VI

Τοῦτο ταὐτόν ἐστι τῷ προτέρῳ. διεσκεύασται δὲ ἐπὶ μέρους ὡς ἂν δὴ ἀναδιδάξαι μὲν αὐτὸ τοῦ ποιητοῦ προθυμηθέντος, οὐκέτι δὲ τοῦτο δι᾽ ἥν ποτε αἰτίαν ποιήσαντος. καθόλου μὲν οὖν σχεδὸν παρὰ πᾶν μέρος γεγενημένη διόρθωσις. τὰ μὲν γὰρ περιῄρηται, τὰ δὲ παρα- 10 πέπλεκται καὶ ἐν τῇ τάξει καὶ ἐν τῇ τῶν προσώπων διαλλαγῇ μετεσχημάτισται. τὰ δὲ ὁλοσχερῆ τῆς διασκευῆς τοιαῦτα ὄντα τετύχηκεν, αὐτίκα ἡ μὲν παράβασις τοῦ χοροῦ ἤμειπται, καὶ ὅπου ὁ δίκαιος λόγος πρὸς τὸν ἄδικον λαλεῖ, καὶ τελευταῖον ὅπου καίεται ἡ διατριβὴ Σωκράτους. 15

VII

Τὴν κωμῳδίαν καθῆκε κατὰ Σωκράτους ὡς τοιαῦτα νομίζοντος, καὶ Νεφέλας καὶ Ἀέρα καὶ τί γὰρ ἄλλ᾽ ἢ ξένους εἰσάγοντος δαίμονας. χορῷ δὲ ἐχρήσατο Νεφελῶν πρὸς τὴν τοῦ ἀνδρὸς κατηγορίαν, καὶ διὰ τοῦτο οὕτως ἐπεγράφη. διτταὶ δὲ φέρονται Νεφέλαι. οἱ δὲ κατηγορήσαντες Σωκράτους Μέλητος καὶ Ἄνυτος. 20

V 4 καὶ ante ἀπομέμφεσθαι add. Dind.

ΤΑ ΤΟΥ ΔΡΑΜΑΤΟΣ ΠΡΟΣΩΠΑ

ΣΤΡΕΨΙΑΔΗΣ

ΦΕΙΔΙΠΠΙΔΗΣ

ΘΕΡΑΠΩΝ ΣΤΡΕΨΙΑΔΟΥ

ΜΑΘΗΤΑΙ ΣΩΚΡΑΤΟΥΣ

ΣΩΚΡΑΤΗΣ

ΧΟΡΟΣ ΝΕΦΕΛΩΝ

ΔΙΚΑΙΟΣ ΛΟΓΟΣ

ΑΔΙΚΟΣ ΛΟΓΟΣ

ΠΑΣΙΑΣ ΔΑΝΕΙΣΤΗΣ

ΜΑΡΤΥΣ

ΑΜΥΝΙΑΣ ΔΑΝΕΙΣΤΗΣ

ΧΑΙΡΕΦΩΝ

ΕΡΜΗΣ

ΝΕΦΕΛΑΙ

ΣΤΡΕΨΙΑΔΗΣ

Ἰοὺ ἰού·
ὦ Ζεῦ βασιλεῦ τὸ χρῆμα τῶν νυκτῶν ὅσον·
ἀπέραντον. οὐδέποθ' ἡμέρα γενήσεται;
καὶ μὴν πάλαι γ' ἀλεκτρυόνος ἤκουσ' ἐγώ·
οἱ δ' οἰκέται ῥέγκουσιν· ἀλλ' οὐκ ἂν πρὸ τοῦ.   5
ἀπόλοιο δῆτ' ὦ πόλεμε πολλῶν οὕνεκα,
ὅτ' οὐδὲ κολάσ' ἔξεστί μοι τοὺς οἰκέτας.
ἀλλ' οὐδ' ὁ χρηστὸς οὑτοσὶ νεανίας
ἐγείρεται τῆς νυκτός, ἀλλὰ πέρδεται
ἐν πέντε σισύραις ἐγκεκορδυλημένος.   10
ἀλλ' εἰ δοκεῖ ῥέγκωμεν ἐγκεκαλυμμένοι.
ἀλλ' οὐ δύναμαι δείλαιος εὕδειν δακνόμενος
ὑπὸ τῆς δαπάνης καὶ τῆς φάτνης καὶ τῶν χρεῶν
διὰ τουτονὶ τὸν υἱόν. ὁ δὲ κόμην ἔχων
ἱππάζεταί τε καὶ ξυνωρικεύεται   15
ὀνειροπολεῖ θ' ἵππους· ἐγὼ δ' ἀπόλλυμαι
ὁρῶν ἄγουσαν τὴν σελήνην εἰκάδας·
οἱ γὰρ τόκοι χωροῦσιν. ἅπτε παῖ λύχνον,
κἄκφερε τὸ γραμματεῖον, ἵν' ἀναγνῶ λαβὼν
ὁπόσοις ὀφείλω καὶ λογίσωμαι τοὺς τόκους.   20
φέρ' ἴδω τί ὀφείλω; δώδεκα μνᾶς Πασίᾳ.
τοῦ δώδεκα μνᾶς Πασίᾳ; τί ἐχρησάμην;

Codd. hos citavimus : R V A Θ Δ

ΑΡΙΣΤΟΦΑΝΟΥΣ

ὅτ' ἐπριάμην τὸν κοππατίαν.   οἴμοι τάλας,
εἴθ' ἐξεκόπην πρότερον τὸν ὀφθαλμὸν λίθῳ.

ΦΕΙΔΙΠΠΙΔΗΣ

 Φίλων ἀδικεῖς· ἔλαυνε τὸν σαυτοῦ δρόμον.   25

Στ. τοῦτ' ἔστι τουτὶ τὸ κακὸν ὅ μ' ἀπολώλεκεν·
  ὀνειροπολεῖ γὰρ καὶ καθεύδων ἱππικήν.

Φε. πόσους δρόμους ἐλᾷ τὰ πολεμιστήρια;

Στ. ἐμὲ μὲν σὺ πολλοὺς τὸν πατέρ' ἐλαύνεις δρόμους.
  ἀτὰρ τί χρέος ἔβα με μετὰ τὸν Πασίαν;   30
  τρεῖς μναῖ διφρίσκου καὶ τροχοῖν 'Αμυνίᾳ.

Φε. ἄπαγε τὸν ἵππον ἐξαλίσας οἴκαδε.

Στ. ἀλλ' ὦ μέλ' ἐξήλικας ἐμέ γ' ἐκ τῶν ἐμῶν,
  ὅτε καὶ δίκας ὤφληκα χἄτεροι τόκου
  ἐνεχυράσεσθαί φασιν. Φε. ἐτεὸν ὦ πάτερ 35
  τί δυσκολαίνεις καὶ στρέφει τὴν νύχθ' ὅλην;

Στ. δάκνει μὲ δήμαρχός τις ἐκ τῶν στρωμάτων.

Φε. ἔασον ὦ δαιμόνιε καταδαρθεῖν τί με.

Στ. σὺ δ' οὖν κάθευδε· τὰ δὲ χρέα ταῦτ' ἴσθ' ὅτι
  ἐς τὴν κεφαλὴν ἅπαντα τὴν σὴν τρέψεται.   40
  φεῦ.
  εἴθ' ὤφελ' ἡ προμνήστρι' ἀπολέσθαι κακῶς,
  ἥτις με γῆμ' ἐπῆρε τὴν σὴν μητέρα·
  ἐμοὶ γὰρ ἦν ἄγροικος ἥδιστος βίος
  εὐρωτιῶν, ἀκόρητος, εἰκῇ κείμενος,
  βρύων μελίτταις καὶ προβάτοις καὶ στεμφύλοις. 45
  ἔπειτ' ἔγημα Μεγακλέους τοῦ Μεγακλέους
  ἀδελφιδῆν ἄγροικος ὢν ἐξ ἄστεως,
  σεμνὴν τρυφῶσαν ἐγκεκοισυρωμένην.
  ταύτην ὅτ' ἐγάμουν, συγκατεκλινόμην ἐγὼ
  ὄζων τρυγὸς τρασιᾶς ἐρίων περιουσίας,   50
  ἡ δ' αὖ μύρου κρόκου καταγλωττισμάτων,

26 τουτὶ R : τοῦτο vulg. 35 ἐνεχυράσεσθαι Θ : ἐνεχυράσασθαι
vulg.

ΝΕΦΕΛΑΙ

δαπάνης λαφυγμοῦ Κωλιάδος Γενετυλλίδος.
οὐ μὴν ἐρῶ γ' ὡς ἀργὸς ἦν, ἀλλ' ἐσπάθα.
ἐγὼ δ' ἂν αὐτῇ θοἰμάτιον δεικνὺς τοδὶ
πρόφασιν ἔφασκον, ὦ γύναι λίαν σπαθᾷς.   55

ΘΕΡΑΠΩΝ
ἔλαιον ἡμῖν οὐκ ἔνεστ' ἐν τῷ λύχνῳ.
Στ. οἴμοι· τί γάρ μοι τὸν πότην ἧπτες λύχνον;
δεῦρ' ἔλθ' ἵνα κλάῃς.   Θε. διὰ τί δῆτα κλαύσομαι;
Στ. ὅτι τῶν παχειῶν ἐνετίθεις θρυαλλίδων.
μετὰ ταῦθ', ὅπως νῷν ἐγένεθ' υἱὸς οὑτοσί,   60
ἐμοί τε δὴ καὶ τῇ γυναικὶ τἀγαθῇ,
περὶ τοὐνόματος δὴ 'ντεῦθεν ἐλοιδορούμεθα·
ἡ μὲν γὰρ ἵππον προσετίθει πρὸς τοὔνομα,
Ξάνθιππον ἢ Χάριππον ἢ Καλλιππίδην,
ἐγὼ δὲ τοῦ πάππου 'τιθέμην Φειδωνίδην.   65
τέως μὲν οὖν ἐκρινόμεθ'· εἶτα τῷ χρόνῳ
κοινῇ ξυνέβημεν κἀθέμεθα Φειδιππίδην.
τοῦτον τὸν υἱὸν λαμβάνουσ' ἐκορίζετο,
' ὅταν σὺ μέγας ὢν ἅρμ' ἐλαύνῃς πρὸς πόλιν,
ὥσπερ Μεγακλέης, ξυστίδ' ἔχων.' ἐγὼ δ' ἔφην,   70
' ὅταν μὲν οὖν τὰς αἶγας ἐκ τοῦ Φελλέως,
ὥσπερ ὁ πατήρ σου, διφθέραν ἐνημμένος.'
ἀλλ' οὐκ ἐπίθετο τοῖς ἐμοῖς οὐδὲν λόγοις,
ἀλλ' ἱππερόν μου κατέχεεν τῶν χρημάτων.
νῦν οὖν ὅλην τὴν νύκτα φροντίζων ὁδοῦ   75
μίαν ηὗρον ἀτραπὸν δαιμονίως ὑπερφυᾶ,
ἣν ἢν ἀναπείσω τουτονί, σωθήσομαι.
ἀλλ' ἐξεγεῖραι πρῶτον αὐτὸν βούλομαι.
πῶς δῆτ' ἂν ἥδιστ' αὐτὸν ἐπεγείραιμι; πῶς;
Φειδιππίδη Φειδιππίδιον.   Φε. τί ὦ πάτερ;   80
Στ. κύσον με καὶ τὴν χεῖρα δὸς τὴν δεξιάν.

59 ὅτι τῶν] τῶν γὰρ Suid.   62 δὴ 'ντεῦθεν] δ' ἠντεῦθεν R : δὴν
ἐντεῦθεν V : δὴ ταῦτ' Α Θ Ald. : δὴ 'νταῦθ' Reisig   64 Χαίριππον V

ΑΡΙΣΤΟΦΑΝΟΥΣ

Φε. ἰδού. τί ἔστιν;   Στ. εἰπέ μοι, φιλεῖς ἐμέ;

Φε. νὴ τὸν Ποσειδῶ τουτονὶ τὸν ἵππιον.

Στ. μὴ 'μοί γε τοῦτον μηδαμῶς τὸν ἵππιον·
 οὗτος γὰρ ὁ θεὸς αἴτιός μοι τῶν κακῶν.   85
ἀλλ' εἴπερ ἐκ τῆς καρδίας μ' ὄντως φιλεῖς,
ὦ παῖ πιθοῦ.   Φε. τί οὖν πίθωμαι δῆτά σοι;

Στ. ἔκστρεψον ὡς τάχιστα τοὺς σαυτοῦ τρόπους,
καὶ μάνθαν' ἐλθὼν ἃν ἐγὼ παραινέσω.

Φε. λέγε δή, τί κελεύεις;   Στ. καί τι πείσει;   Φε. πεί-
σομαι   90
νὴ τὸν Διόνυσον.   Στ. δεῦρό νυν ἀπόβλεπε.
ὁρᾷς τὸ θύριον τοῦτο καὶ τᾠκίδιον;

Φε. ὁρῶ. τί οὖν τοῦτ' ἐστὶν ἐτεὸν ὦ πάτερ;

Στ. ψυχῶν σοφῶν τοῦτ' ἐστὶ φροντιστήριον.
ἐνταῦθ' ἐνοικοῦσ' ἄνδρες, οἳ τὸν οὐρανὸν   95
λέγοντες ἀναπείθουσιν ὡς ἔστιν πνιγεύς,
κἄστιν περὶ ἡμᾶς οὗτος, ἡμεῖς δ' ἄνθρακες.
οὗτοι διδάσκουσ', ἀργύριον ἤν τις διδῷ,
λέγοντα νικᾶν καὶ δίκαια κἄδικα.

Φε. εἰσὶν δὲ τίνες;   Στ. οὐκ οἶδ' ἀκριβῶς τοὔνομα·   100
μεριμνοφροντισταὶ καλοί τε κἀγαθοί.

Φε. αἰβοῖ πονηροί γ', οἶδα. τοὺς ἀλαζόνας
τοὺς ὠχριῶντας τοὺς ἀνυποδήτους λέγεις,
ὧν ὁ κακοδαίμων Σωκράτης καὶ Χαιρεφῶν.

Στ. ἢ ἢ σιώπα· μηδὲν εἴπῃς νήπιον.   105
ἀλλ' εἴ τι κήδει τῶν πατρῴων ἀλφίτων,
τούτων γενοῦ μοι σχασάμενος τὴν ἱππικήν.

Φε. οὐκ ἂν μὰ τὸν Διόνυσον, εἰ δοίης γέ μοι
τοὺς φασιανοὺς οὓς τρέφει Λεωγόρας.

Στ. ἴθ' ἀντιβολῶ σ' ὦ φίλτατ' ἀνθρώπων ἐμοὶ   110
ἐλθὼν διδάσκου.   Φε. καὶ τί σοι μαθήσομαι;

87 πιθοῦ] πιθοῦ μοι R : πιθοῦμαι V, unde πιθοῦ μοι. Φε. τί δὲ πίθωμαι
C. F. Hermann   88 τοὺς ... τρόπους] τὸν ... τρόπον Suid.

114

ΝΕΦΕΛΑΙ

Στ. εἶναι παρ' αὐτοῖς φασιν ἄμφω τὼ λόγω,
τὸν κρείττον', ὅστις ἐστί, καὶ τὸν ἥττονα.
τούτοιν τὸν ἕτερον τοῖν λόγοιν, τὸν ἥττονα,
νικᾶν λέγοντά φασι τἀδικώτερα.   115
ἢν οὖν μάθῃς μοι τὸν ἄδικον τοῦτον λόγον,
ἃ νῦν ὀφείλω διὰ σέ, τούτων τῶν χρεῶν
οὐκ ἂν ἀποδοίην οὐδ' ἂν ὀβολὸν οὐδενί.

Φε. οὐκ ἂν πιθοίμην· οὐ γὰρ ἂν τλαίην ἰδεῖν
τοὺς ἱππέας τὸ χρῶμα διακεκναισμένος.   120

Στ. οὐκ ἄρα μὰ τὴν Δήμητρα τῶν γ' ἐμῶν ἔδει,
οὔτ' αὐτὸς οὔθ' ὁ ζύγιος οὔθ' ὁ σαμφόρας·
ἀλλ' ἐξελῶ σ' ἐς κόρακας ἐκ τῆς οἰκίας.

Φε. ἀλλ' οὐ περιόψεταί μ' ὁ θεῖος Μεγακλέης,
ἄνιππον. ἀλλ' εἴσειμι, σοῦ δ' οὐ φροντιῶ.   125

Στ. ἀλλ' οὐδ' ἐγὼ μέντοι πεσών γε κείσομαι,
ἀλλ' εὐξάμενος τοῖσιν θεοῖς διδάξομαι
αὐτὸς βαδίζων ἐς τὸ φροντιστήριον.
πῶς οὖν γέρων ὢν κἀπιλήσμων καὶ βραδὺς
λόγων ἀκριβῶν σχινδαλάμους μαθήσομαι;   130
ἰτητέον. τί ταῦτ' ἔχων στραγγεύομαι,
ἀλλ' οὐχὶ κόπτω τὴν θύραν; παῖ παιδίον.

ΜΑΘΗΤΗΣ
βάλλ' ἐς κόρακας· τίς ἐσθ' ὁ κόψας τὴν θύραν;

Στ. Φείδωνος υἱὸς Στρεψιάδης Κικυννόθεν.

Μα. ἀμαθής γε νὴ Δί' ὅστις οὑτωσὶ σφόδρα   135
ἀπεριμερίμνως τὴν θύραν λελάκτικας
καὶ φροντίδ' ἐξήμβλωκας ἐξηυρημένην.

Στ. σύγγνωθί μοι· τηλοῦ γὰρ οἰκῶ τῶν ἀγρῶν.
ἀλλ' εἰπέ μοι τὸ πρᾶγμα τοὐξημβλωμένον.

Μα. ἀλλ' οὐ θέμις πλὴν τοῖς μαθηταῖσιν λέγειν.   140

Στ. λέγε νυν ἐμοὶ θαρρῶν· ἐγὼ γὰρ οὑτοσὶ

119 τλαίην μ' ἰδεῖν . . . διακεκναισμένον Mein.   125 ἄνιππον.
ἀλλ' εἴσειμι] ἄνιππον ὄντ'. ἀλλ' εἶμι Cobet

115

ἥκω μαθητὴς ἐς τὸ φροντιστήριον.

Μα. λέξω.   νομίσαι δὲ ταῦτα χρὴ μυστήρια.
ἀνήρετ' ἄρτι Χαιρεφῶντα Σωκράτης
ψύλλαν ὁπόσους ἅλλοιτο τοὺς αὑτῆς πόδας·   145
δακοῦσα γὰρ τοῦ Χαιρεφῶντος τὴν ὀφρῦν
ἐπὶ τὴν κεφαλὴν τὴν Σωκράτους ἀφήλατο.

Στ. πῶς δῆτα διεμέτρησε;   Μα.   δεξιώτατα.
κηρὸν διατήξας, εἶτα τὴν ψύλλαν λαβὼν
ἐνέβαψεν ἐς τὸν κηρὸν αὐτῆς τὼ πόδε,   150
κᾆτα ψυχείσῃ περιέφυσαν Περσικαί.
ταύτας ὑπολύσας ἀνεμέτρει τὸ χωρίον.

Στ. ὦ Ζεῦ βασιλεῦ τῆς λεπτότητος τῶν φρενῶν.

Μα. τί δῆτ' ἂν ἕτερον εἰ πύθοιο Σωκράτους
φρόντισμα;   Στ.   ποῖον; ἀντιβολῶ κάτειπέ μοι.   155

Μα. ἀνήρετ' αὐτὸν Χαιρεφῶν ὁ Σφήττιος
ὁπότερα τὴν γνώμην ἔχοι, τὰς ἐμπίδας
κατὰ τὸ στόμ' ᾄδειν ἢ κατὰ τοὐρροπύγιον.

Στ. τί δῆτ' ἐκεῖνος εἶπε περὶ τῆς ἐμπίδος;

Μα. ἔφασκεν εἶναι τοὔντερον τῆς ἐμπίδος   160
στενόν· διὰ λεπτοῦ δ' ὄντος αὐτοῦ τὴν πνοὴν
βίᾳ βαδίζειν εὐθὺ τοὐρροπυγίου·
ἔπειτα κοῖλον πρὸς στενῷ προσκείμενον
τὸν πρωκτὸν ἠχεῖν ὑπὸ βίας τοῦ πνεύματος.

Στ. σάλπιγξ ὁ πρωκτός ἐστιν ἄρα τῶν ἐμπίδων.   165
ὦ τρισμακάριος τοῦ διεντερεύματος.
ἦ ῥᾳδίως φεύγων ἂν ἀποφύγοι δίκην
ὅστις δίοιδε τοὔντερον τῆς ἐμπίδος.

Μα. πρώην δέ γε γνώμην μεγάλην ἀφῃρέθη
ὑπ' ἀσκαλαβώτου.   Στ.   τίνα τρόπον; κάτειπέ μοι.

Μα. ζητοῦντος αὐτοῦ τῆς σελήνης τὰς ὁδοὺς   171
καὶ τὰς περιφορὰς εἶτ' ἄνω κεχηνότος

144 Χαιρεφῶντα Σωκράτης] Χαιρεφῶν τὸν Σωκράτη Piccolomini
148 διεμέτρησε ΑΘ: τοῦτο διεμέτρησεν R: τοῦτ' ἐμέτρησε V
151 ψυχέντος Mein.   157 ἔχει Α

ΝΕΦΕΛΑΙ

ἀπὸ τῆς ὀροφῆς νύκτωρ γαλεώτης κατέχεσεν.

Στ. ἥσθην γαλεώτῃ καταχέσαντι Σωκράτους.

Μα. ἐχθὲς δέ γ' ἡμῖν δεῖπνον οὐκ ἦν ἑσπέρας. 175

Στ. εἶεν· τί οὖν πρὸς τἄλφιτ' ἐπαλαμήσατο;

Μα. κατὰ τῆς τραπέζης καταπάσας λεπτὴν τέφραν
κάμψας ὀβελίσκον εἶτα διαβήτην λαβὼν
ἐκ τῆς παλαίστρας θοἰμάτιον ὑφείλετο.

Στ. τί δῆτ' ἐκεῖνον τὸν Θαλῆν θαυμάζομεν; 180
ἄνοιγ' ἄνοιγ' ἀνύσας τὸ φροντιστήριον,
καὶ δεῖξον ὡς τάχιστά μοι τὸν Σωκράτη.
μαθητιῶ γάρ· ἀλλ' ἄνοιγε τὴν θύραν.
ὦ 'Ηράκλεις ταυτὶ ποδαπὰ τὰ θηρία;

Μα. τί ἐθαύμασας; τῷ σοι δοκοῦσιν εἰκέναι; 185

Στ. τοῖς ἐκ Πύλου ληφθεῖσι τοῖς Λακωνικοῖς.
ἀτὰρ τί ποτ' ἐς τὴν γῆν βλέπουσιν οὑτοιί;

Μα. ζητοῦσιν οὗτοι τὰ κατὰ γῆς.   Στ. βολβοὺς ἄρα
ζητοῦσι.   μή νυν τουτογὶ φροντίζετε·
ἐγὼ γὰρ οἶδ' ἵν' εἰσὶ μεγάλοι καὶ καλοί. 190
τί γὰρ οἵδε δρῶσιν οἱ σφόδρ' ἐγκεκυφότες;

Μα. οὗτοι δ' ἐρεβοδιφῶσιν ὑπὸ τὸν Τάρταρον.

Στ. τί δῆθ' ὁ πρωκτὸς ἐς τὸν οὐρανὸν βλέπει;

Μα. αὐτὸς καθ' αὑτὸν ἀστρονομεῖν διδάσκεται.
ἀλλ' εἴσιθ', ἵνα μὴ 'κεῖνος ὑμῖν ἐπιτύχῃ. 195

Στ. μήπω γε μήπω γ'· ἀλλ' ἐπιμεινάντων, ἵνα
αὐτοῖσι κοινώσω τι πραγμάτιον ἐμόν.

Μα. ἀλλ' οὐχ οἷόν τ' αὐτοῖσι πρὸς τὸν ἀέρα
ἔξω διατρίβειν πολὺν ἄγαν ἐστὶν χρόνον.

Στ. πρὸς τῶν θεῶν τί γὰρ τάδ' ἐστίν; εἰπέ μοι. 200

Μα. ἀστρονομία μὲν αὑτηί.   Στ. τουτὶ δὲ τί;

Μα. γεωμετρία.   Στ. τοῦτ' οὖν τί ἐστι χρήσιμον;

---

179 παλαίστρας R² in ras. : τραπέζης R¹   θοἰμάτιον codd.
et Arrian. Epict. : θυμάτιον Herm.   186 τῆς Λακωνικῆς A
189 τουτογὶ Δ : τοῦτό γε R Θ Ald. : τοῦτ' ἔτι V A : τοῦτό γ' ἔτι Reisig
195 ὑμῖν Bergk ex schol. : ἡμῖν codd.

Μα. γῆν ἀναμετρῆσαι.   Στ.   πότερα τὴν κληρουχικήν;
Μα. οὔκ, ἀλλὰ τὴν σύμπασαν.   Στ.   ἀστεῖον λέγεις.
τὸ γὰρ σόφισμα δημοτικὸν καὶ χρήσιμον.   205
Μα. αὕτη δέ σοι γῆς περίοδος πάσης.   ὁρᾷς;
αἵδε μὲν ᾿Αθῆναι.   Στ.   τί σὺ λέγεις; οὐ πείθομαι,
ἐπεὶ δικαστὰς οὐχ ὁρῶ καθημένους.
Μα. ὡς τοῦτ᾿ ἀληθῶς ᾿Αττικὸν τὸ χωρίον.
Στ. καὶ ποῦ Κικυννῆς εἰσὶν οὑμοὶ δημόται;   210
Μα. ἐνταῦθ᾿ ἔνεισιν. ἡ δέ γ᾿ Εὔβοι᾿, ὡς ὁρᾷς,
ἡδὶ παρατέταται μακρὰ πόρρω πάνυ.
Στ. οἶδ᾿· ὑπὸ γὰρ ἡμῶν παρετάθη καὶ Περικλέους.
ἀλλ᾿ ἡ Λακεδαίμων ποῦ ᾿σθ᾿;   Μα.   ὅπου ᾿στίν; αὑτηί.
Στ. ὡς ἐγγὺς ἡμῶν.   τοῦτο πάνυ φροντίζετε,   215
ταύτην ἀφ᾿ ἡμῶν ἀπαγαγεῖν πόρρω πάνυ.
Μα. ἀλλ᾿ οὐχ οἷόν τε.   Στ.   νὴ Δί᾿ οἰμώξεσθ᾿ ἄρα.
φέρε τίς γὰρ οὗτος οὑπὶ τῆς κρεμάθρας ἀνήρ;
Μα. αὐτός.   Στ.   τίς αὐτός;   Μα.   Σωκράτης.   Στ.   ὦ
    Σώκρατες.
ἴθ᾿ οὗτος, ἀναβόησον αὐτόν μοι μέγα.
Μα. αὐτὸς μὲν οὖν σὺ κάλεσον· οὐ γάρ μοι σχολή.   220
Στ. ὦ Σώκρατες,
ὦ Σωκρατίδιον.

ΣΩΚΡΑΤΗΣ

τί με καλεῖς ὦφήμερε;
Στ. πρῶτον μὲν ὅ τι δρᾷς ἀντιβολῶ κάτειπέ μοι.
Σω. ἀεροβατῶ καὶ περιφρονῶ τὸν ἥλιον.   225
Στ. ἔπειτ᾿ ἀπὸ ταρροῦ τοὺς θεοὺς ὑπερφρονεῖς,
ἀλλ᾿ οὐκ ἀπὸ τῆς γῆς, εἴπερ;   Σω.   οὐ γὰρ ἄν ποτε
ἐξηῦρον ὀρθῶς τὰ μετέωρα πράγματα,
εἰ μὴ κρεμάσας τὸ νόημα καὶ τὴν φροντίδα
λεπτὴν καταμείξας ἐς τὸν ὅμοιον ἀέρα.   230

215 πάνυ R V A Θ Ald. : μέγα Δ et schol., unde μεταφροντίζετε Bentl.
216 πάνυ] πάλιν Sauppe   226 ὑπερφρονεῖς] σὺ περιφρονεῖς Blaydes

ΝΕΦΕΛΑΙ

εἰ δ' ὧν χαμαὶ τἄνω κάτωθεν ἐσκόπουν,
οὐκ ἄν ποθ' ηὗρον· οὐ γὰρ ἀλλ' ἡ γῆ βίᾳ
ἕλκει πρὸς αὑτὴν τὴν ἰκμάδα τῆς φροντίδος.
πάσχει δὲ ταὐτὸ τοῦτο καὶ τὰ κάρδαμα.

Στ. τί φῄς;   235
ἡ φροντὶς ἕλκει τὴν ἰκμάδ' ἐς τὰ κάρδαμα;
ἴθι νυν κατάβηθ' ὦ Σωκρατίδιον ὡς ἐμέ,
ἵνα με διδάξῃς ὧνπερ οὕνεκ' ἐλήλυθα.

Σω. ἦλθες δὲ κατὰ τί;   Στ. βουλόμενος μαθεῖν λέγειν.
ὑπὸ γὰρ τόκων χρήστων τε δυσκολωτάτων   240
ἄγομαι φέρομαι, τὰ χρήματ' ἐνεχυράζομαι.

Σω. πόθεν δ' ὑπόχρεως σαυτὸν ἔλαθες γενόμενος;

Στ. νόσος μ' ἐπέτριψεν ἱππικὴ δεινὴ φαγεῖν.
ἀλλά με δίδαξον τὸν ἕτερον τοῖν σοῖν λόγοιν,
τὸν μηδὲν ἀποδιδόντα.   μισθὸν δ' ὄντιν' ἄν   245
πράττῃ μ' ὀμοῦμαί σοι καταθήσειν τοὺς θεούς.

Σω. ποίους θεοὺς ὀμεῖ σύ; πρῶτον γὰρ θεοὶ
ἡμῖν νόμισμ' οὐκ ἔστι.   Στ. τῷ γὰρ ὄμνυτ'; ἦ
σιδαρέοισιν ὥσπερ ἐν Βυζαντίῳ;

Σω. βούλει τὰ θεῖα πράγματ' εἰδέναι σαφῶς   250
ἅττ' ἐστὶν ὀρθῶς;   Στ. νὴ Δί' εἴπερ ἔστι γε.

Σω. καὶ ξυγγενέσθαι ταῖς Νεφέλαισιν ἐς λόγους,
ταῖς ἡμετέραισι δαίμοσιν;   Στ. μάλιστά γε.

Σω. κάθιζε τοίνυν ἐπὶ τὸν ἱερὸν σκίμποδα.

Στ. ἰδοὺ κάθημαι.   Σω. τουτονὶ τοίνυν λαβὲ   255
τὸν στέφανον.   Στ. ἐπὶ τί στέφανον; οἴμοι Σώκρατες
ὥσπερ με τὸν Ἀθάμανθ' ὅπως μὴ θύσετε.

Σω. οὔκ, ἀλλὰ ταῦτα πάντα τοὺς τελουμένους
ἡμεῖς ποιοῦμεν.   Στ. εἶτα δὴ τί κερδανῶ;

Σω. λέγειν γενήσει τρίμμα κρόταλον παιπάλη.   260
ἀλλ' ἔχ' ἀτρεμί.   Στ. μὰ τὸν Δί' οὐ ψεύσει γέ με·

238 με διδάξῃς R : μ' ἐκδιδάξῃς V A Θ Ald.   243 ἐπέτριψεν]
ἔτριψεν R V   258 πάντας ταῦτα Reiske   261 ἀτρεμί R V :
ἀτρέμας vulg.

καταπαττόμενος γὰρ παιπάλη γενήσομαι.

Σω. εὐφημεῖν χρὴ τὸν πρεσβύτην καὶ τῆς εὐχῆς ἐπακούειν.
ὦ δέσποτ' ἄναξ ἀμέτρητ' Ἀήρ, ὃς ἔχεις τὴν γῆν
μετέωρον,
λαμπρός τ' Αἰθὴρ σεμναί τε θεαὶ Νεφέλαι βροντησι-
κέραυνοι,   265
ἄρθητε φάνητ' ὦ δέσποιναι τῷ φροντιστῇ μετέωροι.

Στ. μήπω μήπω γε πρὶν ἂν τουτὶ πτύξωμαι, μὴ καταβρεχθῶ.
τὸ δὲ μηδὲ κυνῆν οἴκοθεν ἐλθεῖν ἐμὲ τὸν κακοδαίμον'
ἔχοντα.

Σω. ἔλθετε δῆτ' ὦ πολυτίμητοι Νεφέλαι τῷδ' εἰς ἐπίδειξιν·
εἴτ' ἐπ' Ὀλύμπου κορυφαῖς ἱεραῖς χιονοβλήτοισι κά-
θησθε,   270
εἴτ' Ὠκεανοῦ πατρὸς ἐν κήποις ἱερὸν χορὸν ἵστατε
Νύμφαις,
εἴτ' ἄρα Νείλου προχοαῖς ὑδάτων χρυσέαις ἀρύτεσθε
πρόχοισιν,
ἢ Μαιῶτιν λίμνην ἔχετ' ἢ σκόπελον νιφόεντα Μίμαντος·
ὑπακούσατε δεξάμεναι θυσίαν καὶ τοῖς ἱεροῖσι χαρεῖσαι.

ΧΟΡΟΣ

ἀέναοι Νεφέλαι   [στρ.
ἀρθῶμεν φανεραὶ δροσερὰν φύσιν εὐάγητον,   276
πατρὸς ἀπ' Ὠκεανοῦ βαρυαχέος
ὑψηλῶν ὀρέων κορυφὰς ἐπὶ
δενδροκόμους, ἵνα   280
τηλεφανεῖς σκοπιὰς ἀφορώμεθα,
καρπούς τ' ἀρδομέναν ἱερὰν χθόνα,
καὶ ποταμῶν ζαθέων κελαδήματα,
καὶ πόντον κελάδοντα βαρύβρομον·

263 ἐπακούειν R V : ὑπακούειν vulg.   268 μηδὲ Urbinas : μὴ
vulg.   272 προχοαῖς] προχοὰς V Suid.   ἀρύτεσθε Suid. : ἀρύεσθε
vulg.   πρόχοισιν] πρόχουσιν Ald.   274 ὑπακούσατε] ουπακούσατε
R : ἐπακούσατε Ald.   χαρεῖσαι] φανεῖσαι V A   282 ἀρδομένην θ'
R Θ

ΝΕΦΕΛΑΙ

ὄμμα γὰρ αἰθέρος ἀκάματον σελαγεῖται   285
μαρμαρέαις ἐν αὐγαῖς.
ἀλλ' ἀποσεισάμεναι νέφος ὄμβριον
ἀθανάτας ἰδέας ἐπιδώμεθα
τηλεσκόπῳ ὄμματι γαῖαν.   290

Σω. ὦ μέγα σεμναὶ Νεφέλαι φανερῶς ἠκούσατέ μου καλέ-
σαντος.
ἤσθου φωνῆς ἅμα καὶ βροντῆς μυκησαμένης θεοσέπτου;
Στ. καὶ σέβομαί γ' ὦ πολυτίμητοι καὶ βούλομαι ἀνταπο-
παρδεῖν
πρὸς τὰς βροντάς· οὕτως αὐτὰς τετρεμαίνω καὶ πεφό-
βημαι·   294
κεἰ θέμις ἐστίν, νυνί γ' ἤδη, κεἰ μὴ θέμις ἐστί, χεσείω.
Σω. οὐ μὴ σκώψει μηδὲ ποιήσεις ἅπερ οἱ τρυγοδαίμονες οὗτοι,
ἀλλ' εὐφήμει· μέγα γάρ τι θεῶν κινεῖται σμῆνος ἀοιδαῖς.

Χο.   παρθένοι ὀμβροφόροι   [ἀντ.
ἔλθωμεν λιπαρὰν χθόνα Παλλάδος, εὔανδρον γᾶν   300
Κέκροπος ὀψόμεναι πολυήρατον·
οὗ σέβας ἀρρήτων ἱερῶν, ἵνα
μυστοδόκος δόμος
ἐν τελεταῖς ἁγίαις ἀναδείκνυται,
οὐρανίοις τε θεοῖς δωρήματα,   305
ναοί θ' ὑψερεφεῖς καὶ ἀγάλματα,
καὶ πρόσοδοι μακάρων ἱερώταται,
εὐστέφανοί τε θεῶν θυσίαι θαλίαι τε,
παντοδαπαῖς ἐν ὥραις,   310
ἦρί τ' ἐπερχομένῳ Βρομία χάρις,
εὐκελάδων τε χορῶν ἐρεθίσματα,
καὶ μοῦσα βαρύβρομος αὐλῶν.

286 μαρμαρέαισιν αὐγαῖς V : μαρμαρέαισ(ιν) ἐν αὐγαῖς vulg.   289 ἀθα-
νάταις ἰδέαις codd. praeter R   296 σκώψει . . . ποιήσεις Elmsl. :
σκώψῃς . . . ποιήσῃς codd.   307 πρόσοδοι] πρόδομοι R V   310 παντο-
δαπαῖσιν ἐν Ald.

Στ. πρὸς τοῦ Διὸς ἀντιβολῶ σε φράσον, τίνες εἰσ' ὦ Σώ-
κρατες αὗται
αἱ φθεγξάμεναι τοῦτο τὸ σεμνόν; μῶν ἡρῷναί τινές
εἰσιν;   315
Σω. ἥκιστ' ἀλλ' οὐράνιαι Νεφέλαι μεγάλαι θεαὶ ἀνδράσιν
ἀργοῖς·
αἵπερ γνώμην καὶ διάλεξιν καὶ νοῦν ἡμῖν παρέχουσιν
καὶ τερατείαν καὶ περίλεξιν καὶ κροῦσιν καὶ κατάληψιν.
Στ. ταῦτ' ἄρ' ἀκούσασ' αὐτῶν τὸ φθέγμ' ἡ ψυχή μου πεπό-
τηται,   319
καὶ λεπτολογεῖν ἤδη ζητεῖ καὶ περὶ καπνοῦ στενολεσχεῖν,
καὶ γνωμιδίῳ γνώμην νύξασ' ἑτέρῳ λόγῳ ἀντιλογῆσαι·
ὥστ' εἴ πως ἔστιν ἰδεῖν αὐτὰς ἤδη φανερῶς ἐπιθυμῶ.
Σω. βλέπε νυν δευρὶ πρὸς τὴν Πάρνηθ'· ἤδη γὰρ ὁρῶ
κατιούσας
ἡσυχῇ αὐτάς.   Στ. φέρε ποῦ; δεῖξον.   Σω. χω-
ροῦσ' αὗται πάνυ πολλαὶ
διὰ τῶν κοίλων καὶ τῶν δασέων, αὗται πλάγιαι.   Στ. τί
τὸ χρῆμα;   325
ὡς οὐ καθορῶ.   Σω. παρὰ τὴν εἴσοδον.   Στ. ἤδη
νυνὶ μόλις οὕτως.
Σω. νῦν γέ τοι ἤδη καθορᾷς αὐτάς, εἰ μὴ λημᾷς κολοκύνταις.
Στ. νὴ Δί' ἔγωγ', ὦ πολυτίμητοι· πάντα γὰρ ἤδη κατ-
έχουσιν.
Σω. ταύτας μέντοι σὺ θεὰς οὔσας οὐκ ᾔδησθ' οὐδ' ἐνόμιζες;
Στ. μὰ Δί' ἀλλ' ὁμίχλην καὶ δρόσον αὐτὰς ἡγούμην καὶ
καπνὸν εἶναι.   330
Σω. οὐ γὰρ μὰ Δί' οἶσθ' ὁτιὴ πλείστους αὗται βόσκουσι
σοφιστάς,
Θουριομάντεις ἰατροτέχνας σφραγιδονυχαργοκομήτας,

321 νύξασ'] μίξασ' Monacensis 137   322 φανερὰς Halbertsma
324 ἡσυχῇ Elmsl. : ἡσύχως R V : ἥσυχος Α Θ : ἥσυχα (ταύτας) Ald.
326 παρὰ] πρὸς V   οὕτως R (fortasse in ὄντως correctum): ὁρῶ
V Θ Ald. : ἀθρῶ A   331 οἶσθ' ὁτιὴ] ἀλλ' ἴσθ' ὅτι Mutinensis 2

ΝΕΦΕΛΑΙ

κυκλίων τε χορῶν ᾀσματοκάμπτας ἄνδρας μετεωρο-
φένακας,
οὐδὲν δρῶντας βόσκουσ' ἀργούς, ὅτι ταύτας μουσοποι-
οῦσιν.

Στ. ταῦτ' ἄρ' ἐποίουν ὑγρᾶν Νεφελᾶν στρεπταιγλᾶν δάιον
ὁρμάν, 335
πλοκάμους θ' ἑκατογκεφάλα Τυφῶ πρημαινούσας τε
θυέλλας,
εἶτ' ἀερίας διεράς, γαμψοὺς οἰωνοὺς ἀερονηχεῖς,
ὄμβρους θ' ὑδάτων δροσερᾶν Νεφελᾶν· εἶτ' ἀντ' αὐτῶν
κατέπινον
κεστρᾶν τεμάχη μεγαλᾶν ἀγαθᾶν κρέα τ' ὀρνίθεια κι-
χηλᾶν.
Σω. διὰ μέντοι τάσδ' οὐχὶ δικαίως;   Στ. λέξον δή μοι,
τί παθοῦσαι, 340
εἴπερ νεφέλαι γ' εἰσὶν ἀληθῶς, θνηταῖς εἴξασι γυναιξίν;
οὐ γὰρ ἐκεῖναί γ' εἰσὶ τοιαῦται.   Σω. φέρε ποῖαι
γάρ τινές εἰσιν;
Στ. οὐκ οἶδα σαφῶς· εἴξασιν γοῦν ἐρίοισιν πεπταμένοισιν,
κοὐχὶ γυναιξὶν μὰ Δί' οὐδ' ὁτιοῦν· αὗται δὲ ῥῖνας ἔχουσιν.
Σω. ἀπόκριναί νυν ἅττ' ἂν ἔρωμαι.   Στ. λέγε νυν
ταχέως ὅ τι βούλει. 345
Σω. ἤδη ποτ' ἀναβλέψας εἶδες νεφέλην κενταύρῳ ὁμοίαν,
ἢ παρδάλει ἢ λύκῳ ἢ ταύρῳ;   Στ. νὴ Δί' ἔγωγ'.
εἶτα τί τοῦτο;
Σω. γίγνονται πάνθ' ὅ τι βούλονται· κᾆτ' ἢν μὲν ἴδωσι κομήτην
ἄγριόν τινα τῶν λασίων τούτων, οἷόνπερ τὸν Ξενοφάντου,
σκώπτουσαι τὴν μανίαν αὐτοῦ κενταύροις ᾔκασαν αὐτάς.
Στ. τί γὰρ ἦν ἅρπαγα τῶν δημοσίων κατίδωσι Σίμωνα, τί
δρῶσιν; 351
Σω. ἀποφαίνουσαι τὴν φύσιν αὐτοῦ λύκοι ἐξαίφνης ἐγένοντο.

334 ἀργῶς V   337 διεράς] fortasse δίνας   343 γοῦν] δ' οὖν
R A   348 πάνθ' ὅτι Α Θ : πάνθ' ὅτι ἂν R : πάνθ' ὅσα V

ΑΡΙΣΤΟΦΑΝΟΥΣ

Στ. ταῦτ᾽ ἄρα ταῦτα Κλεώνυμον αὗται τὸν ῥίψασπιν χθὲς
ἰδοῦσαι,
ὅτι δειλότατον τοῦτον ἑώρων, ἔλαφοι διὰ τοῦτ᾽ ἐγένοντο.

Σω. καὶ νῦν γ᾽ ὅτι Κλεισθένη εἶδον, ὁρᾷς, διὰ τοῦτ᾽ ἐγένοντο
γυναῖκες.   355

Στ. χαίρετε τοίνυν ὦ δέσποιναι· καὶ νῦν, εἴπερ τινὶ κἄλλῳ,
οὐρανομήκη ῥήξατε κἀμοὶ φωνήν, ὦ παμβασίλειαι.

Χο. χαῖρ᾽ ὦ πρεσβῦτα παλαιογενὲς θηρατὰ λόγων φιλομούσων,
σύ τε λεπτοτάτων λήρων ἱερεῦ, φράζε πρὸς ἡμᾶς ὅ τι
χρῄζεις·
οὐ γὰρ ἂν ἄλλῳ γ᾽ ὑπακούσαιμεν τῶν νῦν μετεωρο-
σοφιστῶν   360
πλὴν ἢ Προδίκῳ, τῷ μὲν σοφίας καὶ γνώμης οὕνεκα, σοὶ δέ,
ὅτι βρενθύει τ᾽ ἐν ταῖσιν ὁδοῖς καὶ τὠφθαλμὼ παρα-
βάλλεις,
κἀνυπόδητος κακὰ πόλλ᾽ ἀνέχει κἀφ᾽ ἡμῖν σεμνο-
προσωπεῖς.

Στ. ὦ γῆ τοῦ φθέγματος, ὡς ἱερὸν καὶ σεμνὸν καὶ τερατῶδες.

Σω. αὗται γάρ τοι μόναι εἰσὶ θεαί, τἄλλα δὲ πάντ᾽ ἐστὶ
φλύαρος.   365

Στ. ὁ Ζεὺς δ᾽ ἡμῖν, φέρε πρὸς τῆς γῆς, οὑλύμπιος οὐ θεός
ἐστιν;

Σω. ποῖος Ζεύς; οὐ μὴ ληρήσεις· οὐδ᾽ ἔστι Ζεύς.   Στ. τί
λέγεις σύ;
ἀλλὰ τίς ὕει; τουτὶ γὰρ ἔμοιγ᾽ ἀπόφηναι πρῶτον ἁπάντων.

Σω. αὗται δήπου· μεγάλοις δέ σ᾽ ἐγὼ σημείοις αὐτὸ διδάξω.
φέρε ποῦ γὰρ πώποτ᾽ ἄνευ Νεφελῶν ὕοντ᾽ ἤδη τεθέασαι;
καίτοι χρῆν αἰθρίας ὕειν αὐτόν, ταύτας δ᾽ ἀποδημεῖν.   371

Στ. νὴ τὸν Ἀπόλλω τοῦτό γέ τοι δὴ τῷ νῦν λόγῳ εὖ
προσέφυσας·
καίτοι πρότερον τὸν Δί᾽ ἀληθῶς ᾤμην διὰ κοσκίνου οὐρεῖν.

358 παλαιγενὲς V Θ Ald. : παλαιγενὲς ὦ Scaliger   364 σεμνὸν]
τερπνὸν· V   366 ἡμῖν] ὑμῖν Mutinensis 3   371 αἰθρίας] αἰθρίας
οὔσης V Suid.   372 δὴ τῷ νῦν Pors. : τῷ νυνὶ codd.

ΝΕΦΕΛΑΙ

ἀλλ' ὅστις ὁ βροντῶν ἐστι φράσον· τοῦτό με ποιεῖ
τετρεμαίνειν.

Σω. αὗται βροντῶσι κυλινδόμεναι.   Στ. τῷ τρόπῳ ὦ

πάντα σὺ τολμῶν;   375

Σω. ὅταν ἐμπλησθῶσ' ὕδατος πολλοῦ κἀναγκασθῶσι φέρεσθαι,
κατακρημνάμεναι πλήρεις ὄμβρου δι' ἀνάγκην, εἶτα
βαρεῖαι
εἰς ἀλλήλας ἐμπίπτουσαι ῥήγνυνται καὶ παταγοῦσιν.

Στ. ὁ δ' ἀναγκάζων ἐστὶ τίς αὐτάς, οὐχ ὁ Ζεύς, ὥστε
φέρεσθαι;

Σω. ἥκιστ' ἀλλ' αἰθέριος Δῖνος.   Στ. Δῖνος; τουτί μ'
ἐλελήθειν,   380
ὁ Ζεὺς οὐκ ὤν, ἀλλ' ἀντ' αὐτοῦ Δῖνος νυνὶ βασιλεύων.
ἀτὰρ οὐδέν πω περὶ τοῦ πατάγου καὶ τῆς βροντῆς μ'
ἐδίδαξας.

Σω. οὐκ ἤκουσάς μου τὰς Νεφέλας ὕδατος μεστὰς ὅτι φημὶ
ἐμπιπτούσας εἰς ἀλλήλας παταγεῖν διὰ τὴν πυκνότητα;

Στ. φέρε τουτὶ τῷ χρὴ πιστεύειν;   Σω. ἀπὸ σαυτοῦ
'γώ σε διδάξω.   385
ἤδη ζωμοῦ Παναθηναίοις ἐμπλησθεὶς εἶτ' ἐταράχθης
τὴν γαστέρα, καὶ κλόνος ἐξαίφνης αὐτὴν διεκορκορύγησεν;

Στ. νὴ τὸν Ἀπόλλω καὶ δεινὰ ποιεῖ γ' εὐθύς μοι, καὶ
τετάρακται
χὤσπερ βροντὴ τὸ ζωμίδιον παταγεῖ καὶ δεινὰ κέκραγεν·
ἀτρέμας πρῶτον παππὰξ παππάξ, κἄπειτ' ἐπάγει παπα-
παππάξ,   390
χὤταν χέζω, κομιδῇ βροντᾷ παπαπαππὰξ ὥσπερ ἐκεῖναι.

Σω. σκέψαι τοίνυν ἀπὸ γαστριδίου τυννουτουὶ οἷα πέπορδας·
τὸν δ' Ἀέρα τόνδ' ὄντ' ἀπέραντον πῶς οὐκ εἰκὸς μέγα
βροντᾶν;

Στ. ταῦτ' ἄρα καὶ τὠνόματ' ἀλλήλοιν βροντὴ καὶ πορδὴ ὁμοίω.

374 τοῦτό] τοῦθ' ὅ Δ² aliique nonnulli   384 εἰς ἀλλήλας] ἀλλή-
λαισι V   πυκνότητα] ὑγρότητα V   394 Strepsiadi V : Socrati
R et plerique tribuunt   ἄρα] οὖν V

ἀλλ' ὁ κεραυνὸς πόθεν αὖ φέρεται λάμπων πυρί, τοῦτο
δίδαξον,   395
καὶ καταφρύγει βάλλων ἡμᾶς, τοὺς δὲ ζῶντας περι-
φλύει;
τοῦτον γὰρ δὴ φανερῶς ὁ Ζεὺς ἵησ' ἐπὶ τοὺς ἐπιόρκους.

Σω. καὶ πῶς ὦ μῶρε σὺ καὶ Κρονίων ὄζων καὶ βεκκεσέληνε,
εἴπερ βάλλει τοὺς ἐπιόρκους, δῆτ' οὐχὶ Σίμων' ἐνέπρησεν
οὐδὲ Κλεώνυμον οὐδὲ Θέωρον; καίτοι σφόδρα γ' εἶσ'
ἐπίορκοι·   400
ἀλλὰ τὸν αὑτοῦ γε νεὼν βάλλει καὶ Σούνιον ἄκρον
Ἀθηνέων
καὶ τὰς δρῦς τὰς μεγάλας· τί μαθών; οὐ γὰρ δὴ δρῦς
γ' ἐπιορκεῖ.

Στ. οὐκ οἶδ'· ἀτὰρ εὖ σὺ λέγειν φαίνει. τί γάρ ἐστιν δῆθ'
ὁ κεραυνός;

Σω. ὅταν ἐς ταύτας ἄνεμος ξηρὸς μετεωρισθεὶς κατακλησθῇ,
ἔνδοθεν αὐτὰς ὥσπερ κύστιν φυσᾷ, κἄπειθ' ὑπ' ἀνάγκης
ῥήξας αὐτὰς ἔξω φέρεται σοβαρὸς διὰ τὴν πυκνότητα,   406
ὑπὸ τοῦ ῥοίβδου καὶ τῆς ῥύμης αὐτὸς ἑαυτὸν κατακάων.

Στ. νὴ Δί' ἐγὼ γοῦν ἀτεχνῶς ἔπαθον τουτί ποτε Διασίοισιν
ὀπτῶν γαστέρα τοῖς συγγενέσιν, ·κᾷτ' οὐκ ἔσχον ἀμε-
λήσας·   409
ἡ δ' ἄρ' ἐφυσᾶτ', εἶτ' ἐξαίφνης διαλακήσασα πρὸς αὐτὼ
τὠφθαλμώ μου προσετίλησεν καὶ κατέκαυσεν τὸ πρόσ-
ωπον.

Χο. ὦ τῆς μεγάλης ἐπιθυμήσας σοφίας ἄνθρωπε παρ' ἡμῶν,
ὡς εὐδαίμων ἐν Ἀθηναίοις καὶ τοῖς Ἕλλησι γενήσει,
εἰ μνήμων εἶ καὶ φροντιστὴς καὶ τὸ ταλαίπωρον ἔνεστιν
ἐν τῇ ψυχῇ, καὶ μὴ κάμνεις μήθ' ἑστὼς μήτε βαδίζων, 415

396 περιφλύει] περιφλέγει V   401 Ἀθηνέων Δ sec. Schnee) : Ἀθη-
ναίων R V Θ : Ἀθηνῶν A   402 μαθών] παθων A Θ² Ald.   409 ὀπτῶν
R : ὥπτων vulg.   412 παρ' ἡμῶν] παρ' ἡμῖν V : δικαίως Diogenes
Laertius   413 Ἕλλησι γενήσει ἄλλοισι διαζῆς Diog., unde διάξεις
Cobet   414 εἰ μνήμων εἶ] εἰ γὰρ μνήμων Diog.   415 ψυχῇ καὶ
μὴ . . . μήθ' . . . μήτε] γνώμῃ κοὔτε τι . . . οὔθ' . . . οὔτε Diog.

ΝΕΦΕΛΑΙ

μήτε ῥιγῶν ἄχθει λίαν μήτ᾽ ἀρισταν ἐπιθυμεῖς,   416
οἴνου τ᾽ ἀπέχει καὶ γυμνασίων καὶ τῶν ἄλλων ἀνοήτων,
καὶ βέλτιστον τοῦτο νομίζεις, ὅπερ εἰκὸς δεξιὸν ἄνδρα,
νικᾶν πράττων καὶ βουλεύων καὶ τῇ γλώττῃ πολεμίζων.

Στ. ἀλλ᾽ οὕνεκά γε ψυχῆς στερρᾶς δυσκολοκοίτου τε μερίμνης
καὶ φειδωλοῦ καὶ τρυσιβίου γαστρὸς καὶ θυμβρεπιδείπνου,
ἀμέλει θαρρῶν οὕνεκα τούτων ἐπιχαλκεύειν παρέχοιμ᾽ ἄν.

Σω. ἄλλο τι δῆτ᾽ οὖν νομιεῖς ἤδη θεὸν οὐδένα πλὴν ἅπερ
ἡμεῖς,
τὸ Χάος τουτὶ καὶ τὰς Νεφέλας καὶ τὴν γλῶτταν, τρία
ταυτί;

Στ. οὐδ᾽ ἂν διαλεχθείην γ᾽ ἀτεχνῶς τοῖς ἄλλοις οὐδ᾽ ἂν
ἀπαντῶν·   425
οὐδ᾽ ἂν θύσαιμ᾽, οὐδ᾽ ἂν σπείσαιμ᾽, οὐδ᾽ ἐπιθείην λιβα-
νωτόν.

Χο. λέγε νυν ἡμῖν ὅ τι σοι δρῶμεν θαρρῶν, ὡς οὐκ ἀτυχήσεις
ἡμᾶς τιμῶν καὶ θαυμάζων καὶ ζητῶν δεξιὸς εἶναι.

Στ. ὦ δέσποιναι δέομαι τοίνυν ὑμῶν τουτὶ πάνυ μικρόν,
τῶν Ἑλλήνων εἶναί με λέγειν ἑκατὸν σταδίοισιν ἄριστον.

Χο. ἀλλ᾽ ἔσται σοι τοῦτο παρ᾽ ἡμῶν· ὥστε τὸ λοιπόν γ᾽
ἀπὸ τουδὶ   431
ἐν τῷ δήμῳ γνώμας οὐδεὶς νικήσει πλείονας ἢ σύ.

Στ. μὴ ᾽μοί γε λέγειν γνώμας μεγάλας· οὐ γὰρ τούτων
ἐπιθυμῶ,
ἀλλ᾽ ὅσ᾽ ἐμαυτῷ στρεψοδικῆσαι καὶ τοὺς χρήστας δι-
ολισθεῖν.

Χο. τεύξει τοίνυν ὧν ἱμείρεις· οὐ γὰρ μεγάλων ἐπιθυμεῖς.
ἀλλὰ σεαυτὸν θαρρῶν παράδος τοῖς ἡμετέροις προ-
πόλοισιν.   436

Στ. δράσω ταῦθ᾽ ὑμῖν πιστεύσας· ἡ γὰρ ἀνάγκη με πιέζει

---

416 μήτε ... μήτ᾽ ἀρισταν] οὔτε ... οὔτ᾽ ἀρίστων Diog.   417 καὶ
γυμνασίων] κἀδηφαγίας Diog.   420 οὕνεκα Elmsl. : ἕνεκεν codd.
423 δῆτ᾽ οὖν V Θ Ald. : δήεις (om. νομιεῖς) R : δῆτ᾽ οὐ codd. dett.
ἤδη] εἶναι V   οὐδένα] οὐδὲν Bentl.

127

ΑΡΙΣΤΟΦΑΝΟΥΣ

διὰ τοὺς ἵππους τοὺς κοππατίας καὶ τὸν γάμον ὅς μ'
ἐπέτριψεν.
νῦν οὖν ἀτεχνῶς ὅ τι βούλονται
τουτὶ τοὐμὸν σῶμ' αὐτοῖσιν   440
παρέχω, τύπτειν πεινῆν διψῆν
αὐχμεῖν ῥιγῶν ἀσκὸν δείρειν,
εἴπερ τὰ χρέα διαφευξοῦμαι,
τοῖς τ' ἀνθρώποις εἶναι δόξω
θρασὺς εὔγλωττος τολμηρὸς ἴτης   445
βδελυρὸς ψευδῶν συγκολλητὴς
εὑρησιεπὴς περίτριμμα δικῶν
κύρβις κρόταλον κίναδος τρύμη
μάσθλης εἴρων γλοιὸς ἀλαζὼν
κέντρων μιαρὸς στρόφις ἀργαλέος   450
    ματιολοιχός·
ταῦτ' εἴ με καλοῦσ' ἀπαντῶντες,
δρώντων ἀτεχνῶς ὅ τι χρῄζουσιν,
    κεἰ βούλονται
νὴ τὴν Δήμητρ' ἔκ μου χορδὴν   455
τοῖς φροντισταῖς παραθέντων.

Χο.   λῆμα μὲν πάρεστι τῷδέ γ'
        οὐκ ἄτολμον ἀλλ' ἕτοιμον. ἴσθι δ' ὡς
        ταῦτα μαθὼν παρ' ἐμοῦ κλέος οὐρανόμηκες
        ἐν βροτοῖσιν ἕξεις.   460
Στ.   τί πείσομαι;
Χο.   τὸν πάντα χρόνον μετ' ἐμοῦ
        ζηλωτότατον βίον ἀνθρώπων διάξεις.
Στ.   ἆρά γε τοῦτ' ἄρ' ἐγώ ποτ'   465

439 χρήσθων post οὖν addunt codd. : del. Cobet   440 τού-
μὸν Cobet : τό γ' ἐμὸν codd.   451 ματοιολιχός Ven. Marc.
473 : ματτυολοιχός Harl. 5725 (pr. m.)   452 καλοῦσ'] λέγουσ'
Α Θ Ald.   457, 462, 466 Χο. Bentl. : Σω. codd.   460 ἕξεις]
ἕξων Suid.

ὄψομαι; Χο. ὥστε γέ σου πολλοὺς ἐπὶ ταῖσι
　　θύραις ἀεὶ καθῆσθαι,
βουλομένους ἀνακοινοῦσθαί τε καὶ ἐς λόγον ἐλθεῖν 470
πράγματα κἀντιγραφὰς πολλῶν ταλάντων,
ἄξια σῇ φρενὶ συμβουλευσομένους μετὰ σοῦ.　　475

ἀλλ' ἐγχείρει τὸν πρεσβύτην ὅ τι περ μέλλεις προ-
　　διδάσκειν,
καὶ διακίνει τὸν νοῦν αὐτοῦ καὶ τῆς γνώμης ἀποπειρῶ.
Σω. ἄγε δὴ κάτειπέ μοι σὺ τὸν σαυτοῦ τρόπον,
　　ἵν' αὐτὸν εἰδὼς ὅστις ἐστὶ μηχανὰς
　　ἤδη 'πὶ τούτοις πρὸς σὲ καινὰς προσφέρω.　　480
Στ. τί δέ; τειχομαχεῖν μοι διανοεῖ πρὸς τῶν θεῶν;
Σω. οὔκ, ἀλλὰ βραχέα σου πυθέσθαι βούλομαι.
　　ἢ μνημονικὸς εἶ;　　Στ.　　δύο τρόπω νὴ τὸν Δία·
　　ἢν μὲν γὰρ ὀφείληταί τί μοι, μνήμων πάνυ·
　　ἐὰν δ' ὀφείλω, σχέτλιος, ἐπιλήσμων πάνυ.　　485
Σω. ἔνεστι δῆτα μανθάνειν ἐν τῇ φύσει;
Στ. λέγειν μὲν οὐκ ἔνεστ', ἀποστερεῖν δ' ἔνι.
Σω. πῶς οὖν δυνήσει μανθάνειν;　　Στ.　　ἀμέλει καλῶς.
Σω. ἄγε νυν ὅπως, ὅταν τι προβάλλω σοι σοφὸν
　　περὶ τῶν μετεώρων, εὐθέως ὑφαρπάσει.　　490
Στ. τί δαί; κυνηδὸν τὴν σοφίαν σιτήσομαι;
Σω. ἄνθρωπος ἀμαθὴς οὑτοσὶ καὶ βάρβαρος.
　　δέδοικά σ' ὦ πρεσβῦτα μὴ πληγῶν δέει.
　　φέρ' ἴδω τί δρᾷς, ἤν τίς σε τύπτῃ;　　Στ.　　τύπτομαι,
　　ἔπειτ' ἐπισχὼν ὀλίγον ἐπιμαρτύρομαι,　　495
　　εἶτ' αὖθις ἀκαρῆ διαλιπὼν δικάζομαι.
Σω. ἴθι νυν κατάθου θοἰμάτιον.　　Στ.　　ἠδίκηκά τ.,
Σω. οὔκ, ἀλλὰ γυμνοὺς εἰσιέναι νομίζεται.
Στ. ἀλλ' οὐχὶ φωράσων ἔγωγ' εἰσέρχομαι.

467 ταῖσι] ταῖς R V　　470 ἐς λόγους R A Θ: εὐλόγους V
483 ἢ Dobr. : εἰ codd.　　484 γὰρ] γ' V A Ald.　　489 προβάλλω
Mein. : προβάλ(λ)ωμαι codd.　　σοι V : om. vulg.　　493 δέῃ V Ald

129

Σω. κατάθου.   τί ληρεῖς;   Στ.   εἰπὲ δή νύν μοι·
    Σω.   τὸ τί;   500
Στ. ἢν ἐπιμελὴς ὦ καὶ προθύμως μανθάνω,
    τῷ τῶν μαθητῶν ἐμφερὴς γενήσομαι;
Σω. οὐδὲν διοίσεις Χαιρεφῶντος τὴν φύσιν.
Στ. οἴμοι κακοδαίμων ἡμιθνὴς γενήσομαι.
Σω. οὐ μὴ λαλήσεις, ἀλλ' ἀκολουθήσεις ἐμοὶ   505
    ἀνύσας τι δευρὶ θᾶττον;   Στ.   ἐς τὼ χεῖρέ νυν
    δός μοι μελιτοῦτταν πρότερον· ὡς δέδοικ' ἐγὼ
    εἴσω καταβαίνων ὥσπερ ἐς Τροφωνίου.
Σω. χώρει· τί κυπτάζεις ἔχων περὶ τὴν θύραν;

Χο.   ἀλλ' ἴθι χαίρων τῆς ἀνδρείας   510
    οὕνεκα ταύτης.
    εὐτυχία γένοιτο τἀν-
    θρώπῳ, ὅτι προήκων
    ἐς βαθὺ τῆς ἡλικίας
    νεωτέροις τὴν φύσιν αὑ-   515
    τοῦ πράγμασιν χρωτίζεται
    καὶ σοφίαν ἐπασκεῖ.

ὦ θεώμενοι κατερῶ πρὸς ὑμᾶς ἐλευθέρως
τἀληθῆ νὴ τὸν Διόνυσον τὸν ἐκθρέψαντά με.
οὕτω νικήσαιμί τ' ἐγὼ καὶ νομιζοίμην σοφός,   520
ὡς ὑμᾶς ἡγούμενος εἶναι θεατὰς δεξιοὺς
καὶ ταύτην σοφώτατ' ἔχειν τῶν ἐμῶν κωμῳδιῶν,
πρώτους ἠξίωσ' ἀναγεῦσ' ὑμᾶς, ἣ παρέσχε μοι
ἔργον πλεῖστον· εἶτ' ἀνεχώρουν ὑπ' ἀνδρῶν φορτικῶν
ἡττηθεὶς οὐκ ἄξιος ὤν· ταῦτ' οὖν ὑμῖν μέμφομαι   525
τοῖς σοφοῖς, ὧν οὕνεκ' ἐγὼ ταῦτ' ἐπραγματευόμην.
ἀλλ' οὐδ' ὡς ὑμῶν ποθ' ἑκὼν προδώσω τοὺς δεξιούς.
ἐξ ὅτου γὰρ ἐνθάδ' ὑπ' ἀνδρῶν, οἷς ἡδὺ καὶ λέγειν,

500 τὸ τί; edd.: τοδὶ codd. continuato Strepsiadi sermone   507 πρό-
τερον] πρῶτον V   520 νικήσαιμί τ' ἐγὼ Bentl.: νικήσαιμ' ἔγωγε codd.
523 πρώτους] πρώτην Welcker: πρώην Pökel   527 ὑμῶν] ὑμᾶς A

ὁ σώφρων τε χὠ καταπύγων ἄριστ' ἠκουσάτην,
κἀγώ, παρθένος γὰρ ἔτ' ἦν, κοὐκ ἐξῆν πώ μοι τεκεῖν, 530
ἐξέθηκα, παῖς δ' ἑτέρα τις λαβοῦσ' ἀνείλετο,
ὑμεῖς δ' ἐξεθρέψατε γενναίως κἀπαιδεύσατε·
ἐκ τούτου μοι πιστὰ παρ' ὑμῖν γνώμης ἔσθ' ὅρκια.
νῦν οὖν Ἠλέκτραν κατ' ἐκείνην ἥδ' ἡ κωμῳδία
ζητοῦσ' ἦλθ', ἤν που 'πιτύχῃ θεαταῖς οὕτω σοφοῖς· 535
γνώσεται γάρ, ἤνπερ ἴδῃ, τἀδελφοῦ τὸν βόστρυχον.
ὡς δὲ σώφρων ἐστὶ φύσει σκέψασθ'· ἥτις πρῶτα μὲν
οὐδὲν ἦλθε ῥαψαμένη σκυτίον καθειμένον
ἐρυθρὸν ἐξ ἄκρου παχύ, τοῖς παιδίοις ἵν' ᾖ γέλως·
οὐδ' ἔσκωψε τοὺς φαλακρούς, οὐδὲ κόρδαχ' εἵλκυσεν, 540
οὐδὲ πρεσβύτης ὁ λέγων τἄπη τῇ βακτηρίᾳ
τύπτει τὸν παρόντ' ἀφανίζων πονηρὰ σκώμματα,
οὐδ' εἰσῆξε δᾷδας ἔχουσ', οὐδ' ἰοὺ ἰοὺ βοᾷ,
ἀλλ' αὑτῇ καὶ τοῖς ἔπεσιν πιστεύουσ' ἐλήλυθεν.
κἀγὼ μὲν τοιοῦτος ἀνὴρ ὢν ποιητὴς οὐ κομῶ, 545
οὐδ' ὑμᾶς ζητῶ 'ξαπατᾶν δὶς καὶ τρὶς ταῦτ' εἰσάγων,
ἀλλ' ἀεὶ καινὰς ἰδέας ἐσφέρων σοφίζομαι,
οὐδὲν ἀλλήλαισιν ὁμοίας καὶ πάσας δεξιάς·
ὃς μέγιστον ὄντα Κλέων' ἔπαισ' ἐς τὴν γαστέρα,
κοὐκ ἐτόλμησ' αὖθις ἐπεμπηδῆσ' αὐτῷ κειμένῳ. 550
οὗτοι δ', ὡς ἅπαξ παρέδωκεν λαβὴν Ὑπέρβολος,
τοῦτον δείλαιον κολετρῶσ' ἀεὶ καὶ τὴν μητέρα.
Εὔπολις μὲν τὸν Μαρικᾶν πρώτιστον παρείλκυσεν
ἐκστρέψας τοὺς ἡμετέρους Ἱππέας κακὸς κακῶς,
προσθεὶς αὐτῷ γραῦν μεθύσην τοῦ κόρδακος οὕνεχ', ἣν 555
Φρύνιχος πάλαι πεποίηχ', ἣν τὸ κῆτος ἤσθιεν.
εἶθ' Ἕρμιππος αὖθις ἐποίησεν εἰς Ὑπέρβολον,
ἄλλοι τ' ἤδη πάντες ἐρείδουσιν εἰς Ὑπέρβολον,
τὰς εἰκοὺς τῶν ἐγχέλεων τὰς ἐμὰς μιμούμενοι.

533 ὑμῖν] ὑμῶν Sauppe   538 σκυτίον Laur. 31. 13, Harl. 5725 :
σκυτινον vulg.   553 πρώτιστον] πρότερον R : πρώτιστος Cobet
559 τὰς ἐμὰς] τῶν ἐμῶν V

131

ὅστις οὖν τούτοισι γελᾷ, τοῖς ἐμοῖς μὴ χαιρέτω·   560
ἦν δ' ἐμοὶ καὶ τοῖσιν ἐμοῖς εὐφραίνησθ' εὑρήμασιν,
ἐς τὰς ὥρας τὰς ἑτέρας εὖ φρονεῖν δοκήσετε.

ὑψιμέδοντα μὲν θεῶν   [στρ.
Ζῆνα τύραννον ἐς χορὸν
    πρῶτα μέγαν κικλήσκω·   565
τόν τε μεγασθενῆ τριαίνης ταμίαν,
γῆς τε καὶ ἁλμυρᾶς θαλάσσης ἄγριον μοχλευτήν·
καὶ μεγαλώνυμον ἡμέτερον πατέρ'
Αἰθέρα σεμνότατον βιοθρέμμονα πάντων·   570
    τόν θ' ἱππονώμαν, ὃς ὑπερ-
λάμπροις ἀκτῖσιν κατέχει
γῆς πέδον μέγας ἐν θεοῖς
    ἐν θνητοῖσί τε δαίμων.

ὦ σοφώτατοι θεαταὶ δεῦρο τὸν νοῦν προσέχετε.   575
ἠδικημέναι γὰρ ὑμῖν μεμφόμεσθ' ἐναντίον·
πλεῖστα γὰρ θεῶν ἁπάντων ὠφελούσαις τὴν πόλιν,
δαιμόνων ἡμῖν μόναις οὐ θύετ' οὐδὲ σπένδετε,
αἵτινες τηροῦμεν ὑμᾶς.   ἢν γὰρ ᾖ τις ἔξοδος
μηδενὶ ξὺν νῷ, τότ' ἢ βροντῶμεν ἢ ψακάζομεν.   580
εἶτα τὸν θεοῖσιν ἐχθρὸν βυρσοδέψην Παφλαγόνα
ἡνίχ' ᾑρεῖσθε στρατηγόν, τὰς ὀφρῦς συνήγομεν
κἀποιοῦμεν δεινά, βροντὴ δ' ἐρράγη δι' ἀστραπῆς·
ἡ σελήνη δ' ἐξέλειπε τὰς ὁδούς, ὁ δ' ἥλιος
τὴν θρυαλλίδ' εἰς ἑαυτὸν εὐθέως ξυνελκύσας   585
οὐ φανεῖν ἔφασκεν ὑμῖν, εἰ στρατηγήσει Κλέων.
ἀλλ' ὅμως εἵλεσθε τοῦτον.   φασὶ γὰρ δυσβουλίαν
τῇδε τῇ πόλει προσεῖναι, ταῦτα μέντοι τοὺς θεοὺς
ἅττ' ἂν ὑμεῖς ἐξαμάρτητ' ἐπὶ τὸ βέλτιον τρέπειν.
ὡς δὲ καὶ τοῦτο ξυνοίσει ῥᾳδίως διδάξομεν·   590

575-594 = 607-626
577 ὠφελοῦσαι R   586 στρατηγοίη V (lemma schol.)

ἦν Κλέωνα τὸν λάρον δώρων ἑλόντες καὶ κλοπῆς
εἶτα φιμώσητε τούτου τῷ ξύλῳ τὸν αὐχένα,
αὖθις ἐς τἀρχαῖον ὑμῖν, εἴ τι κἀξημάρτετε,
ἐπὶ τὸ βέλτιον τὸ πρᾶγμα τῇ πόλει συνοίσεται.   594

   ἀμφί μοι αὖτε Φοῖβ' ἄναξ   [ἀντ.
   Δήλιε Κυνθίαν ἔχων
     ὑψικέρατα πέτραν,
  ἥ τ' Ἐφέσου μάκαιρα πάγχρυσον ἔχεις
  οἶκον ἐν ᾧ κόραι σε Λυδῶν μεγάλως σέβουσιν,   600
  ἥ τ' ἐπιχώριος ἡμετέρα θεὸς
  αἰγίδος ἡνίοχος πολιοῦχος Ἀθάνα,
   Παρνασσίαν θ' ὃς κατέχων
   πέτραν σὺν πεύκαις σελαγεῖ
   Βάκχαις Δελφίσιν ἐμπρέπων,   605
   κωμαστὴς Διόνυσος.

ἡνίχ' ἡμεῖς δεῦρ' ἀφορμᾶσθαι παρεσκευάσμεθα,
ἡ σελήνη συντυχοῦσ' ἡμῖν ἐπέστειλεν φράσαι,
πρῶτα μὲν χαίρειν Ἀθηναίοισι καὶ τοῖς ξυμμάχοις·
εἶτα θυμαίνειν ἔφασκε· δεινὰ γὰρ πεπονθέναι   610
ὠφελοῦσ' ὑμᾶς ἅπαντας οὐ λόγοις ἀλλ' ἐμφανῶς.
πρῶτα μὲν τοῦ μηνὸς ἐς δᾷδ' οὐκ ἔλαττον ἢ δραχμήν,
ὥστε καὶ λέγειν ἅπαντας ἐξιόντας ἑσπέρας,
' μὴ πρίῃ παῖ δᾷδ', ἐπειδὴ φῶς σεληναίας καλόν.'
ἄλλα τ' εὖ δρᾶν φησιν, ὑμᾶς δ' οὐκ ἄγειν τὰς ἡμέρας   615
οὐδὲν ὀρθῶς, ἀλλ' ἄνω τε καὶ κάτω κυδοιδοπᾶν·
ὥστ' ἀπειλεῖν φησιν αὐτῇ τοὺς θεοὺς ἑκάστοτε
ἡνίκ' ἂν ψευσθῶσι δείπνου κἀπίωσιν οἴκαδε,
τῆς ἑορτῆς μὴ τυχόντες κατὰ λόγον τῶν ἡμερῶν.
κᾆθ' ὅταν θύειν δέῃ, στρεβλοῦτε καὶ δικάζετε·   620
πολλάκις δ' ἡμῶν ἀγόντων τῶν θεῶν ἀπαστίαν,
ἡνίκ' ἂν πενθῶμεν ἢ τὸν Μέμνον' ἢ Σαρπηδόνα,

---

614 σεληναίας Harl. 5725 : σεληναῖον Cant. 2614 : σεληναίης vulg.
615 δ' οὐκ Bentl. : κοὐκ codd.

σπένδεθ' ὑμεῖς καὶ γελᾶτ'· ἀνθ' ὧν λαχὼν Ὑπέρβολος
τῆτες ἱερομνημονεῖν, κἄπειθ' ὑφ' ἡμῶν τῶν θεῶν
τὸν στέφανον ἀφῃρέθη· μᾶλλον γὰρ οὕτως εἴσεται   625
κατὰ σελήνην ὡς ἄγειν χρὴ τοῦ βίου τὰς ἡμέρας.

Σω. μὰ τὴν Ἀναπνοὴν μὰ τὸ Χάος μὰ τὸν Ἀέρα
οὐκ εἶδον οὕτως ἄνδρ' ἄγροικον οὐδένα
οὐδ' ἄπορον οὐδὲ σκαιὸν οὐδ' ἐπιλήσμονα·
ὅστις σκαλαθυρμάτι' ἄττα μικρὰ μανθάνων   630
ταῦτ' ἐπιλέλησται πρὶν μαθεῖν· ὅμως γε μὴν
αὐτὸν καλῶ θύραζε δευρὶ πρὸς τὸ φῶς.
πῶ Στρεψιάδης; ἔξει τὸν ἀσκάντην λαβών;
Στ. ἀλλ' οὐκ ἐῶσί μ' ἐξενεγκεῖν οἱ κόρεις.
Σω. ἀνύσας τι κατάθου καὶ πρόσεχε τὸν νοῦν.   Στ. ἰδού.
Σω. ἄγε δὴ τί βούλει πρῶτα νυνὶ μανθάνειν   636
ὧν οὐκ ἐδιδάχθης πώποτ' οὐδέν; εἰπέ μοι.
πότερα περὶ μέτρων ἢ περὶ ἐπῶν ἢ ῥυθμῶν;
Στ. περὶ τῶν μέτρων ἔγωγ'· ἔναγχος γάρ ποτε
ὑπ' ἀλφιταμοιβοῦ παρεκόπην διχοινίκῳ.   640
Σω. οὐ τοῦτ' ἐρωτῶ σ', ἀλλ' ὅ τι κάλλιστον μέτρον
ἡγεῖ· πότερα τὸ τρίμετρον ἢ τὸ τετράμετρον;
Στ. ἐγὼ μὲν οὐδὲν πρότερον ἡμιεκτέου.
Σω. οὐδὲν λέγεις ὤνθρωπε.   Στ.   περίδου νυν ἐμοί,
εἰ μὴ τετράμετρόν ἐστιν ἡμιεκτέον.   645
Σω. ἐς κόρακας, ὡς ἄγροικος εἶ καὶ δυσμαθής.
ταχύ γ' ἂν δύναιο μανθάνειν περὶ ῥυθμῶν.
Στ. τί δέ μ' ὠφελήσουσ' οἱ ῥυθμοὶ πρὸς τἄλφιτα;
Σω. πρῶτον μὲν εἶναι κομψὸν ἐν συνουσίᾳ,
ἐπαΐονθ' ὁποῖός ἐστι τῶν ῥυθμῶν   650
κατ' ἐνόπλιον, χὠποῖος αὖ κατὰ δάκτυλον.
Στ. κατὰ δάκτυλον; νὴ τὸν Δί', ἀλλ' οἶδ'.   Σω.   εἰπὲ δή.

---

628 οὐδένα] οὐδαμοῦ V   637 οὐδέν Strepsiadi tribuunt R V
638 πότερον R et Longinus   περὶ ἐπῶν ἢ ῥυθμῶν] περὶ ῥυθμῶν ἢ ἐπῶν
A : ἐπῶν ἢ ῥυθμῶν V : περὶ ἐπῶν ἢ περὶ ῥυθμῶν Longinus : ῥυθμῶν ἢ
περὶ ἐπῶν Herm.

ΝΕΦΕΛΑΙ

Στ. τίς ἄλλος ἀντὶ τουτουὶ τοῦ δακτύλου;
   πρὸ τοῦ μέν, ἔτ᾽ ἐμοῦ παιδὸς ὄντος, οὑτοσί.
Σω. ἀγρεῖος εἶ καὶ σκαιός.   Στ. οὐ γὰρ ᾧζυρὲ   655
   τούτων ἐπιθυμῶ μανθάνειν οὐδέν.   Σω. τί δαί;
Στ. ἐκεῖν᾽ ἐκεῖνο, τὸν ἀδικώτατον λόγον.
Σω. ἀλλ᾽ ἕτερα δεῖ σε πρότερα τούτου μανθάνειν,
   τῶν τετραπόδων ἅττ᾽ ἐστὶν ὀρθῶς ἄρρενα.
Στ. ἀλλ᾽ οἶδ᾽ ἔγωγε τἄρρεν᾽, εἰ μὴ μαίνομαι·   660
   κριὸς τράγος ταῦρος κύων ἀλεκτρυών.
Σω. ὁρᾷς ὃ πάσχεις; τήν τε θήλειαν καλεῖς
   ἀλεκτρυόνα κατὰ ταὐτὸ καὶ τὸν ἄρρενα.
Στ. πῶς δὴ φέρ᾽;   Σω. ὅπως; ἀλεκτρυὼν κἀλεκτρυών.
Στ. νὴ τὸν Ποσειδῶ. νῦν δὲ πῶς με χρὴ καλεῖν;   665
Σω. ἀλεκτρύαιναν, τὸν δ᾽ ἕτερον ἀλέκτορα.
Στ. ἀλεκτρύαιναν; εὖ γε νὴ τὸν Ἀέρα·
   ὥστ᾽ ἀντὶ τούτου τοῦ διδάγματος μόνου
   διαλφιτώσω σου κύκλῳ τὴν κάρδοπον.
Σω. ἰδοὺ μάλ᾽ αὖθις τοῦθ᾽ ἕτερον· τὴν κάρδοπον   670
   ἄρρενα καλεῖς θήλειαν οὖσαν.   Στ. τῷ τρόπῳ
   ἄρρενα καλῶ ᾽γὼ κάρδοπον;   Σω. μάλιστά γε,
   ὥσπερ γε καὶ Κλεώνυμον.   Στ. πῶς δή; φράσον.
Σω. ταὐτὸν δύναταί σοι κάρδοπος Κλεωνύμῳ.
Στ. ἀλλ᾽ ὦγάθ᾽ οὐδ᾽ ἦν κάρδοπος Κλεωνύμῳ,   675
   ἀλλ᾽ ἐν θυείᾳ στρογγύλῃ γ᾽ ἂν ἐμάττετο.
   ἀτὰρ τὸ λοιπὸν πῶς με χρὴ καλεῖν;   Σω. ὅπως;
   τὴν καρδόπην, ὥσπερ καλεῖς τὴν Σωστράτην.
Στ. τὴν καρδόπην θήλειαν;   Σω. ὀρθῶς γὰρ λέγεις.
Στ. ἐκεῖνο δ᾽ ἦν ἄν, καρδόπη, Κλεωνύμη.   680
Σω. ἔτι δή γε περὶ τῶν ὀνομάτων μαθεῖν σε δεῖ,

. 654 πρὸ τοῦ] πρῶτον R   658 τούτου] τούτων R   662 ὃ R V: ἃ A Ald.
663 κατὰ ταὐτὸ] καταὐτὸ V (τὰ supra κα) : καὶ ταὐτὸ Flor. Abbat. 2715
664 ὅπως Harl. 6307 et Pors. : om. V : πῶς vulg.   676 γ᾽ om. V
ἂν ἐμάττετο Δ : ἀνεμάττετο vulg.   679 totum versum Strepsiadi
tribuunt codd. : corr. Herm.   ὀρθῶς γὰρ] ὀρθότερον Ald.   681 ἔτι
δή γε Θ Ald. : ἔτι γε R V : ἔτ᾽ ἔτι A : fortasse ἔτι δέ τι

ἅττ' ἄρρεν' ἐστίν, ἅττα δ' αὐτῶν θήλεα.
Στ. ἀλλ' οἶδ' ἔγωγ' ἃ θήλε' ἐστίν.   Σω. εἰπὲ δή.
Στ. Λύσιλλα Φίλιννα Κλειταγόρα Δημητρία.
Σω. ἄρρενα δὲ ποῖα τῶν ὀνομάτων;   Στ. μυρία.   685
Φιλόξενος Μελησίας Ἀμυνίας.
Σω. ἀλλ' ὦ πόνηρε ταῦτά γ' ἐστ' οὐκ ἄρρενα.
Στ. οὐκ ἄρρεν' ὑμῖν ἐστιν;   Σω. οὐδαμῶς γ', ἐπεὶ
πῶς ἂν καλέσειας ἐντυχὼν Ἀμυνίᾳ;
Στ. ὅπως ἄν; ὡδί, δεῦρο δεῦρ' Ἀμυνία.   690
Σω. ὁρᾷς; γυναῖκα τὴν Ἀμυνίαν καλεῖς.
Στ. οὔκουν δικαίως ἥτις οὐ στρατεύεται;
ἀτὰρ τί ταῦθ' ἃ πάντες ἴσμεν μανθάνω;
Σω. οὐδὲν μὰ Δί' ἀλλὰ κατακλινεὶς δευρὶ—   Στ. τί δρῶ;
Σω. ἐκφρόντισόν τι τῶν σεαυτοῦ πραγμάτων.   695
Στ. μὴ δῆθ' ἱκετεύω σ' ἐνγεταῦθ'· ἀλλ' εἴ γε χρή,
χαμαί μ' ἔασον αὐτὰ ταῦτ' ἐκφροντίσαι.
Σω. οὐκ ἔστι παρὰ ταῦτ' ἄλλα.   Στ. κακοδαίμων ἐγώ,
οἵαν δίκην τοῖς κόρεσι δώσω τήμερον.   699

Χο. φρόντιζε δὴ καὶ διάθρει πάντα τρόπον τε σαυτὸν   [στρ.
στρόβει πυκνώσας.
ταχὺς δ', ὅταν εἰς ἄπορον πέσῃς,
ἐπ' ἄλλο πήδα
νόημα φρενός· ὕπνος δ' ἀπέστω γλυκύθυμος ὀμμάτων.   705

.   .   .   .   .   .

.   .   .   .

Στ.   ἀτταταῖ ἀτταταῖ.   707
Χο.   τί πάσχεις; τί κάμνεις;
Στ.   ἀπόλλυμαι δείλαιος· ἐκ τοῦ σκίμποδος
δάκνουσί μ' ἐξέρποντες οἱ Κορίνθιοι,   710
700-706 = 804-810

688 ὑμῖν Ald.: ἐν ὑμῖν Par. Nat. 2717: ἡμῖν RVA   692 ἥτις
RV: ὅστις vulg.   696 ἐνγεταῦθ' nos: ἐνταῦθ' RVAΘ: ἐνταῦθά γ'
Par. Nat. 2821: ἐνθάδ' Ald.   ἀλλ' om. V   εἴ γε RVA: εἴπερ γε
Ald.   705 Post h. v. lacunam indicavit Herm.

καὶ τὰς πλευρὰς δαρδάπτουσιν
καὶ τὴν ψυχὴν ἐκπίνουσιν
καὶ τοὺς ὄρχεις ἐξέλκουσιν
καὶ τὸν πρωκτὸν διορύττουσιν,
καί μ' ἀπολοῦσιν.   715

Χο.   μή νυν βαρέως ἄλγει λίαν.

Στ.   καὶ πῶς; ὅτε μου
φροῦδα τὰ χρήματα, φροῦδη χροιά,
φροῦδη ψυχή, φροῦδη δ' ἐμβάς·
καὶ πρὸς τούτοις ἔτι τοῖσι κακοῖς   720
φρουρᾶς ᾄδων
ὀλίγου φροῦδος γεγένημαι.

Σω.   οὗτος τί ποιεῖς; οὐχὶ φροντίζεις;   Στ.   ἐγώ;
νὴ τὸν Ποσειδῶ.   Σω.   καὶ τί δῆτ' ἐφρόντισας;

Στ.   ὑπὸ τῶν κόρεων εἴ μού τι περιλειφθήσεται.   725

Σω.   ἀπολεῖ κάκιστ'.   Στ.   ἀλλ' ὦγάθ' ἀπόλωλ' ἀρτίως.

Σω.   οὐ μαλθακιστέ' ἀλλὰ περικαλυπτέα.
ἐξευρετέος γὰρ νοῦς ἀποστερητικὸς
κἀπαιόλημ'.   Στ.   οἴμοι τίς ἂν δῆτ' ἐπιβάλοι
ἐξ ἀρνακίδων γνώμην ἀποστερητρίδα;   730

Σω.   φέρε νυν ἀθρήσω πρῶτον ὅ τι δρᾷ τουτονί.
οὗτος καθεύδεις;   Στ.   μὰ τὸν Ἀπόλλω 'γὼ μὲν οὔ.

Σω.   ἔχεις τι;   Στ.   μὰ Δί' οὐ δῆτ' ἔγωγ'.   Σω.   οὐδὲν
πάνυ;

Στ.   οὐδέν γε πλὴν ἢ τὸ πέος ἐν τῇ δεξιᾷ.

Σω.   οὐκ ἐγκαλυψάμενος ταχέως τι φροντιεῖς;   735

Στ.   περὶ τοῦ; σὺ γάρ μοι τοῦτο φράσον ὦ Σώκρατες.

Σω.   αὐτὸς ὅ τι βούλει πρῶτος ἐξευρὼν λέγε.

Στ.   ἀκήκοας μυριάκις ἀγὼ βούλομαι,
περὶ τῶν τόκων, ὅπως ἂν ἀποδῶ μηδενί.

Σω.   ἴθι νῦν καλύπτου καὶ σχάσας τὴν φροντίδα   740

728 εὑρητέος Θ Ald. : ἐξευρητέος R V A : ἐξευρετέος Flor. Abbat. 2715
et Suidae duo codd.   730 ἀποστερητικήν R   737 ἐξευρὼν R V :
ἐξευρεῖν vulg.

λεπτὴν κατὰ μικρὸν περιφρόνει τὰ πράγματα,
ὀρθῶς διαιρῶν καὶ σκοπῶν.   Στ.   οἴμοι τάλας.

Σω. ἔχ᾽ ἀτρέμα· κἂν ἀπορῇς τι τῶν νοημάτων,
ἀφεὶς ἄπελθε, ⟨καὶ⟩ κατὰ τὴν γνώμην πάλιν
κίνησον αὖθις αὐτὸ καὶ ζυγώθρισον.   745

Στ. ὦ Σωκρατίδιον φίλτατον.   Σω.   τί ὦ γέρον;

Στ. ἔχω τόκου γνώμην ἀποστερητικήν.

Σω. ἐπίδειξον αὐτήν.   Στ.   εἰπὲ δή νύν μοι—   Σω. τὸ τί;

Στ. γυναῖκα φαρμακίδ᾽ εἰ πριάμενος Θετταλὴν
καθέλοιμι νύκτωρ τὴν σελήνην, εἶτα δὴ   750
αὐτὴν καθείρξαιμ᾽ ἐς λοφεῖον στρογγύλον,
ὥσπερ κάτοπτρον, κᾆτα τηροίην ἔχων—

Σω. τί δῆτα τοῦτ᾽ ἂν ὠφελήσειέν σ᾽;   Στ.   ὅ τι;
εἰ μηκέτ᾽ ἀνατέλλοι σελήνη μηδαμοῦ,
οὐκ ἂν ἀποδοίην τοὺς τόκους.   Σω.   ὁτιὴ τί δή; 755

Στ. ὁτιὴ κατὰ μῆνα τἀργύριον δανείζεται.

Σω. εὖ γ᾽· ἀλλ᾽ ἕτερον αὖ σοι προβαλῶ τι δεξιόν.
εἴ σοι γράφοιτο πεντετάλαντός τις δίκη,
ὅπως ἂν αὐτὴν ἀφανίσειας εἰπέ μοι.   760

Στ. ὅπως; ὅπως; οὐκ οἶδ᾽· ἀτὰρ ζητητέον.

Σω. μή νυν περὶ σαυτὸν εἶλλε τὴν γνώμην ἀεί,
ἀλλ᾽ ἀποχάλα τὴν φροντίδ᾽ ἐς τὸν ἀέρα
λινόδετον ὥσπερ μηλολόνθην τοῦ ποδός.

Στ. ηὕρηκ᾽ ἀφάνισιν τῆς δίκης σοφωτάτην,   765
ὥστ᾽ αὐτὸν ὁμολογεῖν σ᾽ ἐμοί.   Σω.   ποίαν τινά;

Στ. ἤδη παρὰ τοῖσι φαρμακοπώλαις τὴν λίθον
ταύτην ἑόρακας τὴν καλήν, τὴν διαφανῆ,
ἀφ᾽ ἧς τὸ πῦρ ἅπτουσι;   Σω.   τὴν ὕαλον λέγεις;

Στ. ἔγωγε. φέρε τί δῆτ᾽ ἄν, εἰ ταύτην λαβών,
ὁπότε γράφοιτο τὴν δίκην ὁ γραμματεύς,   770
ἀπωτέρω στὰς ὧδε πρὸς τὸν ἥλιον
τὰ γράμματ᾽ ἐκτήξαιμι τῆς ἐμῆς δίκης;

744 καὶ κατὰ Bergk : κατα R : κᾆτα vulg.   755 ὁτιὴ] τίη Α Θ Ald.

Σω. σοφῶς γε νὴ τὰς Χάριτας.   Στ.   οἴμ᾽ ὡς ἥδομαι
  ὅτι πεντετάλαντος διαγέγραπταί μοι δίκη.
Σω. ἄγε δὴ ταχέως τουτὶ ξυνάρπασον.   Στ.   τὸ τί;   775
Σω. ὅπως ἀποστρέψαι᾽ ἂν ἀντιδικῶν δίκην
  μέλλων ὀφλήσειν μὴ παρόντων μαρτύρων.
Στ. φαυλότατα καὶ ῥᾷστ᾽.   Σω.   εἰπὲ δή.   Στ.   καὶ
    δὴ λέγω.
  εἰ πρόσθεν ἔτι μιᾶς ἐνεστώσης δίκης,
  πρὶν τὴν ἐμὴν καλεῖσθ᾽, ἀπαγξαίμην τρέχων.   780
Σω. οὐδὲν λέγεις.   Στ.   νὴ τοὺς θεοὺς ἔγωγ᾽, ἐπεὶ
  οὐδεὶς κατ᾽ ἐμοῦ τεθνεῶτος εἰσάξει δίκην.
Σω. ὑθλεῖς· ἄπερρ᾽, οὐκ ἂν διδάξαιμ᾽ ἄν σ᾽ ἔτι.
Στ. ὀτιὴ τί; ναὶ πρὸς τῶν θεῶν ὦ Σώκρατες.
Σω. ἀλλ᾽ εὐθὺς ἐπιλήθει σύ γ᾽ ἅττ᾽ ἂν καὶ μάθῃς·   785
  ἐπεὶ τί νυνὶ πρῶτον ἐδιδάχθης; λέγε.
Στ. φέρ᾽ ἴδω τί μέντοι πρῶτον ἦν; τί πρῶτον ἦν;
  τίς ἦν ἐν ᾗ 'ματτόμεθα μέντοι τἄλφιτα;
  οἴμοι τίς ἦν;   Σω.   οὐκ ἐς κόρακας ἀποφθερεῖ
  ἐπιλησμότατον καὶ σκαιότατον γερόντιον;   790
Στ. οἴμοι τί οὖν δῆθ᾽ ὁ κακοδαίμων πείσομαι;
  ἀπὸ γὰρ ὀλοῦμαι μὴ μαθὼν γλωττοστροφεῖν.
  ἀλλ᾽ ὦ Νεφέλαι χρηστόν τι συμβουλεύσατε.
Χο. ἡμεῖς μὲν ὦ πρεσβῦτα συμβουλεύομεν,
  εἴ σοί τις υἱός ἐστιν ἐκτεθραμμένος,   795
  πέμπειν ἐκεῖνον ἀντὶ σαυτοῦ μανθάνειν.
Στ. ἀλλ᾽ ἔστ᾽ ἔμοιγ᾽ υἱὸς καλός τε κἀγαθός·
  ἀλλ᾽ οὐκ ἐθέλει γὰρ μανθάνειν. τί ἐγὼ πάθω;
Χο. σὺ δ᾽ ἐπιτρέπεις;   Στ.   εὐσωματεῖ γὰρ καὶ σφριγᾷ,
  κἆστ᾽ ἐκ γυναικῶν εὐπτέρων τῶν Κοισύρας.   800
  ἀτὰρ μέτειμί γ᾽ αὐτόν· ἢν δὲ μὴ 'θέλῃ,

---

776 ἀποστρέψαι᾽ Mein.: ἀποστρέψαις R V A: ἀποτρέψαις Ald.
783 διδάξαιμ᾽ ἄν Elmsl.: διδαξαίμην codd.   784 τί; ναὶ] τίναισ R.
unde τί; ναὶ σὲ πρὸς θεῶν Herm.   786 νυνὶ R V: νῦν (supra δὴ) Θ:
δή γε Ald.   ἐδιδάχθης R V: ἐδιδάσκου A Θ Ald.

ΑΡΙΣΤΟΦΑΝΟΥΣ

οὐκ ἔσθ᾽ ὅπως οὐκ ἐξελῶ ᾽κ τῆς οἰκίας.
ἀλλ᾽ ἐπανάμεινόν μ᾽ ὀλίγον εἰσελθὼν χρόνον.   803

Χο. ἆρ᾽ αἰσθάνει πλεῖστα δι᾽ ἡμᾶς ἀγάθ᾽ αὐτίχ᾽ ἕξων   [ἀντ.
     μόνας θεῶν; ὡς
     ἕτοιμος ὅδ᾽ ἐστὶν ἅπαντα δρᾶν
     ὅσ᾽ ἂν κελεύῃς.
     σὺ δ᾽ ἀνδρὸς ἐκπεπληγμένου καὶ φανερῶς ἐπηρμένου 810
     γνοὺς ἀπολάψεις ὅ τι πλεῖστον δύνασαι,
     ταχέως· φιλεῖ γάρ πως τὰ τοιαῦθ᾽ ἑτέρᾳ τρέπεσθαι.

Στ. οὗτοι μὰ τὴν Ὁμίχλην ἔτ᾽ ἐνταυθοῖ μενεῖς·
     ἀλλ᾽ ἔσθι᾽ ἐλθὼν τοὺς Μεγακλέους κίονας.   815

Φε. ὦ δαιμόνιε, τί χρῆμα πάσχεις ὦ πάτερ;
     οὐκ εὖ φρονεῖς μὰ τὸν Δία τὸν Ὀλύμπιον.

Στ. ἰδού γ᾽ ἰδού, Δί᾽ Ὀλύμπιον· τῆς μωρίας,
     τὸν Δία νομίζειν ὄντα τηλικουτονί.

Φε. τί δὲ τοῦτ᾽ ἐγέλασας ἐτεόν;   Στ. ἐνθυμούμενος   820
     ὅτι παιδάριον εἶ καὶ φρονεῖς ἀρχαϊκά.
     ὅμως γε μὴν πρόσελθ᾽, ἵν᾽ εἰδῇς πλείονα,
     καί σοι φράσω τι πρᾶγμ᾽ ὃ μαθὼν ἀνὴρ ἔσει.
     ὅπως δὲ τοῦτο μὴ διδάξεις μηδένα.

Φε. ἰδού· τί ἔστιν;   Στ. ὤμοσας νυνὶ Δία.   825

Φε. ἔγωγ᾽.   Στ. ὁρᾷς οὖν ὡς ἀγαθὸν τὸ μανθάνειν;
     οὐκ ἔστιν ὦ Φειδιππίδη Ζεύς.   Φε. ἀλλὰ τίς;

Στ. Δῖνος βασιλεύει τὸν Δί᾽ ἐξεληλακώς.

Φε. αἰβοῖ τί ληρεῖς;   Στ. ἴσθι τοῦθ᾽ οὕτως ἔχον.

Φε. τίς φησι ταῦτα;   Στ. Σωκράτης ὁ Μήλιος   830
     καὶ Χαιρεφῶν, ὃς οἶδε τὰ ψυλλῶν ἴχνη.

Φε. σὺ δ᾽ ἐς τοσοῦτον τῶν μανιῶν ἐλήλυθας
     ὥστ᾽ ἀνδράσιν πείθει χολῶσιν;   Στ. εὐστόμει

802 ἐξελῶ] ἐξολῶ R   811 ἀπολάψεις] ἀπολαύσεις codd. dett.
aliquot   821 ἀρχαϊκά R : ἀρχοϊκά vulg.   825 νυνὶ V :
νῦν R : νῦν νὴ Λ Θ Ald. : νῦν δὴ Par. Nat. 2827

καὶ μηδὲν εἴπῃς φλαῦρον ἄνδρας δεξιοὺς
καὶ νοῦν ἔχοντας· ὧν ὑπὸ τῆς φειδωλίας   835
ἀπεκείρατ' οὐδεὶς πώποτ' οὐδ' ἠλείψατο,
οὐδ' ἐς βαλανεῖον ἦλθε λουσόμενος· σὺ δὲ
ὥσπερ τεθνεῶτος καταλόει μου τὸν βίον.
ἀλλ' ὡς τάχιστ' ἐλθὼν ὑπὲρ ἐμοῦ μάνθανε.
Φε. τί δ' ἂν παρ' ἐκείνων καὶ μάθοι χρηστόν τις ἄν;   840
Στ. ἀληθές; ὅσαπερ ἔστ' ἐν ἀνθρώποις σοφά·
γνώσει δὲ σαυτὸν ὡς ἀμαθὴς εἶ καὶ παχύς.
ἀλλ' ἐπανάμεινόν μ' ὀλίγον ἐνταυθοῖ χρόνον.
Φε. οἴμοι τί δράσω παραφρονοῦντος τοῦ πατρός;
πότερον παρανοίας αὐτὸν εἰσαγαγὼν ἕλω,   845
ἢ τοῖς σοροπηγοῖς τὴν μανίαν αὐτοῦ φράσω;
Στ. φέρ' ἴδω, σὺ τοῦτον τί ὀνομάζεις; εἰπέ μοι.
Φε. ἀλεκτρυόνα.   Στ. καλῶς γε.   ταυτηνὶ δὲ τί;
Φε. ἀλεκτρυόν'.   Στ. ἄμφω ταὐτό; καταγέλαστος εἶ.
μή νυν τὸ λοιπόν, ἀλλὰ τήνδε μὲν καλεῖν   850
ἀλεκτρύαιναν τουτονὶ δ' ἀλέκτορα.
Φε. ἀλεκτρύαιναν; ταῦτ' ἔμαθες τὰ δεξιὰ
εἴσω παρελθὼν ἄρτι παρὰ τοὺς γηγενεῖς;
Στ. χἄτερά γε πόλλ'· ἀλλ' ὅ τι μάθοιμ' ἑκάστοτε,
ἐπελανθανόμην ἂν εὐθὺς ὑπὸ πλήθους ἐτῶν.   855
Φε. διὰ ταῦτα δὴ καὶ θοἰμάτιον ἀπώλεσας;
Στ. ἀλλ' οὐκ ἀπολώλεκ', ἀλλὰ καταπεφρόντικα.
Φε. τὰς δ' ἐμβάδας ποῖ τέτροφας ὦνόητε σύ;
Στ. ὥσπερ Περικλέης ἐς τὸ δέον ἀπώλεσα.
ἀλλ' ἴθι βάδιζ', ἴωμεν· εἶτα τῷ πατρὶ   860
πιθόμενος ἐξάμαρτε· κἀγώ τοί ποτε,
οἶδ', ἑξέτει σοι τραυλίσαντι πιθόμενος,
ὃν πρῶτον ὀβολὸν ἔλαβον ἡλιαστικόν,

841 ὅσαπερ ἔστ' ἐν Θ Ald. : ὅσαπερ ἔστιν Α : ὅσα πάρεστ(ιν) R V
847 τί ὀνομάζεις Mein. : τίνα νομίζεις codd.   855 ἂν om. V A Θ
ἐτῶν Ald. : τῶν ἐτῶν R V A Θ   861 πιθόμενος Δ Suid. : πειθόμενος
vulg.

τούτου 'πριάμην σοι Διασίοις ἁμαξίδα.

Φε. ἦ μὴν σὺ τούτοις τῷ χρόνῳ ποτ' ἀχθέσει.   865

Στ. εὖ γ' ὅτι ἐπείσθης.   δεῦρο δεῦρ' ὦ Σώκρατες,
ἔξελθ'· ἄγω γάρ σοι τὸν υἱὸν τουτονὶ
ἄκοντ' ἀναπείσας.   Σω.   νηπύτιος γάρ ἐστ' ἔτι,
καὶ τῶν κρεμαθρῶν οὔπω τρίβων τῶν ἐνθάδε.

Φε. αὐτὸς τρίβων εἴης ἄν, εἰ κρέμαιό γε.   870

Στ. οὐκ ἐς κόρακας; καταρᾷ σὺ τῷ διδασκάλῳ;

Σω. ἰδοὺ κρέμαι', ὡς ἠλίθιον ἐφθέγξατο
καὶ τοῖσι χείλεσιν διερρυηκόσιν.
πῶς ἂν μάθοι ποθ' οὗτος ἀπόφυξιν δίκης
ἢ κλῆσιν ἢ χαύνωσιν ἀναπειστηρίαν;   875
καίτοι γε ταλάντου τοῦτ' ἔμαθεν Ὑπέρβολος.

Στ. ἀμέλει δίδασκε· θυμόσοφός ἐστιν φύσει·
εὐθύς γέ τοι παιδάριον ὂν τυννουτονὶ
ἔπλαττεν ἔνδον οἰκίας ναῦς τ' ἔγλυφεν,
ἁμαξίδας τε σκυτίνας ἠργάζετο,   880
κἀκ τῶν σιδίων βατράχους ἐποίει πῶς δοκεῖς.
ὅπως δ' ἐκείνω τὼ λόγω μαθήσεται,
τὸν κρείττον' ὅστις ἐστὶ καὶ τὸν ἥττονα,
ὃς τἄδικα λέγων ἀνατρέπει τὸν κρείττονα·
ἐὰν δὲ μή, τὸν γοῦν ἄδικον πάσῃ τέχνῃ.   885

Σω. αὐτὸς μαθήσεται παρ' αὐτοῖν τοῖν λόγοιν.
ἐγὼ δ' ἀπέσομαι.   Στ.   τοῦτό νυν μέμνησ', ὅπως
πρὸς πάντα τὰ δίκαι' ἀντιλέγειν δυνήσεται.

ΧΟΡΟΣ

.   .   .   .

ΔΙΚΑΙΟΣ

χώρει δευρί, δεῖξον σαυτὸν
τοῖσι θεαταῖς, καίπερ θρασὺς ὤν.   890

864 ὅτ' ἐπριάμην (om. τούτου) Suid.   869 οὔπω Bentl. : οὐ codd.
872 κρέμαι' Par. Nat. 2827 : κρέμαιό γ' vulg.   876 γε R V : om.
vulg.   880 συκίνας Naber   888 post h. v. canticum Chori non
adiecit poeta

ΝΕΦΕΛΑΙ

ΑΔΙΚΟΣ ἴθ' ὅποι χρῄζεις. πολὺ γὰρ μᾶλλόν σ'
ἐν τοῖς πολλοῖσι λέγων ἀπολῶ.

Δι. ἀπολεῖς σύ; τίς ὤν; **Αδ.** λόγος. **Δι.** ἥττων·
γ' ὤν.

Αδ. ἀλλά σε νικῶ τὸν ἐμοῦ κρείττω
φάσκοντ' εἶναι. **Δι.** τί σοφὸν ποιῶν; 895

Αδ. γνώμας καινὰς ἐξευρίσκων.

Δι. ταῦτα γὰρ ἀνθεῖ διὰ τουτουσὶ
τοὺς ἀνοήτους.

Αδ. οὔκ, ἀλλὰ σοφούς. **Δι.** ἀπολῶ σε κακῶς.

Αδ. εἰπὲ τί ποιῶν; **Δι.** τὰ δίκαια λέγων. 900

Αδ. ἀλλ' ἀνατρέψω γ' αὖτ' ἀντιλέγων·
οὐδὲ γὰρ εἶναι πάνυ φημὶ δίκην.

Δι. οὐκ εἶναι φής; **Αδ.** φέρε γὰρ ποῦ 'στιν;

Δι. παρὰ τοῖσι θεοῖς.

Αδ. πῶς δῆτα δίκης οὔσης ὁ Ζεὺς
οὐκ ἀπόλωλεν τὸν πατέρ' αὑτοῦ 905
δήσας; **Δι.** αἰβοῖ τουτὶ καὶ δὴ
χωρεῖ τὸ κακόν· δότε μοι λεκάνην.

Αδ. τυφογέρων εἶ κἀνάρμοστος.

Δι. καταπύγων εἶ κἀναίσχυντος.

Αδ. ῥόδα μ' εἴρηκας. **Δι.** καὶ βωμολόχος. 910

Αδ. κρίνεσι στεφανοῖς. **Δι.** καὶ πατραλοίας.

Αδ. χρυσῷ πάττων μ' οὐ γιγνώσκεις.

Δι. οὐ δῆτα πρὸ τοῦ γ', ἀλλὰ μολύβδῳ.

Αδ. νῦν δέ γε κόσμος τοῦτ' ἐστὶν ἐμοί.

Δι. θρασὺς εἶ πολλοῦ. **Αδ.** σὺ δέ γ' ἀρχαῖος. 915

Δι. διὰ σὲ δὲ φοιτᾶν
οὐδεὶς ἐθέλει τῶν μειρακίων·
καὶ γνωσθήσει ποτ' Ἀθηναίοις

901 γ' αὖτ' Reisig : γ' αὐτὰ R : ταῦτ' vulg.: 'γὼ αὖτ' Herm.
916 σὲ δὲ] σ' οὐ Herm.

οἷα διδάσκεις τοὺς ἀνοήτους.

Αδ. αὐχμεῖς αἰσχρῶς. Δι. σὺ δέ γ᾽ εὖ πράττεις.

καίτοι πρότερόν γ᾽ ἐπτώχευες,   921
Τήλεφος εἶναι Μυσὸς φάσκων,
ἐκ πηριδίου
γνώμας τρώγων Πανδελετείους.

Αδ. ὤμοι σοφίας— Δι. ὤμοι μανίας—   925

Αδ. ἧς ἐμνήσθης—

Δι. τῆς σῆς, πόλεώς θ᾽ ἥτις σε τρέφει
λυμαινόμενον τοῖς μειρακίοις.

Αδ. οὐχὶ διδάξεις τοῦτον Κρόνος ὤν.

Δι. εἴπερ γ᾽ αὐτὸν σωθῆναι χρὴ   930
καὶ μὴ λαλιὰν μόνον ἀσκῆσαι.

Αδ. δεῦρ᾽ ἴθι, τοῦτον δ᾽ ἔα μαίνεσθαι.

Δι. κλαύσει, τὴν χεῖρ᾽ ἢν ἐπιβάλλῃς.

Χο. παύσασθε μάχης καὶ λοιδορίας.

ἀλλ᾽ ἐπίδειξαι σύ τε τοὺς προτέρους   935
ἅττ᾽ ἐδίδασκες, σύ τε τὴν καινὴν
παίδευσιν, ὅπως ἂν ἀκούσας σφῷν
ἀντιλεγόντοιν κρίνας φοιτᾷ.

Δι. δρᾶν ταῦτ᾽ ἐθέλω. Αδ. κἄγωγ᾽ ἐθέλω.

Χο. φέρε δὴ πότερος λέξει πρότερος;   940

Αδ. τούτῳ δώσω·
κᾆτ᾽ ἐκ τούτων ὧν ἂν λέξῃ
ῥηματίοισιν καινοῖς αὐτὸν
καὶ διανοίαις κατατοξεύσω.
τὸ τελευταῖον δ᾽, ἢν ἀναγρύζῃ,   945
τὸ πρόσωπον ἅπαν καὶ τὠφθαλμὼ
κεντούμενος ὥσπερ ὑπ᾽ ἀνθρηνῶν
ὑπὸ τῶν γνωμῶν ἀπολεῖται.

925-7 Αδ. ὤμοι σοφίας . . . Δι. τῆς σῆς . . . RV: Αδ. ὤμοι σοφίας
ἧς ἐμνήσθης· Δι. ὤμοι μανίας τῆς σῆς . . . vulg.   926 ἧς ἐμνήσθης ?
ἧς ἐμνήθης Mein.: fortasse ᾗ σεμνύνει   933 ἐπιβάλλεις (om. ἢν) Ald.
940 πότερος R : τίς vulg.   πρότερος Cobet : πρότερον R : πρότερος
ὑμῶν vulg.   945 ἀναγρύξῃ A Ald.

ΝΕΦΕΛΑΙ

Χο. νῦν δείξετον τὼ πισύνω τοῖς περιδεξίοισι　　　　[στρ.
λόγοισι καὶ φροντίσι καὶ γνωμοτύποις μερίμναις,
ὁπότερος αὐτοῖν λέγων ἀμείνων φανήσεται.
νῦν γὰρ ἅπας ἐνθάδε κίνδυνος ἀνεῖται σοφίας,　　　955
ἧς πέρι τοῖς ἐμοῖς φίλοις ἐστὶν ἀγὼν μέγιστος.

ἀλλ' ὦ πολλοῖς τοὺς πρεσβυτέρους ἤθεσι χρηστοῖς στε-
φανώσας,　　　　　　　　　　　　　　　959
ῥῆξον φωνὴν ᾗτινι χαίρεις, καὶ τὴν σαυτοῦ φύσιν εἰπέ.

Δι. λέξω τοίνυν τὴν ἀρχαίαν παιδείαν ὡς διέκειτο,　　961
ὅτ' ἐγὼ τὰ δίκαια λέγων ἤνθουν καὶ σωφροσύνη 'νενό-
μιστο.

πρῶτον μὲν ἔδει παιδὸς φωνὴν γρύξαντος μηδὲν ἀκοῦσαι·
εἶτα βαδίζειν ἐν ταῖσιν ὁδοῖς εὐτάκτως ἐς κιθαριστοῦ
τοὺς κωμήτας γυμνοὺς ἀθρόους, κεἰ κριμνώδη κατανείφοι.
εἶτ' αὖ προμαθεῖν ᾆσμ' ἐδίδασκεν τὼ μηρὼ μὴ ξυνέ-
χοντας,　　　　　　　　　　　　　966
ἢ 'Παλλάδα περσέπολιν δεινὰν' ἢ 'τηλέπορόν τι
βόαμα,'
ἐντειναμένους τὴν ἁρμονίαν, ἣν οἱ πατέρες παρέδωκαν.
εἰ δέ τις αὐτῶν βωμολοχεύσαιτ' ἢ κάμψειέν τινα καμπήν,
οἵας οἱ νῦν τὰς κατὰ Φρῦνιν ταύτας τὰς δυσκολοκάμπτους,
ἐπετρίβετο τυπτόμενος πολλὰς ὡς τὰς Μούσας ἀφανίζων.
ἐν παιδοτρίβου δὲ καθίζοντας τὸν μηρὸν ἔδει προβαλέσθαι
τοὺς παῖδας, ὅπως τοῖς ἔξωθεν μηδὲν δείξειαν ἀπηνές·
εἶτ' αὖ πάλιν αὖθις ἀνιστάμενον συμψῆσαι, καὶ προνο-
εῖσθαι　　　　　　　　　　　　　975
εἴδωλον τοῖσιν ἐρασταῖσιν τῆς ἥβης μὴ καταλείπειν.

949-958 = 1024-1033

953 fortasse αὐτοῖν ὁπότερος (cf. antistr. vv. 1024-1031)　φανή-
σεται] γενήσεται V　960 σαυτοῦ] αὐτοῦ R V　965 κρημνώδη V
968 ἐντειναμένους] ἐντυναμένης R V (non ἐντην-) : fortasse λυμηνάμενος
posito h. v. post v. 971 (οἵας οἱ νῦν)　969 Post hunc versum
Brunckius intulit versum ab Suida allatum : αὐτὸς δείξας ἔν θ' ἁρμονίαις
χιάζων ἢ σιφνιάζων　975 ἀνιστάμενον ... προνοεῖσθαι R V : ἀν-
ισταμένους ... προνοῆσαι vulg.

ἠλείψατο δ' ἂν τοὐμφαλοῦ οὐδεὶς παῖς ὑπένερθεν τότ'
　　ἄν, ὥστε
τοῖς αἰδοίοισι δρόσος καὶ χνοῦς ὥσπερ μήλοισιν ἐπήνθει·
οὐδ' ἂν μαλακὴν φυρασάμενος τὴν φωνὴν πρὸς τὸν
　　ἐραστὴν
αὐτὸς ἑαυτὸν προαγωγεύων τοῖς ὀφθαλμοῖς ἐβάδιζεν,　980
οὐδ' ἀνελέσθαι δειπνοῦντ' ἐξῆν καὶ κεφάλαιον ῥαφανῖδος,
οὐδ' ἄννηθον τῶν πρεσβυτέρων ἁρπάζειν οὐδὲ σέλινον,
οὐδ' ὀψοφαγεῖν οὐδὲ κιχλίζειν οὐδ' ἴσχειν τὼ πόδ'
　　ἐναλλάξ.
Αδ. ἀρχαῖά γε καὶ Διπολιώδη καὶ τεττίγων ἀνάμεστα
καὶ Κηκείδου καὶ Βουφονίων.　　Δι.　ἀλλ' οὖν ταῦτ'
　　ἐστὶν ἐκεῖνα,　　　　　　　　　　　　　　985
ἐξ ὧν ἄνδρας Μαραθωνομάχας ἡμὴ παίδευσις ἔθρεψεν.
σὺ δὲ τοὺς νῦν εὐθὺς ἐν ἱματίοισι διδάσκεις ἐντετυλίχθαι·
ὥστε μ' ἀπάγχεσθ', ὅταν ὀρχεῖσθαι Παναθηναίοις δέον
　　αὐτοὺς
τὴν ἀσπίδα τῆς κωλῆς προέχων ἀμελῇ τῆς Τριτογενείας.
πρὸς ταῦτ' ὦ μειράκιον θαρρῶν ἐμὲ τὸν κρείττω λόγον
　　αἱροῦ·　　　　　　　　　　　　　　990
κἀπιστήσει μισεῖν ἀγορὰν καὶ βαλανείων ἀπέχεσθαι,
καὶ τοῖς αἰσχροῖς αἰσχύνεσθαι, κἂν σκώπτῃ τίς σε φλέ-
　　γεσθαι·
καὶ τῶν θάκων τοῖς πρεσβυτέροις ὑπανίστασθαι προσ-
　　ιοῦσιν,
καὶ μὴ περὶ τοὺς σαυτοῦ γονέας σκαιουργεῖν, ἄλλο τε
　　μηδὲν
αἰσχρὸν ποιεῖν, ὅτι τῆς αἰδοῦς μέλλεις τἄγαλμ' ἀνα-
　　πλάττειν·　　　　　　　　　　　　　995

981 ἀνελέσθαι Θ : ἂν ἐλέσθαι vulg.　　καὶ κεφάλαιον nos : κεφάλαιον
τῆς codd.　　　984 Διπολιώδη Brunck　　　986 Μαραθωνομάχας V :
Μαραθωνομάχους vulg.　　　989 τριτογενέης R V　　　994 περὶ] παρὰ
R V Θ　　　995 ἀναπλάττειν edd. : ἀναπλάσσειν B C : ἀναπλάσειν Δ :
ἀναπλήσειν R V Θ Ald. : om. A

ΝΕΦΕΛΑΙ

μηδ' εἰς ὀρχηστρίδος εἰσάττειν, ἵνα μὴ πρὸς ταῦτα κε-
  χηνὼς
μήλῳ βληθεὶς ὑπὸ πορνιδίου τῆς εὐκλείας ἀποθραυσθῇς·
μηδ' ἀντειπεῖν τῷ πατρὶ μηδέν, μηδ' Ἰαπετὸν καλέσαντα
μνησικακῆσαι τὴν ἡλικίαν ἐξ ἧς ἐνεοττοτροφήθης.

Αδ. εἰ ταῦτ' ὦ μειράκιον πείσει τούτῳ, νὴ τὸν Διόνυσον   1000
τοῖς Ἱπποκράτους υἱέσιν εἴξεις καί σε καλοῦσι βλιτο-
  μάμμαν.

Δι. ἀλλ' οὖν λιπαρός γε καὶ εὐανθὴς ἐν γυμνασίοις διατρίψεις,
οὐ στωμύλλων κατὰ τὴν ἀγορὰν τριβολεκτράπελ' οἷάπερ
  οἱ νῦν,
οὐδ' ἑλκόμενος περὶ πραγματίου γλισχραντιλογεξεπι-
  τρίπτου·   1004
ἀλλ' εἰς Ἀκαδήμειαν κατιὼν ὑπὸ ταῖς μορίαις ἀποθρέξει
στεφανωσάμενος καλάμῳ λευκῷ μετὰ σώφρονος ἡλικι-
  ώτου,
μίλακος ὄζων καὶ ἀπραγμοσύνης καὶ λεύκης φυλλοβο-
  λούσης,
ἦρος ἐν ὥρᾳ χαίρων, ὁπόταν πλάτανος πτελέᾳ ψιθυρίζῃ.
  ἢν ταῦτα ποιῇς ἁγὼ φράζω,
  καὶ πρὸς τούτοις προσέχῃς τὸν νοῦν,   1010
  ἕξεις ἀεὶ
  στῆθος λιπαρόν, χροιὰν λαμπράν,
  ὤμους μεγάλους, γλῶτταν βαιάν,
  πυγὴν μεγάλην, πόσθην μικράν.
  ἢν δ' ἅπερ οἱ νῦν ἐπιτηδεύῃς,   1015
  πρῶτα μὲν ἕξεις
  χροιὰν ὠχράν, ὤμους μικρούς,
  στῆθος λεπτόν, γλῶτταν μεγάλην,
  πυγὴν μικράν, κωλῆν μεγάλην,
  ψήφισμα μακρόν, καί σ' ἀναπείσει
  τὸ μὲν αἰσχρὸν ἅπαν καλὸν ἡγεῖσθαι,   1020

1005 ἀποθρέξει] καταθρέξεις V   1012 λαμπράν] λευκήν R V

147

τὸ καλὸν δ' αἰσχρόν·
καὶ πρὸς τούτοις τῆς Ἀντιμάχου
καταπυγοσύνης ἀναπλήσει.   1023

Χο. ὦ καλλίπυργον σοφίαν κλεινοτάτην ἐπασκῶν,   [ἀντ.
ὡς ἡδύ σου τοῖσι λόγοις σῶφρον ἔπεστιν ἄνθος.
†εὐδαίμονες δ' ἦσαν ἄρ' οἱ ζῶντες τότ' ἐπὶ
τῶν προτέρων†· πρὸς τάδε σ' ὦ κομψοπρεπῆ μοῦσαν ἔχων,
δεῖ σε λέγειν τι καινόν, ὡς ηὐδοκίμηκεν ἀνήρ.   1031

δεινῶν δέ σοι βουλευμάτων ἔοικε δεῖν πρὸς αὐτόν,
εἴπερ τὸν ἄνδρ' ὑπερβαλεῖ καὶ μὴ γέλωτ' ὀφλήσεις.   1035
Αδ. καὶ μὴν πάλαι γ' ἐπνιγόμην τὰ σπλάγχνα κἀπεθύμουν
ἅπαντα ταῦτ' ἐναντίαις γνώμαισι συνταράξαι.
ἐγὼ γὰρ ἥττων μὲν λόγος δι' αὐτὸ τοῦτ' ἐκλήθην
ἐν τοῖσι φροντισταῖσιν, ὅτι πρώτιστος ἐπενόησα
τοῖσιν νόμοις καὶ ταῖς δίκαις τἀναντί' ἀντιλέξαι.   1040
καὶ τοῦτο πλεῖν ἢ μυρίων ἔστ' ἄξιον στατήρων,
αἱρούμενον τοὺς ἥττονας λόγους ἔπειτα νικᾶν.
σκέψαι δὲ τὴν παίδευσιν ᾗ πέποιθεν ὡς ἐλέγξω,
ὅστις σε θερμῷ φησι λοῦσθαι πρῶτον οὐκ ἐάσειν.
καίτοι τίνα γνώμην ἔχων ψέγεις τὰ θερμὰ λουτρά;   1045
Δι. ὁτιὴ κάκιστόν ἐστι καὶ δειλὸν ποιεῖ τὸν ἄνδρα.
Αδ. ἐπίσχες· εὐθὺς γάρ σ' ἔχω μέσον λαβὼν ἄφυκτον.
καί μοι φράσον, τῶν τοῦ Διὸς παίδων τίν' ἄνδρ' ἄριστον
ψυχὴν νομίζεις, εἰπέ, καὶ πλείστους πόνους πονῆσαι.
Δι. ἐγὼ μὲν οὐδέν' Ἡρακλέους βελτίον' ἄνδρα κρίνω.   1050
Αδ. ποῦ ψυχρὰ δῆτα πώποτ' εἶδες Ἡράκλεια λουτρά;

1024 κλεινοτάτην τ' Ald.   1029-30 εὐδαίμονες ἄρ' ἦσαν οἱ τότε
ζῶντες ἡνίκ' ἦς τῶν προτέρων Δ et (δ' ἄρ' . . . ἦς . . .) Ald.: for-
tasse εὐδαίμονες ἄρ' ἦσαν οἱ τότε ζῶντες ἡνίκ' ἦσθ', οἱ πρότεροι: cf.
v. 953   πρὸς τάδε σ' Bodl. Canon. 40: πρὸς τάδ' Δ: πρὸς τάδ' οὖν Bekk.:
πρὸς οὖν τάδ' R V A Ald.   1036 πάλαι γ' Δ : πάλαι γ' ἔγωγ' Λ :
πάλ' ἔγωγε Θ Ald.: ἔγωγ' R V : πάλαι 'γὼ 'πνιγόμην Bentl.   1046 δει-
λότατον R V   1048 παίδων om. R V, unde εἶναι post ἄριστον add.
Mein.

ΝΕΦΕΛΑΙ

καίτοι τίς ἀνδρειότερος ἦν; Δι. ταῦτ' ἐστὶ ταῦτ'
ἐκεῖνα,
ἃ τῶν νεανίσκων ἀεὶ δι' ἡμέρας λαλούντων
πλῆρες τὸ βαλανεῖον ποιεῖ, κενὰς δὲ τὰς παλαίστρας.
Αδ. εἶτ' ἐν ἀγορᾷ τὴν διατριβὴν ψέγεις· ἐγὼ δ' ἐπαινῶ. 1055
εἰ γὰρ πονηρὸν ἦν, Ὅμηρος οὐδέποτ' ἂν ἐποίει
τὸν Νέστορ' ἀγορητὴν ἂν οὐδὲ τοὺς σοφοὺς ἅπαντας.
ἄνειμι δῆτ' ἐντεῦθεν ἐς τὴν γλῶτταν, ἣν ὁδὶ μὲν
οὔ φησι χρῆναι τοὺς νέους ἀσκεῖν, ἐγὼ δέ φημι.
καὶ σωφρονεῖν αὖ φησι χρῆναι· δύο κακὼ μεγίστω. 1060
ἐπεὶ σὺ διὰ τὸ σωφρονεῖν τῷ πώποτ' εἶδες ἤδη
ἀγαθόν τι γενόμενον, φράσον, καί μ' ἐξέλεγξον εἰπών.
Δι. πολλοῖς. ὁ γοῦν Πηλεὺς ἔλαβε διὰ τοῦτο τὴν μάχαιραν.
Αδ. μάχαιραν; ἀστεῖόν γε κέρδος ἔλαβεν ὁ κακοδαίμων.
Ὑπέρβολος δ' οὐκ τῶν λύχνων πλεῖν ἢ τάλαντα πολλὰ
εἴληφε διὰ πονηρίαν, ἀλλ' οὐ μὰ Δί' οὐ μάχαιραν. 1066
Δι. καὶ τὴν Θέτιν γ' ἔγημε διὰ τὸ σωφρονεῖν ὁ Πηλεύς.
Αδ. κᾆτ' ἀπολιποῦσά γ' αὐτὸν ᾤχετ'· οὐ γὰρ ἦν ὑβριστὴς
οὐδ' ἡδὺς ἐν τοῖς στρώμασιν τὴν νύκτα παννυχίζειν·
γυνὴ δὲ σιναμωρουμένη χαίρει· σὺ δ' εἶ Κρόνιππος. 1070
σκέψαι γὰρ ὦ μειράκιον ἐν τῷ σωφρονεῖν ἅπαντα
ἄνεστιν, ἡδονῶν θ' ὅσων μέλλεις ἀποστερεῖσθαι,
παίδων γυναικῶν κοττάβων ὄψων πότων κιχλισμῶν.
καίτοι τί σοι ζῆν ἄξιον, τούτων ἐὰν στερηθῇς;
εἶεν. πάρειμ' ἐντεῦθεν ἐς τὰς τῆς φύσεως ἀνάγκας.
ἥμαρτες, ἠράσθης, ἐμοίχευσάς τι, κᾆτ' ἐλήφθης· 1076
ἀπόλωλας· ἀδύνατος γὰρ εἶ λέγειν. ἐμοὶ δ' ὁμιλῶν
χρῶ τῇ φύσει, σκίρτα, γέλα, νόμιζε μηδὲν αἰσχρόν.
μοιχὸς γὰρ ἦν τύχῃς ἁλούς, τάδ' ἀντερεῖς πρὸς αὐτόν,
ὡς οὐδὲν ἠδίκηκας· εἶτ' ἐς τὸν Δί' ἐπανενεγκεῖν, 1080
κἀκεῖνος ὡς ἥττων ἔρωτός ἐστι καὶ γυναικῶν·

1063 πολλούς V   1065 τάλαντα πολλὰ] Η (i. e. ἑκατὸν) τάλαντα
v. Leeuwen   1073 κιχλισμῶν] καχασμῶν R

ΑΡΙΣΤΟΦΑΝΟΥΣ

καίτοι σὺ θνητὸς ὢν θεοῦ πῶς μεῖζον ἂν δύναιο;
Δι. τί δ᾽ ἦν ῥαφανιδωθῇ πιθόμενός σοι τέφρᾳ τε τιλθῇ,
ἕξει τινὰ γνώμην λέγειν τὸ μὴ εὐρύπρωκτος εἶναι;
Αδ. ἢν δ᾽ εὐρύπρωκτος ᾖ, τί πείσεται κακόν;   1085
Δι. τί μὲν οὖν ἂν ἔτι μεῖζον πάθοι τούτου ποτέ;
Αδ. τί δῆτ᾽ ἐρεῖς, ἢν τοῦτο νικηθῇς ἐμοῦ;
Δι. σιγήσομαι. τί δ᾽ ἄλλο; Αδ.   φέρε δή μοι φράσον·
συνηγοροῦσιν ἐκ τίνων;
Δι.   ἐξ εὐρυπρώκτων. Αδ.   πείθομαι.   1090
τί δαί; τραγῳδοῦσ᾽ ἐκ τίνων;
Δι.   ἐξ εὐρυπρώκτων. Αδ.   εὖ λέγεις.
δημηγοροῦσι δ᾽ ἐκ τίνων;
Δι.   ἐξ εὐρυπρώκτων. Αδ.   ἆρα δῆτ᾽
ἔγνωκας ὡς οὐδὲν λέγεις;   1095
καὶ τῶν θεατῶν ὁπότεροι
πλείους σκόπει. Δι.   καὶ δὴ σκοπῶ.
Αδ.   τί δῆθ᾽ ὁρᾷς;
Δι.   πολὺ πλείονας νὴ τοὺς θεοὺς
τοὺς εὐρυπρώκτους· τουτονὶ
γοῦν οἶδ᾽ ἐγὼ κἀκεινονὶ   1100
καὶ τὸν κομήτην τουτονί.
Αδ.   τί δῆτ᾽ ἐρεῖς;
Δι.   ἡττήμεθ᾽· ὦ κινούμενοι
πρὸς τῶν θεῶν δέξασθέ μου
θοἰμάτιον, ὡς
ἐξαυτομολῶ πρὸς ὑμᾶς.
Σω. τί δῆτα; πότερα τοῦτον ἀπάγεσθαι λαβὼν   1105
βούλει τὸν υἱόν, ἢ διδάσκω σοι λέγειν;
Στ. δίδασκε καὶ κόλαζε καὶ μέμνησ᾽ ὅπως
εὖ μοι στομώσεις αὐτόν, ἐπὶ μὲν θάτερα
οἷον δικιδίοις, τὴν δ᾽ ἑτέραν αὐτοῦ γνάθον

1093 δημηγοροῦσι δ᾽ R : δημαγωγοῦσι δ᾽ Α Θ : καὶ δημαγωγοῦσ᾽ Ald.
1105 πότερον Α Θ Ald.   1109 οἷον Teuffel : οἷαν codd.

150

στόμωσον οἵαν ἐς τὰ μείζω πράγματα.　1110
Σω. ἀμέλει κομιεῖ τοῦτον σοφιστὴν δεξιόν.
Φε. ὠχρὸν μὲν οὖν οἶμαί γε καὶ κακοδαίμονα.
Χο. χωρεῖτέ νυν. οἶμαι δέ σοι ταῦτα μεταμελήσειν.

τοὺς κριτὰς ἃ κερδανοῦσιν, ἤν τι τόνδε τὸν χορὸν　1115
ὠφελῶσ᾽ ἐκ τῶν δικαίων, βουλόμεσθ᾽ ἡμεῖς φράσαι.
πρῶτα μὲν γάρ, ἢν νεᾶν βούλησθ᾽ ἐν ὥρᾳ τοὺς ἀγρούς,
ὕσομεν πρώτοισιν ὑμῖν, τοῖσι δ᾽ ἄλλοις ὕστερον.
εἶτα τὸν καρπὸν τεκούσας ἀμπέλους φυλάξομεν,
ὥστε μήτ᾽ αὐχμὸν πιέζειν μήτ᾽ ἄγαν ἐπομβρίαν.　1120
ἢν δ᾽ ἀτιμάσῃ τις ἡμᾶς θνητὸς ὢν οὔσας θεάς,
προσεχέτω τὸν νοῦν, πρὸς ἡμῶν οἷα πείσεται κακά,
λαμβάνων οὔτ᾽ οἶνον οὔτ᾽ ἄλλ᾽ οὐδὲν ἐκ τοῦ χωρίου.
ἡνίκ᾽ ἂν γὰρ αἵ τ᾽ ἐλᾶαι βλαστάνωσ᾽ αἵ τ᾽ ἄμπελοι,
ἀποκεκόψονται· τοιαύταις σφενδόναις παιήσομεν.　1125
ἢν δὲ πλινθεύοντ᾽ ἴδωμεν, ὕσομεν καὶ τοῦ τέγους
τὸν κέραμον αὐτοῦ χαλάζαις στρογγύλαις συντρίψομεν.
κἂν γαμῇ ποτ᾽ αὐτὸς ἢ τῶν ξυγγενῶν ἢ τῶν φίλων,
ὕσομεν τὴν νύκτα πᾶσαν· ὥστ᾽ ἴσως βουλήσεται
κἂν ἐν Αἰγύπτῳ τυχεῖν ὢν μᾶλλον ἢ κρῖναι κακῶς.　1130

Στ. πέμπτη, τετράς, τρίτη, μετὰ ταύτην δευτέρα,
εἶθ᾽ ἣν ἐγὼ μάλιστα πασῶν ἡμερῶν
δέδοικα καὶ πέφρικα καὶ βδελύττομαι,
εὐθὺς μετὰ ταύτην ἔσθ᾽ ἔνη τε καὶ νέα.
πᾶς γάρ τις ὀμνὺς οἷς ὀφείλων τυγχάνω,　1135
θείς μοι πρυτανεῖ᾽ ἀπολεῖν μέ φησι κἀξολεῖν,
κἀμοῦ μέτριά τε καὶ δίκαι᾽ αἰτουμένου,
‘ὦ δαιμόνιε τὸ μέν τι νυνὶ μὴ λάβῃς,

1110 οἵαν] οἷον R V　1112 Strepsiadi trib. R V A　οἶμαί γε]
ἔγωγε R V: ἐγῷδα Fritzsche　1116 ἡμεῖς R V: ἡμῖν A: ὑμῖν Ald.
1119 τεκούσας | τε καὶ τὰς Coraës　1126 στέγους Α Θ　1137 κἀμοῦ
Kock: ἐμοῦ codd.　μέτριά τε] μέτρι᾽ ἄττα Par. Nat. 2902　1138 μὴ
λάβῃς] μὲν λαβέ Blaydes: μοι λαβέ Naber

τὸ δ' ἀναβαλοῦ μοι, τὸ δ' ἄφες', οὔ φασίν ποτε
οὕτως ἀπολήψεσθ', ἀλλὰ λοιδοροῦσί με   1140
ὡς ἄδικός εἰμι, καὶ δικάσεσθαί φασί μοι.
νῦν οὖν δικαζέσθων· ὀλίγον γάρ μοι μέλει,
εἴπερ μεμάθηκεν εὖ λέγειν Φειδιππίδης.
τάχα δ' εἴσομαι κόψας τὸ φροντιστήριον.
παῖ, ἠμί, παῖ παῖ.   Σω.   Στρεψιάδην ἀσπάζομαι.

Στ. κἄγωγέ σ'· ἀλλὰ τουτονὶ πρῶτον λαβέ·   1146
χρὴ γὰρ ἐπιθαυμάζειν τι τὸν διδάσκαλον.
καί μοι τὸν υἱὸν εἰ μεμάθηκε τὸν λόγον
ἐκεῖνον εἴφ' ὃν ἀρτίως εἰσήγαγες.

Σω. μεμάθηκεν.   Στ.   εὖ γ' ὦ παμβασίλει' Ἀπαιόλη.

Σω. ὥστ' ἀποφύγοις ἂν ἥντιν' ἂν βούλῃ δίκην.   1151

Στ. κεἰ μάρτυρες παρῆσαν, ὅτ' ἐδανειζόμην;

Σω. πολλῷ γε μᾶλλον, κἂν παρῶσι χίλιοι.

Στ. βοάσομαί τἄρα τὰν ὑπέρτονον
βοάν. ἰὼ κλάετ' ὠβολοστάται   1155
αὐτοί τε καὶ τἀρχαῖα καὶ τόκοι τόκων·
οὐδὲν γὰρ ἄν με φλαῦρον ἐργάσαισθ' ἔτι,
    οἷος ἐμοὶ τρέφεται
    τοῖσδ' ἐνὶ δώμασι παῖς,
    ἀμφήκει γλώττῃ λάμπων,   1160
πρόβολος ἐμός, σωτὴρ δόμοις, ἐχθροῖς βλάβη,
λυσανίας πατρῴων μεγάλων κακῶν·
ὃν κάλεσον τρέχων ἔνδοθεν ὡς ἐμέ.

Σω. ὦ τέκνον ὦ παῖ ἔξελθ' οἴκων,   1165
    ἄιε σοῦ πατρός.
    ὅδ' ἐκεῖνος ἀνήρ.

Στ. ὦ φίλος ὦ φίλος.

Σω. ἄπιθι συλλαβών.

Στ. ἰὼ ἰὼ τέκνον, ἰὼ ἰοῦ ἰοῦ.   1170

1141 δικάσασθαι R V   1153 παρῶσι] παρῆσαν Α, unde κεἰ παρῆ-
σαν Brunck   1169 συλλαβών Ernestii Ia : σὺ λαβών Α Ald. :
λαβὼν τὸν υἱόν σου R V   1170 tertium ἰὼ habet V : om. vulg.

152

ὡς ἥδομαί σου πρῶτα τὴν χρόαν ἰδών.
νῦν μέν γ' ἰδεῖν εἶ πρῶτον ἐξαρνητικὸς
κἀντιλογικός, καὶ τοῦτο τοὐπιχώριον
ἀτεχνῶς ἐπανθεῖ, τὸ 'τί λέγεις σύ;' καὶ δοκεῖν
ἀδικοῦντ' ἀδικεῖσθαι καὶ κακουργοῦντ' οἶδ' ὅτι·   1175
ἐπὶ τοῦ προσώπου τ' ἐστὶν Ἀττικὸν βλέπος.
νῦν οὖν ὅπως σώσεις μ', ἐπεὶ κἀπώλεσας.

Φε. φοβεῖ δὲ δὴ τί;   Στ. τὴν ἕνην τε καὶ νέαν.

Φε. ἕνη γάρ ἐστι καὶ νέα τις ἡμέρα;

Στ. εἰς ἥν γε θήσειν τὰ πρυτανεῖά φασί μοι.   1180

Φε. ἀπολοῦσ' ἄρ' αὔθ' οἱ θέντες· οὐ γὰρ ἔσθ' ὅπως
μί' ἡμέρα γένοιτ' ἂν ἡμέρα δύο.

Στ. οὐκ ἂν γένοιτο;   Φε. πῶς γάρ; εἰ μή πέρ γ' ἅμα
αὐτὴ γένοιτ' ἂν γραῦς τε καὶ νέα γυνή.

Στ. καὶ μὴν νενόμισταί γ'.   Φε. οὐ γάρ, οἶμαι, τὸν
  νόμον   1185
ἴσασιν ὀρθῶς ὅ τι νοεῖ.   Στ. νοεῖ δὲ τί;

Φε. ὁ Σόλων ὁ παλαιὸς ἦν φιλόδημος τὴν φύσιν.

Στ. τουτὶ μὲν οὐδέν πω πρὸς ἕνην τε καὶ νέαν.

Φε. ἐκεῖνος οὖν τὴν κλῆσιν ἐς δύ' ἡμέρας
ἔθηκεν, ἔς γε τὴν ἕνην τε καὶ νέαν,   1190
ἵν' αἱ θέσεις γίγνοιντο τῇ νουμηνίᾳ.

Στ. ἵνα δὴ τί τὴν ἕνην προσέθηχ';   Φε. ἵν' ὦ μέλε
παρόντες οἱ φεύγοντες ἡμέρᾳ μιᾷ
πρότερον ἀπαλλάττοινθ' ἑκόντες, εἰ δὲ μή,
ἕωθεν ὑπανιῷντο τῇ νουμηνίᾳ.   1195

Στ. πῶς οὐ δέχονται δῆτα τῇ νουμηνίᾳ
ἀρχαὶ τὰ πρυτανεῖ', ἀλλ' ἕνη τε καὶ νέᾳ;

Φε. ὅπερ οἱ προτένθαι γὰρ δοκοῦσί μοι ποιεῖν·
ὅπως τάχιστα τὰ πρυτανεῖ' ὑφελοίατο,

1179 τις ἡμέρα;] τίς; Στ. ἡμέρα Geel   1181 ἀπολοῦσ' R V :
ἀπολοῦντ' vulg.   αὔθ' οἱ] αὐτοὶ R V   1182 ἡμέρα δύο R : ἡμέραι
δύο vulg.   1184 αὕτη R V   1194 διαλλάττοινθ' Hirschig
1198 ποιεῖν] παθεῖν A Ald.   1199 ὅπως] ἵν' ὡς Θ Ald.

διὰ τοῦτο προὐτένθευσαν ἡμέρᾳ μιᾷ.　　　　　　1200

Στ. εὖ γ'· ὦ κακοδαίμονες, τί κάθησθ' ἀβέλτεροι,
ἡμέτερα κέρδη τῶν σοφῶν ὄντες, λίθοι,
ἀριθμός, πρόβατ' ἄλλως, ἀμφορῆς νενησμένοι;
ὥστ' εἰς ἐμαυτὸν καὶ τὸν υἱὸν τουτονὶ
ἐπ' εὐτυχίαισιν ᾀστέον μοὐγκώμιον.　　　　　　1205
' μάκαρ ὦ Στρεψίαδες,
αὐτός τ' ἔφυς ὡς σοφὸς
χοῖον τὸν υἱὸν τρέφεις,'
φήσουσι δή μ' οἱ φίλοι
χοἰ δημόται　　　　　　　　　　　　　　　1210
ζηλοῦντες ἡνίκ' ἂν σὺ νικᾷς λέγων τὰς δίκας.
ἀλλ' εἰσάγων σε βούλομαι πρῶτον ἑστιᾶσαι.

ΠΑΣΙΑΣ
εἶτ' ἄνδρα τῶν αὑτοῦ τι χρὴ προϊέναι;
οὐδέποτέ γ', ἀλλὰ κρεῖττον εὐθὺς ἦν τότε　　　　1215
ἀπερυθριᾶσαι μᾶλλον ἢ σχεῖν πράγματα,
ὅτε τῶν ἐμαυτοῦ γ' ἕνεκα νυνὶ χρημάτων
ἕλκω σε κλητεύσοντα, καὶ γενήσομαι
ἐχθρὸς ἔτι πρὸς τούτοισιν ἀνδρὶ δημότῃ.
ἀτὰρ οὐδέποτέ γε τὴν πατρίδα καταισχυνῶ　　　1220
ζῶν, ἀλλὰ καλοῦμαι Στρεψιάδην—　　Στ. τίς οὑτοσί;
Πα. ἐς τὴν ἕνην τε καὶ νέαν.　　Στ. μαρτύρομαι,
ὅτι ἐς δύ' εἶπεν ἡμέρας.　　τοῦ χρήματος;
Πα. τῶν δώδεκα μνῶν, ἃς ἔλαβες ὠνούμενος
τὸν ψαρὸν ἵππον.　　Στ. ἵππον; οὐκ ἀκούετε;　1225
ὃν πάντες ὑμεῖς ἴστε μισοῦνθ' ἱππικήν.
Πα. καὶ νὴ Δί' ἀποδώσειν γ' ἐπώμνυς τοὺς θεούς.
Στ. μὰ τὸν Δί' οὐ γάρ πω τότ' ἐξηπίστατο
Φειδιππίδης μοι τὸν ἀκατάβλητον λόγον.
Πα. νῦν δὲ διὰ τοῦτ' ἔξαρνος εἶναι διανοεῖ;　　　1230

1213 εἰσαγαγών A Ald.　　1214 ΠΑΣΙΑΣ‿ δανειστὴς R V A　　1215 εὐ-
θὺς ἦν] ἦν εὐθὺς A Θ Ald.　　1228 Στ. μὰ τὸν Δί'] Δ : τὸ χρέος.
Στ. μὰ Δί' R V A Ald.

ΝΕΦΕΛΑΙ

Στ. τί γὰρ ἄλλ᾽ ἂν ἀπολαύσαιμι τοῦ μαθήματος;
Πα. καὶ ταῦτ᾽ ἐθελήσεις ἀπομόσαι μοι τοὺς θεοὺς
ἵν᾽ ἂν κελεύσω 'γώ σε;   Στ. τοὺς ποίους θεούς;
Πα. τὸν Δία, τὸν Ἑρμῆν, τὸν Ποσειδῶ.   Στ. νὴ Δία
κἂν προσκαταθείην γ᾽ ὥστ᾽ ὀμόσαι τριώβολον.   1235
Πα. ἀπόλοιο τοίνυν ἕνεκ᾽ ἀναιδείας ἔτι.
Στ. ἁλσὶν διασμηχθεὶς ὄναιτ᾽ ἂν οὑτοσί.
Πα. οἴμ᾽ ὡς καταγελᾷς.   Στ. ἐξ χοᾶς χωρήσεται.
Πα. οὔ τοι μὰ τὸν Δία τὸν μέγαν καὶ τοὺς θεοὺς   1239
ἐμοῦ καταπροίξει.   Στ. θαυμασίως ἥσθην θεοῖς,
καὶ Ζεὺς γέλοιος ὀμνύμενος τοῖς εἰδόσιν.
Πα. ἦ μὴν σὺ τούτων τῷ χρόνῳ δώσεις δίκην.
ἀλλ᾽ εἴτ᾽ ἀποδώσεις μοι τὰ χρήματ᾽ εἴτε μή,
ἀπόπεμψον ἀποκρινάμενος.   Στ. ἔχε νυν ἥσυχος.
ἐγὼ γὰρ αὐτίκ᾽ ἀποκρινοῦμαί σοι σαφῶς.   1245
Πα. τί σοι δοκεῖ δράσειν;

ΜΑΡΤΥΣ

                          ἀποδώσειν μοι δοκεῖ.
Στ. ποῦ 'σθ᾽ οὗτος ἀπαιτῶν με τἀργύριον; λέγε
τουτὶ τί ἔστι;   Πα. τοῦθ᾽ ὅ τι ἐστί; κάρδοπος.
Στ. ἔπειτ᾽ ἀπαιτεῖς τἀργύριον τοιοῦτος ὤν;
οὐκ ἂν ἀποδοίην οὐδ᾽ ἂν ὀβολὸν οὐδενί,   1250
ὅστις καλέσειε κάρδοπον τὴν καρδόπην.
Πα. οὐκ ἄρ᾽ ἀποδώσεις;   Στ. οὐχ ὅσον γέ μ᾽ εἰδέναι.
οὔκουν ἀνύσας τι θᾶττον ἀπολιταργιεῖς
ἀπὸ τῆς θύρας;   Πα. ἄπειμι, καὶ τοῦτ᾽ ἴσθ᾽ ὅτι
θήσω πρυτανεῖ᾽ ἢ μηκέτι ζῴην ἐγώ.   1255
Στ. καὶ προσαπολεῖς ἄρ᾽ αὐτὰ πρὸς ταῖς δώδεκα.
καίτοι σε τοῦτό γ᾽ οὐχὶ βούλομαι παθεῖν,
ὁτιὴ 'κάλεσας εὐηθικῶς τὴν κάρδοπον.

1233 ἵν᾽ ἂν κελεύσω 'γώ σε om. R : iniuria eiecere edd.   τοὺς
Ald.: om. R V A Θ   1235 κἂν] καὶ R V   προκαταθείην V   1243 εἴτ᾽]
εἴτε γ᾽ A   μοι Ald. : om. R V A Θ   1254 τοῦτ᾽] τοί γ᾽ Θ Ald.
1256 καὶ προσαπολεῖς V : καὶ προσαποβαλεῖς R : προσαποβαλεῖς vulg.

155

ΑΡΙΣΤΟΦΑΝΟΥΣ

ΑΜΥΝΙΑΣ
ἰώ μοί μοι.

Στ. ἔα.
τίς οὑτοσί ποτ' ἔσθ' ὁ θρηνῶν; οὔτι που   1260
τῶν Καρκίνου τις δαιμόνων ἐφθέγξατο;

Αμ. τί δ' ὅστις εἰμὶ τοῦτο βούλεσθ' εἰδέναι;
ἀνὴρ κακοδαίμων.   Στ. κατὰ σεαυτόν νυν τρέπου.

Αμ. ὦ σκληρὲ δαῖμον, ὦ τύχαι θραυσάντυγες
ἵππων ἐμῶν, ὦ Παλλὰς ὥς μ' ἀπώλεσας.   1265

Στ. τί δαί σε Τληπόλεμός ποτ' εἴργασται κακόν;

Αμ. μὴ σκῶπτέ μ' ὦ τᾶν, ἀλλά μοι τὰ χρήματα
τὸν υἱὸν ἀποδοῦναι κέλευσον ἅλαβεν,
ἄλλως τε μέντοι καὶ κακῶς πεπραγότι.

Στ. τὰ ποῖα ταῦτα χρήμαθ';   Αμ. ἀδανείσατο.   1270

Στ. κακῶς ἄρ' ὄντως εἶχες, ὥς γ' ἐμοὶ δοκεῖς.

Αμ. ἵππους ἐλαύνων ἐξέπεσον νὴ τοὺς θεούς.

Στ. τί δῆτα ληρεῖς ὥσπερ ἀπ' ὄνου καταπεσών;

Αμ. ληρῶ, τὰ χρήματ' ἀπολαβεῖν εἰ βούλομαι;

Στ. οὐκ ἔσθ' ὅπως σύ γ' αὐτὸς ὑγιαίνεις.   Αμ.   τί δαί;

Στ. τὸν ἐγκέφαλον ὥσπερ σεσεῖσθαί μοι δοκεῖς.   1276

Αμ. σὺ δὲ νὴ τὸν Ἑρμῆν προσκεκλήσεσθαί γέ μοι,
εἰ μὴ 'ποδώσεις τἀργύριον.   Στ.   κάτειπέ νυν,
πότερα νομίζεις καινὸν ἀεὶ τὸν Δία
ὕειν ὕδωρ ἑκάστοτ', ἢ τὸν ἥλιον   1280
ἕλκειν κάτωθεν ταὐτὸ τοῦθ' ὕδωρ πάλιν;

Αμ. οὐκ οἶδ' ἔγωγ' ὁπότερον, οὐδέ μοι μέλει.

Στ. πῶς οὖν ἀπολαβεῖν τἀργύριον δίκαιος εἶ,
εἰ μηδὲν οἶσθα τῶν μετεώρων πραγμάτων;

Αμ. ἀλλ' εἰ σπανίζεις, τἀργυρίου μοι τὸν τόκον   1285
ἀπόδοτε·   Στ.   τοῦτο δ' ἔσθ' ὁ τόκος τί θηρίον;

1260 τίς οὑτοσί ποτ' ἔσθ' ὁ θρηνῶν;] τίς ἔσθ' ὁ θρηνῶν οὗτος R V
1277 προσκεκλήσεσθαί γέ μοι] προσκεκλῆσθαί μοι δοκεῖς R V   1282 οὐδέ]
οὐδέν R V   1286 ἀπόδοτε R V : ἀπόδος γε vulg. : ἀποδοτέ'· (Στ. οὗτος)
Blaydes.   τοῦτο] τούτου Larsen

ΝΕΦΕΛΑΙ

Αμ. τί δ' ἄλλο γ' ἢ κατὰ μῆνα καὶ καθ' ἡμέραν
πλέον πλέον τἀργύριον ἀεὶ γίγνεται
ὑπορρέοντος τοῦ χρόνου;   Στ. καλῶς λέγεις.
τί δῆτα; τὴν θάλατταν ἔσθ' ὅτι πλείονα   1290
νυνὶ νομίζεις ἢ πρὸ τοῦ;   Αμ. μὰ Δί' ἀλλ' ἴσην.
οὐ γὰρ δίκαιον πλείον' εἶναι.   Στ. κᾆτα πῶς
αὕτη μὲν ὦ κακόδαιμον οὐδὲν γίγνεται
ἐπιρρεόντων τῶν ποταμῶν πλείων, σὺ δὲ
ζητεῖς ποιῆσαι τἀργύριον πλεῖον τὸ σόν;   1295
οὐκ ἀποδιώξει σαυτὸν ἀπὸ τῆς οἰκίας;
φέρε μοι τὸ κέντρον.   Αμ. ταῦτ' ἐγὼ μαρτύρομαι.
Στ. ὕπαγε. τί μέλλεις; οὐκ ἐλᾷς ὦ σαμφόρα;
Αμ. ταῦτ' οὐχ ὕβρις δῆτ' ἐστίν;   Στ. ἄξεις; ἐπιαλῶ
κεντῶν ὑπὸ τὸν πρωκτόν σε τὸν σειραφόρον.   1300
φεύγεις; ἔμελλόν σ' ἄρα κινήσειν ἐγὼ
αὐτοῖς τροχοῖς τοῖς σοῖσι καὶ ξυνωρίσιν.

Χο. οἷον τὸ πραγμάτων ἐρᾶν φλαύρων· ὁ γὰρ   [στρ.
γέρων ὅδ' ἐρασθεὶς
ἀποστερῆσαι βούλεται   1305
τὰ χρήμαθ' ἀδανείσατο·
κοὐκ ἔσθ' ὅπως οὐ τήμερον
λήψεταί τι πρᾶγμ', ὃ τοῦ-
τον ποιήσει τὸν σοφιστὴν ⟨ἴσως,⟩   1309
ἀνθ' ὧν πανουργεῖν ἤρξατ', ἐξαίφνης λαβεῖν κακόν τι.

οἶμαι γὰρ αὐτὸν αὐτίχ' εὑρήσειν ὅπερ   [ἀντ.
πάλαι ποτ' †ἐπεζήτει†   1312
εἶναι τὸν υἱὸν δεινόν οἱ
γνώμας ἐναντίας λέγειν

1296 ἀποδιώξεις codd.: corr. Elmsl.   1298 σαμφόρα Ald.:
σαπφόρα ΑΘ: πασία R V   1308 λήψεταί τι Herm.: τι λήψεται
Α Θ: λήψεται R V Ald.   1309, 1310 ἴσως, ἀνθ' ὧν Reisig: ὧν codd.,
nisi quod ἀνθ' ante ὧν interpolatum habet Δ   1310 τι κακὸν
λαβεῖν codd.: corr. Herm.   1312 ἐπεζήτει R V: ἐζήτει vulg.:
ἐπῄτει Herm.   1314 γνώμας τ' R V

157

τοῖσιν δικαίοις, ὥστε νι-   1315
κᾶν ἅπαντας οἷσπερ ἂν
ξυγγένηται, κἂν λέγῃ παμπόνηρ'.
ἴσως δ' ἴσως βουλήσεται κἄφωνον αὐτὸν εἶναι.   1320

Στ. ἰοὺ ἰού.
ὦ γείτονες καὶ ξυγγενεῖς καὶ δημόται,
ἀμυνάθετέ μοι τυπτομένῳ πάσῃ τέχνῃ.
οἴμοι κακοδαίμων τῆς κεφαλῆς καὶ τῆς γνάθου.   1324
ὦ μιαρὲ τύπτεις τὸν πατέρα;   Φε. φήμ' ὦ πάτερ.
Στ. ὁρᾶθ' ὁμολογοῦνθ' ὅτι με τύπτει.   Φε. καὶ μάλα.
Στ. ὦ μιαρὲ καὶ πατραλοῖα καὶ τοιχωρύχε.
Φε. αὖθίς με ταὐτὰ ταῦτα καὶ πλείω λέγε.
ἆρ' οἶσθ' ὅτι χαίρω πόλλ' ἀκούων καὶ κακά;   1329
Στ. ὦ λακκόπρωκτε.   Φε. πάττε πολλοῖς τοῖς ῥόδοις.
Στ. τὸν πατέρα τύπτεις;   Φε. κἀποφανῶ γε νὴ Δία
ὡς ἐν δίκῃ σ' ἔτυπτον.   Στ. ὦ μιαρώτατε,
καὶ πῶς γένοιτ' ἂν πατέρα τύπτειν ἐν δίκῃ;
Φε. ἔγωγ' ἀποδείξω καί σε νικήσω λέγων.
Στ. τουτὶ σὺ νικήσεις;   Φε. πολύ γε καὶ ῥᾳδίως.   1335
ἑλοῦ δ' ὁπότερον τοῖν λόγοιν βούλει λέγειν.
Στ. ποίοιν λόγοιν;   Φε. τὸν κρείττον' ἢ τὸν ἥττονα.
Στ. ἐδιδαξάμην μέντοι σε νὴ Δί' ὦ μέλε
τοῖσιν δικαίοις ἀντιλέγειν, εἰ ταῦτά γε
μέλλεις ἀναπείσειν, ὡς δίκαιον καὶ καλὸν   1340
τὸν πατέρα τύπτεσθ' ἐστὶν ὑπὸ τῶν υἱέων.
Φε. ἀλλ' οἴομαι μέντοι σ' ἀναπείσειν, ὥστε γε
οὐδ' αὐτὸς ἀκροασάμενος οὐδὲν ἀντερεῖς.
Στ. καὶ μὴν ὅ τι καὶ λέξεις ἀκοῦσαι βούλομαι.

Χο. σὸν ἔργον ὦ πρεσβῦτα φροντίζειν ὅπῃ   [στρ.
τὸν ἄνδρα κρατήσεις,   1346

1345-1352 = 1391-1398
1340 ἀναπείθειν Α

ΝΕΦΕΛΑΙ

ὡς οὗτος, εἰ μή τῳ 'πεποίθειν, οὐκ ἂν ἦν
οὕτως ἀκόλαστος.
ἀλλ' ἔσθ' ὅτῳ θρασύνεται· δῆλόν γε τἀν-
θρώπου 'στὶ τὸ λῆμα.   1350

ἀλλ' ἐξ ὅτου τὸ πρῶτον ἤρξαθ' ἡ μάχη γενέσθαι,
ἤδη λέγειν χρὴ πρὸς χορόν· πάντως δὲ τοῦτο δράσεις.

Στ. καὶ μὴν ὅθεν γε πρῶτον ἠρξάμεσθα λοιδορεῖσθαι
ἐγὼ φράσω· 'πειδὴ γὰρ εἱστιώμεθ', ὥσπερ ἴστε,
πρῶτον μὲν αὐτὸν τὴν λύραν λαβόντ' ἐγὼ 'κέλευσα
ᾆσαι Σιμωνίδου μέλος, τὸν Κριὸν ὡς ἐπέχθη.   1356
ὁ δ' εὐθέως ἀρχαῖον εἶν' ἔφασκε τὸ κιθαρίζειν
ᾄδειν τε πίνονθ' ὡσπερεὶ κάχρυς γυναῖκ' ἀλοῦσαν.

Φε. οὐ γὰρ τότ' εὐθὺς χρῆν σ' ἄρα τύπτεσθαί τε καὶ πατεῖσθαι,
ᾄδειν κελεύονθ' ὡσπερεὶ τέττιγας ἑστιῶντα;   1360

Στ. τοιαῦτα μέντοι καὶ τότ' ἔλεγεν ἔνδον οἷάπερ νῦν,
καὶ τὸν Σιμωνίδην ἔφασκ' εἶναι κακὸν ποιητήν.
κἀγὼ μόλις μὲν ἀλλ' ὅμως ἠνεσχόμην τὸ πρῶτον·
ἔπειτα δ' ἐκέλευσ' αὐτὸν ἀλλὰ μυρρίνην λαβόντα
τῶν Αἰσχύλου λέξαι τί μοι· κᾆθ' οὗτος εὐθὺς εἶπεν·
' ἐγὼ γὰρ Αἰσχύλον νομίζω πρῶτον ἐν ποιηταῖς,   1366
ψόφου πλέων ἀξύστατον στόμφακα κρημνοποιόν;'
κἀνταῦθα πῶς οἴεσθέ μου τὴν καρδίαν ὀρεχθεῖν;
ὅμως δὲ τὸν θυμὸν δακὼν ἔφην, ' σὺ δ' ἀλλὰ τούτων
λέξον τι τῶν νεωτέρων, ἅττ' ἐστὶ τὰ σοφὰ ταῦτα.' 1370
ὁ δ' εὐθὺς ἦσ' Εὐριπίδου ῥῆσίν τιν', ὡς ἐκίνει
ἀδελφὸς ὠλεξίκακε τὴν ὁμομητρίαν ἀδελφήν.
κἀγὼ οὐκέτ' ἐξηνεσχόμην, ἀλλ' εὐθέως ἀράττω
πολλοῖς κακοῖς καἰσχροῖσι· κᾆτ' ἐντεῦθεν, οἷον εἰκός,
ἔπος πρὸς ἔπος ἠρειδόμεσθ'· εἶθ' οὗτος ἐπαναπηδᾷ, 1375
κἄπειτ' ἔφλα με κἀσπόδει κἄπνιγε κἀπέθλιβεν.

1349, 1350 τἀνθρώπου 'στὶ τὸ λῆμα Herm. : τὸ λῆμ' ἐστὶ τἀνθρώπου
codd.   1359 ἄρα τύπτεσθαι] ἀλλὰ τύπτεσθαι V : ἀράττεσθαι Mein.
1376 κἀπέθλιβεν R V : κἀπέτριβεν vulg.

Φε. οὔκουν δικαίως, ὅστις οὐκ Εὐριπίδην ἐπαινεῖς
    σοφώτατον;   Στ. σοφώτατόν γ᾽ ἐκεῖνον·ὦ—τί σ᾽ εἴπω;
    ἀλλ᾽ αὖθις αὖ τυπτήσομαι.   Φε. νὴ τὸν Δί᾽ ἐν
    δίκη γ᾽ ἄν.

Στ. καὶ πῶς δικαίως; ὅστις ὠναίσχυντέ σ᾽ ἐξέθρεψα,   1380
    αἰσθανόμενός σου πάντα τραυλίζοντος, ὅ τι νοοίης.
    εἰ μέν γε βρῦν εἴποις, ἐγὼ γνοὺς ἂν πιεῖν ἐπέσχον·
    μαμμᾶν δ᾽ ἂν αἰτήσαντος ἧκόν σοι φέρων ἂν ἄρτον·
    κακκᾶν δ᾽ ἂν οὐκ ἔφθης φράσας, κἀγὼ λαβὼν θύραζε
    ἐξέφερον ἂν καὶ προὐσχόμην σε· σὺ δ᾽ ἐμὲ νῦν ἀπάγχων
    βοῶντα καὶ κεκραγόθ᾽ ὅτι   1386
    χεζητιῴην, οὐκ ἔτλης
    ἔξω 'ξενεγκεῖν ὦ μιαρὲ
    θύραζέ μ᾽, ἀλλὰ πνιγόμενος
    αὐτοῦ 'ποίησα κακκᾶν.   1390

Χο. οἶμαί γε τῶν νεωτέρων τὰς καρδίας   [ἀντ.
    πηδᾶν ὅ τι λέξει.
    εἰ γὰρ τοιαῦτά γ᾽ οὗτος ἐξειργασμένος
    λαλῶν ἀναπείσει,
    τὸ δέρμα τῶν γεραιτέρων λάβοιμεν ἂν   1395
    ἀλλ᾽ οὐδ᾽ ἐρεβίνθου.

    σὸν ἔργον ὦ καινῶν ἐπῶν κινητὰ καὶ μοχλευτὰ
    πειθώ τινα ζητεῖν, ὅπως δόξεις λέγειν δίκαια.
Φε. ὡς ἡδὺ καινοῖς πράγμασιν καὶ δεξιοῖς ὁμιλεῖν,
    καὶ τῶν καθεστώτων νόμων ὑπερφρονεῖν δύνασθαι.   1400
    ἐγὼ γὰρ ὅτε μὲν ἱππικῇ τὸν νοῦν μόνη προσεῖχον,
    οὐδ᾽ ἂν τρί᾽ εἰπεῖν ῥήμαθ᾽ οἷός τ᾽ ἦν πρὶν ἐξαμαρτεῖν·
    νυνὶ δ᾽ ἐπειδή μ᾽ οὑτοσὶ τούτων ἔπαυσεν αὐτός,
    γνώμαις δὲ λεπταῖς καὶ λόγοις ξύνειμι καὶ μερίμναις,
    οἶμαι διδάξειν ὡς δίκαιον τὸν πατέρα κολάζειν.   1405

1384 φράσας A : φράσαι vulg.   1401 τὸν νοῦν μόνη Δ : μόνη τὸν
νοῦν A Θ Ald. : τὸν νοῦν μόνον R : τὸν νοῦν μου V   1402 πρὶν ἐξα-
μαρτεῖν] πρὶν ἢ 'ξαμαρτεῖν A

ΝΕΦΕΛΑΙ

Στ. ἵππευε τοίνυν νὴ Δί', ὡς ἔμοιγε κρεῖττόν ἐστιν
ἵππων τρέφειν τέθριππον ἢ τυπτόμενον ἐπιτριβῆναι.

Φε. ἐκεῖσε δ' ὅθεν ἀπέσχισάς με τοῦ λόγου μέτειμι,
καὶ πρῶτ' ἐρήσομαί σε τουτί· παῖδά μ' ὄντ' ἔτυπτες;

Στ. ἔγωγέ σ' εὐνοῶν τε καὶ κηδόμενος.   Φε.   εἰπὲ δή μοι,
οὐ κἀμέ σοι δίκαιόν ἐστιν εὐνοεῖν ὁμοίως   1411
τύπτειν τ', ἐπειδήπερ γε τοῦτ' ἐστ' εὐνοεῖν τὸ τύπτειν;
πῶς γὰρ τὸ μὲν σὸν σῶμα χρὴ πληγῶν ἀθῷον εἶναι,
τοὐμὸν δὲ μή; καὶ μὴν ἔφυν ἐλεύθερός γε κἀγώ.
κλάουσι παῖδες, πατέρα δ' οὐ κλάειν δοκεῖς; . . .   1415
φήσεις νομίζεσθαι σὺ παιδὸς τοῦτο τοὔργον εἶναι·
ἐγὼ δέ γ' ἀντείποιμ' ἂν ὡς δὶς παῖδες οἱ γέροντες·
εἰκὸς δὲ μᾶλλον τοὺς γέροντας ἢ νέους τι κλάειν,
ὅσῳπερ ἐξαμαρτάνειν ἧττον δίκαιον αὐτούς.

Στ. ἀλλ' οὐδαμοῦ νομίζεται τὸν πατέρα τοῦτο πάσχειν. 1420

Φε. οὔκουν ἀνὴρ ὁ τὸν νόμον θεὶς τοῦτον ἦν τὸ πρῶτον
ὥσπερ σὺ κἀγώ, καὶ λέγων ἔπειθε τοὺς παλαιούς;
ἧττόν τι δῆτ' ἔξεστι κἀμοὶ καινὸν αὖ τὸ λοιπὸν
θεῖναι νόμον τοῖς υἱέσιν, τοὺς πατέρας ἀντιτύπτειν;
ὅσας δὲ πληγὰς εἴχομεν πρὶν τὸν νόμον τεθῆναι,   1425
ἀφίεμεν, καὶ δίδομεν αὐτοῖς προῖκα συγκεκόφθαι.
σκέψαι δὲ τοὺς ἀλεκτρυόνας καὶ τἆλλα τὰ βοτὰ ταυτί,
ὡς τοὺς πατέρας ἀμύνεται· καίτοι τί διαφέρουσιν
ἡμῶν ἐκεῖνοι, πλήν γ' ὅτι ψηφίσματ' οὐ γράφουσιν;

Στ. τί δῆτ', ἐπειδὴ τοὺς ἀλεκτρυόνας ἅπαντα μιμεῖ,   1430
οὐκ ἐσθίεις καὶ τὴν κόπρον κἀπὶ ξύλου καθεύδεις;

Φε. οὐ ταὐτὸν ὦ τᾶν ἐστίν, οὐδ' ἂν Σωκράτει δοκοίη.

Στ. πρὸς ταῦτα μὴ τύπτ'· εἰ δὲ μή, σαυτόν ποτ' αἰτιάσει.

Φε. καὶ πῶς;   Στ.   ἐπεὶ σὲ μὲν δίκαιός εἰμ' ἐγὼ κολάζειν,

1412 τύπτειν τ' A Ald. : τύπτειν R : τύπτειν δ' V : τύπτοντ' dett.
aliquot   γε τοῦτ' ἐστ' Δ : τοῦτ' ἐστιν A : τοῦτ' ἐστ' R V Θ Ald. : τόδ'
ἐστὶν Pors.   1415 sic R V : post δοκεῖς add. τιὴ τί δὴ A (in marg.)
Θ : τιὴ δὴ dett. aliquot : fortasse τιὴ δεῖν;   1418 νέους Bentl. :
τοὺς νέους R A Θ Ald. : τοὺς νεωτέρους V   1426 αὐτοῖς] αὐτοὺς R

σὺ δ', ἢν γένηταί σοι, τὸν υἱόν.   Φε. ἢν δὲ μὴ
    γένηται,   1435
μάτην ἐμοὶ κεκλαύσεται, σὺ δ' ἐγχανὼν τεθνήξεις.

Στ. ἐμοὶ μὲν ὦνδρες ἥλικες δοκεῖ λέγειν δίκαια·
    κἄμοιγε συγχωρεῖν δοκεῖ τούτοισι τἀπιεική.
    κλάειν γὰρ ἡμᾶς εἰκός ἐστ', ἢν μὴ δίκαια δρῶμεν.

Φε. σκέψαι δὲ χἀτέραν ἔτι γνώμην.   Στ. ἀπὸ γὰρ
    ὀλοῦμαι.   1440

Φε. καὶ μὴν ἴσως γ' οὐκ ἀχθέσει παθὼν ἃ νῦν πέπονθας.

Στ. πῶς δή; δίδαξον γὰρ τί μ' ἐκ τούτων ἐπωφελήσεις.

Φε. τὴν μητέρ' ὥσπερ καὶ σὲ τυπτήσω.   Στ   τί φῄς,
    τί φῂς σύ;
    τοῦθ' ἕτερον αὖ μεῖζον κακόν.   Φε. τί δ' ἦν ἔχων·
    τὸν ἥττω
    λόγον σε νικήσω λέγων   1445
    τὴν μητέρ' ὡς τύπτειν χρεών;

Στ.   τί δ' ἄλλο γ' ἦν ταυτὶ ποιῇς,
    οὐδέν σε κωλύσει σεαυ-
    τὸν ἐμβαλεῖν ἐς τὸ βάραθρον
        μετὰ Σωκράτους   1450
    καὶ τὸν λόγον τὸν ἥττω.

    ταυτὶ δι' ὑμᾶς ὦ Νεφέλαι πέπονθ' ἐγώ,
    ὑμῖν ἀναθεὶς ἅπαντα τἀμὰ πράγματα.

Χο. αὐτὸς μὲν οὖν σαυτῷ σὺ τούτων αἴτιος,
    στρέψας σεαυτὸν ἐς πονηρὰ πράγματα.   1455

Στ. τί δῆτα ταῦτ' οὔ μοι τότ' ἠγορεύετε,
    ἀλλ' ἄνδρ' ἄγροικον καὶ γέροντ' ἐπήρετε;

Χο. ἡμεῖς ποιοῦμεν ταῦθ' ἑκάστοθ' ὅταν τινὰ
    γνῶμεν πονηρῶν ὄντ' ἐραστὴν πραγμάτων,

1444 τί δ' ἦν] τί δῆτ' ἂν R V   1445 λόγον om. R   1447 ταυτὶ]
ταῦτα R Λ : ταύτην V, unde τί δ' ἄλλο γ' ἢ ταῦτ' ἦν Kock   1448 κω-
λύει V   1455 ἐς] ἐς τὰ R V   1456 ἠγορεύσατε V Α Θ
1457 ἐπήρετε] ἐπήρετε R : ἐπήρατε vulg.   1458 ἡμεῖς R V : ἀεὶ
vulg.   ὅταν τινὰ] ὄντιν' οὖν Leid. Ernestii : ὄντιν' ἂν Pors.

ἕως ἂν αὐτὸν ἐμβάλωμεν ἐς κακόν,   1460
ὅπως ἂν εἰδῇ τοὺς θεοὺς δεδοικέναι.

Στ. ὤμοι πονηρά γ᾽ ὦ Νεφέλαι, δίκαια δέ.
οὐ γάρ μ᾽ ἐχρῆν τὰ χρήμαθ᾽ ἁδανεισάμην
ἀποστερεῖν. νῦν οὖν ὅπως ὦ φίλτατε
τὸν Χαιρεφῶντα τὸν μιαρὸν καὶ Σωκράτη   1465
ἀπολεῖς μετ᾽ ἐμοῦ 'λθών, οἳ σὲ κἄμ᾽ ἐξηπάτων.

Φε. ἀλλ᾽ οὐκ ἂν ἀδικήσαιμι τοὺς διδασκάλους.

Στ. ναὶ ναὶ καταιδέσθητι πατρῷον Δία.

Φε. ἰδού γε Δία πατρῷον· ὡς ἀρχαῖος εἶ.
Ζεὺς γάρ τις ἔστιν;   Στ. ἔστιν.   Φε. οὐκ
ἔστ᾽, οὔκ, ἐπεὶ   1470
Δῖνος βασιλεύει τὸν Δί᾽ ἐξεληλακώς.

Στ. οὐκ ἐξελήλακ᾽, ἀλλ᾽ ἐγὼ τοῦτ᾽ ᾠόμην
διὰ τουτονὶ τὸν δῖνον. οἴμοι δείλαιος
ὅτε καὶ σὲ χυτρεοῦν ὄντα θεὸν ἡγησάμην.

Φε. ἐνταῦθα σαυτῷ παραφρόνει καὶ φληνάφα.   1475

Στ. οἴμοι παρανοίας· ὡς ἐμαινόμην ἄρα,
ὅτ᾽ ἐξέβαλλον τοὺς θεοὺς διὰ Σωκράτη.
ἀλλ᾽ ὦ φίλ᾽ Ἑρμῆ μηδαμῶς θύμαινέ μοι
μηδέ μ᾽ ἐπιτρίψῃς, ἀλλὰ συγγνώμην ἔχε
ἐμοῦ παρανοήσαντος ἀδολεσχίᾳ·   1480
καί μοι γενοῦ ξύμβουλος, εἴτ᾽ αὐτοὺς γραφὴν
διωκάθω γραψάμενος εἴθ᾽ ὅ τι σοι δοκεῖ.
ὀρθῶς παραινεῖς οὐκ ἐῶν δικορραφεῖν,
ἀλλ᾽ ὡς τάχιστ᾽ ἐμπιμπράναι τὴν οἰκίαν
τῶν ἀδολεσχῶν. δεῦρο δεῦρ᾽ ὦ Ξανθία,   1485
κλίμακα λαβὼν ἔξελθε καὶ σμινύην φέρων,
κἄπειτ᾽ ἐπαναβὰς ἐπὶ τὸ φροντιστήριον
τὸ τέγος κατάσκαπτ᾽, εἰ φιλεῖς τὸν δεσπότην,

1460 ἐσβάλωμεν A   1466 μετ᾽ ἐμοῦ ἐλθών A Θ : μετ᾽ ἐμοῦ γ᾽
ἐλθών R V : μετ᾽ ἐμοῦ γ᾽ ἔλθ᾽ Ald. : μετελθών Herm.   οἳ] ὧν Cobet
1470 οὐκ ἔστ᾽, οὔκ] οὐκ ἐστὶν οὐκ R V : οὐκ ἔνεστ᾿(ιν) A Θ Ald. : οὐκέτ᾿
ἔστ᾽ Pors.   1472, 1473 τότ᾽ ᾠόμην Δία Bentl.   1474 χυτρεοῦν
χυτραιοῦν R   1480 παρανομήσαντος V

ἕως ἂν αὐτοῖς ἐμβάλῃς τὴν οἰκίαν·
ἐμοὶ δὲ δᾷδ' ἐνεγκάτω τις ἡμμένην,   1490
κἀγώ τιν' αὐτῶν τήμερον δοῦναι δίκην
ἐμοὶ ποιήσω, κεἰ σφόδρ' εἴσ' ἀλαζόνες.

ΜΑΘΗΤΗΣ Α

ἰοὺ ἰού.

Στ. σὸν ἔργον ὦ δᾲς ἰέναι πολλὴν φλόγα.

Μαᵃ ἄνθρωπε, τί ποιεῖς;   Στ. ὅ τι ποιῶ; τί δ' ἄλλο γ' ἢ
διαλεπτολογοῦμαι ταῖς δοκοῖς τῆς οἰκίας;   1496

ΜΑΘΗΤΗΣ Β

οἴμοι τίς ἡμῶν πυρπολεῖ τὴν οἰκίαν;

Στ. ἐκεῖνος οὗπερ θοἰμάτιον εἰλήφατε.

ΜΑΘΗΤΗΣ Γ

ἀπολεῖς ἀπολεῖς.   Στ. τοῦτ' αὐτὸ γὰρ καὶ βούλομαι,
ἢν ἡ σμινύη μοι μὴ προδῷ τὰς ἐλπίδας,   1500
ἢ 'γὼ πρότερόν πως ἐκτραχηλισθῶ πεσών.

Σω. οὗτος τί ποιεῖς ἐτεὸν οὑπὶ τοῦ τέγους;

Στ. ἀεροβατῶ καὶ περιφρονῶ τὸν ἥλιον.

Σω. οἴμοι τάλας δείλαιος ἀποπνιγήσομαι.

ΧΑΙΡΕΦΩΝ

ἐγὼ δὲ κακοδαίμων γε κατακαυθήσομαι.   1505

Στ. τί γὰρ μαθόντες τοὺς θεοὺς ὑβρίζετε,
καὶ τῆς σελήνης ἐσκοπεῖσθε τὴν ἕδραν;

ΕΡΜΗΣ

δίωκε βάλλε παῖε, πολλῶν οὕνεκα,
μάλιστα δ' εἰδὼς τοὺς θεοὺς ὡς ἠδίκουν.

Χο.   ἡγεῖσθ' ἔξω· κεχόρευται γὰρ   1510
μετρίως τό γε τήμερον ἡμῖν.

1495 Στ.] ξανθ. οἰκ. V   1497. 1499 σωκ. praef. R   1503 Στ.]
ξανθ. οἰκ. V : οἰκ. R   1505 ΧΑΙΡΕΦΩΝ] μαθ R : ἕτερος φιλόσοφος V
1507 ἐσκοπεῖσθον Α Θ   τὰς ἕδρας codd. dett. aliquot   1508 ΕΡΜΗΣ
R V : Χο. Beer   βάλλε παῖε] παῖε βάλλε Α Θ

ΣΦΗΚΕΣ

ΥΠΟΘΕΣΕΙΣ

I

Φιλοκλέων Ἀθηναῖος φιλόδικος ὢν τὴν φύσιν ἐφοίτα περὶ τὰ δικαστήρια συνεχῶς. Βδελυκλέων δὲ ὁ τούτου παῖς ἀχθόμενος ταύτῃ τῇ νόσῳ καὶ πειρώμενος τὸν πατέρα παύειν, ἐγκαθείρξας τοῖς οἴκοις καὶ δίκτυα περιβαλὼν ἐφύλαττε νύκτωρ καὶ μεθ' ἡμέραν. ὁ δὲ ἐξόδου
5 ἑαυτῷ μὴ προκειμένης ἔκραζεν. οἱ δὲ συνδικασταὶ αὐτοῦ σφηξὶν ἑαυτοὺς ἀφομοιώσαντες παρεγένοντο, βουλόμενοι διὰ ταύτης τῆς τέχνης ὑποκλέπτειν τὸν συνδικαστήν· ἐξ ὧν καὶ ὁ χορὸς συνέστηκε καὶ τὸ δρᾶμα ἐπιγέγραπται. ἀλλ' οὐδὲν ἤνυον οὐδὲ οὗτοι. πέρας δὲ τοῦ νεανίσκου θαυμάζοντος τίνος ἕνεκα ὁ πατὴρ οὕτως ἥττηται τοῦ
10 πράγματος, ἔφη ὁ πρεσβύτης τὸ πρᾶγμα εἶναι σπουδαῖον καὶ σχεδὸν ἀρχῆς τὸ δικάζειν. ὁ δὲ παῖς ἐπειρᾶτο τὰς ὑποψίας ἐξαιρεῖν τοῦ πράγματος νουθετῶν τὸν γέροντα. ὁ δὲ πρεσβύτης μηδαμῶς νουθετούμενος οὐ μεθίει τοῦ πάθους· ἀλλ' ἀναγκάζεται ὁ νέος ἐπιτρέπειν αὐτῷ φιλοδικεῖν, καὶ ἐπὶ τῆς οἰκίας τοῦτο ποιεῖ, καὶ τοῖς κατὰ τὴν οἰκίαν
15 δικάζει. καὶ δύο κύνες ἐπεισάγονται πολιτικῶς παρ' αὐτῷ κρινόμενοι· καὶ κατὰ τοῦ φεύγοντος ἐκφέρειν συνεχῶς τὴν ψῆφον μέλλων ἀπατηθεὶς ἄκων τὴν ἀποδικάζουσαν φέρει ψῆφον.

περιέχει δὲ καὶ δικαιολογίαν τινὰ τοῦ χοροῦ ἐκ τοῦ ποιητικοῦ προσώπου, ὡς σφηξὶν ἐμφερεῖς εἰσὶν οἱ τοῦ χοροῦ, ἐξ ὧν καὶ τὸ δρᾶμα.
20 οἵ, ὅτε μὲν ἦσαν νέοι, πικρῶς †ταῖς δίκαις† ἐφήδρευον, ἐπεὶ δὲ γέροντες γεγόνασι, κεντοῦσι τοῖς κέντροις. ἐπὶ τέλει δὲ τοῦ δράματος ὁ γέρων ἐπὶ δεῖπνον καλεῖται, καὶ ἐπὶ ὕβριν τρέπεται, καὶ κρίνει αὐτὸν ὕβρεως ἀρτόπωλις· ὁ δὲ γέρων πρὸς αὐλὸν καὶ ὄρχησιν τρέπεται καὶ γελωτοποιεῖ τὸ δρᾶμα.

25 τοῦτο τὸ δρᾶμα πεποίηται αὐτῷ οὐκ ἐξ ὑποκειμένης ὑποθέσεως, ἀλλ' ὡσανεὶ γενομένης. πέπλασται γὰρ τὸ ὅλον. διαβάλλει δὲ Ἀθηναίους

Ὑπόθεσις I] 10 σχεδὸν ἀρχῆς] ὡς ἀρχὴν R 16 συνεχῶς om. V 18 χοροῦ Ald. : ποιητοῦ vulg.

166

ὡς φιλοδικοῦντας, καὶ σωφρονίζει τὸν δῆμον ἀποστῆναι δικῶν, καὶ διά
τοι τοῦτο καὶ τοὺς δικαστὰς σφηξὶν ἀπεικάζει κέντρα ἔχουσι καὶ πλήτ-
τουσι. πεποίηται δ' αὐτῷ χαριέντως.
ἐδιδάχθη ἐπὶ ἄρχοντος Ἀμεινίου διὰ Φιλωνίδου ἐν τῇ πθ' ὀλυμπιάδι.
δεύτερος ἦν, εἰς Λήναια. καὶ ἐνίκα πρῶτος Φιλωνίδης Προάγωνι, 5
Λεύκων Πρέσβεσι τρίτος.

II

ΑΡΙΣΤΟΦΑΝΟΥΣ ΓΡΑΜΜΑΤΙΚΟΥ

Φιλοῦντα δικάζειν πατέρα παῖς εἴρξας ἄφνω
αὐτός τ' ἐφύλαττεν ἔνδον οἰκέται θ', ὅπως
μὴ λανθάνῃ μηδ' ἐξίῃ διὰ τὴν νόσον.
ὁ δ' ἀντιμάχεται παντὶ τρόπῳ καὶ μηχανῇ.   10
εἶθ' οἱ συνήθεις καὶ γέροντες, λεγόμενοι
σφῆκες, παραγίνονται βοηθοῦντες σφόδρα
ἐπὶ τῷ δύνασθαι κέντρον ἐνιέναι τισὶν
φρονοῦντες ἱκανόν. ὁ δὲ γέρων τηρούμενος
συμπείθετ' ἔνδον διαδικάζειν καὶ βιοῦν,   15
ἐπεὶ τὸ δικάζειν κέκρικεν ἐκ παντὸς τρόπου.

Ὑπόθεσις Ι] 4 πθ' Kanngiesser : πόλει codd.

167

ΤΑ ΤΟΥ ΔΡΑΜΑΤΟΣ ΠΡΟΣΩΠΑ

ΣΩΣΙΑΣ
ΞΑΝΘΙΑΣ
ΒΔΕΛΥΚΛΕΩΝ
ΦΙΛΟΚΛΕΩΝ
ΧΟΡΟΣ ΓΕΡΟΝΤΩΝ ΣΦΗΚΩΝ
ΠΑΙΔΕΣ
ΚΥΩΝ
ΑΡΤΟΠΩΛΙΣ
ΚΑΤΗΓΟΡΟΣ

ΣΦΗΚΕΣ

ΣΩΣΙΑΣ

Οὗτος τί πάσχεις ὦ κακόδαιμον Ξανθία;

ΞΑΝΘΙΑΣ

φυλακὴν καταλύειν νυκτερινὴν διδάσκομαι.

Σω. κακὸν ἄρα ταῖς πλευραῖς τι προὐφείλεις μέγα.

ἆρ' οἶσθά γ' οἷον κνώδαλον φυλάττομεν;

Ξα. οἶδ', ἀλλ' ἐπιθυμῶ σμικρὸν ἀπομερμηρίσαι.   5

Σω. σὺ δ' οὖν παρακινδύνευ', ἐπεὶ καὐτοῦ γ' ἐμοῦ

κατὰ τοῖν κόραιν ὕπνου τι καταχεῖται γλυκύ.

Ξα. ἀλλ' ἢ παραφρονεῖς ἐτεὸν ἢ κορυβαντιᾷς;

Σω. οὔκ, ἀλλ' ὕπνος μ' ἔχει τις ἐκ Σαβαζίου.

Ξα. τὸν αὐτὸν ἄρ' ἐμοὶ βουκολεῖς Σαβάζιον.   10

κἀμοὶ γὰρ ἀρτίως ἐπεστρατεύσατο

Μῆδός τις ἐπὶ τὰ βλέφαρα νυστακτὴς ὕπνος·

καὶ δῆτ' ὄναρ θαυμαστὸν εἶδον ἀρτίως.

Σω. κἄγωγ' ἀληθῶς οἷον οὐδεπώποτε.

ἀτὰρ σὺ λέξον πρότερος.   Ξα. ἐδόκουν αἰετὸν   15

καταπτόμενον ἐς τὴν ἀγορὰν μέγαν πάνυ

ἀναρπάσαντα τοῖς ὄνυξιν ἀσπίδα

φέρειν ἐπίχαλκον ἀνεκὰς ἐς τὸν οὐρανόν,

κἄπειτα ταύτην ἀποβαλεῖν Κλεώνυμον.

Codd. hos citavimus : R V Γ et B C cum ab Aldina dissentiunt
3 προὐφείλεις Elmsl. : προὔφειλες codd.   6 οὖν] αὖ R   7 ὕπνου
R V : ἤδη vulg.   11 ἀρτίως R V : ἀρτίως τὶς Ald.

ΑΡΙΣΤΟΦΑΝΟΥΣ

Σω. οὐδὲν ἄρα γρίφου διαφέρει Κλεώνυμος.　　　　20

Ξα. πῶς δή;　　Σω.　προσερεῖ τις τοῖσι συμπόταις,
　　　λέγων
'τί ταὐτὸν ἐν γῇ τ' ἀπέβαλεν κἀν οὐρανῷ
κἀν τῇ θαλάττῃ θηρίον τὴν ἀσπίδα;'

Ξα. οἴμοι τί δῆτά μοι κακὸν γενήσεται
ἰδόντι τοιοῦτον ἐνύπνιον;　　Σω.　μὴ φροντίσῃς.　25
οὐδὲν γὰρ ἔσται δεινὸν οὐ μὰ τοὺς θεούς.

Ξα. δεινόν γέ ποὖστ' ἄνθρωπος ἀποβαλὼν ὅπλα.
ἀτὰρ σὺ τὸ σὸν αὖ λέξον.　　Σω.　ἀλλ' ἐστὶν μέγα.
περὶ τῆς πόλεως γάρ ἐστι τοῦ σκάφους ὅλου.

Ξα. λέγε νυν ἀνύσας τι τὴν τρόπιν τοῦ πράγματος.　30

Σω. ἔδοξέ μοι περὶ πρῶτον ὕπνον ἐν τῇ πυκνὶ
ἐκκλησιάζειν πρόβατα συγκαθήμενα,
βακτηρίας ἔχοντα καὶ τριβώνια·
κἄπειτα τούτοις τοῖς προβάτοισι μοὐδόκει
δημηγορεῖν φάλαινα πανδοκεύτρια,　　　　35
ἔχουσα φωνὴν ἐμπεπρησμένης ὑός.

Ξα. αἰβοῖ.　　Σω.　τί ἔστι;　　Ξα.　παῦε παῦε, μὴ
　　　λέγε·
ὄζει κάκιστον τοὐνύπνιον βύρσης σαπρᾶς.

Σω. εἶθ' ἡ μιαρὰ φάλαιν' ἔχουσα τρυτάνην
ἵστη βόειον δημόν.　　Ξα.　οἴμοι δείλαιος·　40
τὸν δῆμον ἡμῶν βούλεται διιστάναι.

Σω. ἐδόκει δέ μοι Θέωρος αὐτῆς πλησίον
χαμαὶ καθῆσθαι τὴν κεφαλὴν κόρακος ἔχων.
εἶτ' Ἀλκιβιάδης εἶπε πρός με τραυλίσας,
'ὁλᾷς; Θέωλος τὴν κεφαλὴν κόλακος ἔχει.'　45

Ξα. ὀρθῶς γε τοῦτ' Ἀλκιβιάδης ἐτραύλισεν.

Σω. οὔκουν ἐκεῖν' ἀλλόκοτον, ὁ Θέωρος κόραξ

---

21 πῶς δή; Xanthiae dedit Bentl.　προσερεῖ] προερεῖ perperam
ex V Mein., quem librarii compendium fefellit: προβαλεῖ Blaydes
22 τί Cobet : ὅτι codd.　　27 ποὖστ'] τοὖστ' Dind.　36 ἐμπεπρη-
σμένης Ald. et schol. : ἐμπεπρημένην R : ἐμπεπρησμένην V

γιγνόμενος;   Ξα. ἥκιστ᾽, ἀλλ᾽ ἄριστον.   Σω. πῶς;
Ξα. ὅπως;
ἄνθρωπος ὢν εἶτ᾽ ἐγένετ᾽ ἐξαίφνης κόραξ·
οὔκουν ἐναργὲς τοῦτο συμβαλεῖν, ὅτι   50
ἀρθεὶς ἀφ᾽ ἡμῶν ἐς κόρακας οἰχήσεται;
Σω. εἶτ᾽ οὐκ ἐγὼ δοὺς. δύ᾽ ὀβολὼ μισθώσομαι
οὕτως ὑποκρινόμενον σοφῶς ὀνείρατα;
Ξα. φέρε νυν κατείπω τοῖς θεαταῖς τὸν λόγον,
ὀλίγ᾽ ἄτθ᾽ ὑπειπὼν πρῶτον αὐτοῖσιν ταδί,   55
μηδὲν παρ᾽ ἡμῶν προσδοκᾶν λίαν μέγα,
μηδ᾽ αὖ γέλωτα Μεγαρόθεν κεκλεμμένον.
ἡμῖν γὰρ οὐκ ἔστ᾽ οὔτε κάρυ᾽ ἐκ φορμίδος
δούλω διαρριπτοῦντε τοῖς θεωμένοις,
οὔθ᾽ Ἡρακλῆς τὸ δεῖπνον ἐξαπατώμενος,   60
οὐδ᾽ αὖθις ἀνασελγαινόμενος Εὐριπίδης·
οὐδ᾽ εἰ Κλέων γ᾽ ἔλαμψε τῆς τύχης χάριν,
αὖθις τὸν αὐτὸν ἄνδρα μυττωτεύσομεν.
ἀλλ᾽ ἔστιν ἡμῖν λογίδιον γνώμην ἔχον,
ὑμῶν μὲν αὐτῶν οὐχὶ δεξιώτερον,   65
κωμῳδίας δὲ φορτικῆς σοφώτερον.
ἔστιν γὰρ ἡμῖν δεσπότης ἐκεινοσὶ
ἄνω καθεύδων, ὁ μέγας, οὑπὶ τοῦ τέγους.
οὗτος φυλάττειν τὸν πατέρ᾽ ἐπέταξε νῷν,
ἔνδον καθείρξας, ἵνα θύραζε μὴ ᾽ξίῃ.   70
νόσον γὰρ ὁ πατὴρ ἀλλόκοτον αὐτοῦ νοσεῖ,
ἣν οὐδ᾽ ἂν εἷς γνοίη ποτ᾽ οὐδ᾽ ἂν ξυμβάλοι
εἰ μὴ πύθοιθ᾽ ἡμῶν· ἐπεὶ τοπάζετε.
Ἀμυνίας μὲν ὁ Προνάπους φήσ᾽ οὑτοσὶ
εἶναι φιλόκυβον αὐτόν· ἀλλ᾽ οὐδὲν λέγει.   75
Σω. μὰ Δί᾽, ἀλλ᾽ ἀφ᾽ αὑτοῦ τὴν νόσον τεκμαίρεται.
Ξα. οὔκ, ἀλλὰ φιλο μέν ἐστιν ἀρχὴ τοῦ κακοῦ.

55 πρῶτον R V B: πρότερον Ald.   61 ἐνασελγαινόμενος Herm.
62 γ᾽ ἔλαμψε] ἀνέλαμψε Cobet   72 οὐδ᾽ ἂν] οὐδὲ Β C

ὁδὶ δέ φησι Σωσίας πρὸς Δερκύλον
εἶναι φιλοπότην αὐτόν.   Σω.   οὐδαμῶς γ', ἐπεὶ
αὕτη γε χρηστῶν ἐστιν ἀνδρῶν ἡ νόσος.   80
Ξα. Νικόστρατος δ' αὖ φησιν ὁ Σκαμβωνίδης
εἶναι φιλοθύτην αὐτὸν ἢ φιλόξενον.
Σω. μὰ τὸν κύν' ὦ Νικόστρατ' οὐ φιλόξενος,
ἐπεὶ καταπύγων ἐστὶν ὅ γε Φιλόξενος.
Ξα. ἄλλως φλυαρεῖτ'· οὐ γὰρ ἐξευρήσετε.   85
εἰ δὴ 'πιθυμεῖτ' εἰδέναι, σιγᾶτε νῦν.
φράσω γὰρ ἤδη τὴν νόσον τοῦ δεσπότου.
φιληλιαστής ἐστιν ὡς οὐδεὶς ἀνήρ,
ἐρᾷ τε τούτου, τοῦ δικάζειν, καὶ στένει
ἢν μὴ 'πὶ τοῦ πρώτου καθίζηται ξύλου.   90
ὕπνου δ' ὁρᾷ τῆς νυκτὸς οὐδὲ πασπάλην.
ἢν δ' οὖν καταμύσῃ κἂν ἄχνην, ὅμως ἐκεῖ
ὁ νοῦς πέτεται τὴν νύκτα περὶ τὴν κλεψύδραν.
ὑπὸ τοῦ δὲ τὴν ψῆφόν γ' ἔχειν εἰωθέναι
τοὺς τρεῖς ξυνέχων τῶν δακτύλων ἀνίσταται,   95
ὥσπερ λιβανωτὸν ἐπιτιθεὶς νουμηνίᾳ.
καὶ νὴ Δί' ἢν ἴδῃ γέ που γεγραμμένον
υἱὸν Πυριλάμπους ἐν θύρᾳ Δῆμον καλόν,
ἰὼν παρέγραψε πλησίον ' κημὸς καλός.'
τὸν ἀλεκτρυόνα δ', ὃς ᾖδ' ἀφ' ἑσπέρας, ἔφη   100
ὄψ' ἐξεγείρειν αὐτὸν ἀναπεπεισμένον,
παρὰ τῶν ὑπευθύνων ἔχοντα χρήματα.
εὐθὺς δ' ἀπὸ δορπηστοῦ κέκραγεν ἐμβάδας,
κἄπειτ' ἐκεῖσ' ἐλθὼν προκαθεύδει πρῷ πάνυ,
ὥσπερ λεπὰς προσεχόμενος τῷ κίονι.   105
ὑπὸ δυσκολίας δ' ἅπασι τιμῶν τὴν μακρὰν
ὥσπερ μέλιττ' ἢ βομβυλιὸς εἰσέρχεται
ὑπὸ τοῖς ὄνυξι κηρὸν ἀναπεπλασμένος.

98 υἱὸν R V : τὸν Ald. : τὸν τοῦ Bentl.   105 προσισχόμενος
Hirschig   108 ἀναπεπλασμένος R V et v. l. apud schol. : ὑποπε-
πλασμένος Ald.

172

ψήφων δὲ δείσας μὴ δεηθείη ποτέ,
ἵν' ἔχοι δικάζειν, αἰγιαλὸν ἔνδον τρέφει.　　110
τοιαῦτ' ἀλύει· νουθετούμενος δ' ἀεὶ
μᾶλλον δικάζει.　τοῦτον οὖν φυλάττομεν
μοχλοῖσιν ἐνδήσαντες, ὡς ἂν μὴ 'ξίῃ.
ὁ γὰρ υἱὸς αὐτοῦ τὴν νόσον βαρέως φέρει.
καὶ πρῶτα μὲν λόγοισι παραμυθούμενος　　115
ἀνέπειθεν αὐτὸν μὴ φορεῖν τριβώνιον
μηδ' ἐξιέναι θύραζ', ὁ δ' οὐκ ἐπείθετο.
εἶτ' αὐτὸν ἀπέλου κἀκάθαιρ', ὁ δ' οὐ μάλα.
μετὰ τοῦτ' ἐκορυβάντιζ', ὁ δ' αὐτῷ τυμπάνῳ
ᾄξας ἐδίκαζεν ἐς τὸ καινὸν ἐμπεσών.　　120
ὅτε δῆτα ταύταις ταῖς τελεταῖς οὐκ ὠφέλει,
διέπλευσεν εἰς Αἴγιναν, εἶτα ξυλλαβὼν
νύκτωρ κατέκλινεν αὐτὸν εἰς Ἀσκληπιοῦ,
ὁ δ' ἀνεφάνη κνεφαῖος ἐπὶ τῇ κιγκλίδι.
ἐντεῦθεν οὐκέτ' αὐτὸν ἐξεφρίεμεν,　　125
ὁ δ' ἐξεδίδρασκε διά τε τῶν ὑδορροῶν
καὶ τῶν ὀπῶν· ἡμεῖς δ' ὅσ' ἦν τετρημένα
ἐνεβύσαμεν ῥακίοισι κἀπακτώσαμεν,
ὁ δ' ὡσπερεὶ κολοιὸς αὑτῷ παττάλους
ἐνέκρουεν ἐς τὸν τοῖχον, εἶτ' ἐξήλλετο.　　130
ἡμεῖς δὲ τὴν αὐλὴν ἅπασαν δικτύοις
καταπετάσαντες ἐν κύκλῳ φυλάττομεν.
ἔστιν δ' ὄνομα τῷ μὲν γέροντι Φιλοκλέων,
ναὶ μὰ Δία, τῷ δ' υἱεῖ γε τῳδὶ Βδελυκλέων,
ἔχων τρόπους φρυαγμοσεμνάκους τίνας.　　135

ΒΔΕΛΥΚΛΕΩΝ

ὦ Ξανθία καὶ Σωσία, καθεύδετε;
Ξα. οἴμοι.　Σω. τί ἔστι;　Ξα. Βδελυκλέων ἀνίσταται.

---

113 ἐνδήσαντες R V : ἐγκλείσαντες Ald.　　121 δῆτα R V : δὴ δὲ
vulg.　　125 ἐξεφρίεμεν Nauck : ἐξεφρίομεν R V : ἐξεφρείομεν vulg.
135 φρυαγμοσεμνάκους τίνας V Suid. : φρυαγμοσεμνακουστίνους R :
ὀφρυαγμοσεμνακουστίνουσ Ald.

ΑΡΙΣΤΟΦΑΝΟΥΣ

Βδ. οὐ περιδραμεῖται σφῷν ταχέως δεῦρ' ἅτερος;
ὁ γὰρ πατὴρ ἐς τὸν ἱπνὸν εἰσελήλυθε
καὶ μυσπολεῖ τι καταδεδυκώς. ἀλλ' ἄθρει   140
κατὰ τῆς πυέλου τὸ τρῆμ' ὅπως μὴ 'κδύσεται·
σὺ δὲ τῇ θύρᾳ πρόσκεισο.   Σω.   ταῦτ' ὦ δέσποτα.
Βδ. ἄναξ Πόσειδον τί ποτ' ἄρ' ἡ κάπνη ψοφεῖ;
οὗτος τίς εἶ σύ;

ΦΙΛΟΚΛΕΩΝ

           καπνὸς ἔγωγ' ἐξέρχομαι.
Βδ. καπνός; φέρ' ἴδω ξύλου τίνος σύ.   Φι.   συκίνου.
Βδ. νὴ τὸν Δί' ὅσπερ γ' ἐστὶ δριμύτατος καπνῶν.   146
ἀτὰρ οὐκέτ' ἐρρήσεις γε, ποῦ 'σθ' ἡ τηλία;
δύου πάλιν· φέρ' ἐπαναθῶ σοι καὶ ξύλον.
ἐνταῦθά νυν ζήτει τιν' ἄλλην μηχανήν.
ἀτὰρ ἄθλιός γ' εἴμ' ὡς ἕτερός γ' οὐδεὶς ἀνήρ,   150
ὅστις πατρὸς νυνὶ Καπνίου κεκλήσομαι.
Σω. ⟨ὅδε⟩ τὴν θύραν ὠθεῖ·   Βδ.   πίεζέ νυν σφόδρα,
εὖ κἀνδρικῶς· κἀγὼ γὰρ ἐνταῦθ' ἔρχομαι.
καὶ τῆς κατακλῇδος ἐπιμελοῦ, καὶ τοῦ μοχλοῦ
φύλαθ' ὅπως μὴ τὴν βάλανον ἐκτρώξεται.   155
Φι. τί δράσετ'; οὐκ ἐκφρήσετ' ὦ μιαρώτατοι
δικάσοντά μ', ἀλλ' ἐκφεύξεται Δρακοντίδης;
Βδ. σὺ δὲ τοῦτο βαρέως ἂν φέροις;   Φι.   ὁ γὰρ θεὸς
μαντευομένῳ μοὔχρησεν ἐν Δελφοῖς ποτέ,
ὅταν τις ἐκφύγῃ μ' ἀποσκλῆναι τότε.   160
Βδ. Ἄπολλον ἀποτρόπαιε τοῦ μαντεύματος.
Φι. ἴθ' ἀντιβολῶ σ' ἔκφρες με, μὴ διαρραγῶ.
Βδ. μὰ τὸν Ποσειδῶ Φιλοκλέων οὐδέποτέ γε.
Φι. διατρώξομαι τοίνυν ὀδὰξ τὸ δίκτυον.
Βδ. ἀλλ' οὐκ ἔχεις ὀδόντας.   Φι.   οἴμοι δείλαιος·   165

139 ἐξελήλυθεν V   147 οὐκέτ' ἐρρήσεις Elmsl. : οὐκ ἐσερρήσεις
V Ald. : οὐκ ἐρρήσεις R   152 ὅδε τὴν θύραν Herm. : τὴν θύραν
R V : παῖ, τὴν θύραν Ald.   ὠθεῖ Herm. : ὦθει codd.   155 φύλαθ'
Elmsl. : φύλαττέ θ' codd.   162 ἔκφρες Buttmann : ἔκφερε codd.

πῶς ἄν σ' ἀποκτείναιμι; πῶς; δότε μοι ξίφος
ὅπως τάχιστ', ἢ πινάκιον τιμητικόν.
Βδ. ἄνθρωπος οὗτος μέγα τι δρασείει κακόν.
Φι. μὰ τὸν Δί' οὐ δῆτ', ἀλλ' ἀποδόσθαι βούλομαι
τὸν ὄνον ἄγων αὐτοῖσι τοῖς κανθηλίοις·   170
νουμηνία γάρ ἐστιν.   Βδ. οὔκουν κἂν ἐγὼ
αὐτὸν ἀποδοίμην δῆτ' ἄν;   Φι. οὐχ ὥσπερ γ' ἐγώ.
Βδ. μὰ Δί' ἀλλ' ἄμεινον.   Φι. ἀλλὰ τὸν ὄνον ἔξαγε.
Σω. οἵαν πρόφασιν καθῆκεν, ὡς εἰρωνικῶς,
ἵν' αὐτὸν ἐκπέμψειας.   Βδ. ἀλλ' οὐκ ἔσπασεν 175
ταύτῃ γ'· ἐγὼ γὰρ ᾐσθόμην τεχνωμένου.
ἀλλ' εἰσιών μοι τὸν ὄνον ἐξάγειν δοκῶ
ὅπως ἂν ὁ γέρων μηδὲ παρακύψῃ πάλιν.
κάνθων τί κλάεις; ὅτι πεπράσει τήμερον;
βάδιζε θᾶττον.   τί στένεις, εἰ μὴ φέρεις   180
'Οδυσσέα τιν';   Σω. ἀλλὰ ναὶ μὰ Δία φέρει
κάτω γε τουτονί τιν' ὑποδεδυκότα.
Βδ. ποῖον; φέρ' ἴδωμαι τουτονί.   τουτὶ τί ἦν;
τίς εἶ ποτ' ὤνθρωπ' ἐτεόν;   Φι. Οὗτις νὴ Δία.
Βδ. Οὗτις σύ; ποδαπός;   Φι. Ἴθακος Ἀποδρασιππίδου.
Βδ. Οὗτις μὰ τὸν Δί' οὔτι χαιρήσων γε σύ.   186
ὕφελκε θᾶττον αὐτόν.   ὦ μιαρώτατος
ἵν' ὑποδέδυκεν· ὥστ' ἔμοιγ' ἰνδάλλεται
ὁμοιότατος κλητῆρος εἶναι πωλίῳ.
Φι. εἰ μή μ' ἐάσεθ' ἥσυχον, μαχούμεθα.   190
Βδ. περὶ τοῦ μαχεῖ νῷν δῆτα;   Φι. περὶ ὄνου σκιᾶς.
Βδ. πονηρὸς εἶ πόρρω τέχνης καὶ παράβολος.
Φι. ἐγὼ πονηρός; οὐ μὰ Δί' ἀλλ' οὐκ οἶσθα σὺ
νῦν μ' ὄντ' ἄριστον· ἀλλ' ἴσως, ὅταν φάγῃς
ὑπογάστριον γέροντος ἡλιαστικοῦ.   195
Βδ. ὤθει τὸν ὄνον καὶ σαυτὸν ἐς τὴν οἰκίαν.

171 κἂν ἐγὼ] καὐτὸς ἂν Ald.   175 ἵν' αὐτὸν R : ἵνα θᾶττον vulg.
177 ἐξάγειν δοκῶ] ἐξάξειν δοκῶ Elmsl.   186 γε σύ R : γε σὺ ἔσει
V : γ' ἔσει Ald. : γ' ἔτι Hirschig   190 ἥσυχον Ald. : ἡσύχως codd.

ΑΡΙΣΤΟΦΑΝΟΥΣ

Φι. ὦ ξυνδικασταὶ καὶ Κλέων ἀμύνατε.

Βδ. ἔνδον κέκραχθι τῆς θύρας κεκλημένης.
ὤθει σὺ πολλοὺς τῶν λίθων πρὸς τὴν θύραν,
καὶ τὴν βάλανον ἔμβαλλε πάλιν ἐς τὸν μοχλόν,   200
καὶ τῇ δοκῷ προσθεὶς τὸν ὅλμον τὸν μέγαν
ἀνύσας τι προσκύλισον.   Σω. οἴμοι δείλαιος·
πόθεν ποτ' ἐμπέπτωκέ μοι τὸ βωλίον;

Βδ. ἴσως ἄνωθεν μῦς ἐνέβαλέ σοί ποθεν.

Σω. μῦς; οὐ μὰ Δί' ἀλλ' ὑποδυόμενός τις οὑτοσὶ   205
ὑπὸ τῶν κεραμίδων ἡλιαστὴς ὀροφίας.

Βδ. οἴμοι κακοδαίμων, στροῦθος ἀνὴρ γίγνεται·
ἐκπτήσεται.   ποῦ ποῦ 'στί μοι τὸ δίκτυον;
σοῦ σοῦ, πάλιν σοῦ.   νὴ Δί' ἦ μοι κρεῖττον ἦν
τηρεῖν Σκιώνην ἀντὶ τούτου τοῦ πατρός.   210

Σω. ἄγε νυν, ἐπειδὴ τουτονὶ σεσοβήκαμεν,
κοὐκ ἔσθ' ὅπως διαδὺς ἂν ἡμᾶς ἔτι λάθοι,
τί οὐκ ἀπεκοιμήθημεν ὅσον ὅσον στίλην;

Βδ. ἀλλ' ὦ πόνηρ' ἥξουσιν ὀλίγον ὕστερον
οἱ ξυνδικασταὶ παρακαλοῦντες τουτονὶ   215
τὸν πατέρα.   Σω. τί λέγεις; ἀλλὰ νῦν γ' ὄρθρος βαθύς.

Βδ. νὴ τὸν Δί', ὀψὲ γοῦν ἀνεστήκασι νῦν.
ὡς ἀπὸ μέσων νυκτῶν γε παρακαλοῦσ' ἀεί,
λύχνους ἔχοντες καὶ μινυρίζοντες μέλη
ἀρχαῖα μελισιδωνοφρυνιχήρατα,   220
οἷς ἐκκαλοῦνται τοῦτον.   Σω. οὐκοῦν, ἢν δέῃ,
ἤδη ποτ' αὐτοὺς τοῖς λίθοις βαλλήσομεν.

Βδ. ἀλλ' ὦ πόνηρε τὸ γένος ἤν τις ὀργίσῃ
τὸ τῶν γερόντων, ἔσθ' ὅμοιον σφηκιᾷ.
ἔχουσι γὰρ καὶ κέντρον ἐκ τῆς ὀσφύος   225

---

201 τὴν δοκὸν Dobr.   202 προσκύλισον Cobet : προσκύλιε R V C :
προσκύλιέ γ' Ald.   208 μοι] μου R V Suid.   217 γοῦν . . .
νῦν Kuster : γὰρ . . . νῦν R V C : γοῦν . . . γε Ald.   220 ἀρχαῖα
μελι-] Aristarchus teste schol. : ἀρχαῖα μελη- R : ἀρχαιομελη- V Ald. :
ἀρχαιομελι- Suid.

ΣΦΗΚΕΣ

ὀξύτατον, ᾧ κεντοῦσι, καὶ κεκραγότες
πηδῶσι καὶ βάλλουσιν ὥσπερ φέψαλοι.
Σω. μὴ φροντίσῃς· ἐὰν ἐγὼ λίθους ἔχω,
πολλῶν δικαστῶν σφηκιὰν διασκεδῶ.

ΧΟΡΟΣ

χώρει πρόβαιν’ ἐρρωμένως. ὦ Κωμία βραδύνεις. 230
μὰ τὸν Δί’ οὐ μέντοι πρὸ τοῦ γ’, ἀλλ’ ἦσθ’ ἱμὰς κύνειος·
νυνὶ δὲ κρείττων ἐστί σου Χαρινάδης βαδίζειν.
ὦ Στρυμόδωρε Κονθυλεῦ, βέλτιστε συνδικαστῶν,
Εὐεργίδης ἆρ’ ἐστί που ’νταῦθ’ ἢ Χάβης ὁ Φλυεύς;
πάρεσθ’ ὃ δὴ λοιπόν γ’ ἔτ’ ἐστίν, ἀππαπαῖ παπαιάξ, 235
ἥβης ἐκείνης ἡνίκ’ ἐν Βυζαντίῳ ξυνῆμεν
φρουροῦντ’ ἐγώ τε καὶ σύ· κᾆτα περιπατοῦντε νύκτωρ
τῆς ἀρτοπώλιδος λαθόντ’ ἐκλέψαμεν τὸν ὅλμον,
κᾆθ’ ἥψομεν τοῦ κορκόρου κατασχίσαντες αὐτόν.
ἀλλ’ ἐγκονῶμεν ὦνδρες, ὡς ἔσται Λάχητι νυνί· 240
σίμβλον δέ φασι χρημάτων ἔχειν ἅπαντες αὐτόν.
χθὲς οὖν Κλέων ὁ κηδεμὼν ἡμῖν ἐφεῖτ’ ἐν ὥρᾳ
ἥκειν ἔχοντας ἡμερῶν ὀργὴν τριῶν πονηρὰν
ἐπ’ αὐτόν, ὡς κολωμένους ὧν ἠδίκησεν. ἀλλὰ
σπεύδωμεν ὦνδρες ἥλικες πρὶν ἡμέραν γενέσθαι. 245
χωρῶμεν ἅμα τε τῷ λύχνῳ πάντῃ διασκοπῶμεν,
μή που λίθος τις ἐμποδὼν ἡμᾶς κακόν τι δράσῃ.

ΠΑΙΣ

τὸν πηλὸν ὦ πάτερ πάτερ τουτονὶ φύλαξαι.
Χο. κάρφος χαμᾶθέν νυν λαβὼν τὸν λύχνον πρόμυξον.
Πα. οὔκ, ἀλλὰ τῳδί μοι δοκῶ τὸν λύχνον προβύσειν. 250
Χο. τί δὴ μαθὼν τῷ δακτύλῳ τὴν θρυαλλίδ’ ὠθεῖς,
καὶ ταῦτα τοὐλαίου σπανίζοντος ὦνόητε;

244 κολωμένους] χολούμενος (superscript. κολω) V : καλουμένους
R B : κολουμένους Ald. 245 σπεύσωμεν R V 247 λίθος V : λαθὼν
R Ald. cum schol. 248 σὺ τουτονί codd. : corr. Fl. Christianus
249 πρόμυξον Scaliger : πρόβυσον codd.

177

οὐ γὰρ δάκνει σ', ὅταν δέῃ τίμιον πρίασθαι.

Πα. εἰ νὴ Δί' αὖθις κονδύλοις νουθετήσεθ' ἡμᾶς,
ἀποσβέσαντες τοὺς λύχνους ἄπιμεν οἴκαδ' αὐτοί·   255
κἄπειτ' ἴσως ἐν τῷ σκότῳ τουτουὶ στερηθεὶς
τὸν πηλὸν ὥσπερ ἀτταγᾶς τυρβάσεις βαδίζων.

Χο. ἦ μὴν ἐγὼ σοῦ χἀτέρους μείζονας κολάζω.
ἀλλ' οὑτοσί μοι βόρβορος φαίνεται πατοῦντι·
κοὐκ ἔσθ' ὅπως οὐχ ἡμερῶν τεττάρων τὸ πλεῖστον   260
ὕδωρ ἀναγκαίως ἔχει τὸν θεὸν ποιῆσαι.
ἔπεισι γοῦν τοῖσιν λύχνοις οὑτοὶ μύκητες·
φιλεῖ δ', ὅταν τοῦτ' ᾖ, ποιεῖν ὑετὸν μάλιστα.
δεῖται δὲ καὶ τῶν καρπίμων ἄττα μή 'στι πρῷα
ὕδωρ γενέσθαι κἀπιπνεῦσαι βόρειον αὐτοῖς.   265
τί χρῆμ' ἄρ' οὐκ τῆς οἰκίας τῆσδε συνδικαστὴς
πέπονθεν, ὡς οὐ φαίνεται δεῦρο πρὸς τὸ πλῆθος;
οὐ μὴν πρὸ τοῦ γ' ἐφολκὸς ἦν, ἀλλὰ πρῶτος ἡμῶν
ἡγεῖτ' ἂν ᾄδων Φρυνίχου· καὶ γάρ ἐστιν ἀνὴρ
φιλῳδός.   ἀλλά μοι δοκεῖ στάντας ἐνθάδ' ὦνδρες   270
ᾄδοντας αὐτὸν ἐκκαλεῖν, ἤν τί πως ἀκούσας
τοὐμοῦ μέλους ὑφ' ἡδονῆς ἑρπύσῃ θύραζε.

τί ποτ' οὐ πρὸ θυρῶν φαίνετ' ἄρ' ἡμῖν ὁ γέρων οὐδ'
ὑπακούει;   [στρ.
μῶν ἀπολώλεκε τὰς
ἐμβάδας, ἢ προσέκοψ' ἐν   275
τῷ σκότῳ τὸν δάκτυλόν που,
εἶτ' ἐφλέγμηνεν αὐτοῦ
τὸ σφυρὸν γέροντος ὄντος;
καὶ τάχ' ἂν βουβωνιῴη.
ἦ μὴν πολὺ δριμύτατός γ' ἦν τῶν παρ' ἡμῖν,
καὶ μόνος οὐκ ἂν ἐπείθετ',

259 βόρβορος] βάρβαρος V : μάρμαρος Herm.   263 ὅταν τοῦτ' ᾖ
Fl. Christianus : ὅταν ᾖ τουτὶ codd.   post ποιεῖν add. ὁ Ζεὺς R V
274 ἀπολώλεκεν Herm.   276 αὐτοῦ post ἐφλέγμηνεν om. Madvig

ΣΦΗΚΕΣ

ἀλλ' ὁπότ' ἀντιβολοίη
τις, κάτω κύπτων ἂν οὕτω
'λίθον ἔψεις,' ἔλεγεν.   280

τάχα δ' ἂν διὰ τὸν χθιζινὸν ἄνθρωπον, ὃς ἡμᾶς
    διεδύετ'   [ἀντ.
ἐξαπατῶν καὶ λέγων
ὡς φιλαθήναιος ἦν καὶ
τἀν Σάμῳ πρῶτος κατείποι,
διὰ τοῦτ' ὀδυνηθεὶς
εἶτ' ἴσως κεῖται πυρέττων.
ἔστι γὰρ τοιοῦτος ἀνήρ.   285
ἀλλ' ὦγάθ' ἀνίστασο μηδ' οὕτω σεαυτὸν
ἔσθιε μηδ' ἀγανάκτει.
καὶ γὰρ ἀνὴρ παχὺς ἥκει
τῶν προδόντων τἀπὶ Θρᾴκης·
ὃν ὅπως ἐγχυτριεῖς.
ὕπαγ' ὦ παῖ ὕπαγε.   290

Πα. ἐθελήσεις τί μοι οὖν ὦ   [στρ.
     πάτερ, ἤν σού τι δεηθῶ;
Χο. πάνυ γ' ὦ παιδίον. ἀλλ' εἰ-
     πέ, τί βούλει με πρίασθαι
     καλόν; οἶμαι δέ σ' ἐρεῖν ἀ-   295
     στραγάλους δήπουθεν ὦ παῖ.
Πα. μὰ Δί' ἀλλ' ἰσχάδας ὦ παπ-
     πία· ἥδιον γάρ.   Χο. οὐκ ἂν
     μὰ Δί', εἰ κρέμαισθέ γ' ὑμεῖς.
Πα. μὰ Δί' οὔ τἄρα προπέμψω σε τὸ λοιπόν.
Χο. ἀπὸ γὰρ τοῦδέ με τοῦ μισθαρίου   300

281 χθιζινὸν Herm. : χθεσινὸν codd.   282 καὶ λέγων
ὡς] λέγων ὡς καὶ Herm.   283 διὰ ante τοῦτ' om. Madvig
287 παχὺς] ταχὺς R   298 κρέμεσθε V : κρέμοισθε vulg. : corr.
Dobr.

179

τρίτον αὐτὸν ἔχειν ἄλφιτα δεῖ καὶ ξύλα κῶψον·
⟨ἒ ἔ.⟩   σὺ δὲ σῦκά μ' αἰτεῖς.

Πα.   ἄγε νυν ὦ πάτερ ἢν μὴ   [ἀντ.
      τὸ δικαστήριον ἄρχων
      καθίσῃ νῦν, πόθεν ὠνη-   305
      σόμεθ' ἄριστον; ἔχεις ἐλ-
      πίδα χρηστήν τινα νῷν ἢ
      πόρον Ἕλλας ἱρὸν ⟨εὑρεῖν⟩;
Χο.   ἀπαπαῖ φεῦ, ⟨ἀπαπαῖ φεῦ,⟩
      μὰ Δί' οὐκ ἔγωγε νῷν οἶδ'   310
      ὁπόθεν γε δεῖπνον ἔσται.
Πα.   τί με δῆτ' ὦ μελέα μῆτερ ἔτικτες;
Χο.   ἵν' ἐμοὶ πράγματα βόσκειν παρέχῃς.
Πα.   ἀνόνητον ἄρ' ὦ θυλάκιόν σ' εἶχον ἄγαλμα.
      ἒ ἔ.   πάρα νῷν στενάζειν.   315

Φι.   φίλοι, τήκομαι μὲν
      πάλαι διὰ τῆς ὀπῆς
      ὑμῶν ὑπακούων.
      ἀλλὰ γὰρ οὐχ οἷός τ' εἴμ'
      ᾄδειν.   τί ποιήσω;
      τηροῦμαι δ' ὑπὸ τῶνδ', ἐπεὶ
      βούλομαί γε πάλαι μεθ' ὑ-   320
      μῶν ἐλθὼν ἐπὶ τοὺς καδί-
      σκους κακόν τι ποιῆσαι.
      ἀλλ' ὦ Ζεῦ ⟨Ζεῦ⟩ μέγα βροντήσας
      ἤ με ποίησον καπνὸν ἐξαίφνης
      ἢ Προξενίδην ἢ τὸν Σέλλου   325
      τοῦτον τὸν ψευδαμάμαξυν.

302 ἒ ἔ add. Herm.   308 ἱρὸν Herm.: ἱερὸν codd.   εὑρεῖν
add. Blaydes   309 ἀπαπαῖ φεῦ alterum add. Herm.   311 γε]
τὸ Cobet   314 ἄρα σ' ὦ θυλάκιόν γ' εἶχον codd.: corr. Herm.
318 ᾄδειν] ἰδεῖν Dawes   320 πάλαι] πάλαι πάνυ RVC: πάλιν Ald.
323 Ζεῦ alterum add. Pors.   μέγα βροντήσας Dind.: μέγα βρόντα
codd.

τόλμησον ἄναξ χαρίσασθαί μοι,
πάθος οἰκτίρας· ἤ με κεραυνῷ
διατινθαλέῳ σπόδισον ταχέως,
κἄπειτ' ἀνελών μ' ἀποφυσήσας   330
εἰς ὀξάλμην ἔμβαλε θερμήν·
ἤ δῆτα λίθον με ποίησον ἐφ' οὗ
τὰς χοιρίνας ἀριθμοῦσι.

Χο. τίς γάρ ἐσθ' ὁ ταῦτά σ' εἴργων   [στρ.
κἀποκλῄων τῇ θύρᾳ; λέ-
ξον· πρὸς εὔνους γὰρ φράσεις.   335
Φι. οὑμὸς υἱός. ἀλλὰ μὴ βοᾶτε· καὶ γὰρ τυγχάνει
οὑτοσὶ πρόσθεν καθεύδων. ἀλλ' ὕφεσθε τοῦ τόνου.
Χο. τοῦ δ' ἔφεξιν ὦ μάταιε ταῦτα δρᾶν σε βούλεται;
⟨καὶ⟩ τίνα πρόφασιν ἔχων;
Φι. οὐκ ἐᾷ μ' ὦνδρες δικάζειν οὐδὲ δρᾶν οὐδὲν κακόν,   340
ἀλλά μ' εὐωχεῖν ἕτοιμός ἐστ'· ἐγὼ δ' οὐ βούλομαι.
Χο. τοῦτ' ἐτόλμησ' ὁ μιαρὸς χα-
νεῖν ὁ Δημολογοκλέων ⟨ὅδ',⟩
ὅτι λέγεις ⟨σύ⟩ τι περὶ τῶν νε-   343
ῶν ἀληθές. οὐ γὰρ ἄν ποθ'
οὗτος ἀνὴρ τοῦτ' ἐτόλμη-
σεν λέγειν, εἰ
μὴ ξυνωμότης τις ἦν.   345

ἀλλ' ἐκ τούτων ὥρα τινά σοι ζητεῖν καινὴν ἐπίνοιαν,
ἥτις σε λάθρᾳ τἀνδρὸς τουδὶ καταβῆναι δεῦρο ποιήσει.
Φι. τίς ἂν οὖν εἴη; ζητεῖθ' ὑμεῖς, ὡς πᾶν ⟨ἂν⟩ ἔγωγε ποιοίην·
οὕτω κιττῶ διὰ τῶν σανίδων μετὰ χοιρίνης περιελθεῖν.
Χο. ἔστιν ὀπὴ δῆθ' ἥντιν' ἂν ἔνδοθεν οἷός τ' εἴης διορύξαι,   350

331 θερμόν Athenaeus   339 καὶ ante τίνα add. Bergk
342 δημολόγος κλέων V   ὅδ' add. Herm.   343 σύ add. Mein.
τι etiam V habet   346 τούτων] πάντων R   348 ἂν post
πᾶν add. Bentl.   350 διορύξαι] διαλέξαι Herm. ex Hesych. cf.
Lys. 720

εἶτ' ἐκδῦναι ῥάκεσιν κρυφθεὶς ὥσπερ πολύμητις Ὀδυσ-
σεύς;

Φι. πάντα πέφαρκται κοὐκ ἔστιν ὀπῆς οὐδ' εἰ σέρφῳ δια-
δῦναι.
ἀλλ' ἄλλο τι δεῖ ζητεῖν ὑμᾶς· ὀπίαν δ' οὐκ ἔστι γενέσθαι.

Χο. μέμνησαι δῆθ', ὅτ' ἐπὶ στρατιᾶς κλέψας ποτὲ τοὺς ὀβε-
λίσκους   354
ἵεις σαυτὸν κατὰ τοῦ τείχους ταχέως, ὅτε Νάξος ἑάλω.

Φι. οἶδ'· ἀλλὰ τί τοῦτ'; οὐδὲν γὰρ τοῦτ' ἐστὶν ἐκείνῳ προσ-
όμοιον.
ἥβων γὰρ κἀδυνάμην κλέπτειν, ἰσχυόν τ' αὐτὸς ἐμαυτοῦ,
κοὐδείς μ' ἐφύλαττ', ἀλλ' ἐξῆν μοι
φεύγειν ἀδεῶς. νῦν δὲ ξὺν ὅπλοις
ἄνδρες ὁπλῖται διαταξάμενοι   360
κατὰ τὰς διόδους σκοπιωροῦνται,
τὼ δὲ δύ' αὐτῶν ἐπὶ ταῖσι θύραις
ὥσπερ με γαλῆν κρέα κλέψασαν
τηροῦσιν ἔχοντ' ὀβελίσκους.   364

Χο.   ἀλλὰ καὶ νῦν ἐκπόριζε   [ἀντ.
μηχανὴν ὅπως τάχισθ'· ἕ-
ως γάρ, ὦ μελίττιον.

Φι. διατραγεῖν τοίνυν κράτιστόν ἐστί μοι τὸ δίκτυον.
ἡ δέ μοι Δίκτυννα συγγνώμην ἔχοι τοῦ δικτύου.

Χο. ταῦτα μὲν πρὸς ἀνδρός ἐστ' ἄνοντος ἐς σωτηρίαν.
ἀλλ' ἔπαγε τὴν γνάθον.   370

Φι. διατέτρωκται τοῦτό γ'. ἀλλὰ μὴ βοᾶτε μηδαμῶς,
ἀλλὰ τηρώμεσθ' ὅπως μὴ Βδελυκλέων αἰσθήσεται.

Χο.   μηδὲν ὦ τᾶν δέδιθι, μηδέν·
ὡς ἐγὼ τοῦτόν γ', ἐὰν γρύ-
ξῃ τι, ποιήσω δακεῖν τὴν
καρδίαν καὶ τὸν περὶ ψυ-   375
χῆς δρόμον δραμεῖν, ἵν' εἰδῇ

365 καὶ νῦν] καινὴν Dobr.

ΣΦΗΚΕΣ

μὴ πατεῖν τὰ
τοῖν θεοῖν ψηφίσματα.

ἀλλ᾽ ἐξάψας διὰ τῆς θυρίδος τὸ καλῴδιον εἶτα καθίμα 379
δήσας σαυτὸν καὶ τὴν ψυχὴν ἐμπλησάμενος Διοπείθους.

Φι. ἄγε νυν, ἢν αἰσθομένῳ τούτῳ ζητητόν μ᾽ ἐσκαλαμᾶσθαι
κἀνασπαστὸν ποιεῖν εἴσω, τί ποιήσετε; φράζετε νυνί.

Χο. ἀμυνοῦμέν σοι τὸν πρινώδη θυμὸν ἅπαντες καλέσαντες
ὥστ᾽ οὐ δυνατόν σ᾽ εἴργειν ἔσται· τοιαῦτα ποιήσομεν ἡμεῖς.

Φι. δράσω τοίνυν ὑμῖν πίσυνος, καὶ—μανθάνετ᾽;—ἤν τι
πάθω ᾽γώ, 385
ἀνελόντες καὶ κατακλαύσαντες θεῖναί μ᾽ ὑπὸ τοῖσι δρυ-
φάκτοις.

Χο. οὐδὲν πείσει· μηδὲν δείσῃς. ἀλλ᾽ ὦ βέλτιστε καθίει
σαυτὸν θαρρῶν κἀπευξάμενος τοῖσι πατρῴοισι θεοῖσιν.

Φι. ὦ Λύκε δέσποτα, γείτων ἥρως· σὺ γὰρ οἷσπερ ἐγὼ
κεχάρησαι, 389
τοῖς δακρύοισιν τῶν φευγόντων ἀεὶ καὶ τοῖς ὀλοφυρμοῖς·
ᾤκησας γοῦν ἐπίτηδες ἰὼν ἐνταῦθ᾽ ἵνα ταῦτ᾽ ἀκροῷο,
κἀβουλήθης μόνος ἡρώων παρὰ τὸν κλάοντα καθῆσθαι.
ἐλέησον καὶ σῶσον νυνὶ τὸν σαυτοῦ πλησιόχωρον·
κοὔ μή ποτέ σου παρὰ τὰς κάννας οὐρήσω μηδ᾽ ἀποπάρδω.

Βδ. οὗτος ἐγείρου. Ξα. τί τὸ πρᾶγμ᾽; Βδ. ὥσπερ
φωνή μέ τις ἐγκεκύκλωται. 395

Ξα. μῶν ὁ γέρων πῃ διαδύεται ⟨αὖ⟩; Βδ. μὰ Δί᾽ οὐ
δῆτ᾽, ἀλλὰ καθιμᾷ
αὑτὸν δήσας. Ξα. ὦ μιαρώτατε τί ποιεῖς; οὐ μὴ
καταβήσει;

Βδ. ἀνάβαιν᾽ ἀνύσας κατὰ τὴν ἑτέραν καὶ ταῖσιν φυλλάσι παῖε,
ἤν πως πρύμνην ἀνακρούσηται πληγεὶς ταῖς εἰρεσιώναις.

Φι. οὐ ξυλλήψεσθ᾽ ὁπόσοισι δίκαι τῆτες μέλλουσιν ἔσεσθαι,

378 τοῖν θεοῖν Cobet : τῶν θεῶν R : ταῖν θεαῖν vulg. 383 ἅπαντ᾽
ἐκκαλέσαντες Cobet 396 αὖ add. Dind. 397 μιαρώτατε] μιάρ᾽
ἀνδρῶν Pors.

ὦ Σμικυθίων καὶ Τεισιάδη καὶ Χρήμων καὶ Φερέδειπνε;
πότε δ᾽, εἰ μὴ νῦν, ἐπαρήξετέ μοι, πρίν μ᾽ εἴσω μᾶλλον
  ἄγεσθαι;

Χο. εἰπέ μοι τί μέλλομεν κινεῖν ἐκείνην τὴν χολήν,   [στρ.
  ἤνπερ, ἡνίκ᾽ ἄν τις ἡμῶν ὀργίσῃ τὴν σφηκιάν;   404
    νῦν ἐκεῖνο νῦν ἐκεῖνο
    τοὐξύθυμον, ᾧ κολαζό-
    μεσθα, κέντρον †ἐντέτατ᾽ ὀξύ†.

  ἀλλὰ θαἰμάτια βαλόντες ὡς τάχιστα, παιδία,
  θεῖτε καὶ βοᾶτε, καὶ Κλέωνι ταῦτ᾽ ἀγγέλλετε,
    καὶ κελεύετ᾽ αὐτὸν ἥκειν   410
    ὡς ἐπ᾽ ἄνδρα μισόπολιν
    ὄντα κἀπολούμενον, ὅτι
    τόνδε λόγον ἐσφέρει,
    μὴ δικάζειν δίκας.

Βδ. ὦγαθοὶ τὸ πρᾶγμ᾽ ἀκούσατ᾽, ἀλλὰ μὴ κεκράγετε.   415
Χο. νὴ Δί᾽ ἐς τὸν οὐρανόν γ᾽.   Βδ. ὡς τοῦδ᾽ ἐγὼ οὐ
  μεθήσομαι.

Χο. ταῦτα δῆτ᾽ οὐ δεινὰ καὶ τυραννίς ἐστιν ἐμφανής;
    ὦ πόλις καὶ Θεώρου θεοισεχθρία,
    κεἴ τις ἄλλος προέστηκεν ἡμῶν κόλαξ.

Ξα. Ἡράκλεις καὶ κέντρ᾽ ἔχουσιν.   οὐχ ὁρᾷς ὦ δέσποτα;
Βδ. οἷς γ᾽ ἀπώλεσαν Φίλιππον ἐν δίκῃ τὸν Γοργίου.   421

Χο. καὶ σέ γ᾽ αὐτοῖς ἐξολοῦμεν· ἀλλὰ πᾶς ἐπίστρεφε
  δεῦρο κἀξείρας τὸ κέντρον εἶτ᾽ ἐπ᾽ αὐτὸν ἵεσο,
  ξυσταλεὶς εὔτακτος ὀργῆς καὶ μένους ἐμπλήμενος,
  ὡς ἂν εὖ εἰδῇ τὸ λοιπὸν σμῆνος οἷον ὤργισεν.   425

$$403\text{-}429 = 461\text{-}487$$

Inter vv. 405-414 et 463-470 turbatur responsio metrica
  407 ἐντέτατ᾽ ὀξύ] ἐντετάμεθ᾽ ὀξύ Mein.   408 βαλόντες supra
scriptum in B : λαβόντες codd.   411 μισόπολιν] μισόδημον Herm.
413 post ἐσφέρει add. ὡς χρὴ codd. : om. Ald.   416 τοῦδ᾽ Pors. :
τόνδ᾽ R Ald. : τόνδε γ᾽ V   417 ἐστιν; ἐμφανής γε Herm. propter
metrum cf. 474   418 θεοσεχθρία codd. : corr. Bentl.   422 αὐτοῖς
Holden : αὖτις R Ald. : αὐτῆς V

Ξα. τοῦτο μέντοι δεινὸν ἤδη νὴ Δί', εἰ μαχούμεθα·
ὡς ἔγωγ' αὐτῶν ὁρῶν δέδοικα τὰς ἐγκεντρίδας.

Χο. ἀλλ' ἀφίει τὸν ἄνδρ'· εἰ δὲ μή, φήμ' ἐγὼ
τὰς χελώνας μακαριεῖν σε τοῦ δέρματος.

Φι. εἶά νυν ὦ ξυνδικασταὶ σφῆκες ὀξυκάρδιοι,   430
οἱ μὲν ἐς τὸν πρωκτὸν αὐτῶν ἐσπέτεσθ' ὠργισμένοι,
οἱ δὲ τὠφθαλμὼ κύκλῳ κεντεῖτε καὶ τοὺς δακτύλους.

Βδ. ὦ Μίδα καὶ Φρὺξ βοήθει δεῦρο καὶ Μασιντύα,
καὶ λάβεσθε τουτουὶ καὶ μὴ μεθῆσθε μηδενί·
εἰ δὲ μή, 'ν πέδαις παχείαις οὐδὲν ἀριστήσετε.   435
ὡς ἐγὼ πολλῶν ἀκούσας οἶδα θρίων τὸν ψόφον.

Χο. εἰ δὲ μὴ τοῦτον μεθήσεις, ἔν τί σοι παγήσεται.

Φι. ὦ Κέκροψ ἥρως ἄναξ τὰ πρὸς ποδῶν Δρακοντίδη,
περιορᾷς οὕτω μ' ὑπ' ἀνδρῶν βαρβάρων χειρούμενον,
οὓς ἐγὼ 'δίδαξα κλάειν τέτταρ' ἐς τὴν χοίνικα;   440

Χο. εἶτα δῆτ' οὐ πόλλ' ἔνεστι δεινὰ τῷ γήρᾳ κακά;
δηλαδή· καὶ νῦν γε τούτω τὸν παλαιὸν δεσπότην
πρὸς βίαν χειροῦσιν, οὐδὲν τῶν πάλαι μεμνημένοι
διφθερῶν κἀξωμίδων, ἃς οὗτος αὐτοῖς ἠμπόλα,
καὶ κυνᾶς· καὶ τοὺς πόδας χειμῶνος ὄντος ὠφέλει,   445
ὥστε μὴ ῥιγῶν ἑκάστοτ'· ἀλλὰ τούτοις γ' οὐκ ἔνι
οὐδ' ἐν ὀφθαλμοῖσιν αἰδὼς τῶν παλαιῶν ἐμβάδων.

Φι. οὐκ ἀφήσεις οὐδὲ νυνί μ' ὦ κάκιστον θηρίον,
οὐδ' ἀναμνησθεὶς ὅθ' εὑρὼν τοὺς βότρυς κλέπτοντά σε
προσαγαγὼν πρὸς τὴν ἐλάαν ἐξέδειρ' εὖ κἀνδρικῶς,   450
ὥστε σε ζηλωτὸν εἶναι; σὺ δ' ἀχάριστος ἦσθ' ἄρα.
ἀλλ' ἄνες με καὶ σὺ καὶ σύ, πρὶν τὸν υἱὸν ἐκδραμεῖν.

Χο. ἀλλὰ τούτων μὲν τάχ' ἡμῖν δώσετον καλὴν δίκην,
οὐκέτ' ἐς μακρὰν ἵν' εἰδῆθ' οἷός ἐστ' ἀνδρῶν τρόπος
ὀξυθύμων καὶ δικαίων καὶ βλεπόντων κάρδαμα.   455

432 κεντεῖτε Fl. Christianus: κεντεῖθ' οἱ δὲ codd.   433 βοηθεῖτε
codd.: corr. Bentl.   437 ἐν Bergler: ἓν codd.   452 ἄνες] ἄφει
Cobet   453 τούτων] τούτω v. l. apud schol.   454 οἷός V Suid.:
οἷόν vulg.

185

ΑΡΙΣΤΟΦΑΝΟΥΣ

Βδ. παῖε παῖ᾽ ὦ Ξανθία τοὺς σφῆκας ἀπὸ τῆς οἰκίας.

Ξα. ἀλλὰ δρῶ τοῦτ᾽· ἀλλὰ καὶ σὺ τῦφε πολλῷ τῷ καπνῷ.

Σω. οὐχὶ σοῦσθ᾽; οὐκ ἐς κόρακας; οὐκ ἄπιτε; παῖε τῷ ξύλῳ.

Ξα. καὶ σὺ προσθεὶς Αἰσχίνην ἔντυφε τὸν Σελλαρτίον.
ἆρ᾽ ἐμέλλομέν ποθ᾽ ὑμᾶς ἀποσοβήσειν τῷ χρόνῳ.   460

Βδ. ἀλλὰ μὰ Δί᾽ οὐ ῥᾳδίως οὕτως ἂν αὐτοὺς διέφυγες, [ἀντ.
εἴπερ ἔτυχον τῶν μελῶν τῶν Φιλοκλέους βεβρωκότες.

Χο.   ἆρα δῆτ᾽ οὐκ αὐτὰ δῆλα
τοῖς πένησιν, ἡ τυραννὶς
†ὡς λάθρᾳ γ᾽ ἐλάνθαν᾽ ὑπιοῦσά με,†   465
εἰ σύ γ᾽ ὦ πόνῳ πόνηρε καὶ κομηταμυνία
τῶν νόμων ἡμᾶς ἀπείργεις ὧν ἔθηκεν ἡ πόλις,
οὔτε τιν᾽ ἔχων πρόφασιν
οὔτε λόγον εὐτράπελον,
αὐτὸς ἄρχων μόνος;   470

Βδ. ἔσθ᾽ ὅπως ἄνευ μάχης καὶ τῆς κατοξείας βοῆς
ἐς λόγους ἔλθοιμεν ἀλλήλοισι καὶ διαλλαγάς;

Χο. σοὺς λόγους ὦ μισόδημε καὶ μοναρχίας ἐραστά,
καὶ ξυνὼν Βρασίδᾳ καὶ φορῶν κράσπεδα   475
στεμμάτων τήν θ᾽ ὑπήνην ἄκουρον τρέφων;

Βδ. νὴ Δί᾽ ἦ μοι κρεῖττον ἐκστῆναι τὸ παράπαν τοῦ πατρὸς
μᾶλλον ἢ κακοῖς τοσούτοις ναυμαχεῖν ὁσημέραι.

Χο. οὐδὲ μὴν οὐδ᾽ ἐν σελίνῳ σοῦστιν οὐδ᾽ ἐν πηγάνῳ·   480
τοῦτο γὰρ παρεμβαλοῦμεν τῶν τριχοινίκων ἐπῶν.
ἀλλὰ νῦν μὲν οὐδὲν ἀλγεῖς, ἀλλ᾽ ὅταν ξυνήγορος
ταὐτὰ ταῦτά σου καταντλῇ καὶ ξυνωμότας καλῇ.

Βδ. ἆρ᾽ ἂν ὦ πρὸς τῶν θεῶν ὑμεῖς ἀπαλλαχθεῖτέ μου;
ἢ δέδοκταί μοι δέρεσθαι καὶ δέρειν δι᾽ ἡμέρας;   485

Χο.   οὐδέποτέ γ᾽, οὐχ ἕως ἄν τί μου λοιπὸν ᾖ,
ὅστις ἡμῶν ἐπὶ τυραννίδ᾽ ὧδ᾽ ἐστάλης.

465 γ᾽ ἐλάνθαν᾽ ὑπιοῦσά με] γ᾽ ἐλάμβαν᾽ ὑπιοῦσά με R : μ᾽ ἐλάμβαν᾽
ὑπιοῦσα Mein.   474 σοὺς Hirschig : σοὶ codd.   ἐραστά] ἐρῶν
Dind.   480 μὴν Hirschig : μέν γ᾽ codd.   σοῦστιν V : που ᾽στὶν
vulg.   483 ξυνωμότην Cobet

Βδ. ὡς ἅπανθ' ὑμῖν τυραννίς ἐστι καὶ ξυνωμόται,
ἤν τε μεῖζον ἤν τ' ἔλαττον πρᾶγμά τις κατηγορῇ,
ἧς ἐγὼ οὐκ ἤκουσα τοὔνομ' οὐδὲ πεντήκοντ' ἐτῶν·   490
νῦν δὲ πολλῷ τοῦ ταρίχους ἐστὶν ἀξιωτέρα,
ὥστε καὶ δὴ τοὔνομ' αὐτῆς ἐν ἀγορᾷ κυλίνδεται.
ἢν μὲν ὠνῆταί τις ὀρφὼς μεμβράδας δὲ μὴ 'θέλῃ,
εὐθέως εἴρηχ' ὁ πωλῶν πλησίον τὰς μεμβράδας·
'οὗτος ὀψωνεῖν ἔοιχ' ἄνθρωπος ἐπὶ τυραννίδι.'   495
ἢν δὲ γήτειον προσαιτῇ ταῖς ἀφύαις ἥδυσμά τι,
ἡ λαχανόπωλις παραβλέψασά φησι θατέρῳ·
'εἰπέ μοι, γήτειον αἰτεῖς· πότερον ἐπὶ τυραννίδι,
ἢ νομίζεις τὰς Ἀθήνας σοὶ φέρειν ἡδύσματα;'

Ξα. κἀμέ γ' ἡ πόρνη χθὲς εἰσελθόντα τῆς μεσημβρίας,   500
ὅτι κελητίσαι 'κέλευον, ὀξυθυμηθεῖσά μοι
ἤρετ' εἰ τὴν Ἱππίου καθίσταμαι τυραννίδα.

Βδ. ταῦτα γὰρ τούτοις ἀκούειν ἡδέ', εἰ καὶ νῦν ἐγὼ
τὸν πατέρ' ὅτι βούλομαι τούτων ἀπαλλαχθέντα τῶν
ὀρθροφοιτοσυκοφαντοδικοταλαιπώρων τρόπων   505
ζῆν βίον γενναῖον ὥσπερ Μόρυχος, αἰτίαν ἔχω
ταῦτα δρᾶν ξυνωμότης ὢν καὶ φρονῶν τυραννικά.

Φι. νὴ Δί' ἐν δίκῃ γ'· ἐγὼ γὰρ οὐδ' ἂν ὀρνίθων γάλα
ἀντὶ τοῦ βίου λάβοιμ' ἂν οὗ με νῦν ἀποστερεῖς·
οὐδὲ χαίρω βατίσιν οὐδ' ἐγχέλεσιν, ἀλλ' ἥδιον ἂν   510
δικίδιον σμικρὸν φάγοιμ' ἂν ἐν λοπάδι πεπνιγμένον.

Βδ. νὴ Δί' εἰθίσθης γὰρ ἥδεσθαι τοιούτοις πράγμασιν·
ἀλλ' ἐὰν σιγῶν ἀνάσχῃ καὶ μάθῃς ἁγὼ λέγω,
ἀναδιδάξειν οἴομαί σ' ὡς πάντα ταῦθ' ἁμαρτάνεις.

Φι. ἐξαμαρτάνω δικάζων;   Βδ. καταγελώμενος μὲν
οὖν   515
οὐκ ἐπαίεις ὑπ' ἀνδρῶν, οὓς σὺ μόνον οὐ προσκυνεῖς.
ἀλλὰ δουλεύων λέληθας.   Φι. παῦε δουλείαν λέγων,

496 ταῖς] τις Brunck   505 ὀρθρο- schol. : ὀρθο- codd.   507 τυ-
ραννικά V Suid. : τυραννίδα vulg.   511 πεπνιγμένον] πεπηγμένον R

ὅστις ἄρχω τῶν ἀπάντων.　　Βδ.　οὐ σύ γ', ἀλλ'
　　ὑπηρετεῖς
οἰόμενος ἄρχειν· ἐπεὶ δίδαξον ἡμᾶς ὦ πάτερ,
ἥτις ἡ τιμή 'στί σοι καρπουμένῳ τὴν Ἑλλάδα.　　520
Φι.　πάνυ γε, καὶ τούτοισί γ' ἐπιτρέψαι 'θέλω.　　Βδ.　καὶ
　　μὴν ἐγώ.
ἄφετέ νυν ἅπαντες αὐτόν.　　Φι.　καὶ ξίφος γέ μοι δότε.
ἢν γὰρ ἡττηθῶ λέγων σου, περιπεσοῦμαι τῷ ξίφει.
Βδ.　εἰπέ μοι, τί δ' ἦν, τὸ δεῖνα, τῇ διαίτῃ μὴ 'μμένῃς;
Φι.　μηδέποτε πίοιμ' ἀκράτου μισθὸν ἀγαθοῦ δαίμονος.　　525

Χο.　νῦν δὴ τὸν ἐκ θἠμετέρου　　　　　　　　　　[στρ.
　　γυμνασίου δεῖ τι λέγειν
　　　　καινόν, ὅπως φανήσει—
Βδ.　ἐνεγκάτω μοι δεῦρο τὴν κίστην τις ὡς τάχιστα.
ἀτὰρ φανεῖ ποῖός τις ὤν, ἢν ταῦτα παρακελεύῃ;　　530
Χο.　μὴ κατὰ τὸν νεανίαν
　　τονδὶ λέγων.　ὁρᾷς γὰρ ὥς
　　σοι μέγας ἐστὶν ἀγὼν
　　καὶ περὶ τῶν ἀπάντων,
　　εἴπερ, ὃ μὴ γένοιθ', οὗ-　　　　　　　　　　535
　　τός ⟨σ'⟩ ἐθέλει κρατῆσαι.
Βδ.　καὶ μὴν ὅσ' ἂν λέξῃ γ' ἁπλῶς μνημόσυνα γράψομαι 'γώ.
Φι.　τί γὰρ φάθ' ὑμεῖς, ἢν ὁδί με τῷ λόγῳ κρατήσῃ;
Χο.　οὐκέτι πρεσβυτῶν ὄχλος　　　　　　　　　540
　　χρήσιμος ἔστ' οὐδ' ἀκαρῆ·
　　σκωπτόμενοι δ' ἐν ταῖς ὁδοῖς
　　θαλλοφόροι καλούμεθ', ἀν-
　　τωμοσιῶν κελύφη.　　　　　　　　　　　　545

526–545 = 631–647

525 ἄκρατον Richter　　527 δεῖ τι λέγειν Pors.: λέγειν τι δεῖ codd.　　530 φανεῖ ποῖός τις ὤν] fortasse φανεῖται ποῖος ὢν　ταῦτ' Ald.: ταῦτ' αὐτὰ R V Γ　　535 γένοιθ' Bentl.: γένοιτο νῦν codd. 536 σ' add. Pors.: σ' ἔθ' ἕλοι (κρατήσας) Starkie　　542 ἐν ταῖς ὁδοῖς Pors.: ἂν ἐν ταῖσιν ὁδοῖς (-οῖσιν V) ἁπάσαις R V Ald.　　544 καλοίμεθ' codd.: corr. Pors.

ΣΦΗΚΕΣ

ἀλλ' ὦ περὶ τῆς πάσης μέλλων βασιλείας ἀντιλογήσειν
τῆς ἡμετέρας, νυνὶ θαρρῶν πᾶσαν γλῶτταν βασάνιζε.

Φι. καὶ μὴν εὐθύς γ' ἀπὸ βαλβίδων περὶ τῆς ἀρχῆς ἀποδείξω
τῆς ἡμετέρας ὡς οὐδεμιᾶς ἥττων ἐστὶν βασιλείας.
τί γὰρ εὔδαιμον καὶ μακαριστὸν μᾶλλον νῦν ἐστὶ δι-
καστοῦ, 550
ἢ τρυφερώτερον ἢ δεινότερον ζῷον, καὶ ταῦτα γέροντος;
ὃν πρῶτα μὲν ἕρποντ' ἐξ εὐνῆς τηροῦσ' ἐπὶ τοῖσι δρυ-
φάκτοις
ἄνδρες μεγάλοι καὶ τετραπήχεις· κἄπειτ' εὐθὺς προσιόντι
ἐμβάλλει μοι τὴν χεῖρ' ἀπαλὴν τῶν δημοσίων κεκλο-
φυῖαν·
ἱκετεύουσίν θ' ὑποκύπτοντες τὴν φωνὴν οἰκτροχοοῦντες·
'οἴκτιρόν μ' ὦ πάτερ, αἰτοῦμαί σ', εἰ καὐτὸς πώποθ'
ὑφείλου 556
ἀρχὴν ἄρξας ἢ 'πὶ στρατιᾶς τοῖς ξυσσίτοις ἀγοράζων·'
ὃς ἔμ' οὐδ' ἂν ζῶντ' ᾔδειν εἰ μὴ διὰ τὴν προτέραν ἀπόφυξιν.

Βδ. τουτὶ περὶ τῶν ἀντιβολούντων ἔστω τὸ μνημόσυνόν μοι.

Φι. εἶτ' εἰσελθὼν ἀντιβοληθεὶς καὶ τὴν ὀργὴν ἀπομορχθεὶς
ἔνδον τούτων ὧν ἂν φάσκω πάντων οὐδὲν πεποίηκα, 561
ἀλλ' ἀκροῶμαι πάσας φωνὰς ἱέντων εἰς ἀπόφυξιν.
φέρ' ἴδω, τί γὰρ οὐκ ἔστιν ἀκοῦσαι θώπευμ' ἐνταῦθα
δικαστῇ;
οἱ μέν γ' ἀποκλάονται πενίαν αὑτῶν καὶ προστιθέασι
κακὰ πρὸς τοῖς οὖσιν, †ἕως ἀνιῶν ἂν ἰσώσῃ τοῖσιν
ἐμοῖσιν·† 565
οἱ δὲ λέγουσιν μύθους ἡμῖν, οἱ δ' Αἰσώπου τι γέλοιον·
οἱ δὲ σκώπτουσ', ἵν' ἐγὼ γελάσω καὶ τὸν θυμὸν κατα-
θῶμαι.
κἂν μὴ τούτοις ἀναπειθώμεσθα, τὰ παιδάρι' εὐθὺς ἀνέλκει
τὰς θηλείας καὶ τοὺς υἱεῖς τῆς χειρός, ἐγὼ δ' ἀκροῶμαι·

550 καὶ Pors. : ἢ καὶ R V Γ : γ' ἢ καὶ Ald.   555 ὑποκύπτοντες]
ὑποπίπτοντες R   565 ἀνιῶν V : om. cett.   ἂν ἰσώσῃ] ἀνισώσῃ V
κακὰ πρὸς τοῖς οὖσι κακοῖσιν Mein. qui ἀνιῶν omittit

ΑΡΙΣΤΟΦΑΝΟΥΣ

τὰ δὲ συγκύψανθ᾽ ἅμα βληχᾶται· κἄπειθ᾽ ὁ πατὴρ ὑπὲρ
αὐτῶν   570
ὥσπερ θεὸν ἀντιβολεῖ με τρέμων τῆς εὐθύνης ἀπολῦσαι·
‘εἰ μὲν χαίρεις ἀρνὸς φωνῇ, παιδὸς φωνὴν ἐλεήσαις·’
εἰ δ᾽ αὖ τοῖς χοιριδίοις χαίρω, θυγατρὸς φωνῇ με πιθέσθαι.
χἠμεῖς αὐτῷ τότε τῆς ὀργῆς ὀλίγον τὸν κόλλοπ᾽ ἀνεῖμεν.
ἆρ᾽ οὐ μεγάλη τοῦτ᾽ ἔστ᾽ ἀρχὴ καὶ τοῦ πλούτου καταχήνη;

Βδ. δεύτερον αὖ σου τουτὶ γράφομαι, τὴν τοῦ πλούτου κατα-
χήνην·   576
καὶ τἀγαθά μοι μέμνησ᾽ ἅχεις φάσκων τῆς Ἑλλάδος
ἄρχειν.

Φι. παίδων τοίνυν δοκιμαζομένων αἰδοῖα πάρεστι θεᾶσθαι.
κἂν Οἴαγρος εἰσέλθῃ φεύγων, οὐκ ἀποφεύγει πρὶν ἂν ἡμῖν
ἐκ τῆς Νιόβης εἴπῃ ῥῆσιν τὴν καλλίστην ἀπολέξας. 580
κἂν αὐλητής γε δίκην νικᾷ, ταύτης ἡμῖν ἐπίχειρα
ἐν φορβειᾷ τοῖσι δικασταῖς ἔξοδον ηὔλησ᾽ ἀπιοῦσι.
κἂν ἀποθνήσκων ὁ πατήρ τῳ δῷ καταλείπων παῖδ᾽ ἐπί-
κληρον,
κλάειν ἡμεῖς μακρὰ τὴν κεφαλὴν εἰπόντες τῇ διαθήκῃ
καὶ τῇ κόγχῃ τῇ πάνυ σεμνῶς τοῖς σημείοισιν ἐπούσῃ, 585
ἔδομεν ταύτην ὅστις ἂν ἡμᾶς ἀντιβολήσας ἀναπείσῃ.
καὶ ταῦτ᾽ ἀνυπεύθυνοι δρῶμεν, τῶν δ᾽ ἄλλων οὐδεμί᾽ ἀρχή.

Βδ. τουτὶ γάρ τοι σεμνόν, τούτων ὧν εἴρηκας μακαρίζω·
τῆς δ᾽ ἐπικλήρου τὴν διαθήκην ἀδικεῖς ἀνακογχυλιάζων.

Φι. ἔτι δ᾽ ἡ βουλὴ χὠ δῆμος ὅταν κρῖναι μέγα πρᾶγμ᾽
ἀπορήσῃ   590
ἐψήφισται τοὺς ἀδικοῦντας τοῖσι δικασταῖς παραδοῦναι·
εἶτ᾽ Εὔαθλος χὠ μέγας οὗτος Κολακώνυμος ἀσπιδ-
αποβλὴς
οὐχὶ προδώσειν ἡμᾶς φασίν, περὶ τοῦ πλήθους δὲ μαχεῖ-
σθαι.

570 ἅμα βληχᾶται] ἀποβληχᾶται V   572 ἐλεῆσαι Reiske
573 χοιριδίοις] χοιρίοις R   576 γράφομαι Brunck : γράψομαι codd.
588 σεμνόν V Ald. : σεμνῶν R : σὲ μόνον Reiske

ΣΦΗΚΕΣ

κἂν τῷ δήμῳ γνώμην οὐδεὶς πώποτ' ἐνίκησεν, ἐὰν μὴ
εἴπῃ τὰ δικαστήρι' ἀφεῖναι πρώτιστα μίαν δικάσαντας·
αὐτὸς δὲ Κλέων ὁ κεκραξιδάμας μόνον ἡμᾶς οὐ περι-
τρώγει,   596
ἀλλὰ φυλάττει διὰ χειρὸς ἔχων καὶ τὰς μυίας ἀπαμύνει.
σὺ δὲ τὸν πατέρ' οὐδ' ὁτιοῦν τούτων τὸν σαυτοῦ πώποτ'
ἔδρασας.

ἀλλὰ Θέωρος, καίτοὐστὶν ἀνὴρ Εὐφημίου οὐδὲν ἐλάττων,
τὸν σφόγγον ἔχων ἐκ τῆς λεκάνης τἀμβάδι' ἡμῶν περι-
κωνεῖ.   600
σκέψαι μ' ἀπὸ τῶν ἀγαθῶν οἵων ἀποκλῄεις καὶ κατερύκεις,
ἣν δουλείαν οὖσαν ἔφασκες καὶ ὑπηρεσίαν ἀποδείξειν.
Βδ. ἔμπλησο λέγων· πάντως γάρ τοι παύσει ποτὲ κἀνα-
φανήσει
πρωκτὸς λουτροῦ περιγιγνόμενος τῆς ἀρχῆς τῆς περι-
σέμνου.
Φι. ὃ δέ γ' ἥδιστον τούτων ἐστὶν πάντων, οὗ 'γὼ 'πελε-
λήσμην,   605
ὅταν οἴκαδ' ἴω τὸν μισθὸν ἔχων, κἄπειθ' ἥκονθ' ἅμα
πάντες
ἀσπάζωνται διὰ τἀργύριον, καὶ πρῶτα μὲν ἡ θυγάτηρ με
ἀπονίζῃ καὶ τὼ πόδ' ἀλείφῃ καὶ προσκύψασα φιλήσῃ
καὶ παππίζουσ' ἅμα τῇ γλώττῃ ⟨τὸ⟩ τριώβολον ἐκκαλα-
μᾶται,
καὶ τὸ γύναιόν μ' ὑποθωπεῦσαν φυστὴν μᾶζαν προσ-
ενέγκῃ,   610
κἄπειτα καθεζομένη παρ' ἐμοὶ προσαναγκάζῃ, 'φάγε
τουτί,
ἔντραγε τουτί·' τούτοισιν ἐγὼ γάνυμαι, κοὐ μή με δεήσῃ
ἐς σὲ βλέψαι καὶ τὸν ταμίαν, ὁπότ' ἄριστον παραθήσει

601 μ' ἀπὸ τῶν V : δ' ἀπὸ τῶν vulg. : fortasse μ' ἀφ' ὅσων . . . οἵων τ'
606 κἄπειθ'] κᾆθ' (i. e. κᾆτ') V   ἥκονθ' ἅμα B : εἰσήκονθ' ἅμα R
Ald. : εἰσηκονθαμε V   609 παππάζουσ' R Ald.   τὸ add. Fl.
Christianus   612 κοὐ Dobr. : καὶ codd.

καταρασάμενος καὶ τονθορύσας.   ἀλλ' ἢν μή μοι ταχὺ
        μάξῃ,
τάδε κέκτημαι πρόβλημα κακῶν, σκευὴν βελέων ἀλεωρήν.
κἂν οἶνόν μοι μὴ 'γχῇς σὺ πιεῖν, τὸν ὄνον τόνδ' ἐσκεκό-
        μισμαι   616
οἴνου μεστόν, κᾆτ' ἐγχέομαι κλίνας· οὗτος δὲ κεχηνὼς
βρωμησάμενος τοῦ σοῦ δίνου μέγα καὶ στράτιον κατέ-
        παρδεν.
ἆρ' οὐ μεγάλην ἀρχὴν ἄρχω καὶ τοῦ Διὸς οὐδὲν
        ἐλάττω,   620
    ὅστις ἀκούω ταῦθ' ἅπερ ὁ Ζεύς;
    ἢν γοῦν ἡμεῖς θορυβήσωμεν,
    πᾶς τίς φησιν τῶν παριόντων,
    ' οἷον βροντᾷ τὸ δικαστήριον,
        ὦ Ζεῦ βασιλεῦ.'   625
    κἂν ἀστράψω, ποππύζουσιν
    κἀγκεχόδασίν μ' οἱ πλουτοῦντες
        καὶ πάνυ σεμνοί.
    καὶ σὺ δέδοικάς με μάλιστ' αὐτός·
    νὴ τὴν Δήμητρα δέδοικας, ἐγὼ δ'
        ἀπολοίμην εἴ σε δέδοικα.   630

Χο.   οὐπώποθ' οὕτω καθαρῶς   [ἀντ.
        οὐδενὸς ἠκούσαμεν οὐ-
        δὲ ξυνετῶς λέγοντος.
Φι.   οὔκ, ἀλλ' ἐρήμας ᾤεθ' οὕτω ῥᾳδίως τρυγήσειν.
        καλῶς γὰρ ᾔδειν ὡς ἐγὼ ταύτῃ κράτιστός εἰμι.   635
Χο.   ὡς δ' ἐπὶ πάντ' ἐλήλυθεν
        κοὐδὲν παρῆλθεν, ὥστ' ἔγωγ'
        ηὐξανόμην ἀκούων,
        κἂν μακάρων δικάζειν

614 ἀλλ' ἢν Γ : ἄλλην vulg.   post h. v. lacunam indicat Mein.
634 οὕτω] οὗτος BC   636 ὡς δὲ πάντ' ἐπελήλυθεν codd. :
corr. Pors.

ΣΦΗΚΕΣ

αὐτὸς ἔδοξα νήσοις,   640
ἡδόμενος λέγοντι.

Φι. ὡς οὗτος ἤδη σκορδινᾶται κἄστιν οὐκ ἐν αὑτοῦ.

Βδ. ἦ μὴν ἐγώ σε τήμερον σκύτη βλέπειν ποιήσω.

Χο. δεῖ δέ σε παντοίας πλέκειν
εἰς ἀπόφυξιν παλάμας.   645
τὴν γὰρ ἐμὴν ὀργὴν πεπᾶ-
ναι χαλεπὸν ⟨νεανίᾳ⟩
μὴ πρὸς ἐμοῦ λέγοντι.

πρὸς ταῦτα μύλην ἀγαθὴν ὥρα ζητεῖν σοι καὶ νεόκοπτον,
ἢν μή τι λέγῃς, ἥτις δυνατὴ τὸν ἐμὸν θυμὸν κατερεῖξαι.

Βδ. χαλεπὸν μὲν καὶ δεινῆς γνώμης καὶ μείζονος ἢ 'πὶ
τρυγῳδοῖς   650
ἰάσασθαι νόσον ἀρχαίαν ἐν τῇ πόλει ἐντετοκυῖαν.
ἀτὰρ ὦ πάτερ ἡμέτερε Κρονίδη—   Φι. παῦσαι καὶ
μὴ πατέριζε.

εἰ μὴ γὰρ ὅπως δουλεύω 'γώ, τουτὶ ταχέως με δι-
δάξεις,
οὐκ ἔστιν ὅπως οὐχὶ τεθνήξεις, κἂν χρῇ σπλάγχνων μ'
ἀπέχεσθαι.

Βδ. ἀκρόασαί νυν ὦ παππίδιον χαλάσας ὀλίγον τὸ μέτωπον·
καὶ πρῶτον μὲν λόγισαι φαύλως, μὴ ψήφοις ἀλλ' ἀπὸ
χειρός,   656
τὸν φόρον ἡμῖν ἀπὸ τῶν πόλεων συλλήβδην τὸν προσ-
ιόντα·
κἄξω τούτου τὰ τέλη χωρὶς καὶ τὰς πολλὰς ἑκατοστάς,
πρυτανεῖα μέταλλ' ἀγορὰς λιμένας μισθοὺς καὶ δημιό-
πρατα.   659
τούτων πλήρωμα τάλαντ' ἐγγὺς δισχίλια γίγνεται ἡμῖν.

---

642 ὡς Dind.: ὥσθ' codd.   αὑτοῦ] αὑτῷ R   643 Βδ. Hamaker:
Philocleohi continuabatur   647 νεανίᾳ add. Pors.   651 ἐν-
τετακυῖαν Reiske: ἐγγεγονυῖαν Naber (cf. schol.)   654 τεθνήσει
(vel -ήξει) codd.: corr. Elmsi.   659 μισθοὺς καὶ Ald.: μισθοὺς R V,
unde μισθώσεις Bergk

ἀπὸ τούτου νυν κατάθες μισθὸν τοῖσι δικασταῖς ἐνιαυτοῦ
ἐξ χιλιάσιν, κοὔπω πλείους ἐν τῇ χώρᾳ κατένασθεν,
γίγνεται ἡμῖν ἑκατὸν δήπου καὶ πεντήκοντα τάλαντα.

Φι. οὐδ' ἡ δεκάτη τῶν προσιόντων ἡμῖν ἄρ' ἐγίγνεθ' ὁ μισθός.

Βδ. μὰ Δί' οὐ μέντοι.   Φι.   καὶ ποῖ τρέπεται δὴ 'πειτα
τὰ χρήματα τἄλλα;   665

Βδ. ἐς τούτους τοὺς ' οὐχὶ προδώσω τὸν 'Αθηναίων κολο-
συρτόν,
ἀλλὰ μαχοῦμαι περὶ τοῦ πλήθους ἀεί.'   σὺ γὰρ ὦ πάτερ
αὐτοὺς
ἄρχειν αἱρεῖ σαυτοῦ τούτοις τοῖς ῥηματίοις περιπεφθείς.
κᾆθ' οὗτοι μὲν δωροδοκοῦσιν κατὰ πεντήκοντα τάλαντα
ἀπὸ τῶν πόλεων ἐπαπειλοῦντες τοιαυτὶ κἀναφοβοῦντες,
' δώσετε τὸν φόρον, ἢ βροντήσας τὴν πόλιν ὑμῶν ἀνα-
τρέψω.'   671
σὺ δὲ τῆς ἀρχῆς ἀγαπᾷς τῆς σῆς τοὺς ἀργελόφους περι-
τρώγων.
οἱ δὲ ξύμμαχοι ὡς ᾔσθηνται τὸν μὲν σύρφακα τὸν ἄλλον
ἐκ κηθαρίου λαγαριζόμενον καὶ τραγαλίζοντα τὸ μηδέν,
σὲ μὲν ἡγοῦνται Κόννου ψῆφον, τούτοισι δὲ δωρο-
φοροῦσιν   675
ὕρχας οἶνον δάπιδας τυρὸν μέλι σήσαμα προσκεφάλαια
φιάλας χλανίδας στεφάνους ὅρμους ἐκπώματα πλουθυ-
γιείαν·
σοὶ δ' ὧν ἄρχεις, πολλὰ μὲν ἐν γῇ πολλὰ δ' ἐφ' ὑγρᾷ
πιτυλεύσας,
οὐδεὶς οὐδὲ σκορόδου κεφαλὴν τοῖς ἑψητοῖσι δίδωσιν.

Φι. μὰ Δί' ἀλλὰ παρ' Εὐχαρίδου καὐτὸς τρεῖς γ' ἄγλιθας
μετέπεμψα.   680
ἀλλ' αὐτήν μοι τὴν δουλείαν οὐκ ἀποφαίνων ἀποκναίεις.

---

661 τούτου] τούτων V Ald.   τοῦ (ἐ)νιαυτοῦ codd.: corr. Bentl.
668 περιπεμφθείς R V   670 ὑπαπειλοῦντες V   674 λαγαρυζό-
μενον R V B   post h. v. lacunam indicat Blaydes   678 σοὶ δ'
Fl. Christianus : σὺ δὲ (sic etiam V) vel σὺ δέ γε codd.

Βδ. οὐ γὰρ μεγάλη δουλεία 'στὶν τούτους μὲν ἄπαντας ἐν
  ἀρχαῖς
 αὐτούς τ' εἶναι καὶ τοὺς κόλακας τοὺς τούτων μισθοφο-
  ροῦντας;
 σοὶ δ' ἤν τις δῷ τοὺς τρεῖς ὀβολούς, ἀγαπᾷς· οὓς αὐτὸς
  ἐλαύνων   684
 καὶ πεζομαχῶν καὶ πολιορκῶν ἐκτήσω πολλὰ ποιήσας.
 καὶ πρὸς τούτοις ἐπιταττόμενος φοιτᾷς, ὃ μάλιστά μ'
  ἀπάγχει,
 ὅταν εἰσελθὸν μειράκιόν σοι κατάπυγον, Χαιρέου υἱός,
 ὡδὶ διαβὰς διακινηθεὶς τῷ σώματι καὶ τρυφερανθείς,
 ἥκειν εἴπῃ πρῲ κἂν ὥρᾳ δικάσονθ', ὡς ὅστις ἂν ὑμῶν
 ὕστερος ἔλθῃ τοῦ σημείου, τὸ τριώβολον οὐ κομιεῖται· 690
 αὐτὸς δὲ φέρει τὸ συνηγορικὸν δραχμήν, κἂν ὕστερος
  ἔλθῃ·
 καὶ κοινωνῶν τῶν ἀρχόντων ἑτέρῳ τινὶ τῶν μεθ' ἑαυτοῦ,
 ἤν τίς τι διδῷ τῶν φευγόντων, ξυνθέντε τὸ πρᾶγμα δύ' ὄντε
 ἐσπουδάκατον, κᾆθ' ὡς πρίονθ' ὁ μὲν ἕλκει ὁ δ' ἀντενέ-
  δωκε·
 σὺ δὲ χασκάζεις τὸν κωλακρέτην, τὸ δὲ πραττόμενόν σε
  λέληθεν.   695
Φι. ταυτί με ποιοῦσ'; οἴμοι τί λέγεις; ὥς μου τὸν θῖνα
  ταράττεις,
 καὶ τὸν νοῦν μου προσάγεις μᾶλλον, κοὐκ οἶδ' ὅ τι
  χρῆμά με ποιεῖς.
Βδ. σκέψαι τοίνυν ὡς ἐξόν σοι πλουτεῖν καὶ τοῖσιν ἅπασιν
 ὑπὸ τῶν ἀεὶ δημιζόντων οὐκ οἶδ' ὅπῃ ἐγκεκύκλησαι,
 ὅστις πόλεων ἄρχων πλείστων ἀπὸ τοῦ Πόντου μέχρι
  Σαρδοῦς   700
 οὐκ ἀπολαύεις πλὴν τοῦθ' ὃ φέρεις ἀκαρῆ· καὶ τοῦτ'
  ἐρίῳ σοι

---

684 οὓς] οἷς R   694 πρίονθ' Dobr. : πρίον' R V ἀντανέδωκε
codd. : corr. Dobr.   701 ἀκαρές Suid.

ἐνστάζουσιν κατὰ μικρὸν ἀεὶ τοῦ ζῆν ἕνεχ᾽ ὥσπερ ἔλαιον.
βούλονται γάρ σε πένητ᾽ εἶναι· καὶ τοῦθ᾽ ὧν οὕνεκ᾽ ἐρῶ
    σοι,
ἵνα γιγνώσκῃς τὸν τιθασευτήν, κᾆθ᾽ ὅταν οὗτός γ᾽ ἐπισίξῃ
ἐπὶ τῶν ἐχθρῶν τιν᾽ ἐπιρρύξας, ἀγρίως αὐτοῖς ἐπιπηδᾷς.
εἰ γὰρ ἐβούλοντο βίον πορίσαι τῷ δήμῳ, ῥᾴδιον ἦν ἄν. 706
εἰσίν γε πόλεις χίλιαι αἳ νῦν τὸν φόρον ἡμῖν ἀπάγουσι·
τούτων εἴκοσιν ἄνδρας βόσκειν εἴ τις προσέταξεν ἑκάστῃ,
δύο μυριάδ᾽ ἂν τῶν δημοτικῶν ἔζων ἐν πᾶσι λαγῴοις
καὶ στεφάνοισιν παντοδαποῖσιν καὶ πυῷ καὶ πυριάτῃ, 710
ἄξια τῆς γῆς ἀπολαύοντες καὶ τοῦ ᾽ν Μαραθῶνι τρο-
    παίου.
νῦν δ᾽ ὥσπερ ἐλαολόγοι χωρεῖθ᾽ ἅμα τῷ τὸν μισθὸν
    ἔχοντι.

Φι. οἴμοι τί πέπονθ᾽; ὡς νάρκη μου κατὰ τῆς χειρὸς κατα-
    χεῖται,
καὶ τὸ ξίφος οὐ δύναμαι κατέχειν, ἀλλ᾽ ἤδη μαλθακός
    εἰμι.

Βδ. ἀλλ᾽ ὁπόταν μὲν δείσωσ᾽ αὐτοί, τὴν Εὔβοιαν διδόασιν 715
ὑμῖν καὶ σῖτον ὑφίστανται κατὰ πεντήκοντα μεδίμνους·
πορεῖν· ἔδοσαν δ᾽ οὐπώποτέ σοι πλὴν πρώην πέντε
    μεδίμνους,
καὶ ταῦτα μόλις ξενίας φεύγων ἔλαβες κατὰ χοίνικα
    κριθῶν.
ὧν οὕνεκ᾽ ἐγώ σ᾽ ἀπέκλῃον ἀεὶ
βόσκειν ἐθέλων καὶ μὴ τούτους   720
ἐγχάσκειν σοι στομφάζοντας.
καὶ νῦν ἀτεχνῶς ἐθέλω παρέχειν
ὅ τι βούλει σοι,
πλὴν κωλακρέτου γάλα πίνειν.

702 ἔλαιον] ἄλευρον R Ald.   703 τοῦθ᾽ ὧν Bentl.: τούτων
codd.   704 ἐπισίξῃ R Ald.   709 μυριάδ᾽ ἂν Dobr.: μυριάδες
codd.   713 πέπονθ᾽ Suid.: πάθ᾽ codd.   ὡς Kust.: ὥσπερ codd.
718 ἔλαβες Ald.: ἔλαβε(ν) codd.

ΣΦΗΚΕΣ

Χο. ἦ που σοφὸς ἦν ὅστις ἔφασκεν, πρὶν ἂν ἀμφοῖν μῦθον
    ἀκούσῃς,   725
  οὐκ ἂν δικάσαις.   σὺ γὰρ οὖν νῦν μοι νικᾶν πολλῷ
    δεδόκησαι·
  ὥστ' ἤδη τὴν ὀργὴν χαλάσας τοὺς σκίπωνας καταβάλλω.
  ἀλλ' ὦ τῆς ἡλικίας ἡμῖν τῆς αὐτῆς συνθιασῶτα,

    πιθοῦ πιθοῦ λόγοισι, μηδ' ἄφρων γένῃ   [στρ.
    μηδ' ἀτενὴς ἄγαν ἀτεράμων τ' ἀνήρ.   730
    εἴθ' ὤφελέν μοι κηδεμὼν ἢ ξυγγενὴς
    εἶναί τις ὅστις τοιαῦτ' ἐνουθέτει.
    σοὶ δὲ νῦν τις θεῶν παρὼν ἐμφανὴς
    ξυλλαμβάνει τοῦ πράγματος,
    καὶ δῆλός ἐστιν εὖ ποιῶν·   735
    σὺ δὲ παρὼν δέχου.

Βδ. καὶ μὴν θρέψω γ' αὐτὸν παρέχων
  ὅσα πρεσβύτῃ ξύμφορα, χόνδρον
  λείχειν, χλαῖναν μαλακήν, σισύραν,
  πόρνην, ἥτις τὸ πέος τρίψει
  καὶ τὴν ὀσφῦν.   740
  ἀλλ' ὅτι σιγᾷ κοὐδὲν γρύζει,
    τοῦτ' οὐ δύναταί με προσέσθαι.

Χο. νενουθέτηκεν αὐτὸν ἐς τὰ πράγμαθ', οἷς   [ἀντ.
    τότ' ἐπεμαίνετ'· ἔγνωκε γὰρ ἀρτίως,
  λογίζεταί τ' ἐκεῖνα πάνθ' ἁμαρτίας   745
    ἃ σοῦ κελεύοντος οὐκ ἐπείθετο.
    νῦν δ' ἴσως τοῖσι σοῖς λόγοις πείθεται
    καὶ σωφρονεῖ μέντοι μεθι-
    στὰς ἐς τὸ λοιπὸν τὸν τρόπον
    πιθόμενός τέ σοι.   749

736 παρὼν] παρὸν Seager : πρόφρων Kock   749 πειθόμενος codd.
corr. Brunck

197

ΑΡΙΣΤΟΦΑΝΟΥΣ

Φι.   ἰώ μοί μοι.   Βδ.   οὗτος τί βοᾷς;

Φι.   μή μοι τούτων μηδὲν ὑπισχνοῦ.   750
    κείνων ἔραμαι, κεῖθι γενοίμαν,
    ἵν' ὁ κῆρύξ φησι, 'τίς ἀψήφι-
    στος; ἀνιστάσθω.'
    κἀπισταίην ἐπὶ τοῖς κημοῖς
    ψηφιζομένων ὁ τελευταῖος.   755
    σπεῦδ' ὦ ψυχή. ποῦ μοι ψυχή;
    πάρες ὦ σκιερά. μὰ τὸν Ἡρακλέα
    μή νυν ἔτ' ἐγὼ 'ν τοῖσι δικασταῖς
    κλέπτοντα Κλέωνα λάβοιμι.

Βδ.   ἴθ' ὦ πάτερ πρὸς τῶν θεῶν ἐμοὶ πιθοῦ.   760

Φι.   τί σοι πίθωμαι; λέγ' ὅ τι βούλει πλὴν ἑνός.

Βδ.   ποίου; φέρ' ἴδω.   Φι.   τοῦ μὴ δικάζειν.   τοῦτο δὲ
    Ἅιδης διακρινεῖ πρότερον ἢ 'γὼ πείσομαι.

Βδ.   σὺ δ' οὖν, ἐπειδὴ τοῦτο κεχάρηκας ποιῶν,
    ἐκεῖσε μὲν μηκέτι βάδιζ', ἀλλ' ἐνθάδε   765
    αὐτοῦ μένων δίκαζε τοῖσιν οἰκέταις.

Φι.   περὶ τοῦ; τί ληρεῖς;   Βδ.   ταῦθ' ἅπερ ἐκεῖ πράττεται·
    ὅτι τὴν θύραν ἀνέῳξεν ἡ σηκὶς λάθρᾳ,
    ταύτης ἐπιβολὴν ψηφιεῖ μίαν μόνην.
    πάντως δὲ κἀκεῖ ταῦτ' ἔδρας ἑκάστοτε.   770
    καὶ ταῦτα μέν νυν εὐλόγως, ἢν ἐξέχῃ
    ἔλη κατ' ὄρθρον, ἡλιάσει πρὸς ἥλιον·
    ἐὰν δὲ νείφῃ, πρὸς τὸ πῦρ καθήμενος·
    ὕοντος εἴσει· κἂν ἔγρῃ μεσημβριωός,
    οὐδείς σ' ἀποκλήσει θεσμοθέτης τῇ κιγκλῖδι.   775

Φι.   τουτί μ' ἀρέσκει.   Βδ.   πρὸς δὲ τούτοις γ', ἢν δίκην
    λέγῃ μακράν τις, οὐχὶ πεινῶν ἀναμενεῖς
    δάκνων σεαυτὸν καὶ τὸν ἀπολογούμενον.

Φι.   πῶς οὖν διαγιγνώσκειν καλῶς δυνήσομαι

761 πείθομαι codd. : corr. Pors.   767 ταῦθ' codd. : corr.
Boissonade   772 ἔλη schol. Rav. : εἰλή Ald.   κατ' ὀρθὸν v. l.
apud schol.

ὥσπερ πρότερον τὰ πράγματ' ἔτι μασώμενος;   780
Βδ. πολλῷ γ' ἄμεινον· καὶ λέγεται γὰρ τουτογί,
ὡς οἱ δικασταὶ ψευδομένων τῶν μαρτύρων
μόλις τὸ πρᾶγμ' ἔγνωσαν ἀναμασώμενοι.
Φι. ἀνά τοί με πείθεις.   ἀλλ' ἐκεῖν' οὔπω λέγεις,
τὸν μισθὸν ὁπόθεν λήψομαι.   Βδ.   παρ' ἐμοῦ.
   Φι.   καλῶς,   785
ὁτιὴ κατ' ἐμαυτὸν κοὐ μεθ' ἑτέρου λήψομαι.
αἴσχιστα γάρ τοί μ' ἠργάσατο Λυσίστρατος
ὁ σκωπτόλης.   δραχμὴν μετ' ἐμοῦ πρώην λαβὼν
ἐλθὼν διεκερματίζετ' ἐν τοῖς ἰχθύσιν,
κἄπειτ' ἐνέθηκε τρεῖς λοπίδας μοι κεστρέων·   790
κἀγὼ 'νέκαψ'· ὀβολοὺς γὰρ ᾠόμην λαβεῖν·
κᾆτα βδελυχθεὶς ὀσφρόμενος ἐξέπτυσα·
κᾆθ' εἷλκον αὐτόν.   Βδ.   ὁ δὲ τί πρὸς ταῦτ' εἶφ';
   Φι.   ὅ τι;
ἀλεκτρυόνος μ' ἔφασκε κοιλίαν ἔχειν·
'ταχὺ γοῦν καθέψεις τἀργύριον,' ᾖ δ' ὃς λέγων.   795
Βδ. ὁρᾷς ὅσον καὶ τοῦτο δῆτα κερδανεῖς.
Φι. οὐ πάνυ τι μικρόν.   ἀλλ' ὅπερ μέλλεις ποίει.
Βδ. ἀνάμενέ νυν· ἐγὼ δὲ ταῦθ' ἥξω φέρων.
Φι. ὅρα τὸ χρῆμα, τὰ λόγι' ὡς περαίνεται.
ἠκηκόη γὰρ ὡς Ἀθηναῖοί ποτε   800
δικάσοιεν ἐπὶ ταῖς οἰκίαισι τὰς δίκας,
κἂν τοῖς προθύροις ἐνοικοδομήσοι πᾶς ἀνὴρ
αὑτῷ δικαστηρίδιον μικρὸν πάνυ,
ὥσπερ Ἑκάταιον, πανταχοῦ πρὸ τῶν θυρῶν.
Βδ. ἰδού, τί ἔτ' ἐρεῖς; ὡς ἅπαντ' ἐγὼ φέρω   805
ὅσαπερ ἔφασκον, κἄτι πολλῷ πλείονα.
ἁμὶς μέν, ἢν οὐρητιάσῃς, αὑτηὶ

789 διεκερμάτιζεμ' R   790 ἐπέθηκε R Ald.   795 καθέ-
ψεις] καταπέψεις Hirsch.   λέγων γελῶν Tyrwhitt   802 ἐν-
οικοδομήσει V Ald. : ἀνοικοδομήσει R : corr. Dobr.   806 ὅσαπέρ γ'
R Ald.

παρά σοι κρεμήσετ' ἐγγὺς ἐπὶ τοῦ παττάλου.

Φι. σοφόν γε τουτὶ καὶ γέροντι πρόσφορον
ἐξηῦρες ἀτεχνῶς φάρμακον στραγγουρίας.　　　810

Βδ. καὶ πῦρ γε τουτί· καὶ προσέστηκεν φακῆ
ῥοφεῖν, ἐὰν δέῃ τι.　　Φι. τοῦτ' αὖ δεξιόν·
κἂν γὰρ πυρέττω, τόν γε μισθὸν λήψομαι.
αὐτοῦ μένων γὰρ τὴν φακῆν ῥοφήσομαι.
ἀτὰρ τί τὸν ὄρνιν ὡς ἔμ' ἐξηνέγκατε;　　815

Βδ. ἵνα γ', ἢν καθεύδῃς ἀπολογουμένου τινός,
ᾄδων ἄνωθεν ἐξεγείρῃ σ' οὑτοσί.

Φι. ἐν ἔτι ποθῶ, τὰ δ' ἄλλ' ἀρέσκει μοι.　　Βδ. τὸ τί;

Φι. θηρῷον εἴ πως ἐκκομίσαις τὸ τοῦ Λύκου.

Βδ. πάρεστι τουτί, καὐτὸς ἄναξ οὑτοσί.　　820

Φι. ὦ δέσποθ' ἥρως ὡς χαλεπὸς ἄρ' ἦσθ' ἰδεῖν.

Βδ. οἷόσπερ ἡμῖν φαίνεται Κλεώνυμος.

Φι. οὔκουν ἔχει γ' οὐδ' αὐτὸς ἥρως ὢν ὅπλα.

Βδ. εἰ θᾶττον ἐκαθίζου σύ, θᾶττον ἂν δίκην
ἐκάλουν.　　Φι. κάλει νυν, ὡς κάθημαι 'γὼ πάλαι.

Βδ. φέρε νυν τίν' αὐτῷ πρῶτον εἰσαγάγω δίκην;　　826
τί τίς κακὸν δέδρακε τῶν ἐν τῴκίᾳ;
ἡ Θρᾷττα προσκαύσασα πρώην τὴν χύτραν—

Φι. ἐπίσχες οὗτος· ὡς ὀλίγου μ' ἀπώλεσας.
ἄνευ δρυφάκτου τὴν δίκην μέλλεις καλεῖν,　　830
ὃ πρῶτον ἡμῖν τῶν ἱερῶν ἐφαίνετο;

Βδ. μὰ τὸν Δί' οὐ πάρεστιν.　　Φι. ἀλλ' ἐγὼ δραμὼν
αὐτὸς κομιοῦμαι τό γε παραυτίκ' ἔνδοθεν.

Βδ. τί ποτε τὸ χρῆμ'; ὡς δεινὸν ἡ φιλοχωρία.

Σω. βάλλ' ἐς κόρακας. τοιουτονὶ τρέφειν κύνα.　　835

Βδ. τί δ' ἔστιν ἐτεόν;　　Σω. οὐ γὰρ ὁ Λάβης ἀρτίως
ὁ κύων παράξας ἐς τὸν ἰπνὸν ὑφαρπάσας
τροφαλίδα τυροῦ Σικελικὴν κατεδήδοκεν;

---

808 ἐπὶ] ἐκ Richter : ἀπὸ Halbertsma　　819 ἐκκομίσειας τοῦ
Λύκου Reiske　　826 εἰσάγω R　　837 ὑφαρπάσας Elmsl. : ἁρπάσας
codd.

Βδ. τοῦτ' ἆρα πρῶτον τἀδίκημα τῷ πατρὶ
εἰσακτέον μοι· σὺ δὲ κατηγόρει παρών. 840

Σω. μὰ Δί' οὐκ ἔγωγ'· ἀλλ' ἅτερός φησιν κύων
κατηγορήσειν, ἤν τις εἰσάγῃ γραφήν.

Βδ. ἴθι νυν ἄγ' αὐτὼ δεῦρο. Σω. ταῦτα χρὴ ποιεῖν.

Βδ. τουτὶ τί ἔστι; Φι. χοιροκομεῖον Ἑστίας.

Βδ. εἶθ' ἱεροσυλήσας φέρεις; Φι. οὔκ, ἀλλ' ἵνα 845
ἀφ' Ἑστίας ἀρχόμενος ἐπιτρίψω τινά.
ἀλλ' εἴσαγ' ἀνύσας· ὡς ἐγὼ τιμᾶν βλέπω.

Βδ. φέρε νυν ἐνέγκω τὰς σανίδας καὶ τὰς γραφάς.

Φι. οἴμοι διατρίβεις κἀπολεῖς τριψημερῶν·
ἐγὼ δ' ἀλοκίζειν ἐδεόμην τὸ χωρίον. 850

Βδ. ἰδού. Φι. κάλει νυν. Βδ. ταῦτα δή. τίς
οὑτοσὶ
ὁ πρῶτός ἐστιν; Φι. ἐς κόρακας, ὡς ἄχθομαι
ὁτιὴ 'πελαθόμην τοὺς καδίσκους ἐκφέρειν.

Βδ. οὗτος σὺ ποῖ θεῖς; Φι. ἐπὶ καδίσκους. Βδ. μὴ
δαμῶς.
ἐγὼ γὰρ εἶχον τούσδε τοὺς ἀρυστίχους. 855

Φι. κάλλιστα τοίνυν· πάντα γὰρ πάρεστι νῷν
ὅσων δεόμεθα, πλήν γε δὴ τῆς κλεψύδρας.

Βδ. ἡδὶ δὲ δὴ τίς ἐστιν; οὐχὶ κλεψύδρα;

Φι. εὖ γ' ἐκπορίζεις αὐτὰ κἀπιχωρίως.

Βδ. ἀλλ' ὡς τάχιστα πῦρ τις ἐξενεγκάτω 860
καὶ μυρρίνας καὶ τὸν λιβανωτὸν ἔνδοθεν,
ὅπως ἂν εὐξώμεσθα πρῶτα τοῖς θεοῖς.

Χο. καὶ μὴν ἡμεῖς ἐπὶ ταῖς σπονδαῖς
καὶ ταῖς εὐχαῖς
φήμην ἀγαθὴν λέξομεν ὑμῖν, 865
ὅτι γενναίως ἐκ τοῦ πολέμου
καὶ τοῦ νείκους ξυνεβήτην.

849 διατρίβεις R Γ : διατρίψεις V Ald. 850 χωρίον] κηρίον Bentl.
857–858 personarum vices corr. Van Leeuwen 865 λέξομεν]
ἕξομεν V

Βδ. εὐφημία μὲν πρῶτα νῦν ὑπαρχέτω.   [στρ.

Χο. ὦ Φοῖβ' Ἄπολλον Πύθι' ἐπ' ἀγαθῇ τύχῃ
      τὸ πρᾶγμ' ὃ μηχανᾶται   870
      ἔμπροσθεν οὗτος τῶν θυρῶν,
      ἅπασιν ἡμῖν ἁρμόσαι
      παυσαμένοις πλάνων.
         ἰήιε Παιάν.   874

Βδ. ὦ δέσποτ' ἄναξ γεῖτον ἀγυιεῦ τοὐμοῦ προθύρου προ-
         πύλαιε,
      δέξαι τελετὴν καινὴν ὦναξ, ἣν τῷ πατρὶ καινοτομοῦμεν,
      παῦσόν τ' αὐτοῦ τοῦτο τὸ λίαν στρυφνὸν καὶ πρίνινον
         ἦθος,
      ἀντὶ σιραίου μέλιτος μικρὸν τῷ θυμιδίῳ παραμείξας·
         ἤδη δ' εἶναι τοῖς ἀνθρώποις
         ἤπιον αὐτόν,
      τοὺς φεύγοντάς τ' ἐλεεῖν μᾶλλον   880
         τῶν γραψαμένων
      κἀπιδακρύειν ἀντιβολούντων,
      καὶ παυσάμενον τῆς δυσκολίας
         ἀπὸ τῆς ὀργῆς
      τὴν ἀκαλήφην ἀφελέσθαι.

Χο. ξυνευχόμεσθα ⟨ταὐτά⟩ σοι κἀπᾴδομεν   [ἀντ.
      νέαισιν ἀρχαῖς ἕνεκα τῶν προλελεγμένων.   886
      εὖνοι γάρ ἐσμεν ἐξ οὗ
      τὸν δῆμον ᾐσθόμεσθά σου
      φιλοῦντος ὡς οὐδεὶς ἀνὴρ
      τῶν γε νεωτέρων.   890
         ⟨ἰήιε Παιάν.⟩

875 προθύρου προπύλαιε Bentl. : προθύρου προσθπύλας (deleto θ) R :
προθύρου πρὸς πύλας Ald. : προυπύλου προσπύλας V   885 ταὐτά add.
Reisig   888 ἡδόμεσθα V   890 γε νεωτέρων Reisig cum schol. :
γενναιοτέρων R V C : νῦν γε σοῦ νεωτέρων Ald.   post h. v. ἰήιε
Παιάν add. Mein.

ΣΦΗΚΕΣ

Βδ. εἴ τις θύρασιν ἡλιαστής, εἰσίτω·
ὡς ἡνίκ' ἂν λέγωσιν οὐκ ἐσφρήσομεν.
Φι. τίς ἄρ' ὁ φεύγων; Βδ. οὗτος. Φι. ὅσον
ἁλώσεται.
Βδ. ἀκούετ' ἤδη τῆς γραφῆς. ἐγράψατο
κύων Κυδαθηναιεὺς Λάβητ' Αἰξωνέα 895
τὸν τυρὸν ἀδικεῖν ὅτι μόνος κατήσθιεν
τὸν Σικελικόν. τίμημα κλῳὸς σύκινος.
Φι. θάνατος μὲν οὖν κύνειος, ἢν ἅπαξ ἁλῷ.
Βδ. καὶ μὴν ὁ φεύγων οὑτοσὶ Λάβης πάρα.
Φι. ὦ μιαρὸς οὗτος· ὡς δὲ καὶ κλέπτον βλέπει, 900
οἷον σεσηρὼς ἐξαπατήσειν μ' οἴεται.
ποῦ δ' ⟨ἔσθ'⟩ ὁ διώκων, ὁ Κυδαθηναιεὺς κύων;
ΚΥΩΝ
αὖ αὖ.
Βδ. πάρεστιν οὗτος. Φι. ἕτερος οὗτος αὖ Λάβης.
Βδ. ἀγαθός γ' ὑλακτεῖν καὶ διαλείχειν τὰς χύτρας.
σῖγα, κάθιζε· σὺ δ' ἀναβὰς κατηγόρει. 905
Φι. φέρε νυν ἅμα τήνδ' ἐγχεάμενος κἀγὼ ῥοφῶ.
Σω. τῆς μὲν γραφῆς ἠκούσαθ' ἣν ἐγραψάμην
ἄνδρες δικασταὶ τουτονί. δεινότατα γὰρ
ἔργων δέδρακε κἀμὲ καὶ τὸ ῥυππαπαῖ.
ἀποδρὰς γὰρ ἐς τὴν γωνίαν τυρὸν πολὺν 910
κατεσικέλιζε κἀνέπλητ' ἐν τῷ σκότῳ—
Φι. νὴ τὸν Δί' ἀλλὰ δῆλός ἐστ'· ἐμοιγέ τοι
τυροῦ κάκιστον ἀρτίως ἐνήρυγεν
ὁ βδελυρὸς οὗτος. Σω. κοὐ μετέδωκ' αἰτοῦντί
μοι.
καίτοι τίς ὑμᾶς εὖ ποιεῖν δυνήσεται, 915
ἢν μή τι κἀμοί τις προβάλλῃ τῷ κυνί;
Φι. οὐδὲν μετέδωκεν οὐδὲ τῷ κοινῷ γ' ἐμοί.

894 γραφῆς ἧς codd. : corr. Bentl.   902 ποῦ δ' ἔσθ' ὁ διώκων
Toup : ποῦ δ' ὁ διώκων R : ποῦ δ' οὐδιώκων V Ald.   907 ἢν] ἧς B²
917 τῶν κοινῶν ἐμοί Dobr.

θερμὸς γὰρ ἀνὴρ οὐδὲν ἧττον τῆς φακῆς.

Βδ. πρὸς τῶν θεῶν μὴ προκαταγίγνωσκ' ὦ πάτερ,
πρὶν ἄν γ' ἀκούσῃς ἀμφοτέρων.   Φι.   ἀλλ' ὦγαθὲ
τὸ πρᾶγμα φανερόν ἐστιν· αὐτὸ γὰρ βοᾷ.   9²¹

Σω. μή νυν ἀφῆτέ γ' αὐτόν, ὡς ὄντ' αὖ πολὺ
κυνῶν ἁπάντων ἄνδρα μονοφαγίστατον,
ὅστις περιπλεύσας τὴν θυείαν ἐν κύκλῳ
ἐκ τῶν πόλεων τὸ σκῖρον ἐξεδήδοκεν.   925

Φι. ἐμοὶ δέ γ' οὐκ ἔστ' οὐδὲ τὴν ὑδρίαν πλάσαι.

Σω. πρὸς ταῦτα τοῦτον κολάσατ'· οὐ γὰρ ἄν ποτε
τρέφειν δύναιτ' ἂν μία λόχμη κλέπτα δύο·
ἵνα μὴ κεκλάγγω διὰ κενῆς ἄλλως ἐγώ·
ἐὰν δὲ μή, τὸ λοιπὸν οὐ κεκλάγξομαι.   930

Φι. ἰοὺ ἰού.
ὅσας κατηγόρησε τὰς πανουργίας.
κλέπτον τὸ χρῆμα τἀνδρός· οὐ καὶ σοὶ δοκεῖ
ὠλεκτρυόν; νὴ τὸν Δί' ἐπιμύει γέ τοι.
ὁ θεσμοθέτης· ποῦ 'σθ' οὗτος; ἀμίδα μοι δότω.   935

Βδ. αὐτὸς καθελοῦ· τοὺς μάρτυρας γὰρ ἔσκαλῶ.
Λάβητι μάρτυρας παρεῖναι τρύβλιον
δοίδυκα τυρόκνηστιν ἐσχάραν χύτραν,
καὶ τἆλλα, τὰ σκεύη τὰ προσκεκαυμένα.
ἀλλ' ἔτι σύ γ' οὐρεῖς καὶ καθίζεις οὐδέπω;   940

Φι. τοῦτον δέ γ' οἶμ' ἐγὼ χεσεῖσθαι τήμερον.

Βδ. οὐκ αὖ σὺ παύσει χαλεπὸς ὢν καὶ δύσκολος,
καὶ ταῦτα τοῖς φεύγουσιν, ἀλλ' ὀδὰξ ἔχει;
ἀνάβαιν', ἀπολογοῦ. τί σεσιώπηκας; λέγε.

Φι. ἀλλ' οὐκ ἔχειν οὗτός γ' ἔοικεν ὅ τι λέγῃ.   945

Βδ. οὔκ, ἀλλ' ἐκεῖνό μοι δοκεῖ πεπονθέναι,
ὅπερ ποτὲ φεύγων ἔπαθε καὶ Θουκυδίδης·
ἀπόπληκτος ἐξαίφνης ἐγένετο τὰς γνάθους.
πάρεχ' ἐκποδών. ἐγὼ γὰρ ἀπολογήσομαι.

932 κατηγόρησε R V : κατηγόρευσε vulg.   939 προσκεκλημένα Dobr.

ΣΦΗΚΕΣ

χαλεπὸν μὲν ὦνδρες ἐστὶ διαβεβλημένου   950
ὑπεραποκρίνεσθαι κυνός, λέξω δ' ὅμως.
ἀγαθὸς γάρ ἐστι καὶ διώκει τοὺς λύκους.
Φι. κλέπτης μὲν οὖν οὗτός γε καὶ ξυνωμότης.
Βδ. μὰ Δί' ἀλλ' ἄριστός ἐστι τῶν νυνὶ κυνῶν
οἷός τε πολλοῖς προβατίοις ἐφεστάναι.   955
Φι. τί οὖν ὄφελος, τὸν τυρὸν εἰ κατεσθίει;
Βδ. ὅ τι; σοῦ προμάχεται καὶ φυλάττει τὴν θύραν
καὶ τἄλλ' ἄριστός ἐστιν· εἰ δ' ὑφείλετο,
ξύγγνωθι. κιθαρίζειν γὰρ οὐκ ἐπίσταται.
Φι. ἐγὼ δ' ἐβουλόμην ἂν οὐδὲ γράμματα,   960
ἵνα μὴ κακουργῶν ἐνέγραφ' ἡμῖν τὸν λόγον.
Βδ. ἄκουσον ὦ δαιμόνιέ μου τῶν μαρτύρων.
ἀνάβηθι τυρόκνηστι καὶ λέξον μέγα·
σὺ γὰρ ταμιεύουσ' ἔτυχες. ἀπόκριναι σαφῶς,
εἰ μὴ κατέκνησας τοῖς στρατιώταις ἅλαβες.   965
φησὶ κατακνῆσαι.   Φι. νὴ Δί' ἀλλὰ ψεύδεται.
Βδ. ὦ δαιμόνι' ἐλέει ταλαιπωρουμένους.
οὗτος γὰρ ὁ Λάβης καὶ τραχήλι' ἐσθίει
καὶ τὰς ἀκάνθας, κοὐδέποτ' ἐν ταὐτῷ μένει.
ὁ δ' ἕτερος οἷός ἐστιν οἰκουρὸς μόνον.   970
αὐτοῦ μένων γὰρ ἅττ' ἂν εἴσω τις φέρῃ
τούτων μεταιτεῖ τὸ μέρος· εἰ δὲ μή, δάκνει.
Φι. αἰβοῖ. τί κακόν ποτ' ἔσθ' ὅτῳ μαλάττομαι;
κακόν τι περιβαίνει με κἀναπείθομαι.
Βδ. ἴθ' ἀντιβολῶ σ'· οἰκτίρατ' αὐτὸν ὦ πάτερ,   975
καὶ μὴ διαφθείρητε. ποῦ τὰ παιδία;
ἀναβαίνετ' ὦ πόνηρα καὶ κνυζούμενα
αἰτεῖτε κἀντιβολεῖτε καὶ δακρύετε.

950 διαβεβλημένους R V Ald.   961 ἐνέγραφ'] ἔγραφεν Cobet
967 ἐλέει Ald. : ἐλέει τοὺς vulg. : (ὦ δαῖμον) ἐλέει τοὺς Bentl.   968 τὰ
τραχήλι' Hirschig.   970 οἰκουρεῖν Brunck   973 post τί add. τὸ
R V : αἰβοῖ (extra versum) τουτὶ τὸ κακὸν τί ποτ' Reisig   974 περι-
βαίνει] περιμένει R   978 αἰτεῖσθε Hirschig

ΑΡΙΣΤΟΦΑΝΟΥΣ

Φι. κατάβα κατάβα κατάβα κατάβα.   Βδ.   κατα-
    βήσομαι.

    καίτοι τὸ κατάβα τοῦτο πολλοὺς δὴ πάνυ   980
    ἐξηπάτηκεν. ἀτὰρ ὅμως καταβήσομαι.

Φι. ἐς κόρακας. ὡς οὐκ ἀγαθόν ἐστι τὸ ῥοφεῖν.
    ἐγὼ γὰρ ἀπεδάκρυσα νῦν γνώμην ἐμὴν
    οὐδέν ποτ' ἀλλ' ἢ τῆς φακῆς ἐμπλήμενος.

Βδ. οὔκουν ἀποφεύγει δῆτα;   Φι. χαλεπὸν εἰδέναι. 985

Βδ. ἴθ' ὦ πατρίδιον ἐπὶ τὰ βελτίω τρέπου.
    τηνδὶ λαβὼν τὴν ψῆφον ἐπὶ τὸν ὕστερον
    μύσας παρᾷξον κἀπόλυσον ὦ πάτερ.

Φι. οὐ δῆτα· κιθαρίζειν γὰρ οὐκ ἐπίσταμαι.

Βδ. φέρε νύν σε τῃδὶ τὴν ταχίστην περιάγω.   990

Φι. ὅδ' ἔσθ' ὁ πρότερος;   Βδ. οὗτος·   Φι. αὕτη
    'νταῦθ' ἔνι.

Βδ. ἐξηπάτηται κἀπολέλυκεν οὐχ ἑκών.
    φέρ' ἐξεράσω.   Φι. πῶς ἄρ' ἠγωνίσμεθα;

Βδ. δείξειν ἔοικεν. ἐκπέφευγας ὦ Λάβης.
    πάτερ πάτερ τί πέπονθας; οἴμοι· ποῦ 'σθ' ὕδωρ;   995
    ἔπαιρε σαυτόν.   Φι. εἰπέ νυν ἐκεῖνό μοι,
    ὄντως ἀπέφυγε;   Βδ. νὴ Δί'·   Φι. οὐδέν
    εἰμ' ἄρα.

Βδ. μὴ φροντίσῃς ὦ δαιμόνι'· ἀλλ' ἀνίστασο.

Φι. πῶς οὖν ἐμαυτῷ τοῦτ' ἐγὼ ξυνείσομαι,
    φεύγοντ' ἀπολύσας ἄνδρα; τί ποτε πείσομαι;   1000
    ἀλλ' ὦ πολυτίμητοι θεοὶ ξύγγνωτέ μοι·
    ἄκων γὰρ αὖτ' ἔδρασα κοὐ τοὐμοῦ τρόπου.

Βδ. καὶ μηδὲν ἀγανάκτει γ'. ἐγὼ γάρ σ' ὦ πάτερ
    θρέψω καλῶς, ἄγων μετ' ἐμαυτοῦ πανταχοῖ,
    ἐπὶ δεῖπνον, ἐς ξυμπόσιον, ἐπὶ θεωρίαν,   1005
    ὥσθ' ἡδέως διάγειν σε τὸν λοιπὸν χρόνον·

991 'νταῦθ' ἔνι Dobr. : 'ντευθενί codd.   994 ἔοικας R   997 ἀπέ-
φυγε V Ald. : πέφευγε R   1004 πανταχοῖ Brunck : πανταχοῦ codd.

ΣΦΗΚΕΣ

κοὐκ ἐγχανεῖταί σ' ἐξαπατῶν Ὑπέρβολος.
ἀλλ' εἰσίωμεν.   Φι.   ταῦτά νυν, εἴπερ δοκεῖ.

Χο.   ἀλλ' ἴτε χαίροντες ὅποι βούλεσθ'.
ὑμεῖς δὲ τέως ὦ μυριάδες   1010
ἀναρίθμητοι,
νῦν τὰ μέλλοντ' εὖ λέγεσθαι
μὴ πέσῃ φαύλως χαμᾶζ'
εὐλαβεῖσθε.
τοῦτο γὰρ σκαιῶν θεατῶν
ἐστι πάσχειν, κοὐ πρὸς ὑμῶν.
νῦν αὖτε λεῴ προσέχετε τὸν νοῦν, εἴπερ καθαρόν τι
φιλεῖτε.   1015
μέμψασθαι γὰρ τοῖσι θεαταῖς ὁ ποιητὴς νῦν ἐπιθυμεῖ.
ἀδικεῖσθαι γάρ φησιν πρότερος πόλλ' αὐτοὺς εὖ πε-
ποιηκώς,
τὰ μὲν οὐ φανερῶς ἀλλ' ἐπικουρῶν κρύβδην ἑτέροισι
ποιηταῖς,
μιμησάμενος τὴν Εὐρυκλέους μαντείαν καὶ διάνοιαν,
εἰς ἀλλοτρίας γαστέρας ἐνδὺς κωμῳδικὰ πολλὰ χέα-
σθαι·   1020
μετὰ τοῦτο δὲ καὶ φανερῶς ἤδη κινδυνεύων καθ' ἑαυτόν,
οὐκ ἀλλοτρίων ἀλλ' οἰκείων Μουσῶν στόμαθ' ἡνιοχήσας.
ἀρθεὶς δὲ μέγας καὶ τιμηθεὶς ὡς οὐδεὶς πώποτ' ἐν
ὑμῖν,
οὐκ †ἐκτελέσαι† φησὶν ἐπαρθεὶς οὐδ' ὀγκῶσαι τὸ φρό-
νημα,
οὐδὲ παλαίστρας περικωμάζειν πειρῶν· οὐδ' εἴ τις
ἐραστὴς   1025
κωμῳδεῖσθαι παιδίχ' ἑαυτοῦ μισῶν ἔσπευσε πρὸς αὐτόν,
οὐδενὶ πώποτέ φησι πιθέσθαι, γνώμην τιν' ἔχων ἐπιεικῆ,
ἵνα τὰς Μούσας αἷσιν χρῆται μὴ προαγωγοὺς ἀποφήνῃ.

1011 μὲν post νῦν codd. : del. Burges   1025 πειρῶν Brunck :
περιιών R Ald. : περιών V   1026 ἔσπευδε Ald.

ΑΡΙΣΤΟΦΑΝΟΥΣ

οὐδ' ὅτε πρῶτόν γ' ἦρξε διδάσκειν, ἀνθρώποις φήσ'
  ἐπιθέσθαι,
ἀλλ' Ἡρακλέους ὀργήν τιν' ἔχων τοῖσι μεγίστοις ἐπι-
  χειρεῖν, 1030
θρασέως ξυστὰς εὐθὺς ἀπ' ἀρχῆς αὐτῷ τῷ καρχαρόδοντι,
οὗ δεινόταται μὲν ἀπ' ὀφθαλμῶν Κύννης ἀκτῖνες ἔλαμπον,
ἑκατὸν δὲ κύκλῳ κεφαλαὶ κολάκων οἰμωξομένων ἐλιχ-
  μῶντο
περὶ τὴν κεφαλήν, φωνὴν δ' εἶχεν χαράδρας ὄλεθρον
  τετοκυίας,
φώκης δ' ὀσμήν, Λαμίας ὄρχεις ἀπλύτους, πρωκτὸν δὲ
  καμήλου. 1035
τοιοῦτον ἰδὼν τέρας οὔ φησιν δείσας καταδωροδοκῆσαι,
ἀλλ' ὑπὲρ ὑμῶν ἔτι καὶ νυνὶ πολεμεῖ· φησίν τε μετ' αὐτὸν
τοῖς ἠπιάλοις ἐπιχειρῆσαι πέρυσιν καὶ τοῖς πυρετοῖσιν,
οἳ τοὺς πατέρας τ' ἦγχον νύκτωρ καὶ τοὺς πάππους
  ἀπέπνιγον,
κατακλινόμενοί τ' ἐπὶ ταῖς κοίταις ἐπὶ τοῖσιν ἀπράγμο-
  σιν ὑμῶν 1040
ἀντωμοσίας καὶ προσκλήσεις καὶ μαρτυρίας συνεκόλλων,
ὥστ' ἀναπηδᾶν δειμαίνοντας πολλοὺς ὡς τὸν πολέμαρχον.
τοιόνδ' εὑρόντες ἀλεξίκακον τῆς χώρας τῆσδε καθαρτήν,
πέρυσιν καταπρούδοτε καινοτάταις σπείραντ' αὐτὸν δια-
  νοίαις, 1044
ἃς ὑπὸ τοῦ μὴ γνῶναι καθαρῶς ὑμεῖς ἐποιήσατ' ἀναλδεῖς·
καίτοι σπένδων πόλλ' ἐπὶ πολλοῖς ὄμνυσιν τὸν Διόνυσον
μὴ πώποτ' ἀμείνον' ἔπη τούτων κωμῳδικὰ μηδέν' ἀκοῦσαι.
τοῦτο μὲν οὖν ἔσθ' ὑμῖν αἰσχρὸν τοῖς μὴ γνοῦσιν παρα-
  χρῆμα, 1048
ὁ δὲ ποιητὴς οὐδὲν χείρων παρὰ τοῖσι σοφοῖς νενόμισται,
εἰ παρελαύνων τοὺς ἀντιπάλους τὴν ἐπίνοιαν ξυνέτριψεν.

1029 ἀνθρώποις φήσ'] ἀνθρωπίσκοις Conze ex Pac. 751   1037 αὐτὸν
Bentl. cf. schol. : αὐτοῦ codd.   1044 αὐτὸν] αὐτὴν (sc. τὴν χώραν)
Hecker   1050 εἰ παρελαύνων Bothe ex schol. : εἴπερ ἐλαύνων codd.

ἀλλὰ τὸ λοιπὸν τῶν ποιητῶν
ὦ δαιμόνιοι τοὺς ζητοῦντας
καινόν τι λέγειν κἀξευρίσκειν
στέργετε μᾶλλον καὶ θεραπεύετε,
καὶ τὰ νοήματα σῴζεσθ' αὐτῶν,   1055
ἐσβάλλετέ τ' ἐς τὰς κιβωτοὺς
μετὰ τῶν μήλων.   κἂν ταῦτα ποιῆθ',
ὑμῖν δι' ἔτους τῶν ἱματίων
ὀζήσει δεξιότητος.

ὦ πάλαι ποτ' ὄντες ἡμεῖς ἄλκιμοι μὲν ἐν χοροῖς,   [στρ.
ἄλκιμοι δ' ἐν μάχαις,   1061
καὶ κατ' αὐτὸ δὴ τοῦτο μόνον ἄνδρες ἀλκιμώτατοι·
πρίν ποτ' ἦν πρὶν ταῦτα, νῦν δ'
οἴχεται, κύκνου τ' ⟨ἔτι⟩ πολιώτεραι δὴ
αἵδ' ἐπανθοῦσιν τρίχες.   1065
ἀλλὰ κἀκ τῶν λειψάνων δεῖ
τῶνδε ῥώμην νεανικὴν σχεῖν·
ὡς ἐγὼ τοὐμὸν νομίζω
γῆρας εἶναι κρεῖττον ἢ πολ-
λῶν κικίννους νεανιῶν καὶ
σχῆμα κεὐρυπρωκτίαν.   1070

εἴ τις ὑμῶν ὦ θεαταὶ τὴν ἐμὴν ἰδὼν φύσιν
εἶτα θαυμάζει μ' ὁρῶν μέσον διεσφηκωμένον,
ἥτις ἡμῶν ἐστιν ἡ 'πίνοια τῆς ἐγκεντρίδος,
ῥᾳδίως ἐγὼ διδάξω, κἂν ἄμουσος ᾖ τὸ πρίν.
ἐσμὲν ἡμεῖς, οἷς πρόσεστι τοῦτο τοὐρροπύγιον,   1075
Ἀττικοὶ μόνοι δικαίως ἐγγενεῖς αὐτόχθονες,
ἀνδρικώτατον γένος καὶ πλεῖστα τήνδε τὴν πόλιν

1060-1090 = 1091-1121

1062 δὴ τοῦτο μόνον Ald. : τοῦτο μόνον R V Γ : δὴ μόνον τοῦτ' Bentl.
ἀλκιμώτατοι Bentl. : μαχιμώτατοι codd.   1064 ἔτι add. Reisig
1067 ῥώμην R Ald. : γνώμην V Γ γρ.   1073 ἥτις V : ἢ τίς vulgo
τῆς] τῆσδε τῆς Ald. : quod, ἡμῶν omisso, recipit Bentl.

ὠφελῆσαν ἐν μάχαισιν, ἡνίκ᾽ ἦλθ᾽ ὁ βάρβαρος,
τῷ καπνῷ τύφων ἅπασαν τὴν πόλιν καὶ πυρπολῶν,
ἐξελεῖν ἡμῶν μενοινῶν πρὸς βίαν τἀνθρήνια.   1080
εὐθέως γὰρ ἐκδραμόντες ξὺν δορὶ ξὺν ἀσπίδι
ἐμαχόμεσθ᾽ αὐτοῖσι, θυμὸν ὀξίνην πεπωκότες,
στὰς ἀνὴρ παρ᾽ ἄνδρ᾽, ὑπ᾽ ὀργῆς τὴν χελύνην ἐσθίων·
ὑπὸ δὲ τῶν τοξευμάτων οὐκ ἦν ἰδεῖν τὸν οὐρανόν.
ἀλλ᾽ ὅμως ἐωσάμεσθα ξὺν θεοῖς πρὸς ἑσπέραν.   1085
γλαῦξ γὰρ ἡμῶν πρὶν μάχεσθαι τὸν στρατὸν διέπτετο·
εἶτα δ᾽ εἰπόμεσθα θυννάζοντες ἐς τοὺς θυλάκους,
οἱ δ᾽ ἔφευγον τὰς γνάθους καὶ τὰς ὀφρῦς κεντούμενοι·
ὥστε παρὰ τοῖς βαρβάροισι πανταχοῦ καὶ νῦν ἔτι
μηδὲν Ἀττικοῦ καλεῖσθαι σφηκὸς ἀνδρικώτερον.   1090

ἆρα δεινὸς ἦ τόθ᾽ ὥστε πάντα μὴ δεδοικέναι,   [ἀντ.
      καὶ κατεστρεψάμην
τοὺς ἐναντίους, πλέων ἐκεῖσε ταῖς τριήρεσιν;
      οὐ γὰρ ἦν ἡμῖν ὅπως
ῥῆσιν εὖ λέξειν ἐμέλλομεν τότ᾽, οὐδὲ   1095
      συκοφαντήσειν τινὰ
   φροντίς, ἀλλ᾽ ὅστις ἐρέτης ἔ-
   σοιτ᾽ ἄριστος.   τοιγαροῦν πολ-
   λὰς πόλεις Μήδων ἑλόντες
   αἰτιώτατοι φέρεσθαι
   τὸν φόρον δεῦρ᾽ ἐσμέν, ὃν κλέ-   1100
      πτουσιν οἱ νεώτεροι.

πολλαχοῦ σκοποῦντες ἡμᾶς εἰς ἅπανθ᾽ εὑρήσετε
τοὺς τρόπους καὶ τὴν δίαιταν σφηξὶν ἐμφερεστάτους.
πρῶτα μὲν γὰρ οὐδὲν ἡμῶν ζῷον ἠρεθισμένον
μᾶλλον ὀξύθυμόν ἐστιν οὐδὲ δυσκολώτερον·   1105

1078 ὠφελῆσαν ἐν] ὠφελήσαμεν R   1083 πρὸς ἄνδρ᾽ R   1085 ἐω-
σάμεσθα Anecd. Ox. 1. 446 : ἐσωζόμεσθα V : ἐπαυσάμεσθα R : ἀπεω-
σάμεσθα Ald.   1091 πάντα μὴ] πάντας ἐμὲ Hirschig   1097 ἂν
post ὅστις add. codd. : corr. Elmsl.

εἶτα τἄλλ' ὅμοια πάντα σφηξὶ μηχανώμεθα.
ξυλλεγέντες γὰρ καθ' ἐσμούς, ὡσπερεὶ τἀνθρήνια,
οἱ μὲν ἡμῶν οὗπερ ἄρχων, οἱ δὲ παρὰ τοὺς ἕνδεκα,
οἱ δ' ἐν ᾠδείῳ δικάζουσ', οἱ δὲ πρὸς τοῖς τειχίοις
ξυμβεβυσμένοι πυκνόν, νεύοντες ἐς τὴν γῆν, μόλις 1110
ὥσπερ οἱ σκώληκες ἐν τοῖς κυττάροις κινούμενοι.
ἔς τε τὴν ἄλλην δίαιτάν ἐσμεν εὐπορώτατοι.
πάντα γὰρ κεντοῦμεν ἄνδρα κἀκπορίζομεν βίον.
ἀλλὰ γὰρ κηφῆνες ἡμῖν εἰσιν ἐγκαθήμενοι
οὐκ ἔχοντες κέντρον, οἳ μένοντες ἡμῶν τοῦ φόρου 1115
τὸν πόνον κατεσθίουσιν, οὐ ταλαιπωρούμενοι.
τοῦτο δ' ἔστ' ἄλγιστον ἡμῖν, ἤν τις ἀστράτευτος ὢν
ἐκροφῇ τὸν μισθὸν ἡμῶν, τῆσδε τῆς χώρας ὕπερ
μήτε κώπην μήτε λόγχην μήτε φλύκταιναν λαβών.
ἀλλ' ἐμοὶ δοκεῖ τὸ λοιπὸν τῶν πολιτῶν ἔμβραχυ 1120
ὅστις ἂν μὴ 'χῃ τὸ κέντρον, μὴ φέρειν τριώβολον.

Φι. οὗτοι ποτὲ ζῶν τοῦτον ἀποδυθήσομαι,
ἐπεὶ μόνος μ' ἔσωσε παρατεταγμένον,
ὅθ' ὁ βορέας ὁ μέγας ἐπεστρατεύσατο.
Βδ. ἀγαθὸν ἔοικας οὐδὲν ἐπιθυμεῖν παθεῖν.   1125
Φι. μὰ τὸν Δί' οὐ γὰρ οὐδαμῶς μοι ξύμφορον.
καὶ γὰρ πρότερον ἐπανθρακίδων ἐμπλήμενος
ἀπέδωκ' ὀφείλων τῷ κναφεῖ τριώβολον.
Βδ. ἀλλ' οὖν πεπειράσθω γ', ἐπειδήπερ γ' ἄπαξ
ἐμοὶ σεαυτὸν παραδέδωκας εὖ ποιεῖν.   1130
Φι. τί οὖν κελεύεις δρᾶν με; Βδ. τὸν τρίβων' ἄφες,
τηνδὶ δὲ χλαῖναν ἀναβαλοῦ τριβωνικῶς.
Φι. ἔπειτα παῖδας χρὴ φυτεύειν καὶ τρέφειν,
ὅθ' οὑτοσί με νῦν ἀποπνῖξαι βούλεται;

1107 ξυλλεγέντες V : ξυλλέγοντες vulg. ὥσπερ εἰς ἀνθρήνια Kock
1114 ἡμῖν] ἡμῶν Mein. οἱ καθήμενοι Mein. 1115 secl.
Hamaker 1116 πόνον Dobr. ex schol. : γόνον codd. : φόρον
Rutherford deleto v. 1115 1118 ἐκροφῇ Reiske : ἐκφορῇ codd.
1132 τριβωνικῶς] γεροντικῶς v. l. apud schol.

Βδ. ἔχ' ἀναβαλοῦ τηνδὶ λαβὼν καὶ μὴ λάλει.　　　1135
Φι. τουτὶ τὸ κακὸν τί ἐστι πρὸς πάντων θεῶν;
Βδ. οἱ μὲν καλοῦσι Περσίδ' οἱ δὲ καυνάκην.
Φι. ἐγὼ δὲ σισύραν ᾠόμην Θυμαιτίδα.
Βδ. κοὐ θαυμά γ'· ἐς Σάρδεις γὰρ οὐκ ἐλήλυθας.
　　 ἔγνως γὰρ ἄν· νῦν δ' οὐχὶ γιγνώσκεις.　　Φι. ἐγώ;
　　 μὰ τὸν Δί' οὐ τοίνυν· ἀτὰρ δοκεῖ γέ μοι　　　1141
　　 ἐοικέναι μάλιστα Μορύχου σάγματι.
Βδ. οὔκ, ἀλλ' ἐν Ἐκβατάνοισι ταῦθ' ὑφαίνεται.
Φι. ἐν Ἐκβατάνοισι γίγνεται κρόκης χόλιξ;
Βδ. πόθεν ὦγάθ'; ἀλλὰ τοῦτο τοῖσι βαρβάροις　　　1145
　　 ὑφαίνεται πολλαῖς δαπάναις.　 αὕτη γέ τοι
　　 ἐρίων τάλαντον καταπέπωκε ῥᾳδίως.
Φι. οὔκουν ἐριώλην δῆτ' ἐχρῆν αὐτὴν καλεῖν
　　 δικαιότερον ἢ καυνάκην;　　Βδ. ἔχ' ὦγαθέ,
　　 καὶ στῆθ' ἀναμπισχόμενος.　　Φι. οἴμοι δείλαιος· 115〈
　　 ὡς θερμὸν ἡ μιαρά τί μου κατήρυγεν.
Βδ. οὐκ ἀναβαλεῖ;　　Φι. μὰ Δί' οὐκ ἔγωγ'. ἀλλ'
　　　　ὦγαθέ,
　　 εἴπερ γ' ἀνάγκη, κρίβανόν μ' ἀμπίσχετε.
Βδ. φέρ' ἀλλ' ἐγώ σε περιβαλῶ· σὺ δ' οὖν ἴθι.
Φι. παράθου γε μέντοι καὶ κρεάγραν.　　Βδ. τιὴ τί δή;
Φι. ἵν' ἐξέλῃς με πρὶν διερρυηκέναι.　　　1156
Βδ. ἄγε νυν ὑπολύου τὰς καταράτους ἐμβάδας,
　　 τασδὶ δ' ἀνύσας †ὑπόδυθι† τὰς Λακωνικάς.
Φι. ἐγὼ γὰρ ἂν τλαίην ὑποδήσασθαί ποτε
　　 ἐχθρῶν παρ' ἀνδρῶν δυσμενῆ καττύματα;　　　1160
Βδ. ἔνθες ποτ' ὦ τᾶν κἀπόβαιν' ἐρρωμένως
　　 ἐς τὴν Λακωνικὴν ἀνύσας.　　Φι. ἀδικεῖς γέ με

1142 ἐοικέναι] προσεικέναι Cobet　　　1148 αὐτὴν] ταύτην R
Ald.　　1150 στῆθ' ἀναμπισχόμενος R Γ : στῆθί (γ') ἀμπισχόμενος vulg.
1155 παράθου] καταθοῦ R Ald.　　　1157 ὑπολύου Hirschig : ἀποδύου
Ald.: ὑποδύου R V Γ　　1158 ὑπόδυθι] ὑποδοῦ λαβὼν (om. τὰς) Hirschig
1159 ὑποδύσασθαι codd. : corr. Scaliger　　　1161 ποτ'] πόδ' Brunck
ex schol.

ΣΦΗΚΕΣ

ἐς τὴν πολεμίαν ἀποβιβάζων τὸν πόδα.

Βδ. φέρε καὶ τὸν ἕτερον.   Φι.   μηδαμῶς τοῦτόν γ', ἐπεὶ
πάνυ μισολάκων αὐτοῦ 'στιν εἷς τῶν δακτύλων.   1165
Βδ. οὐκ ἔστι παρὰ ταῦτ' ἄλλα.   Φι.   κακοδαίμων ἐγώ,
ὅστις ἐπὶ γήρως χίμετλον οὐδὲν λήψομαι.
Βδ. ἄνυσόν ποθ' ὑποδησάμενος· εἶτα πλουσίως
ὡδὶ προβὰς τρυφερόν τι διασαλακώνισον.
Φι. ἰδού. θεῶ τὸ σχῆμα, καὶ σκέψαι μ' ὅτῳ   1170
μάλιστ' ἔοικα τὴν βάδισιν τῶν πλουσίων.
Βδ. ὅτῳ; Δοθιῆνι σκόροδον ἠμφιεσμένῳ.
Φι. καὶ μὴν προθυμοῦμαί γε σαυλοπρωκτιᾶν.
Βδ. ἄγε νυν, ἐπιστήσει λόγους σεμνοὺς λέγειν
ἀνδρῶν παρόντων πολυμαθῶν καὶ δεξιῶν;   1175
Φι. ἔγωγε.   Βδ.   τίνα δῆτ' ἂν λέγοις;   Φι.   πολ-
λοὺς πάνυ.
πρῶτον μὲν ὡς ἡ Λάμι' ἁλοῦσ' ἐπέρδετο,
ἔπειτα δ' ὡς ὁ Καρδοπίων τὴν μητέρα.
Βδ. μή 'μοί γε μύθους, ἀλλὰ τῶν ἀνθρωπίνων,
οἵους λέγομεν μάλιστα τοὺς κατ' οἰκίαν.   1180
Φι. ἐγᾦδα τοίνυν τῶν γε πάνυ κατ' οἰκίαν
ἐκεῖνον ὡς 'οὕτω ποτ' ἦν μῦς καὶ γαλῆ.'
Βδ. ὦ σκαιὲ κἀπαίδευτε, Θεογένης ἔφη
τῷ κοπρολόγῳ καὶ ταῦτα λοιδορούμενος,
μῦς καὶ γαλᾶς μέλλεις λέγειν ἐν ἀνδράσιν;   1185
Φι. ποίους τινὰς δὲ χρὴ λέγειν;   Βδ.   μεγαλοπρεπεῖς,
ὡς ξυνεθεώρεις Ἀνδροκλεῖ καὶ Κλεισθένει.
Φι. ἐγὼ δὲ τεθεώρηκα πώποτ' οὐδαμοῖ
πλὴν ἐς Πάρον, καὶ ταῦτα δύ' ὀβολὼ φέρων.
Βδ. ἀλλ' οὖν λέγειν χρή σ' ὡς ἐμάχετό γ' αὐτίκα   1190
Ἐφουδίων παγκράτιον Ἀσκώνδᾳ καλῶς,

1163 τὴν] γῆν R   1167 γήρως Hirschig : γήρῳ V : γήρᾳ vulg.
1168 ὑποδυσάμενος codd. : corr. Scaliger   1169 διασαλακώνισον] δια-
σαικώνισον Dind. : διαλακώνισον et διαλυκώνισον apud schol.   1188 οὐ-
δαμοῖ Bekker : οὐδαμοῦ codd.   1190 ἐμάχετό γ'] ἐμαχέσατ' Dobr.

213   H

ΑΡΙΣΤΟΦΑΝΟΥΣ

ἤδη γέρων ὢν καὶ πολιός, ἔχων δέ τοι
πλευρὰν βαθυτάτην καὶ χέρας καὶ λαγόνα καὶ
θώρακ' ἄριστον.   Φι.   παῦε παῦ', οὐδὲν λέγεις.
πῶς ἂν μαχέσαιτο παγκράτιον θώρακ' ἔχων;   1195
Βδ. οὕτω διηγεῖσθαι νομίζουσ' οἱ σοφοί.
ἀλλ' ἕτερον εἰπέ μοι· παρ' ἀνδράσι ξένοις
πίνων σεαυτοῦ ποῖον ἂν λέξαι δοκεῖς
ἐπὶ νεότητος ἔργον ἀνδρικώτατον;
Φι. ἐκεῖν' ἐκεῖν' ἀνδρειότατόν γε τῶν ἐμῶν,   1200
ὅτ' Ἐργασίωνος τὰς χάρακας ὑφειλόμην.
Βδ. ἀπολεῖς με.   ποίας χάρακας; ἀλλ' ὡς ἢ κάπρον
ἐδιώκαθές ποτ' ἢ λαγών, ἢ λαμπάδα
ἔδραμες, ἀνευρὼν ὅ τι νεανικώτατον.
Φι. ἐγῷδα τοίνυν τό γε νεανικώτατον·   1205
ὅτε τὸν δρομέα Φάυλλον ὢν βούπαις ἔτι
εἷλον διώκων λοιδορίας ψήφοιν δυοῖν.
Βδ. παῦ'· ἀλλὰ δευρὶ κατακλινεὶς προσμάνθανε
ξυμποτικὸς εἶναι καὶ ξυνουσιαστικός.
Φι. πῶς οὖν κατακλινῶ; φράζ' ἀνύσας.   Βδ. εὐσχη-
μόνως.   1210
Φι. ὡδὶ κελεύεις κατακλινῆναι;   Βδ. μηδαμῶς.
Φι. πῶς δαί;   Βδ.   τὰ γόνατ' ἔκτεινε καὶ γυμναστικῶς
ὑγρὸν χύτλασον σεαυτὸν ἐν τοῖς στρώμασιν.
ἔπειτ' ἐπαίνεσόν τι τῶν χαλκωμάτων,
ὀροφὴν θέασαι, κρεκάδι' αὐλῆς θαύμασον·   1215
ὕδωρ κατὰ χειρός· τὰς τραπέζας ἐσφέρειν·
δειπνοῦμεν· ἀπονενίμμεθ'· ἤδη σπένδομεν.
Φι. πρὸς τῶν θεῶν ἐνύπνιον ἑστιώμεθα;
Βδ. αὐλητρὶς ἐνεφύσησεν· οἱ δὲ συμπόται
εἰσὶν Θέωρος Αἰσχίνης Φάνος Κλέων,   1220
ξένος τις ἕτερος πρὸς κεφαλῆς Ἀκέστορος.

1192 ὢν καὶ πολιός] ὢν πολιὸς ὢν V   1211 κατακλινῆναι Γ :
κατακλίναι V : κατακλιθῆναι R Ald.   1221 Ἀκέστορος schol. :
ἀκέστερος codd.

214

ΣΦΗΚΕΣ

τούτοις ξυνὼν τὰ σκόλι' ὅπως δέξει καλῶς.

Φι. ἄληθες; ὡς οὐδεὶς Διακρίων δέξεται.

Βδ. ἐγὼ εἴσομαι· καὶ δὴ γάρ εἰμ' ἐγὼ Κλέων,
    ᾄδω δὲ πρῶτος Ἁρμοδίου· δέξαι δὲ σύ.   1225
    ' οὐδεὶς πώποτ' ἀνὴρ ἔγεντ' Ἀθήναις '—

Φι. οὐχ οὕτω γε πανοῦργος ⟨οὐδὲ⟩ κλέπτης.

Βδ. τουτὶ σὺ δράσεις; παραπολεῖ βοώμενος·
    φήσει γὰρ ἐξολεῖν σε καὶ διαφθερεῖν
    καὶ τῆσδε τῆς γῆς ἐξελᾶν.   Φι. ἐγὼ δέ γε,   1230
    ἐὰν ἀπειλῇ, νὴ Δί' ἕτερ' ἀντᾴσομαι·
    ' ὤνθρωφ', οὗτος ὁ μαιόμενος τὸ μέγα κράτος,
    ἀντρέψεις ἔτι τὰν πόλιν· ἁ δ' ἔχεται ῥοπᾶς.'   1235

Βδ. τί δ' ὅταν Θέωρος πρὸς ποδῶν κατακείμενος
    ᾄδῃ Κλέωνος λαβόμενος τῆς δεξιᾶς·
    ' Ἀδμήτου λόγον ὦταῖρε μαθὼν τοὺς ἀγαθοὺς φίλει.'
    τούτῳ τί λέξεις σκόλιον;   Φι. ᾠδικῶς ἐγώ.
    ' οὐκ ἔστιν ἀλωπεκίζειν,   1240
    οὐδ' ἀμφοτέροισι γίγνεσθαι φίλον.'

Βδ. μετὰ τοῦτον Αἰσχίνης ὁ Σέλλου δέξεται,
    ἀνὴρ σοφὸς καὶ μουσικός, κᾆτ' ᾄσεται·
    ' χρήματα καὶ βίον   1245
    Κλειταγόρᾳ τε κἀ-
    μοὶ μετὰ Θετταλῶν '—

Φι. πολλὰ δὴ διεκόμπασας σὺ κἀγώ.

Βδ. τουτὶ μὲν ἐπιεικῶς σύ γ' ἐξεπίστασαι·
    ὅπως δ' ἐπὶ δεῖπνον ἐς Φιλοκτήμονος ἴμεν.   1250
    παῖ παῖ, τὸ δεῖπνον Χρυσὲ συσκεύαζε νῷν,
    ἵνα καὶ μεθυσθῶμεν διὰ χρόνου.   Φι. μηδαμῶς.

1223 ὡς οὐδείς γε διακρίων δεδέξεται codd. : corr. Fl. Christianus
1225 δέξει R Ald.   1226 ἔγεντ' Ἀθήναις Bentl. et Elmsl. : ἐγένετ'
Ἀθηναῖος codd.   1227 οὐδὲ ante κλέπτης add. Bergk   1231 ἑτέραν
ᾄσομαι codd. : corr. Dobr.   1235 ἀντρέψεις Bentl. ex schol. :
ἀνατρέψεις codd.   1244 κἀντᾴσεται Dobr.   1245 βίον Tyrr-
whitt : βίαν codd.   1248 διεκόμπασας Burges ex schol. : διεκό-
μισας R Ald. : διεκόμισα V

κακὸν τὸ πίνειν· ἀπὸ γὰρ οἴνου γίγνεται
καὶ θυροκοπῆσαι καὶ πατάξαι καὶ βαλεῖν,
κἄπειτ' ἀποτίνειν ἀργύριον ἐκ κραιπάλης.   1255
Βδ. οὔκ, ἢν ξυνῇς γ' ἀνδράσι καλοῖς τε κἀγαθοῖς·
ἢ γὰρ παρῃτήσαντο τὸν πεπονθότα,
ἢ λόγον ἔλεξας αὐτὸς ἀστεῖόν τινα,
Αἰσωπικὸν γέλοιον ἢ Συβαριτικόν,
ὧν ἔμαθες ἐν τῷ συμποσίῳ· κᾆτ' ἐς γέλων   1260
τὸ πρᾶγμ' ἔτρεψας, ὥστ' ἀφείς σ' ἀποίχεται.
Φι. μαθητέον τἄρ' ἐστὶ πολλοὺς τῶν λόγων,
εἴπερ ἀποτείσω μηδέν, ἤν τι δρῶ κακόν.
Βδ. ἄγε νυν ἴωμεν· μηδὲν ἡμᾶς ἰσχέτω.

Χο. πολλάκις δὴ 'δοξ' ἐμαυτῷ δεξιὸς πεφυκέναι   [στρ.
καὶ σκαιὸς οὐδεπώποτε·   1266
ἀλλ' Ἀμυνίας ὁ Σέλλου μᾶλλον οὐκ τῶν Κρωβύλων,
οὗτος ὅν γ' ἐγώ ποτ' εἶδον ἀντὶ μήλου καὶ ῥοᾶς
δειπνοῦντα μετὰ Λεωγόρου·
πεινῇ γὰρ ἧπερ Ἀντιφῶν·   1270
ἀλλὰ πρεσβεύων γὰρ ἐς Φάρσαλον ᾤχετ', εἶτ' ἐκεῖ
μόνος μόνοις
τοῖς Πενέσταισι ξυνῆν τοῖς
Θετταλῶν, αὐτὸς πενέστης ὢν ἐλάττων οὐδενός.

ὦ μακάρι' Αὐτόμενες ὥς σε μακαρίζομεν,   1275
παῖδας ἐφύτευσας ὅτι χειροτεχνικωτάτους·
πρῶτα μὲν ἅπασι φίλον ἄνδρα τε σοφώτατον,
τὸν κιθαραοιδότατον, ᾧ χάρις ἐφέσπετο·
τὸν δ' ὑποκριτὴν ἕτερον ἀργαλέον ὡς σοφόν·
εἶτ' Ἀριφράδην πολύ τι θυμοσοφικώτατον,   1280
ὄντινά ποτ' ὤμοσε μαθόντα παρὰ μηδενός,

1275-1283 – 1284-1291

1254 πατάξαι] κατάξαι R V : καταράξαι v. l. apud schol.   1261 ἀπέρ-
χεται Cobet   1262 τἄρ' Elmsl. : γ' ἄρα vel ἄρα codd.   1267 κρω-
βύλων V Suid. : Κρωβύλου R Ald.   1274 ἔλαττον Bentl.

ἀλλ' ἀπὸ σοφῆς φύσεος αὐτόματον ἐκμαθεῖν
γλωττοποιεῖν ἐς τὰ πορνεῖ' εἰσιόνθ' ἑκάστοτε.

. . . . [ἀντ.

εἰσί τινες οἵ μ' ἔλεγον ὡς καταδιηλλάγην,
ἡνίκα Κλέων μ' ὑπετάραττεν ἐπικείμενος   1285
†καί με κακίσταις† ἔκνισε· κᾆθ' ὅτ' ἀπεδειρόμην,
οὐκτὸς ἐγέλων μέγα κεκραγότα θεώμενοι,
οὐδὲν ἄρ' ἐμοῦ μέλον, ὅσον δὲ μόνον εἰδέναι
σκωμμάτιον εἴποτέ τι θλιβόμενος ἐκβαλῶ.
ταῦτα κατιδὼν ὑπό τι μικρὸν ἐπιθήκισα·   1290
εἶτα νῦν ἐξηπάτησεν ἡ χάραξ τὴν ἄμπελον.

Ξα. ἰὼ χελῶναι μακάριαι τοῦ δέρματος,
καὶ τρὶς μακάριαι τοῦ 'πὶ ταῖς πλευραῖς τέγους.
ὡς εὖ κατηρέψασθε καὶ νουβυστικῶς
κεράμῳ τὸ νῶτον ὥστε τὰς πληγὰς στέγειν.   1295
ἐγὼ δ' ἀπόλωλα στιζόμενος βακτηρίᾳ.

Χο. τί δ' ἔστιν ὦ παῖ; παῖδα γάρ, κἂν ᾖ γέρων,
καλεῖν δίκαιον ὅστις ἂν πληγὰς λάβῃ.

Ξα. οὐ γὰρ ὁ γέρων ἀτηρότατον ἄρ' ἦν κακὸν
καὶ τῶν ξυνόντων πολὺ παροινικώτατος;   1300
καίτοι παρῆν Ἵππυλλος Ἀντιφῶν Λύκων
Λυσίστρατος Θούφραστος οἱ περὶ Φρύνιχον.
τούτων ἁπάντων ἦν ὑβριστότατος μακρῷ.
εὐθὺς γὰρ ὡς ἐνέπλητο πολλῶν κἀγαθῶν,
ἐνήλατ' ἐσκίρτα 'πεπόρδει κατεγέλα   1305
ὥσπερ καχρύων ὀνίδιον εὐωχημένον
κᾆτυπτεν ἐμὲ νεανικῶς ' παῖ παῖ ' καλῶν.
εἶτ' αὐτὸν ὡς εἶδ' ᾔκασεν Λυσίστρατος·

1282 φύσεως codd. : corr. Bentl.   h. v. secl. Bothe   1283 deest
antistrophae pars prior   1286 κακίσταις] κακίσας Briel   1287 οὐκ-
τὸς Dind. : οἱ 'κτὸς Ald. : ἐκτὸς vulg.   1293 τέγους Bentl. : στέγειν
R (omissis in textu insequentibus vv duobus): ἐμαῖς Ald. : om.
V C Suid.   1295 πληγὰς B : πλευρὰς vulg.   1307 κᾆτυπτεν
ἐμὲ Elmsl. : κᾆτυπτέ με R C : κατυπτέ με V : κᾆτυπτε δή με Ald.

ΑΡΙΣΤΟΦΑΝΟΥΣ

'ἔοικας ὦ πρεσβῦτα νεοπλούτῳ τρυγὶ
κλητῆρί τ' εἰς ἀχυρμὸν ἀποδεδρακότι.'   1310
ὁ δ' ἀνακραγὼν ἀντήκασ' αὐτὸν πάρνοπι
τὰ θρῖα τοῦ τρίβωνος ἀποβεβληκότι,
Σθενέλῳ τε τὰ σκευάρια διακεκαρμένῳ.
οἱ δ' ἀνεκρότησαν, πλήν γε Θουφράστου μόνου·
οὗτος δὲ διεμύλλαινεν ὡς δὴ δεξιός.   1315
ὁ γέρων δὲ τὸν Θούφραστον ἤρετ'· 'εἰπέ μοι,
ἐπὶ τῷ κομᾷς καὶ κομψὸς εἶναι προσποιεῖ,
κωμῳδολοιχῶν περὶ τὸν εὖ πράττοντ' ἀεί;'
τοιαῦτα περιύβριζεν αὐτοὺς ἐν μέρει,
σκώπτων ἀγροίκως καὶ προσέτι λόγους λέγων   1320
ἀμαθέστατ' οὐδὲν εἰκότας τῷ πράγματι.
ἔπειτ' ἐπειδὴ 'μέθυεν, οἴκαδ' ἔρχεται
τύπτων ἅπαντας, ἤν τις αὐτῷ ξυντύχῃ.
ὁδὶ δὲ καὶ δὴ σφαλλόμενος προσέρχεται.
ἀλλ' ἐκποδὼν ἄπειμι πρὶν πληγὰς λαβεῖν.   1325

Φι.   ἄνεχε πάρεχε·
        κλαύσεταί τις τῶν ὄπισθεν
        ἐπακολουθούντων ἐμοί·
        οἷον, εἰ μὴ 'ρρήσεθ', ὑμᾶς
        ὦ πόνηροι ταυτηὶ τῇ   1330
        δᾳδὶ φρυκτοὺς σκευάσω.

ΞΥΜΠΟΤΗΣ ΤΙΣ

        ἦ μὴν σὺ δώσεις αὔριον τούτων δίκην
        ἡμῖν ἅπασι, κεἰ σφόδρ' εἶ νεανίας.
        ἁθρόοι γὰρ ἥξομέν σε προσκαλούμενοι.

Φι.   ἰὴ ἰεῦ, καλούμενοι.   1335
        ἀρχαῖά γ' ὑμῶν· ἆρά γ' ἴσθ'
        ὡς οὐδ' ἀκούων ἀνέχομαι
        δικῶν; ἰαιβοῖ, αἰβοῖ.

218

ΣΦΗΚΕΣ

τάδε μ' ἀρέσκει· βάλλε κημούς.
οὐκ ἄπεισι; ποῦ 'στιν ⟨ἡμῖν⟩   1340
ἡλιαστής; ἐκποδών.
ἀνάβαινε δεῦρο χρυσομηλολόνθιον,
τῇ χειρὶ τουδὶ λαβομένη τοῦ σχοινίου.
ἔχου· φυλάττου δ', ὡς σαπρὸν τὸ σχοινίον·
ὅμως γε μέντοι τριβόμενον οὐκ ἄχθεται.
ὁρᾷς ἐγώ σ' ὡς δεξιῶς ὑφειλόμην   1345
μέλλουσαν ἤδη λεσβιᾶν τοὺς ξυμπότας·
ὧν οὕνεκ' ἀπόδος τῷ πέει τῳδὶ χάριν.
ἀλλ' οὐκ ἀποδώσεις οὐδ' ἐφιαλεῖς οἶδ' ὅτι,
ἀλλ' ἐξαπατήσεις κἀγχανεῖ τούτῳ μέγα·
πολλοῖς γὰρ ἤδη χἀτέροις αὔτ' ἠργάσω.   1350
ἐὰν γένῃ δὲ μὴ κακὴ νυνὶ γυνή,
ἐγώ σ' ἐπειδὰν οὑμὸς υἱὸς ἀποθάνῃ,
λυσάμενος ἕξω παλλακὴν ὦ χοιρίον.
νῦν δ' οὐ κρατῶ 'γὼ τῶν ἐμαυτοῦ χρημάτων·
νέος γάρ εἰμι καὶ φυλάττομαι σφόδρα.   1355
τὸ γὰρ υἱίδιον τηρεῖ με, κἄστι δύσκολον
κἄλλως κυμινοπριστοκαρδαμογλύφον.
ταῦτ' οὖν περί μου δέδοικε μὴ διαφθαρῶ.
πατὴρ γὰρ οὐδείς ἐστιν αὐτῷ πλὴν ἐμοῦ.
ὁδὶ δὲ καὐτὸς ἐπὶ σὲ κἄμ' ἔοικε θεῖν.   1360
ἀλλ' ὡς τάχιστα στῆθι τάσδε τὰς δετὰς
λαβοῦσ', ἵν' αὐτὸν τωθάσω νεανικῶς,
οἵοις ποθ' οὗτος ἐμὲ πρὸ τῶν μυστηρίων.
Βδ. ὦ οὗτος οὗτος τυφεδανὲ καὶ χοιρόθλιψ,
ποθεῖν ἐρᾶν τ' ἔοικας ὡραίας σοροῦ.   1365
οὔτοι καταπροίξει μὰ τὸν Ἀπόλλω τοῦτο δρῶν.
Φι. ὡς ἡδέως φάγοις ἂν ἐξ ὄξους δίκην.

1340 ἡμῖν add. Herm.   fortasse sic interpungendum οὐκ ἄπεισι—
ποῦ 'στιν ἡμῖν;—ἡλιαστὴς ἐκποδών;   1346 λεσβιεῖν vulg. : corr.
Blaydes   1363 οἵως Ald.   1365 ποθεῖν R Ald. : ποθεῖς V Γ B
Suid. : ποῖ θεῖς (om. τ') Kock

ΑΡΙΣΤΟΦΑΝΟΥΣ

Βδ. οὐ δεινὰ τωθάζειν σε τὴν αὐλητρίδα
   τῶν ξυμποτῶν κλέψαντα;   Φι.   ποίαν αὐλητρίδα;
   τί ταῦτα ληρεῖς ὥσπερ ἀπὸ τύμβου πεσών;   1370
Βδ. νὴ τὸν Δί' αὕτη πού 'στί σοί γ' ἡ Δαρδανίς.
Φι. οὔκ, ἀλλ' ἐν ἀγορᾷ τοῖς θεοῖς δᾷς κάεται.
Βδ. δᾷς ἤδε;   Φι.   δᾷς δῆτ'. οὐχ ὁρᾷς ἐστιγμένην;
Βδ. τί δὲ τὸ μέλαν τοῦτ' ἐστὶν αὐτῆς τοὐν μέσῳ;
Φι. ἡ πίττα δήπου καομένης ἐξέρχεται.   1375
Βδ. ὁ δ' ὄπισθεν οὐχὶ πρωκτός ἐστιν οὑτοσί;
Φι. ὄζος μὲν οὖν τῆς δᾳδὸς οὗτος ἐξέχει.
Βδ. τί λέγεις σύ; ποῖος ὄζος; οὐκ εἶ δεῦρο σύ;
Φι. ἆ ἆ τί μέλλεις δρᾶν;   Βδ.   ἄγειν ταύτην λαβὼν
   ἀφελόμενός σε καὶ νομίσας εἶναι σαπρὸν   1380
   κοὐδὲν δύνασθαι δρᾶν.   Φι.   ἄκουσόν νυν ἐμοῦ.
   Ὀλυμπίασιν, ἡνίκ' ἐθεώρουν ἐγώ,
   Ἐφουδίων ἐμαχέσατ' Ἀσκώνδᾳ καλῶς
   ἤδη γέρων ὤν· εἶτα τῇ πυγμῇ θενὼν
   ὁ πρεσβύτερος κατέβαλε τὸν νεώτερον.   1385
   πρὸς ταῦτα τηροῦ μὴ λάβῃς ὑπώπια.
Βδ. νὴ τὸν Δί' ἐξέμαθές γε τὴν Ὀλυμπίαν.

ΑΡΤΟΠΩΛΙΣ
   ἴθι μοι παράστηθ', ἀντιβολῶ πρὸς τῶν θεῶν.
   ὁδὶ γὰρ ἀνήρ ἐστιν ὅς μ' ἀπώλεσεν
   τῇ δᾳδὶ παίων, κἀξέβαλεν ἐντευθενὶ   1390
   ἄρτους δέκ' ὀβολῶν κἀπιθήκην τέτταρας.
Βδ. ὁρᾷς ἃ δέδρακας; πράγματ' αὖ δεῖ καὶ δίκας
   ἔχειν διὰ τὸν σὸν οἶνον.   Φι.   οὐδαμῶς γ', ἐπεὶ
   λόγοι διαλλάξουσιν αὐτὰ δεξιοί·
   ὥστ' οἶδ' ὁτιὴ ταύτῃ διαλλαχθήσομαι.   1395
Αρ. οὔτοι μὰ τὼ θεὼ καταπροίξει Μυρτίας
   τῆς Ἀγκυλίωνος θυγατέρος καὶ Σωστράτης,
   οὕτω διαφθείρας ἐμοῦ τὰ φορτία.

1369 ποίαν] πόθεν; Dind.   1371 σοί Ald. : τοι vulg.

ΣΦΗΚΕΣ

Φι. ἄκουσον ὦ γύναι· λόγον σοι βούλομαι
    λέξαι χαρίεντα.   Αρ.   μὰ Δία μὴ 'μοί γ' ὦ μέλε.

Φι. Αἴσωπον ἀπὸ δείπνου βαδίζονθ' ἐσπέρας   1401
    θρασεῖα καὶ μεθύση τις ὑλάκτει κύων.
    κἄπειτ' ἐκεῖνος εἶπεν, ' ὦ κύον κύον,
    εἰ νὴ Δί' ἀντὶ τῆς κακῆς γλώττης ποθὲν
    πυροὺς πρίαιο, σωφρονεῖν ἄν μοι δοκεῖς.'   1405

Αρ. καὶ καταγελᾷς μου; προσκαλοῦμαί σ' ὅστις εἶ
    πρὸς τοὺς ἀγορανόμους βλάβης τῶν φορτίων,
    κλητῆρ' ἔχουσα Χαιρεφῶντα τουτονί.

Φι. μὰ Δί' ἀλλ' ἄκουσον, ἤν τί σοι δόξω λέγειν.
    Λᾶσός ποτ' ἀντεδίδασκε καὶ Σιμωνίδης·   1410
    ἔπειθ' ὁ Λᾶσος εἶπεν, ' ὀλίγον μοι μέλει.'

Αο. ἄληθες οὗτος;   Φι.   καὶ σὺ δή μοι Χαιρεφῶν
    γυναικὶ †κλητεύειν ἐοικὼς† θαψίνη,
    Ἰνοῖ κρεμαμένη πρὸς ποδῶν Εὐριπίδου.

Βδ. ὁδί τις ἕτερος, ὡς ἔοικεν, ἔρχεται   1415
    καλούμενός σε· τόν γέ τοι κλητῆρ' ἔχει.

ΚΑΤΗΓΟΡΟΣ

    οἴμοι κακοδαίμων.   προσκαλοῦμαί σ' ὦ γέρον
    ὕβρεως.   Βδ.   ὕβρεως; μὴ μὴ καλέσῃ πρὸς τῶν θεῶν·
    ἐγὼ γὰρ ὑπὲρ αὐτοῦ δίκην δίδωμί σοι
    ἣν ἂν σὺ τάξῃς, καὶ χάριν προσείσομαι.   1420

Φι. ἐγὼ μὲν οὖν αὐτῷ διαλλαχθήσομαι
    ἑκών· ὁμολογῶ γὰρ πατάξαι καὶ βαλεῖν.
    ἀλλ' ἐλθὲ δευρί· πότερον ἐπιτρέπεις ἐμοί,
    ὅ τι χρή μ' ἀποτείσαντ' ἀργύριον τοῦ πράγματος
    εἶναι φίλον τὸ λοιπόν, ἢ σύ μοι φράσεις;   1425

Κα. σὺ λέγε.   δικῶν γὰρ οὐ δέομ' οὐδὲ πραγμάτων.

Φι. ἀνὴρ Συβαρίτης ἐξέπεσεν ἐξ ἅρματος,
    καί πως κατεάγη τῆς κεφαλῆς μέγα σφόδρα·

1413 κλητεύεις B : κλητεύων Dobr.   ἔοικας Reiske   1414 πρὸς
ποδῶν] προσπολῶν Herm.   1418 καλέσῃς codd. : corr. Reiske
1423 πότερον Bentl. : πρότερον codd.   1424 πράγματος] τραύματος B

ἐτύγχανεν γὰρ οὐ τρίβων ὢν ἱππικῆς.
κἄπειτ' ἐπιστὰς εἶπ' ἀνὴρ αὐτῷ φίλος·   1430
'ἔρδοι τις ἦν ἕκαστος εἰδείη τέχνην.'
οὕτω δὲ καὶ σὺ παράτρεχ' ἐς τὰ Πιττάλου.
Βδ. ὅμοιά σου καὶ ταῦτα τοῖς ἄλλοις τρόποις.
Κα. ἀλλ' οὖν σὺ μέμνησ' αὐτὸς ἀπεκρίνατο.
Φι. ἄκουε, μὴ φεῦγ'. ἐν Συβάρει γυνή ποτε   1435
κατέαξ' ἐχῖνον.   Κα.   ταῦτ' ἐγὼ μαρτύρομαι.
Φι. οὐχῖνος οὖν ἔχων τιν' ἐπεμαρτύρατο·
εἶθ' ἡ Συβαρῖτις εἶπεν, 'εἰ ναὶ τὰν κόραν
τὴν μαρτυρίαν ταύτην ἐάσας ἐν τάχει
ἐπίδεσμον ἐπρίω, νοῦν ἂν εἶχες πλείονα.'   1440
Κα. ὕβριζ' ἕως ἂν τὴν δίκην ἄρχων καλῇ.
Βδ. οὗτοι μὰ τὴν Δήμητρ' ἔτ' ἐνταυθοῖ μενεῖς,
ἀλλ' ἀράμενος οἴσω σε—   Φι.   τί ποιεῖς;   Βδ. ὅ
τι ποιῶ;
εἴσω φέρω σ' ἐντεῦθεν· εἰ δὲ μή, τάχα
κλητῆρες ἐπιλείψουσι τοὺς καλουμένους.   1445
Φι. Αἴσωπον οἱ Δελφοί ποτ'—   Βδ.   ὀλίγον μοι μέλει.
Φι. φιάλην ἐπῃτιῶντο κλέψαι τοῦ θεοῦ·
ὁ δ' ἔλεξεν αὐτοῖς, ὡς ὁ κάνθαρός ποτε—
Βδ. οἴμ' ὡς ἀπολῶ σ' αὐτοῖσι τοῖσι κανθάροις.

Χο.   ζηλῶ γε τῆς εὐτυχίας   [στρ.
τὸν πρέσβυν οἷ μετέστη   1451
ξηρῶν τρόπων καὶ βιοτῆς·
ἕτερα δὲ νῦν ἀντιμαθὼν
ἦ μέγα τι μεταπεσεῖται
ἐπὶ τὸ τρυφῶν καὶ μαλακόν.   1455

1432 ἐς τὰ] ἐς τοῦ Scaliger   1433 σου] σοι R   1434 αὐτὸς]
οὗτος Mein.   1443 οἴσω σε R V Ald. : ἔγωγε B   1449 ἀπολῶ
σ' Reiske : ἀπολεῖς codd.   1454 ἦ μέγα τι μεταπεσεῖται Bergk
post Bentl. : ἦ μέγα τι μεταπείσεται V : ἦ μέγα τί μέγα πείσεται R : ἦ
μέγα τι πείσεται C : ἦ μεταπείσετ' Ald.   1455 ἐπὶ τὸ τρυφῶν
Dind. : ἐπιτρυφὸν R : ἐπὶ τὸ ῥυφᾶν V : ἐπὶ τὸ τρυφερὸν Ald.

τάχα δ' ἂν ἴσως οὐκ ἐθέλοι.
τὸ γὰρ ἀποστῆναι χαλεπὸν
φύσεος, ἣν ἔχοι τις ἀεί.
καίτοι πολλοὶ ταῦτ' ἔπαθον·
ξυνόντες γνώμαις ἑτέρων   1460
μετεβάλοντο τοὺς τρόπους.

πολλοῦ δ' ἐπαίνου παρ' ἐμοὶ   [ἀντ.
καὶ τοῖσιν εὖ φρονοῦσιν
τυχὼν ἄπεισιν διὰ τὴν
φιλοπατρίαν καὶ σοφίαν   1465
ὁ παῖς ὁ Φιλοκλέωνος.
οὐδενὶ γὰρ οὕτως ἀγανῷ
ξυνεγενόμην, οὐδὲ τρόποις
ἐπεμάνην οὐδ' ἐξεχύθην.
τί γὰρ ἐκεῖνος ἀντιλέγων   1470
οὐ κρείττων ἦν, βουλόμενος
τὸν φύσαντα σεμνοτέροις
κατακοσμῆσαι πράγμασιν;

Ξα. νὴ τὸν Διόνυσον ἀπορά γ' ἡμῖν πράγματα
δαίμων τις ἐσκεκύκληκεν ἐς τὴν οἰκίαν.   1475
ὁ γὰρ γέρων ὡς ἔπιε διὰ πολλοῦ χρόνου
ἤκουσέ τ' αὐλοῦ, περιχαρὴς τῷ πράγματι
ὀρχούμενος τῆς νυκτὸς οὐδὲν παύεται
τἀρχαῖ' ἐκεῖν' οἷς Θέσπις ἠγωνίζετο·
καὶ τοὺς τραγῳδούς φησιν ἀποδείξειν κρόνους   1480
τοὺς νῦν διορχησάμενος ὀλίγον ὕστερον.
Φι.   τίς ἐπ' αὐλείοισι θύραις θάσσει;
Ξα.   τουτὶ καὶ δὴ χωρεῖ τὸ κακόν.
Φι.   κλῇθρα χαλάσθω τάδε.   καὶ δὴ γὰρ
      σχήματος ἀρχὴ—   1485

1458 φύσεως codd. : corr. Kust.   1461 μεταβέβληνται Blaydes
1473 κατακοσμῆσαι] κατακηλῆσαι V γρ.   1481 τοὺς νῦν Bentl. :
τὸν νοῦν codd.

Ξα.   μᾶλλον δέ γ' ἴσως μανίας ἀρχή.

Φι.   πλευρὰν λυγίσαντος ὑπὸ ῥώμης·
      οἷον μυκτὴρ μυκᾶται καὶ
      σφόνδυλος ἀχεῖ.   Ξα.   πῖθ' ἑλλέβορον.

Φι.   πτήσσει Φρύνιχος ὥς τις ἀλέκτωρ—   1490

Ξα.   τάχα βαλλήσεις.

Φι.   σκέλος οὐράνιόν γ' ἐκλακτίζων.
      πρωκτὸς χάσκει.   Ξα.   κατὰ σαυτὸν ὅρα.

Φι.   νῦν γὰρ ἐν ἄρθροις τοῖς ἡμετέροις
      στρέφεται χαλαρὰ κοτυληδών.   1495
      οὐκ εὖ;   Βδ.   μὰ Δί' οὐ δῆτ', ἀλλὰ μανικὰ πράγματα.

Φι.   φέρε νυν ἀνείπω κἀνταγωνιστὰς καλῶ.
      εἴ τις τραγῳδός φησιν ὀρχεῖσθαι καλῶς,
      ἐμοὶ διορχησόμενος ἐνθάδ' εἰσίτω.
      φησίν τις ἢ οὐδείς;   Ξα.   εἷς γ' ἐκεινοσὶ μόνος.   1500

Φι.   τίς ὁ κακοδαίμων ἐστίν;   Ξα.   υἱὸς Καρκίνου
      ὁ μέσατος.   Φι.   ἀλλ' οὗτός γε καταποθήσεται·
      ἀπολῶ γὰρ αὐτὸν ἐμμελείᾳ κονδύλου.
      ἐν τῷ ῥυθμῷ γὰρ οὐδέν ἐστ'.   Ξα.   ἀλλ' ὦ ζυρὲ
      ἕτερος τραγῳδὸς Καρκινίτης ἔρχεται,   1505
      ἀδελφὸς αὐτοῦ.   Φι.   νὴ Δί' ὠψώνηκ' ἄρα.

Ξα.   μὰ τὸν Δί' οὐδέν γ' ἄλλο πλήν γε καρκίνους·
      προσέρχεται γὰρ ἕτερος αὖ τῶν Καρκίνου.

Φι.   τουτὶ τί ἦν τὸ προσέρπον; ὀξὶς ἢ φάλαγξ;

Ξα.   ὁ πινοτήρης οὗτός ἐστι τοῦ γένους,   1510
      ὁ σμικρότατος, ὃς τὴν τραγῳδίαν ποιεῖ.

Φι.   ὦ Καρκίν' ὦ μακάριε τῆς εὐπαιδίας,
      ὅσον τὸ πλῆθος κατέπεσεν τῶν ὀρχίλων.
      ἀτὰρ καταβατέον γ' ἐπ' αὐτούς μ'· ὦ ζυρέ,
      ἅλμην κύκα τούτοισιν, ἢν ἐγὼ κρατῶ.   1515

1487 ῥώμης] ῥύμης Lobeck   1490 πτήσσει] πλήσσει Bentl.
1491 βαλλήσῃ R : βαλλήσει Dind.   1502 μεσαίτατος R   1507 πλήν
γε ǀ πλὴν Γ (i. e. τρεῖς) Badham   1511 del. Hamaker   1514 μ'·
ὦ ζυρέ] μοι· σὺ δὲ Herm.

224

ΣΦΗΚΕΣ

Χο. φέρε νυν ἡμεῖς αὐτοῖς ὀλίγον ξυγχωρήσωμεν ἅπαντες,
   ἵν' ἐφ' ἡσυχίας ἡμῶν πρόσθεν βεμβικίζωσιν ἑαυτούς.

ἄγ' ὦ μεγαλώνυμα τέκνα   [στρ.
   τοῦ θαλασσίου ⟨θεοῦ⟩,
πηδᾶτε παρὰ ψάμαθον   1520
καὶ θῖν' ἁλὸς ἀτρυγέτου,
   καρίδων ἀδελφοί·

ταχὺν πόδα κυκλοσοβεῖτε,   [ἀντ.
   καὶ τὸ Φρυνίχειον
ἐκλακτισάτω τις, ὅπως   1525
ἰδόντες ἄνω σκέλος ὤ-
   ζωσιν οἱ θεαταί.

στρόβει, παράβαινε κύκλῳ καὶ γάστρισον σεαυτόν,
ῥῖπτε σκέλος οὐράνιον· βέμβικες ἐγγενέσθων.   1530
καὐτὸς γὰρ ὁ ποντομέδων ἄναξ πατὴρ προσέρπει
ἡσθεὶς ἐπὶ τοῖσιν ἑαυτοῦ παισὶ τοῖς τριόρχοις.
ἀλλ' ἐξάγετ', εἴ τι φιλεῖτ' ὀρχούμενοι, θύραζε   1535
ἡμᾶς ταχύ· τοῦτο γὰρ οὐδείς πω πάρος δέδρακεν,
ὀρχούμενον ὅστις ἀπήλλαξεν χορὸν τρυγῳδῶν.

1519 θεοῦ post θαλασσίου add. Bergk   1521 ἀτρυγέτοιο codd. :
corr. Dind.   1523 κυκλοσοβεῖτε Dind. : ἐν κύκλῳ στροβεῖτε V (γρ.
σοβεῖτε) : ἐν κύκλῳ σοβεῖτε vulg.

225

ΕΙΡΗΝΗ

ΥΠΟΘΕΣΕΙΣ

I

Τρυγαῖος ἄγροικος πρεσβύτης Ἀθήνησιν ὀχούμενος ἐπὶ κανθάρου ὑπὲρ τῆς Ἑλλάδος εἰς τὸν οὐρανὸν ἀναφέρεται. γενόμενος δὲ κατὰ τὴν τοῦ Διὸς οἰκίαν ἐντυγχάνει τῷ Ἑρμῇ, καὶ ἀκούει ὅτι μετοικισαμένων τῶν θεῶν εἰς τὰ τοῦ οὐρανοῦ ἀνωτάτω διὰ τὴν τῶν Ἑλλήνων ἀλληλοκτονίαν, ἐνοικισάμενος ὁ Πόλεμος εἰς ἄντρον τὴν Εἰρήνην εἴρξας 5 λίθους ἐπιφορήσειε, καὶ νῦν μέλλει τὰς πόλεις ἐμβαλὼν ἐν θυείᾳ τρίβειν. καὶ μέχρι μέν τινος ἐναγώνιος γίνεται· ἐπεὶ δὲ μεταπεμπομένου τοῦ Πολέμου παρὰ Ἀθηναίων δοίδυκα Κλέωνα καὶ παρὰ Λακεδαιμονίων Βρασίδαν ἑκάτεροι χρήσαντες ἀπολωλεκέναι εἰς Θρᾴκην ἔφασαν, ἀναθαρρεῖ· καὶ ἐν ᾧ περὶ κατασκευὴν δοίδυκος ὁ Πόλεμος 10 γίνεται, κηρύττει τοὺς δημιουργούς, ἔτι δὲ καὶ ἐμπόρους ἅμα μοχλοὺς καὶ σχοινία λαβόντας παραγενέσθαι. συνδραμόντων δὲ πολλῶν ἐν χοροῦ σχήματι προθύμως ἀφέλκει τε τοὺς λίθους ἀπὸ τοῦ ἄντρου, καὶ καθικετεύσας τὸν Ἑρμῆν συλλαβέσθαι ἐξάγει πρὸς τὸ φῶς τὴν Εἰρήνην. ἀσμένως δὲ τῆς θεᾶς πᾶσιν ὀφθείσης, καὶ παρ' αὐτὴν εὐθέως 15 Ὀπώρας τε καὶ Θεωρίας ἀναφανεισῶν, συμπαρὼν ὁ Ἑρμῆς ἀνιστορούσης τι τῆς Εἰρήνης καὶ πυνθανομένης τὰ περὶ τὸν Τρυγαῖον διασαφεῖ τὰ δέοντα· πάλιν †ἀποφαινομένης πρὸς τοῦτο μηνύει†, προδιελθόντος αὐτοῦ καὶ περὶ τῆς ἀρχῆς τοῦ πολέμου καὶ δι' ἃς αἰτίας συνέστη, Φειδίου τε καὶ Περικλέους μνησθέντος. τὰ λοιπὰ τοῦ δράματος ἐπὶ 20 τῆς γῆς ἤδη περαίνεται, καὶ ὁ μὲν χορὸς περὶ τῆς τοῦ ποιητοῦ τέχνης χἀτέρων τινῶν πρὸς τοὺς θεατὰς διαλέγεται, ὁ δὲ Τρυγαῖος, καθὰ συνέταξεν ὁ Ἑρμῆς, τὴν μὲν Θεωρίαν τῇ βουλῇ συνέστησεν, αὐτὸς δὲ τὴν Ὀπώραν γαμεῖν διαγνοὺς τὴν Εἰρήνην ἱδρύεται, καὶ θύσας ἐν τῷ προφανεῖ πρὸς εὐωχίαν τρέπεται. ἐντεῦθεν οἵ τε τῶν εἰρηνικῶν ὅπλων 25

Ὑπόθεσις I tota est in V, pars in Ald.] 3 ἀκούει Gelenius : ἀκούσας V Ald. 4 ἀνωτάτω] ἀνώτατα Ald. 5 ἐνοικισάμενος] ἐνοικίσας Ald. εἴρξας] καὶ καθείρξας Ald. 6 ἐπεφόρησε Ald. 11 ἅμα] ἅμας καὶ Herwerden 24 θύσας Mein. : οὖσα V

229

δημιουργοὶ χαίροντες καὶ οἱ τῶν πολεμικῶν τοὔμπαλιν κλαίοντες. εἰσάγεται δὲ καὶ ἐπὶ τέλει τοῦ λόγου παιδία τινὰ τῶν κεκλημένων ἐπὶ τὸ δεῖπνον λέγοντα ῥήσεις γελωτοποιούς. τὸ δὲ δρᾶμα τῶν ἄγαν ἐπιτετευγμένων. · τὸ δὲ κεφάλαιον τῆς κωμῳδίας ἐστὶ τοῦτο· συμβουλεύει
5 Ἀθηναίοις σπείσασθαι πρὸς Λακεδαιμονίους καὶ τοὺς ἄλλους Ἕλληνας. οὐ τοῦτο δὲ μόνον ὑπὲρ εἰρήνης Ἀριστοφάνης τὸ δρᾶμα τέθεικεν, ἀλλὰ καὶ τοὺς Ἀχαρνεῖς καὶ τοὺς Ἱππέας καὶ Ὁλκάδας, καὶ πανταχοῦ τοῦτο ἐσπούδακεν, τὸν δὲ Κλέωνα κωμῳδῶν τὸν ἀντιλέγοντα καὶ Λάμαχον τὸν φιλοπόλεμον ἀεὶ διαβάλλων. διὸ καὶ νῦν διὰ τούτου τοῦ δράματος
10 εἰρήνης αὐτοὺς ἐπιθυμεῖν ποιεῖ, δεικνὺς ὁπόσα μὲν ὁ πόλεμος κακὰ ἐργάζεται, ὅσα δὲ ἀγαθὰ ἡ εἰρήνη ποιεῖ. οὐ μόνος δὲ περὶ εἰρήνης συνεβούλευσεν, ἀλλὰ καὶ ἄλλοι πολλοὶ ποιηταί. οὐδὲν γὰρ συμβούλων διέφερον· ὅθεν αὐτοὺς καὶ διδασκάλους ὠνόμαζον, ὅτι πάντα τὰ πρόσφορα διὰ δραμάτων αὐτοὺς ἐδίδασκον.
15 ἐνίκησε δὲ τῷ δράματι ὁ ποιητὴς ἐπὶ ἄρχοντος Ἀλκαίου, ἐν ἄστει. πρῶτος Εὔπολις Κόλαξι, δεύτερος Ἀριστοφάνης Εἰρήνῃ, τρίτος Λεύκων Φράτορσι. τὸ δὲ δρᾶμα ὑπεκρίνατο Ἀπολλόδωρος, †ἡνίκα ἑρμῆν λοιοκρότης†.

II

Ἤδη τῷ Πελοποννησιακῷ πολέμῳ κεκμηκότας τοὺς Ἀθηναίους καὶ
20 τοὺς σύμπαντας Ἕλληνας Ἀριστοφάνης ἰδών (ἱκανὸς γὰρ διιππεύκει πολεμούντων αὐτῶν χρόνος), τὸ δρᾶμα συνέγραψε τοῦτο, προτρέπων τὰς πόλεις καταθέσθαι μὲν τὴν πρὸς αὑτὰς φιλονεικίαν, ὁμόνοιαν δὲ καὶ εἰρήνην ἀντὶ τῆς πρότερον ἔχθρας ἑλέσθαι. παρεισάγει τοίνυν γεωργόν, Τρυγαῖον τοὔνομα, μάλιστα τῆς εἰρήνης ἀντιποιούμενον, ὃς ἀσχάλλων
25 ἐπὶ τῷ πολέμῳ εἰς οὐρανὸν ἀνελθεῖν ἐβουλεύσατο πρὸς τὸν Δία, πευσόμενος παρ' αὐτοῦ δι' ἣν αἰτίαν οὕτως ἐκτρύχει τὰ τῶν Ἑλλήνων πράγματα, τοσοῦτον ποιήσας πόλεμον αὐτοῖς. ὃν δή, διαπορῦντα τίνα τρόπον τὴν εἰς οὐρανὸν πορείαν ποιήσει, παρεισάγει τρέφοντα κάνθαρον ὡς ἀναπτησόμενον εἰς οὐρανὸν δι' αὐτοῦ, Βελλεροφόντου δίκην. προ
30 λογίζουσι δὲ οἱ δύο θεράποντες αὐτοῦ, οἷς καὶ ἐκτρέφειν προσετέτακτο τὸν κάνθαρον, δυσφοροῦντες ἐπὶ τοῖς αὐτοῦ σιτίοις. ἡ δὲ σκηνὴ τοῦ δράματος ἐκ μέρους μὲν ἐπὶ τῆς γῆς, ἐκ μέρους δὲ ἐπὶ τοῦ οὐρανοῦ. ὁ δὲ χορὸς συνέστηκεν ἔκ τινων Ἀττικῶν γεωργῶν.

1 δημιουργοὶ editores : γεωργοὶ V   17 ἡνίκα ἑρμῆν λοιοκρότης] ἐνίκα Εἰρήνη Λεωκράτης Richter
Ὑπόθεσις II est in R V Ald.] 26 ἐκτρύχει Kuster : ἐκτρέχει vulg.

III

Φέρεται ἐν ταῖς διδασκαλίαις δεδιδαχὼς ⟨καὶ ἑτέραν⟩ Εἰρήνην ὁμοίως ὁ Ἀριστοφάνης. ἄδηλον οὖν, φησὶν Ἐρατοσθένης, πότερον τὴν αὐτὴν ἀνεδίδαξεν ἢ ἑτέραν καθῆκεν, ἥτις οὐ σῴζεται. Κράτης μέντοι δύο οἶδεν δράματα γράφων οὕτως· ἀλλ' οὖν γε ἐν τοῖς Ἀχαρνεῦσιν ἢ Βαβυλωνίοις ἢ ἐν τῇ ἑτέρᾳ Εἰρήνῃ. καὶ σποράδην δέ τινα ποιήματα 5 παρατίθεται, ἅπερ ἐν τῇ νῦν φερομένῃ οὐκ ἐστίν.

IV

ΑΡΙΣΤΟΦΑΝΟΥΣ ΓΡΑΜΜΑΤΙΚΟΥ

Τῷ Διὶ φράσαι σπεύδων τὰ κατ' ἀνθρώπους ⟨κακὰ⟩
Τρυγαῖος, ⟨ἀναπτέσθαι⟩ θέλων ὡς τοὺς θεούς,
ἐξέτρεφεν ὄρνιθ'. ὡς δ' ἀνέπτη, κατέλαβεν
Ἑρμῆν μόνον ἄνω· κᾆτ' ἐπιδείκνυσιν φράσας   10
τὸν Πόλεμον †βρύθηται† ἀπηρτημένον
ἀέριος, ἕτοιμόν τ' ὄντα πρὸς κακουχίαν
τὴν πρότερον, Εἰρήνην δὲ κατορωρυγμένην
ἱκέτευσαν οἱ κατ' ἀγροὺς ἀνάπαλιν ποιεῖν.
†τὸ μὲλ βαδ'† ἐπένευσε· καὶ τότε   15
ἀπάγουσιν αὐτὴν ἐκ βερέθρου καὶ τἀγαθά.

Ὑπόθεσις III est in R V Ald.] 1 φέρεται] φαίνεται V   δεδιδαχὼς καὶ ἑτέραν Bekk. : ὅτι καὶ ἑτέραν δεδίδαχεν Ald. : δεδιδαχὼς R V Ὑπόθεσις IV accessit ex V] 7 κακὰ add. Dind.   8 ἀναπτέσθαι add. Mein.   9 ἐξέτρεφον ὄρνιθες V   13 κατορωρυγμένον V 15 τὸ μέλ] τὸ μὲν apogr. V (Ven. 475)

231

ΤΑ ΤΟΥ ΔΡΑΜΑΤΟΣ ΠΡΟΣΩΠΑ

ΟΙΚΕΤΑΙ ΔΥΟ ΤΡΥΓΑΙΟΥ	ΛΟΦΟΠΟΙΟΣ
ΤΡΥΓΑΙΟΣ	ΘΩΡΑΚΟΠΩΛΗΣ
ΤΑ ΠΑΙΔΙΑ ΤΟΥ ΤΡΥ-	ΣΑΛΠΙΓΓΟΠΟΙΟΣ
ΓΑΙΟΥ	ΚΡΑΝΟΠΟΙΟΣ
ΕΡΜΗΣ	ΔΟΡΥΞΟΣ
ΠΟΛΕΜΟΣ	ΠΑΙΣ ΛΑΜΑΧΟΥ
ΚΥΔΟΙΜΟΣ	ΠΑΙΣ ΚΛΕΩΝΥΜΟΥ
ΧΟΡΟΣ ΓΕΩΡΓΩΝ	ΕΙΡΗΝΗ
ΙΕΡΟΚΛΗΣ ΜΑΝΤΙΣ	ΟΠΩΡΑ } κωφὰ πρόσωπα
ΔΡΕΠΑΝΟΥΡΓΟΣ	ΘΕΩΡΙΑ

ΕΙΡΗΝΗ

ΟΙΚΕΤΗΣ Α

Αἶρ᾽ αἶρε μᾶζαν ὡς τάχιστα κανθάρῳ.

ΟΙΚΕΤΗΣ Β

ἰδού. δὸς αὐτῷ, τῷ κάκιστ᾽ ἀπολουμένῳ
καὶ μήποτ᾽ αὐτῆς μᾶζαν ἡδίω φάγοι.

Οἰ.ᵃ δὸς μᾶζαν ἑτέραν, ἐξ ὀνίδων πεπλασμένην.

Οἰ.ᵝ ἰδοὺ μάλ᾽ αὖθις. ποῦ γὰρ ἦν νῦν δὴ ᾽φερες; 5
κατέφαγεν; Οἰ.ᵃ οὐ μὰ τὸν Δί᾽ ἀλλ᾽ ἐξαρπάσας
ὅλην ἐνέκαψε περικυλίσας τοῖν ποδοῖν.
ἀλλ᾽ ὡς τάχιστα τρῖβε πολλὰς καὶ πυκνάς.

Οἰ.ᵝ ἄνδρες κοπρολόγοι προσλάβεσθε πρὸς θεῶν,
εἰ μή με βούλεσθ᾽ ἀποπνιγέντα περιδεῖν. 10

Οἰ.ᵃ ἑτέραν ἑτέραν δός, παιδὸς ἡταιρηκότος·
τετριμμένης γάρ φησιν ἐπιθυμεῖν. Οἰ.ᵝ ἰδού.
ἑνὸς μὲν ὦνδρες ἀπολελύσθαι μοι δοκῶ·
οὐδεὶς γὰρ ἂν φαίη με μάττοντ᾽ ἐσθίειν.

Οἰ.ᵃ αἰβοῖ, φέρ᾽ ἄλλην χἁτέραν μοι χἁτέραν, 15
καὶ τρῖβ᾽ ⟨ἔθ᾽⟩ ἑτέρας. Οἰ.ᵝ μὰ τὸν Ἀπόλλω ᾽γὼ
μὲν οὔ·
οὐ γὰρ ἔθ᾽ οἷός τ᾽ εἴμ᾽ ὑπερέχειν τῆς ἀντλίας.

Codd. hos citavimus : R V Γ : B C cum aliud atque Aldina tradunt
1-81 Personarum vices in codd. male distributas corr. Dobr., Mein.,
Beer   5 ᾽φερον Mein.   6 οὐ κατέφαγεν;— μὰ codd. : corr.
Bergk   7 περικυλίσας C : περικυκλίσας vulg.   16 ἔθ᾽ ἑτέρας
Dind. : ἑτέρας R V : ἑτέρας γε Ald.

ΑΡΙΣΤΟΦΑΝΟΥΣ

Οἱ.ᵃ αὐτὴν ἄρ' οἴσω συλλαβὼν τὴν ἀντλίαν.

Οἱ.ᵝ νὴ τὸν Δί' ἐς κόρακάς γε καὶ σαυτόν γε πρός.
ὑμῶν δέ γ' εἴ τις οἶδ' ἐμοὶ κατειπάτω, 20
πόθεν ἂν πριαίμην ῥῖνα μὴ τετρημένην.
οὐδὲν γὰρ ἔργον ἦν ἄρ' ἀθλιώτερον
ἢ κανθάρῳ μάττοντα παρέχειν ἐσθίειν.
ὗς μὲν γάρ, ὥσπερ ἂν χέσῃ τις, ἢ κύων
φαύλως ἐρείδει· τοῦτο δ' ὑπὸ φρονήματος 25
βρενθύεταί τε καὶ φαγεῖν οὐκ ἀξιοῖ,
ἢν μὴ παραθῶ τρίψας δι' ἡμέρας ὅλης
ὥσπερ γυναικὶ γογγύλην μεμαγμένην.
ἀλλ' εἰ πέπαυται τῆς ἐδωδῆς σκέψομαι
τῃδὶ παροίξας τῆς θύρας, ἵνα μή μ' ἴδῃ. 30
ἔρειδε, μὴ παύσαιο μηδέποτ' ἐσθίων
τέως ἕως· σαυτὸν λάθοις διαρραγείς.
οἷον δὲ κύψας ὁ κατάρατος ἐσθίει,
ὥσπερ παλαιστής, παραβαλὼν τοὺς γομφίους,
καὶ ταῦτα τὴν κεφαλήν τε καὶ τὼ χεῖρέ πως 35
ὡδὶ περιάγων, ὥσπερ οἱ τὰ σχοινία
τὰ παχέα συμβάλλοντες ἐς τὰς ὁλκάδας.
μιαρὸν τὸ χρῆμα καὶ κάκοσμον καὶ βορόν·
χὤτου ποτ' ἐστὶ δαιμόνων ἡ προσβολὴ
οὐκ οἶδ'. 'Αφροδίτης μὲν γὰρ οὔ μοι φαίνεται, 40
οὐ μὴν Χαρίτων γε.   Οἱ.ᵃ τοῦ γάρ ἐστ';   Οἱ.ᵝ οὐκ
ἔσθ' ὅπως
τοῦτ' ἔστι τὸ τέρας οὐ Διὸς καταιβάτου.

Οἱ.ᵃ οὐκοῦν ἂν ἤδη τῶν θεατῶν τις λέγοι
νεανίας δοκησίσοφος, 'τὸ δὲ πρᾶγμα τί;
ὁ κάνθαρος δὲ πρὸς τί;' κᾆτ' αὐτῷ γ' ἀνὴρ 45
'Ιωνικός τίς φησι παρακαθήμενος·
'δοκέω μέν, ἐς Κλέωνα τοῦτ' αἰνίσσεται,

18 συλλαβὼν] προσλαβὼν Ald.   28 γυναιξὶ Athenaeus   32 λάθοις
Reisig : λάθῃς codd.   42 οὐ] τοῦ V : unde οὐκ ἔστι τὸ τέρας τοῦ
Bentl.   σκαταιβάτου Mein. : σκαταιβότου Rutherford   47 αἰνίττεται
codd. : corr. Dobr.

234

ὡς κεῖνος ἀναιδέως τὴν σπατίλην ἐσθίει.'

Οἰ. ἀλλ' εἰσιὼν τῷ κανθάρῳ δώσω πιεῖν.

Οἰ. ἐγὼ δὲ τὸν λόγον γε τοῖσι παιδίοις   50
    καὶ τοῖσιν ἀνδρίοισι καὶ τοῖς ἀνδράσιν
    καὶ τοῖς ὑπερτάτοισιν ἀνδράσιν φράσω
    καὶ τοῖς ὑπερηνορέουσιν ἔτι τούτοις μάλα.
    ὁ δεσπότης μου μαίνεται καινὸν τρόπον,
    οὐχ ὅνπερ ὑμεῖς, ἀλλ' ἕτερον καινὸν πάνυ.   55
    δι' ἡμέρας γὰρ ἐς τὸν οὐρανὸν βλέπων
    ὡδὶ κεχηνὼς λοιδορεῖται τῷ Διὶ
    καί φησιν, ' ὦ Ζεῦ τί ποτε βουλεύει ποιεῖν;
    κατάθου τὸ κόρημα· μὴ 'κκόρει τὴν Ἑλλάδα.'
    ἔα ἔα.   60
    σιγήσαθ', ὡς φωνῆς ἀκούειν μοι δοκῶ.

ΤΡΥΓΑΙΟΣ

    ὦ Ζεῦ τί δρασείεις ποθ' ἡμῶν τὸν λεών;
    λήσεις σεαυτὸν τὰς πόλεις ἐκκοκκίσας.

Οἰ. τοῦτ' ἔστι τουτὶ τὸ κακὸν αὔθ' οὑγὼ 'λεγον.
    τὸ γὰρ παράδειγμα τῶν μανιῶν ἀκούετε·   65
    ἃ δ' εἶπε πρῶτον ἡνίκ' ἤρχεθ' ἡ χολή,
    πεύσεσθ'. ἔφασκε γὰρ πρὸς αὑτὸν ἐνθαδί·
    ' πῶς ἄν ποτ' ἀφικοίμην ἂν εὐθὺ τοῦ Διός;'
    ἔπειτα λεπτὰ κλιμάκια ποιούμενος,
    πρὸς ταῦτ' ἀνηρριχᾶτ' ἂν ἐς τὸν οὐρανόν,   70
    ἕως ξυνετρίβη τῆς κεφαλῆς καταρρυείς.
    ἐχθὲς δὲ μετὰ ταῦτ' ἐκφθαρεὶς οὐκ οἶδ' ὅποι
    εἰσήγαγ' Αἰτναῖον μέγιστον κάνθαρον,
    κἄπειτα τοῦτον ἱπποκομεῖν μ' ἠνάγκασεν,
    καὐτὸς καταψῶν αὐτὸν ὥσπερ πωλίον,   75
    ' ὦ Πηγάσειον,' φησί, ' γενναῖον πτερόν,

---

48 ἀναιδέως R V : ἀναιδῶς Ald. : ἐν Ἀΐδεω van Leeuwen   τὴν om.
Elmsl.   63 σεαυτὸν R Ald.   67 ἐνθαδί] ἂν ταδί Lenting
70 ἀνερριχᾶτ' codd. : corr. ex Etym. Mag.   76 πηγάσιον R V :
πηγάσιόν μοι Ald. : corr. Dind.

ὅπως πετήσει μ' εὐθὺ τοῦ Διὸς λαβών.'
ἀλλ' ὅ τι ποιεῖ τῃδὶ διακύψας ὄψομαι.
οἴμοι τάλας· ἴτε δεῦρο δεῦρ' ὦ γείτονες·
ὁ δεσπότης γάρ μου μετέωρος αἴρεται   8ᴄ
ἱππηδὸν ἐς τὸν ἀέρ' ἐπὶ τοῦ κανθάρου.

Τρ.   ἥσυχος ἥσυχος, ἠρέμα, κάνθων·
μή μοι σοβαρῶς χώρει λίαν
εὐθὺς ἀπ' ἀρχῆς ῥώμῃ πίσυνος,
πρὶν ἂν ἰδίῃς καὶ διαλύσῃς   85
ἄρθρων ἶνας πτερύγων ῥύμῃ.
καὶ μὴ πνεῖ μοι κακόν, ἀντιβολῶ σ'·
εἰ δὲ ποιήσεις τοῦτο, κατ' οἴκους
αὐτοῦ μεῖνον τοὺς ἡμετέρους.

Οἰ.ᵃ   ὦ δέσποτ' ἄναξ ὡς παραπαίεις.   90
Τρ.   σίγα σίγα.
Οἰ.ᵃ   ποῖ δῆτ' ἄλλως μετεωροκοπεῖς;
Τρ.   ὑπὲρ Ἑλλήνων πάντων πέτομαι
τόλμημα νέον παλαμησάμενος.
Οἰ.ᵃ   τί πέτει; τί μάτην οὐχ ὑγιαίνεις;   95
Τρ.   εὐφημεῖν χρὴ καὶ μὴ φλαῦρον
μηδὲν γρύζειν ἀλλ' ὀλολύζειν·
τοῖς τ' ἀνθρώποισι φράσον σιγᾶν,
τούς τε κοπρῶνας καὶ τὰς λαύρας
καιναῖς πλίνθοισιν ἀνοικοδομεῖν   100
καὶ τοὺς πρωκτοὺς ἐπικλῄειν.
Οἰ.ᵃ   οὐκ ἔσθ' ὅπως σιγήσομ', ἢν μή μοι φράσῃς
ὅποι πέτεσθαι διανοεῖ.   Τρ.   τί δ' ἄλλο γ' ἢ
ὡς τὸν Δί' ἐς τὸν οὐρανόν;   Οἰ.ᵃ   τίνα νοῦν
ἔχων;
Τρ.   ἐρησόμενος ἐκεῖνον Ἑλλήνων πέρι   105
ἁπαξαπάντων ὅ τι ποιεῖν βουλεύεται.

87-89 secl. Hamaker   98 secl. Hamaker   ἀνθρώποισι V Ald. :
ἀνθρώποις R : τοῖς τ' ἀνθρώποις φράζω σιγᾶν Dobr   100 ἀποικο-
δομεῖν Fl. Christianus

236

ΕΙΡΗΝΗ

Οἰ.ᵃ ἐὰν δὲ μή σοι καταγορεύῃ;   Τρ. γράψομαι
Μήδοισιν αὐτὸν προδιδόναι τὴν Ἑλλάδα.
Οἰ.ᵃ μὰ τὸν Διόνυσον οὐδέποτε ζῶντός γ᾽ ἐμοῦ.
Τρ. οὐκ ἔστι παρὰ ταῦτ᾽ ἀλλ᾽.   Οἰ.ᵃ ἰοὺ ἰοὺ ἰού·   110
ὦ παιδί᾽ ὁ πατὴρ ἀπολιπὼν ἀπέρχεται
ὑμᾶς ἐρήμους ἐς τὸν οὐρανὸν λάθρᾳ.
ἀλλ᾽ ἀντιβολεῖτε τὸν πατέρ᾽ ὦ κακοδαίμονα.

ΠΑΙΔΙΟΝ

ὦ πάτερ ὦ πάτερ ἆρ᾽ ἔτυμός γε
δώμασιν ἡμετέροις φάτις ἥκει,   115
ὡς σὺ μετ᾽ ὀρνίθων προλιπὼν ἐμὲ
ἐς κόρακας βαδιεῖ μεταμώνιος;
ἔστι τι τῶνδ᾽ ἐτύμως; εἴπ᾽ ὦ πάτερ, εἴ τι φιλεῖς με.

Τρ. δοξάσαι ἔστι κόραι, τὸ δ᾽ ἐτήτυμον ἄχθομαι ὑμῖν,
ἡνίκ᾽ ἂν αἰτίζητ᾽ ἄρτον πάππαν με καλοῦσαι,   120
ἔνδον δ᾽ ἀργυρίου μηδὲ ψακὰς ᾖ πάνυ πάμπαν.
ἢν δ᾽ ἐγὼ εὖ πράξας ἔλθω πάλιν, ἕξετ᾽ ἐν ὥρᾳ
κολλύραν μεγάλην καὶ κόνδυλον ὄψον ἐπ᾽ αὐτῇ.

Πα. καὶ τίς πόρος σοι τῆς ὁδοῦ γενήσεται;
ναῦς μὲν γὰρ οὐκ ἄξει σε ταύτην τὴν ὁδόν.   125

Τρ. πτηνὸς πορεύσει πῶλος· οὐ ναυσθλώσομαι.

Πα. τίς δ᾽ ἡ ᾽πίνοιά σοὐστὶν ὥστε κάνθαρον
ζεύξαντ᾽ ἐλαύνειν ἐς θεοὺς ὦ παππία;

Τρ. ἐν τοῖσιν Αἰσώπου λόγοις ἐξηυρέθη
μόνος πετεινῶν ἐς θεοὺς ἀφιγμένος.   130

Πα. ἄπιστον εἶπας μῦθον ὦ πάτερ πάτερ,
ὅπως κάκοσμον ζῷον ἦλθεν ἐς θεούς.

Τρ. ἦλθεν κατ᾽ ἔχθραν αἰετοῦ πάλαι ποτέ,
ᾦ᾽ ἐκκυλίνδων κἀντιτιμωρούμενος.

Πα. οὐκοῦν ἐχρῆν σε Πηγάσου ζεῦξαι πτερόν,   135
ὅπως ἐφαίνου τοῖς θεοῖς τραγικώτερος.

---

107 καταγορεύσῃ codd. : corr. Cobet   114 ἆρ᾽] ἦ ῥ᾽ schol.
119 ὑμῖν] ὑμῶν Mein.

Τρ. ἀλλ' ὦ μέλ' ἄν μοι σιτίων διπλῶν ἔδει·
    νῦν δ' ἅττ' ἂν αὐτὸς καταφάγω τὰ σιτία,
    τούτοισι τοῖς αὐτοῖσι τοῦτον χορτάσω.

Πα. τί δ' ἦν ἐς ὑγρὸν πόντιον πέσῃ βάθος;   140
    πῶς ἐξολισθεῖν πτηνὸς ὢν δυνήσεται;

Τρ. ἐπίτηδες εἶχον πηδάλιον, ᾧ χρήσομαι·
    τὸ δὲ πλοῖον ἔσται Ναξιουργὴς κάνθαρος.

Πα. λιμὴν δὲ τίς σε δέξεται φορούμενον;

Τρ. ἐν Πειραιεῖ δήπου 'στὶ Κανθάρου λιμήν.   145

Πα. ἐκεῖνο τήρει, μὴ σφαλεὶς καταρρυῇς
    ἐντεῦθεν, εἶτα χωλὸς ὢν Εὐριπίδῃ
    λόγον παράσχῃς καὶ τραγῳδία γένῃ.

Τρ. ἐμοὶ μελήσει ταῦτά γ'.   ἀλλὰ χαίρετε.
    ὑμεῖς δέ γ', ὑπὲρ ὧν τοὺς πόνους ἐγὼ πονῶ,   150
    μὴ βδεῖτε μηδὲ χέζεθ' ἡμερῶν τριῶν·
    ὡς εἰ μετέωρος οὗτος ὢν ὀσφρήσεται,
    κατωκάρα ῥίψας με βουκολήσεται.
        ἀλλ' ἄγε Πήγασε χώρει χαίρων,
        χρυσοχάλινον πάταγον ψαλίων   155
        διακινήσας φαιδροῖς ὠσίν.
        τί ποιεῖς; τί ποιεῖς; ποῖ παρακλίνεις
        τοὺς μυκτῆρας; πρὸς τὰς λαύρας.
        ἵει σαυτὸν θαρρῶν ἀπὸ γῆς,
        κᾆτα δρομαίαν πτέρυγ' ἐκτείνων   160
        ὀρθὸς χώρει Διὸς εἰς αὐλάς,
        ἀπὸ μὲν κάκκης τὴν ῥῖν' ἀπέχων,
        ἀπὸ δ' ἡμερίων σίτων πάντων.
        ἄνθρωπε τί δρᾷς, οὗτος ὁ χέζων
        ἐν Πειραιεῖ παρὰ ταῖς πόρναις;   165
        ἀπολεῖς μ' ἀπολεῖς.   οὐ κατορύξεις
        κἀπιφορήσεις τῆς γῆς πολλήν,

138 τὰ σιτία] 'γὼ σιτία Cobet   155 χρυσοχαλίνων Bergk   161 ὀρ-
θὸς V : ὀρθῶς R et vulg.   163 ἡμερίων] ἡμεριῶν (littera ν supra ι
erasa) lemm. schol. Rav. : ἡμερινῶν codd.   σίτων Pors. : σιτίων codd.

κἀπιφυτεύσεις ἕρπυλλον ἄνω
καὶ μύρον ἐπιχεῖς; ὡς ἤν τι πεσὼν
ἐνθένδε πάθω, τοὐμοῦ θανάτου   170
πέντε τάλανθ' ἡ πόλις ἡ Χίων
διὰ τὸν σὸν πρωκτὸν ὀφλήσει.
οἴμ' ὡς δέδοικα, κοὐκέτι σκώπτων λέγω.
ὦ μηχανοποιὲ πρόσεχε τὸν νοῦν ὡς ἐμέ·
ἤδη στρέφει τι πνεῦμα περὶ τὸν ὀμφαλόν,   175
κεἰ μὴ φυλάξει, χορτάσω τὸν κάνθαρον.
ἀτὰρ ἐγγὺς εἶναι τῶν θεῶν ἐμοὶ δοκῶ,
καὶ δὴ καθορῶ τὴν οἰκίαν τὴν τοῦ Διός.
τίς ἐν Διὸς θύραισιν; οὐκ ἀνοίξετε;

ΕΡΜΗΣ

πόθεν βροτοῦ με προσέβαλ'; ὦναξ Ἡράκλεις   180
τουτὶ τί ἐστι τὸ κακόν;   Τρ. ἱπποκάνθαρος.
Ἑρ. ὦ βδελυρὲ καὶ τολμηρὲ κἀναίσχυντε σὺ
καὶ μιαρὲ καὶ παμμίαρε καὶ μιαρώτατε,
πῶς δεῦρ' ἀνῆλθες ὦ μιαρῶν μιαρώτατε;   184
τί σοί ποτ' ἔστ' ὄνομ'; οὐκ ἐρεῖς;   Τρ. μιαρώτατος.
Ἑρ. ποδαπὸς τὸ γένος δ' εἶ; φράζε μοι.   Τρ. μιαρώτατος.
Ἑρ. πατὴρ δέ σοι τίς ἐστ';   Τρ. ἐμοί; μιαρώτατος.
Ἑρ. οὔτοι μὰ τὴν γῆν ἔσθ' ὅπως οὐκ ἀποθανεῖ,
εἰ μὴ κατερεῖς μοι τοὔνομ' ὅ τι ποτ' ἔστι σοι.
Τρ. Τρυγαῖος Ἀθμονεύς, ἀμπελουργὸς δεξιός,   190
οὐ συκοφάντης οὐδ' ἐραστὴς πραγμάτων.
Ἑρ. ἥκεις δὲ κατὰ τί;   Τρ. τὰ κρέα ταυτί σοι φέρων.
Ἑρ. ὦ δειλακρίων πῶς ἦλθες;   Τρ. ὦ γλίσχρων ὁρᾷς
ὡς οὐκέτ' εἶναί σοι δοκῶ μιαρώτατος;
ἴθι νυν κάλεσόν μοι τὸν Δί'.   Ἑρ. ἰὴ ἰὴ ἰή,   195
ὅτι οὐδὲ μέλλεις ἐγγὺς εἶναι τῶν θεῶν·
φροῦδοι γὰρ ἐχθές εἰσιν ἐξῳκισμένοι.

---

175 στρέφει Cobet : στροφεῖ codd.   176 φυλάξεις codd. : corr.
Reiske   180 με] μοι Blaydes   182 βδελυρὲ Porson : μιαρε
codd.   196 ὅτι Brunck : ὅτ' codd.   οὐδ' ἔμελλες Dobr.

239

Γρ. ποῖ γῆς;   Ερ. ἰδοὺ γῆς.   Τρ. ἀλλὰ ποῖ;
    Ερ. πόρρω πάνυ;
ὑπ' αὐτὸν ἀτεχνῶς τοὐρανοῦ τὸν κύτταρον.

Τρ. πῶς οὖν σὺ δῆτ' ἐνταῦθα κατελείφθης μόνος;   200
Ερ. τὰ λοιπὰ τηρῶ σκευάρια τὰ τῶν θεῶν,
χυτρίδια καὶ σανίδια κἀμφορείδια.

Τρ. ἐξῳκίσαντο δ' οἱ θεοὶ τίνος οὕνεκα;

Ερ. Ἕλλησιν ὀργισθέντες. εἶτ' ἐνταῦθα μὲν
ἵν' ἦσαν αὐτοὶ τὸν Πόλεμον κατῴκισαν,   205
ὑμᾶς παραδόντες δρᾶν ἀτεχνῶς ὅ τι βούλεται·
αὐτοὶ δ' ἀνῳκίσανθ' ὅπως ἀνωτάτω,
ἵνα μὴ βλέποιεν μαχομένους ὑμᾶς ἔτι
μηδ' ἀντιβολούντων μηδὲν αἰσθανοίατο.

Τρ. τοῦ δ' οὕνεχ' ἡμᾶς ταῦτ' ἔδρασαν; εἰπέ μοι.   210

Ερ. ὁτιὴ πολεμεῖν ᾑρεῖσθ' ἐκείνων πολλάκις
σπονδὰς ποιούντων· κεἰ μὲν οἱ Λακωνικοὶ
ὑπερβάλοιντο μικρόν, ἔλεγον ἂν ταδί·
'ναὶ τὼ σιὼ νῦν ὡττικίων δωσεῖ δίκαν.'
εἰ δ' αὖ τι πράξαιτ' ἀγαθὸν ἀττικωνικοί,   215
κἄλθοιεν οἱ Λάκωνες εἰρήνης πέρι,
ἐλέγετ' ἂν ὑμεῖς εὐθύς· 'ἐξαπατώμεθα
νὴ τὴν Ἀθηνᾶν, νὴ Δί', οὐχὶ πειστέον·
ἥξουσι καὖθις, ἢν ἔχωμεν τὴν Πύλον.'

Τρ. ὁ γοῦν χαρακτὴρ ἡμεδαπὸς τῶν ῥημάτων.   220

Ερ. ὧν οὕνεκ' οὐκ οἶδ' εἴ ποτ' Εἰρήνην ἔτι
τὸ λοιπὸν ὄψεσθ'.   Τρ. ἀλλὰ ποῖ γὰρ οἴχεται;

Ερ. ὁ Πόλεμος αὐτὴν ἐνέβαλ' εἰς ἄντρον βαθύ.

Τρ. ἐς ποῖον;   Ερ. ἐς τουτὶ τὸ κάτω, κἄπειθ' ὁρᾷς
ὅσους ἄνωθεν ἐπεφόρησε τῶν λίθων,   225
ἵνα μὴ λάβητε μηδέποτ' αὐτήν.   Τρ. εἰπέ μοι,
ἡμᾶς δὲ δὴ τί δρᾶν παρασκευάζεται;

211 ὁτιὴ Bentl. : ὅτι codd.   214 ἀττικίων δώσει δίκην codd. : corr
Hirschig   215 πράξαιντ' codd. : corr. Bekk.   219 Πύλον Ald. :
πόλιν R V : utrumque apud schol.

ΕΙΡΗΝΗ

Ερ. οὐκ οἶδα πλὴν ἕν, ὅτι θυείαν ἑσπέρας
    ὑπερφυᾶ τὸ μέγεθος εἰσηνέγκατο.

Τρ. τί δῆτα ταύτῃ τῇ θυείᾳ χρήσεται;   230

Ερ. τρίβειν ἐν αὐτῇ τὰς πόλεις βουλεύεται.
    ἀλλ᾽ εἶμι· καὶ γὰρ ἐξιέναι γνώμην ἐμὴν
    μέλλει· θορυβεῖ γοῦν ἔνδον.   Τρ.   οἴμοι δείλαιος.
    φέρ᾽ αὐτὸν ἀποδρῶ· καὶ γὰρ ὥσπερ ᾐσθόμην
    καὐτὸς θυείας φθέγμα πολεμιστηρίας.   235

ΠΟΛΕΜΟΣ

    ἰὼ βροτοὶ βροτοὶ βροτοὶ πολυτλήμονες,
    ὡς αὐτίκα μάλα τὰς γνάθους ἀλγήσετε.

Τρ. ὦναξ Ἄπολλον τῆς θυείας τοῦ πλάτους,
    ὅσον κακόν, καὶ τοῦ Πολέμου τοῦ βλέμματος.
    ἆρ᾽ οὗτός ἐστ᾽ ἐκεῖνος ὃν καὶ φεύγομεν,   240
    ὁ δεινός, ὁ ταλαύρινος, ὁ κατὰ τοῖν σκελοῖν;

Πο. ἰὼ Πρασιαὶ τρὶς ἄθλιαι καὶ πεντάκις
    καὶ πολλοδεκάκις, ὡς ἀπολεῖσθε τήμερον.

Τρ. τουτὶ μὲν ἄνδρες οὐδὲν ἡμῖν πρᾶγμά πω·
    τὸ γὰρ κακὸν τοῦτ᾽ ἐστὶ τῆς Λακωνικῆς.   245

Πο. ὦ Μέγαρα Μέγαρ᾽ ὡς ἐπιτετρίψεσθ᾽ αὐτίκα
    ἀπαξάπαντα καταμεμυττωτευμένα.

Τρ. βαβαὶ βαβαιὰξ ὡς μεγάλα καὶ δριμέα
    τοῖσι Μεγαρεῦσιν ἐνέβαλεν τὰ κλαύματα.

Πο. ἰὼ Σικελία καὶ σὺ δ᾽ ὡς ἀπόλλυσαι.   250

Τρ. οἵα πόλις τάλαινα διακναισθήσεται.

Πο. φέρ᾽ ἐπιχέω καὶ τὸ μέλι τουτὶ τἀττικόν.

Τρ. οὗτος παραινῶ σοι μέλιτι χρῆσθαθ᾽ ἑτέρῳ.
    τετρώβολον τοῦτ᾽ ἐστί· φείδου τἀττικοῦ.

Πο. παῖ παῖ Κυδοιμέ.

233 ἔνδοθεν R   246 ὦ] ἰὼ Ald.   ἐπιτρίψεσθ᾽ codd. : corr.
Elmsl.   251 Τρ. Dobr. : vulgo Πολέμῳ continuatur   οἷον
Mein.   253 χρῆσθαι θατέρῳ codd. : corr. Dind.   254 τετρω-
βόλου Kuster

ΚΥΔΟΙΜΟΣ

    τί με καλεῖς;   Πο. κλαύσει μακρά. 255
ἔστηκας ἀργός; οὑτοσί σοι κόνδυλος.
Κυ. ὡς δριμύς. οἴμοι μοι τάλας ὦ δέσποτα.
μῶν τῶν σκορόδων ἐνέβαλες ἐς τὸν κόνδυλον;
Πο. οἴσεις ἀλετρίβανον τρέχων;   Κυ. ἀλλ' ὦ μέλε
οὐκ ἔστιν ἡμῖν· ἐχθὲς εἰσῳκίσμεθα.   260
Πο. οὔκουν παρ' Ἀθηναίων μεταθρέξει ταχὺ ⟨πάνυ⟩;
Κυ. ἔγωγε νὴ Δί'· εἰ δὲ μή γε, κλαύσομαι.
Τρ. ἄγε δὴ τί δρῶμεν ὦ πόνηρ' ἀνθρώπια;
ὁρᾶτε τὸν κίνδυνον ἡμῖν ὡς μέγας·
εἴπερ γὰρ ἥξει τὸν ἀλετρίβανον φέρων,   265
τούτῳ ταράξει τὰς πόλεις καθήμενος.
ἀλλ' ὦ Διόνυσ' ἀπόλοιτο καὶ μὴ 'λθοι φέρων.
Πο. οὗτος.   Κυ. τί ἔστιν;   Πο. οὐ φέρεις;
  Κυ. τὸ δεῖνα γὰρ
ἀπόλωλ' Ἀθηναίοισιν ἀλετρίβανος,
ὁ βυρσοπώλης, ὃς ἐκύκα τὴν Ἑλλάδα.   270
Τρ. εὖ γ' ὦ πότνια δέσποιν' Ἀθηναία ποιῶν
ἀπόλωλ' ἐκεῖνος κἂν δέοντι τῇ πόλει,
ἢ πρίν γε τὸν μυττωτὸν ἡμῖν ἐγχέαι.
Πο. οὔκουν ἕτερον δῆτ' ἐκ Λακεδαίμονος μέτει
ἀνύσας τι;   Κυ. ταῦτ' ὦ δέσποθ'.   Πο. ἧκέ
νυν ταχύ.   275
Τρ. ὦνδρες τί πεισόμεσθα; νῦν ἀγὼν μέγας.
ἀλλ' εἴ τις ὑμῶν ἐν Σαμοθρᾴκῃ τυγχάνει
μεμυημένος, νῦν ἐστιν εὔξασθαι καλὸν
ἀποστραφῆναι τοῦ μετιόντος τὼ πόδε.
Κυ. οἴμοι τάλας, οἴμοι γε κᾆτ' οἴμοι μάλα.   280

256 οὑτοσί σοι R : οὑτο σὶ V in ras. : οὑτοσὶ γὰρ Ald.   257–8 Τρ. ὡς
δριμύς. Κυ. οἴμοι— Τρ. μῶν— Herm. ἐνέβαλεν Herm. 259 οἴ-
σεις] οἷσ' οἷσ' Dobr.   261 πάνυ add. Dobr. 266 ταράξει]
καταράξει Herwerden 269 Ἀθηναίοις codd.: corr. Pors. 270 secl.
Cobet   273 secl. Dind.   πρὶν ἢ γε Buttmann   274 δῆτ' V
Ald. : γέ τι R : γέ τιν' Dind.

ΕΙΡΗΝΗ

Πο. τί ἔστι; μῶν οὐκ αὖ φέρεις; Κυ. ἀπόλωλε γὰρ
   καὶ τοῖς Λακεδαιμονίοισιν ἀλετρίβανος.

Πο. πῶς ὦ πανοῦργ'; Κυ. ἐς τἀπὶ Θρᾴκης χωρία
   χρήσαντες ἑτέροις αὐτὸν εἶτ' ἀπώλεσαν.

Τρ. εὖ γ' εὖ γε ποιήσαντες ὦ Διοσκόρω.   285
   ἴσως ἂν εὖ γένοιτο· θαρρεῖτ' ὦ βροτοί.

Πο. ἀπόφερε τὰ σκεύη λαβὼν ταυτὶ πάλιν·
   ἐγὼ δὲ δοίδυκ' εἰσιὼν ποιήσομαι.

Τρ. νῦν τοῦτ' ἐκεῖν' ἥκει τὸ Δάτιδος μέλος,
   ὁ δεφόμενός ποτ' ᾖδε τῆς μεσημβρίας,   290
   ' ὡς ἥδομαι καὶ χαίρομαι κεὐφραίνομαι.'
   νῦν ἐστιν ἡμῖν ὦνδρες Ἕλληνες καλὸν
   ἀπαλλαγεῖσι πραγμάτων τε καὶ μαχῶν
   ἐξελκύσαι τὴν πᾶσιν Εἰρήνην φίλην,
   πρὶν ἕτερον αὖ δοίδυκα κωλῦσαί τινα.   295
   ἀλλ' ὦ γεωργοὶ κἄμποροι καὶ τέκτονες
   καὶ δημιουργοὶ καὶ μέτοικοι καὶ ξένοι
   καὶ νησιῶται, δεῦρ' ἴτ' ὦ πάντες λεῴ,
   ὡς τάχιστ' ἅμας λαβόντες καὶ μοχλοὺς καὶ σχοινία·
   νῦν γὰρ ἡμῖν ἁρπάσαι πάρεστιν ἀγαθοῦ δαίμονος. 300

ΧΟΡΟΣ
   δεῦρο πᾶς χώρει προθύμως εὐθὺ τῆς σωτηρίας.
   ὦ Πανέλληνες βοηθήσωμεν, εἴπερ πώποτε,
   τάξεων ἀπαλλαγέντες καὶ κακῶν φοινικικῶν·
   ἡμέρα γὰρ ἐξέλαμψεν ἥδε μισολάμαχος.
   πρὸς τάδ' ἡμῖν, εἴ τι χρὴ δρᾶν, φράζε κἀρχιτεκτόνει· 306
   οὐ γὰρ ἔσθ' ὅπως ἀπειπεῖν ἂν δοκῶ μοι τήμερον,
   πρὶν μοχλοῖς καὶ μηχαναῖσιν ἐς τὸ φῶς ἀνελκύσαι
   τὴν θεῶν πασῶν μεγίστην καὶ φιλαμπελωτάτην.

Τρ. οὐ σιωπήσεσθ', ὅπως μὴ περιχαρεῖς τῷ πράγματι

---

282 Λακεδαιμονίοισιν in V notavimus
R V Suid. : τέρπομαι καὶ χαίρομαι Ald.
schol. Rav.

291 χαίρομαι κεὐφραίνομαι
303 φοινικίδων Mein. cum

    τὸν Πόλεμον ἐκζωπυρήσετ' ἔνδοθεν κεκραγότες;   310

Χο. ἀλλ' ἀκούσαντες τοιούτου χαίρομεν κηρύγματος.
    οὐ γὰρ ἦν ἔχοντας ἥκειν σιτί' ἡμερῶν τριῶν.

Τρ. εὐλαβεῖσθέ νυν ἐκεῖνον τὸν κάτωθεν Κέρβερον,
    μὴ παφλάζων καὶ κεκραγὼς ὥσπερ ἡνίκ' ἐνθάδ' ἦν,
    ἐμποδὼν ἡμῖν γένηται τὴν θεὸν μὴ 'ξελκύσαι.   315

Χο. οὔτι καὶ νῦν ἔστιν αὐτὴν ὅστις ἐξαιρήσεται,
    ἢν ἅπαξ ἐς χεῖρας ἔλθῃ τὰς ἐμάς. ἰοῦ ἰοῦ.

Τρ. ἐξολεῖτέ μ' ὦνδρες, εἰ μὴ τῆς βοῆς ἀνήσετε·
    ἐκδραμὼν γὰρ πάντα ταυτὶ συνταράξει τοῖν ποδοῖν.

Χο. ὡς κυκάτω καὶ πατείτω πάντα καὶ ταραττέτω,   320
    οὐ γὰρ ἂν χαίροντες ἡμεῖς τήμερον παυσαίμεθ' ἄν.

Τρ. τί τὸ κακόν; τί πάσχετ' ὦνδρες; μηδαμῶς πρὸς τῶν θεῶν
    πρᾶγμα κάλλιστον διαφθείρητε διὰ τὰ σχήματα.

Χο. ἀλλ' ἔγωγ' οὐ σχηματίζειν βούλομ', ἀλλ' ὑφ' ἡδονῆς
    οὐκ ἐμοῦ κινοῦντος αὐτὼ τὼ σκέλει χορεύετον.   325

Τρ. μή τι καὶ νυνί γ' ἔτ', ἀλλὰ παῦε παῦ' ὀρχούμενος.

Χο. ἢν ἰδοὺ καὶ δὴ πέπαυμαι.   Τρ. φής γε, παύει δ'
    οὐδέπω.

Χο. ἐν μὲν οὖν τουτί μ' ἔασον ἑλκύσαι, καὶ μηκέτι.

Τρ. τοῦτό νυν, καὶ μηκέτ' ἄλλο μηδὲν ὀρχήσησθ' ἔτι.

Χο. οὐκ ἂν ὀρχησαίμεθ', εἴπερ ὠφελήσαιμέν τί σε.   330

Τρ. ἀλλ' ὁρᾶτ' οὔπω πέπαυσθε.   Χο. τουτογὶ νὴ τὸν Δία
    τὸ σκέλος ῥίψαντες ἤδη λήγομεν τὸ δεξιόν.

Τρ. ἐπιδίδωμι τοῦτό γ' ὑμῖν ὥστε μὴ λυπεῖν ἔτι.

Χο. ἀλλὰ καὶ τἀριστερόν τοί μ' ἐστ' ἀναγκαίως ἔχον.
    ἥδομαι γὰρ καὶ γέγηθα καὶ πέπορδα καὶ γελῶ   335
    μᾶλλον ἢ τὸ γῆρας ἐκδὺς ἐκφυγὼν τὴν ἀσπίδα.

Τρ. μή τι καὶ νυνί γε χαίρετ'· οὐ γὰρ ἴστε πω σαφῶς·

---

313 εὐλαβεῖσθε νῦν ἐκεῖνον τὸν κάτωθεν Κέρβερον R V: εὐλαβεῖσθ'
ἐκεῖνον τὸν Κέρβερον καὶ δεδίττεσθε Ald. : εὐλαβεῖσθε νῦν ἐκεῖνον δεδιό-
τες τὸν Κέρβερον Brunck   316 καὶ νῦν] χαίρων Mein.   329 ὀρ-
χήσεσθ' codd. : corr. Bekk.   334 μ' ἐστ'] μοῦστ' Dind.   337 μή τι
καὶ R V : μηκέτ' οὖν Ald.

ἀλλ' ὅταν λάβωμεν αὐτήν, τηνικαῦτα χαίρετε
καὶ βοᾶτε καὶ γελᾶτ'· ἤ-
δη γὰρ ἐξέσται τόθ' ὑμῖν   340
πλεῖν μένειν βινεῖν καθεύδειν,
ἐς πανηγύρεις θεωρεῖν,
ἐστιᾶσθαι κατταβίζειν,
†συβαρίζειν†
ἰοῦ ἰοῦ κεκραγέναι.   345

Χο. εἰ γὰρ ἐκγένοιτ' ἰδεῖν ταύτην με τὴν ἡμέραν [ποτέ]. [στρ.
πολλὰ γὰρ ἀνεσχόμην πράγματά τε καὶ στιβάδας, ἃς
ἔλαχε Φορμίων·
κοὐκέτ' ἄν μ' εὕροις δικαστὴν δριμὺν οὐδὲ δύσκολον,
οὐδὲ τοὺς τρόπους γε δήπου σκληρὸν ὥσπερ καὶ πρὸ τοῦ,
ἀλλ' ἀπαλὸν ἄν μ' ἴδοις καὶ πολὺ νεώτερον,   351
ἀπαλλαγέντα πραγμάτων.
καὶ γὰρ ἱκανὸν χρόνον ἀπολλύμεθα καὶ κατατετρίμμεθα
πλανώμενοι   355
ἐς Λύκειον κἀκ Λυκείου ξὺν δορὶ ξὺν ἀσπίδι.
ἀλλ' ὅ τι μάλιστα χαριούμεθα ποιοῦντες, ἄγε
φράζε· σὲ γὰρ αὐτοκράτορ' εἵλετ' ἀγαθή τις ἡμῖν τύχη.

Τρ. φέρε δὴ κατίδω ποῖ τοὺς λίθους ἀφέλξομεν.   361
Ερ. ὦ μιαρὲ καὶ τολμηρὲ τί ποιεῖν διανοεῖ;
Τρ. οὐδὲν πονηρόν, ἀλλ' ὅπερ καὶ Κιλλικῶν.
Ερ. ἀπόλωλας ὦ κακόδαιμον.   Τρ.   οὐκοῦν ἢν λάχω.
Ἑρμῆς γὰρ ὢν κλήρῳ ποιήσεις οἶδ' ὅτι.   365
Ερ. ἀπόλωλας, ἐξόλωλας.   Τρ.   ἐς τίν' ἡμέραν;
Ερ. εἰς αὐτίκα μάλ'.   Τρ.   ἀλλ' οὐδὲν ἠμπόληκά πω,
οὔτ' ἄλφιτ' οὔτε τυρόν, ὡς ἀπολούμενος.

346–360 = 385–399 = 582–600

341 βινεῖν Dind. : κινεῖν codd.   344 συβαρίαζειν Mein.   346 ἐκ-
γένοιτ' (γένοιτο V) ἰδεῖν ταύτην με τὴν ἡμέραν ποτέ RV : μοι γένοιτ'
ἰδεῖν ταύτην τὴν ἡμέραν ποτέ Ald. : ἐκγένοιτ' ἰδεῖν τὴν ἡμέραν ταύτην ποτέ
Pors.   ποτέ secl. Bergk   347 ἠνεσχόμην codd. : corr. Brunck
364 οὐκοῦν ἢν] οὔκ, ἢν μὴ Dobr.   368 τυρόν] πυρόν Suid.

ΑΡΙΣΤΟΦΑΝΟΥΣ

Ερ. καὶ μὴν ἐπιτέτριψαί γε.   Τρ.   κᾆτα τῷ τρόπῳ
οὐκ ἠσθόμην ἀγαθὸν τοσουτονὶ λαβών;   370

Ερ. ἆρ᾽ οἶσθα θάνατον ὅτι προεῖφ᾽ ὁ Ζεὺς ὃς ἂν
ταύτην ἀνορύττων εὑρεθῇ;   Τρ.   νῦν ἆρά με
ἅπασ᾽ ἀνάγκη ᾽στ᾽ ἀποθανεῖν;   Ερ.   εὖ ἴσθ᾽ ὅτι.

Τρ. ἐς χοιρίδιόν μοί νυν δάνεισον τρεῖς δραχμάς·
δεῖ γὰρ μυηθῆναί με πρὶν τεθνηκέναι.   375

Ερ. ὦ Ζεῦ κεραυνοβρόντα.   Τρ.   μὴ πρὸς τῶν θεῶν
ἡμῶν κατείπῃς, ἀντιβολῶ σε δέσποτα.

Ερ. οὐκ ἂν σιωπήσαιμι.   Τρ.   ναὶ πρὸς τῶν κρεῶν,
ἀγὼ προθύμως σοι φέρων ἀφικόμην.

Ερ. ἀλλ᾽ ὦ μέλ᾽ ὑπὸ τοῦ Διὸς ἀμαλδυνθήσομαι,   380
εἰ μὴ τετορήσω ταῦτα καὶ λακήσομαι.

Τρ. μή νυν λακήσῃς, λίσσομαί σ᾽ ὦρμῄδιον.
εἰπέ μοι, τί πάσχετ᾽ ὦνδρες; ἔστατ᾽ ἐκπεπληγμένοι.
ὦ πόνηροι μὴ σιωπᾶτ᾽· εἰ δὲ μή, λακήσεται.

Χο. μηδαμῶς ὦ δέσποθ᾽ Ἑρμῆ, μηδαμῶς, μηδαμῶς, [ἀντ. α.
εἴ τι κεχαρισμένον χοιρίδιον οἶσθα παρ᾽ ἐμοῦ γε κατε-
δηδοκώς,   386
τοῦτο μὴ φαῦλον νόμιζ᾽ ἐν τῷδε τῷ ⟨νῦν⟩ πράγματι.

Τρ. οὐκ ἀκούεις οἷα θωπεύουσί σ᾽ ὦναξ δέσποτα;

Χο. †μὴ γένῃ παλίγκοτος ἀντιβολοῦσιν ἡμῖν,†   390
ὥστε τήνδε μὴ λαβεῖν·
ἀλλὰ χάρισ᾽ ὦ φιλανθρωπότατε καὶ μεγαλοδωρότατε
δαιμόνων,
εἴ τι Πεισάνδρου βδελύττει τοὺς λόφους καὶ τὰς
ὀφρῦς.   395
καί σε θυσίαισιν ἱεραῖσι προσόδοις τε μεγά-
λαισι διὰ παντὸς ὦ δέσποτ᾽ ἀγαλοῦμεν ἡμεῖς ἀεί.

373 ᾽στ᾽] γ᾽ Ald.   374 μοι νῦν etiam V : νύν μοι Cobet   382 ὦ
᾽ρμίδιον codd.: corr. Schwabe   385 μηδαμῶς μηδαμῶς V : μὴ μηδαμῶς
μηδαμῶς R : μηδαμῶς μὴ μηδαμῶς Ald.   387 νόμιζ᾽ Bentl. : νομίζων
codd.   νῦν add. Bentl.   390 μὴ . . . ἡμῖν secl. Dind. lacunam
notans

ΕΙΡΗΝΗ

Τρ. ἴθ᾽, ἀντιβολῶ σ᾽, ἐλέησον αὐτῶν τὴν ὄπα,　400
ἐπεί σε καὶ τιμῶσι μᾶλλον ἢ πρὸ τοῦ.
κλέπται γάρ εἰσι νῦν γε μᾶλλον ἢ πρὸ τοῦ.
καί σοι φράσω τι πρᾶγμα δεινὸν καὶ μέγα,
ὃ τοῖς θεοῖς ἅπασιν ἐπιβουλεύεται.

Ερ. ἴθι δὴ κάτειπ᾽· ἴσως γὰρ ἂν πείσαις ἐμέ.　405

Τρ. ἡ γὰρ Σελήνη χὠ πανοῦργος Ἥλιος
ὑμῖν ἐπιβουλεύοντε πολὺν ἤδη χρόνον
τοῖς βαρβάροισι προδίδοτον τὴν Ἑλλάδα.

Ερ. ἵνα δὴ τί τοῦτο δρᾶτον;　Τρ. ὁτιὴ νὴ Δία
ἡμεῖς μὲν ὑμῖν θύομεν, τούτοισι δὲ　410
οἱ βάρβαροι θύουσι. διὰ τοῦτ᾽ εἰκότως
βούλοιντ᾽ ἂν ἡμᾶς πάντας ἐξολωλέναι,
ἵνα τὰς τελετὰς λάβοιεν αὐτοὶ τῶν θεῶν.

Ερ. ταῦτ᾽ ἄρα πάλαι τῶν ἡμερῶν παρεκλεπτέτην
καὶ τοῦ κύκλου παρέτρωγον ὑφ᾽ ἁμαρτωλίας.　415

Τρ. ναὶ μὰ Δία. πρὸς ταῦτ᾽ ὦ φίλ᾽ Ἑρμῆ ξύλλαβε
ἡμῖν προθύμως τήνδε καὶ ξυνέλκυσον.
καί σοι τὰ μεγάλ᾽ ἡμεῖς Παναθήναι᾽ ἄξομεν
πάσας τε τὰς ἄλλας τελετὰς τὰς τῶν θεῶν,
μυστήρι᾽ Ἑρμῇ, Διιπόλει᾽, Ἀδώνια·　420
ἄλλαι τέ σοι πόλεις πεπαυμέναι κακῶν
ἀλεξικάκῳ θύσουσιν Ἑρμῇ πανταχοῦ.
χἄτερ᾽ ἔτι πόλλ᾽ ἕξεις ἀγαθά. πρῶτον δέ σοι
δῶρον δίδωμι τήνδ᾽, ἵνα σπένδειν ἔχῃς.

Ερ. οἴμ᾽ ὡς ἐλεήμων εἴμ᾽ ἀεὶ τῶν χρυσίδων.　425
ὑμέτερον ἐντεῦθεν ἔργον ὦνδρες. ἀλλὰ ταῖς ἅμαις
εἰσιόντες ὡς τάχιστα τοὺς λίθους ἀφέλκετε.

Χο. ταῦτα δράσομεν· σὺ δ᾽ ἡμῖν ὦ θεῶν σοφώτατε

---

402 sic Ald. : om. R: κλέπται τε (αι τε in ras.) γὰρ νῦν μᾶλλον εἰσὶν V:
Trygaeo continuavimus cum schol.　405 ἂν πείσαις] ἀναπείσεις
Hirschig　409 δὴ τί Bentl. : τί δὴ (vel δὲ) codd.　415 ἁρμα-
τωλίας codd. : corr. Bentl.　417 τήνδε] τῶνδε Mein. ξυνέλκυσον]
ξυναγέλκυσον Dobr.　420 Διιπόλει᾽ Pors.

247

ΑΡΙΣΤΟΦΑΝΟΥΣ

ἅττα χρὴ ποιεῖν ἐφεστὼς φράζε δημιουργικῶς·
τἄλλα δ' εὑρήσεις ὑπουργεῖν ὄντας ἡμᾶς οὐ κακούς. 430

Τρ. ἄγε δὴ σὺ ταχέως ὕπεχε τὴν φιάλην, ὅπως
ἔργῳ 'φιαλοῦμεν εὐξάμενοι τοῖσιν θεοῖς.

Ερ. σπονδὴ σπονδή·
εὐφημεῖτε εὐφημεῖτε.

Τρ. σπένδοντες εὐχόμεσθα τὴν νῦν ἡμέραν·   435
"Ελλησιν ἄρξαι πᾶσι πολλῶν κἀγαθῶν,
χὦστις προθύμως ξυλλάβοι τῶν σχοινίων,
τοῦτον τὸν ἄνδρα μὴ λαβεῖν ποτ' ἀσπίδα.

Χο. μὰ Δί' ἀλλ' ἐν εἰρήνῃ διαγαγεῖν τὸν βίον,
ἔχονθ' ἑταίραν καὶ σκαλεύοντ' ἄνθρακας.   440

Τρ. ὅστις δὲ πόλεμον μᾶλλον εἶναι βούλεται

Χο. μηδέποτε παύσασθ' αὐτὸν ὦ Διόνυσ' ἄναξ
ἐκ τῶν ὀλεκράνων ἀκίδας ἐξαιρούμενον.

Τρ. κεἴ τις ἐπιθυμῶν ταξιαρχεῖν σοὶ φθονεῖ
ἐς φῶς ἀνελθεῖν ὦ πότνι', ἐν ταῖσιν μάχαις   445

Χο. πάσχοι γε τοιαῦθ' οἷάπερ Κλεώνυμος.

Τρ. κεἴ τις δορυξὸς ἢ κάπηλος ἀσπίδων,
ἵν' ἐμπολᾷ βέλτιον, ἐπιθυμεῖ μαχῶν

Χο. ληφθεὶς ὑπὸ λῃστῶν ἐσθίοι κριθὰς μόνας.

Τρ. κεἴ τις στρατηγεῖν βουλόμενος μὴ ξυλλάβοι,   450
ἢ δοῦλος αὐτομολεῖν παρεσκευασμένος

Χο. ἐπὶ τοῦ τροχοῦ γ' ἕλκοιτο μαστιγούμενος.

Τρ. ἡμῖν δ' ἀγαθὰ γένοιτ'. ἰὴ παιὼν ἰή.

Χο. ἄφελε τὸ παίειν ἀλλ' ἰὴ μόνον λέγε.

Γρ. ἰὴ ἰὴ τοίνυν, ἰὴ μόνον λέγω.   455
Ἑρμῇ Χάρισιν Ὥραισιν Ἀφροδίτῃ Πόθῳ.

432 'φιαλοῦμεν Eustathius: φιαλοῦμεν codd.   435 εὐχόμεσθα
Hamaker: εὐχώμεσθα V (in ras.) Ald.: εὐχώμεθα R   439 δια-
γαγεῖν Lenting: διάγειν RVΓ: διάγειν με Ald.   446 πά-
σχοι γε τοιαῦθ' R Ald.: πάσχοιτο τοιαῦταθ' V: πάσχοι τοιαῦτ' ἄτθ'
Dind.   447 κεἴ] εἴ RV   δορυξὸς etiam V: δορυξέος Suid.
450 ξυλλάβῃ codd.: corr. Mein.   454 παίειν] παιὼν Elmsl. cum
schol.

ΕΙΡΗΝΗ

<table>
<tr><td>*Αρει δέ;</td><td>Χο.</td><td>μὴ μή.</td><td>Τρ.</td><td>μηδ' 'Ενυαλίῳ</td></tr>
<tr><td></td><td>γε; Χο.</td><td>μή.</td><td></td><td></td></tr>
</table>

Τρ. ὑπότεινε δὴ πᾶς καὶ κάταγε τοῖσιν κάλῳς.

<table>
<tr><td>Ερ.</td><td>ὦ εἶα.</td><td>[στρ.</td></tr>
<tr><td>Χο.</td><td>εἶα μάλα.</td><td>460</td></tr>
<tr><td>Ερ.</td><td>ὦ εἶα.</td><td></td></tr>
<tr><td>Χο.</td><td>εἶα ἔτι μάλα.</td><td></td></tr>
<tr><td>Ερ.</td><td>ὦ εἶα, ὦ εἶα.</td><td></td></tr>
<tr><td>Τρ.</td><td>ἀλλ' οὐχ ἕλκουσ' ἄνδρες ὁμοίως.</td><td></td></tr>
<tr><td></td><td>οὐ ξυλλήψεσθ'; οἳ' ὀγκύλλεσθ'·</td><td>465</td></tr>
<tr><td></td><td>οἰμώξεσθ' οἱ Βοιωτοί.</td><td></td></tr>
<tr><td>Ερ.</td><td>εἶά νυν.</td><td></td></tr>
<tr><td>Τρ.</td><td>εἶα ὦ.</td><td></td></tr>
<tr><td>Χο.</td><td>⟨ἀλλ'⟩ ἄγετε ξυνανέλκετε καὶ σφώ.</td><td></td></tr>
<tr><td>Τρ.</td><td>οὔκουν ἕλκω κἀξαρτῶμαι</td><td>470</td></tr>
<tr><td></td><td>κἀπεμπίπτω καὶ σπουδάζω;</td><td></td></tr>
<tr><td>Χο.</td><td>πῶς οὖν οὐ χωρεῖ τοὔργον;</td><td></td></tr>
</table>

Τρ. ὦ Λάμαχ' ἀδικεῖς ἐμποδὼν καθήμενος.
    οὐδὲν δεόμεθ' ὦνθρωπε τῆς σῆς μορμόνος.
Ερ. οὐδ' οἵδε γ' εἷλκον οὐδὲν ἀργεῖοι πάλαι   475
    ἀλλ' ἢ κατεγέλων τῶν ταλαιπωρουμένων,
    καὶ ταῦτα διχόθεν μισθοφοροῦντες ἄλφιτα.
Τρ. ἀλλ' οἱ Λάκωνες ὦγάθ' ἕλκουσ' ἀνδρικῶς.
Χο. ἆρ' οἶσθ' ὅσοι γ' αὐτῶν ἔχονται τοῦ ξύλου,
    μόνοι προθυμοῦντ'· ἀλλ' ὁ χαλκεὺς οὐκ ἐᾷ.   480
Ερ. οὐδ' οἱ Μεγαρῆς δρῶσ' οὐδέν· ἕλκουσιν δ' ὅμως
    γλισχρότατα σαρκάζοντες ὥσπερ κυνίδια,
    ὑπὸ τοῦ γε λιμοῦ νὴ Δί' ἐξολωλότες.

459–472 = 486–499
457 Τρ. μὴ μή codd. : μή ; Τρ. μή Bentl.   469 ἄγετον ξυνέλκετον
(ξυνάλκετον V) codd. : corr. Dobr. : fortasse ἄγετ' οὖν ξυνανέλκετε
475 Ερ. codd. : Χο. Dind.   οὐδ' R : εὖδ' V : εὖ Ald.

Τρ. οὐδὲν ποιοῦμεν ὦνδρες· ἀλλ ὁμοθυμαδὸν
    ἅπασιν ἡμῖν αὖθις ἀντιληπτέον.   485

Ερ. ὦ εἶα.   [ἀντ.
Τρ. εἶα μάλα.
Ερ. ὦ εἶα.
Τρ. εἶα νὴ Δία.
Χο. μικρόν γε κινοῦμεν.   490
Τρ. οὔκουν δεινὸν . . . . .
    τοὺς μὲν τείνειν τοὺς δ' ἀντισπᾶν;
        πληγὰς λήψεσθ' ὦργεῖοι.
Ερ. εἶά νυν.
Τρ. εἶα ὦ.   495
Χο. ὡς κακόνοι τινές εἰσιν ἐν ἡμῖν.
Τρ. ὑμεῖς μὲν γοῦν οἱ κιττῶντες
    τῆς εἰρήνης σπᾶτ' ἀνδρείως.
Χο.   ἀλλ' εἴσ' οἳ κωλύουσιν.

Ερ. ἄνδρες Μεγαρῆς οὐκ ἐς κόρακας ἐρρήσετε;   500
    μισεῖ γὰρ ὑμᾶς ἡ θεὸς μεμνημένη·
    πρῶτοι γὰρ αὐτὴν τοῖς σκορόδοις ἠλείψατε.
    καὶ τοῖς Ἀθηναίοισι παύσασθαι λέγω
    ἐντεῦθεν ἐχομένοις ὅθεν νῦν ἕλκετε·
    οὐδὲν γὰρ ἄλλο δρᾶτε πλὴν δικάζετε.   505
    ἀλλ' εἴπερ ἐπιθυμεῖτε τήνδ' ἐξελκύσαι,
    πρὸς τὴν θάλατταν ὀλίγον ὑποχωρήσατε.
Χο. ἄγ' ὦνδρες αὐτοὶ δὴ μόνοι λαβώμεθ' οἱ γεωργοί.
Ερ. χωρεῖ γέ τοι τὸ πρᾶγμα πολλῷ μᾶλλον ὦνδρες ὑμῖν.
Χο. χωρεῖν τὸ πρᾶγμά φησιν· ἀλλὰ πᾶς ἀνὴρ προθυμοῦ. 510
Τρ. οἵ τοι γεωργοὶ τοὔργον ἐξέλκουσι· κάλλος οὐδείς.
Χο.   ἄγε νυν ἄγε πᾶς.

490 Χο. R V: Ερ. alii   491 δῆτα τόδ' ἐστίν post δεινὸν supplet
Dind.   493 ἀργεῖοι Mein.   496 ἡμῖν Suid.: ὑμῖν codd.   497 γοῦν
Bentl.: οὖν codd.: νυν Lenting   498 ἀνδρείως Bentl.: ἀνδρικῶς
codd.   511 ἐξέλκουσι] ἐκτελοῦσι Herwerden

Ερ.   καὶ μὴν ὁμοῦ 'στιν ἤδη.

Χο.   μή νυν ἀνῶμεν ἀλλ' ἐπεν-
      τείνωμεν ἀνδρικώτερον.   515

Ερ.   ἤδη 'στὶ τοῦτ' ἐκεῖνο.

Χο.   ὢ εἶα νῦν, ὢ εἶα πᾶς.
      ὢ εἶα εἶα εἶα εἶα εἶα εἶα.
      ὢ εἶα εἶα εἶα εἶα εἶα πᾶς.

Τρ.   ὢ πότνια βοτρυόδωρε τί προσείπω σ' ἔπος;   520
      πόθεν ἂν λάβοιμι ῥῆμα μυριάμφορον
      ὅτῳ προσείπω σ'; οὐ γὰρ εἶχον οἴκοθεν.
      ὢ χαῖρ' Ὀπώρα, καὶ σὺ δ' ὢ Θεωρία.
      οἷον δ' ἔχεις τὸ πρόσωπον ὢ Θεωρία,
      οἷον δὲ πνεῖς, ὡς ἡδὺ κατὰ τῆς καρδίας,   525
      γλυκύτατον ὥσπερ ἀστρατείας καὶ μύρου.

Ερ.   μῶν οὖν ὅμοιον καὶ γυλιοῦ στρατιωτικοῦ;

Τρ.   ἀπέπτυσ' ἐχθροῦ φωτὸς ἔχθιστον πλέκος.
      τοῦ μὲν γὰρ ὄζει κρομμυοξυρεγμίας,
      ταύτης δ' ὀπώρας, ὑποδοχῆς, Διονυσίων,   530
      αὐλῶν, τραγῳδῶν, Σοφοκλέους μελῶν, κιχλῶν,
      ἐπυλλίων Εὐριπίδου—   Ερ.   κλαύσἄρα σὺ
      ταύτης καταψευδόμενος· οὐ γὰρ ἥδεται
      αὕτη ποιητῇ ῥηματίων δικανικῶν.

Τρ.   κιττοῦ, τρυγοίπου, προβατίων βληχωμένων,   535
      †κόλπου† γυναικῶν διατρεχουσῶν εἰς ἀγρόν,
      δούλης μεθυούσης, ἀνατετραμμένου χοῶς,
      ἄλλων τε πολλῶν κἀγαθῶν—   Ερ.   ἴθι νυν ἄθρει
      οἷον πρὸς ἀλλήλας λαλοῦσιν αἱ πόλεις
      διαλλαγεῖσαι καὶ γελῶσιν ἄσμεναι,   540
      καὶ ταῦτα δαιμονίως ὑπωπιασμέναι
      ἁπαξάπασαι καὶ κυάθους προσκείμεναι.

Τρ.   καὶ τῶνδε τοίνυν τῶν θεωμένων σκόπει

524 ὢ Θεωρία] Εἰρήνη φίλη Mein.   531 τρυγῳδῶν Reiske
536 fortasse βολίτου, γυναικῶν   εἰς ἀγρόν] ἐς ἱπνόν schol.   537 χοός
Suid.

τὰ πρόσωφ', ἵνα γνῷς τὰς τέχνας.   Ερ. αἰβοῖ τάλας,

Τρ. ἐκεινονὶ γοῦν τὸν λοφοποιὸν οὐχ ὁρᾷς   545
τίλλονθ' ἑαυτόν;   Ερ. ὁ δέ γε τὰς σμινύας ποιῶν
κατέπαρδεν ἄρτι τοῦ ξιφουργοῦ 'κεινουί.

Τρ. ὁ δὲ δρεπανουργὸς οὐχ ὁρᾷς ὡς ἥδεται,
καὶ τὸν δορυξὸν οἷον ἐσκιμάλισεν;

Ερ. ἴθι νυν ἄνειπε τοὺς γεωργοὺς ἀπιέναι.   550

Τρ. ἀκούετε λεῴ· τοὺς γεωργοὺς ἀπιέναι
τὰ γεωργικὰ σκεύη λαβόντας εἰς ἀγρὸν
ὡς τάχιστ' ἄνευ δορατίου καὶ ξίφους κἀκοντίου·
ὡς ἅπαντ' ἤδη 'στὶ μεστὰ τἀνθάδ' εἰρήνης σαπρᾶς.
ἀλλὰ πᾶς χώρει πρὸς ἔργον εἰς ἀγρὸν παιωνίσας.   555

Χο. ὦ ποθεινὴ τοῖς δικαίοις καὶ γεωργοῖς ἡμέρα,
ἄσμενός σ' ἰδὼν προσειπεῖν βούλομαι τὰς ἀμπέλους,
τάς τε συκᾶς, ἃς ἐγὼ 'φύτευον ὢν νεώτερος,
ἀσπάσασθαι θυμὸς ἡμῖν ἐστι πολλοστῷ χρόνῳ.

Τρ. νῦν μὲν οὖν ὦνδρες προσευξώμεσθα πρῶτον τῇ θεῷ, 560
ἥπερ ἡμῶν τοὺς λόφους ἀφεῖλε καὶ τὰς Γοργόνας·
εἶθ' ὅπως λιταργιοῦμεν οἴκαδ' ἐς τὰ χωρία,
ἐμπολήσαντές τι χρηστὸν εἰς ἀγρὸν ταρίχιον.

Ερ. ὦ Πόσειδον ὡς καλὸν τὸ στῖφος αὐτῶν φαίνεται
καὶ πυκνὸν καὶ γοργὸν ὥσπερ μᾶζα καὶ πανδαισία.   565

Τρ. νὴ Δί' ἡ γὰρ σφῦρα λαμπρὸν ἦν ἄρ' ἐξωπλισμένη,
αἵ τε θρίνακες διαστίλβουσι πρὸς τὸν ἥλιον.
ἦ καλῶς αὐτῶν ἀπαλλάξειεν ἂν μετόρχιον.
ὥστ' ἔγωγ' ἤδη 'πιθυμῶ καὐτὸς ἐλθεῖν εἰς ἀγρὸν
καὶ τριαινοῦν τῇ δικέλλῃ διὰ χρόνου τὸ γῄδιον.   570

    ἀλλ' ἀναμνησθέντες ὦνδρες
    τῆς διαίτης τῆς παλαιᾶς,
    ἣν παρεῖχ' αὕτη ποθ' ἡμῖν,
    τῶν τε παλασίων ἐκείνων

548 τὸν δὲ δρεπανουργὸν Cobet   557 σ' B : γ' Ald. : om. R V
574 παλαθίων Suid.

τῶν τε σύκων τῶν τε μύρτων,　　　　　575
τῆς τρυγός τε τῆς γλυκείας
τῆς ἰωνιᾶς τε τῆς πρὸς
τῷ φρέατι τῶν τ' ἐλαῶν
　　ὧν ποθοῦμεν,
ἀντὶ τούτων τήνδε νυνὶ　　　　　　580
τὴν θεὸν προσείπατε.

Χο. χαῖρε χαῖρ', ὡς ἀσμένοισιν ἦλθες, ὦ φιλτάτη. [ἀντ. β.
σῷ γὰρ ἐδάμην πόθῳ, δαιμόνια βουλόμενος εἰς ἀγρὸν
　ἀνερπύσαι.　　　　　　　　　　585
. . . .
ἦσθα γὰρ μέγιστον ἡμῖν κέρδος ὦ ποθουμένη
πᾶσιν ὁπόσοι γεωργὸν βίον ἐτρίβομεν.
μόνη γὰρ ἡμᾶς ὠφέλεις.　　　　　590
πολλὰ γὰρ ἐπάσχομεν πρίν ποτ' ἐπὶ σοῦ γλυκέα κἀδά-
　πανα καὶ φίλα.
τοῖς ἀγροίκοισιν γὰρ ἦσθα χῖδρα καὶ σωτηρία.　595
ὥστε σὲ τά τ' ἀμπέλια καὶ τὰ νέα συκίδια
τἄλλα θ' ὁπόσ' ἔστι φυτὰ προσγελάσεται λαβόντ' ἄσμενα.

ἀλλὰ ποῦ ποτ' ἦν ἀφ' ἡμῶν τὸν πολὺν τοῦτον χρόνον 601
ἦδε; τοῦθ' ἡμᾶς δίδαξον ὦ θεῶν εὐνούστατε.
Ερ. ὦ σοφώτατοι γεωργοί, τἀμὰ δὴ ξυνίετε
ῥήματ', εἰ βούλεσθ' ἀκοῦσαι τήνδ' ὅπως ἀπώλετο.
πρῶτα μὲν γὰρ †αὐτῆς ἦρξεν† Φειδίας πράξας κακῶς· 605
εἶτα Περικλέης φοβηθεὶς μὴ μετάσχοι τῆς τύχης,
τὰς φύσεις ὑμῶν δεδοικὼς καὶ τὸν αὐτοδὰξ τρόπον,
πρὶν παθεῖν τι δεινὸν αὐτός, ἐξέφλεξε τὴν πόλιν.
ἐμβαλὼν σπινθῆρα μικρὸν Μεγαρικοῦ ψηφίσματος,

582 χαῖρ', ὦ φίλταθ', ὡς ἀσμένοισιν ἡμῖν ἦλθες codd. : corr. Bergk
584 ἐδάμην . . . βουλόμενος Dind. : ἐδάμημεν . . . βουλόμενοι codd.
(etiam V)　　588 γεωργικὸν codd. : corr. Bothe　　600 ὁπόσ'
Bentl. : ὅσ' codd.　　603 σοφώτατοι] λιπερνῆτες Diodorus　　δὴ
ξυνίετε] τις ξυνιέτω Diod.　　605 αὐτῆς ἦρξεν codd. et Diod. : ἦρξεν
αὐτῆς Bentl. : ἦρξεν ἄτης Seidler　　606 τύχης] δίκης Ald.

253

ἐξεφύσησεν τοσοῦτον πόλεμον ὥστε τῷ καπνῷ   610
πάντας Ἕλληνας δακρῦσαι, τούς τ' ἐκεῖ τούς τ' ἐνθάδε.
ὡς δ' ἅπαξ †τὸ πρῶτον ἄκουσ'† ἐψόφησεν ἄμπελος
καὶ πίθος πληγεὶς ὑπ' ὀργῆς ἀντελάκτισεν πίθῳ,
οὐκέτ' ἦν οὐδεὶς ὁ παύσων, ἥδε δ' ἠφανίζετο.

Τρ. ταῦτα τοίνυν μὰ τὸν Ἀπόλλω 'γὼ 'πεπύσμην οὐδενός, 615
οὐδ' ὅπως αὐτῇ προσήκοι Φειδίας ἠκηκόη.

Χο. οὐδ' ἔγωγε πλήν γε νυνί.   ταῦτ' ἄρ' εὐπρόσωπος ἦν,
οὖσα συγγενὴς ἐκείνου.   πολλά γ' ἡμᾶς λανθάνει.

Ερ. κᾆτ' ἐπειδὴ 'γνωσαν ὑμᾶς αἱ πόλεις ὧν ἤρχετε
ἠγριωμένους ἐπ' ἀλλήλοισι καὶ σεσηρότας,   620
πάντ' ἐμηχανῶντ' ἐφ' ὑμῖν τοὺς φόρους φοβούμεναι,
κἀνέπειθον τῶν Λακώνων τοὺς μεγίστους χρήμασιν.
οἱ δ' ἅτ' ὄντες αἰσχροκερδεῖς καὶ διειρωνόξενοι
τήνδ' ἀπορρίψαντες αἰσχρῶς τὸν πόλεμον ἀνήρπασαν·
κᾆτα τἀκείνων γε κέρδη τοῖς γεωργοῖς ἦν κακά·   625
αἱ γὰρ ἐνθένδ' αὖ τριήρεις ἀντιτιμωρούμεναι
οὐδὲν αἰτίων ἂν ἀνδρῶν τὰς κράδας κατήσθιον.

Τρ. ἐν δίκῃ μὲν οὖν, ἐπεί τοι τὴν κορώνεων γέ μου
ἐξέκοψαν, ἣν ἐγὼ 'φύτευσα κἀξεθρεψάμην.

Χο. νὴ Δί' ὦ μέλ' ἐνδίκως ⟨γε⟩ δῇτ', ἐπεὶ κἀμοῦ λίθον 630
ἐμβαλόντες ἐξμέδιμνον κυψέλην ἀπώλεσαν.

Ερ. κᾆτα δ' ὡς ἐκ τῶν ἀγρῶν ξυνῆλθεν οὑργάτης λεώς,
τὸν τρόπον πωλούμενος τὸν αὐτὸν οὐκ ἐμάνθανεν,
ἀλλ' ἅτ' ὢν ἄνευ γιγάρτων καὶ φιλῶν τὰς ἰσχάδας
ἔβλεπεν πρὸς τοὺς λέγοντας· οἱ δὲ γιγνώσκοντες εὖ 635
τοὺς πένητας ἀσθενοῦντας κἀποροῦντας ἀλφίτων,
τήνδε μὲν δικροῖς ἐώθουν τὴν θεὸν κεκράγμασιν,
πολλάκις φανεῖσαν αὐτὴν τῆσδε τῆς χώρας πόθῳ,
τῶν δὲ συμμάχων ἔσειον τοὺς παχεῖς καὶ πλουσίους,

610 κἀξεφύσησεν Bentl. commate post πόλιν in v. 608 posito
612 τὸ πρῶτον ἄκουσ'] τὸ πρῶτον ἀφθεῖσ' Blaydes   628 τὴν] καὶ Pors.
629 φυτεύσας ἐξεθρεψάμην codd.: corr. Bentl.   630 γε add. Bentl.
633 ἐμάνθανεν] ἐλάνθανεν Γ Ald. et apud schol.   637 κεκραγότες
Blaydes

αἰτίας ἂν προστιθέντες, ὡς φρονεῖ τὰ Βρασίδου.   640
εἶτ' ἂν ὑμεῖς τοῦτον ὥσπερ κυνίδι' ἐσπαράττετε·
ἡ πόλις γὰρ ὠχριῶσα κἂν φόβῳ καθημένη,
ἅττα διαβάλοι τις αὐτῇ, ταῦτ' ἂν ἥδιστ' ἤσθιεν.
οἱ δὲ τὰς πληγὰς ὁρῶντες ἃς ἐτύπτονθ' οἱ ξένοι
χρυσίῳ τῶν ταῦτα ποιούντων ἐβύνουν τὸ στόμα,   645
ὥστ' ἐκείνους μὲν ποιῆσαι πλουσίους, ἡ δ' Ἑλλὰς ἂν
ἐξερημωθεῖσ' ἂν ὑμᾶς ἔλαθε. ταῦτα δ' ἦν ὁ δρῶν
βυρσοπώλης.   Τρ.   παῦε παῦ' ὦ δέσποθ' Ἑρμῆ,
μὴ λέγε,
ἀλλ' ἔα τὸν ἄνδρ' ἐκεῖνον οὗπερ ἔστ' εἶναι κάτω·
οὐ γὰρ ἡμέτερος ἔτ' ἔστ' ἐκεῖνος ἀνὴρ ἀλλὰ σός.   650
ἅττ' ἂν οὖν λέγῃς ἐκεῖνον,
κεἰ πανοῦργος ἦν, ὅτ' ἔζη,
καὶ λάλος καὶ συκοφάντης
καὶ κύκηθρον καὶ τάρακτρον,
ταῦθ' ἀπαξάπαντα νυνὶ   655
τοὺς σεαυτοῦ λοιδορεῖς.
ἀλλ' ὅ τι σιωπᾷς ὦ πότνια κάτειπέ μοι.
Ερ. ἀλλ' οὐκ ἂν εἴποι πρός γε τοὺς θεωμένους·
ὀργὴν γὰρ αὐτοῖς ὧν ἔπαθε πολλὴν ἔχει.
Τρ. ἡ δ' ἀλλὰ πρὸς σὲ μικρὸν εἰπάτω μόνον.   660
Ερ. εἴφ' ὅ τι νοεῖς αὐτοῖσι πρὸς ἔμ' ὦ φιλτάτη.
ἴθ' ὦ γυναικῶν μισοπορπακιστάτη.
εἶεν, ἀκούω. ταῦτ' ἐπικαλεῖς; μανθάνω.
ἀκούσαθ' ὑμεῖς ὧν ἕνεκα μομφὴν ἔχει.
ἐλθοῦσά φησιν αὐτομάτη μετὰ τὰν Πύλῳ   665
σπονδῶν φέρουσα τῇ πόλει κίστην πλέαν
ἀποχειροτονηθῆναι τρὶς ἐν τἠκκλησίᾳ.
Τρ. ἡμάρτομεν ταῦτ'· ἀλλὰ συγγνώμην ἔχε·
ὁ νοῦς γὰρ ἡμῶν ἦν τότ' ἐν τοῖς σκύτεσιν.
Ερ. ἴθι νυν ἄκουσον οἷον ἄρτι μ' ἤρετο,   670

640 Βρασίδα Suid.   643 ἄττα Fl. Christianus : ἄττ' ἂν codd.

ὅστις κακόνους αὐτῇ μάλιστ' ἦν ἐνθάδε,
χὦστις φίλος κἄσπευδεν εἶναι μὴ μάχας.
Τρ. εὐνούστατος μὲν ἦν μακρῷ Κλεώνυμος.
Ερ. ποῖός τις οὖν εἶναι δοκεῖ τὰ πολεμικὰ
ὁ Κλεώνυμος;   Τρ.   ψυχήν γ' ἄριστος πλήν γ' ὅτι
οὐκ ἦν ἄρ' οὗπέρ φησιν εἶναι τοῦ πατρός.   676
εἰ γάρ ποτ' ἐξέλθοι στρατιώτης, εὐθέως
ἀποβολιμαῖος τῶν ὅπλων ἐγίγνετο.
Ερ. ἔτι νῦν ἄκουσον οἷον ἄρτι μ' ἤρετο,
ὅστις κρατεῖ νῦν τοῦ λίθου τοῦ 'ν τῇ πυκνί.   680
Τρ. Ὑπέρβολος νῦν τοῦτ' ἔχει τὸ χωρίον.
αὕτη τί ποιεῖς; τὴν κεφαλὴν ποῖ περιάγεις;
Ερ. ἀποστρέφεται τὸν δῆμον ἀχθεσθεῖσ' ὅτι
αὐτῷ πονηρὸν προστάτην ἐπεγράψατο.
Τρ. ἀλλ' οὐκέτ' αὐτῷ χρησόμεθ' οὐδέν, ἀλλὰ νῦν   685
ἀπορῶν ὁ δῆμος ἐπιτρόπου καὶ γυμνὸς ὢν
τοῦτον τέως τὸν ἄνδρα περιεζώσατο.
Ερ. πῶς οὖν ξυνοίσει ταῦτ' ἐρωτᾷ τῇ πόλει.
Τρ. εὐβουλότεροι γενησόμεθα.   Ερ.   τρόπῳ τίνι;
Τρ. ὅτι τυγχάνει λυχνοποιὸς ὤν.   πρὸ τοῦ μὲν οὖν   690
ἐψηλαφῶμεν ἐν σκότῳ τὰ πράγματα,
νυνὶ δ' ἅπαντα πρὸς λύχνον βουλεύσομεν.
Ερ. ὢ ὤ,
οἷά μ' ἐκέλευσεν ἀναπυθέσθαι σου.   Τρ.   τὰ τί;
Ερ. πάμπολλα καὶ τἀρχαῖ' ἃ κατέλιπεν τότε·
πρῶτον δ' ὅ τι πράττει Σοφοκλέης ἀνήρετο.   695
Τρ. εὐδαιμονεῖ, πάσχει δὲ θαυμαστόν.   Ερ.   τὸ τί;
Τρ. ἐκ τοῦ Σοφοκλέους γίγνεται Σιμωνίδης.
Ερ. Σιμωνίδης; πῶς;   Τρ.   ὅτι γέρων ὢν καὶ σαπρὸς
κέρδους ἕκατι κἂν ἐπὶ ῥιπὸς πλέοι.   699
Ερ. τί δαί; Κρατῖνος ὁ σοφὸς ἔστιν;   Τρ.   ἀπέθανεν
ὅθ' οἱ Λάκωνες ἐνέβαλον.   Ερ. τί παθών;   Τρ. ὅ τι;

676 οὗπερ Bentl.: ὅπερ R V Γ: ὥσπερ Ald.   684 αὐτῷ] οὕτω
Cobet   693 τὸ τί; Reiske   694 κατέλειπεν V

256

ὡρακιάσας· οὐ γὰρ ἐξηνέσχετο
ἰδὼν πίθον καταγνύμενον οἴνου πλέων.
χἄτερα πόσ' ἄττ' οἴει γεγενῆσθ' ἐν τῇ πόλει;
ὥστ' οὐδέποτ' ὦ δέσποιν' ἀφησόμεσθά σου.   705

Ερ. ἴθι νυν ἐπὶ τούτοις τὴν 'Οπώραν λάμβανε
γυναῖκα σαυτῷ τήνδε· κᾆτ' ἐν τοῖς ἀγροῖς
ταύτῃ ξυνοικῶν ἐκποιοῦ σαυτῷ βότρυς.

Τρ. ὦ φιλτάτη δεῦρ' ἐλθὲ καὶ δός μοι κύσαι.
ἆρ' ἂν βλαβῆναι διὰ χρόνου τί σοι δοκῶ   710
ὦ δέσποθ' Ἑρμῆ τῆς 'Οπώρας κατελάσας;

Ερ. οὐκ εἴ γε κυκεῶν' ἐπιπίοις βληχωνίαν.
ἀλλ' ὡς τάχιστα τήνδε τὴν Θεωρίαν
ἀπάγαγε τῇ βουλῇ λαβών, ἧσπέρ ποτ' ἦν.

Τρ. ὦ μακαρία βουλὴ σὺ τῆς Θεωρίας,   715
ὅσον ῥοφήσει ζωμὸν ἡμερῶν τριῶν,
ὅσας δὲ κατέδει χόλικας ἐφθὰς καὶ κρέα.
ἀλλ' ὦ φίλ' Ἑρμῆ χαῖρε πολλά.   Ερ. ·καὶ σύ γε
ὦνθρωπε χαίρων ἄπιθι καὶ μέμνησό μου.

Τρ. ὦ κάνθαρ' οἴκαδ' οἴκαδ' ἀποπετώμεθα.   720

Ερ. οὐκ ἐνθάδ' ὦ τᾶν ἔστι.   Τρ. ποῖ γὰρ οἴχεται;

Ερ. ὑφ' ἅρματ' ἐλθὼν Ζηνὸς ἀστραπηφορεῖ.

Τρ. πόθεν οὖν ὁ τλήμων ἐνθάδ' ἕξει σιτία;

Ερ. τὴν τοῦ Γανυμήδους ἀμβροσίαν σιτήσεται.

Τρ. πῶς δῆτ' ἐγὼ καταβήσομαι;   Ερ. θάρρει, καλῶς·
τῃδὶ παρ' αὐτὴν τὴν θεόν.   Τρ. δεῦρ' ὦ κόραι 726
ἕπεσθον ἅμ' ἐμοὶ θᾶττον, ὡς πολλοὶ πάνυ
ποθοῦντες ὑμᾶς ἀναμένουσ' ἐστυκότες.

Χο. ἀλλ' ἴθι χαίρων· ἡμεῖς δὲ τέως τάδε τὰ σκεύη παραδόντες
τοῖς ἀκολούθοις δῶμεν σῴζειν, ὡς εἰώθασι μάλιστα 730

703 ἰδὼν R V Ald. : ὁρῶν B   705 ἀφησόμεσθά R : ἀφεξόμεθά V
(in ras.) Ald. (·σθά)   715 βουλὴ σὺ schol. : σὺ βουλὴ codd.
716 ῥοφήσεις codd. : corr. Elmsl.   729 τάδε τὰ σκεύη παραδόντες]
τήνδε σκευὴν ἀποδύντες Hamaker   730 δῶμεν] φῶμεν Mein.

ΑΡΙΣΤΟΦΑΝΟΥΣ

περὶ τὰς σκηνὰς πλεῖστοι κλέπται κυπτάζειν καὶ κακο-
ποιεῖν.
ἀλλὰ φυλάττετε ταῦτ' ἀνδρείως· ἡμεῖς δ' αὖ τοῖσι θεαταῖς
ἣν ἔχομεν ὁδὸν λόγων εἴπωμεν ὅσα τε νοῦς ἔχει.
χρῆν μὲν τύπτειν τοὺς ῥαβδούχους, εἴ τις κωμῳδοποιητὴς
αὑτὸν ἐπῄνει πρὸς τὸ θέατρον παραβὰς ἐν τοῖς ἀνα-
παίστοις·   735
εἰ δ' οὖν εἰκός τινα τιμῆσαι, θύγατερ Διός, ὅστις ἄριστος
κωμῳδοδιδάσκαλος ἀνθρώπων καὶ κλεινότατος γεγένηται,
ἄξιος εἶναί φησ' εὐλογίας μεγάλης ὁ διδάσκαλος ἡμῶν.
πρῶτον μὲν γὰρ τοὺς ἀντιπάλους μόνος ἀνθρώπων κατ-
έπαυσεν
ἐς τὰ ῥάκια σκώπτοντας ἀεὶ καὶ τοῖς φθειρσὶν πολε-
μοῦντας,   740
τούς θ' Ἡρακλέας τοὺς μάττοντας καὶ τοὺς πεινῶντας
ἐκείνους
ἐξήλασ' ἀτιμώσας πρῶτος, καὶ τοὺς δούλους παρέλυσεν
τοὺς φεύγοντας κἀξαπατῶντας καὶ τυπτομένους ἐπίτηδες,
οὓς ἐξῆγον κλάοντας ἀεί, καὶ τούτους οὕνεκα τουδί,
ἵν' ὁ σύνδουλος σκώψας αὐτοῦ τὰς πληγὰς εἶτ' ἀνέροιτο,
'ὦ κακόδαιμον τί τὸ δέρμ' ἔπαθες; μῶν ὑστριχὶς εἰσέβα-
λέν σοι   746
ἐς τὰς πλευρὰς πολλῇ στρατιᾷ κἀδενδροτόμησε τὸ νῶτον;'
τοιαῦτ' ἀφελὼν κακὰ καὶ φόρτον καὶ βωμολοχεύματ'
ἀγεννῆ
ἐποίησε τέχνην μεγάλην ἡμῖν κἀπύργωσ' οἰκοδομήσας
ἔπεσιν μεγάλοις καὶ διανοίαις καὶ σκώμμασιν οὐκ ἀγο-
ραίοις,   750
οὐκ ἰδιώτας ἀνθρωπίσκους κωμῳδῶν οὐδὲ γυναῖκας,
ἀλλ' Ἡρακλέους ὀργήν τιν' ἔχων τοῖσι μεγίστοις ἐπ-
εχείρει,

740 τοῖς] τοὺς R   742-3 inverso ordine codd.: transp. Bergk
742 παρέλυσεν] κατέλυσεν Ald.   744 secl. Hamaker   745 εἶτ'
ἀνέροιτο Bentl.: ἐπανέροιτο codd.   752 ἐπιχειρεῖ Ald.

διαβὰς βυρσῶν ὀσμὰς δεινὰς κἀπειλὰς βορβοροθύμους,
καὶ πρῶτον μὲν μάχομαι πάντων αὐτῷ τῷ καρχαρόδοντι,
οὗ δεινόταται μὲν ἀπ' ὀφθαλμῶν Κύννης ἀκτῖνες ἔλαμπον,
ἑκατὸν δὲ κύκλῳ κεφαλαὶ κολάκων οἰμωξομένων ἐλιχ-
μῶντο   756
περὶ τὴν κεφαλήν, φωνὴν δ' εἶχεν χαράδρας ὄλεθρον
τετοκυίας,
φώκης δ' ὀσμήν, Λαμίας ὄρχεις ἀπλύτους, πρωκτὸν δὲ
καμήλου.
τοιοῦτον ἰδὼν τέρας οὐ κατέδεισ', ἀλλ' ὑπὲρ ὑμῶν
πολεμίζων   759
ἀντεῖχον ἀεὶ καὶ τῶν ἄλλων νήσων.   ὧν οὕνεκα νυνὶ
ἀποδοῦναί μοι τὴν χάριν ὑμᾶς εἰκὸς καὶ μνήμονας εἶναι.
καὶ γὰρ πρότερον πράξας κατὰ νοῦν οὐχὶ παλαίστρας
περινοστῶν
παῖδας ἐπείρων, ἀλλ' ἀράμενος τὴν σκευὴν εὐθὺς ἐχώρουν,
παῦρ' ἀνιάσας, πόλλ' εὐφράνας, πάντα παρασχὼν τὰ
δέοντα.

πρὸς ταῦτα χρεὼν εἶναι μετ' ἐμοῦ   765
καὶ τοὺς ἄνδρας καὶ τοὺς παῖδας·
καὶ τοῖς φαλακροῖσι παραινοῦμεν
ξυσπουδάζειν περὶ τῆς νίκης.
πᾶς γάρ τις ἐρεῖ νικῶντος ἐμοῦ
κἀπὶ τραπέζῃ καὶ ξυμποσίοις,   770
' φέρε τῷ φαλακρῷ, δὸς τῷ φαλακρῷ
τῶν τρωγαλίων, καὶ μἀφαίρει
γενναιοτάτου τῶν ποιητῶν
ἀνδρὸς τὸ μέτωπον ἔχοντος.'

Μοῦσα σὺ μὲν πολέμους ἀπωσαμένη μετ' ἐμοῦ   [στρ.
τοῦ φίλου χόρευσον,   775

---

753 βαρβαρομύθους Mein. ex schol.   754 καὶ . . . πάντων] θρασέως
ξυστὰς εὐθὺς ἀπ' ἀρχῆς Hamaker ex Vesp. 1031   756 κεφαλαὶ]
γλῶτται Bentl. ·   ἐλιχνῶντο schol. et Ald.   759 ὑμῶν] ἡμῶν V
774 ἀνδρὸς] λαμπρὸν schol.

ΑΡΙΣΤΟΦΑΝΟΥΣ

κλείουσα θεῶν τε γάμους ἀνδρῶν τε δαῖτας
καὶ θαλίας μακάρων· σοὶ γὰρ τάδ' ἐξ ἀρχῆς μέλει. 78›
    ἢν δέ σε Καρκίνος ἐλθὼν
ἀντιβολῇ μετὰ τῶν παίδων χορεῦσαι,
    μήθ' ὑπάκουε μήτ' ἔλ-   785
    θῃς συνέριθος αὐτοῖς,
    ἀλλὰ νόμιζε πάντας
ὄρτυγας οἰκογενεῖς γυλιαύχενας ὀρχηστὰς
ναννοφυεῖς σφυράδων ἀποκνίσματα μηχανοδίφας.   790
    καὶ γὰρ ἔφασχ' ὁ πατὴρ ὃ παρ' ἐλπίδας
    εἶχε τὸ δρᾶμα γαλῆν τῆς ἑσπέρας ἀπάγξαι.   795

τοιάδε χρὴ Χαρίτων δαμώματα καλλικόμων   [ἀντ.
    τὸν σοφὸν ποιητὴν
ὑμνεῖν, ὅταν ἠρινὰ μὲν φωνῇ χελιδὼν   800
ἑζομένη κελαδῇ, χορὸν δὲ μὴ 'χῃ Μόρσιμος
    μηδὲ Μελάνθιος, οὗ δὴ
πικροτάτην ὄπα γηρύσαντος ἤκουσ'   805
    ἡνίκα τῶν τραγῳδῶν
    τὸν χορὸν εἶχον ἀδελ-
    φός τε και αὐτός, ἄμφω
Γοργόνες ὀψοφάγοι βατιδοσκόποι Ἅρπυιαι,   810
γραοσόβαι μιαροὶ τραγομάσχαλοι ἰχθυολῦμαι·
    ὧν καταχρεμψαμένη μέγα καὶ πλατὺ   815
    Μοῦσα θεὰ μετ' ἐμοῦ ξύμπαιζε τὴν ἑορτήν.

Τρ. ὡς χαλεπὸν ἐλθεῖν ἦν ἄρ' εὐθὺ τῶν θεῶν.
    ἔγωγέ τοι πεπόνηκα κομιδῇ τὼ σκέλει.   820
    μικροὶ δ' ὁρᾶν ἄνωθεν ἦστ'. ἔμοιγέ τοι
    ἀπὸ τοὐρανοῦ 'φαίνεσθε κακοήθεις πάνυ,
    ἐντευθενὶ δὲ πολύ τι κακοηθέστεροι.

Οι. ὦ δέσποθ' ἥκεις;   Τρ. ὡς ἐγὼ 'πυθόμην τινός.

785 ὑπακούσῃς codd. : corr. Bentl.   821-3 μικροὶ δ' ὁρᾶν ἄνωθεν
ἦτ'· ἔμοιγέ τοι ἐντευθενὶ φαίνεσθε κακοήθεις πάνυ Rutherford   822 ἀπ'
οὐρανοῦ Ald.

ΕΙΡΗΝΗ

Οι. τί δ' ἔπαθες;   Τρ.   ἤλγουν τὼ σκέλει μακρὰν ὁδὸν
διεληλυθώς.   Οι. ἴθι νυν κάτειπέ μοι—   Τρ. τὸ τί;

Οι. ἄλλον τιν' εἶδες ἄνδρα κατὰ τὸν ἀέρα
πλανώμενον πλὴν σαυτόν;   Τρ.   οὔκ, εἰ μή γέ που
ψυχὰς δύ' ἢ τρεῖς διθυραμβοδιδασκάλων.   829

Οι. τί δ' ἔδρων;   Τρ.   ξυνελέγοντ' ἀναβολὰς ποτώμεναι
τὰς ἐνδιαεριαυερινηχέτους τινάς.

Οι. οὐκ ἦν ἄρ' οὐδ' ἃ λέγουσι, κατὰ τὸν ἀέρα
ὡς ἀστέρες γιγνόμεθ', ὅταν τις ἀποθάνῃ;

Τρ. μάλιστα.   Οι.   καὶ τίς ἐστιν ἀστὴρ νῦν ἐκεῖ;

Τρ. Ἴων ὁ Χῖος, ὅσπερ ἐποίησεν πάλαι   835
ἐνθάδε τὸν ἀοῖόν ποθ'· ὡς δ' ἦλθ', εὐθέως
ἀοῖον αὐτὸν πάντες ἐκάλουν ἀστέρα.

Οι. τίνες γάρ εἰσ' οἱ διατρέχοντες ἀστέρες,
οἳ καόμενοι θέουσιν;   Τρ.   ἀπὸ δείπνου τινὲς
τῶν πλουσίων οὗτοι βαδίζουσ' ἀστέρων,   840
ἱπνοὺς ἔχοντες, ἐν δὲ τοῖς ἱπνοῖσι πῦρ.
ἀλλ' εἴσαγ' ὡς τάχιστα ταυτηνὶ λαβών,
καὶ τὴν πύελον κατάκλυζε καὶ θέρμαιν' ὕδωρ,
στόρνυ τ' ἐμοὶ καὶ τῇδε κουρίδιον λέχος.
καὶ ταῦτα δράσας ἧκε δεῦρ' αὖθις πάλιν·   845
ἐγὼ δ' ἀποδώσω τήνδε τῇ βουλῇ τέως.

Οι. πόθεν δ' ἔλαβες ταύτας;   Τρ.   ὁπόθεν; ἐκ τοὐρανοῦ.

Οι. οὐκ ἂν ἔτι δοίην τῶν θεῶν τριώβολον,
εἰ πορνοβοσκοῦσ' ὥσπερ ἡμεῖς οἱ βροτοί.

Τρ. οὔκ, ἀλλὰ κἀκεῖ ζῶσιν ἀπὸ τούτων τινές.   850
ἄγε νυν ἴωμεν.   Οι.   εἰπέ μοι, δῶ καταφαγεῖν
ταύτῃ τι;   Τρ.   μηδέν· οὐ γὰρ ἐθελήσει φαγεῖν
οὔτ' ἄρτον οὔτε μᾶζαν, εἰωθυῖ' ἀεὶ
παρὰ τοῖς θεοῖσιν ἀμβροσίαν λείχειν ἄνω.

Οι. λείχειν ἄρ' αὐτῇ κἀνθάδε σκευαστέον.   855

---

831 ἐνδιαερaυρινηχέτους Dind.   837 ἐῷον Mein.   847 ὁπόθεν
Elmsl. : σύ; Τρ. πόθεν codd.   851 ἄγε νυν ἴωμεν Trygaeo contin.
Boissonade

261

ΑΡΙΣΤΟΦΑΝΟΥΣ

Χο.   εὐδαιμονικῶς γ᾽ ὁ πρε-   [στρ.
        σβύτης, ὅσα γ᾽ ὧδ᾽ ἰδεῖν,
        τὰ νῦν τάδε πράττει.

Τρ.   τί δῆτ᾽ ἐπειδὰν νυμφίον μ᾽ ὁρᾶτε λαμπρὸν ὄντα;

Χο.   ζηλωτὸς ἔσει, γέρον,   860
        αὖθις νέος ὢν πάλιν,
        μύρῳ κατάλειπτος.

Τρ.   οἶμαι.   τί δῆθ᾽ ὅταν ξυνὼν τῶν τιτθίων ἔχωμαι;

Χο.   εὐδαιμονέστερος φανεῖ τῶν Καρκίνου στροβίλων.

Τρ.   οὔκουν δικαίως; ὅστις εἰς   865
        ὄχημα κανθάρου 'πιβὰς
        ἔσωσα τοὺς Ἕλληνας, ὥστ᾽
        ἐν τοῖς ἀγροῖσιν αὐτοὺς
        ἅπαντας ὄντας ἀσφαλῶς
        βινεῖν τε καὶ καθεύδειν.

Οι.   ἡ παῖς λέλουται καὶ τὰ τῆς πυγῆς καλά·
        ὁ πλακοῦς πέπεπται, σησαμῆ ξυμπλάττεται.
        καὶ τἄλλ᾽ ἀπαξάπαντα· τοῦ πέους δὲ δεῖ.   870

Τρ.   ἴθι νυν ἀποδῶμεν τήνδε τὴν Θεωρίαν
        ἀνύσαντε τῇ βουλῇ.   Οι.   τίς αὑτηί;   Τρ.   τί φῄς;
        αὕτη Θεωρία 'στίν.   Οι.   ἣν ἡμεῖς ποτε
        ἐπαίομεν Βραυρωνάδ᾽ ὑποπεπωκότες;

Τρ.   σάφ᾽ ἴσθι, κἀλήφθη γε μόλις.   Οι.   ὦ δέσποτα 875
        ὅσην ἔχει τὴν πρωκτοπεντετηρίδα.

Τρ.   εἶεν, τίς ἐσθ᾽ ὑμῶν δίκαιος, τίς ποτε;
        τίς διαφυλάξει τήνδε τῇ βουλῇ λαβών;
        οὗτος τί περιγράφεις;   Οι.   τὸ δεῖν᾽ εἰς Ἴσθμια

σκηνὴν ἐμαυτοῦ τῷ πέει καταλαμβάνω.　　　　880
Τρ. οὔπω λέγεθ' ὑμεῖς τίς ὁ φυλάξων.　δεῦρο σύ·
　　καταθήσομαι γὰρ αὐτὸς ἐς μέσους ἄγων.
Οι. ἐκεινοσὶ νεύει.　Τρ. τίς;　Οι. ὅστις; Ἀριφράδης,
　　ἄγειν παρ' αὐτὸν ἀντιβολῶν.　Τρ. ἀλλ' ὦ μέλε
　　τὸν ζωμὸν αὐτῆς προσπεσὼν ἐκλάψεται.　　885
　　ἄγε δὴ σὺ κατάθου πρῶτα τὰ σκεύη χαμαί.
　　βουλή, πρυτάνεις, ὁρᾶτε τὴν Θεωρίαν.
　　σκέψασθ' ὅσ' ὑμῖν ἀγαθὰ παραδώσω φέρων,
　　ὥστ' εὐθέως ἄραντας ὑμᾶς τὼ σκέλει
　　ταύτης μετέωρα καταγαγεῖν ἀνάρρυσιν.　　890
　　τουτὶ δ' ὁρᾶτ' ὀπτάνιον ἡμῖν ὡς καλόν.
Οι. διὰ ταῦτα καὶ κεκάπνικ' ἄρ'· ἐνταυθοῖ γὰρ ⟨οὖν⟩
　　πρὸ τοῦ πολέμου τὰ λάσανα τῇ βουλῇ ποτ' ἦν.
Τρ. ἔπειτ' ἀγῶνά γ' εὐθὺς ἐξέσται ποιεῖν
　　ταύτην ἔχουσιν αὔριον καλὸν πάνυ,　　895
　　ἐπὶ γῆς παλαίειν, τετραποδηδὸν ἑστάναι,
　　πλαγίαν καταβάλλειν, ἐς γόνατα κύβδ' ἑστάναι,
　　καὶ παγκράτιόν γ' ὑπαλειψαμένοις νεανικῶς
　　παίειν ὀρύττειν πὺξ ὁμοῦ καὶ τῷ πέει·
　　τρίτῃ δὲ μετὰ ταῦθ' ἱπποδρομίαν ἄξετε,　　900
　　ἵνα δὴ κέλης κέλητα παρακελητιεῖ,
　　ἅρματα δ' ἐπ' ἀλλήλοισιν ἀνατετραμμένα
　　φυσῶντα καὶ πνέοντα προσκινήσεται·
　　ἕτεροι δὲ κείσονταί γ' ἀπεψωλημένοι
　　περὶ ταῖσι καμπαῖς ἡνίοχοι πεπτωκότες.　　905
　　ἀλλ' ὦ πρυτάνεις δέχεσθε τὴν Θεωρίαν.
　　θέασ' ὡς προθύμως ὁ πρύτανις παρεδέξατο.
　　ἀλλ' οὐκ ἂν εἴ τι προῖκα προσαγαγεῖν σ' ἔδει,
　　ἀλλ' ηὗρον ἄν σ' ὑπέχοντα τὴν ἐκεχειρίαν.

882 αὐτοὺς ἐς μέσους V : εἰς (ἐς R) μέσους αὐτοὺς R Ald. : corr.
Seidler　891 ὁρᾶτε τοὐπτάνιον codd. : corr. Bentl.　892 Οι. Beer :
vulgo Tryg. continuatur　ἐνταῦθα codd. : correximus　οὖν add. Herm.
897 om. codd. praeter R　900 ἄξετε] εξετε R¹　907 θᾶσ' Dind.

Χο.   ἢ χρηστὸς ἀνὴρ πολί-   [ἀντ.
       της ἐστὶν ἅπασιν ὅσ-   911
       τις γ' ἐστὶ τοιοῦτος.

Τρ. ὅταν τρυγᾷτ', εἴσεσθε πολλῷ μᾶλλον οἷός εἰμι.

Χο.   καὶ νῦν σύ γε δῆλος εἶ·
       σωτὴρ γὰρ ἅπασιν ἀν-
       θρώποις γεγένησαι.   915

Τρ. φήσεις ἐπειδὰν ἐκπίῃς οἴνου νέου λεπαστήν.

Χο. καὶ πλήν γε τῶν θεῶν ἀεί σ' ἡγησόμεσθα πρῶτον.

Τρ.   πολλῶν γὰρ ὑμῖν ἄξιος
       Τρυγαῖος ἀθμονεὺς ἐγώ,
       δεινῶν ἀπαλλάξας πόνων   920
       τὸν δημότην ὅμιλον,
       καὶ τὸν γεωργικὸν λεὼν
       Ὑπέρβολόν τε παύσας.   921

Οι. ἄγε δὴ τί νῷν ἐντευθενὶ ποιητέον;

Τρ. τί δ' ἄλλο γ' ἢ ταύτην χύτραις ἱδρυτέον;

Χο. χύτραισιν, ὥσπερ μεμφόμενον Ἑρμῄδιον;

Τρ. τί δαὶ δοκεῖ; βούλεσθε λαρινῷ βοΐ;   925

Χο. βοΐ; μηδαμῶς, ἵνα μὴ βοηθεῖν ποι δέῃ.

Τρ. ἀλλ' ὑὶ παχείᾳ καὶ μεγάλῃ;   Χο. μὴ μή.   Τρ. τιή;

Χο. ἵνα μὴ γένηται Θεογένους ὑηνία.

Τρ. τῷ δὴ δοκεῖ σοι δῆτα τῶν λοιπῶν;   Χο. ὁί.

Τρ. ὁί;   Χο. ναὶ μὰ Δί'.   Τρ. ἀλλὰ τοῦτό γ'
       ἔστ' Ἰωνικὸν   930
     τὸ ῥῆμ'.   Χο. ἐπίτηδές γ', ἵν' (ὅταν) ἐν τἠκκλησίᾳ
     ὡς χρὴ πολεμεῖν λέγῃ τις, οἱ καθήμενοι
     ὑπὸ τοῦ δέους λέγωσ' Ἰωνικῶς ὁί—

Τρ. εὖ τοι λέγεις.   Χο. καὶ τἄλλα γ' ὦσιν ἤπιοι.
    ὥστ' ἐσόμεθ' ἀλλήλοισιν ἀμνοὶ τοὺς τρόπους   935

910 πολίταις Herm   926 δέῃ Dind. : δέοι codd.   928 θεαγένους
codd. : corr. Dind.   929 τῷ δὴ R : τί δὴ V Ald. : τῷ δαὶ Mein.
931 ὅταν add. Mein.   932 λέγῃ V : λέγει vulg.

EIPHNH

καὶ τοῖσι συμμάχοισι πρᾳότεροι πολύ.
Τρ. ἴθι νυν ἄγ' ὡς τάχιστα τὸ πρόβατον λαβών·
ἐγὼ δὲ πορίω βωμὸν ἐφ' ὅτου θύσομεν.

Χο. ὡς πάνθ' ὅσ' ἂν θεὸς θέλῃ χἠ τύχη κατορθοῖ, [στρ.
χωρεῖ κατὰ νοῦν, ἕτερον δ' ἑτέρῳ 940
τούτων κατὰ καιρὸν ἀπαντᾷ.
Τρ. ὡς ταῦτα δῆλά γ' ἔσθ'· ὁ γὰρ βωμὸς θύρασι καὶ δή.
Χο. ἐπείγετέ νυν ἐν ὅσῳ
σοβαρὰ θεόθεν κατέχει
πολέμου μετάτροπος αὔρα. 945
νῦν γὰρ δαίμων φανερῶς
εἰς ἀγαθὰ μεταβιβάζει.
Τρ. τὸ κανοῦν πάρεστ' ὀλὰς ἔχον καὶ στέμμα καὶ μάχαιραν,
καὶ πῦρ γε τουτί, κοὐδὲν ἴσχει πλὴν τὸ πρόβατον ὑμᾶς.
Χο. οὔκουν ἁμιλλήσεσθον; ὡς 950
ἢν Χαῖρις ὑμᾶς ἴδῃ,
πρόσεισιν αὐλήσων ἄκλη-
τος, κᾆτα τοῦτ' εὖ οἶδ' ὅτι
φυσῶντι καὶ πονουμένῳ
προσδώσετε δήπου. 955

Τρ. ἄγε δὴ τὸ κανοῦν λαβὼν σὺ καὶ τὴν χέρνιβα
περίιθι τὸν βωμὸν ταχέως ἐπιδέξια.
Οι. ἰδού· λέγοις ἂν ἄλλο· περιελήλυθα.
Τρ. φέρε δὴ τὸ δαλίον τόδ' ἐμβάψω λαβών,
σείου σὺ ταχέως· σὺ δὲ πρότεινε τῶν ὀλῶν, 960
καὐτός γε χερνίπτου παραδοὺς ταύτην ἐμοί,
καὶ τοῖς θεαταῖς ῥῖπτε τῶν κριθῶν. Οι. ἰδού.
Τρ. ἔδωκας ἤδη; Οι. νὴ τὸν Ἑρμῆν ὥστε γε
τούτων ὅσοιπέρ εἰσι τῶν θεωμένων
οὐκ ἔστιν οὐδεὶς ὅστις οὐ κριθὴν ἔχει. 965

939-955 = 1023-1038
959 δαλίον schol. Ven. : δαδίον codd.   960-1 transponere vult Enger

265

ΑΡΙΣΤΟΦΑΝΟΥΣ

Τρ. οὐχ αἱ γυναῖκές γ' ἔλαβον.   Οι.   ἀλλ' εἰς ἑσπέραν
δώσουσιν αὐταῖς ἄνδρες.   Τρ.   ἀλλ' εὐχώμεθα.
τίς τῆδε; ποῦ ποτ' εἰσὶ πολλοὶ κἀγαθοί;
Οι. τοισδὶ φέρε δῶ· πολλοὶ γάρ εἰσι κἀγαθοί.
Τρ. τούτους ἀγαθοὺς ἐνόμισας;   Οι.   οὐ γάρ, οἵτινες 970
ἡμῶν καταχεόντων ὕδωρ τοσουτονὶ
ἐς ταὐτὸ τοῦθ' ἑστᾶσ' ἰόντες χωρίον;
Τρ. ἀλλ' ὡς τάχιστ' εὐχώμεθ'.   Χο.   εὐχώμεσθα δή.

Τρ.   ὦ σεμνοτάτη βασίλεια θεὰ
                πότνι' Εἰρήνη,   975
        δέσποινα χορῶν, δέσποινα γάμων,
        δέξαι θυσίαν τὴν ἡμετέραν.

Χο.   δέξαι δῆτ' ὦ πολυτιμήτη
        νὴ Δία, καὶ μὴ ποίει γ' ἅπερ αἱ
        μοιχευόμεναι δρῶσι γυναῖκες.   980
        καὶ γὰρ ἐκεῖναι παρακλίνασαι
        τῆς αὐλείας παρακύπτουσιν,
        κἄν τις προσέχῃ τὸν νοῦν αὐταῖς
                ἀναχωροῦσιν,
        κᾆτ' ἢν ἀπίῃ παρακύπτουσιν.   985
        τούτων σὺ ποίει μηδὲν ἔθ' ἡμᾶς.

Τρ.   μὰ Δί' ἀλλ' ἀπόφηνον ὅλην σαυτὴν
        γενναιοπρεπῶς τοῖσιν ἐρασταῖς
        ἡμῖν, οἵ σου τρυχόμεθ' ἤδη
                τρία καὶ δέκ' ἔτη,   990
        λῦσον δὲ μάχας καὶ κορκορυγάς,
        ἵνα Λυσιμάχην σε καλῶμεν.
        παῦσον δ' ἡμῶν τὰς ὑπονοίας
                τὰς περικόμψους,
        αἷς στωμυλλόμεθ' εἰς ἀλλήλους·   995
        μεῖζον δ' ἡμᾶς τοὺς Ἕλληνας

966 γ' om. V   973 Χο. add. Bergk : vulgo Trygaeo continuatur
986 ἡμῖν V

266

πάλιν ἐξ ἀρχῆς
φιλίας χυλῷ καὶ συγγνώμῃ
τινὶ πρᾳοτέρᾳ κέρασον τὸν νοῦν·
καὶ τὴν ἀγορὰν ἡμῖν ἀγαθῶν
ἐμπλησθῆναι, μεγάλων σκορόδων,   1000
σικύων πρῴων, μήλων, ῥοιῶν.
δούλοισι χλανισκιδίων μικρῶν·
κἀκ Βοιωτῶν γε φέροντας ἰδεῖν
χῆνας νήττας φάττας τροχίλους·
καὶ Κωπᾴδων ἐλθεῖν σπυρίδας,   1005
καὶ περὶ ταύτας ἡμᾶς ἀθρόους
ὀψωνοῦντας τυρβάζεσθαι
Μορύχῳ Τελέᾳ Γλαυκέτῃ, ἄλλοις
τένθαις πολλοῖς· κᾆτα Μελάνθιον
ἥκειν ὕστερον ἐς τὴν ἀγοράν,   1010
τὰς δὲ πεπρᾶσθαι, τὸν δ' ὀτοτύζειν,
εἶτα μονῳδεῖν ἐκ Μηδείας,
' ὀλόμαν ὀλόμαν, ἀποχηρωθεὶς
τᾶς ἐν τεύτλοισι λοχευομένας·'
τοὺς δ' ἀνθρώπους ἐπιχαίρειν.   1015
ταῦτ' ὦ πολυτίμητ' εὐχομένοις ἡμῖν δίδου.

Οι. λαβὲ τὴν μάχαιραν· εἶθ' ὅπως μαγειρικῶς
σφάξεις τὸν οἶν.   Τρ. ἀλλ' οὐ θέμις.   Οι. τιὴ
τί δή;

Τρ. οὐχ ἥδεται δήπουθεν Εἰρήνη σφαγαῖς,
οὐδ' αἱματοῦται βωμός. ἀλλ' εἴσω φέρων   1020
θύσας τὰ μηρί' ἐξελὼν δεῦρ' ἔκφερε,
χοὕτω τὸ πρόβατον τῷ χορηγῷ σῴζεται.

Χο. σέ τοι θύρασι χρὴ . . . μένοντα τοίνυν   [ἀντ.
σχίζας δευρὶ τιθέναι ταχέως
τά τε πρόσφορα πάντ' ἐπὶ τούτοις.   1025

1000 μεγάλων] 'κ Μεγάρων Hamaker ex schol.   1012 secl. Damsté
1013 ἀποχειρωθεὶς R Ald. Suid.   1023 σέ τοι R V : σὲ δὴ V γρ.
Ald.   θύρασι Dind. : θύραισι codd.   χρὴ μένειν καὶ μένοντα Richter

Τρ. οὔκουν δοκῶ σοι μαντικῶς τὸ φρύγανον τίθεσθαι;

Χο.   πῶς δ᾽ οὐχί; τί γάρ σε πέφευγ᾽
ὅσα χρὴ σοφὸν ἄνδρα; τί δ᾽ οὐ
σὺ φρονεῖς ὁπόσα χρεών ἐ-
στιν τόν γε σοφῇ δόκιμον   1030
φρενὶ πορίμῳ τε τόλμῃ;

Τρ. ἡ σχίζα γοῦν ἐνημμένη τὸν Στιλβίδην πιέζει,
καὶ τὴν τράπεζαν οἴσομαι, καὶ παιδὸς οὐ δεήσει.

Χο.   τίς οὖν ἂν οὐκ ἐπαινέσει-
εν ἄνδρα τοιοῦτον, ὅσ-
τις πόλλ᾽ ἀνατλὰς ἔσω-   1035
σε τὴν ἱερὰν πόλιν;
ὥστ᾽ οὐχὶ μὴ παύσῃ ποτ᾽ ὢν
ζηλωτὸς ἅπασιν.

Οι. ταυτὶ δέδραται.   τίθεσο τὼ μηρὼ λαβών.
ἐγὼ δ᾽ ἐπὶ σπλάγχν᾽ εἶμι καὶ θυλήματα.   1040

Τρ. ἐμοὶ μελήσει ταῦτά γ᾽· ἀλλ᾽ ἥκειν ἐχρῆν.

Οι. ἰδοὺ πάρειμι.   μῶν ἐπισχεῖν σοι δοκῶ;

Τρ. ὄπτα καλῶς νυν αὐτά· καὶ γὰρ οὑτοσὶ
προσέρχεται δάφνῃ τις ἐστεφανωμένος.
τίς ἄρα ποτ᾽ ἐστίν;   Οι. ὡς ἀλαζὼν φαίνεται· 1045
μάντις τίς ἐστιν.   Τρ. οὐ μὰ Δί᾽ ἀλλ᾽ Ἱεροκλέης
οὗτός γέ πού ᾽σθ᾽ ὁ χρησμολόγος οὑξ Ὠρεοῦ.

Οι. τί ποτ᾽ ἄρα λέξει;   Τρ. δῆλός ἐσθ᾽ οὗτός γ᾽ ὅτι
ἐναντιώσεταί τι ταῖς διαλλαγαῖς.

Οι. οὔκ, ἀλλὰ κατὰ τὴν κνῖσαν εἰσελήλυθεν.   1050

Τρ. μή νυν ὁρᾶν δοκῶμεν αὐτόν.   Οι. εὖ λέγεις.

ΙΕΡΟΚΛΗΣ

τίς ἡ θυσία ποθ᾽ αὑτηὶ καὶ τῷ θεῶν;

1029 ὁπόσα Ald : ὁπόσ᾽ ἂν R V   χρεών ἐστι R V Γ : ἐστὶ χρεὼν
Ald. : χρεὼν Suidae aliquot codd.   1030 γε Ald. : om. vulg.
1034 τίς ἂν οὖν οὐκ R V : τίς οὐκ ἂν Ald. : corr. Dind.   1047 Trygaeo
contin. Mein. : Οι. vulg.   οὗτός] αὑτός V Ald.   1048 Οι. add.
Mein.

ΕΙΡΗΝΗ

Τρ. ὄπτα σὺ σιγῇ κἄπαγ' ἀπὸ τῆς ὀσφύος.

Ιε. ὅτῳ δὲ θύετ' οὐ φράσεθ';   Τρ. ἡ κέρκος ποιεῖ
καλῶς;   Οι. καλῶς δῆτ' ὦ πότνι' Εἰρήνη φίλη.

Ιε. ἄγε νυν ἀπάρχου κᾆτα δὸς τἀπάργματα.   1056

Τρ. ὀπτᾶν ἄμεινον πρῶτον.   Ιε. ἀλλὰ ταυταγὶ
ἤδη 'στὶν ὀπτά.   Τρ. πολλὰ πράττεις, ὅστις εἶ.
κατάτεμνε. ποῦ τράπεζα; τὴν σπονδὴν φέρε.

Ιε. ἡ γλῶττα χωρὶς τέμνεται.   Τρ. μεμνήμεθα.   1060
ἀλλ' οἶσθ' ὃ δρᾶσον;   Ιε. ἢν φράσῃς.   Τρ. μὴ
διαλέγου
νῷν μηδέν· Εἰρήνῃ γὰρ ἱερὰ θύομεν.

Ιε. ὦ μέλεοι θνητοὶ καὶ νήπιοι,   Τρ. ἐς κεφαλὴν σοί.

Ιε. οἵτινες ἀφραδίῃσι θεῶν νόον οὐκ ἀίοντες
συνθήκας πεποίησθ' ἄνδρες χαροποῖσι πιθήκοις,   1065

Τρ. αἰβοιβοῖ.   Ιε. τί γελᾷς;   Τρ. ἥσθην χαρο-
ποῖσι πιθήκοις.

Ιε. καὶ κέπφοι τρήρωνες ἀλωπεκιδεῦσι πέπεισθε,
ὧν δόλιαι ψυχαί, δόλιαι φρένες.   Τρ. εἴθε σου
εἶναι
ὤφελεν ὠλαζὼν οὑτωσὶ θερμὸς ὁ πλεύμων.

Ιε. εἰ γὰρ μὴ νύμφαι γε θεαὶ Βάκω ἐξαπάτασκον,   1070
μηδὲ Βάκις θνητούς, μηδ' αὖ νύμφαι Βάκιν αὐτὸν—

Τρ. ἐξώλης ἀπόλοι', εἰ μὴ παύσαιο βακίζων.

Ιε. οὔπω θέσφατον ἦν Εἰρήνης δέσμ' ἀναλῦσαι,
ἀλλὰ τόδε πρότερον—   Τρ. τοῖσδ' ἁλσί γε παστέα
ταυτί.

Ιε. οὐ γάρ πω τοῦτ' ἐστὶ φίλον μακάρεσσι θεοῖσιν,   1075
φυλόπιδος λῆξαι, πρίν κεν λύκος οἶν ὑμεναιοῖ.

Τρ. καὶ πῶς ὦ κατάρατε λύκος ποτ' ἂν οἶν ὑμεναιοῖ;

Ιε. ὡς ἡ σφονδύλη φεύγουσα πονηρότατον βδεῖ,
†χῆ κώδων† ἀκαλανθὶς ἐπειγομένη τυφλὰ τίκτει,

1066 Τρ. ... Ιε. ... Τρ. Dind. : Οι. ... Τρ. ... Οι. vulg.   1074 τόδε
Dobr. : τόγε R : τότε V (δὲ supra) Ald.   1076 κεν] καὶ R   1078 χῆ
κώδων] ἤ τ' ὠδῖν' van Lennep

269

τουτάκις οὔπω χρῆν τὴν εἰρήνην πεποιῆσθαι.

Τρ. ἀλλὰ τί χρῆν ἡμᾶς; οὐ παύσασθαι πολεμοῦντας, 1080
ἢ διακαυνιάσαι πότεροι κλαυσούμεθα μεῖζον,
ἐξὸν σπεισαμένοις κοινῇ τῆς Ἑλλάδος ἄρχειν;

Ιε. οὔποτε ποιήσεις τὸν καρκίνον ὀρθὰ βαδίζειν.

Τρ. οὔποτε δειπνήσεις ἔτι τοῦ λοιποῦ 'ν πρυτανείῳ,
οὐδ' ἐπὶ τῷ πραχθέντι ποιήσεις ὕστερον οὐδέν. 1085

Ιε. οὐδέποτ' ἂν θείης λεῖον τὸν τραχὺν ἐχῖνον.

Τρ. ἆρα φενακίζων ποτ' Ἀθηναίους ἔτι παύσει;

Ιε. ποῖον γὰρ κατὰ χρησμὸν ἐκαύσατε μῆρα θεοῖσιν;

Τρ. ὅνπερ κάλλιστον δήπου πεποίηκεν Ὅμηρος·
' ὡς οἱ μὲν νέφος ἐχθρὸν ἀπωσάμενοι πολέμοιο 1090
Εἰρήνην εἵλοντο καὶ ἱδρύσανθ' ἱερείῳ.
αὐτὰρ ἐπεὶ κατὰ μῆρ' ἐκάη καὶ σπλάγχν' ἐπάσαντο,
ἔσπενδον δεπάεσσιν· ἐγὼ δ' ὁδὸν ἡγεμόνευον·
χρησμολόγῳ δ' οὐδεὶς ἐδίδου κώθωνα φαεινόν.

Ιε. οὐ μετέχω τούτων· οὐ γὰρ ταῦτ' εἶπε Σίβυλλα. 1095

Τρ. ἀλλ' ὁ σοφός τοι νὴ Δί' Ὅμηρος δεξιὸν εἶπεν·
' ἀφρήτωρ ἀθέμιστος ἀνέστιός ἐστιν ἐκεῖνος,
ὃς πολέμου ἔραται ἐπιδημίου ὀκρυόεντος.'

Ιε. φράζεο δὴ μή πώς σε δόλῳ φρένας ἐξαπατήσας 1099
ἰκτῖνος μάρψῃ.   Τρ.   τουτὶ μέντοι σὺ φυλάττου,
ὡς οὗτος φοβερὸς τοῖς σπλάγχνοις ἐστὶν ὁ χρησμός.
ἔγχει δὴ σπονδὴν καὶ τῶν σπλάγχνων φέρε δευρί.

Ιε. ἀλλ' εἰ ταῦτα δοκεῖ, κἀγὼ 'μαυτῷ βαλανεύσω.

Τρ. σπονδὴ σπονδή.

Ιε. ἔγχει δὴ κἀμοὶ καὶ σπλάγχνων μοῖραν ὄρεξον. 1105

Τρ. ἀλλ' οὔπω τοῦτ' ἐστὶ φίλον μακάρεσσι θεοῖσιν·
ἀλλὰ τόδε πρότερον, σπένδειν ἡμᾶς, σὲ δ' ἀπελθεῖν.
ὦ πότνι' Εἰρήνη παράμεινον τὸν βίον ἡμῖν.

Ιε. πρόσφερε τὴν γλῶτταν.   Τρ.   σὺ δὲ τὴν σαυτοῦ
γ' ἀπένεγκε.

1081 μείζω Ald.

ΕΙΡΗΝΗ

Ιε. σπονδή.   Τρ.   καὶ ταυτὶ μετὰ τῆς σπονδῆς λαβὲ
θᾶττον.   1110

Ιε. οὐδεὶς προσδώσει τῶν σπλάγχνων;   Τρ.   οὐ γὰρ
οἷόν τε
ἡμῖν προσδιδόναι, πρίν κεν λύκος οἶν ὑμεναιοῖ.

Ιε. ναὶ πρὸς τῶν γονάτων.   Τρ.   ἄλλως ὦ τᾶν ἱκετεύεις·
οὐ γὰρ ποιήσεις λεῖον τὸν τραχὺν ἐχῖνον.
ἄγε δὴ θεαταὶ δεῦρο συσπλαγχνεύετε   1115
μετὰ νῷν.   Ιε.   τί δὴ 'γώ;   Τρ.   τὴν Σίβυλ-
λαν ἔσθιε.

Ιε. οὗτοι μὰ τὴν γῆν ταῦτα κατέδεσθον μόνω,
ἀλλ' ἁρπάσομαι σφῷν αὐτά· κεῖται δ' ἐν μέσῳ.

Τρ. ὦ παῖε παῖε τὸν Βάκιν.   Ιε.   μαρτύρομαι.

Τρ. κἄγωγ' ὅτι τένθης εἶ σὺ κἀλαζὼν ἀνήρ.   1120
παῖ' αὐτὸν ἐπέχων τῷ ξύλῳ τὸν ἀλαζόνα.

Οι. σὺ μὲν οὖν· ἐγὼ δὲ τουτονὶ τῶν κῳδίων,
ἀλάμβαν' αὐτὸς ἐξαπατῶν, ἐκβολβιῶ.
οὐ καταβαλεῖς τὰ κῴδι' ὦ θυηπόλε;
ἤκουσας; ὁ κόραξ οἷος ἦλθ' ἐξ Ὠρεοῦ.   1125
οὐκ ἀποπετήσει θᾶττον εἰς Ἐλύμνιον;

Χο.   ἥδομαί γ' ἥδομαι   [στρ.
κράνους ἀπηλλαγμένος
τυροῦ τε καὶ κρομμύων.
οὐ γὰρ φιληδῶ μάχαις,   1130
ἀλλὰ πρὸς πῦρ διέλ-
κων μετ' ἀνδρῶν ἑταίρων φίλων,
ἐκκέας τῶν ξύλων ἅττ' ἂν ᾖ
δανότατα τοῦ θέρους
†ἐκπεπρισμένα†,   1135
κἀνθρακίζων τοὐρεβίνθου

1127-1158 = 1159-1190

1111 μοι ante τῶν codd. : om. Bekk.   1112 ἡμῖν πρὶν διδόναι Ald.
1116 τί δὴ 'γώ] τί δ' ἔγωγε Ald.   1135 ἐκπεπρισμένα R V : ἐκ-
πεπιεσμένα Ald. : ἐκπεπρεμνισμένα Bergk praeunte Bothe

271

τήν τε φηγὸν ἐμπυρεύων,
χἄμα τὴν Θρᾷτταν κυνῶν
τῆς γυναικὸς λουμένης.

οὐ γὰρ ἔσθ' ἥδιον ἢ τυχεῖν μὲν ἤδη 'σπαρμένα,   1140
τὸν θεὸν δ' ἐπιψακάζειν, καί τιν' εἰπεῖν γείτονα,
εἰπέ μοι τί τηνικαῦτα δρῶμεν ὦ Κωμαρχίδη;
ἐμπιεῖν ἔμοιγ' ἀρέσκει τοῦ θεοῦ δρῶντος καλῶς.
ἀλλ' ἄφευε τῶν φασήλων ὦ γύναι τρεῖς χοίνικας,
τῶν τε πυρῶν μεῖξον αὐτοῖς, τῶν τε σύκων ἔξελε,   1145
τόν τε Μανῆν ἡ Σύρα βωστρησάτω 'κ τοῦ χωρίου.
οὐ γὰρ οἷόν τ' ἐστὶ πάντως οἰναρίζειν τήμερον
οὐδὲ τυντλάζειν, ἐπειδὴ παρδακὸν τὸ χωρίον.
κἀξ ἐμοῦ δ' ἐνεγκάτω τις τὴν κίχλην καὶ τὼ σπίνω·
ἦν δὲ καὶ πυός τις ἔνδον καὶ λαγῷα τέτταρα,   1150
εἴ τι μὴ 'ξήνεγκεν αὐτῶν ἡ γαλῆ τῆς ἑσπέρας·
ἐψόφει γοῦν ἔνδον οὐκ οἶδ' ἄττα κἀκυδοιδόπα·
ὧν ἔνεγκ' ὦ παῖ τρί' ἡμῖν, ἓν δὲ δοῦναι τῷ πατρί·
μυρρίνας τ' αἴτησον ἐξ Αἰσχινάδου τῶν καρπίμων·
χἄμα τῆς αὐτῆς ὁδοῦ Χαρινάδην τις βωσάτω,   1155
    ὡς ἂν ἐμπίῃ μεθ' ἡμῶν,
    εὖ ποιοῦντος κὠφελοῦντος
    τοῦ θεοῦ τἀρώματα.

    ἡνίκ' ἂν δ' ἀχέτας   [ἀντ.
    ᾄδῃ τὸν ἡδὺν νόμον,   1160
    διασκοπῶν ἥδομαι
    τὰς Λημνίας ἀμπέλους,
        εἰ πεπαίνουσιν ἤ-
    δη (τὸ γὰρ φῖτυ πρῷον φύσει),
    τόν τε φήληχ' ὁρῶν οἰδάνοντ'·   1165

1142 τηνικαῦτα Bentl.: τηνικάδε codd.   1144 ἄφευε R V γρ.
et lemma schol.: ἄφανε V Ald.: ἄφαυσε v. l. apud schol. Ven.:
ἄφαυσον v.l. apud schol. Ald.   1148 πορδακὸν Strabo   1159 ἡνίκ'
ἂν δ' Herm.: ἡνίκα δ' ἂν R V: ἡνίκ' ἂν Ald.   1165 οἰδαίνοντ'
codd.: corr. Bentl.

εἶθ᾽ ὁπόταν ᾖ πέπων,
ἐσθίω κἀπέχω
χἄμα φήμ᾽, ᾽ὧραι φίλαι·᾽ καὶ
τοῦ θύμου τρίβων κυκῶμαι·
κᾆτα γίγνομαι παχὺς   1170
τηνικαῦτα τοῦ θέρους
μᾶλλον ἢ θεοῖσιν ἐχθρὸν ταξίαρχον προσβλέπων
τρεῖς λόφους ἔχοντα καὶ φοινικίδ᾽ ὀξεῖαν πάνυ,
ἣν ἐκεῖνός φησιν εἶναι βάμμα Σαρδιανικόν·
ἢν δέ που δέῃ μάχεσθ᾽ ἔχοντα τὴν φοινικίδα,   1175
τηνικαῦτ᾽ αὐτὸς βέβαπται βάμμα Κυζικηνικόν·
κᾆτα φεύγει πρῶτος ὥσπερ ξουθὸς ἱππαλεκτρυὼν
τοὺς λόφους σείων· ἐγὼ δ᾽ ἕστηκα †λιωοπτώμενος.†
ἡνίκ᾽ ἂν δ᾽ οἴκοι γένωνται, δρῶσιν οὐκ ἀνασχετά,   1179
τοὺς μὲν ἐγγράφοντες ἡμῶν τοὺς δ᾽ ἄνω τε καὶ κάτω
ἐξαλείφοντες δὶς ἢ τρίς. αὔριον δ᾽ ἔσθ᾽ ἡ ᾽ξοδος·
τῷ δὲ σιτί᾽ οὐκ ἐώνητ᾽· οὐ γὰρ ᾔδειν ἐξιών·
εἶτα προστὰς πρὸς τὸν ἀνδριάντα τὸν Πανδίονος
εἶδεν αὑτόν, κἀπορῶν θεῖ τῷ κακῷ βλέπων ὁπόυ.
ταῦτα δ᾽ ἡμᾶς τοὺς ἀγροίκους δρῶσι, τοὺς δ᾽ ἐξ ἄστεως
ἧττον, οἱ θεοῖσιν οὗτοι κἀνδράσιν ῥιψάσπιδες.   1186
ὧν ἔτ᾽ εὐθύνας ἐμοὶ δώσουσιν, ἢν θεὸς θέλῃ.
πολλὰ γὰρ δή μ᾽ ἠδίκησαν,
ὄντες οἴκοι μὲν λέοντες
ἐν μάχῃ δ᾽ ἀλώπεκες.   1190

Τρ. ἰοὺ ἰού.
ὅσον τὸ χρῆμ᾽ ἐπὶ δεῖπνον ἦλθ᾽ ἐς τοὺς γάμους.
ἔχ᾽ ἀποκάθαιρε τὰς τραπέζας ταυτηί·
πάντως γὰρ οὐδὲν ὄφελός ἐστ᾽ αὐτῆς ἔτι.
ἔπειτ᾽ ἐπιφόρει τοὺς ἀμύλους καὶ τὰς κίχλας   1195

1175 ἢν δέῃ δέ που V   1176 χεξικηνικόν Markland   1183 προσ-
στὰς Lenting   1188 γὰρ δή etiam R   1195 ἐπιφόρει Dobr. :
ἐπισφόρει R : ἐπεισφόρει V Γ : ἐπείσφερε Ald.

καὶ τῶν λαγῴων πολλὰ καὶ τοὺς κολλάβους.

ΔΡΕΠΑΝΟΥΡΓΟΣ

ποῦ ποῦ Τρυγαῖός ἐστιν;   Τρ.   ἀναβράττω κίχλας.

Δρ.   ὦ φίλτατ᾽ ὦ Τρυγαῖ᾽ ὅσ᾽ ἡμᾶς τἀγαθὰ
δέδρακας εἰρήνην ποιήσας· ὡς πρὸ τοῦ
οὐδεὶς ἐπρίατ᾽ ἂν δρέπανον οὐδὲ κολλύβου,   1200
νυνὶ δὲ πεντήκοντα δραχμῶν ἐμπολῶ·
ὁδὶ δὲ τριδράχμους τοὺς κάδους ἐς τοὺς ἀγρούς.
ἀλλ᾽ ὦ Τρυγαῖε τῶν δρεπάνων τε λάμβανε
καὶ τῶνδ᾽ ὅ τι βούλει προῖκα· καὶ ταυτὶ δέχου·
ἀφ᾽ ὧν γὰρ ἀπεδόμεσθα κἀκερδήναμεν   1205
τὰ δῶρα ταυτί σοι φέρομεν ἐς τοὺς γάμους.

Τρ. ἴθι νυν καταθέμενοι παρ᾽ ἐμοὶ ταῦτ᾽ εἴσιτε
ἐπὶ δεῖπνον ὡς τάχιστα· καὶ γὰρ οὑτοσὶ
ὅπλων κάπηλος ἀχθόμενος προσέρχεται.

ΛΟΦΟΠΟΙΟΣ

οἴμ᾽ ὡς προθέλυμνόν μ᾽ ὦ Τρυγαῖ᾽ ἀπώλεσας.   1210

Τρ. τί δ᾽ ἔστιν ὦ κακόδαιμον; οὔτι που λοφᾷς;

Λο. ἀπώλεσάς μου τὴν τέχνην καὶ τὸν βίον,
καὶ τουτουὶ καὶ τοῦ δορυξοῦ ᾽κεινουί.

Τρ. τί δῆτα τουτοινὶ καταθῶ σοι τοῖν λόφοιν;

Λο. αὐτὸς σὺ τί δίδως;   Τρ.   ὅ τι δίδωμ᾽; αἰσχύνομαι.
ὅμως δ᾽ ὅτι τὸ σφήκωμ᾽ ἔχει πόνον πολύν,   1216
δοίην ἂν αὐτοῖν ἰσχάδων τρεῖς χοίνικας.
ἵν᾽ ἀποκαθαίρω τὴν τράπεζαν τουτῳί.

Λο. ἔνεγκε τοίνυν εἰσιὼν τὰς ἰσχάδας·
κρεῖττον γὰρ ὦ τᾶν ἐστιν ἢ μηδὲν λαβεῖν.   1220

Τρ. ἀπόφερ᾽ ἀπόφερ᾽ ἐς κόρακας ἀπὸ τῆς οἰκίας.
τριχορρυεῖτον, οὐδέν ἐστον τὼ λόφω.
οὐκ ἂν πριαίμην οὐδ᾽ ἂν ἰσχάδος μιᾶς.

1201 νυνὶ δ᾽ ἐγὼ μὲν πεντέδραχμα ταῦτ᾽ ἐμπολῶ Elmsl.   1204 καὶ
τῶνδ᾽] κάδων τ᾽ Fl. Christianus   1210–64 quinque mercatorum
vices uni (sc. ὅπλων καπήλῳ ex v. 1209) dant Bergk, Mein.   1217 αὐ-
τοῖν Β : αὐτῶν R V Ald.   1218 secl. Hamaker   1221 ἀπὸ] ἐκ Ald.

274

ΕΙΡΗΝΗ

ΘΩΡΑΚΟΠΩΛΗΣ

τί δαὶ δεκάμνῳ τῷδε θώρηκος κύτει
ἐνημμένῳ κάλλιστα χρήσομαι τάλας;   1225
Τρ. οὗτος μὲν οὐ μή σοι ποιήσει ζημίαν.
ἀλλ' αἶρέ μοι τοῦτόν γε τῆς ἰσωνίας·
ἐναποπατεῖν γάρ ἐστ' ἐπιτήδειος πάνυ—
Θω. παῦσαί μ' ὑβρίζων τοῖς ἐμοῖσι χρήμασιν.
Τρ. ὡδὶ παραθέντι τρεῖς λίθους. οὐ δεξιῶς;   1230
Θω. ποίᾳ δ' ἀποψήσει ποτ' ὦμαθέστατε;
Τρ. τῃδὶ διεὶς τὴν χεῖρα διὰ τῆς θαλαμιᾶς
καὶ τῇδ'.   Θω. ἅμ' ἀμφοῖν δῆτ';   Τρ. ἔγωγε
νὴ Δία,
ἵνα μή γ' ἁλῶ τρύπημα κλέπτων τῆς νεώς.
Θω. ἔπειτ' ἐπὶ δεκάμνῳ χεσεῖ καθήμενος;   1235
Τρ. ἔγωγε νὴ Δί' ὦπίτριπτ'. οἴει γὰρ ἂν
τὸν πρωκτὸν ἀποδόσθαι με χιλιῶν δραχμῶν;
Θω. ἴθι δὴ 'ξένεγκε τἀργύριον.   Τρ. ἀλλ' ὦγαθὲ
θλίβει τὸν ὄρρον. ἀπόφερ', οὐκ ὠνήσομαι.

ΣΑΛΠΙΓΓΟΠΟΙΟΣ

τί δ' ἆρα τῇ σάλπιγγι τῇδε χρήσομαι,   1240
ἣν ἐπριάμην δραχμῶν ποθ' ἑξήκοντ' ἐγώ;
Τρ. μόλυβδον ἐς τουτὶ τὸ κοῖλον ἐγχέας
ἔπειτ' ἄνωθεν ῥάβδον ἐνθεὶς ὑπόμακρον,
γενήσεταί σοι τῶν κατακτῶν κοττάβων.
Σα. οἴμοι καταγελᾷς.   Τρ. ἀλλ' ἕτερον παραινέσω. 1245
τὸν μὲν μόλυβδον, ὥσπερ εἶπον, ἔγχεον,
ἐντευθένὶ δὲ σπαρτίοις ἠρτημένην
πλάστιγγα πρόσθες, καὐτό σοι γενήσεται
τὰ σῦκ' ἐν ἀγρῷ τοῖς οἰκέταισιν ἱστάναι.

ΚΡΑΝΟΠΟΙΟΣ

ὦ δυσκάθαρτε δαῖμον ὥς μ' ἀπώλεσας,   1250

1224 θώρακος Ald.   1225 συνημμένῳ Mein.   1229 παῦσαι 'νυβρί-
ζων Elmsl.   1248 καὐτό] κᾆτά Fl. Christianus   1249 ἱστάναι]
ἑστάναι R V (ι supra ἐ)   1250 ὥς] ὅς Ald.

ὅτ' ἀντέδωκά γ' ἀντὶ τῶνδε μνᾶν ποτέ·
καὶ νῦν τί δράσω; τίς γὰρ αὕτ' ὠνήσεται;

Τρ. πώλει βαδίζων αὐτὰ τοῖς Αἰγυπτίοις·
ἔστιν γὰρ ἐπιτήδεια συρμαίαν μετρεῖν.

ΔΟΡΥΞΟΣ

οἴμ' ὦ κρανοποί' ὡς ἀθλίως πεπράγαμεν.   1255

Τρ. οὗτος μὲν οὐ πέπονθεν οὐδέν.   Δο. ἀλλὰ τί
ἔτ᾽ ἐστὶ τοῖσι κράνεσιν ὅ τι τις χρήσεται;

Τρ. ἐὰν τοιαυτασὶ μάθῃ λαβὰς ποιεῖν,
ἄμεινον ἢ νῦν αὕτ' ἀποδώσεται πολύ.

Κρ. ἀπίωμεν ὦ δορυξέ.   Τρ. μηδαμῶς γ', ἐπεὶ   1260
τούτῳ γ' ἐγὼ τὰ δόρατα ταῦτ' ὠνήσομαι.

Δο. πόσον δίδως δῆτ';   Τρ. εἰ διαπρισθεῖεν δίχα,
λάβοιμ' ἂν αὕτ' ἐς χάρακας ἑκατὸν τῆς δραχμῆς.

Δο. ὑβριζόμεθα. χωρῶμεν ὦ τᾶν ἐκποδών.

Τρ. νὴ τὸν Δί', ὡς τὰ παιδί' ἤδη 'ξέρχεται   1265
οὐρησόμενα τὰ τῶν ἐπικλήτων δεῦρ', ἵνα
ἅττ' ᾄσεται προαναβάληταί μοι δοκεῖ.
ἀλλ' ὅ τι περ ᾄδειν ἐπινοεῖς ὦ παιδίον,
αὐτοῦ παρ' ἐμὲ στὰν πρότερον ἀναβαλοῦ 'νθαδί.

ΠΑΙΣ ⟨ΛΑΜΑΧΟΥ⟩

νῦν αὖθ' ὁπλοτέρων ἀνδρῶν ἀρχώμεθα—   Τρ. παῦσαι
ὁπλοτέρους ᾆδον, καὶ ταῦτ' ὦ τρισκακόδαιμον   1271
εἰρήνης οὔσης· ἀμαθές γ' εἶ καὶ κατάρατον.

Παῖ. οἱ δ' ὅτε δὴ σχεδὸν ἦσαν ἐπ' ἀλλήλοισιν ἰόντες,
σύν ῥ' ἔβαλον ῥινούς τε καὶ ἀσπίδας ὀμφαλοέσσας.

Τρ. ἀσπίδας; οὐ παύσει μεμνημένος ἀσπίδος ἡμῖν;   1275

Παῖ. ἔνθα δ' ἅμ' οἰμωγή τε καὶ εὐχωλὴ πέλεν ἀνδρῶν.

Τρ. ἀνδρῶν οἰμωγή; κλαύσει νὴ τὸν Διόνυσον
οἰμωγὰς ᾄδων, καὶ ταύτας ὀμφαλοέσσας.

1251 γ' post ἀντέδωκα om. R V   1257 ἔτ᾽ ἐστὶ V γρ. Ald. :
ἔνεστι(ν) R V   1258 μάθῃς R V   1262 διαπρισθείη Dind.
1267 δοκεῖν Bergk   1270 ΛΑΜΑΧΟΥ add. Brunck   1271 ᾆδον]
ᾄδων R(?) V : ᾄδον V²   1278 ᾄδων] ᾄδον V² : ᾆδον Ald.

ΕΙΡΗΝΗ

Πα² ἀλλὰ τί δῆτ' ἄδω; σὺ γὰρ εἰπέ μοι οἶστισι χαίρεις.

Τρ. ὡς οἱ μὲν δαίνυντο βοῶν κρέα, καὶ τὰ τοιαυτί·   1280
    ἄριστον προτίθεντο καὶ ἀτθ' ἥδιστα πάσασθαι.

Πα² ὡς οἱ μὲν δαίνυντο βοῶν κρέα, καὐχένας ἵππων
    ἔκλυον ἱδρώοντας, ἐπεὶ πολέμου ἐκόρεσθεν.

Τρ. εἶεν; ἐκόρεσθεν τοῦ πολέμου κᾆτ' ἤσθιον.
    ταῦτ' ᾆδε, ταῦθ', ὡς ἤσθιον κεκορημένοι.   1285

Πα² θωρήσσοντ' ἄρ' ἵ⁻ειτα πεπαυμένοι—   Τρ. ἄσμενοι,
    οἶμαι.

Πα² πύργων δ' ἐξεχέοντο, βοὴ δ' ἄσβεστος ὀρώρει.

Τρ. κάκιστ' ἀπόλοιο παιδάριον αὐταῖς μάχαις·
    οὐδὲν γὰρ ᾄδεις πλὴν πολέμους.   τοῦ καί ποτ' εἶ;

Πα² ἐγώ;   Τρ. σὺ μέντοι νὴ Δί'.   Πα² υἱὸς
    Λαμάχου.

Τρ. αἰβοῖ·   1291
    ἦ γὰρ ἐγὼ θαύμαζον ἀκούων, εἰ σὺ μὴ εἴης
    ἀνδρὸς βουλομάχου καὶ κλαυσιμάχου τινὸς υἱός.
    ἄπερρε καὶ τοῖς λογχοφόροισιν ᾆδ' ἰών.
    ποῦ μοι τὸ τοῦ Κλεωνύμου 'στὶ παιδίον;   1295
    ᾆσον πρὶν εἰσιέναι τι· σὺ γὰρ εὖ οἶδ' ὅτι
    οὐ πράγματ' ᾄσει· σώφρονος γὰρ εἶ πατρός.

ΠΑΙΣ (ΚΛΕΩΝΥΜΟΥ)

    ἀσπίδι μὲν Σαίων τις ἀγάλλεται, ἣν παρὰ θάμνῳ
    ἔντος ἀμώμητον κάλλιπον οὐκ ἐθέλων.

Τρ. εἰπέ μοι ὦ πόσθων, ἐς τὸν σαυτοῦ πατέρ' ᾄδεις;   1300

Πα² ψυχὴν δ' ἐξεσάωσα—   Τρ. κατήσχυνας δὲ τοκῆας.
    ἀλλ' εἰσίωμεν.   εὖ γὰρ οἶδ' ἐγὼ σαφῶς
    ὅτι ταῦθ' ὅσ' ᾖσας ἄρτι περὶ τῆς ἀσπίδος
    οὐ μὴ 'πιλάθῃ ποτ' ὢν ἐκείνου τοῦ πατρός.

1280-1 in marg. pr. man. V   πάσασθαι R B : μασᾶσθαι V Ald.
1286 πεπασμένοι Fl. Christianus   1292 εἴης V in ras. : εις R : ἦσθα
B : ἦς Ald.   1294 ἰόν R B   1297 ᾄσεις codd : corr. Dawes
1298 ΚΛΕΩΝΥΜΟΥ add. Brunck   περὶ θάμνον Strabo   1300 hic
desinunt Γ B   1301 κατήσχυνας δὲ R V : κατήσχυνάς γε V² : καται-
σχύνας γε Lenting

ὑμῶν τὸ λοιπὸν ἔργον ἤδη 'νταῦθα τῶν μενόντων   1305
φλᾶν ταῦτα πάντα καὶ σποδεῖν, καὶ μὴ κενὰς παρέλκειν.
ἀλλ' ἀνδρικῶς ἐμβάλλετε
καὶ σμώχετ' ἀμφοῖν τοῖν γνάθοιν· οὐδὲν γὰρ ὦ πόνηροι
λευκῶν ὀδόντων ἔργον ἔστ', ἢν μή τι καὶ μασῶνται.   1310

Χο. ἡμῖν μελήσει ταῦτά γ'· εὖ ποιεῖς δὲ καὶ σὺ φράζων.
Τρ. ἀλλ' ὦ πρὸ τοῦ πεινῶντες ἐμβάλλεσθε τῶν λαγῴων·
    ὡς οὐχὶ πᾶσαν ἡμέραν
    πλακοῦσιν ἔστιν ἐντυχεῖν πλανωμένοις ἐρήμοις.
    πρὸς ταῦτα βρύκετ' ἢ τάχ' ἡμῖν φημι μεταμελήσειν.   1315

Χο. εὐφημεῖν χρὴ καὶ τὴν νύμφην ἔξω τινὰ δεῦρο κομίζειν
    δᾳδάς τε φέρειν, καὶ πάντα λεὼν συγχαίρειν κἀπιχο-
    ρεύειν.
    καὶ τὰ σκεύη πάλιν ἐς τὸν ἀγρὸν νυνὶ χρὴ πάντα κομίζειν
    ὀρχησαμένους καὶ σπείσαντας καὶ Ὑπέρβολον ἐξελά-
    σαντας,
    κἀπευξαμένους τοῖσι θεοῖσιν   1320
    διδόναι πλοῦτον τοῖς Ἕλλησιν,
    κριθάς τε ποιεῖν ἡμᾶς πολλὰς
    πάντας ὁμοίως οἶνόν τε πολύν,
    σῦκά τε τρώγειν,
    τάς τε γυναῖκας τίκτειν ἡμῖν,   1325
    καὶ τἀγαθὰ πάνθ' ὅσ' ἀπωλέσαμεν
    συλλέξασθαι πάλιν ἐξ ἀρχῆς,
    λῆξαί τ' αἴθωνα σίδηρον.
Τρ. δεῦρ' ὦ γύναι εἰς ἀγρόν,
    χὤπως μετ' ἐμοῦ καλὴ   1330
    καλῶς κατακείσει.

                1305-1310 = 1311-1315

1307 ἐμβάλλετον codd. : corr. Portus   1317 κἀπιχορεύειν V
in ras. : κἀπικελεύειν R Ald.   1318 νυνὶ Kuster : νῦν R Ald. :
om. V

278

ΕΙΡΗΝΗ

HMIXOPION A

    Ὑμὴν Ὑμέναι' ὦ.

HMIXOPION B

    ὦ τρὶς μάκαρ ὡς δικαί-
    ως τἀγαθὰ νῦν ἔχεις.

Ημ.ᵃ   Ὑμὴν Ὑμέναι' ὦ.

Ημ.ᵝ   Ὑμὴν Ὑμέναι' ὦ.   1335

Ημ.ᵃ   τί δράσομεν αὐτήν;

Ημ.ᵝ   τί δράσομεν αὐτήν;

Ημ.ᵃ   τρυγήσομεν αὐτήν,

Ημ.ᵝ   τρυγήσομεν αὐτήν.

Ημ.ᵃ   ἀλλ' ἀράμενοι φέρω-
    μεν οἱ προτεταγμένοι   1340
    τὸν νυμφίον ὦνδρες.

Ημ.ᵝ   Ὑμὴν Ὑμέναι' ὦ,

Ημ.ᵃ   Ὑμὴν Ὑμέναι' ὦ.

Τρ.   οἰκήσετε γοῦν καλῶς
    οὐ πράγματ' ἔχοντες, ἀλ-   1345
    λὰ συκολογοῦντες.

Ημ.ᵝ   Ὑμὴν Ὑμέναι' ὦ,

Ημ.ᵃ   Ὑμὴν Ὑμέναι' ὦ.

Ημ.ᵝ   τοῦ μὲν μέγα καὶ παχύ.

Ημ.ᵃ   τῆς δ' ἡδὺ τὸ σῦκον.   1350

Τρ.   φήσεις γ' ὅταν ἐσθίῃς
    οἶνόν τε πίῃς πολύν.

Χο.   Ὑμὴν Ὑμέναι' ὦ,
    Ὑμὴν Ὑμέναι' ὦ.

Τρ.   ὦ χαίρετε χαίρετ' ἄν-   1355
    δρες, κἂν ξυνέπησθέ μοι
    πλακοῦντας ἔδεσθε.

1332-1350 hemichoriis vices sicut apud V extant tribuimus
1336-9 secl. Dawes (cf. schol.)   1340 προστεταγμένοι codd. : corr.
Bentl.

ΟΡΝΙΘΕΣ

ΥΠΟΘΕΣΕΙΣ

I

Δύο εἰσὶν Ἀθήνηθεν ἐκκεχωρηκότες πρεσβῦται διὰ τὰς δίκας. πορεύονται δὲ πρὸς τὸν Τηρέα ἔποπα γενόμενον, πευσόμενοι παρ' αὐτοῦ ποία ἐστὶ πόλις εἰς κατοικισμὸν βελτίστη. χρῶνται δὲ τῆς ὁδοῦ καθηγεμόσιν ὀρνέοις ὁ μὲν κορώνῃ ὁ δὲ κολοιῷ. ὀνομάζονται δὲ ὁ μὲν Πεισθέταιρος ὁ δὲ Εὐελπίδης, ὃς καὶ πρότερος ἄρχεται. ἡ σκηνὴ ἐν Ἀθήναις. τὸ 5 δρᾶμα τοῦτο τῶν ἄγαν δυνατῶς πεποιημένων.

ἐδιδάχθη ἐπὶ Χαβρίου διὰ Καλλιστράτου ἐν ἄστει, ὃς ἦν δεύτερος τοῖς Ὄρνισι, πρῶτος Ἀμειψίας Κωμασταῖς, τρίτος Φρύνιχος Μονοτρόπῳ. ἔστι δὲ λέ. φοβερὰ δὲ τότε τοῖς Ἀθηναίοις τὰ πράγματα. τό τε γὰρ ναυτικὸν ἀπώλετο περὶ Σικελίαν, Λάμαχος οὐκ ἔτι ἦν, 10 Νικίας ἐτεθνήκει, Δεκέλειαν ἦσαν τειχίσαντες Λακεδαιμόνιοι, Ἆγις ὁ Λακεδαιμονίων στρατηγὸς περιεκάθητο τὴν Ἀττικήν, Ἀλκιβιάδης τὰ Λακεδαιμονίων ἐφρόνει καὶ ἐκκλησιάζων συνεβούλευε τὰ χρηστὰ Λακεδαιμονίοις. ταῦτα αἱ Ἀθηναίων συμφοραί, διὰ ταῦτα αἱ Ἀθηναίων φυγαί. καὶ ὅμως οὐκ ἀπείχοντο τοῦ κακοπραγμονεῖν καὶ συκοφαντεῖν. 15

II

Τῆς τῶν Ἀθηναίων πολιτείας τὸ μέγιστον ἦν κλέος αὐτόχθοσι γενέσθαι, καὶ αὕτη φιλοτιμία πρώτη τὸ μηδέπω μηδεμιᾶς πόλεως φανείσης αὐτὴν πρῶτον ἀναβλαστῆσαι. ἀλλὰ τῷ χρόνῳ ὑπὸ προεστώτων πονηρῶν καὶ πολιτῶν δυσχερῶν ἀνετέτραπτο, καὶ διωρθοῦτο πάλιν. ἐπὶ οὖν τοῦ Δεκελεικοῦ πολέμου, πονηρῶν τινῶν τὰ πράγματα 20 ἐγχειρισθέντων, ἐπισφαλὴς γέγονεν ἡ παρ' αὐτῶν κατάστασις. καὶ ἐν μὲν ἄλλοις δράμασι διὰ τῆς κωμῳδικῆς ἀδείας ἤλεγχεν Ἀριστοφάνης τοὺς κακῶς πολιτευομένους, φανερῶς μὲν οὐδαμῶς (οὐ γὰρ ἐπὶ τούτου ἦν),

Ὑπόθεσις I 9 ἔστι δὲ λέ' Ald. V : om. R   13 συνεβουλεύσατο Ald.
II 20 ἐπὶ Kuster : ἐπεὶ R V Ald.   23 post ἦν add. ἐκκλησία R V :
παρρησία Dind.

λεληθότως δέ, ὅσον ἀνῆκεν ἀπὸ κωμῳδίας προσκρούειν. ἐν δὲ τοῖς
Ὄρνισι καὶ μέγα τι διανενόηται. ὡς γὰρ ἀδιόρθωτον ἤδη νόσον τῆς
πολιτείας νοσούσης καὶ διεφθαρμένης ὑπὸ τῶν προεστώτων, ἄλλην τινὰ
πολιτείαν αἰνίττεται καὶ προεστῶτας ἑτέρους, ὡσανεὶ τῶν ὄντων κακῶν
5 καθεστώτων· οὐ μόνον δὲ τοῦτο, ἀλλὰ καὶ τὸ σχῆμα ὅλον καὶ τὴν φύσιν,
εἰ δέοι, συμβουλεύει μετατίθεσθαι πρὸς τὸ ἠρεμαίως βιοῦν. καὶ ἡ μὲν
ἀπότασις αὕτη. τὰ δὲ κατὰ θεῶν βλάσφημα ἐπιτηδείως ᾠκονόμηται.
καινῶν γάρ φησι τὴν πόλιν προσδεῖσθαι θεῶν, ἀφροντιστούντων τῆς
κατοικίας Ἀθηνῶν τῶν ὄντων καὶ παντελῶς ἠλλοτριωκότων αὐτοὺς τῆς
10 χώρας. ἀλλ᾽ ὁ μὲν καθόλου στόχος τοιοῦτος. ἕκαστον δὲ τῶν κατὰ μέρος
οὐκ εἰκῇ, ἀλλ᾽ ἄντικρυς Ἀθηναίων καὶ τῶν παρ᾽ αὐτοῖς ἐγχειριζομένων
τὰ κοινὰ ἐλέγχει τὴν φαύλην διάθεσιν, ἐπιθυμίαν ἐγκατασπείρων τοῖς
ἀκούουσιν ἀπαλλαγῆναι τῆς ἐνεστώσης μοχθηρᾶς πολιτείας. ὑποτίθεται
γὰρ περὶ τὸν ἀέρα πολιν, τῆς γῆς ἀπαλλάσσων, ἅμα καὶ βουλὰς καὶ
15 συνόδους ὀρνίθων, ταῖς Ἀθηναίων δυσχεραίνων. ἀλλὰ καὶ ὅσα παίζει,
ἐπίσκοπον ἢ ψηφισματογράφον ἢ τοὺς λοιποὺς εἰσάγων, οὐχ ἁπλῶς,
ἀλλὰ γυμνοῖ τὰς πάντων προαιρέσεις, ὡς αἰσχροκερδείας ἕνεκεν χρη-
ματίζονται. εἶθ᾽ ὕστερον καὶ τὸ θεῖον εἰς ἀπρονοησίαν κωμῳδεῖ.

τὰ δὲ ὀνόματα τῶν γερόντων πεποίηται ὡς εἰ πεποιθοίη ἕτερος τῷ
20 ἑτέρῳ καὶ ἐλπίζοι ἔσεσθαι ἐν βελτίοσι. τινὲς δέ φασι τὸν ποιητὴν τὰς
ἐν ταῖς τραγῳδίαις τερατολογίας ἐν μὲν ἄλλοις διελέγχειν, ἐν δὲ τοῖς
νῦν τὴν τῆς γιγαντομαχίας συμπλοκὴν ἔωλον ἀποφαίνων ὄρνισιν ἔδωκε
διαφέρεσθαι πρὸς θεοὺς περὶ τῆς ἀρχῆς.

ἐπὶ Χαβρίου τὸ δρᾶμα καθῆκεν εἰς ἄστυ διὰ Καλλιστράτου· εἰς δὲ
25 Λήναια τὸν Ἀμφιάραον ἐδίδαξε διὰ Φιλωνίδου. λάβοι δ᾽ ἄν τις τοὺς
χρόνους ἐκ τῶν πέρυσι γενομένων ἐπὶ Ἀριμνήστου τοῦ πρὸ Χαβρίου.
Ἀθηναῖοι γὰρ πέμπουσι τὴν Σαλαμινίαν, τὸν Ἀλκιβιάδην μεταστελ-
λόμενοι ἐπὶ κρίσει τῆς τῶν μυστηρίων ἐκμιμήσεως. ὁ δὲ ἄχρι μὲν
Θουρίου εἵπετο τοῖς μεθήκουσιν, ἐκεῖθεν δὲ δρασμὸν ποιησάμενος εἰς
30 Πελοπόννησον ἐπεραιώθη. τῆς δὲ μετακλήσεως μέμνηται καὶ Ἀριστο-
φάνης, ἀποκρύπτων μὲν τὸ ὄνομα, τὸ δὲ πρᾶγμα δηλῶν ἐν οἷς γέ φησι,

μηδαμῶς
ἡμῖν παρὰ ⟨τὴν⟩ θάλατταν, ἵν᾽ ἀνακύψεται
κλητὴρ ἄγουσ᾽ ἕωθεν ἡ Σαλαμινία.

3-5 ἄλλην . . . καθεστώτων om. R   4 καὶ προεστῶτας ἑτέρους om. A
τῶν ὄντων κακῶν] συγκεχυμένων τῶν A   9 Ἀθηνῶν Brunck : Ἀθη-
ναίων codd.   τῶν ὄντων om. R   10 στόχος Dobr. : στίχος codd.
14 ἅμα Mein. : ἀλλὰ codd.   19 ὁ ἕτερος τῷ ἑταίρῳ καὶ ὃς ἐλπίζοι
Mein. : Πεισθέταιρος τῷ ἑταίρῳ καὶ Εὐελπίδης ἐλπίζοι Rutherford

III

Δύο πρεσβῦται Ἀθηναίων Πεισθέταιρος καὶ Εὔελπις τὴν συκοφαντίαν φεύγοντες τὴν Ἀθήνησιν μετανίστασθαι δοκιμάζουσι, καὶ κολοιὸν καὶ κορώνην πριάμενοι παραγίνονται πρὸς ὄρνιθας τῆς παρ' αὐτοῖς ἐπιθυμοῦντες διαγωγῆς. οἱ δὲ ὄρνιθες τὸ μὲν πρῶτον ἀρνεῖσθαί φασιν, εἰ μετὰ ἀνθρώπων πολεμίων ὄντων οἰκήσουσι· μαθόντες δὲ 5 ὕστερον ἃ ὠφεληθήσονται, συγχωροῦσι μένειν αὐτούς· οἱ δὲ πάλιν κτίσαντες ἐν τῷ ἀέρι Νεφελοκοκκυγίαν ὠνόμασαν· ἀλλ' οὐδὲ ταύτην ἀνενόχλητον ἐῶσιν οἱ Ἀθηναῖοι. μάντεις γὰρ καὶ χρησμολόγοι φοιτῶσι λαβεῖν τι βουλόμενοι, ἐν οἷς καὶ Μέτων. οὗτοι δὲ πάντες ἀποπέμπονται ἄπρακτοι. τελευταῖον δὲ καὶ θεοὶ διὰ τὸ μὴ ἐᾶσθαι τὸν 10 καπνὸν τῶν ἱερείων ἀνιέναι λιμῷ φθειρόμενοι πρεσβεύονται πρὸς τοὺς ὄρνιθας. ὁ δὲ σκοπὸς τοῦ δράματος διασῦραι πάλιν τοὺς Ἀθηναίους ὡς φιλοδίκους. ἡ δὲ σκηνὴ ἐν πέτραις καὶ ὀρνέοις. ἐγράφη δὲ μετὰ τὸ Ἀλκιβιάδην ὑπὸ τῆς Σαλαμινίας νεὼς μεταπεμφθῆναι διὰ τὴν περικοπὴν τῶν Ἑρμῶν καὶ φυγεῖν εἰς Λακεδαίμονα. 15

IV

ΑΡΙΣΤΟΦΑΝΟΥΣ ΓΡΑΜΜΑΤΙΚΟΥ

Διὰ τὰς δίκας φεύγουσιν Ἀθήνας δύο τινές,
οἱ πρὸς τὸν ἔποπα τὸν λεγόμενον Τηρέα
ἐλθόντες ἠρώτων ἀπραγμόνων πόλιν.
εἷς δ' ὄρνις ἔποπι συμπαρὼν μετὰ πλειόνων
πτηνῶν διδάσκει τί δύνατ' ὀρνίθων γένος,   20
καὶ πῶς, ἐάνπερ κατὰ μέσον τὸν ἀέρα
πόλιν κτίσωσι, τῶν θεῶν τὰ πράγματα
αὐτοὶ παραλήψοντ'. ἐκ δὲ τοῦδε φάρμακον
πτέρυγάς τ' ἐποίουν· ἠξίωσαν δ' οἱ θεοί,
ἐπίθεσιν οὐ μικρὰν ὁρῶντες γενομένην.   25

III habent V Ald. : om. R

ΤΑ ΤΟΥ ΔΡΑΜΑΤΟΣ ΠΡΟΣΩΠΑ

ΕΥΕΛΠΙΔΗΣ	ΨΗΦΙΣΜΑΤΟΠΩΛΗΣ
ΠΙΣΘΕΤΑΙΡΟΣ	ΑΓΓΕΛΟΙ
ΘΕΡΑΠΩΝ ΕΠΟΠΟΣ	ΙΡΙΣ
ΕΠΟΨ	ΠΑΤΡΑΛΟΙΑΣ
ΧΟΡΟΣ ΟΡΝΙΘΩΝ	ΚΙΝΗΣΙΑΣ ΔΙΘΥΡΑΜΒΟ-
ΟΡΝΙΣ ΤΙΣ	ΠΟΙΟΣ
ΚΗΡΥΞ	ΣΥΚΟΦΑΝΤΗΣ
ΙΕΡΕΥΣ	ΠΡΟΜΗΘΕΥΣ
ΠΟΙΗΤΗΣ	ΠΟΣΕΙΔΩΝ
ΧΡΗΣΜΟΛΟΓΟΣ	ΤΡΙΒΑΛΛΟΣ
ΜΕΤΩΝ ΓΕΩΜΕΤΡΗΣ	ΗΡΑΚΛΗΣ
ΕΠΙΣΚΟΠΟΣ	

ΟΡΝΙΘΕΣ

ΕΥΕΛΠΙΔΗΣ
Ὀρθὴν κελεύεις, ᾗ τὸ δένδρον φαίνεται;

ΠΙΣΘΕΤΑΙΡΟΣ
διαρραγείης· ἥδε δ' αὖ κρώζει πάλιν.

Ευ. τί ὦ πόνηρ' ἄνω κάτω πλανύττομεν;
ἀπολούμεθ' ἄλλως τὴν ὁδὸν προφορουμένω.

Πι. τὸ δ' ἐμὲ κορώνῃ πειθόμενον τὸν ἄθλιον   5
ὁδοῦ περιελθεῖν στάδια πλεῖν ἢ χίλια.

Ευ. τὸ δ' ἐμὲ κολοιῷ πειθόμενον τὸν δύσμορον
ἀποσποδῆσαι τοὺς ὄνυχας τῶν δακτύλων.

Πι. ἀλλ' οὐδ' ὅπου γῆς ἐσμὲν οἶδ' ἔγωγ' ἔτι.

Ευ. ἐντευθενὶ τὴν πατρίδ' ἂν ἐξεύροις σύ που;   10

Πι. οὐδ' ἂν μὰ Δία γ' ἐντεῦθεν Ἐξηκεστίδης.

Ευ. οἴμοι.   Πι.   σὺ μὲν ὦ τᾶν τὴν ὁδὸν ταύτην ἴθι.

Ευ. ἦ δεινὰ νὼ δέδρακεν οὐκ τῶν ὀρνέων,
ὁ πινακοπώλης Φιλοκράτης μελαγχολῶν,
ὃς τώδ' ἔφασκε νῷν φράσειν τὸν Τηρέα   15
τὸν ἔποφ' ὃς ὄρνις ἐγένετ' ἐκ τῶν ὀρνέων·
κἀπέδοτο τὸν μὲν Θαρρελείδου τουτονὶ
κολοιὸν ὀβολοῦ, τηνδεδὶ τριωβόλου.
τὼ δ' οὐκ ἄρ' ἤστην οὐδὲν ἄλλο πλὴν δάκνειν.

Codd. hos citavimus: R V A Γ, et B C cum aliud atque Aldina tradunt
2 et identidem πεισθέταιρος codd. : corr. Mein.   9 ὅπου Dawes :
ποῖ R V A Ald. : ποῦ C : πῆ B   16 secl. Cobet   17 Θαρραλείδου
Lobeck   19 ἤστην Pors. ex Et. Mag. : ἤστην V A Ald. : ἥστιν R :
ἐστὸν B : ἴστην v. l. ap. schol.

καὶ νῦν τί κέχηνας; ἔσθ' ὅποι κατὰ τῶν πετρῶν   20
ἡμᾶς ἔτ' ἄξεις.   οὐ γάρ ἐστ' ἐνταῦθά τις
ὁδός.   Πι.   οὐδὲ μὰ Δί' ἐνταῦθά γ' ἀτραπὸς οὐδαμοῦ.
Ευ. οὐδ' ἡ κορώνη τῆς ὁδοῦ τι λέγει πέρι;
Πι. οὐ ταὐτὰ κρώζει μὰ Δία νῦν τε καὶ τότε.
Ευ. τί δὴ λέγει περὶ τῆς ὁδοῦ;   Πι.   τί δ' ἄλλο γ' ἢ
βρύκουσ' ἀπέδεσθαί φησί μου τοὺς δακτύλους;   26
Ευ. οὐ δεινὸν οὖν δῆτ' ἐστὶν ἡμᾶς δεομένους
ἐς κόρακας ἐλθεῖν καὶ παρεσκευασμένους
ἔπειτα μὴ 'ξευρεῖν δύνασθαι τὴν ὁδόν;
ἡμεῖς γάρ, ὦνδρες οἱ παρόντες ἐν λόγῳ,   30
νόσον νοσοῦμεν τὴν ἐναντίαν Σάκᾳ·
ὁ μὲν γὰρ ὢν οὐκ ἀστὸς ἐσβιάζεται,
ἡμεῖς δὲ φυλῇ καὶ γένει τιμώμενοι,
ἀστοὶ μετ' ἀστῶν, οὐ σοβοῦντος οὐδενὸς
ἀνεπτόμεσθ' ἐκ τῆς πατρίδος ἀμφοῖν ποδοῖν,   35
αὐτὴν μὲν οὐ μισοῦντ' ἐκείνην τὴν πόλιν
τὸ μὴ οὐ μεγάλην εἶναι φύσει κεὐδαίμονα
καὶ πᾶσι κοινὴν ἐναποτεῖσαι χρήματα.
οἱ μὲν γὰρ οὖν τέττιγες ἕνα μῆν' ἢ δύο
ἐπὶ τῶν κραδῶν ᾄδουσ', Ἀθηναῖοι δ' ἀεὶ   40
ἐπὶ τῶν δικῶν ᾄδουσι πάντα τὸν βίον.
διὰ ταῦτα τόνδε τὸν βάδον βαδίζομεν,
κανοῦν δ' ἔχοντε καὶ χύτραν καὶ μυρρίνας
πλανώμεθα ζητοῦντε τόπον ἀπράγμονα,
ὅποι καθιδρυθέντε διαγενοίμεθ' ἄν.   45
ὁ δὲ στόλος νῷν ἐστι παρὰ τὸν Τηρέα
τὸν ἔποπα, παρ' ἐκείνου πυθέσθαι δεομένω,
εἴ που τοιαύτην εἶδε πόλιν ᾗ 'πέπτετο.
Πι. οὗτος.   Ευ. τί ἔστιν;   Πι. ἡ κορώνη μοι πάλαι
ἄνω τι φράζει.   Ευ. χὠ κολοιὸς οὑτοσὶ   50

23 οὐδ' V Ald. : ἤδ' R A Γ : τί δ' (om. τι) Cobet   45 ὅποι] ὅπῃ B :
ὅπου lemm. schol. Ven.   46 παρὰ] πρὸς A   48 εἶδε] οἶδε A   ᾗ] ἢ
Tyrwhitt

ἄνω κέχηνεν ὡσπερεὶ δεικνύς τί μοι,
κοὐκ ἔσθ' ὅπως οὐκ ἔστιν ἐνταῦθ' ὄρνεα.
εἰσόμεθα δ' αὐτίκ', ἢν ποιήσωμεν ψόφον.
Πι. ἀλλ' οἶσθ' ὃ δρᾶσον; τῷ σκέλει θένε τὴν πέτραν.
Ευ. σὺ δὲ τῇ κεφαλῇ γ', ἵν' ᾖ διπλάσιος ὁ ψόφος.   55
Πι. σὺ δ' οὖν λίθῳ κόψον λαβών.   Ευ. πάνυ γ', εἰ δοκεῖ.
παῖ παῖ.   Πι. τί λέγεις οὗτος; τὸν ἔποπα παῖ καλεῖς;
οὐκ ἀντὶ τοῦ παιδός ⟨σ'⟩ ἐχρῆν ἐποποῖ καλεῖν;
Ευ. ἐποποῖ.   ποιήσεις ἔτι με κόπτειν αὖθις αὖ.
ἐποποῖ.

ΘΕΡΑΠΩΝ ΕΠΟΠΟΣ
               τίνες οὗτοι; τίς ὁ βοῶν τὸν δεσπότην;   60
Ευ. Ἄπολλον ἀποτρόπαιε τοῦ χασμήματος.
Θε. οἴμοι τάλας ὀρνιθοθήρα τουτωί.
Ευ. οὕτως τι δεινὸν οὐδὲ κάλλιον λέγειν.
Θε. ἀπολεῖσθον.   Ευ. ἀλλ' οὐκ ἐσμὲν ἀνθρώπω.
     Θε. τί δαί;
Ευ. Ὑποδεδιὼς ἔγωγε Λιβυκὸν ὄρνεον.   65
Θε. οὐδὲν λέγεις.   Ευ. καὶ μὴν ἐροῦ τὰ πρὸς ποδῶν.
Θε. ὁδὶ δὲ δὴ τίς ἐστιν ὄρνις; οὐκ ἐρεῖς;
Πι. Ἐπικεχοδὼς ἔγωγε Φασιανικός.
Ευ. ἀτὰρ σὺ τί θηρίον ποτ' εἶ πρὸς τῶν θεῶν;
Θε. ὄρνις ἔγωγε δοῦλος.   Ευ. ἡττήθης τινὸς   70
ἀλεκτρυόνος;   Θε. οὐκ ἀλλ' ὅτε περ ὁ δεσπότης
ἔποψ ἐγένετο, τότε γενέσθαι μ' ηὔξατο
ὄρνιν, ἵν' ἀκόλουθον διάκονόν τ' ἔχῃ.
Ευ. δεῖται γὰρ ὄρνις καὶ διακόνου τινός;
Θε. οὗτός γ', ἅτ' οἶμαι πρότερον ἄνθρωπός ποτ' ὤν,   75
τοτὲ μὲν ἐρᾷ φαγεῖν ἀφύας Φαληρικάς·
τρέχω 'π' ἀφύας λαβὼν ἐγὼ τὸ τρύβλιον.
ἔτνους δ' ἐπιθυμεῖ, δεῖ τορύνης καὶ χύτρας·

58 σ' add. Beck   59 om. R   ἔτι B : τί Ald. : τοί V A
61 Εὐ.] πεισθ. R   63 οὕτως τι A : οὕτω 'στι R V Ald.   69 ἀτὰρ
R : ἀλλὰ vulg.   78 δεῖ] δεῖ τε B

τρέχω 'πὶ τορύνην.   Ευ.   τροχίλος ὄρνις οὑτοσί.
οἶσθ' οὖν ὃ δρᾶσον ὦ τροχίλε; τὸν δεσπότην   80
ἡμῖν κάλεσον.   Θε.   ἀλλ' ἀρτίως νὴ τὸν Δία
εὕδει καταφαγὼν μύρτα καὶ σέρφους τινάς.
Ευ. ὅμως ἐπέγειρον αὐτόν.   Θε.   οἶδα μὲν σαφῶς
ὅτι ἀχθέσεται, σφῷν δ' αὐτὸν οὕνεκ' ἐπεγερῶ.
Πι. κακῶς σύ γ' ἀπόλοι', ὥς μ' ἀπέκτεινας δέει.   85
Ευ. οἴμοι κακοδαίμων χὡ κολοιός μοίχεται
ὑπὸ τοῦ δέους.   Πι.   ὦ δειλότατον σὺ θηρίον,
δείσας ἀφῆκας τὸν κολοιόν;   Ευ.   εἰπέ μοι,
σὺ δὲ τὴν κορώνην οὐκ ἀφῆκας καταπεσών;
Πι. μὰ Δί' οὐκ ἔγωγε.   Ευ.   ποῦ γάρ ἐστ';   Πι.   ἀπ-
        έπτετο.   90
Ευ. οὐκ ἆρ' ἀφῆκας; ὦγάθ' ὡς ἀνδρεῖος εἶ.

ΕΠΟΨ

ἄνοιγε τὴν ὕλην, ἵν' ἐξέλθω ποτέ.
Ευ. ὦ Ἡράκλεις τουτὶ τί ποτ' ἐστὶ τὸ θηρίον;
τίς ἡ πτέρωσις; τίς ὁ τρόπος τῆς τριλοφίας;
Επ. τίνες εἰσί μ' οἱ ζητοῦντες;   Ευ.   οἱ δώδεκα θεοὶ 95
εἴξασιν ἐπιτρῖψαί σε.   Επ.   μῶν με σκώπτετον
ὁρῶντε τὴν πτέρωσιν; ἢν γὰρ ὦ ξένοι
ἄνθρωπος.   Ευ.   οὐ σοῦ καταγελῶμεν.   Επ.   ἀλλὰ
        τοῦ;
Ευ. τὸ ῥάμφος ἡμῖν σου γέλοιον φαίνεται.
Επ. τοιαῦτα μέντοι Σοφοκλέης λυμαίνεται   100
ἐν ταῖς τραγῳδίαισιν ἐμὲ τὸν Τηρέα.
Ευ. Τηρεὺς γὰρ εἶ σύ; πότερον ὄρνις ἢ ταῶς;
Επ. ὄρνις ἔγωγε.   Ευ.   κᾆτά σοι ποῦ τὰ πτερά;
Επ. ἐξερρύηκε.   Ευ.   πότερον ὑπὸ νόσου τινός;
Επ. οὔκ, ἀλλὰ τὸν χειμῶνα πάντα τὠρνεα   105
πτερορρυεῖ τε καὖθις ἕτερα φύομεν.

87 θηρίων R C   93 τὸ om. A Ald.   97 ἢν] ἢ Choeroboscus,
Bekk. Anecd. p. 1379   106 πτερορρυεῖται A : πτερορρυοῦμεν Cobet

290

ΟΡΝΙΘΕΣ

ἀλλ' εἴπατόν μοι σφὼ τίν' ἐστόν;   Ευ. νώ; βροτώ.

Επ. ποδαπὼ τὸ γένος;   Ευ. ὅθεν αἱ τριήρεις αἱ καλαί.

Επ. μῶν ἡλιαστά;   Ευ. μἀλλὰ θατέρου τρόπου,

ἀπηλιαστά.   Επ. σπείρεται γὰρ τοῦτ' ἐκεῖ   110

τὸ σπέρμ';   Ευ. ὀλίγον ζητῶν ἂν ἐξ ἀγροῦ λάβοις.

Επ. πράγους δὲ δὴ τοῦ δεομένω δεῦρ' ἤλθετον;

Ευ. σοὶ ξυγγενέσθαι βουλομένω.   Επ. τίνος πέρι;

Ευ. ὅτι πρῶτα μὲν ἦσθ' ἄνθρωπος ὥσπερ νὼ ποτέ,

κἀργύριον ὠφείλησας ὥσπερ νὼ ποτέ,   115

κοὐκ ἀποδιδοὺς ἔχαιρες ὥσπερ νὼ ποτέ·

εἶτ' αὖθις ὀρνίθων μεταλλάξας φύσιν

καὶ γῆν ἐπέπτου καὶ θάλατταν ἐν κύκλῳ,

καὶ πάνθ' ὅσαπερ ἄνθρωπος ὅσα τ' ὄρνις φρονεῖς·

ταῦτ' οὖν ἱκέται νὼ πρὸς σὲ δεῦρ' ἀφίγμεθα,   120

εἴ τινα πόλιν φράσειας ἡμῖν εὔερον

ὥσπερ σισύραν ἐγκατακλινῆναι μαλθακήν.

Επ. ἔπειτα μείζω τῶν Κραναῶν ζητεῖς πόλιν;

Ευ. μείζω μὲν οὐδέν, προσφορωτέραν δὲ νῷν.

Επ. ἀριστοκρατεῖσθαι δῆλος εἶ ζητῶν.   Ευ. ἐγώ;   125

ἥκιστα· καὶ ⟨γὰρ⟩ τὸν Σκελίου βδελύττομαι.

Επ. ποίαν τιν' οὖν ἥδιστ' ἂν οἰκοῖτ' ἂν πόλιν;

Ευ. ὅπου τὰ μέγιστα πράγματ' εἴη τοιάδε·

ἐπὶ τὴν θύραν μου πρῴ τις ἐλθὼν τῶν φίλων

λέγοι ταδί· ' πρὸς τοῦ Διὸς τοὐλυμπίου   130

ὅπως παρέσει μοι καὶ σὺ καὶ τὰ παιδία

λουσάμενα πρῴ· μέλλω γὰρ ἑστιᾶν γάμους·

καὶ μηδαμῶς ἄλλως ποιήσῃς· εἰ δὲ μή,

μή μοι τότε γ' ἔλθῃς, ὅταν ἐγὼ πράττω κακῶς.'

Επ. νὴ Δία ταλαιπώρων γε πραγμάτων ἐρᾷς.   135

109 τρόπου] γένους (γρ. τρόπου) V   112 δὴ τοῦ] τοῦ δὴ A
118 ἐπέπτου καὶ Pors. : ἐπέτου καὶ τὴν codd.   122 ἐγκατακλινῆναι
R et schol. : ἐγκατακλιθῆναι V et vulg.   126 καὶ τὸν Σκελλίου codd. :
corr. Kirchhoff   129 πρῴ τις ἐλθὼν Ald. : πρώτιστ' ἐλθὼν R : πρώι
εἰσελθὼν V : πρῶι ἐλθὼν A   134 τότε γ'] ποτ' Suid.

τί δαὶ σύ; Πι. τοιούτων ἐρῶ κἀγώ.   Επ. τίνων;

Πι. ὅπου ξυναντῶν μοι ταδί τις μέμψεται
ὥσπερ ἀδικηθεὶς παιδὸς ὡραίου πατήρ·
' καλῶς γέ μου τὸν υἱὸν ὦ Στιλβωνίδη
εὑρὼν ἀπιόντ' ἀπὸ γυμνασίου λελουμένον   140
οὐκ ἔκυσας, οὐ προσεῖπας, οὐ προσηγάγου,
οὐκ ὠρχιπέδισας, ὢν ἐμοὶ πατρικὸς φίλος.'
Επ. ὦ δειλακρίων σὺ τῶν κακῶν οἵων ἐρᾷς.
ἀτὰρ ἔστι γ' ὁποίαν λέγετον εὐδαίμων πόλις
παρὰ τὴν ἐρυθρὰν θάλατταν.   Ευ. οἴμοι μηδαμῶς   145
ἡμῖν παρὰ τὴν θάλατταν, ἵν' ἀνακύψεται
κλητῆρ' ἄγουσ' ἕωθεν ἡ Σαλαμινία.
Ἑλληνικὴν δὲ πόλιν ἔχεις ἡμῖν φράσαι;
Επ. τί οὐ τὸν Ἠλεῖον Λέπρεον οἰκίζετον
ἐλθόνθ';   Ευ. ὁτιὴ νὴ τοὺς θεοὺς ὅσ' οὐκ ἰδὼν
βδελύττομαι τὸν Λέπρεον ἀπὸ Μελανθίου.   151
Επ. ἀλλ' εἰσὶν ἕτεροι τῆς Λοκρίδος Ὀπούντιοι,
ἵνα χρὴ κατοικεῖν.   Ευ. ἀλλ' ἔγωγ' Ὀπούντιος
οὐκ ἂν γενοίμην ἐπὶ ταλάντῳ χρυσίου.
οὗτος δὲ δὴ τίς ἔσθ' ὁ μετ' ὀρνίθων βίος;   155
σὺ γὰρ οἶσθ' ἀκριβῶς.   Επ. οὐκ ἄχαρις ἐς τὴν τριβήν·
οὗ πρῶτα μὲν δεῖ ζῆν ἄνευ βαλλαντίου.
Ευ. πολλήν γ' ἀφεῖλες τοῦ βίου κιβδηλίαν.
Επ. νεμόμεσθα δ' ἐν κήποις τὰ λευκὰ σήσαμα
καὶ μύρτα καὶ μήκωνα καὶ σισύμβρια.   160
Ευ. ὑμεῖς μὲν ἄρα ζῆτε νυμφίων βίον.
Πι. φεῦ φεῦ·
ἦ μέγ' ἐνορῶ βούλευμ' ἐν ὀρνίθων γένει,
καὶ δύναμιν ἣ γένοιτ' ἄν, εἰ πίθοισθέ μοι.
Επ. τί σοι πιθώμεσθ';   Πι. ὅ τι πίθησθε; πρῶτα μὲν

142 ὠρχιπέδησας codd. : corr. L. Dindorf   150 ὁτιή; Halbertsma
ὅσ' Bothe : ὃς codd.   163 ἣ] ᾖ Dobr.   πίθοισθε Dawes : πεί-
θεσθαι R : πείθεσθε vulg. : πείθοισθε Junt. 2   164 πίθησθε Dawes :
πείθοισθε R : πίθοισθε vulg.

μὴ περιπέτεσθε πανταχῇ κεχηνότες·   165
ὡς τοῦτ᾽ ἄτιμον τοὔργον ἐστίν. αὐτίκα
ἐκεῖ παρ᾽ ἡμῖν τοὺς πετομένους ἢν ἔρῃ,
'τίς ὄρνις οὗτος;' ὁ Τελέας ἐρεῖ ταδί·
'ἄνθρωπος ὄρνις ἀστάθμητος πετόμενος,
ἀτέκμαρτος, οὐδὲν οὐδέποτ᾽ ἐν ταὐτῷ μένων.'   170
Επ. νὴ τὸν Διόνυσον εὖ γε μωμᾷ ταυταγί.
τί ἂν οὖν ποιοῖμεν;   Πι. οἰκίσατε μίαν πόλιν.
Επ. ποίαν δ᾽ ἂν οἰκίσαιμεν ὄρνιθες πόλιν;
Πι. ἄληθες; ὦ σκαιότατον εἰρηκὼς ἔπος,
βλέψον κάτω.   Επ. καὶ δὴ βλέπω.   Πι. βλέπε
νῦν ἄνω.   175
Επ. βλέπω.   Πι. περίαγε τὸν τράχηλον.   Επ. νὴ Δία
ἀπολαύσομαί τί γ᾽, εἰ διαστραφήσομαι.
Πι. εἶδές τι;   Επ. τὰς νεφέλας γε καὶ τὸν οὐρανόν.
Πι. οὐχ οὗτος οὖν δήπου 'στὶν ὀρνίθων πόλος;
Επ. πόλος; τίνα τρόπον;   Πι. ὥσπερ ⟨ἂν⟩ εἴποι τις
τόπος.   180
ὅτι δὲ πολεῖται τοῦτο καὶ διέρχεται
ἅπαντα διὰ τούτου, καλεῖται νῦν πόλος.
ἢν δ᾽ οἰκίσητε τοῦτο καὶ φάρξηθ᾽ ἅπαξ,
ἐκ τοῦ πόλου τούτου κεκλήσεται πόλις.
ὥστ᾽ ἄρξετ᾽ ἀνθρώπων μὲν ὥσπερ παρνόπων,   185
τοὺς δ᾽ αὖ θεοὺς ἀπολεῖτε λιμῷ Μηλίῳ.
Επ. πῶς;   Πι. ἐν μέσῳ δήπουθεν ἀήρ ἐστι γῆς.
εἶθ᾽ ὥσπερ ἡμεῖς, ἢν ἰέναι βουλώμεθα
Πυθώδε, Βοιωτοὺς δίοδον αἰτούμεθα,
οὕτως, ὅταν θύσωσιν ἄνθρωποι θεοῖς,   190
ἢν μὴ φόρον φέρωσιν ὑμῖν οἱ θεοί,

168 ὄρνις οὗτος] οὗτος ὄρνις Ald. : ἐστιν οὗτος Herm.   172 τί οὖν
ποιῶμεν Cobet   177 τί γ᾽ Ald. : γ᾽ VA : δ᾽ R : τι δ᾽ Reisig
180 ἂν add. Dobr   ὥσπερ εἰ λέγοις τόπος Cobet   181–2 eicit Cobet
182 τούτου Dind. : τοῦτό γε Ald. : τοῦτο codd.   183 ἅπαξ] ἅπανθ᾽ R
191 ὑμῖν] ἡμῖν R V

[διὰ τῆς πόλεως τῆς ἀλλοτρίας καὶ τοῦ χάους]
τῶν μηρίων τὴν κνῖσαν οὐ διαφρήσετε.

Επ. ἰοὺ ἰού·
μὰ γῆν μὰ παγίδας μὰ νεφέλας μὰ δίκτυα,
μὴ 'γὼ νόημα κομψότερον ἤκουσά πω·   195
ὥστ' ἂν κατοικίζοιμι μετὰ σοῦ τὴν πόλιν,
εἰ ξυνδοκοίη τοῖσιν ἄλλοις ὀρνέοις.

Πι. τίς ἂν οὖν τὸ πρᾶγμ' αὐτοῖς διηγήσαιτο;   Επ. σύ.
ἐγὼ γὰρ αὐτοὺς βαρβάρους ὄντας πρὸ τοῦ
ἐδίδαξα τὴν φωνήν, ξυνὼν πολὺν χρόνον.   200

Πι. πῶς δῆτ' ἂν αὐτοὺς ξυγκαλέσειας;   Επ. ῥᾳδίως.
δευρὶ γὰρ ἐσβὰς αὐτίκα μάλ' ἐς τὴν λόχμην,
ἔπειτ' ἀνεγείρας τὴν ἐμὴν ἀηδόνα,
καλοῦμεν αὐτούς· οἱ δὲ νῷν τοῦ φθέγματος
ἐάνπερ ἐπακούσωσι θεύσονται δρόμῳ.   205

Πι. ὦ φίλτατ' ὀρνίθων σὺ μή νυν ἔσταθι·
ἀλλ' ἀντιβολῶ σ' ἄγ' ὡς τάχιστ' ἐς τὴν λόχμην
ἔσβαινε κἀνέγειρε τὴν ἀηδόνα.

Επ.   ἄγε σύννομέ μοι παῦσαι μὲν ὕπνου,
λῦσον δὲ νόμους ἱερῶν ὕμνων,   210
οὓς διὰ θείου στόματος θρηνεῖς
τὸν ἐμὸν καὶ σὸν πολύδακρυν Ἴτυν·
ἐλελιζομένης δ' ἱεροῖς μέλεσιν
    γένυος ξουθῆς
καθαρὰ χωρεῖ διὰ φυλλοκόμου   215
μίλακος ἠχὼ πρὸς Διὸς ἕδρας,
ἵν' ὁ χρυσοκόμας Φοῖβος ἀκούων
τοῖς σοῖς ἐλέγοις ἀντιψάλλων
ἐλεφαντόδετον φόρμιγγα θεῶν
ἵστησι χορούς· διὰ δ' ἀθανάτων   220

192 eicit Beck   204 καλοῦμεν] καλοῖμ' ἂν Urbinas et v. l. apud
schol. Rav.   205 ἐπακούσωσι R Ald. : ὑπακούσωσι A (?) : ἀκού-
σωσι V   213 ἐλελιζομένη διεροῖς codd. : corr. Mein.   216 μίλα-
κος V A Ald. : σμίλακος R

ΟΡΝΙΘΕΣ

στομάτων χωρεῖ ξύμφωνος ὁμοῦ
θεία μακάρων ὀλολυγή.
(αὐλεῖ)

Πι. ὦ Ζεῦ βασιλεῦ τοῦ φθέγματος τοὐρνιθίου·
οἷον κατεμελίτωσε τὴν λόχμην ὅλην. 224

Ευ. οὗτος. Πι. τί ἔστιν; οὐ σιωπήσει; Ευ. τί δαί;

Πι. οὔποψ μελῳδεῖν αὖ παρασκευάζεται.

Επ. ἐποποῖ ποποποποποποποῖ,
ἰὼ ἰὼ ἰτὼ ἰτὼ ἰτὼ ἰτώ,
ἴτω τις ὧδε τῶν ἐμῶν ὁμοπτέρων·
ὅσοι τ' εὐσπόρους ἀγροίκων γύας 230
νέμεσθε, φῦλα μυρία κριθοτράγων
σπερμολόγων τε γένη
ταχὺ πετόμενα, μαλθακὴν ἱέντα γῆρυν·
ὅσα τ' ἐν ἄλοκι θαμὰ
βῶλον ἀμφιτιττυβίζεθ' ὧδε λεπτὸν 235
ἡδομένᾳ φωνᾷ·
τιὸ τιὸ τιὸ τιὸ τιὸ τιὸ τιὸ τιό.
ὅσα θ' ὑμῶν κατὰ κήπους ἐπὶ κισσοῦ
κλάδεσι νομὸν ἔχει,
τά τε κατ' ὄρεα τά τε κοτινοτράγα τά τε κομαροφάγα, 240
ἀνύσατε πετόμενα πρὸς ἐμὰν αὐδάν·
τριοτὸ τριοτὸ τοτοβρίξ·
οἵ θ' ἑλείας παρ' αὐλῶνας ὀξυστόμους
ἐμπίδας κάπτεθ', ὅσα τ' εὐδρόσους γῆς τόπους 245
ἔχετε λειμῶνά τ' ἐρόεντα Μαραθῶνος, ὄρ-
νις πτερυγοποίκιλός τ' ἀτταγᾶς ἀτταγᾶς.
ὧν τ' ἐπὶ πόντιον οἶδμα θαλάσσης 250

227 sic V : ἐποποιποί ποποποποιποποί R : alia alii : fortasse ἐποπο-
ποιποποῖ ποποποποποποποῖ ut duo dochmii fiant   235 βῶλον ἀμφι-]
βῶλον ἀμφὶ V   242 αὐδάν R A Ald. : ἀοιδάν V Γ   243 sic R :
τριοττό. τριοττό. τοβρίξ V   244 οἵ] ὅσα Ald   ἑλείας] ἑλείους Γ²
246-8 πτερυγοποίκιλός τ' Wieseler : πτεροποίκιλος codd. : τε πτερυ-
ποίκιλος Ald. : πτερῶν ποικίλος Mein. : fortasse ὄρνε' ἐρόεντα λειμῶνα
Μαραθῶνος ἔχε- | τε πτερυγοποίκιλός τ'

295

φῦλα μετ' ἀλκυόνεσσι ποτῆται,
δεῦρ' ἴτε πευσόμενοι τὰ νεώτερα,
πάντα γὰρ ἐνθάδε φῦλ' ἀθροίζομεν
οἰωνῶν ταναοδείρων.
ἥκει γάρ τις δριμὺς πρέσβυς   255
καινὸς γνώμην
καινῶν τ' ἔργων ἐγχειρητής.
ἀλλ' ἴτ' ἐς λόγους ἅπαντα,
δεῦρο δεῦρο δεῦρο δεῦρο.

ΧΟΡΟΣ ΟΡΝΙΘΩΝ

τοροτοροτοροτοροτίξ.   260
κικκαβαῦ κικκαβαῦ.
τοροτοροτοροτορολιλιλίξ.

Πι. ὁρᾷς τιν' ὄρνιν;   Ευ.   μὰ τὸν Ἀπόλλω 'γὼ μὲν οὔ·
καίτοι κέχηνά γ' ἐς τὸν οὐρανὸν βλέπων.

Πι. ἄλλως ἄρ' οὔποψ, ὡς ἔοικ', ἐς τὴν λόχμην   265
ἐσβὰς ἐπῷζε χαραδριὸν μιμούμενος.

ΟΡΝΙΣ ΤΙΣ

τοροτὶξ τοροτίξ.

Πι. ὦγάθ' ἀλλ' ⟨εἶς⟩ οὑτοσὶ καὶ δή τις ὄρνις ἔρχεται.

Ευ. νὴ Δί' ὄρνις δῆτα.   τίς ποτ' ἐστίν; οὐ δήπου ταῶς;

Πι. οὗτος αὐτὸς νῷν φράσει· τίς ἐστιν ὄρνις οὑτοσί;   270

Επ. οὗτος οὐ τῶν ἠθάδων τῶνδ' ὧν ὁρᾶθ' ὑμεῖς ἀεί,
ἀλλὰ λιμναῖος.   Ευ.   βαβαὶ καλός γε καὶ φοινι-
κιοῦς.

Επ. εἰκότως ⟨γε⟩· καὶ γὰρ ὄνομ' αὐτῷ 'στὶ φοινικόπτερος.

Ευ. οὗτος ὦ σέ τοι.   Πι.   τί βωστρεῖς;   Ευ.   ἕτερος
ὄρνις οὑτοσί.

Πι. νὴ Δί' ἕτερος δῆτα χοὗτος ἔξεδρον χρόαν ἔχων.   275
τίς ποτ' ἔσθ' ὁ μουσόμαντις ἄτοπος ὄρνις ὀρειβάτης;

251 ποτῆται Cobet ex schol. : ποτᾶται vulg.   256 καινὸς γνώμην
om. A   257 τ' ἔργων] ἔργων τ' R V   268 ἀλλ' εἶς nos : ἀλλ'
codd. : ἄλλος Pors.   273 γε add. Köchly   275 χρόαν Suid. et
schol. : χώραν codd.   276 ἀβροβάτης Reisig ex schol. et Suid.

ΟΡΝΙΘΕΣ

Επ. ὄνομα τούτῳ Μῆδός ἐστι.   Πι.   Μῆδος; ὦναξ
    Ἡράκλεις·
    εἶτα πῶς ἄνευ καμήλου Μῆδος ὢν εἰσέπτετο;   278
Ευ. ἕτερος αὖ λόφον κατειληφώς τις ὄρνις οὑτοσί.
Πι. τί τὸ τέρας τουτί ποτ' ἐστίν; οὐ σὺ μόνος ἄρ' ἦσθ' ἔποψ,
    ἀλλὰ χοὗτος ἕτερος;   Επ.   οὑτοσὶ μέν ἐστι Φιλο-
    κλέους
    ἐξ ἔποπος, ἐγὼ δὲ τούτου πάππος, ὥσπερ εἰ λέγοις
    Ἱππόνικος Καλλίου κἀξ Ἱππονίκου Καλλίας.
Πι. Καλλίας ἄρ' οὗτος οὕρνις ἐστίν· ὡς πτεροῤῥυεῖ.
Ευ. ἅτε γὰρ ὢν γενναῖος ὑπό ⟨τε⟩ συκοφαντῶν τίλλεται,
    αἵ τε θήλειαι προσεκτίλλουσιν αὐτοῦ τὰ πτερά.   286
Πι. ὦ Πόσειδον ἕτερος αὖ τις βαπτὸς ὄρνις οὑτοσί.
    τίς ὀνομάζεταί ποθ' οὗτος;   Επ. οὑτοσὶ κατωφαγᾶς.
Πι. ἔστι γὰρ κατωφαγᾶς τις ἄλλος ἢ Κλεώνυμος;
Ευ. πῶς ἂν οὖν Κλεώνυμός γ' ὢν οὐκ ἀπέβαλε τὸν λόφον;   290
Πι. ἀλλὰ μέντοι τίς ποθ' ἡ λόφωσις ἡ τῶν ὀρνέων;
    ἢ 'πὶ τὸν δίαυλον ἦλθον;   Επ. ὥσπερ οἱ Κᾶρες μὲν οὖν
    ἐπὶ λόφων οἰκοῦσιν ὦγάθ' ἀσφαλείας οὕνεκα.
Πι. ὦ Πόσειδον οὐχ ὁρᾷς ὅσον συνείλεκται κακὸν   294
    ὀρνέων;   Ευ. ὦναξ Ἄπολλον τοῦ νέφους. ἰοὺ ἰού,
    οὐδ' ἰδεῖν ἔτ' ἔσθ' ὑπ' αὐτῶν πετομένων τὴν εἴσοδον.
Επ. οὑτοσὶ πέρδιξ, ἐκεινοσί γε νὴ Δί' ἀτταγᾶς,
    οὑτοσὶ δὲ πηνέλοψ, ἐκεινηὶ δέ γ' ἀλκυών.
Πι. τίς γάρ ἐσθ' οὕπισθεν αὐτῆς;   Επ.   ὅστις ἐστί;
    κειρύλος.
Πι. κειρύλος γάρ ἐστιν ὄρνις;   Επ.   οὐ γάρ ἐστι Σπορ-
    γίλος;   300
    χαὐτηί γε γλαῦξ.   Ευ.   τί φής; τίς γλαῦκ' Ἀθή-
    ναζ' ἤγαγεν;

279, 287 invicem transponit Wilamowitz   281 οὑτοσί Blaydes :
οὗτος codd.   285 τε add. Köchly   287 ἕτερος Bentl. : ὡς ἕτερος
codd.   297 γε] δὲ Elmsl.   298 ἐκεινηὶ Leutsch : ἐκεινοσὶ codd.
299-300 κειρύλος Urbinas et v. l. apud schol. : κιρύλος A : κηρύλος vulg.

ΑΡΙΣΤΟΦΑΝΟΥΣ

Επ. κίττα τρυγὼν κορυδὸς ἐλεᾶς ὑποθυμὶς περιστερὰ
νέρτος ἱέραξ φάττα κόκκυξ ἐρυθρόπους κεβλήπυρις
πορφυρὶς κερχνῆς κολυμβὶς ἀμπελὶς φήνη δρύοψ.

Πι. ἰοὺ ἰοὺ τῶν ὀρνέων, ἰοὺ ἰοὺ τῶν κοψίχων·   305
οἷα πιππίζουσι καὶ τρέχουσι διακεκραγότες.
ἆρ' ἀπειλοῦσίν γε νῷν; οἴμοι, κεχήνασίν γέ τοι
καὶ βλέπουσιν ἐς σὲ κἀμέ.   Ευ. τοῦτο μὲν κἀμοὶ
δοκεῖ.

Χο. ποποποποποποποποποποῖ ποῦ μ' ἄρ' ὃς   310
ἐκάλεσε; τίνα τόπον ἄρα ποτὲ νέμεται;

Επ. οὑτοσὶ πάλαι πάρειμι κοὐκ ἀποστατῶ φίλων.

Χο. τί τί τί τί τί τί τί τί· τίνα λόγον ἄρα ποτὲ
πρὸς ἐμὲ φίλον ἔχων;   315

Επ. κοινὸν ἀσφαλῆ δίκαιον ἡδὺν ὠφελήσιμον.
ἄνδρε γὰρ λεπτὼ λογιστὰ δεῦρ' ἀφῖχθον ὡς ἐμέ.

Χο.   ποῦ; πᾷ; πῶς φῄς;

Επ. φήμ' ἀπ' ἀνθρώπων ἀφῖχθαι δεῦρο πρεσβύτα δύο·   320
ἥκετον δ' ἔχοντε πρέμνον πράγματος πελωρίου.

Χο. ὦ μέγιστον ἐξαμαρτὼν ἐξ ὅτου 'τράφην ἐγώ,
πῶς λέγεις; Επ. μήπω φοβηθῇς τὸν λόγον. Χο. τί
μ' ἠργάσω;

Επ. ἄνδρ' ἐδεξάμην ἐραστὰ τῆσδε τῆς ξυνουσίας.

Χο. καὶ δέδρακας τοῦτο τοὔργον;   Επ. καὶ δεδρακώς
γ' ἥδομαι.   325

Χο. κἀστὸν ἤδη που παρ' ἡμῖν;   Επ. εἰ παρ' ὑμῖν εἴμ' ἐγώ.

Χο.   ἔα ἔα,   [στρ.
προδεδόμεθ' ἀνόσιά τ' ἐπάθομεν·
ὃς γὰρ φίλος ἦν ὁμότροφά θ' ἡμῖν
ἐνέμετο πεδία παρ' ἡμῖν,   330

327-335 = 343-351

307 οἴμοι] οἶμαι Dobr.   315 ἔχων πάρει Suid.   318 λεπτὼ
λογιστὰ] λεπτοσοφιστὰ Urbinas : λεπτὼ σοφιστὰ Dawes   ἀφῖχθον]
ἀφίκονθ' V Γ γρ. Ald.   322 ἐξότου Ald. : ἐξόσου vulg.   326 παρ'
ἡμῖν Epopi dant V A Ald. : non R

ΟΡΝΙΘΕΣ

παρέβη μὲν θεσμοὺς ἀρχαίους,
παρέβη δ' ὅρκους ὀρνίθων·
ἐς δὲ δόλον ἐκάλεσε, παρέβαλέ τ' ἐμὲ παρὰ
γένος ἀνόσιον, ὅπερ ἐξότ' ἐγένετ' ἐπ' ἐμοὶ
πολέμιον ἐτράφη.   335

ἀλλὰ πρὸς τοῦτον μὲν ἡμῖν ἐστιν ὕστερος λόγος·
τῷ δὲ πρεσβύτᾳ δοκεῖ μοι τῷδε δοῦναι τὴν δίκην
διαφορηθῆναί θ' ὑφ' ἡμῶν.   Πι. ὡς ἀπωλόμεσθ' ἄρα.
Ευ. αἴτιος μέντοι σὺ νῷν εἶ τῶν κακῶν τούτων μόνος.   339
ἐπὶ τί γάρ μ' ἐκεῖθεν ἦγες;   Πι. ἵν' ἀκολουθοίης ἐμοί.
Ευ. ἵνα μὲν οὖν κλάοιμι μεγάλα.   Πι.   τοῦτο μὲν λη-
ρεῖς ἔχων
κάρτα· πῶς κλαύσει γάρ, ἢν ἅπαξ γε τὠφθαλμὼ 'κκοπῇς;

Χο.   ἰὼ ἰώ,   [ἀντ.
ἔπαγ' ἔπιθ' ἐπίφερε πολέμιον
ὁρμὰν φονίαν, πτέρυγά τε παντᾷ   345
ἐπίβαλε περί τε κύκλωσαι·
ὡς δεῖ τῷδ' οἰμώζειν ἄμφω
καὶ δοῦναι ῥύγχει φορβάν.
οὔτε γὰρ ὄρος σκιερὸν οὔτε νέφος αἰθέριον
οὔτε πολιὸν πέλαγος ἔστιν ὅ τι δέξεται   350
τῷδ' ἀποφυγόντε με.

ἀλλὰ μὴ μέλλωμεν ἤδη τῷδε τίλλειν καὶ δάκνειν.
ποῦ 'σθ' ὁ ταξίαρχος; ἐπαγέτω τὸ δεξιὸν κέρας.
Ευ. τοῦτ' ἐκεῖνο· ποῖ φύγω δύστηνος;   Πι. οὗτος οὐ μενεῖς;
Ευ. ἵν' ὑπὸ τούτων διαφορηθῶ;   Πι.   πῶς γὰρ ἂν τού-
τους δοκεῖς   355
ἐκφυγεῖν;   Ευ. οὐκ οἶδ' ὅπως ἄν.   Πι.   ἀλλ'
ἐγώ τοί σοι λέγω,

336 ἀλλὰ πρὸς τοῦτον μὲν Pors. : ἀλλὰ πρὸς μὲν τούτους Suid. : πρὸς
μὲν οὖν τὸν ὄρνιν codd.   337 τὴν] νῦν Dobr.   338 ἀπωλόμεσθ'
Bentl. : ἀπολούμε(σ)θ' codd.   348 ῥάμφει v. l. apud schol.

299

ΑΡΙΣΤΟΦΑΝΟΥΣ

ὅτι μένοντε δεῖ μάχεσθαι λαμβάνειν τε τῶν χυτρῶν.

Ευ. τί δὲ χύτρα νώ γ' ὠφελήσει;   Πι. γλαῦξ μὲν οὐ
      πρόσεισι νῷν.

Ευ. τοῖς δὲ γαμψώνυξι τοισδί;   Πι. τὸν ὀβελίσκον
      ἁρπάσας
    εἶτα κατάπηξον πρὸ σαυτοῦ.   Ευ. τοῖσι δ' ὀφθαλ-
      μοῖσι τί;   360

Πι. ὀξύβαφον ἐντευθενὶ προσδοῦ λαβὼν ἢ τρύβλιον.

Ευ. ὦ σοφώτατ', εὖ γ' ἀνηῦρες αὐτὸ καὶ στρατηγικῶς·
      ὑπερακοντίζεις σύ γ' ἤδη Νικίαν ταῖς μηχαναῖς.

Χο. ἐλελελεῦ χώρει κάθες τὸ ῥύγχος· οὐ μέλλειν ἐχρῆν.
    ἕλκε τίλλε παῖε δεῖρε, κόπτε πρώτην τὴν χύτραν.   365

Επ. εἰπέ μοι τί μέλλετ' ὦ πάντων κάκιστα θηρίων
    ἀπολέσαι παθόντες οὐδὲν ἄνδρε καὶ διασπάσαι
    τῆς ἐμῆς γυναικὸς ὄντε ξυγγενεῖ καὶ φυλέτα;

Χο. φεισόμεσθα γάρ τι τῶνδε μᾶλλον ἡμεῖς ἢ λύκων;
    ἢ τίνας τεισαίμεθ' ἄλλους τῶνδ' ἂν ἐχθίους ἔτι;   370

Επ. εἰ δὲ τὴν φύσιν μὲν ἐχθροὶ τὸν δὲ νοῦν εἰσιν φίλοι,
    καὶ διδάξοντές τι δεῦρ' ἥκουσιν ὑμᾶς χρήσιμον;

Χο. πῶς δ' ἂν οἴδ' ἡμᾶς τι χρήσιμον διδάξειάν ποτε
    ἢ φράσειαν, ὄντες ἐχθροὶ τοῖσι πάπποις τοῖς ἐμοῖς;

Επ. ἀλλ' ἀπ' ἐχθρῶν δῆτα πολλὰ μανθάνουσιν οἱ σοφοί.   375
    ἡ γὰρ εὐλάβεια σῴζει πάντα.   παρὰ μὲν οὖν φίλου
    οὐ μάθοις ἂν τοῦθ', ὁ δ' ἐχθρὸς εὐθὺς ἐξηνάγκασεν.
    αὐτίχ' αἱ πόλεις παρ' ἀνδρῶν γ' ἔμαθον ἐχθρῶν κοὐ φίλων
    ἐκπονεῖν θ' ὑψηλὰ τείχη ναῦς τε κεκτῆσθαι μακράς·
    τὸ δὲ μάθημα τοῦτο σῴζει παῖδας οἶκον χρήματα.   380

Χο. ἔστι μὲν λόγων ἀκοῦσαι πρῶτον, ὡς ἡμῖν δοκεῖ,
    χρήσιμον· μάθοι γὰρ ἄν τις κἀπὸ τῶν ἐχθρῶν σοφόν.

358 γ' ὠφελήσει] 'πωφελήσει Dobr.   360 πρὸ σαυτοῦ Bentl. :
πρὸς αὐτόν codd.   361 προσδοῦ Haupt : πρόσθου codd.   362 γ'
ἀνηῦρες] γὰρ εὗρες ΓΒ   364 μέλλειν] μένειν R Suid.   368 ξυγ-
γενέε codd. : correximus   371–2 εἰ δὲ ... χρήσιμον·] οἶδε ...
χρήσιμον. Dobr.   373 οἶδ' Pors. : οἵ γ' codd.   χρήσιμον Ald. :
χρήσιμον ἢ R V A Γ   377 τοῦθ'] οὐδὲν Ald.   εὐθὺς R : αὐτὸς vulg.

ΟΡΝΙΘΕΣ

Πι. οἵδε τῆς ὀργῆς χαλᾶν εἴξασιν. ἄναγ' ἐπὶ σκέλος.

Επ. καὶ δίκαιόν γ' ἐστὶ κἀμοὶ δεῖ νέμειν ὑμᾶς χάριν.

Χο. ἀλλὰ μὴν οὐδ' ἄλλο σοί πω πρᾶγμ' ἐνηντιώμεθα.   385

Πι. μᾶλλον εἰρήνην ἄγουσι νὴ Δί', ὥστε τὴν χύτραν
τώ τε τρυβλίω καθίει·
καὶ τὸ δόρυ χρή, τὸν ὀβελίσκον,
περιπατεῖν ἔχοντας ἡμᾶς
τῶν ὅπλων ἐντός, παρ' αὐτὴν   390
τὴν χύτραν ἄκραν ὁρῶντας
ἐγγύς· ὡς οὐ φευκτέον νῷν.

Ευ. ἐτεὸν ἢν δ' ἄρ' ἀποθάνωμεν,
κατορυχθησόμεσθα ποῦ γῆς;

Πι. ὁ Κεραμεικὸς δέξεται νώ.   395
δημοσίᾳ γὰρ ἵνα ταφῶμεν,
φήσομεν πρὸς τοὺς στρατηγοὺς
μαχομένω τοῖς πολεμίοισιν
ἀποθανεῖν ἐν Ὀρνεαῖς.

Χο. ἄναγ' ἐς τάξιν πάλιν ἐς ταὐτόν,   400
καὶ τὸν θυμὸν κατάθου κύψας
παρὰ τὴν ὀργὴν ὥσπερ ὁπλίτης·
κἀναπυθώμεθα τούσδε τίνες ποτὲ
καὶ πόθεν ἔμολον
†ἐπὶ τίνα τ' ἐπίνοιαν.†   405
ἰὼ ἔποψ σέ τοι καλῶ.

Επ. καλεῖς δὲ τοῦ κλύειν θέλων;

Χο. τίνες ποθ' οἵδε καὶ πόθεν;

Επ. ξείνω σοφῆς ἀφ' Ἑλλάδος.

Χο. τύχη δὲ ποία κομί-   410
ζει ποτ' αὐτὼ πρὸς ὄρ-

410-412 = 413-415

385 ἠναντιώμεθα codd. : ἐναντιώμεθα Ald. : corr. Bentl.   386 νὴ
Δί' Mein. : ἡμῖν codd. : ἢ πρὶν Pors.   390 παρ' αὐτὴν] παρὰ R V Ald.
391 post ἄκραν add. αὐτὴν codd. et Ald. : del. Dawes   394 κατο-
ρυχησόμεσθα Elmsl.   405 fortasse τὴν τ' ἐπίνοιαν τίν' ἔχοντες;
409 ξένω Dind.

νιθας ἐλθεῖν;   Επ.   ἔρως
βίου διαίτης τε καὶ
σοῦ ξυνοικεῖν τέ σοι
καὶ ξυνεῖναι τὸ πᾶν.   415

Χο.   τί φής;
λέγουσι δὴ τίνας λόγους;
Επ.   ἄπιστα καὶ πέρα κλύειν.
Χο.   ὁρᾷ τι κέρδος ἐνθάδ᾽ ἄ-
ξιον μονῆς, ὅτῳ πέποιθ᾽
ἐμοὶ ξυνὼν . . . .
κρατεῖν ἂν ἢ τὸν ἐχθρὸν ἢ   420
φίλοισιν ὠφελεῖν ἔχειν;
Επ.   λέγει μέγαν τιν᾽ ὄλβον οὔ-
τε λεκτὸν οὔτε πιστόν· ὡς
σὰ γὰρ ⟨τὰ⟩ πάντα ταῦτα καὶ
τὸ τῇδε καὶ τὸ κεῖσε καὶ   425
τὸ δεῦρο προσβιβᾷ λέγων.
Χο.   πότερα μαινόμενος;
Επ.   ἄφατον ὡς φρόνιμος.
Χο.   ἔνι σοφόν τι φρενί;
Επ.   πυκνότατον κίναδος,   430
σόφισμα κύρμα τρῖμμα παιπάλημ᾽ ὅλον.
Χο.   λέγειν λέγειν κέλευέ μοι.
κλύων γὰρ ὧν σύ μοι λέγεις
λόγων ἀνεπτέρωμαι.
Επ. ἄγε δὴ σὺ καὶ σὺ τὴν πανοπλίαν μὲν πάλιν   435
ταύτην λαβόντε κρεμάσατον τύχἀγαθῇ
ἐς τὸν ἱπνὸν εἴσω πλησίον τοὐπιστάτου·
σὺ δὲ τούσδ᾽ ἐφ᾽ οἷσπερ τοῖς λόγοις συνέλεξ᾽ ἐγὼ
φράσον, δίδαξον.   Πι.   μὰ τὸν Ἀπόλλω ᾽γὼ μὲν οὔ,

418-421 = 422-426

416 δὴ Herm. : δὲ δὴ V A Ald. : δὲ R   420 τὸν ἐχθρὸν Ald. : τῶν
ἐχθρῶν codd.   421 φίλοισιν] φίλους ἂν Blaydes   424 σὰ
γὰρ ταῦτα πάντα codd. : σὰ ταῦτα γὰρ δὴ πάντα Ald. : corr. Mein.
432 λέγειν κέλευέ μοι λέγειν V A Ald.

ΟΡΝΙΘΕΣ

ἢν μὴ διάθωνταί γ' οἵδε διαθήκην ἐμοὶ 440
ἥνπερ ὁ πίθηκος τῇ γυναικὶ διέθετο,
ὁ μαχαιροποιός, μήτε δάκνειν τούτους ἐμὲ
μήτ' ὀρχίπεδ' ἕλκειν μήτ' ὀρύττειν— Χο. οὔτι που
τόν—; οὐδαμῶς. Πι. οὔκ, ἀλλὰ τὠφθαλμὼ λέγω.
Χο. διατίθεμαι 'γώ. Πι. κατόμοσόν νυν ταῦτά μοι.
Χο. ὄμνυμ' ἐπὶ τούτοις, πᾶσι νικᾶν τοῖς κριταῖς 445
καὶ τοῖς θεαταῖς πᾶσιν. Πι. ἔσται ταυταγί.
Χο. εἰ δὲ παραβαίην, ἑνὶ κριτῇ νικᾶν μόνον.

ΚΗΡΥΞ

ἀκούετε λεῴ· τοὺς ὁπλίτας νυνμενὶ
ἀνελομένους θὤπλ' ἀπιέναι πάλιν οἴκαδε,
σκοπεῖν δ' ὅ τι ἂν προγράφωμεν ἐν τοῖς πινακίοις. 450

Χο. δολερὸν μὲν ἀεὶ κατὰ πάντα δὴ τρόπον [στρ.
πέφυκεν ἄνθρωπος· σὺ δ' ὅμως λέγε μοι.
τάχα γὰρ τύχοις ἂν
χρηστὸν ἐξειπὼν ὅ τι μοι παρορᾷς, ἢ
δύναμίν τινα μείζω 455
παραλειπομένην ὑπ' ἐμῆς φρενὸς ἀξυνέτου·
σὺ δὲ τοῦθ' οὐρᾷς λέγ' ἐς κοινόν.
ὃ γὰρ ἂν σὺ τύχῃς μοι
ἀγαθὸν πορίσας, τοῦτο κοινὸν ἔσται.

ἀλλ' ἐφ' ὅτῳπερ πράγματι τὴν σὴν ἥκεις γνώμην ἀνα-
πείσας, 460
λέγε θαρρήσας· ὡς τὰς σπονδὰς οὐ μὴ πρότεροι παρα-
βῶμεν.

Πι. καὶ μὴν ὀργῶ νὴ τὸν Δία καὶ προπεφύραται λόγος εἷς μοι,
ὃν διαμάττειν οὐ κωλύει· φέρε παῖ στέφανον· κατα-
χεῖσθαι

451-459 = 539-547
444 τόν] τόνδ' Valckenaer   454 παρορᾶτ' Bentl.   457 οὐρᾶς
Mein.: ὁρᾶς codd.   460 πράγματι τὴν σὴν ἥκεις Dawes: ἥκεις τὴν σὴν
πράγματι codd.   461 πρότεροι Herm.   πρότερον codd.   463 κατα-
χεῖσθε codd. praeter A Urbinatemque
303

ΑΡΙΣΤΟΦΑΝΟΥΣ

κατὰ χειρὸς ὕδωρ φερέτω ταχύ τις.　　Ευ.　δειπνή-
σειν μέλλομεν; ἢ τί;

Πι.　μὰ Δί' ἀλλὰ λέγειν ζητῶ τι πάλαι μέγα καὶ λαρινὸν
ἔπος τι,　　　　　　　　　　　　　　　465
ὅ τι τὴν τούτων θραύσει ψυχήν· οὕτως ὑμῶν ὑπεραλγῶ,
οἵτινες ὄντες πρότερον βασιλῆς—　　Χο.　ἡμεῖς βασι-
λῆς; τίνος;　　Πι.　ὑμεῖς
πάντων ὁπόσ' ἔστιν, ἐμοῦ πρῶτον, τουδί, καὶ τοῦ Διὸς
αὐτοῦ,
ἀρχαιότεροι πρότεροί τε Κρόνου καὶ Τιτάνων ἐγένεσθε,
καὶ γῆς.　　Χο.　καὶ γῆς;　　Πι.　νὴ τὸν Ἀπόλλω.
Χο.　τουτὶ μὰ Δί' οὐκ ἐπεπύσμην.　　　　470

Πι.　ἀμαθὴς γὰρ ἔφυς κοὐ πολυπράγμων, οὐδ' Αἴσωπον πε-
πάτηκας,
ὃς ἔφασκε λέγων κορυδὸν πάντων πρώτην ὄρνιθα γενέ-
σθαι,
προτέραν τῆς γῆς, κἄπειτα νόσῳ τὸν πατέρ' αὐτῆς ἀπο-
θνήσκειν·
γῆν δ' οὐκ εἶναι, τὸν δὲ προκεῖσθαι πεμπταῖον· τὴν δ'
ἀποροῦσαν
ὑπ' ἀμηχανίας τὸν πατέρ' αὐτῆς ἐν τῇ κεφαλῇ κατο-
ρύξαι.　　　　　　　　　　　　　475

Ευ.　ὁ πατὴρ ἄρα τῆς κορυδοῦ νυνὶ κεῖται τεθνεὼς Κεφαλῆσιν.

Πι.　οὔκουν δῆτ' εἰ πρότεροι μὲν γῆς πρότεροι δὲ θεῶν ἐγέ-
νοντο,
ὡς πρεσβυτάτων αὐτῶν ὄντων ὀρθῶς ἐσθ' ἡ βασιλεία;

Ευ.　νὴ τὸν Ἀπόλλω· πάνυ τοίνυν χρὴ ῥύγχος βόσκειν σε
τὸ λοιπόν·　　　　　　　　　　　479
οὐκ ἀποδώσει ταχέως ὁ Ζεὺς τὸ σκῆπτρον τῷ δρυκολάπτῃ.

Πι.　ὡς δ' οὐχὶ θεοὶ τοίνυν ἦρχον τῶν ἀνθρώπων τὸ παλαιόν,
ἀλλ' ὄρνιθες, κἀβασίλευον, πόλλ' ἐστὶ τεκμήρια τούτων.

465 τι πάλαι] τρίπαλαι Cobet　　480 οὐκ] ὡς Hamaker　　481 ἦρχον
τῶν ἀνθρώπων Bentl.: τῶν ἀνθρώπων ἦρχον codd.

304

αὐτίκα δ᾽ ὑμῖν πρῶτ᾽ ἐπιδείξω τὸν ἀλεκτρυόν᾽, ὡς ἐτυ-
ράννει
ἦρχέ τε Περσῶν πρῶτον πάντων Δαρείου καὶ Μεγαβάζου,
ὥστε καλεῖται Περσικὸς ὄρνις ἀπὸ τῆς ἀρχῆς ἔτ᾽ ἐκείνης.

Ευ. διὰ ταῦτ᾽ ἄρ᾽ ἔχων καὶ νῦν ὥσπερ βασιλεὺς ὁ μέγας
διαβάσκει   486
ἐπὶ τῆς κεφαλῆς τὴν κυρβασίαν τῶν ὀρνίθων μόνος ὀρθήν.

Πι. οὕτω δ᾽ ἴσχυσέ τε καὶ μέγας ἦν τότε καὶ πολύς, ὥστ᾽
ἔτι καὶ νῦν
ὑπὸ τῆς ῥώμης τῆς τότ᾽ ἐκείνης, ὁπόταν μόνον ὄρθριον
ᾄσῃ,
ἀναπηδῶσιν πάντες ἐπ᾽ ἔργον χαλκῆς κεραμῆς σκυλο-
δέψαι   490
σκυτῆς βαλανῆς ἀλφιταμοιβοὶ τορνευτολυρασπιδοπηγοί·
οἱ δὲ βαδίζουσ᾽ ὑποδησάμενοι νύκτωρ.   Ευ. ἐμὲ
τοῦτό γ᾽ ἐρώτα.
χλαῖναν γὰρ ἀπώλεσ᾽ ὁ μοχθηρὸς Φρυγίων ἐρίων διὰ
τοῦτον.
ἐς δεκάτην γάρ ποτε παιδαρίου κληθεὶς ὑπέπινον ἐν ἄστει,
κἄρτι καθηῦδον, καὶ πρὶν δειπνεῖν τοὺς ἄλλους οὗτος
ἄρ᾽ ᾖσεν·   495
κἀγὼ νομίσας ὄρθρον ἐχώρουν Ἀλιμουντάδε, κἄρτι προ-
κύπτω
ἔξω τείχους καὶ λωποδύτης παίει ῥοπάλῳ με τὸ νῶτον·
κἀγὼ πίπτω μέλλω τε βοᾶν, ὁ δ᾽ ἀπέβλισε θοἰμάτιόν μου.

Πι. ἰκτῖνος δ᾽ οὖν τῶν Ἑλλήνων ἦρχεν τότε κἀβασίλευεν.
Χο. τῶν Ἑλλήνων;   Πι. καὶ κατέδειξέν γ᾽ οὗτος πρῶ-
τος βασιλεύων   500
προκυλινδεῖσθαι τοῖς ἰκτίνοις.   Ευ. νὴ τὸν Διό-
νυσον, ἐγὼ γοῦν
ἐκυλινδούμην ἰκτῖνον ἰδών· κᾆθ᾽ ὕπτιος ὢν ἀναχάσκων

484 πρῶτον πάντων] πάντων πρότερος Hirschig   489 μόνον]
νόμον Pors.   490 σκυλοδέψαι Bentl. : σκυτοδέψαι vel σκυτοδεψοὶ codd.
499 οὖν] αὖ Hamaker

305

ὀβολὸν κατεβρόχθισα· κᾆτα κενὸν τὸν θύλακον οἴκαδ'
  ἀφεῖλκον. 503

Πι. Αἰγύπτου δ' αὖ καὶ Φοινίκης πάσης κόκκυξ βασιλεὺς ἦν·
  χὠπόθ' ὁ κόκκυξ εἴποι 'κόκκυ,' τότ' ἂν οἱ Φοίνικες ἅπαντες
  τοὺς πυροὺς ἂν καὶ τὰς κριθὰς ἐν τοῖς πεδίοις ἐθέριζον.

Ευ. τοῦτ' ἄρ' ἐκεῖν' ἦν τοὔπος ἀληθῶς· 'κόκκυ ψωλοὶ πεδίονδε.'

Πι. ἦρχον δ' οὕτω σφόδρα τὴν ἀρχήν, ὥστ' εἴ τις καὶ βασι-
  λεύοι 508
  ἐν ταῖς πόλεσιν τῶν Ἑλλήνων Ἀγαμέμνων ἢ Μενέλαος,
  ἐπὶ τῶν σκήπτρων ἐκάθητ' ὄρνις μετέχων ὅ τι δωροδοκοίη.

Ευ. τουτὶ τοίνυν οὐκ ᾔδη 'γώ· καὶ δῆτά μ' ἐλάμβανε θαῦμα,
  ὁπότ' ἐξέλθοι Πρίαμός τις ἔχων ὄρνιν ἐν τοῖσι τραγῳδοῖς,
  ὁ δ' ἄρ' εἱστήκει τὸν Λυσικράτη τηρῶν ὅ τι δωροδοκοίη.

Πι. ὁ δὲ δεινότατόν γ' ἐστὶν ἁπάντων, ὁ Ζεὺς γὰρ ὁ νῦν
  βασιλεύων 514
  αἰετὸν ὄρνιν ἕστηκεν ἔχων ἐπὶ τῆς κεφαλῆς βασιλεὺς ὤν,
  ἡ δ' αὖ θυγάτηρ γλαῦχ', ὁ δ' Ἀπόλλων ὥσπερ θεράπων
  ἱέρακα.

Ευ. νὴ τὴν Δήμητρ' εὖ ταῦτα λέγεις. τίνος οὕνεκα ταῦτ'
  ἄρ' ἔχουσιν;

Πι. ἵν' ὅταν θύων τις ἔπειτ' αὐτοῖς ἐς τὴν χεῖρ', ὡς νόμος
  ἐστίν,
  τὰ σπλάγχνα διδῷ, τοῦ Διὸς αὐτοὶ πρότεροι τὰ σπλάγχνα
  λάβωσιν.
  ὤμνυ τ' οὐδεὶς τότ' ⟨ἂν⟩ ἀνθρώπων θεόν, ἀλλ' ὄρνιθας
  ἅπαντες· 520
  Λάμπων δ' ὄμνυσ' ἔτι καὶ νυνὶ τὸν χῆν', ὅταν ἐξαπατᾷ τι.
  οὕτως ὑμᾶς πάντες πρότερον μεγάλους ἁγίους τ' ἐνόμιζον,
  νῦν δ' ἀνδράποδ' ἠλιθίους Μανᾶς·

523-538 = 611-626

505 τότ' ἂν Pors. : τότ' αὖ B : τότ' R V : τόθ' A Ald. 515 ὄρνιν
ἕστηκεν Tyrwhitt : ἕστηκ(εν) ὄρνιν codd. κεφαλῆς] σκυτάλης Kock
516 θεράπονθ' Blaydes 520 ὤμνυε codd. : corr. Bentl. ἂν add.
Pors. 521 νυνὶ Kuster : νῦν codd.

ὥσπερ δ' ἤδη τοὺς μαινομένους
βάλλουσ' ὑμᾶς, κἂν τοῖς ἱεροῖς   525
πᾶς τις ἐφ' ὑμῖν ὀρνιθευτὴς
ἵστησι βρόχους παγίδας ῥάβδους
ἕρκη νεφέλας δίκτυα πηκτάς·
εἶτα λαβόντες πωλοῦσ' ἀθρόους·
οἱ δ' ὠνοῦνται βλιμάζοντες·   530
κοὐδ' οὖν, εἴπερ ταῦτα δοκεῖ δρᾶν,
ὀπτησάμενοι παρέθενθ' ὑμᾶς,
ἀλλ' ἐπικνῶσιν τυρὸν ἔλαιον
σίλφιον ὄξος καὶ τρίψαντες
κατάχυσμ' ἕτερον γλυκὺ καὶ λιπαρόν,   535
κἄπειτα κατεσκέδασαν θερμὸν
τοῦτο καθ' ὑμῶν
αὐτῶν ὥσπερ κενεβρείων.

Χο. πολὺ δὴ πολὺ δὴ χαλεπωτάτους λόγους   [ἀντ.
ἤνεγκας ἄνθρωφ'· ὡς ἐδάκρυσά γ' ἐμῶν   540
πατέρων κάκην, οἳ
τάσδε τὰς τιμὰς προγόνων παραδόντων
ἐπ' ἐμοῦ κατέλυσαν.
σὺ δέ μοι κατὰ δαίμονα καί ⟨τινα⟩ συντυχίαν
ἀγαθὴν ἥκεις ἐμοὶ σωτήρ.   545
ἀναθεὶς γὰρ ἐγώ σοι
τὰ νεοττία κἀμαυτὸν οἰκήσω.

ἀλλ' ὅ τι χρὴ δρᾶν, σὺ δίδασκε παρών· ὡς ζῆν οὐκ
ἄξιον ἡμῖν,   548
εἰ μὴ κομιούμεθα παντὶ τρόπῳ τὴν ἡμετέραν βασιλείαν.

Πι. καὶ δὴ τοίνυν πρῶτα διδάσκω μίαν ὀρνίθων πόλιν εἶναι,
κἄπειτα τὸν ἀέρα πάντα κύκλῳ καὶ πᾶν τουτὶ τὸ μεταξὺ

536 δ' post ὑμῖν add. Seidler   534–5 καὶ τρίψαντες . . . ἕτε-
ρον eicit Rutherford   καὶ τρίψαντες] συντρίψαντες schol.: κατα-
τρίψαντες Herm.   538 αὐῶν Reiske   543 ἐπ' ἐμοὶ A   544 τινα
add. Bentl.   547 τὰ Ald.: τά τε codd.   οἰκετεύσω Herm.

περιτειχίζειν μεγάλαις πλίνθοις ὀπταῖς ὥσπερ Βαβυ-
λῶνα.

Επ. ὦ Κεβριόνη καὶ Πορφυρίων ὡς σμερδαλέον τὸ πόλισμα.

Πι. κἄπειτ' ἦν τοῦτ' ἐπανεστήκῃ, τὴν ἀρχὴν τὸν Δί' ἀπαιτεῖν·
κἂν μὲν μὴ φῇ μηδ' ἐθελήσῃ μηδ' εὐθὺς γνωσιμαχήσῃ,
ἱερὸν πόλεμον πρωΰδᾶν αὐτῷ, καὶ τοῖσι θεοῖσιν ἀπειπεῖν
διὰ τῆς χώρας τῆς ὑμετέρας ἐστυκόσι μὴ διαφοιτᾶν,   557
ὥσπερ πρότερον μοιχεύσοντες τὰς 'Αλκμήνας κατέβαινον
καὶ τὰς 'Αλόπας καὶ τὰς Σεμέλας· ἥνπερ δ' ἐπίωσ',
ἐπιβάλλειν
σφραγῖδ' αὐτοῖς ἐπὶ τὴν ψωλήν, ἵνα μὴ βινῶσ' ἔτ'
ἐκείνας.   560
τοῖς δ' ἀνθρώποις ὄρνιν ἕτερον πέμψαι κήρυκα κελεύω,
ὡς ὀρνίθων βασιλευόντων θύειν ὄρνισι τὸ λοιπόν,
κἄπειτα θεοῖς ὕστερον αὖθις· προσνείμασθαι δὲ πρε-
πόντως
τοῖσι θεοῖσιν τῶν ὀρνίθων ὃς ἂν ἁρμόττῃ καθ' ἕκαστον·
ἢν 'Αφροδίτῃ θύῃ, πυροὺς ὄρνιθι φαληρίδι θύειν·   565
ἢν δὲ Ποσειδῶνί τις οἶν θύῃ, νήττῃ πυροὺς καθαγίζειν·
ἢν δ' 'Ηρακλέει θύῃ τι, λάρῳ ναστοὺς θύειν μελιτοῦντας·
κἂν Διὶ θύῃ βασιλεῖ κριόν, βασιλεύς ἐστ' ὀρχίλος
ὄρνις,
ᾧ προτέρῳ δεῖ τοῦ Διὸς αὐτοῦ σέρφον ἐνόρχην σφα-
γιάζειν.

Ευ. ἥσθην σέρφῳ σφαγιαζομένῳ. βροντάτω νῦν ὁ μέγας
Ζάν.   570

Χο. καὶ πῶς ἡμᾶς νομιοῦσι θεοὺς ἄνθρωποι κοὐχὶ κολοιούς,
οἳ πετόμεσθα πτέρυγάς τ' ἔχομεν;   Πι. ληρεῖς· καὶ
νὴ Δί' ὅ γ' Ἑρμῆς

553 **Κεβριόνα** codd. : corr. Brunck   554 **κἄπειτ' ἂν** R V Ald. :
κἄπειδ' ἂν B : **κἄπειδὰν** Pors.   560 **ψωλήν**] **κωλήν** Ald.   564 **ἀρ-
μόζῃ** codd. : corr. Lobeck   565 **πυροὺς**] **γυροὺς** Mein.   566 **οἶν**]
ὖν Ald.   567 **θύῃ τι** Bergk : **θύῃ τις** R V : **θύῃ τις βοῦν** A Ald. :
θύῃσι Mein.   **μελιτοῦττας** codd. : corr. Mein.

ΟΡΝΙΘΕΣ

πέτεται θεὸς ὢν πτέρυγάς τε φορεῖ, κἄλλοι γε θεοὶ πάνυ
πολλοί.

αὐτίκα Νίκη πέτεται πτερύγοιν χρυσαῖν καὶ νὴ Δί'
Ἔρως γε·

Ἥρην δέ γ' Ὅμηρος ἔφασκ' ἰκέλην εἶναι τρήρωνι
πελείῃ.   575

Ευ. ὁ Ζεὺς δ' ἡμῖν οὐ βροντήσας πέμψει πτερόεντα κεραυνόν;

Πι. ἢν δ' οὖν ὑμᾶς μὲν ὑπ' ἀγνοίας εἶναι νομίσωσι τὸ
μηδέν,
τούτους δὲ θεοὺς τοὺς ἐν Ὀλύμπῳ τότε χρὴ στρούθων
νέφος ἀρθὲν
καὶ σπερμολόγων ἐκ τῶν ἀγρῶν τὸ σπέρμ' αὐτῶν ἀνα-
κάψαι·
κἄπειτ' αὐτοῖς ἡ Δημήτηρ πυροὺς πεινῶσι μετρείτω.   580

Ευ. οὐκ ἐθελήσει μὰ Δί', ἀλλ' ὄψει προφάσεις αὐτὴν παρ-
έχουσαν.

Πι. οἱ δ' αὖ κόρακες τῶν ζευγαρίων, οἷσιν τὴν γῆν κατ-
αροῦσιν,
καὶ τῶν προβάτων τοὺς ὀφθαλμοὺς ἐκκοψάντων ἐπὶ πείρᾳ·
εἶθ' ὅ γ' Ἀπόλλων ἰατρός ⟨γ'⟩ ὢν ἰάσθω· μισθοφορεῖ δέ.

Ευ. μὴ πρίν γ' ἂν ἐγὼ τὼ βοιδαρίω τὠμὼ πρώτιστ' ἀπο-
δῶμαι.   585

Πι. ἢν δ' ἡγῶνται σὲ θεὸν σὲ βίον σὲ δὲ γῆν σὲ Κρόνον σὲ
Ποσειδῶ,
ἀγάθ' αὐτοῖσιν πάντα παρέσται.   Επ.   λέγε δή μοι
τῶν ἀγαθῶν ἕν.

Πι. πρῶτα μὲν αὐτῶν τὰς οἰνάνθας οἱ πάρνοπες οὐ κατ-
έδονται,
ἀλλὰ γλαυκῶν λόχος εἷς αὐτοὺς καὶ κερχνῄδων ἐπιτρίψει.
εἶθ' οἱ κνῖπες καὶ ψῆνες ἀεὶ τὰς συκᾶς οὐ κατέδονται·   590
ἀλλ' ἀναλέξει πάντας καθαρῶς αὐτοὺς ἀγέλη μία κιχλῶν.

575 Ἥρην Bentl. : Ἶριν codd.   εἶναι] βῆναι Mein.   576 ὑμῖν
Ald.   πέμπει Tyrwhitt   584 γ' add. Brunck   591 κίγκλων
Dobr.

Επ. πλουτεῖν δὲ πόθεν δώσομεν αὐτοῖς; καὶ γὰρ τούτου
σφόδρ' ἐρῶσιν.

Πι. τὰ μέταλλ' αὐτοῖς μαντευομένοις οὗτοι δώσουσι τὰ
χρηστά,
τάς τ' ἐμπορίας τὰς κερδαλέας πρὸς τὸν μάντιν κατ-
εροῦσιν,
ὥστ' ἀπολεῖται τῶν ναυκλήρων οὐδείς.   Επ. πῶς
οὐκ ἀπολεῖται;   595

Πι. προερεῖ τις ἀεὶ τῶν ὀρνίθων μαντευομένῳ περὶ τοῦ πλοῦ·
'νυνὶ μὴ πλεῖ, χειμὼν ἔσται·' 'νυνὶ πλεῖ, κέρδος ἐπέσται.'

Ευ. γαῦλον κτῶμαι καὶ ναυκληρῶ, κοὐκ ἂν μείναιμι παρ' ὑμῖν.

Πι. τοὺς θησαυρούς τ' αὐτοῖς δείξουσ' οὓς οἱ πρότεροι κατ-
έθεντο
τῶν ἀργυρίων· οὗτοι γὰρ ἴσασι· λέγουσι δέ τοι τάδε
πάντες,   600
'οὐδεὶς οἶδεν τὸν θησαυρὸν τὸν ἐμὸν πλὴν εἴ τις ἄρ' ὄρνις.'

Ευ. πωλῶ γαῦλον, κτῶμαι σμινύην, καὶ τὰς ὑδρίας ἀνορύττω.

Επ. πῶς δ' ὑγιείαν δώσουσ' αὐτοῖς, οὖσαν παρὰ τοῖσι θεοῖσιν;

Πι. ἢν εὖ πράττωσ', οὐχ ὑγιεία μεγάλη τοῦτ' ἐστί; σάφ'
ἴσθι,   604
ὡς ἄνθρωπός γε κακῶς πράττων ἀτεχνῶς οὐδεὶς ὑγιαίνει.

Επ. πῶς δ' ἐς γῆράς ποτ' ἀφίξονται; καὶ γὰρ τοῦτ' ἔστ' ἐν
Ὀλύμπῳ·
ἢ παιδάρι' ὄντ' ἀποθνήσκειν δεῖ;   Πι. μὰ Δί' ἀλλὰ
τριακόσι' αὐτοῖς
ἔτι προσθήσουσ' ὄρνιθες ἔτη.   Επ. παρὰ τοῦ;   Πι.
παρ' ὅτου; παρ' ἑαυτῶν.   608
οὐκ οἶσθ' ὅτι πέντ' ἀνδρῶν γενεὰς ζώει λακέρυζα κορώνη;

Ευ. αἰβοῖ πολλῷ κρείττους οὗτοι τοῦ Διὸς ἡμῖν βασιλεύειν.

599 πρότεροι A V² : πρότερον vulg.   603 δώσουσ'] δώσομεν Köchly
607 παιδάρι' ὄντ' Bentl.: παιδάριόν τ' Ald.: παιδάριον ὂν B : παιδάριον
A : παιδάρι' ἔτ' ὄντ' R V   608 Πι. παρ' ὅτου Bekk.: Πι. παρὰ τοῦ
codd.   609 πέντε γενεὰς ἀνδρῶν codd.: corr. Bentl.   610 αἰβοῖ
ὡς codd.: corr. Blaydes: αἰβοῖ (extra metrum) ὡς δὴ Mein.

Πι.   οὐ γὰρ πολλῷ;   611
πρῶτον μέν ⟨γ'⟩ οὐχὶ νεὼς ἡμᾶς
οἰκοδομεῖν δεῖ λιθίνους αὐτοῖς,
οὐδὲ θυρῶσαι χρυσαῖσι θύραις,
ἀλλ' ὑπὸ θάμνοις καὶ πρινιδίοις   615
οἰκήσουσιν. τοῖς δ' αὖ σεμνοῖς
τῶν ὀρνίθων δένδρον ἐλάας
ὁ νεὼς ἔσται· κοὐκ ἐς Δελφοὺς
οὐδ' εἰς Ἄμμων' ἐλθόντες ἐκεῖ
θύσομεν, ἀλλ' ἐν ταῖσιν κομάροις   620
καὶ τοῖς κοτίνοις στάντες ἔχοντες
κριθὰς πυροὺς εὐξόμεθ' αὐτοῖς
ἀνατείνοντες τὼ χεῖρ' ἀγαθῶν
διδόναι τι μέρος· καὶ ταῦθ' ἡμῖν
παραχρῆμ' ἔσται   625
πυροὺς ὀλίγους προβαλοῦσιν.

Χο. ὦ φίλτατ' ἐμοὶ πολὺ πρεσβυτῶν ἐξ ἐχθίστου μεταπίπτων,
οὐκ ἔστιν ὅπως ἂν ἐγώ ποθ' ἑκὼν τῆς σῆς γνώμης ἔτ'
ἀφείμην.
ἐπαυχήσας δὲ τοῖσι σοῖς λόγοις
ἐπηπείλησα καὶ κατώμοσα,   630
ἢν σὺ παρ' ἐμὲ θέμενος
ὁμόφρονας λόγους δικαίους
ἀδόλους ὁσίους
ἐπὶ θεοὺς ἴῃς, ἐμοὶ
φρονῶν ξυνῳδά, μὴ πολὺν χρόνον   635
θεοὺς ἔτι σκῆπτρα τἀμὰ τρίψειν.
ἀλλ' ὅσα μὲν δεῖ ῥώμῃ πράττειν, ἐπὶ ταῦτα τεταξόμεθ'
ἡμεῖς·
ὅσα δὲ γνώμῃ δεῖ βουλεύειν, ἐπὶ σοὶ τάδε πάντ' ἀνά-
κειται.

612 γ' add. Bentl.   619 εἰς] ὡς Mein.   631 ἢν] ἐὰν Mein.
632-3 δίκαιος ἄδολος ὅσιος Mein. effectis tribus senariis ex vv. 631-5
634 ἴοις codd. : corr. Pors.   638 ἐπὶ] ἐνὶ Hamaker

Επ. καὶ μὴν μὰ τὸν Δί᾽ οὐχὶ νυστάζειν ἔτι
ὥρα ᾽στὶν ἡμῖν οὐδὲ μελλονικιᾶν,   640
ἀλλ᾽ ὡς τάχιστα δεῖ τι δρᾶν· πρῶτον δέ γε
εἰσέλθετ᾽ ἐς νεοττιάν γε τὴν ἐμὴν
καὶ τἀμὰ κάρφη καὶ τὰ παρόντα φρύγανα,
καὶ τοὔνομ᾽ ἡμῖν φράσατον. Πι. ἀλλὰ ῥᾴδιον.
ἐμοὶ μὲν ὄνομα Πισθέταιρος, τῳδεδὶ   644
Εὐελπίδης Κριῶθεν. Επ. ἀλλὰ χαίρετον
ἄμφω. Πι. δεχόμεθα. Επ. δεῦρο τοίνυν εἴσιτον.
Πι. ἴωμεν· εἰσηγοῦ σὺ λαβὼν ἡμᾶς. Επ. ἴθι.
Πι. ἀτὰρ τὸ δεῖνα, δεῦρ᾽ ἐπανάκρουσαι πάλιν.
φέρ᾽ ἴδω, φράσον νῷν, πῶς ἐγώ τε χοὑτοσὶ
ξυνεσόμεθ᾽ ὑμῖν πετομένοις οὐ πετομένῳ;   650
Επ. καλῶς. Πι. ὅρα νυν, ὡς ἐν Αἰσώπου λόγοις
ἐστὶν λεγόμενον δή τι, τὴν ἀλώπεχ᾽, ὡς
φλαύρως ἐκοινώνησεν αἰετῷ ποτέ.
Επ. μηδὲν φοβηθῇς· ἔστι γάρ τι ῥιζίον,
ὃ διατραγόντ᾽ ἔσεσθον ἐπτερωμένω.   655
Πι. οὕτω μὲν εἰσίωμεν. ἄγε δὴ Ξανθία
καὶ Μανόδωρε λαμβάνετε τὰ στρώματα.
Χο. οὗτος σὲ καλῶ, σὲ λέγω. Επ. τί καλεῖς; Χο. τού-
τους μὲν ἄγων μετὰ σαυτοῦ
ἀρίστισον εὖ· τὴν δ᾽ ἡδυμελῆ ξύμφωνον ἀηδόνα Μούσαις
κατάλειφ᾽ ἡμῖν δεῦρ᾽ ἐκβιβάσας, ἵνα παίσωμεν μετ᾽
ἐκείνης.   660
Πι. ὦ τοῦτο μέντοι νὴ Δί᾽ αὐτοῖσιν πιθοῦ·
ἐκβίβασον ἐκ τοῦ βουτόμου τοὐρνίθιον.
Ευ. ἐκβίβασον αὐτοῦ πρὸς θεῶν αὐτήν, ἵνα
καὶ νὼ θεασώμεσθα τὴν ἀηδόνα.
Επ. ἀλλ᾽ εἰ δοκεῖ σφῷν, ταῦτα χρὴ δρᾶν. ἡ Πρόκνη   665

639 ἔτι] γ᾽ ἔτι Pors.: γέ πω Plutarchus   641 γε Dobr.: τε codd.
642 γε] τε Dobr.   644 τῳδεδὶ Dind.: τῳδε (γρ. τῳδὶ) δέ τι V: τῶι δὶ
δὲ τί R: τῷ δέ τί Ald.   645 θριῆθεν Ald.: θρίωθεν Γ: θρίηθεν Α
658 σὲ λέγω V A B: σὲ λέγων Ald.: σὲ καλῶ R   σαυτοῦ] σοῦ V

ΟΡΝΙΘΕΣ

ἔκβαινε καὶ σαυτὴν ἐπιδείκνυ τοῖς ξένοις.

Πι. ὦ Ζεῦ πολυτίμηθ᾽ ὡς καλὸν τοὐρνίθιον,
ὡς δ᾽ ἁπαλόν, ὡς δὲ λευκόν.   Ευ. ἀρά γ᾽ οἶσθ᾽ ὅτι
ἐγὼ διαμηρίζοιμ᾽ ἂν αὐτὴν ἡδέως;

Πι. ὅσον δ᾽ ἔχει τὸν χρυσόν, ὥσπερ παρθένος.   670

Ευ. ἐγὼ μὲν αὐτὴν κἂν φιλῆσαί μοι δοκῶ.

Πι. ἀλλ᾽ ὦ κακόδαιμον ῥύγχος ὀβελίσκοιν ἔχει.

Ευ. ἀλλ᾽ ὥσπερ ᾠὸν νὴ Δί᾽ ἀπολέψαντα χρὴ
ἀπὸ τῆς κεφαλῆς τὸ λέμμα κᾆθ᾽ οὕτω φιλεῖν.

Επ. ἴωμεν.   Πι. ἡγοῦ δὴ σὺ νῷν τύχἀγαθῇ.   675

Χο. ὦ φίλη, ὦ ξουθή,
ὦ φίλτατον ὀρνέων
πάντων, ξύννομε τῶν ἐμῶν
ὕμνων, ξύντροφ᾽ ἀηδοῖ,
ἦλθες ἦλθες ὤφθης,   680
ἡδὺν φθόγγον ἐμοὶ φέρουσ᾽·
ἀλλ᾽ ὦ καλλιβόαν κρέκουσ᾽
αὐλὸν φθέγμασιν ἠρινοῖς,
ἄρχου τῶν ἀναπαίστων.

ἄγε δὴ φύσιν ἄνδρες ἀμαυρόβιοι, φύλλων γενεᾷ προσ-
όμοιοι,   685
ὀλιγοδρανέες, πλάσματα πηλοῦ, σκιοειδέα φῦλ᾽ ἀμενηνά,
ἀπτῆνες ἐφημέριοι ταλαοὶ βροτοὶ ἀνέρες εἰκελόνειροι,
προσέχετε τὸν νοῦν τοῖς ἀθανάτοις ἡμῖν τοῖς αἰὲν ἐοῦσιν,
τοῖς αἰθερίοις τοῖσιν ἀγήρῳς τοῖς ἄφθιτα μηδομένοισιν,
ἵν᾽ ἀκούσαντες πάντα παρ᾽ ἡμῶν ὀρθῶς περὶ τῶν μετεώρων.
φύσιν οἰωνῶν γένεσίν τε θεῶν ποταμῶν τ᾽ Ἐρέβους τε
Χάους τε   691
εἰδότες ὀρθῶς, Προδίκῳ παρ᾽ ἐμοῦ κλάειν εἴπητε τὸ λοιπόν.
Χάος ἦν καὶ Νὺξ Ἔρεβός τε μέλαν πρῶτον καὶ Τάρταρος
εὐρύς,

671 κἂν Dobr. : καὶ codd.   685 ΑΗΔΩΝ praef. Bentl.   687 τ᾽
ἀλαοὶ v. l. apud schol.   692 παρ᾽ ἐμοῦ Προδίκῳ R schol. ad Nub.
361 et Suid.

313

ΑΡΙΣΤΟΦΑΝΟΥΣ

γῆ δ' οὐδ' ἀὴρ οὐδ' οὐρανὸς ἦν· Ἐρέβους δ' ἐν ἀπείροσι
κόλποις
τίκτει πρώτιστον ὑπηνέμιον Νὺξ ἡ μελανόπτερος ᾠόν, 695
ἐξ οὗ περιτελλομέναις ὥραις ἔβλαστεν Ἔρως ὁ ποθεινός,
στίλβων νῶτον πτερύγοιν χρυσαῖν, εἰκὼς ἀνεμώκεσι
δίναις.
οὗτος δὲ Χάει πτερόεντι μιγεὶς νυχίῳ κατὰ Τάρταρον εὐρὺν
ἐνεόττευσεν γένος ἡμέτερον, καὶ πρῶτον ἀνήγαγεν ἐς
φῶς.
πρότερον δ' οὐκ ἦν γένος ἀθανάτων, πρὶν Ἔρως ξυν-
έμειξεν ἅπαντα·   700
ξυμμιγνυμένων δ' ἑτέρων ἑτέροις γένετ' οὐρανὸς ὠκεα-
νός τε
καὶ γῆ πάντων τε θεῶν μακάρων γένος ἄφθιτον.   ὧδε
μέν ἐσμεν
πολὺ πρεσβύτατοι πάντων μακάρων. ἡμεῖς δ' ὡς ἐσμὲν
Ἔρωτος
πολλοῖς δῆλον· πετόμεσθά τε γὰρ καὶ τοῖσιν ἐρῶσι
σύνεσμεν·
πολλοὺς δὲ καλοὺς ἀπομωμοκότας παῖδας πρὸς τέρμασιν
ὥρας   705
διὰ τὴν ἰσχὺν τὴν ἡμετέραν διεμήρισαν ἄνδρες ἐρασταί,
ὁ μὲν ὄρτυγα δοὺς ὁ δὲ πορφυρίων' ὁ δὲ χῆν' ὁ δὲ Περ-
σικὸν ὄρνιν.
πάντα δὲ θνητοῖς ἐστὶν ἀφ' ἡμῶν τῶν ὀρνίθων τὰ μέ-
γιστα.
πρῶτα μὲν ὥρας φαίνομεν ἡμεῖς ἦρος χειμῶνος ὀπώρας·
σπείρειν μέν, ὅταν γέρανος κρώζουσ' ἐς τὴν Λιβύην
μεταχωρῇ·   710
καὶ πηδάλιον τότε ναυκλήρῳ φράζει κρεμάσαντι καθεύ-
δειν,

698 οὗτος Χάει ἠερόεντι Herm.   701 γένετ' Ald. : ἐγένετ' R V A Γ :
γέγον' Kiehl   703 μακάρων ἡμεῖς. ὡς δ' Dobr.   708 πάντα]
ταῦτα V

314

εἶτα δ' Ὀρέστῃ χλαῖναν ὑφαίνειν, ἵνα μὴ ῥιγῶν ἀποδύῃ.
ἰκτῖνος ⟨δ'⟩ αὖ μετὰ ταῦτα φανεὶς ἑτέραν ὥραν ἀπο-
φαίνει,   713
ἡνίκα πεκτεῖν ὥρα προβάτων πόκον ἠρινόν· εἶτα χελιδών,
ὅτε χρὴ χλαῖναν πωλεῖν ἤδη καὶ ληδάριόν τι πρίασθαι.
ἐσμὲν δ' ὑμῖν Ἄμμων Δελφοὶ Δωδώνη Φοῖβος Ἀπόλλων.
ἐλθόντες γὰρ πρῶτον ἐπ' ὄρνις οὕτω πρὸς ἅπαντα τρέ-
πεσθε,
πρός τ' ἐμπορίαν, καὶ πρὸς βιότου κτῆσιν, καὶ πρὸς
γάμον ἀνδρός.
ὄρνιν τε νομίζετε πάνθ' ὅσαπερ περὶ μαντείας διακρίνει·
φήμη γ' ὑμῖν ὄρνις ἐστί, πταρμόν τ' ὄρνιθα καλεῖτε,   720
ξύμβολον ὄρνιν, φωνὴν ὄρνιν, θεράποντ' ὄρνιν, ὄνον
ὄρνιν.
ἆρ' οὐ φανερῶς ἡμεῖς ὑμῖν ἐσμὲν μαντεῖος Ἀπόλλων;
ἢν οὖν ἡμᾶς νομίσητε θεούς,
ἕξετε χρῆσθαι μάντεσι Μούσαις
αὔραις ὥραις χειμῶνι θέρει   725
μετρίῳ πνίγει· κοὐκ ἀποδράντες
καθεδούμεθ' ἄνω σεμνυνόμενοι
παρὰ ταῖς νεφέλαις ὥσπερ χὠ Ζεύς·
ἀλλὰ παρόντες δώσομεν ὑμῖν
αὐτοῖς, παισίν, παίδων παισίν,   730
πλουθυγιείαν
εὐδαιμονίαν βίον εἰρήνην
νεότητα γέλωτα χοροὺς θαλίας
γάλα τ' ὀρνίθων. ὥστε παρέσται
κοπιᾶν ὑμῖν ὑπὸ τῶν ἀγαθῶν·   735
οὕτω πλουτήσετε πάντες.

Μοῦσα λοχμαία,   [στρ.
τιὸ τιὸ τιὸ τιὸ τιὸ τιὸ τιοτίγξ,
737-768 = 769-800
713 δ' add. Kuster   718 ἀνδρός] ἄνδρες Brunck : ἄλλος Mein.

ποικίλη, μεθ' ἧς ἐγὼ
νάπαισι ⟨καὶ⟩ κορυφαῖς ἐν ὀρείαις,   740
τιὸ τιὸ τιὸ τιοτίγξ,
ἱζόμενος μελίας ἐπὶ φυλλοκόμου,
τιὸ τιὸ τιὸ τιοτίγξ,
δι' ἐμῆς γένυος ξουθῆς μελέων
Πανὶ νόμους ἱεροὺς ἀναφαίνω   745
σεμνά τε μητρὶ χορεύματ' ὀρείᾳ,
τοτοτοτοτοτοτοτοτοτίγξ,
ἔνθεν ὡσπερεὶ μέλιττα
Φρύνιχος ἀμβροσίων μελέων ἀπεβόσκετο καρπὸν ἀεὶ
φέρων γλυκεῖαν ᾠδάν.   750
τιὸ τιὸ τιὸ τιοτίγξ.

εἰ μετ' ὀρνίθων τις ὑμῶν ὦ θεαταὶ βούλεται
διαπλέκειν ζῶν ἡδέως τὸ λοιπόν, ὡς ἡμᾶς ἴτω.
ὅσα γάρ ἐστιν ἐνθάδ' αἰσχρὰ τῷ νόμῳ κρατούμενα,   755
ταῦτα πάντ' ἐστὶν παρ' ἡμῖν τοῖσιν ὄρνισιν καλά.
εἰ γὰρ ἐνθάδ' ἐστὶν αἰσχρὸν τὸν πατέρα τύπτειν
νόμῳ,
τοῦτ' ἐκεῖ καλὸν παρ' ἡμῖν ἐστιν, ἤν τις τῷ πατρὶ
προσδραμὼν εἴπῃ πατάξας, ' αἶρε πλῆκτρον, εἰ μαχεῖ.'
εἰ δὲ τυγχάνει τις ὑμῶν δραπέτης ἐστιγμένος,   760
ἀτταγᾶς οὗτος παρ' ἡμῖν ποικίλος κεκλήσεται.
εἰ δὲ τυγχάνει τις ὢν Φρὺξ μηδὲν ἧττον Σπινθάρου,
φρυγίλος ὄρνις ἐνθάδ' ἔσται, τοῦ Φιλήμονος γένους.
εἰ δὲ δοῦλός ἐστι καὶ Κὰρ ὥσπερ Ἐξηκεστίδης,
φυσάτω πάππους παρ' ἡμῖν, καὶ φανοῦνται φράτερες.
εἰ δ' ὁ Πεισίου προδοῦναι τοῖς ἀτίμοις τὰς πύλας   766
βούλεται, πέρδιξ γενέσθω, τοῦ πατρὸς νεοττίον·
ὡς παρ' ἡμῖν οὐδὲν αἰσχρόν ἐστιν ἐκπερδικίσαι.

740 καὶ κορυφαῖς Thiersch : κορυφαῖσί τ' codd.   748 ὡσπερεὶ
Reiske : ὥσπερ ἡ codd.   763 ἐνθάδ'] οὗτος Dobr.   765 φράτορες
codd. : corr. Dind.   766 Πισίου codd. : corr. Dind.

316

τοιάδε κύκνοι,   [ἀντ.
τιὸ τιὸ τιὸ τιὰ τιὸ τιὸ τιοτίγξ,   770
   συμμιγῆ βοὴν ὁμοῦ
πτεροῖς κρέκοντες ἴακχον Ἀπόλλω,
   τιὸ τιὸ τιὸ τιοτίγξ,
ὄχθῳ ἐφεζόμενοι παρ᾽ Ἕβρον ποταμόν,
   τιὸ τιὸ τιὸ τιοτίγξ,   775
διὰ δ᾽ αἰθέριον νέφος ἦλθε βοά·
πτῆξε δὲ φῦλά τε ποικίλα θηρῶν,
κύματά τ᾽ ἔσβεσε νήνεμος αἴθρη,
τοτοτοτοτοτοτοτοτίγξ·
   πᾶς δ᾽ ἐπεκτύπησ᾽ Ὄλυμπος·   780
εἷλε δὲ θάμβος ἄνακτας· Ὀλυμπιάδες δὲ μέλος Χάριτες
   Μοῦσαί τ᾽ ἐπωλόλυξαν.
   τιὸ τιὸ τιὸ τιοτίγξ.

οὐδέν ἐστ᾽ ἄμεινον οὐδ᾽ ἥδιον ἢ φῦσαι πτερά.   785
αὐτίχ᾽ ὑμῶν τῶν θεατῶν εἴ τις ἦν ὑπόπτερος,
εἶτα πεινῶν τοῖς χοροῖσι τῶν τραγῳδῶν ἤχθετο,
ἐκπτόμενος ἂν οὗτος ἠρίστησεν ἐλθὼν οἴκαδε,
κᾆτ᾽ ἂν ἐμπλησθεὶς ἐφ᾽ ἡμᾶς αὖθις αὖ κατέπτετο.
εἴ τε Πατροκλείδης τις ὑμῶν τυγχάνει χεζητιῶν,   790
οὐκ ἂν ἐξίδισεν ἐς θοἰμάτιον, ἀλλ᾽ ἀνέπτετο,
κἀποπαρδὼν κἀναπνεύσας αὖθις αὖ κατέπτετο·
εἴ τε μοιχεύων τις ὑμῶν ἐστιν ὅστις τυγχάνει,
κᾆθ᾽ ὁρᾷ τὸν ἄνδρα τῆς γυναικὸς ἐν βουλευτικῷ,
οὗτος ἂν πάλιν παρ᾽ ὑμῶν πτερυγίσας ἀνέπτετο,   795
εἶτα βινήσας ἐκεῖθεν αὖθις αὖ κατέπτετο.
ἆρ᾽ ὑπόπτερον γενέσθαι παντός ἐστιν ἄξιον;
ὡς Διειτρέφης γε πυτιναῖα μόνον ἔχων πτερὰ

777 ποικίλα φῦλά τε codd. : corr. Herm.   778 αἴθρη] αἰθήρ Γ
787 τραγῳδῶν] τρυγῳδῶν Scaliger   796 κατέπτετο Mein. : κατ-
έπτατο Suid. : καθέζετο codd.

ἠρέθη φύλαρχος, εἶθ᾽ ἵππαρχος, εἶτ᾽ ἐξ οὐδενὸς
μεγάλα πράττει κἀστὶ νυνὶ ξουθὸς ἱππαλεκτρυών.　800

Πι.　ταυτὶ τοιαυτί· μὰ Δί᾽ ἐγὼ μὲν πρᾶγμά πω
γελοιότερον οὐκ εἶδον οὐδεπώποτε.

Ευ.　ἐπὶ τῷ γελᾷς;　　Πι.　ἐπὶ τοῖσι σοῖς ὠκυπτέροις.
οἶσθ᾽ ᾧ μάλιστ᾽ ἔοικας ἐπτερωμένος;
εἰς εὐτέλειαν χηνὶ συγγεγραμμένῳ.　　　　805

Ευ.　σὺ δὲ κοψίχῳ γε σκάφιον ἀποτετιλμένῳ.

Πι.　ταυτὶ μὲν ἠκάσμεσθα κατὰ τὸν Αἰσχύλον·
τάδ᾽ οὐχ ὑπ᾽ ἄλλων ἀλλὰ τοῖς αὑτῶν πτεροῖς.

Επ.　ἄγε δὴ τί χρὴ δρᾶν;　　Πι.　πρῶτον ὄνομα τῇ πόλει
θέσθαι τι μέγα καὶ κλεινόν, εἶτα τοῖς θεοῖς　810
θῦσαι μετὰ τοῦτο.　　Ευ.　ταῦτα κἀμοὶ συνδοκεῖ.

Επ.　φέρ᾽ ἴδω, τί δ᾽ ἡμῖν τοὔνομ᾽ ἔσται τῇ πόλει;

Ευ.　βούλεσθε τὸ μέγα τοῦτο τοὐκ Λακεδαίμονος
Σπάρτην ὄνομα καλῶμεν αὐτήν;　　Πι.　Ἡράκλεις·
Σπάρτην γὰρ ἂν θείμην ἐγὼ τῇμῇ πόλει;　　815
οὐδ᾽ ἂν χαμεύνῃ πάνυ γε κειρίαν γ᾽ ἔχων.

Ευ.　τί δῆτ᾽ ὄνομ᾽ αὐτῇ θησόμεσθ᾽;　　Επ.　ἐντευθενὶ
ἐκ τῶν νεφελῶν καὶ τῶν μετεώρων χωρίων
χαῦνόν τι πάνυ.　　Πι.　βούλει Νεφελοκοκκυγίαν;

Επ.　ἰοὺ ἰού·
καλόν γ᾽ ἀτεχνῶς ⟨σὺ⟩ καὶ μέγ᾽ ηὗρες τοὔνομα.　820

Ευ.　ἆρ᾽ ἐστὶν αὑτηγὶ Νεφελοκοκκυγία,
ἵνα καὶ τὰ Θεογένους τὰ πολλὰ χρήματα
τά τ᾽ Αἰσχίνου γ᾽ ἅπαντα;　　Πι.　καὶ λῷστον μὲν οὖν
τὸ Φλέγρας πεδίον, ἵν᾽ οἱ θεοὶ τοὺς γηγενεῖς
ἀλαζονευόμενοι καθυπερηκόντισαν.　825

Επ.　λιπαρὸν τὸ χρῆμα τῆς πόλεως.　τίς δαὶ θεὸς
πολιοῦχος ἔσται; τῷ ξανοῦμεν τὸν πέπλον;

799 ἵππαρχος, εἶτ᾽] ὕπαρχος, ὥστ᾽ V　　805 συγγεγραμμένῳ] σύ γε
γεγραμμένῳ Mein.　　812 τοὔνομ᾽ Bentl. : οὔνομ᾽ Ald. : ὄνομ᾽ vulg.
820 σὺ add. Bentl.　　821 αὑτηγὶ Elmsl. : αὕτη γ᾽ ἡ codd.　　822 Θεα-
γένους codd. : corr. Dind.

318

Ευ. τί δ' οὐκ 'Αθηναίαν ἐῶμεν Πολιάδα;

Πι. καὶ πῶς ἂν ἔτι γένοιτ' ἂν εὔτακτος πόλις,
  ὅπου θεὸς γυνὴ γεγονυῖα πανοπλίαν   830
  ἔστηκ' ἔχουσα, Κλεισθένης δὲ κερκίδα;

Ευ. τίς δαὶ καθέξει τῆς πόλεως τὸ Πελαργικόν;

Επ. ὄρνις ἀφ' ἡμῶν τοῦ γένους τοῦ Περσικοῦ,
  ὅσπερ λέγεται δεινότατος εἶναι πανταχοῦ
  Ἄρεως νεοττός.   Ευ. ὦ νεοττὲ δέσποτα·   835
  ὡς δ' ὁ θεὸς ἐπιτήδειος οἰκεῖν ἐπὶ πετρῶν.

Πι. ἄγε νυν σὺ μὲν βάδιζε πρὸς τὸν ἀέρα
  καὶ τοῖσι τειχίζουσι παραδιακόνει,
  χάλικας παραφόρει, πηλὸν ἀποδὺς ὄργασον,
  λεκάνην ἀνένεγκε, κατάπεσ' ἀπὸ τῆς κλίμακος,   840
  φύλακας κατάστησαι, τὸ πῦρ ἔγκρυπτ' ἀεί,
  κωδωνοφορῶν περίτρεχε καὶ κάθευδ' ἐκεῖ·
  κήρυκα δὲ πέμψον τὸν μὲν ἐς θεοὺς ἄνω,
  ἕτερον δ' ἄνωθεν αὖ παρ' ἀνθρώπους κάτω,   844
  κἀκεῖθεν αὖθις παρ' ἐμέ.   Ευ. σὺ δέ γ' αὐτοῦ μένων
  οἴμωζε παρ' ἔμ'.   Πι. ἴθ' ὦγάθ' οἷ πέμπω σ' ἐγώ.
  οὐδὲν γὰρ ἄνευ σοῦ τῶνδ' ἃ λέγω πεπράξεται.
  ἐγὼ δ' ἵνα θύσω τοῖσι καινοῖσιν θεοῖς,
  τὸν ἱερέα πέμψοντα τὴν πομπὴν καλῶ.
  παῖ παῖ, τὸ κανοῦν αἴρεσθε καὶ τὴν χέρνιβα.   850

ΙΕΡΕΥΣ

  ὁμορροθῶ, συνθέλω,   [στρ.
  συμπαραινέσας ἔχω
  προσόδια μεγάλα σεμνὰ προσιέναι θεοῖσιν,
  ἅμα δὲ προσέτι χάριτος ἕνεκα προβάτιόν τι θύειν. 855
  ἴτω ἴτω δὲ Πυθιὰς βοὰ θεῷ,
  συναδέτω δὲ Χαῖρις ᾠδάν.

  851–858 = 895–902

851 ΙΕΡΕΥΣ Wieseler : Χο. codd.   855 πρόβατόν codd. : corr.
Bentl.   856 ἴτω bis Ald. : ter codd.   θεῷ Bentl. : τῷ θεῷ codd.
857 συναδέτω] συναυλείτω Herm.   ᾠδάν] ᾠδᾷ Herm.

Πι. παῦσαι σὺ φυσῶν. Ἡράκλεις τουτὶ τί ἦν;
    τουτὶ μὰ Δί' ἐγὼ πολλὰ δὴ καὶ δείν' ἰδὼν   860
    οὔπω κόρακ' εἶδον ἐμπεφορβειωμένον.
    ἱερεῦ σὸν ἔργον, θῦε τοῖς καινοῖς θεοῖς.

Ιε. δράσω τάδ'. ἀλλὰ ποῦ 'στιν ὁ τὸ κανοῦν ἔχων;   864
    εὔχεσθε τῇ Ἑστίᾳ τῇ ὀρνιθείῳ καὶ τῷ ἰκτίνῳ τῷ ἑστι-
    ούχῳ καὶ ὄρνισιν Ὀλυμπίοις καὶ Ὀλυμπίῃσι πᾶσι καὶ πά-
    σῃσιν—

Πι. ὦ Σουνιέρακε χαῖρ' ἄναξ Πελαργικέ.

Ιε. καὶ κύκνῳ Πυθίῳ καὶ Δηλίῳ καὶ Λητοῖ Ὀρτυγομήτρᾳ καὶ
    Ἀρτέμιδι Ἀκαλανθίδι—

Πι. οὐκέτι Κολαινὶς ἀλλ' Ἀκαλανθὶς Ἄρτεμις.

Ιε. καὶ φρυγίλῳ Σαβαζίῳ καὶ στρούθῳ μεγάλῃ μητρὶ θεῶν
    καὶ ἀνθρώπων—   876

Πι. δέσποινα Κυβέλη, στροῦθε, μῆτερ Κλεοκρίτου.

Ιε. διδόναι Νεφελοκοκκυγιεῦσιν ὑγιείαν καὶ σωτηρίαν αὐ-
    τοῖσι καὶ Χίοισι—

Πι. Χίοισιν ἥσθην πανταχοῦ προσκειμένοις.   880

Ιε. καὶ ἥρωσιν ὄρνισι καὶ ἡρώων παισί, πορφυρίωνι καὶ
    πελεκᾶντι καὶ πελεκίνῳ καὶ φλέξιδι καὶ τέτρακι καὶ ταῶνι
    καὶ ἐλεᾷ καὶ βασκᾷ καὶ ἐλασᾷ καὶ ἐρῳδιῷ καὶ καταρράκτῃ
    καὶ μελαγκορύφῳ καὶ αἰγιθάλλῳ—

Πι. παῦ' ἐς κόρακας, παῦσαι καλῶν. ἰοὺ ἰού,
    ἐπὶ ποῖον ὦ κακόδαιμον ἱερεῖον καλεῖς   890
    ἁλιαιέτους καὶ γῦπας; οὐχ ὁρᾷς ὅτι
    ἰκτῖνος εἷς ἂν τοῦτό γ' οἴχοιθ' ἁρπάσας;
    ἄπελθ' ἀφ' ἡμῶν καὶ σὺ καὶ τὰ στέμματα·
    ἐγὼ γὰρ αὐτὸς τουτογὶ θύσω μόνος.

Ιε.   εἶτ' αὖθις αὖ τἄρα σοι   [ἀντ.
    δεῖ με δεύτερον μέλος   896

881 ἥρωσι καὶ ὄρνισι codd. : corr. Herm.   888 post αἰγιθάλλῳ
add. καὶ ἡρισάλπιγγι Halbertsma ex schol. coll. Hesychio   895 Ιε.]
Χο. Dobr.   εἶτ'] ἔτ' Blaydes

ΟΡΝΙΘΕΣ

χέρνιβι θεοσεβὲς ὅσιον ἐπιβοᾶν, καλεῖν δὲ
μάκαρας, ἕνα τινὰ μόνον, εἴπερ ἱκανὸν ἕξετ᾽ ὄψον. 900
τὰ γὰρ παρόντα θύματ᾽ οὐδὲν ἄλλο πλὴν
γένειόν ἐστι καὶ κέρατα.

Πι. θύοντες εὐξώμεσθα τοῖς πτερίνοις θεοῖς.

ΠΟΙΗΤΗΣ

Νεφελοκοκκυγίαν τὰν εὐδαίμονα
κλῇσον ὦ Μοῦσα τεαῖς ἐν ὕμνων ἀοιδαῖς. 905

Πι. τουτὶ τὸ πρᾶγμα ποδαπόν; εἰπέ μοι τίς εἶ;

Πο. ἐγὼ μελιγλώσσων ἐπέων ἱεὶς ἀοιδὰν
Μουσάων θεράπων ὀτρηρός,
κατὰ τὸν Ὅμηρον. 910

Πι. ἔπειτα δῆτα δοῦλος ὢν κόμην ἔχεις;

Πο. οὔκ, ἀλλὰ πάντες ἐσμὲν οἱ διδάσκαλοι
Μουσάων θεράποντες ὀτρηροί,
κατὰ τὸν Ὅμηρον.

Πι. οὐκ ἐτὸς ὀτρηρὸν καὶ τὸ ληδάριον ἔχεις. 915
ἀτὰρ ὦ ποιητὰ κατὰ τί δεῦρ᾽ ἀνεφθάρης;

Πο. μέλη πεποίηκ᾽ ἐς τὰς Νεφελοκοκκυγίας
τὰς ὑμετέρας κύκλιά τε πολλὰ καὶ καλὰ
καὶ παρθένεια καὶ κατὰ τὰ Σιμωνίδου.

Πι. ταυτὶ σὺ πότ᾽ ἐποίησας; ἀπὸ ποίου χρόνου; 920

Πο. πάλαι πάλαι δὴ τήνδ᾽ ἐγὼ κλῄζω πόλιν.

Πι. οὐκ ἄρτι θύω τὴν δεκάτην ταύτης ἐγώ,
καὶ τοὔνομ᾽ ὥσπερ παιδίῳ νῦν δὴ 'θέμην;

Πο. ἀλλά τις ὠκεῖα Μουσάων φάτις
οἷάπερ ἵππων ἀμαρυγά. 925
σὺ δὲ πάτερ κτίστορ Αἴτνας,
ζαθέων ἱερῶν ὁμώνυμε,
δὸς ἐμὶν ὅ τι περ
τεᾷ κεφαλᾷ θέλῃς

---

902 γένειόν lemm. schol.: γένειόν τ᾽ codd. 905 κλεῖσον R :
κλεῖσον Mein. 920 ποίου] πόσου Bentl.

321

πρόφρων δόμεν ἐμὶν τείν. 930

Πι. τουτὶ παρέξει τὸ κακὸν ἡμῖν πράγματα,
εἰ μή τι τούτῳ δόντες ἀποφευξούμεθα.
οὗτος, σὺ μέντοι σπολάδα καὶ χιτῶν' ἔχεις,
ἀπόδυθι καὶ δὸς τῷ ποιητῇ τῷ σοφῷ.
ἔχε τὴν σπολάδα· πάντως δέ μοι ῥιγῶν δοκεῖς. 935

Πο. τόδε μὲν οὐκ ἀέκουσα φίλα
Μοῦσα δῶρον δέχεται·
τὺ δὲ τεᾷ φρενὶ μάθε Πινδάρειον ἔπος—

Πι. ἄνθρωπος ἡμῶν οὐκ ἀπαλλαχθήσεται. 940

Πο. νομάδεσσι γὰρ ἐν Σκύθαις
ἀλᾶται Στράτων,
ὃς ὑφαντοδόνατον ἔσθος οὐ πέπαται·
ἀκλεὴς δ' ἔβα σπολὰς ἄνευ χιτῶνος.
ξύνες ὅ τοι λέγω. 945

Πι. ξυνῆχ' ὅτι βούλει τὸν χιτωνίσκον λαβεῖν.
ἀπόδυθι· δεῖ γὰρ τὸν ποιητὴν ὠφελεῖν.
ἄπελθε τουτονὶ λαβών. Πο. ἀπέρχομαι,
κᾆς τὴν πόλιν γ' ἐλθὼν ποιήσω τοιαδί·
'κλῇσον ὦ χρυσόθρονε τὰν τρομερὰν κρυεράν· 950
νιφόβολα πεδία πολύπορά τ' ἤλυθον ἀλαλάν.'

Πι. νὴ τὸν Δί' ἀλλ' ἤδη πέφευγας ταυταγὶ
τὰ κρυερὰ τονδὶ τὸν χιτωνίσκον λαβών. 955
τουτὶ μὰ Δί' ἐγὼ τὸ κακὸν οὐδέποτ' ἤλπισα,
οὕτω ταχέως τοῦτον πεπύσθαι τὴν πόλιν.
αὖθις σὺ περιχώρει λαβὼν τὴν χέρνιβα.
εὐφημία 'στω.

ΧΡΗΣΜΟΛΟΓΟΣ
μὴ κατάρξῃ τοῦ τράγου.

930 τείν̄ τεῶν Kock   937 δῶρον A : τόδε δῶρον vulg.   943 ὑφαν-
τοδίνητον A Ald.   946 ξυνῆχ' Brunck : ξυνίημ' codd.   949 ἐλθὼν]
ἐθέλων Mein.   τοιαδί Dind. : δὴ ταδί Ald. : ταδί vulg.   951 πολύ-
πορά τ' V : πολύπυρά τ' Γ : πολύσπορά τ' R A Ald.   ἀλαλάν ex ἀλά-
λημαι fingit pessimus poeta : ἀλαλαί Bentl.   959 εὐφημία 'στω dant
Ἱερεῖ R V Ald. : corr. Beer

Πι. σὺ δ᾽ εἶ τίς;   Χρ. ὅστις; χρησμολόγος.   Πι. οἴ-
μωζέ νυν.   960

Χρ. ὦ δαιμόνιε τὰ θεῖα μὴ φαύλως φέρε·
ὡς ἔστι Βάκιδος χρησμὸς ἄντικρυς λέγων
ἐς τὰς Νεφελοκοκκυγίας.   Πι.   κἄπειτα πῶς
ταῦτ᾽ οὐκ ἐχρησμολόγεις σὺ πρὶν ἐμὲ τὴν πόλιν
τήνδ᾽ οἰκίσαι;   Χρ.   τὸ θεῖον ἐνεπόδιζέ με.   965
Πι. ἀλλ᾽ οὐδὲν οἷόν ἐστ᾽ ἀκοῦσαι τῶν ἐπῶν.
Χρ. ἀλλ᾽ ὅταν οἰκήσωσι λύκοι πολιαί τε κορῶναι
ἐν ταὐτῷ τὸ μεταξὺ Κορίνθου καὶ Σικυῶνος,—
Πι. τί οὖν προσήκει δῆτ᾽ ἐμοὶ Κορινθίων;
Χρ. ᾐνίξαθ᾽ ὁ Βάκις τοῦτο πρὸς τὸν ἀέρα.   970
πρῶτον Πανδώρᾳ θῦσαι λευκότριχα κριόν·
ὃς δέ κ᾽ ἐμῶν ἐπέων ἔλθῃ πρώτιστα προφήτης,
τῷ δόμεν ἱμάτιον καθαρὸν καὶ καινὰ πέδιλα—
Πι. ἔνεστι καὶ τὰ πέδιλα;   Χρ.   λαβὲ τὸ βιβλίον.
καὶ φιάλην δοῦναι, καὶ σπλάγχνων χεῖρ᾽ ἐπιπλῆσαι. 975
Πι. καὶ σπλάγχνα διδόν᾽ ἔνεστι;   Χρ.   λαβὲ τὸ βιβλίον.
κἂν μὲν θέσπιε κοῦρε ποιῇς ταῦθ᾽ ὡς ἐπιτέλλω,
αἰετὸς ἐν νεφέλῃσι γενήσεαι· αἱ δέ κε μὴ δῷς,
οὐκ ἔσει οὐ τρυγὼν οὐδ᾽ αἰετὸς οὐ δρυκολάπτης.
Πι. καὶ ταῦτ᾽ ἔνεστ᾽ ἐνταῦθα;   Χρ.   λαβὲ τὸ βιβλίον.
Πι. οὐδὲν ἄρ᾽ ὅμοιός ἐσθ᾽ ὁ χρησμὸς τουτῳί,   981
ὃν ἐγὼ παρὰ τἀπόλλωνος ἐξεγραψάμην·
αὐτὰρ ἐπὴν ἄκλητος ἰὼν ἄνθρωπος ἀλαζὼν
λυπῇ θύοντας καὶ σπλαγχνεύειν ἐπιθυμῇ,
δὴ τότε χρὴ τύπτειν αὐτὸν πλευρῶν τὸ μεταξύ—   985
Χρ. οὐδὲν λέγειν οἶμαί σε.   Πι.   λαβὲ τὸ βιβλίον.
καὶ φείδου μηδὲν μηδ᾽ αἰετοῦ ἐν νεφέλῃσιν,
μήτ᾽ ἢν Λάμπων ᾖ μήτ᾽ ἢν ὁ μέγας Διοπείθης.
Χρ. καὶ ταῦτ᾽ ἔνεστ᾽ ἐνταῦθα;   Πι.   λαβὲ τὸ βιβλίον.
οὐκ εἶ θύραζ᾽; ἐς κόρακας.   Χρ.   οἴμοι δείλαιος.   990

975 ἐνιπλῆσαι Cobet   979 οὐδ᾽ αἰετὸς] οὐ λάϊος Mein.

Πι. οὔκουν ἑτέρωσε χρησμολογήσεις ἐκτρέχων;

ΜΕΤΩΝ

   ἥκω παρ' ὑμᾶς—   Πι.   ἕτερον αὖ τουτὶ κακόν.
τί δ' αὖ σὺ δράσων; τίς δ' ἰδέα βουλεύματος;
τίς ἡ 'πίνοια, τίς ὁ κόθορνος τῆς ὁδοῦ;

Με. γεωμετρῆσαι βούλομαι τὸν ἀέρα   995
ὑμῖν διελεῖν τε κατὰ γύας.   Πι.   πρὸς τῶν θεῶν
σὺ δ' εἶ τίς ἀνδρῶν;   Με.   ὅστις εἴμ' ἐγώ;
  Μέτων,
ὃν οἶδεν Ἑλλὰς χὠ Κολωνός.   Πι.   εἰπέ μοι,
ταυτὶ δέ σοι τί ἔστι;   Με.   κανόνες ἀέρος.
αὐτίκα γὰρ ἀήρ ἐστι τὴν ἰδέαν ὅλος   1000
κατὰ πνιγέα μάλιστα. προσθεὶς οὖν ἐγὼ
τὸν κανόν', ἄνωθεν τουτονὶ τὸν καμπύλον
ἐνθεὶς διαβήτην—μανθάνεις;   Πι.   οὐ μανθάνω.

Με. ὀρθῷ μετρήσω κανόνι προστιθείς, ἵνα
ὁ κύκλος γένηταί σοι τετράγωνος κἂν μέσῳ   1005
ἀγορά, φέρουσαι δ' ὦσιν εἰς αὐτὴν ὁδοὶ
ὀρθαὶ πρὸς αὐτὸ τὸ μέσον, ὥσπερ δ' ἀστέρος
αὐτοῦ κυκλοτεροῦς ὄντος ὀρθαὶ πανταχῇ
ἀκτῖνες ἀπολάμπωσιν.   Πι.   ἄνθρωπος Θαλῆς.

Μέτων—   Με.   τί ἔστιν;   Πι.   οἶσθ' ὁτιὴ φιλῶ
   σ' ἐγώ,   1010
κἀμοὶ πιθόμενος ὑπαποκίνει τῆς ὁδοῦ.

Με. τί δ' ἐστὶ δεινόν;   Πι.   ὥσπερ ἐν Λακεδαίμονι
ξενηλατοῦνται καὶ κεκίνηνταί τινες·
πληγαὶ συχναὶ κατ' ἄστυ.   Με.   μῶν στασιάζετε;

Πι. μὰ τὸν Δί' οὐ δῆτ'.   Με.   ἀλλὰ πῶς;   Πι.   ὁμο-
   θυμαδὸν   1015

993 τίς ἰδέα R   βουλήματος codd. : corr. Bergk   994 τίς ὁ κόθορνος] τίς ποτ' ὄρνις Van Eldik   996 κατὰ γύας Dawes : κατ' ἀγυιάς codd.   1007 ἀστέρος B¹ Urbinas : ἀστέρες vulg.   1010 οἶσθ'] ἴσθ' Mein.   1011 πειθόμενος codd. : corr. Bentl.   1013 ξενηλατοῦσι Elmsl. : ξενηλατοῦμεν Dind.   post τινες punctum tollit Brunck

ΟΡΝΙΘΕΣ

σποδεῖν ἅπαντας τοὺς ἀλαζόνας δοκεῖ.

Με. ὑπάγοιμί τἄρ' ἄν. Πι.   νὴ Δί' ὡς οὐκ οἶδ' ἂν εἰ
φθαίης ἄν· ἐπίκεινται γὰρ ἐγγὺς αὑταί.

Με. οἴμοι κακοδαίμων. Πι.   οὐκ ἔλεγον ἐγὼ πάλαι;
οὐκ ἀναμετρήσεις σαυτὸν ἀπιὼν ἀλλαχῇ;   1020

ΕΠΙΣΚΟΠΟΣ

ποῦ πρόξενοι; Πι.   τίς ὁ Σαρδανάπαλλος οὑτοσί;
Επ. ἐπίσκοπος ἥκω δεῦρο τῷ κυάμῳ λαχὼν
ἐς τὰς Νεφελοκοκκυγίας. Πι.   ἐπίσκοπος;
ἔπεμψε δὲ τίς σε δεῦρο; Επ.   φαῦλον βιβλίον
Τελέου. Πι.   τί; βούλει δῆτα τὸν μισθὸν λαβὼν
μὴ πράγματ' ἔχειν ἀλλ' ἀπιέναι;   Επ.   νὴ τοὺς
θεούς.   1026
ἐκκλησιάσαι δ' οὖν ἐδεόμην οἴκοι μένων.
ἔστιν γὰρ ἃ δι' ἐμοῦ πέπρακται Φαρνάκῃ.

Πι. ἄπιθι λαβών· ἔστιν δ' ὁ μισθὸς οὑτοσί.
Επ. τουτὶ τί ἦν; Πι.   ἐκκλησία περὶ Φαρνάκου.   1030
Επ. μαρτύρομαι τυπτόμενος ὢν ἐπίσκοπος.

Πι. οὐκ ἀποσοβήσεις; οὐκ ἀποίσεις τὼ κάδω;
οὐ δεινά; καὶ πέμπουσιν ἤδη 'πισκόπους
ἐς τὴν πόλιν, πρὶν καὶ τεθύσθαι τοῖς θεοῖς;

ΨΗΦΙΣΜΑΤΟΠΩΛΗΣ

ἐὰν δ' ὁ Νεφελοκοκκυγιεὺς τὸν Ἀθηναῖον ἀδικῇ—   1035
Πι. τουτὶ τί ἔστιν αὖ κακὸν τὸ βιβλίον;
Ψη. ψηφισματοπώλης εἰμὶ καὶ νόμους νέους
ἥκω παρ' ὑμᾶς δεῦρο πωλήσων. Πι.   τὸ τί;
Ψη. χρῆσθαι Νεφελοκοκκυγιᾶς τοῖσδε τοῖς μέτροισι καὶ   1040
σταθμοῖσι καὶ ψηφίσμασι καθάπερ Ὀλοφύξιοι.
Πι. σὺ δέ γ' οἷσπερ ὠτοτύξιοι χρήσει τάχα.

1017 τἄρ' ἄν Dind. : γὰρ ἄν R V A : γὰρ ἄν γε Ald.   οἶδ' ἄν Flor.
Laur. 31. 16 : οἶδ' ἄρ' vulg.   1020 ἀναμετρήσει V   1025 Τελέου
τι. Πι. βούλει Elmsl.   1027 δ' οὖν¹ γοῦν Dobr.   1040 τοῖσδε
τοῖς] τοῖς αὐτοῖς Hamaker   1041 ψηφίσμασι] νομίσμασι Bergk
1042 οἷσπερ Dind. : οἷσί περ codd.

325   M

Ψη. οὗτος τί πάσχεις;   Πι.   οὐκ ἀποίσεις τοὺς νόμους;
πικροὺς ἐγώ σοι τήμερον δείξω νόμους.   1045

Επ. καλοῦμαι Πισθέταιρον ὕβρεως ἐς τὸν Μουνιχιῶνα
μῆνα.

Πι. ἄληθες οὗτος; ἔτι γὰρ ἐνταῦθ᾽ ἦσθα σύ;

Ψη. ἐὰν δέ τις ἐξελαύνῃ τοὺς ἄρχοντας καὶ μὴ δέχηται   1050
κατὰ τὴν στήλην—

Πι. οἴμοι κακοδαίμων, καὶ σὺ γὰρ ἐνταῦθ᾽ ἦσθ᾽ ἔτι;

Επ. ἀπολῶ σε καὶ γράφω σε μυρίας δραχμάς.

Πι. ἐγὼ δὲ σοῦ γε τὼ κάδω διασκεδῶ.

Ψη. μέμνησ᾽ ὅτε τῆς στήλης κατετίλας ἑσπέρας;

Πι. αἰβοῖ· λαβέτω τις αὐτόν.   οὗτος οὐ μενεῖς;   1055
ἀπίωμεν ἡμεῖς ὡς τάχιστ᾽ ἐντευθενὶ
θύσοντες εἴσω τοῖς θεοῖσι τὸν τράγον.

Χο.   ἤδη 'μοὶ τῷ παντόπτᾳ   [στρ.
καὶ παντάρχᾳ θνητοὶ πάντες
θύσουσ᾽ εὐκταίαις εὐχαῖς.   1060
πᾶσαν μὲν γὰρ γᾶν ὀπτεύω,
σῴζω δ᾽ εὐθαλεῖς καρποὺς
κτείνων παμφύλων γένναν
θηρῶν, ἃ πάντ᾽ ἐν γαίᾳ
ἐκ κάλυκος αὐξανόμενον γένυσι παμφάγοις   1065
δένδρεσί τ᾽ ἐφημένα καρπὸν ἀποβόσκεται·
κτείνω δ᾽ οἳ κήπους εὐώδεις
φθείρουσιν λύμαις ἐχθίσταις,
ἑρπετά τε καὶ δάκετα ⟨πάνθ᾽⟩ ὅσαπερ
ἔστιν ὑπ᾽ ἐμᾶς πτέρυγος ἐν φοναῖς ὄλλυται.   1070

1058-1087 = 1088-1117

1052 γράψω Mehler   1060 ἰκταίαις Wieseler   εὐχαῖς Bentl. :
εὐχαῖσι codd.   1064 ἃ Dobr. : οἳ codd. et frag. Fay.   1065 αὐξα-
νόμενον Urbinas : αὐξανόμενα vulg.   παμφάγοις Dobr. : πολυφάγοις
codd.   1066 τ᾽ Ald. et frag. Fay. : δ᾽ R V A   ἐφημένα Dobr. :
ἐφεζόμενα codd   1067 κτείνων δ᾽ Kock   1069 δάκετα πάνθ᾽
Dissen : δάκεθ᾽ codd.   1070 πτέρυγος᾽ φάρυγος Mein.   ἐν φοναῖς
ὄλλυται Ald. : φοναῖσιν ἐξόλλυται codd. : ἐκ φοναῖς ὄλλυται Reisig

τῇδε μέντοι θἠμέρᾳ μάλιστ᾽ ἐπαναγορεύεται,
ἢν ἀποκτείνῃ τις ὑμῶν Διαγόραν τὸν Μήλιον,
λαμβάνειν τάλαντον, ἤν τε τῶν τυράννων τίς τινα
τῶν τεθνηκότων ἀποκτείνῃ, τάλαντον λαμβάνειν.   1075
βουλόμεσθ᾽ οὖν νυν ἀνειπεῖν ταὐτὰ χἠμεῖς ἐνθάδε.
ἢν ἀποκτείνῃ τις ὑμῶν Φιλοκράτη τὸν Στρούθιον,
λήψεται τάλαντον, ἢν δὲ ζῶντά ⟨γ᾽⟩ ἀγάγῃ, τέτταρα,
ὅτι συνείρων τοὺς σπίνους πωλεῖ καθ᾽ ἑπτὰ τοὐβολοῦ,
εἶτα φυσῶν τὰς κίχλας δείκνυσι καὶ λυμαίνεται,   1080
τοῖς τε κοψίχοισιν ἐς τὰς ῥῖνας ἐγχεῖ τὰ πτερά,
τὰς περιστεράς θ᾽ ὁμοίως ξυλλαβὼν εἴρξας ἔχει,
κἀπαναγκάζει παλεύειν δεδεμένας ἐν δικτύῳ.
ταῦτα βουλόμεσθ᾽ ἀνειπεῖν· κεἴ τις ὄρνιθας τρέφει
εἰργμένους ὑμῶν ἐν αὐλῇ, φράζομεν μεθιέναι.   1085
ἢν δὲ μὴ πίθησθε, συλληφθέντες ὑπὸ τῶν ὀρνέων
αὖθις ὑμεῖς αὖ παρ᾽ ἡμῖν δεδεμένοι παλεύσετε.

εὔδαιμον φῦλον πτηνῶν   [ἀντ.
οἰωνῶν, οἳ χειμῶνος μὲν
χλαίνας οὐκ ἀμπισχνοῦνται·   1090
οὐδ᾽ αὖ θερμὴ πνίγους ἡμᾶς
ἀκτὶς τηλαυγὴς θάλπει·
ἀλλ᾽ ἀνθηρῶν λειμώνων
φύλλων ⟨τ᾽⟩ ἐν κόλποις ναίω,
ἡνίκ᾽ ἂν ὁ θεσπέσιος ὀξὺ μέλος ἀχέτας   1095
θάλπεσι μεσημβρινοῖς ἡλιομανὴς βοᾷ.
χειμάζω δ᾽ ἐν κοίλοις ἄντροις
νύμφαις οὐρείαις ξυμπαίζων·
ἠρινά τε βοσκόμεθα παρθένια
λευκότροφα μύρτα Χαρίτων τε κηπεύματα.   1100

1078 γ᾽ add. Burges   ⟨ζῶντ᾽ ἀπαγάγῃ frag. Fay᾽. (sec. Weil)
1080 πᾶσι post δείκνυσι add. codd. : om. Ald. et frag. Fay.   1086 πεί-
θησθε codd. : corr. Dind.   1094 τ᾽ add. Bentl.   ναίω C : ἐνναίω
vulg.   1095 ὀξὺ μέλος Brunck : ὀξυβελὴς R : ὀξυμελὴς vulg.
1096 ἡλιομανὴς Suid. : ὑφηλιομανὴς R : ὑφ᾽ ἡλίῳ μανεὶς V Λ Λld.

τοῖς κριταῖς εἰπεῖν τι βουλόμεσθα τῆς νίκης πέρι,
ὅσ' ἀγάθ', ἢν κρίνωσιν ἡμᾶς, πᾶσιν αὐτοῖς δώσομεν,
ὥστε κρείττω δῶρα πολλῷ τῶν 'Αλεξάνδρου λαβεῖν.
πρῶτα μὲν γὰρ οὗ μάλιστα πᾶς κριτὴς ἐφίεται,   1105
γλαῦκες ὑμᾶς οὔποτ' ἐπιλείψουσι Λαυρειωτικαί·
ἀλλ' ἐνοικήσουσιν ἔνδον, ἔν τε τοῖς βαλλαντίοις
ἐννεοττεύσουσι κἀκλέψουσι μικρὰ κέρματα.
εἶτα πρὸς τούτοισιν ὥσπερ ἐν ἱεροῖς οἰκήσετε·
τὰς γὰρ ὑμῶν οἰκίας ἐρέψομεν πρὸς αἰετόν·   1110
κἂν λαχόντες ἀρχίδιον εἶθ' ἁρπάσαι βούλησθέ τι,
ὀξὺν ἱερακίσκον ἐς τὰς χεῖρας ὑμῖν δώσομεν.
ἢν δέ που δειπνῆτε, πρηγορεῶνας ὑμῖν πέμψομεν.
ἢν δὲ μὴ κρίνητε, χαλκεύεσθε μηνίσκους φορεῖν
ὥσπερ ἀνδριάντες· ὡς ὑμῶν ὃς ἂν μὴ μῆν' ἔχῃ,   1115
ὅταν ἔχητε χλανίδα λευκήν, τότε μάλισθ' οὕτω δίκην
δώσεθ' ἡμῖν, πᾶσι τοῖς ὄρνισι κατατιλώμενοι.

Πι. τὰ μὲν ἱέρ' ἡμῖν ἐστιν ὦρνιθες καλά·
ἀλλ' ὡς ἀπὸ τοῦ τείχους πάρεστιν ἄγγελος
οὐδείς, ὅτου πευσόμεθα τἀκεῖ πράγματα.   1120
ἀλλ' οὑτοσὶ τρέχει τις 'Αλφειὸν πνέων.

ΑΓΓΕΛΟΣ Α
ποῦ ποῦ 'στι, ποῦ ποῦ ποῦ 'στι, ποῦ ποῦ ποῦ 'στι ποῦ,
ποῦ Πισθέταιρός ἐστιν ἄρχων;   Πι. οὑτοσί.
Αγ.ᵃ ἐξῳκοδόμηταί σοι τὸ τεῖχος.   Πι. εὖ λέγεις.
Αγ.ᵃ κάλλιστον ἔργον καὶ μεγαλοπρεπέστατον·   1125
ὥστ' ἂν ἐπάνω μὲν Προξενίδης ὁ Κομπασεὺς
καὶ Θεογένης ἐναντίω δύ' ἅρματε,
ἵππων ὑπόντων μέγεθος ὅσον ὁ δούριος,
ὑπὸ τοῦ πλάτους ἂν παρελασαίτην.   Πι. Ἡράκλεις.
Αγ.ᵃ τὸ δὲ μῆκός ἐστι, καὶ γὰρ ἐμέτρησ' αὔτ' ἐγώ,   1130

1103 ὅσ' Dawes : οἷς codd.   1115 μῆν' Dobr. : μηνιν R : μήνην
V Ald.   1119 ὡς etiam frag. Fay. : οὐκ Dobr.   1127 Θεαγένης
codd. : corr. Dind.

ἑκατοντορόγυιον.   Πι.   ὦ Πόσειδον τοῦ μάκρους.
τίνες ᾠκοδόμησαν αὐτὸ τηλικουτονί;
Αγ. ὄρνιθες, οὐδεὶς ἄλλος, οὐκ Αἰγύπτιος
πλινθοφόρος, οὐ λιθουργός, οὐ τέκτων παρῆν,
ἀλλ' αὐτόχειρες, ὥστε θαυμάζειν ἐμέ.   1135
ἐκ μέν γε Λιβύης ἧκον ὡς τρισμύριαι
γέρανοι θεμελίους καταπεπωκυῖαι λίθους.
τούτους δ' ἐτύκιζον αἱ κρέκες τοῖς ῥύγχεσιν.
ἕτεροι δ' ἐπλινθοφόρουν πελαργοὶ μύριοι·
ὕδωρ δ' ἐφόρουν κάτωθεν ἐς τὸν ἀέρα   1140
οἱ χαραδριοὶ καὶ τἄλλα ποτόμι' ὄρνεα.
Πι. ἐπηλοφόρουν δ' αὐτοῖσι τίνες;   Αγ. ἐρωδιοὶ
λεκάναισι.   Πι.   τὸν δὲ πηλὸν ἐνεβάλλοντο πῶς;
Αγ. τοῦτ' ὦγάθ' ἐξηύρητο καὶ σοφώτατα·
οἱ χῆνες ὑποτύπτοντες ὥσπερ ταῖς ἅμαις   1145
ἐς τὰς λεκάνας ἐνέβαλλον αὐτοῖς τοῖν ποδοῖν.
Πι. τί δῆτα πόδες ἂν οὐκ ἂν ἐργασαίατο;
Αγ. καὶ νὴ Δί' αἱ νῆτταί γε περιεζωσμέναι
ἐπλινθοφόρουν· ἄνω δὲ τὸν ὑπαγωγέα
ἐπέτοντ' ἔχουσαι κατόπιν †ὥσπερ παιδία   1150
τὸν πηλὸν ἐν τοῖς στόμασιν† αἱ χελιδόνες.
Πι. τί δῆτα μισθωτοὺς ἂν ἔτι μισθοῖτό τις;
φέρ' ἴδω, τί δαί; τὰ ξύλινα τοῦ τείχους τίνες
ἀπηργάσαντ'·   Αγ. ὄρνιθες ἦσαν τέκτονες
σοφώτατοι πελεκᾶντες, οἳ τοῖς ῥύγχεσιν   1155
ἀπεπελέκησαν τὰς πύλας· ἦν δ' ὁ κτύπος
αὐτῶν πελεκώντων ὥσπερ ἐν ναυπηγίῳ.
καὶ νῦν ἅπαντ' ἐκεῖνα πεπύλωται πύλαις
καὶ βεβαλάνωται καὶ φυλάττεται κύκλῳ,
ἐφοδεύεται, κωδωνοφορεῖται, πανταχῇ   1160

1131 ἑκατοντ(α῾ὀργυ(ἱ)ον codd. : corr. Hotchkis   1139 ἐπλινθούρ-
γουν Bergk   1146 αὐτοῖς] αὐτὸν Β : αὐτοῖν Junt.   ·1150–1 ὥσπερ
. . . στόμασιν e glossemate conflatum arbitratur Rutherford : post
κατόπιν lacunam indicat Mein.

φυλακαὶ καθεστήκασι καὶ φρυκτωρίαι
ἐν τοῖσι πύργοις. ἀλλ᾽ ἐγὼ μὲν ἀποτρέχων
ἀπονίψομαι· σὺ δ᾽ αὐτὸς ἤδη τἆλλα δρᾷ.

Χο. οὗτος τί ποιεῖς; ἆρα θαυμάζεις ὅτι
οὕτω τὸ τεῖχος ἐκτετείχισται ταχύ;   1165

Πι. νὴ τοὺς θεοὺς ἔγωγε· καὶ γὰρ ἄξιον·
ἴσα γὰρ ἀληθῶς φαίνεταί μοι ψεύδεσιν.
ἀλλ᾽ ὅδε φύλαξ γὰρ τῶν ἐκεῖθεν ἄγγελος
ἐσθεῖ πρὸς ἡμᾶς δεῦρο πυρρίχην βλέπων.

ΑΓΓΕΛΟΣ Β

ἰοὺ ἰού, ἰοὺ ἰού, ἰοὺ ἰού.   1170

Πι. τί τὸ πρᾶγμα τουτί;   Αγ� δεινότατα πεπόνθαμεν.
τῶν γὰρ θεῶν τις ἄρτι τῶν παρὰ τοῦ Διὸς
διὰ τῶν πυλῶν εἰσέπτετ᾽ ἐς τὸν ἀέρα,
λαθὼν κολοιοὺς φύλακας ἡμεροσκόπους.

Πι. ὦ δεινὸν ἔργον καὶ σχέτλιον εἰργασμένος.   1175
τίς τῶν θεῶν;   Αγ� οὐκ ἴσμεν· ὅτι δ᾽ εἶχε πτερά,
τοῦτ᾽ ἴσμεν.   Πι. οὔκουν δῆτα περιπόλους ἐχρῆν
πέμψαι κατ᾽ αὐτὸν εὐθύς;   Αγ� ἀλλ᾽ ἐπέμψαμεν
τρισμυρίους ἱέρακας ἱπποτοξότας,
χωρεῖ δὲ πᾶς τις ὄνυχας ἠγκυλωμένος,   1180
κερχνῇς τριόρχης γὺψ κύμινδις αἰετός·
ῥύμῃ τε καὶ πτεροῖσι καὶ ῥοιζήμασιν
αἰθὴρ δονεῖται τοῦ θεοῦ ζητουμένου·
κἄστ᾽ οὐ μακρὰν ἄπωθεν, ἀλλ᾽ ἐνταῦθά που   1184
ἤδη 'στίν.   Πι. οὔκουν σφενδόνας δεῖ λαμβάνειν
καὶ τόξα; χώρει δεῦρο πᾶς ὑπηρέτης·
τόξευε παῖε, σφενδόνην τίς μοι δότω.

Χο. πόλεμος αἴρεται, πόλεμος οὐ φατὸς   [στρ.
πρὸς ἐμὲ καὶ θεούς.   ἀλλὰ φύλαττε πᾶς   1190

1188-1195 = 1262-1268
1181 τριόρχος Hirschig

ἀέρα περινέφελον, ὃν ἔρεβος ἐτέκετο,
μή σε λάθῃ θεῶν τις ταύτῃ περῶν·   1195

. . . . ἄθρει δὲ πᾶς κύκλῳ σκοπῶν,
ὡς ἐγγὺς ἤδη δαίμονος πεδαρσίου
δίνης πτερωτὸς φθόγγος ἐξακούεται.

Πι. αὕτη σύ, ποῖ ποῖ ποῖ πέτει; μέν' ἥσυχος,
ἔχ' ἀτρέμας· αὐτοῦ στῆθ'· ἐπίσχες τοῦ δρόμου.   1200
τίς εἶ; ποδαπή; λέγειν ἐχρῆν ὁπόθεν πότ' εἶ.

ΙΡΙΣ

παρὰ τῶν θεῶν ἔγωγε τῶν Ὀλυμπίων.

Πι. ὄνομα δέ σο. τί ἐστι; πλοῖον ἢ κυνῆ;

Ιρ. Ἶρις ταχεῖα.   Πι.   Πάραλος ἢ Σαλαμινία;

Ιρ. τί δὲ τοῦτο;   Πι.   ταυτηνί τις οὐ συλλήψεται 1205
ἀναπτόμενος τρίορχος;   Ιρ.   ἐμὲ συλλήψεται;
τί ποτ' ἐστὶ τουτὶ τὸ κακόν;   Πι.   οἰμώξει μακρά.

Ιρ. ἄτοπόν γε τουτὶ πρᾶγμα.   Πι.   κατὰ ποίας πύλας
εἰσῆλθες ἐς τὸ τεῖχος ὦ μιαρωτάτη;

Ιρ. οὐκ οἶδα μὰ Δί' ἔγωγε κατὰ ποίας πύλας.   1210

Πι. ἤκουσας αὐτῆς οἷον εἰρωνεύεται;
πρὸς τοὺς κολοιάρχας προσῆλθες; οὐ λέγεις;
σφραγῖδ' ἔχεις παρὰ τῶν πελαργῶν;   Ιρ.   τί τὸ κακόν.

Πι. οὐκ ἔλαβες;   Ιρ.   ὑγιαίνεις μέν;   Πι.   οὐδὲ
σύμβολον
ἐπέβαλεν ὀρνίθαρχος οὐδείς σοι παρών;   1215

Ιρ. μὰ Δί' οὐκ ἔμοιγ' ἐπέβαλεν οὐδεὶς ὦ μέλε.

Πι. κἄπειτα δῆθ' οὕτω σιωπῇ διαπέτει
διὰ τῆς πόλεως τῆς ἀλλοτρίας καὶ τοῦ χάους;

Ιρ. ποίᾳ γὰρ ἄλλῃ χρὴ πέτεσθαι τοὺς θεούς:

Πι. οὐκ οἶδα μὰ Δί' ἔγωγε· τῇδε μὲν γὰρ οὔ.   1220

1196 lacunam indicavit Mein. : σιγᾶτε σῖγ' add. Herm.   1207 μακρά
Urbinas : μακράν vulg.   1208 τουτὶ Elmsl. : τοῦτο τὸ C : τουτὶ
τὸ vulg.   1212 κολοιάρχας Ald. : κολοιάρχους πῶς R : κολοιοὺς πῶς
V A Γ : πῶς τοὺς κολοιάρχους παρῆλθες Bergk   οὐ λέγεις⌉ Ιρ. πῶς
λέγεις; Bachmann : fortasse Ιρ. τί σὺ λέγεις;

ἀδικεῖς δὲ καὶ νῦν.   ἆρά γ' οἶσθα τοῦθ' ὅτι
δικαιότατ' ἂν ληφθεῖσα πασῶν Ἰρίδων
ἀπέθανες, εἰ τῆς ἀξίας ἐτύγχανες;
Ιρ. ἀλλ' ἀθάνατός εἰμ'.   Πι. ἀλλ' ὅμως ἂν ἀπέθανες.
δεινότατα γάρ τοι πεισόμεσθ', ἐμοὶ δοκεῖ,   1225
εἰ τῶν μὲν ἄλλων ἄρχομεν, ὑμεῖς δ' οἱ θεοὶ
ἀκολαστανεῖτε, κοὐδέπω γνώσεσθ' ὅτι
ἀκροατέον ὑμῖν ἐν μέρει τῶν κρειττόνων.
φράσον δέ τοί μοι τὼ πτέρυγε ποῖ ναυστολεῖς;
Ιρ. ἐγώ; πρὸς ἀνθρώπους πέτομαι παρὰ τοῦ πατρὸς   1230
φράσουσα θύειν τοῖς Ὀλυμπίοις θεοῖς
μηλοσφαγεῖν τε βουθύτοις ἐπ' ἐσχάραις
κνισᾶν τ' ἀγυιάς.   Πι. τί σὺ λέγεις; ποίοις θεοῖς;
Ιρ. ποίοισιν; ἡμῖν τοῖς ἐν οὐρανῷ θεοῖς.
Πι. θεοὶ γὰρ ὑμεῖς;   Ιρ. τίς γάρ ἐστ' ἄλλος θεός; 1235
Πι. ὄρνιθες ἀνθρώποισι νῦν εἰσιν θεοί,
οἷς θυτέον αὐτούς, ἀλλὰ μὰ Δί' οὐ τῷ Διί.
Ιρ. ὦ μῶρε μῶρε μὴ θεῶν κίνει φρένας
δεινάς, ὅπως μή σου γένος πανώλεθρον
Διὸς μακέλλῃ πᾶν ἀναστρέψῃ Δίκη,   1240
λιγνὺς δὲ σῶμα καὶ δόμων περιπτυχὰς
καταιθαλώσῃ σου Λικυμνίαις βολαῖς.
Πι. ἄκουσον αὕτη· παῦε τῶν παφλασμάτων·
ἔχ' ἀτρέμα.   φέρ' ἴδω, πότερα Λυδὸν ἢ Φρύγα
ταυτὶ λέγουσα μορμολύττεσθαι δοκεῖς;   1245
ἆρ' οἶσθ' ὅτι Ζεὺς εἴ με λυπήσει πέρα,
μέλαθρα μὲν αὐτοῦ καὶ δόμους Ἀμφίονος
καταιθαλώσω πυρφόροισιν αἰετοῖς;
πέμψω δὲ πορφυρίωνας ἐς τὸν οὐρανὸν
ὄρνις ἐπ' αὐτὸν παρδαλᾶς ἐνημμένους   1250
πλεῖν ἑξακοσίους τὸν ἀριθμόν.   καὶ δή ποτε

1225 δοκεῖν Cobet   1226 ἄρξομεν Cobet   1228 ἀκροατέ' Elmsl.
1237 αὐτούς R : αὐτοῖς vulg.   1239 δεινάς] δείσας Pors.

εἷς Πορφυρίων αὐτῷ παρέσχε πράγματα.
σὺ δ' εἴ με λυπήσεις τι, τῆς διακόνου
πρώτης ἀνατείνας τὼ σκέλει διαμηριῶ
τὴν Ἶριν αὐτήν, ὥστε θαυμάζειν ὅπως   1255
οὕτω γέρων ὢν στύομαι τριέμβολον.

Ιρ. διαρραγείης ὦ μέλ' αὐτοῖς ῥήμασιν.

Πι. οὐκ ἀποσοβήσεις; οὐ ταχέως; εὐρὰξ πατάξ.

Ιρ. ἦ μήν σε παύσει τῆς ὕβρεως οὑμὸς πατήρ.

Πι. οἴμοι τάλας.   οὔκουν ἑτέρωσε πετομένη   1260
καταιθαλώσεις τῶν νεωτέρων τινά;

Χο. ἀποκεκλήκαμεν διογενεῖς θεοὺς   [ἀντ.
μηκέτι τὴν ἐμὴν διαπερᾶν πόλιν,
μηδέ ⟨γέ⟩ τιν' ἱερόθυτον ἀνὰ δάπεδον ἔτι   1265
τῇδε βροτῶν θεοῖσι πέμπειν καπνόν.

Πι. δεινόν γε τὸν κήρυκα τὸν παρὰ τοὺς βροτοὺς
οἰχόμενον, εἰ μηδέποτε νοστήσει πάλιν.   1270

ΚΗΡΥΞ
ὦ Πισθέταιρ' ὦ μακάρι' ὦ σοφώτατε,
ὦ κλεινότατ' ὦ σοφώτατ' ὦ γλαφυρώτατε,
ὦ τρισμακάρι' ὦ κατακέλευσον.   Πι.   τί σὺ λέγεις;

Κη. στεφάνῳ σε χρυσῷ τῷδε σοφίας οὕνεκα
στεφανοῦσι καὶ τιμῶσιν οἱ πάντες λεώ.   1275

Πι. δέχομαι.   τί δ' οὕτως οἱ λεῷ τιμῶσί με;

Κη. ὦ κλεινοτάτην αἰθέριον οἰκίσας πόλιν,
οὐκ οἶσθ' ὅσην τιμὴν παρ' ἀνθρώποις φέρει,
ὅσους τ' ἐραστὰς τῆσδε τῆς χώρας ἔχεις.
πρὶν μὲν γὰρ οἰκίσαι σε τήνδε τὴν πόλιν,   1280
ἐλακωνομάνουν ἅπαντες ἄνθρωποι τότε,

1255 θαυμάζεις Suid. : θαυμάζειν σ' Blaydes   1259 ἢ μήν Bentl. :
ἢν μὴ codd.   1265 γέ add. Blaydes   1271 ὦ Πισθέταιρ' bis
om. ὦ σοφώτατε) Dobr.   1272 ὦ τρισμακάρι' ὦ κλεινότ' ὦ σοφώ-
τατε R   1273 ὦ τρισμακάρι'] ὦ γλαφυρώτατε R : κατακέλευσον
iterat (omisso ὦ τρισμακάρι') Mein.

333

ἐκόμων ἐπείνων ἐρρύπων ἐσωκράτουν
σκυτάλι' ἐφόρουν, νυνὶ δ' ὑποστρέψαντες αὖ
ὀρνιθομανοῦσι, πάντα δ' ὑπὸ τῆς ἡδονῆς
ποιοῦσιν ἅπερ ὄρνιθες ἐκμιμούμενοι·   1285
πρῶτον μὲν εὐθὺς πάντες ἐξ εὐνῆς ἅμα
ἐπέτονθ' ἕωθεν ὥσπερ ἡμεῖς ἐπὶ νομόν·
κἄπειτ' ἂν ἅμα κατῆραν ἐς τὰ βιβλία·
εἶτ' ἀπενέμοντ' ἐνταῦθα τὰ ψηφίσματα.
ὠρνιθομάνουν δ' οὕτω περιφανῶς ὥστε καὶ   1290
πολλοῖσιν ὀρνίθων ὀνόματ' ἦν κείμενα.
πέρδιξ μὲν εἷς κάπηλος ὠνομάζετο
χωλός, Μενίππῳ δ' ἦν χελιδὼν τοὔνομα,
Ὀπουντίῳ δ' ὀφθαλμὸν οὐκ ἔχων κόραξ,
κορυδὸς Φιλοκλέει, χηναλώπηξ Θεογένει,   1295
ἶβις Λυκούργῳ, Χαιρεφῶντι νυκτερίς,
Συρακοσίῳ δὲ κίττα· Μειδίας δ' ἐκεῖ
ὄρτυξ ἐκαλεῖτο· καὶ γὰρ ἥκειν ὄρτυγι
ὑπὸ στυφοκόπου τὴν κεφαλὴν πεπληγμένῳ.
ᾖδον δ' ὑπὸ φιλορνιθίας πάντες μέλη,   1300
ὅπου χελιδὼν ἦν τις ἐμπεποιημένη
ἢ πηνέλοψ ἢ χήν τις ἢ περιστερὰ
ἢ πτέρυγες, ἢ πτεροῦ τι καὶ σμικρὸν προσῆν.
τοιαῦτα μὲν τἀκεῖθεν. ἐν δέ σοι λέγω·
ἥξουσ' ἐκεῖθεν δεῦρο πλεῖν ἢ μύριοι   1305
πτερῶν δεόμενοι καὶ τρόπων γαμψωνύχων·
ὥστε πτερῶν σοι τοῖς ἐποίκοις δεῖ ποθέν.
Πι. οὐκ ἄρα μὰ Δί' ἡμῖν ἔτ' ἔργον ἑστάναι.
ἀλλ' ὡς τάχιστα σὺ μὲν ἰὼν τὰς ἀρρίχους
καὶ τοὺς κοφίνους ἅπαντας ἐμπίμπλη πτερῶν·   1310

1282 ἐσωκράτων R   1283 ἐσκυταλιοφόρουν, νῦν Pors.   1289 εἶτ'
ἂν ἐνέμοντ' Cobet ex schol.   1295 Θεαγένει codd. : corr. Dind.
1298 ἥκειν Dawes : ἧκεν R : ἧκεν VA Ald. : εἶκεν ΒΓ   1299 ὑπὸ
στυφοκόπου Brunck : ὑπὸ στυφοκόμπου codd : ὑπ' ὀρτυγοκόμπου Diony-
sius apud schol. : ὑπ' ὀρτυγοκόπου Bentl.   1308 οὐκ ἄρα] οὔ τἄρα
Elmsl.

Μανῆς δὲ φερέτω μοι θύραζε τὰ πτερά·
ἐγὼ δ' ἐκείνων τοὺς προσιόντας δέξομαι.

Χο. ταχὺ δὴ πολυάνορα τάνδε πόλιν   στρ.
    καλεῖ τις ἀνθρώπων.

Πι. τύχη μόνον προσείη.   1315

Χο. κατέχουσι δ' ἔρωτες ἐμᾶς πόλεως.

Πι. θᾶττον φέρειν κελεύω.

Χο. τί γὰρ οὐκ ἔνι ταύτῃ
    καλὸν ἀνδρὶ μετοικεῖν;
    Σοφία Πόθος Ἀμβροσία Χάριτες   1320
    τό τε τῆς ἀγανόφρονος Ἡσυχίας
    εὐήμερον πρόσωπον.

Πι. ὡς βλακικῶς διακονεῖς·
    οὐ θᾶττον ἐγκονήσεις;

Χο. φερέτω κάλαθον ταχύ τις πτερύγων,   [ἀντ.
    σὺ δ' αὖθις ἐξόρμα—   1326

Πι. τύπτων γε τοῦτον ὡδί.

Χο. πάνυ γὰρ βραδύς ἐστί τις ὥσπερ ὄνος.

Πι. Μανῆς γάρ ἐστι δειλός.

Χο. σὺ δὲ τὰ πτερὰ πρῶτον   1330
    διάθες τάδε κόσμῳ,
    τά τε μουσίχ' ὁμοῦ τά τε μαντικὰ καὶ
    τὰ θαλάττι'. ἔπειτα δ' ὅπως φρονίμως
    πρὸς ἄνδρ' ὁρῶν πτερώσεις.

Πι. οὔ τοι μὰ τὰς κερχνῇδας ἔτι σοῦ σχήσομαι,   1335
οὕτως ὁρῶν σε δειλὸν ὄντα καὶ βραδύν.

ΠΑΤΡΑΛΟΙΑΣ
    γενοίμαν αἰετὸς ὑψιπέτας,
  ὡς ἀμποταθείην ὑπὲρ ἀτρυγέτου

1313-1322 = 1325-1334

1313 δὴ Pors. : δ' ἂν codd.   1320 ἀμβρόσιαι A   1325 πτερύ-
γων Pors. : πτερῶν codd.   1328 ἐστί τις Bentl. : τις ἐστὶν R V A
Ald : ἐστιν B C   1338 ἀμποταθείην Blaydes : ἂν ποταθείην codd.

γλαυκᾶς ἐπ' οἶδμα λίμνας.

Πι. ἔοικεν οὐ ψευδαγγελήσειν ἄγγελος.　　　　　1340
　　ᾄδων γὰρ ὅδε τις αἰετοὺς προσέρχεται.

Πα. αἰβοῖ·
　　οὐκ ἔστιν οὐδὲν τοῦ πέτεσθαι γλυκύτερον·
　　ὀρνιθομανῶ γὰρ καὶ πέτομαι καὶ βούλομαι
　　οἰκεῖν μεθ' ὑμῶν κἀπιθυμῶ τῶν νόμων.　　1345

Πι. ποίων νόμων; πολλοὶ γὰρ ὀρνίθων νόμοι.

Πα. πάντων· μάλιστα δ' ὅτι καλὸν νομίζεται
　　τὸν πατέρα τοῖς ὄρνισιν ἄγχειν καὶ δάκνειν.

Πι. καὶ νὴ Δί' ἀνδρεῖόν γε πάνυ νομίζομεν,
　　ὃς ἂν πεπλήγῃ τὸν πατέρα νεοττὸς ὤν.　　1350

Πα. διὰ ταῦτα μέντοι δεῦρ' ἀνοικισθεὶς ἐγὼ
　　ἄγχειν ἐπιθυμῶ τὸν πατέρα καὶ πάντ' ἔχειν.

Πι. ἀλλ' ἔστιν ἡμῖν τοῖσιν ὄρνισιν νόμος
　　παλαιὸς ἐν ταῖς τῶν πελαργῶν κύρβεσιν·
　　ἐπὴν ὁ πατὴρ ὁ πελαργὸς ἐκπετησίμους　　1355
　　πάντας ποιήσῃ τοὺς πελαργιδέας τρέφων,
　　δεῖ τοὺς νεοττοὺς τὸν πατέρα πάλιν τρέφειν.

Πα. ἀπέλαυσά τἄρα νὴ Δί' ἐλθὼν ἐνθαδί,
　　εἴπερ γέ μοι καὶ τὸν πατέρα βοσκητέον.

Πι. οὐδέν γ'. ἐπειδήπερ γὰρ ἦλθες ὦ μέλε　　1360
　　εὔνους, πτερώσω σ' ὥσπερ ὄρνιν ὀρφανόν.
　　σοὶ δ' ὦ νεανίσκ' οὐ κακῶς ὑποθήσομαι,
　　ἀλλ' οἷάπερ αὐτὸς ἔμαθον ὅτε παῖς ἦ. σὺ γὰρ
　　τὸν μὲν πατέρα μὴ τύπτε· ταυτηνδὶ λαβὼν
　　τὴν πτέρυγα καὶ τουτὶ τὸ πλῆκτρον θἀτέρᾳ,　　1365
　　νομίσας ἀλεκτρυόνος ἔχειν τονδὶ λόφον,

1340 ψευδαγγελὴς εἶν' codd.: corr. Bentl.　　1343 post h. v.
spurium versum add. codd. ἐρῶ δ' ἐγώ τι (ἔγωγε Ald.) τῶν ἐν ὄρνισιν
νόμων　　1347 νομίζεται] νομίζετε Mein.: supra scriptum ε habet R
1356 πελαργιδέας nos: πελαργιδεῖς codd.　　1357 δεῖ] δεῖν Reiske
1358 τἄρα Mein.: γὰρ ἂν R V Γ : γὰρ Λ Ald.　　νὴ τὸν Δί' Ald.
1364 ταυτηνδὶ Elmsl.: ταύτην δὲ δέ γε Ald.) codd.　　1366 τονδὶ
Dind.: τόνδε τὸν R V Α Γ : γε τὸν Ald.

φρούρει στρατεύου μισθοφορῶν σαυτὸν τρέφε,
τὸν πατέρ᾽ ἔα ζῆν· ἀλλ᾽ ἐπειδὴ μάχιμος εἶ,
ἐς τἀπὶ Θρᾴκης ἀποπέτου κἀκεῖ μάχου.

Πα. νὴ τὸν Διόνυσον εὖ γέ μοι δοκεῖς λέγειν,   1370
καὶ πείσομαί σοι.   Πι.   νοῦν ἄρ᾽ ἕξεις νὴ Δία.

ΚΙΝΗΣΙΑΣ

ἀναπέτομαι δὴ πρὸς Ὄλυμπον πτερύγεσσι κούφαις·
πέτομαι δ᾽ ὁδὸν ἄλλοτ᾽ ἐπ᾽ ἄλλαν μελέων—

Πι. τουτὶ τὸ πρᾶγμα φορτίου δεῖται πτερῶν.   1375

Κι. ἀφόβῳ φρενὶ σώματί τε νέαν ἐφέπων—

Πι. ἀσπαζόμεσθα φιλύρινον Κινησίαν.
τί δεῦρο πόδα σὺ κυλλὸν ἀνὰ κύκλον κυκλεῖς;

Κι. ὄρνις γενέσθαι βούλομαι λιγύφθογγος ἀηδών.   1380

Πι. παῦσαι μελῳδῶν, ἀλλ᾽ ὅ τι λέγεις εἰπέ μοι.

Κι. ὑπὸ σοῦ πτερωθεὶς βούλομαι μετάρσιος
ἀναπτόμενος ἐκ τῶν νεφελῶν καινὰς λαβεῖν
ἀεροδονήτους καὶ νιφοβόλους ἀναβολάς.   1385

Πι. ἐκ τῶν νεφελῶν γὰρ ἄν τις ἀναβολὰς λάβοι;

Κι. κρέμαται μὲν οὖν ἐντεῦθεν ἡμῶν ἡ τέχνη.
τῶν διθυράμβων γὰρ τὰ λαμπρὰ γίγνεται
ἀέρια καὶ σκότιά γε καὶ κυαναυγέα
καὶ πτεροδόνητα· σὺ δὲ κλύων εἴσει τάχα.   1390

Πι. οὐ δῆτ᾽ ἔγωγε.   Κι.   νὴ τὸν Ἡρακλέα σύ γε.
ἅπαντα γὰρ δίειμί σοι τὸν ἀέρα.

        εἴδωλα πετεινῶν
        αἰθεροδρόμων
        οἰωνῶν ταναοδείρων—

Πι.   ὤόπ.   1395

Κι.   τὸν ἀλάδρομον ἀλάμενος
       ἅμ᾽ ἀνέμων πνοαῖσι βαίην.

1376 ἀφόβῳ φρενὸς ὄμματι γενεὰν ἐφέπων Herm.   γενεὰν etiam Ald.
et schol Rav.   ἐφέπων ἐπέων v. l. apud schol.   1380 λιγύμυθος V
γρ. Γ γρ. Ald. : λιγύμοχθος Γ γρ. et apud schol.   1389 σκότιά γε
Ald. : σκότια codd. : σκοτεινὰ Herm.   1395 τὸν ἅλαδε δρόμον Herm.

ΑΡΙΣΤΟΦΑΝΟΥΣ

Πι. νὴ τὸν Δί’ ἦ ’γώ σου καταπαύσω τὰς πνοάς.

Κι.   τοτὲ μὲν νοτίαν στείχων πρὸς ὁδόν,
      τοτὲ δ’ αὖ βορέᾳ σῶμα πελάζων
      ἀλίμενον αἰθέρος αὔλακα τέμνων.   1400
      χαρίεντά γ’ ὦ πρεσβῦτ’ ἐσοφίσω καὶ σοφά.

Πι. οὐ γὰρ σὺ χαίρεις πτεροδόνητος γενόμενος;

Κι. ταυτὶ πεποίηκας τὸν κυκλιοδιδάσκαλον,
     ὃς ταῖσι φυλαῖς περιμάχητός εἰμ’ ἀεί;

Πι. βούλει διδάσκειν καὶ παρ’ ἡμῖν οὖν μένων   1405
     Λεωτροφίδῃ χορὸν πετομένων ὀρνέων
     Κεκροπίδα φυλήν;   Κι. καταγελᾷς μου, δῆλος εἶ.
     ἀλλ’ οὖν ἔγωγ’ οὐ παύσομαι, τοῦτ’ ἴσθ’ ὅτι,
     πρὶν ἂν πτερωθεὶς διαδράμω τὸν ἀέρα.

ΣΥΚΟΦΑΝΤΗΣ

     ὄρνιθες τίνες οἵδ’ οὐδὲν ἔχοντες πτεροποίκιλοι,   1410
     τανυσίπτερε ποικίλα χελιδοῖ;

Πι. τουτὶ τὸ κακὸν οὐ φαῦλον ἐξεγρήγορεν.
     ὅδ’ αὖ μινυρίζων δεῦρό τις προσέρχεται.

Συ.   τανυσίπτερε ποικίλα μάλ’ αὖθις.   1415

Πι. ἐς θοἰμάτιον τὸ σκόλιον ᾄδειν μοι δοκεῖ,
     δεῖσθαι δ’ ἔοικεν οὐκ ὀλίγων χελιδόνων.

Συ. τίς ὁ πτερῶν δεῦρ’ ἐστὶ τοὺς ἀφικνουμένους;

Πι. ὁδὶ πάρεστιν· ἀλλ’ ὅτου δεῖ χρὴ λέγειν.

Συ. πτερῶν πτερῶν δεῖ· μὴ πύθῃ τὸ δεύτερον.   1420

Πι. μῶν εὐθὺ Πελλήνης πέτεσθαι διανοεῖ;

Συ. μὰ Δί’ ἀλλὰ κλητήρ εἰμι νησιωτικὸς
     καὶ συκοφάντης—   Πι.   ὦ μακάριε τῆς τέχνης.

Συ. καὶ πραγματοδίφης. εἶτα δέομαι πτερὰ λαβὼν
     κύκλῳ περισοβεῖν τὰς πόλεις καλούμενος.   1425

Πι. ὑπὸ πτερύγων τι προσκαλεῖ σοφώτερον;

Συ. μὰ Δί’ ἀλλ’ ἵν’ οἱ λῃσταί τε μὴ λυπῶσί με,

1407 Κερκωπίδα Palmer : Κρεκοπίδα Kock   1420-1491 perierunt
ex Γ   1426 ὑπαὶ R V   τι] τί V A Ald.

338

μετὰ τῶν γεράνων τ᾽ ἐκεῖθεν ἀναχωρῶ πάλιν,
ἀνθ᾽ ἕρματος πολλὰς καταπεπωκὼς δίκας.

Πι. τουτὶ γὰρ ἐργάζει σὺ τοὔργον; εἰπέ μοι,   1430
νεανίας ὢν συκοφαντεῖς τοὺς ξένους;

Συ. τί γὰρ πάθω; σκάπτειν γὰρ οὐκ ἐπίσταμαι.

Πι. ἀλλ᾽ ἔστιν ἕτερα νὴ Δί᾽ ἔργα σώφρονα,
ἀφ᾽ ὧν διαζῆν ἄνδρα χρῆν τοσουτονὶ
ἐκ τοῦ δικαίου μᾶλλον ἢ δικορραφεῖν.   1435

Συ. ὦ δαιμόνιε μὴ νουθέτει μ᾽ ἀλλὰ πτέρου.

Πι. νῦν τοι λέγων πτερῶ σε.   Συ.   καὶ πῶς ἂν λόγοις
ἄνδρα πτερώσειας σύ;   Πι.   πάντες τοῖς λόγοις
ἀναπτεροῦνται.   Συ.   πάντες;   Πι.   οὐκ
ἀκήκοας,
ὅταν λέγωσιν οἱ πατέρες ἑκάστοτε   1440
τοῖς μειρακίοις ἐν τοῖσι κουρείοις ταδί·
‘δεινῶς γέ μου τὸ μειράκιον Διειτρέφης
λέγων ἀνεπτέρωκεν ὥσθ᾽ ἱππηλατεῖν.’
ὁ δέ τις τὸν αὑτοῦ φησιν ἐπὶ τραγῳδίᾳ
ἀνεπτερῶσθαι καὶ πεποτῆσθαι τὰς φρένας.   1445

Συ. λόγοισί τἄρα καὶ πτεροῦνται;   Πι.   φήμ᾽ ἐγώ.
ὑπὸ γὰρ λόγων ὁ νοῦς τε μετεωρίζεται
ἐπαίρεταί τ᾽ ἄνθρωπος.   οὕτω καί σ᾽ ἐγὼ
ἀναπτερώσας βούλομαι χρηστοῖς λόγοις
τρέψαι πρὸς ἔργον νόμιμον.   Συ.   ἀλλ᾽ οὐ βού-
λομαι.   1450

Πι. τί δαὶ ποιήσεις;   Συ.   τὸ γένος οὐ καταισχυνῶ.
παππῷος ὁ βίος συκοφαντεῖν ἐστί μοι.
ἀλλὰ πτέρου με ταχέσι καὶ κούφοις πτεροῖς
ἱέρακος ἢ κερχνῇδος, ὡς ἂν τοὺς ξένους
καλεσάμενος κᾆτ᾽ ἐγκεκληκὼς ἐνθαδὶ   1455
κατ᾽ αὖ πέτωμαι πάλιν ἐκεῖσε.   Πι.   μανθάνω.

1438 τοῖς] τοι Dobr.   1441 τοῖς μειρακίοις ἐν] τοῖς φυλέταις ἐν
Mein.: τὰ μειράκια τὰν Blaydes   1442 γέ Bentl.: τε codd.
1456 κατ᾽ αὖ Dobr.: κᾆτ᾽ αὖ codd.

ΑΡΙΣΤΟΦΑΝΟΥΣ

ὡδὶ λέγεις· ὅπως ἂν ὠφλήκῃ δίκην
ἐνθάδε πρὶν ἥκειν ὁ ξένος.   Συ. πάνυ μανθάνεις.
Πι. κἄπειθ' ὁ μὲν πλεῖ δεῦρο, σὺ δ' ἐκεῖσ' αὖ πέτει   1459
ἁρπασόμενος τὰ χρήματ' αὐτοῦ.   Συ. πάντ' ἔχεις.
βέμβικος οὐδὲν διαφέρειν δεῖ.   Πι. μανθάνω
βέμβικα· καὶ μὴν ἔστι μοι νὴ τὸν Δία
κάλλιστα Κορκυραῖα τοιαυτὶ πτερά.
Συ. οἴμοι τάλας μάστιγ' ἔχεις.   Πι. πτερὼ μὲν οὖν,
οἷσί σε ποιήσω τήμερον βεμβικιᾶν.   1465
Συ. οἴμοι τάλας.   Πι. οὐ πτερυγιεῖς ἐντευθενί;
οὐκ ἀπολιβάξεις ὦ κάκιστ' ἀπολούμενος;
πικρὰν τάχ' ὄψει στρεψοδικοπανουργίαν.
ἀπίωμεν ἡμεῖς ξυλλαβόντες τὰ πτερά.   1469

Χο.   πολλὰ δὴ καὶ καινὰ καὶ θαυ-   [στρ.
μάστ' ἐπεπτόμεσθα καὶ
δεινὰ πράγματ' εἴδομεν.
ἔστι γὰρ δένδρον πεφυκὸς
ἔκτοπόν τι Καρδίας ἀ-
πωτέρω Κλεώνυμος,   1475
χρήσιμον μὲν οὐδέν, ἄλ-
λως δὲ δειλὸν καὶ μέγα.
τοῦτο ⟨τοῦ⟩ μὲν ἦρος ἀεὶ
βλαστάνει καὶ συκοφαντεῖ,
τοῦ δὲ χειμῶνος πάλιν τὰς   1480
ἀσπίδας φυλλορροεῖ.

ἔστι δ' αὖ χώρα πρὸς αὐτῷ   [ἀντ.
τῷ σκότῳ πόρρω τις ἐν
τῇ λύχνων ἐρημίᾳ,
ἔνθα τοῖς ἥρωσιν ἄνθρω-   1485
ποι ξυναριστῶσι καὶ ξύν-

1470-1481 = 1482-1493

1467 ἀπολούμενε Suid.   1468 στρουθοδικοπανουργίαν v. l. apud
schol.   1478 τοῦ add. Bentl.

340

ΟΡΝΙΘΕΣ

εισι πλὴν τῆς ἑσπέρας.
τηνικαῦτα δ' οὐκέτ' ἦν
ἀσφαλὲς ξυντυγχάνειν.
εἰ γὰρ ἐντύχοι τις ἥρῳ   1490
τῶν βροτῶν νύκτωρ Ὀρέστῃ,
γυμνὸς ἦν πληγεὶς ὑπ' αὐτοῦ
πάντα τἀπιδέξια.

ΠΡΟΜΗΘΕΥΣ

οἴμοι τάλας, ὁ Ζεὺς ὅπως μή μ' ὄψεται.
ποῦ Πισθέταιρός ἐστ';   Πι.   ἔα τουτὶ τί ἦν;   1495
τίς ὁ συγκαλυμμός;   Πρ.   τῶν θεῶν ὁρᾷς τινα
ἐμοῦ κατόπιν ἐνταῦθα;   Πι.   μὰ Δί' ἐγὼ μὲν οὔ.
τίς δ' εἶ σύ;   Πρ.   πηνίκ' ἐστὶν ἄρα τῆς ἡμέρας;
Πι.   ὁπηνίκα; σμικρόν τι μετὰ μεσημβρίαν.
ἀλλὰ σὺ τίς εἶ;   Πρ.   βουλυτὸς ἢ περαιτέρω;   1500
Πι.   οἴμ' ὡς βδελύττομαί σε.   Πρ.   τί γὰρ ὁ Ζεὺς
ποιεῖ;
ἀπαιθριάζει τὰς νεφέλας ἢ ξυννέφει;
Πι.   οἴμωζε μεγάλ'.   Πρ.   οὕτω μὲν ἐκκεκαλύψομαι.
Πι.   ὦ φίλε Προμηθεῦ.   Πρ.   παῦε παῦε, μὴ βόα.
Πι.   τί γὰρ ἔστι;   Πρ.   σίγα, μὴ κάλει μου τοὔνομα·
ἀπὸ γάρ μ' ὀλεῖς, εἴ μ' ἐνθάδ' ὁ Ζεὺς ὄψεται.   1506
ἀλλ' ἵνα φράσω σοι πάντα τἄνω πράγματα,
τουτὶ λαβών μου τὸ σκιάδειον ὑπέρεχε
ἄνωθεν, ὡς ἂν μή μ' ὁρῶσιν οἱ θεοί.
Πι.   ἰοὺ ἰού·   1510
εὖ γ' ἐπενόησας αὐτὸ καὶ προμηθικῶς.
ὑπόδυθι ταχὺ δὴ κᾆτα θαρρήσας λέγε.
Πρ.   ἄκουε δή νυν.   Πι.   ὡς ἀκούοντος λέγε.
Πρ.   ἀπόλωλεν ὁ Ζεύς.   Πι.   πηνίκ' ἄττ' ἀπώλετο;

1496 οὐγκαλυμμός Dawes   1503 ἐκκεκαλύψομαι V Λ : ἐκκαλύ-
ψομαι R Ald.   1506 μ' ὀλεῖς Mein. : μ' ὀλέσει R : ὀλέσεις
Ald. : ὀλέσει V A Γ

Πρ. ἐξ οὗπερ ὑμεῖς ᾠκίσατε τὸν ἀέρα.　　　　　1515
θύει γὰρ οὐδεὶς οὐδὲν ἀνθρώπων ἔτι
θεοῖσιν, οὐδὲ κνῖσα μηρίων ἄπο
ἀνῆλθεν ὡς ἡμᾶς ἀπ' ἐκείνου τοῦ χρόνου,
ἀλλ' ὡσπερεὶ Θεσμοφορίοις νηστεύομεν
ἄνευ θυηλῶν· οἱ δὲ βάρβαροι θεοὶ　　　　　1520
πεινῶντες ὥσπερ Ἰλλυριοὶ κεκριγότες
ἐπιστρατεύσειν φάσ' ἄνωθεν τῷ Διί,
εἰ μὴ παρέξει τἀμπόρι' ἀνεῳγμένα,
ἵν' εἰσάγοιτο σπλάγχνα κατατετμημένα.

Πι. εἰσὶν γὰρ ἕτεροι βάρβαροι θεοί τινες　　　　　1525
ἄνωθεν ὑμῶν;　　　Πρ.　οὐ γάρ εἰσι βάρβαροι,
ὅθεν ὁ πατρῷός ἐστιν Ἐξηκεστίδη;

Πι. ὄνομα δὲ τούτοις τοῖς θεοῖς τοῖς βαρβάροις
τί ἔστιν;　　　Πρ.　ὅ τι ἔστιν; Τριβαλλοί.　　Πι. μαν-
θάνω.
ἐντεῦθεν ἆρα τοὐπιτριβείης ἐγένετο;　　　　　1530

Πρ. μάλιστα πάντων.　ἐν δέ σοι λέγω σαφές·
ἥξουσι πρέσβεις δεῦρο περὶ διαλλαγῶν
παρὰ τοῦ Διὸς καὶ τῶν Τριβαλλῶν τῶν ἄνω·
ὑμεῖς δὲ μὴ σπένδεσθ', ἐὰν μὴ παραδιδῷ
τὸ σκῆπτρον ὁ Ζεὺς τοῖσιν ὄρνισιν πάλιν,　　　　　1535
καὶ τὴν Βασίλειάν σοι γυναῖκ' ἔχειν διδῷ.

Πι. τίς ἐστιν ἡ Βασίλεια;　　　Πρ.　καλλίστη κόρη,
ἥπερ ταμιεύει τὸν κεραυνὸν τοῦ Διὸς
καὶ τἄλλ' ἀπαξάπαντα, τὴν εὐβουλίαν
τὴν εὐνομίαν τὴν σωφροσύνην τὰ νεώρια,　　　　　1540
τὴν λοιδορίαν τὸν κωλακρέτην τὰ τριώβολα.

Πι. ἅπαντά γ' ἆρ' αὐτῷ ταμιεύει;　　　Πρ.　φήμ' ἐγώ.
ἤν γ' ἦν σὺ παρ' ἐκείνου παραλάβῃς, πάντ' ἔχεις.

1519 ὡσπερεὶ] ὥσπερ ἐν Suid. : ὥσπερ A　1524 εἰσάγοιτο V :
εἰσάγοιντο R Λ Ald.: εἰσάγωνται Brunck　1527 Ἐξηκεστίδης codd. :
corr. Brunck　1538 ταμιεύει| κεραμεύει R (sec. Mein.) Ald.
1541 λοιδορίαν] ἀμβροσίαν Kock, coll. schol. ad v. 1536　1542 γ'
ἆρ'] τἆρ' Elmsl.

342

ΟΡΝΙΘΕΣ

τούτων ἕνεκα δεῦρ' ἦλθον, ἵνα φράσαιμί σοι.
ἀεί ποτ' ἀνθρώποις γὰρ εὔνους εἴμ' ἐγώ.   1545
Πι. μόνον θεῶν γὰρ διὰ σ' ἀπανθρακίζομεν.
Πρ. μισῶ δ' ἅπαντας τοὺς θεούς, ὡς οἶσθα σύ.
Πι. νὴ τὸν Δί' ἀεὶ δῆτα θεομισὴς ἔφυς.
Πρ. Τίμων καθαρός. ἀλλ' ὡς ἂν ἀποτρέχω πάλιν,
φέρε τὸ σκιάδειον, ἵνα με κἂν ὁ Ζεὺς ἴδῃ   1550
ἄνωθεν, ἀκολουθεῖν δοκῶ κανηφόρῳ.
Πι. καὶ τὸν δίφρον γε διφροφόρει τονδὶ λαβών.

Χο.   πρὸς δὲ τοῖς Σκιάποσιν λί-   [στρ.
        μνη τις ἔστ' ἄλουτος οὗ
        ψυχαγωγεῖ Σωκράτης·   1555
        ἔνθα καὶ Πείσανδρος ἦλθε
        δεόμενος ψυχὴν ἰδεῖν ἣ
        ζῶντ' ἐκεῖνον προὔλιπε,
        σφάγι' ἔχων κάμηλον ἀ-
        μνόν τιν', ἧς λαιμοὺς τεμὼν ὥσ-   1560
        περ ⟨ποθ'⟩ οὑδυσσεὺς ἀπῆλθε,
        κᾆτ' ἀνῆλθ' αὐτῷ κάτωθεν
        πρὸς τὸ λαῖτμα τῆς καμήλου
        Χαιρεφῶν ἡ νυκτερίς.

ΠΟΣΕΙΔΩΝ

τὸ μὲν πόλισμα τῆς Νεφελοκοκκυγίας   1565
ὁρᾶν τοδὶ πάρεστιν, οἳ πρεσβεύομεν.
οὗτος τί δρᾷς; ἐπ' ἀριστέρ' οὕτως ἀμπέχει;
οὐ μεταβαλεῖς θοἰμάτιον ὧδ' ἐπιδέξια;
τί ὦ κακόδαιμον; Λαισποδίας εἶ τὴν φύσιν;
ὦ δημοκρατία ποῖ προβιβᾷς ἡμᾶς ποτε,   1570
εἰ τουτονί γ' ἐχειροτόνησαν οἱ θεοί;

1553-1564 = 1694-1705

1561 ποθ' add. Herm.   οὑδυσσεὺς Bentl. : 'Οδυσσεὺς codd.
ἀπῆλθε] κατῆλθε Kock   1563 λαῖτμα V : λαῖμα vulg. : λαῖγμα Bentl.
1566 ὁρᾷς Ald. (non V)   1568 μεταβαλεῖ Cobet   1571 γ' ἐχει-
ροτόνησαν‾ κεχειροτονήκασ' Elmsl

343

ΤΡΙΒΑΛΛΟΣ

ἕξεις ἀτρέμας;　　Πο.　οἴμωζε· πολὺ γὰρ δή σ᾽ ἐγὼ
ἑόρακα πάντων βαρβαρώτατον θεῶν.
ἄγε δὴ τί δρῶμεν Ἡράκλεις;

ΗΡΑΚΛΗΣ

　　　　　　　　ἀκήκοας
ἐμοῦ γ᾽ ὅτι τὸν ἄνθρωπον ἄγχειν βούλομαι,　　1575
ὅστις ποτ᾽ ἔσθ᾽ ὁ τοὺς θεοὺς ἀποτειχίσας.
Πο. ἀλλ᾽ ὠγάθ᾽ ᾑρήμεσθα περὶ διαλλαγῶν
πρέσβεις.　　Ηρ.　διπλασίως μᾶλλον ἄγχειν μοι δοκεῖ.
Πι. τὴν τυρόκνηστίν τις δότω· φέρε σίλφιον·
τυρὸν φερέτω τις· πυρπόλει τοὺς ἄνθρακας.　　1580
Πο. τὸν ἄνδρα χαίρειν οἱ θεοὶ κελεύομεν
τρεῖς ὄντες ἡμεῖς.　　Πι.　ἀλλ᾽ ἐπικνῶ τὸ σίλφιον.
Ηρ. τὰ δὲ κρέα τοῦ ταῦτ᾽ ἐστίν;　　Πι.　ὄρνιθές τινες
ἐπανιστάμενοι τοῖς δημοτικοῖσιν ὀρνέοις
ἔδοξαν ἀδικεῖν.　　Ηρ.　εἶτα δῆτα σίλφιον　　1585
ἐπικνῇς πρότερον αὐτοῖσιν;　　Πι.　ὦ χαῖρ᾽ Ἡράκλεις.
τί ἔστι;　　Πο.　πρεσβεύοντες ἡμεῖς ἥκομεν
παρὰ τῶν θεῶν περὶ πολέμου καταλλαγῆς.
Πι. ἔλαιον οὐκ ἔνεστιν ἐν τῇ ληκύθῳ.
Ηρ. καὶ μὴν τά γ᾽ ὀρνίθεια λιπάρ᾽ εἶναι πρέπει.　　1590
Πο. ἡμεῖς τε γὰρ πολεμοῦντες οὐ κερδαίνομεν,
ὑμεῖς τ᾽ ἂν ἡμῖν τοῖς θεοῖς ὄντες φίλοι
ὄμβριον ὕδωρ ἂν εἴχετ᾽ ἐν τοῖς τέλμασιν,
ἀλκυονίδας τ᾽ ἂν ἤγεθ᾽ ἡμέρας ἀεί.
τούτων περὶ πάντων αὐτοκράτορες ἥκομεν.　　1595
Πι. ἀλλ᾽ οὔτε πρότερον πώποθ᾽ ἡμεῖς ἤρξαμεν
πολέμου πρὸς ὑμᾶς, νῦν τ᾽ ἐθέλομεν, εἰ δοκεῖ,
ἐάν τι δίκαιον ἀλλὰ νῦν ἐθέλητε δρᾶν,
σπονδὰς ποιεῖσθαι.　　τὰ δὲ δίκα᾽ ἐστὶν ταδί,

1579 τις Ald. : μοι RVA: μοί τις Γ　　1582 ἐπίκνα Dobr.　　1588 sic
Ald. : περὶ τοῦ πολέμου καὶ καταλλαγῆς VA: περὶ τοῦ πολέμου καὶ τῆς διαλ-
λαγῆς R　　1598 τὸ δίκαιον Elmsl., cf. schol.　　ἀλλὰ Tyrwhitt : ἄλλο codd.

τὸ σκῆπτρον ἡμῖν τοῖσιν ὄρνισιν πάλιν   1600
τὸν Δί᾽ ἀποδοῦναι· κἂν διαλλαττώμεθα
ἐπὶ τοῖσδε, τοὺς πρέσβεις ἐπ᾽ ἄριστον καλῶ.
Ηρ. ἐμοὶ μὲν ἀπόχρη ταῦτα καὶ ψηφίζομαι.
Πο. τί ὦ κακόδαιμον; ἠλίθιος καὶ γάστρις εἶ.
ἀποστερεῖς τὸν πατέρα τῆς τυραννίδος;   1605
Πι. ἄληθες; οὐ γὰρ μεῖζον ὑμεῖς οἱ θεοὶ
ἰσχύσετ᾽, ἢν ὄρνιθες ἄρξωσιν κάτω;
νῦν μέν γ᾽ ὑπὸ ταῖς νεφέλαισιν ἐγκεκρυμμένοι
κύψαντες ἐπιορκοῦσιν ὑμᾶς οἱ βροτοί·
ἐὰν δὲ τοὺς ὄρνις ἔχητε συμμάχους,   1610
ὅταν ὀμνύῃ τις τὸν κόρακα καὶ τὸν Δία,
ὁ κόραξ παρελθὼν τοὐπιορκοῦντος λάθρᾳ
προσπτόμενος ἐκκόψει τὸν ὀφθαλμὸν θενών.
Πο. νὴ τὸν Ποσειδῶ ταῦτά γέ τοι καλῶς λέγεις.
Ηρ. κἀμοὶ δοκεῖ.   Πι.   τί δαὶ σὺ φῄς;   Τρ.   ναβαι-
σατρεῦ.   1615
Πι. ὁρᾷς; ἐπαινεῖ χοὗτος. ἕτερόν νυν ἔτι
ἀκούσαθ᾽ ὅσον ὑμᾶς ἀγαθὸν ποιήσομεν.
ἐάν τις ἀνθρώπων ἱερεῖόν τῳ θεῶν
εὐξάμενος εἶτα διασοφίζηται λέγων,
‘μενετοὶ θεοί,’ καὶ μἀποδιδῷ μισητίᾳ,   1620
ἀναπράξομεν καὶ ταῦτα.   Πο.   φέρ᾽ ἴδω τῷ
τρόπῳ;
Πι. ὅταν διαριθμῶν ἀργυρίδιον τύχῃ
ἄνθρωπος οὗτος, ἢ καθῆται λούμενος,
καταπτόμενος ἰκτῖνος ἁρπάσας λάθρᾳ
προβάτοιν δυοῖν τιμὴν ἀνοίσει τῷ θεῷ.   1625
Ηρ. τὸ σκῆπτρον ἀποδοῦναι πάλιν ψηφίζομαι
τούτοις ἐγώ.   Πο.   καὶ τὸν Τριβαλλόν νυν ἐροῦ.
Ηρ. ὁ Τριβαλλός, οἰμώζειν δοκεῖ σοι;   Τρ.   σαυνάκα

1601 κἂν Seager : καὶ codd.   καὶ διαλλαττοίμεθ᾽ ἂν B   1615 να-
βαισατρεῦ βαβακατρεῦ Suid. et supra scriptum in B   1618 τῳ ζεῶν
B : τῷ θεῷ R V A Ald.   1620 μισητίᾳ Suid. : σιτίᾳ A : μισητίαν vulg.

βακταρικροῦσα.   Ηρ.   φησί μ' εὖ λέγειν πάνυ.

Πο. εἴ τοι δοκεῖ σφῶν ταῦτα, κἀμοὶ συνδοκεῖ.   163᾽

Ηρ. οὗτος, δοκεῖ δρᾶν ταῦτα τοῦ σκήπτρου πέρι.

Πι. καὶ νὴ Δί' ἕτερόν γ' ἐστὶν οὗ 'μνήσθην ἐγώ.
τὴν μὲν γὰρ Ἥραν παραδίδωμι τῷ Διί,
τὴν δὲ Βασίλειαν τὴν κόρην γυναῖκ' ἐμοὶ
ἐκδοτέον ἐστίν.   Πο.   οὐ διαλλαγῶν ἐρᾷς.   1635
ἀπίωμεν οἴκαδ' αὖθις.   Πι.   ὀλίγον μοι μέλει.
μάγειρε τὸ κατάχυσμα χρὴ ποιεῖν γλυκύ.

Ηρ. ὦ δαιμόνι' ἀνθρώπων Πόσειδον ποῖ φέρει;
ἡμεῖς περὶ γυναικὸς μιᾶς πολεμήσομεν;

Πο. τί δαὶ ποιῶμεν;   Ηρ.   ὅ τι; διαλλαττώμεθα.   1640

Πο. τί δ' ὦ ζῷρ'; οὐκ οἶσθ' ἐξαπατώμενος πάλαι;
βλάπτεις δέ τοι σὺ σαυτόν.   ἢν γὰρ ἀποθάνῃ
ὁ Ζεὺς παραδοὺς τούτοισι τὴν τυραννίδα,
πένης ἔσει σύ.   σοῦ γὰρ ἅπαντα γίγνεται
τὰ χρήμαθ', ὅσ' ἂν ὁ Ζεὺς ἀποθνῄσκων καταλίπῃ.   1645

Πι. οἴμοι τάλας οἷόν σε περισοφίζεται.
δεῦρ' ὡς ἔμ' ἀποχώρησον, ἵνα τί σοι φράσω.
διαβάλλεταί σ' ὁ θεῖος ὦ πόνηρε σύ.
τῶν γὰρ πατρῴων οὐδ' ἀκαρῆ μέτεστί σοι
κατὰ τοὺς νόμους· νόθος γὰρ εἶ κοὐ γνήσιος.   165᾽

Ηρ. ἐγὼ νόθος; τί λέγεις;   Πι.   σὺ μέντοι νὴ Δία
ὤν γε ξένης γυναικός.   ἢ πῶς ἄν ποτε
ἐπίκληρον εἶναι τὴν Ἀθηναίαν δοκεῖς,
οὖσαν θυγατέρ', ὄντων ἀδελφῶν γνησίων;

Ηρ. τί δ' ἢν ὁ πατὴρ ἐμοὶ διδῷ τὰ χρήματα   1655
νοθεῖ' ἀποθνῄσκων;   Πι.   ὁ νόμος αὐτὸν οὐκ ἐᾷ.
οὗτος ὁ Ποσειδῶν πρῶτος, ὃς ἐπαίρει σε νῦν,
ἀνθέξεταί σου τῶν πατρῴων χρημάτων
φάσκων ἀδελφὸς αὐτὸς εἶναι γνήσιος.

1629 φησί μ' Dobr. : φησὶν codd.   1641 τί δ' Bergk : τί δαὶ R :
τί vulg.   1644 σοῦ] σοὶ B : σὰ Lenting   1652 γε] γ' ἐκ Cobet
1656 νοθεῖ' ἀποθνῄσκων Dobr ex schol. : νόθῳ 'ξαποθνῄσκων codd.

ἐρῶ δὲ δὴ καὶ τὸν Σόλωνός σοι νόμον·　　　　1660
' νόθῳ δὲ μὴ εἶναι ἀγχιστείαν παίδων ὄντων
γνησίων. ἐὰν δὲ παῖδες μὴ ὦσι γνήσιοι, τοῖς　　1665
ἐγγυτάτω γένους μετεῖναι τῶν χρημάτων.'
Ηρ. ἐμοὶ δ' ἄρ' οὐδὲν τῶν πατρῴων χρημάτων
μέτεστιν;　　Πι. οὐ μέντοι μὰ Δία. λέξον δέ μοι,
ἤδη σ' ὁ πατὴρ εἰσήγαγ' ἐς τοὺς φράτερας;
Ηρ. οὐ δῆτ' ἐμέ γε. καὶ δῆτ' ἐθαύμαζον πάλαι.　　1670
Πι. τί δῆτ' ἄνω κέχηνας αἴκειαν βλέπων;
ἀλλ' ἢν μεθ' ἡμῶν ᾖς, καταστήσας σ' ἐγὼ
τύραννον ὀρνίθων παρέξω σοι γάλα.
Ηρ. δίκαι' ἔμοιγε καὶ πάλαι δοκεῖς λέγειν
περὶ τῆς κόρης, κἄγωγε παραδίδωμί σοι.　　1675
Πι. τί δαὶ σὺ φής;　　Πο. τἀναντία ψηφίζομαι.
Πι. ἐν τῷ Τριβαλλῷ πᾶν τὸ πρᾶγμα. τί σὺ λέγεις;
Τρ. καλάνι κόραννα καὶ μεγάλα βασιλιναῦ
ὄρνιτο παραδίδωμι.　　Ηρ. παραδοῦναι λέγει.
Πο. μὰ τὸν Δί' οὐχ οὗτός γε παραδοῦναι λέγει,　　1680
εἰ μὴ †βαδίζειν† ὥσπερ αἱ χελιδόνες.
Πι. οὐκοῦν παραδοῦναι ταῖς χελιδόσιν λέγει.
Πο. σφὼ νῦν διαλλάττεσθε καὶ ξυμβαίνετε·
ἐγὼ δ', ἐπειδὴ σφῷν δοκεῖ, σιγήσομαι.
Ηρ. ἡμῖν ἃ λέγεις σὺ πάντα συγχωρεῖν δοκεῖ.　　1685
ἀλλ' ἴθι μεθ' ἡμῶν αὐτὸς ἐς τὸν οὐρανόν,
ἵνα τὴν Βασίλειαν καὶ τὰ πάντ' ἐκεῖ λάβῃς.
Πι. ἐς καιρὸν ἆρα κατεκόπησαν οὑτοιὶ
ἐς τοὺς γάμους.　　Ηρ. βούλεσθε δῆτ' ἐγὼ τέως
ὀπτῶ τὰ κρέα ταυτὶ μένων; ὑμεῖς δ' ἴτε.　　1690
Πο. ὀπτᾷς τὰ κρέα; πολλήν γε τενθείαν λέγεις.

1669 φράτορας codd. : corr. Dind.　　1672 ᾖς] στῆς Α　κατα-
στήσας Hirschig : καταστήσω codd.　　καταστήσω . . . ὀρνίθων τε (v.
1673) Mein.　　1674 πάλαι Α Ald. : πάλιν R V　　1679 λέγει
Bentl. : λέγεις codd.　　1681 βαδίζειν] βαβάζει γ' Bentl.　　1684 σιγή-
σομαι⌉ συμβήσομαι V Γ γρ.

ΑΡΙΣΤΟΦΑΝΟΥΣ

οὐκ εἶ μεθ᾿ ἡμῶν;   Ἡρ.   εὖ γε μέντἂν διετέθην.
Πι. ἀλλὰ γαμικὴν χλανίδα δότω τις δεῦρό μοι.

Χο.   ἔστι δ᾿ ἐν Φαναῖσι πρὸς τῇ   [ἀντ.
         Κλεψύδρᾳ πανοῦργον ἐγ-   1695
         γλωττογαστόρων γένος,
         οἳ θερίζουσίν τε καὶ σπεί-
         ρουσι καὶ τρυγῶσι ταῖς γλώτ-
         ταισι συκάζουσί τε·
         βάρβαροι δ᾿ εἰσὶν γένος,   1700
         Γοργίαι τε καὶ Φίλιπποι.
         κἀπὸ τῶν ἐγγλωττογαστό-
         ρων ἐκείνων τῶν Φιλίππων
         πανταχοῦ τῆς Ἀττικῆς ἡ
         γλῶττα χωρὶς τέμνεται.   1705
ΑΓΓΕΛΟΣ
      ὦ πάντ᾿ ἀγαθὰ πράττοντες, ὦ μείζω λόγου,
      ὦ τρισμακάριον πτηνὸν ὀρνίθων γένος,
      δέχεσθε τὸν τύραννον ὀλβίοις δόμοις.
      προσέρχεται γὰρ οἷος οὔτε παμφαὴς
      ἀστὴρ ἰδεῖν ἔλαμψε χρυσαυγεῖ δόμῳ,   1710
      οὔθ᾿ ἡλίου τηλαυγὲς ἀκτίνων σέλας
      τοιοῦτον ἐξέλαμψεν, οἷον ἔρχεται
      ἔχων γυναικὸς κάλλος οὐ φατὸν λέγειν,
      πάλλων κεραυνόν, πτεροφόρον Διὸς βέλος·
      ὀσμὴ δ᾿ ἀνωνόμαστος ἐς βάθος κύκλου   1715
      χωρεῖ, καλὸν θέαμα· θυμιαμάτων δ᾿
      αὖραι διαψαίρουσι πλεκτάνην καπνοῦ.
      ὁδὶ δὲ καὐτός ἐστιν.   ἀλλὰ χρὴ θεᾶς
      Μούσης ἀνοίγειν ἱερὸν εὔφημον στόμα.   1719

Χο.   ἄναγε δίεχε πάραγε πάρεχε.   [στρ.

1692 διετέθην] διετίθην Hamaker   1693 ἀλλὰ B et schol. metricus :
om. vulg.   1709-11 οὔτε . . . οὔθ᾿ οὐδὲ . . . οὐδ᾿ Mein.   1710 δόμῳ·
δρόμῳ Kiehl   1720 post δίεχε add. δίαγε Ald.

348

περιπέτεσθε 1721
τὸν μάκαρα μάκαρι σὺν τύχᾳ.
ὦ φεῦ φεῦ τῆς ὥρας τοῦ κάλλους·
ὦ μακαριστὸν σὺ γάμον τῇδε πόλει γῆμας. 1725
μεγάλαι μεγάλαι κατέχουσι τύχαι
γένος ὀρνίθων
διὰ τόνδε τὸν ἄνδρ'. ἀλλ' ὑμεναίοις
καὶ νυμφιδίοισι δέχεσθ' ᾠδαῖς
αὐτὸν καὶ τὴν Βασίλειαν. 1730

Ἥρᾳ ποτ' Ὀλυμπίᾳ [στρ.
τῶν ἠλιβάτων θρόνων
ἄρχοντα θεοῖς μέγαν
Μοῖραι ξυνεκοίμισαν
ἐν τοιῷδ' ὑμεναίῳ. 1735
Ὑμὴν ὦ Ὑμέναι' ὦ,
⟨Ὑμὴν ὦ Ὑμέναι' ὦ.⟩

ὁ δ' ἀμφιθαλὴς Ἔρως [ἀντ.
χρυσόπτερος ἡνίας
ηὔθυνε παλιντόνους,
Ζηνὸς πάροχος γάμων 1740
τῆς τ' εὐδαίμονος Ἥρας.
Ὑμὴν ὦ Ὑμέναι' ὦ,
Ὑμὴν ὦ Ὑμέναι' ὦ.

Πι.   ἐχάρην ὕμνοις, ἐχάρην ᾠδαῖς·
ἄγαμαι δὲ λόγων. ἄγε νυν αὐτοῦ
καὶ τὰς χθονίας κλήσατε βροντὰς 1745
τάς τε πυρώδεις Διὸς ἀστεροπὰς

1731-1736 = 1737-1742

1722 μάκαρα (om. τὸν) Dind.   μάκαρι] μακαίρᾳ Cobet   1725 τῇδε
πόλει R V A : τῇδε τῇ πόλει Ald. : eicit Weise   1732 τῶν A Ald. : τὸν
R V Γ   1734 ξυνεκόμισαν codd. : corr. Bentl.   1735 ἐν om. Dawes
1736 h. v. iteravit Dind.   1741 τῆς τ' εὐδαίμονος] κεὐδαίμονος Dawes
1745-6 hos vv. invicem transponendos censet Blaydes : fortasse
recte

δεινόν τ' ἀργῆτα κεραυνόν.

Χο. ὦ μέγα χρύσεον ἀστεροπῆς φάος,
ὦ Διὸς ἄμβροτον ἔγχος πυρφόρον,
  ὦ χθόνιαι βαρυαχέες   1750
ὀμβροφόροι θ' ἅμα βρονταί,
αἷς ὅδε νῦν χθόνα σείει.
διὰ σὲ τὰ πάντα κρατήσας
καὶ πάρεδρον Βασίλειαν ἔχει Διός.
Ὑμὴν ὦ Ὑμέναι' ὦ.

Πι. ἕπεσθε νῦν γάμοισιν ὦ   1755
φῦλα πάντα συννόμων
πτεροφόρ' ἐπὶ δάπεδον Διὸς
καὶ λέχος γαμήλιον.
ὄρεξον ὦ μάκαιρα σὴν
χεῖρα καὶ πτερῶν ἐμῶν   1760
λαβοῦσα συγχόρευσον· αἴ-
ρων δὲ κουφιῶ σ' ἐγώ.

Χο. ἀλαλαὶ ἰὴ παιών,
τήνελλα καλλίνικος, ὦ
δαιμόνων ὑπέρτατε.   1765

1755-1758 = 1759-1762

1753 διὰ σὲ τὰ] δῖα δὲ Haupt : δῖα σκῆπτρα (om. πάντα) Dobr.
1757 δάπεδον Mein. : πέδον codd.   1763 ἀλαλαλαὶ R V Γ : ἀλαλαὶ
A : ἀλλαλαὶ Ald.

APPENDIX

In hac appendice, ne nimias mutationes subiret apparatus criticus, lectiones quasdam ex exemplaribus photographicis codicum R et V arcessitas, item alia quaedam notatione digna, subiungere piacuit.

ACHARNENSES.—73 δὲ etiam R   296 πρίν γ' R   750 ἴκομες] εικομεσ pap. Berol. 231   791 αἰ δ' ἀν παχυνθῇ] αλλανπαχυνθη pap. Berol. 231 unde αἰ δ' ἀμπαχυνθῇ Wilamowitz   798 κ' ἄνις] κ' ανε[υ pap. Berol. 231   869 τἄνθια edd. : τἄνθεα diserte R   916, 917 θρυαλλίδας] θρυαλλιδ]α pap. Berol. 231   928 φερόμενος pap. Berol. 231 : φορούμενος codd.   960 εκελευ[ε pap. Berol. 231 : ἐκέλευσε codd.   965 τρεῖς etiam R   988 ἐπτέρταί id est ἐπτέρωται R

EQVITES.—Ὑπόθεσις I 1 δρᾶμα] δρᾶμα τοῦτο V   τὸν τῶν] τὸν V 6 αὐτοὶ δὲ οἱ V   9 κατὰ] ἐκ V   15 διαφερομένων] διαφθειρομένων V   21 συνιέντος V   25 προαγαγόντος V Ὑπόθεσις II 11 προφανὲς V

364 βινήσω R

NVBES.—Ὑπόθεσις I 4 αὐτὸν om. V   Ὑπόθεσις III 19 φοιτήσοντος V   3 ἐπὶ τῆς κρεμάθρας V   4 τελεῖν V   7 ἀποστᾶσαι V 9 μαθητῶν V   11 κατὰ βίαν V   12 καὶ διαγωνισθεὶς V 14 διδάσκει V   17 προσκαλούμενος V   18 ὑπὸ] ἀπὸ V   'Ὑπόθεσις IV 23 λόγων τ' V   24 νεφελῶν ὡς ἐπιλέγων V   26 ὑπ'' ὑπὲρ V   29 τοῦτο om. V   30 εἶναί φησι diserte V   'Ὑπόθεσις V 1 ἐν ἄστει ante ἐδιδάχθησαν V   2 μὲν ἡ ἐνίκα V   3-5 τὰς δευτέρας ... ἔπειτα om. V   'Ὑπόθεσις VI 8 αὐτῶι V   12 ἃ δὲ ὁλοσχερής V   13 αὐτίκα μάλα ἡ V   14 καίεται] καὶ ἔτι V   'Ὑπόθεσις VII 17 εἰσάγοντα V   18 καὶ om. V   19 ἐπεγράφη τὸ δρᾶμα V

39 σὺ δ' οὖν etiam V   177 τραπέζης R sine ulla litura   235 τί φῆς] πωσφ[ησ Frag. Berol. 226   439 χρήσθων post οὖν vel post ἀτεχνῶς addunt codd.   489 σοι etiam R   500 τὸ τί] cf. 748 : τοδί etiam R V   744 κάτα V   821 ἀρχαιϊκά etiam R   995 ἀναπλήσειν etiam R   1090–1093 om. V   1182 ἡμέρα δίῳ R 1373 εὐθέως ἀρττω] ευθεωσαρράτω Frag. Argentoratense : εὐθὺς ἐξαράττω codd.   1412 τοῦτ' ἐστὶν V

VESPAE.—Ὑπόθεσις I 1 φιλόδικος R : φιλοδικαστὴς V   5 αὐτῶ μὴ περικειμένης V : ἑαυτῷ μὴ περικείμενον R   10 εἶναι om. R   17 ἐκφέρει τὴν ψῆφον R V omissis συνεχῶς et quae sequuntur   1 καὶ διά] διά R V

21 προερεῖ diserte R   186 γε σύ ἔσει etiam R ιἔσει punctis deletum)   245 σπεύσωμεν etiam R   378 τὰ τῶν θῶν ψηφίσματα R   432 τὼ φθαλμὼ R V : τώφθαλμὼ 'ν Elmsley   κεντεῖτε καὶ Fl. Christianus : κεντεῖθ' οἱ δὲ codd.   772 ἔλη R : εἴλη V 788 δαρχμὴν R   825, 826 desunt in V   865 ἕξομεν R littera λ supra addita   867 ξυνεβήτην Elmsley : ξυνέβητον R : ξυνεκτον V (cuius apographon Ven. Marc. 475 ξυνίετον praebet)   932

351

κατηγόρησε etiam R   950 διαβεβλημένους diserte R   978 αίτεῖτε]
αἰτεῖ R   1029 φησὶ πιθέσθαι R scilicet ex v. 1027   1073 ἤ τις
vel ἤ ᾿ις R   τῆσδε om. R   1117, 1118 ἡμῖν . . . μισθὸν om. V
1294, 1295 hos vv. in inferiore margine adscriptos habet R   1307
κατυπτέ με V

PAX.—Ὑπόθεσις I 2 ἀναφερόμενος V   3 μετοικισαμένων Dind. :
μετοικησαμένων V   5 ἐνοικησάμενος V   10 κατα σκευῆς V
13 ἀφέλκειν V   15 τῆς θεοῦ V   17 τε ante τὰ V   18 δέοντα᾿
δέω V   23 τὴν μὲν Θεωρίαν om. V   11 περὶ τῆς εἰρήνης V
13 ὑτι] ὅθεν V   16 πρῶτον V   δεύτερον V   Ἀριστοφάνους
εἰρήνη V   17 ἐνίκα῾Ερμων ὑποκριτής coni. V. Rose   Ὑπόθεσις II
33 ἀνδρῶν post τινων R V

42 σκαταιβάτου R¹ et schol. Rav. : καταιβάτου R¹ V   63 σεαυτου
V   341 βινεῖν ut videtur V   469 ἀλλ᾿ add. Hermann   542
κυάθους non κυάθοις R V   705 ἀφησόμεθα R   864 φανεῖ etiam
R   926 δέοι V in ras.   1078 χ᾿ημώδων ut videtur V   1111
προσδώσει V : προδώσει R   1112 προσδιδόναι V : προδιδόναι R
1144 ἄφευε etiam R : ἄφανε V in ras.   1175, 1176 in margine
interiore add. V   1188 γὰρ δή diserte R   1224 θώρακος V²
1271 ἅιδων R¹ : ἅιδον R²

AVES.—Ὑπόθεσις I 7 ἐπὶ Χαβρίου ἄρχοντος εἰς ἄστυ διὰ Καλλιστράτου
V   9 ἔστι δὲ λέ etiam V   13 συνεβουλεύσατο etiam V
Ὑπόθεσις II 17 καὶ αὕτη om. V   21 ἥ παρ᾿ αὐτοῖς V   22 κωμικῆς
ἀδείας V   9 ἀθηνῶν ὄντων ut videtur V¹ : ἀθηναίων V²   14
ἀπάσης post γῆς V   18 τὸ θεῖον R : τοὺς θεοὺς V   21 ἐν μὲν
ἄλλοις om. V : εἰ μὲν R   23 περὶ] παρὰ V   24 Καλλίου R V
34 ἔωθεν] ἔσωθεν V   Ὑπόθεσις III est in V   14 τὸ Ἀλκιβιάδην
V   Ὑπόθεσις IV 18 ἀπραγμόνων diserte V : ἀπράγμονα R

41 ἐπὶ τῶν δικῶν] ἐπὶ τῶν κάδων Blass   122 ἐγκατακλιθῆναι V
(ν supra ι addito)   164 πείθοισθε etiam V   202 ἐσβὰς Mein. :
ἐμβὰς codd.   242 αὐδὰν etiam R   266 ἐσβὰς Mein. : ἐμβὰς
codd.   270 οὔρνις V   318 λεπτῶ σοφιστὰ Urbinas (sec.
Piccolomini)   ἀφίχθον Α Γ : ἀφίχθονθ᾿ R   500 in mar-
gine inferiore add. V   575 lectio codicum ῎Ιριν respicit fortasse ad
hymn. Hom. ad Apoll. 114   644 τῶιδὶδὲτί R   658 σαυτοῦ]
σατου R   996 κατ᾿ αγυάς R (ι supra υ addito)   1020 ἀναμε-
τρήσεις ἑαυτὸν R : ἀναμετρήσει σεαυτὸν V   1057–1081, 1101–1127
hos vv. continet frag. Fayoumense   1442 δ διϊτρέφης codd. : corr.
Elmsley, Kock   1447 τε Ald. : γε Β : om. R V A   1503 ἐκκα·
λύψομαι R   1524 εἰσάγοιντο R   1534 σπένδεσθ᾿ Voss: σπένδησθ᾿
codd.   1538 ταμιεύει diserte R   1568 ὦδ᾿] ὡς R   1636 αὖθις
edd. : αὖτις codd.